[제 3 판]

소장작성 매뉴얼 및 소송전략

김 덕 원 저

- 유형별 소장작성의 예시
- 사건별 성공전략 및 사례분석
- 요건사실 및 입증방법
- 재판실무자료

진 원 사

제3판을 내면서

이 책은 제3판으로, 그동안 법원에 제기되었던 민사사건에 관한 소장을 중심으로 개정된 법률과 함께 최근 판례를 소개하였으며, 그 배경이 되는 법률적 사고를 할 수 있도록 보다 근본적인 문제를 다루었다.

특히 이 책은 단순한 소장의 유형을 수록하는데 그치지 아니하고 소장의 작성요령을 설명하고, 쟁점 및 증거방법을 파악하며, 사건의 특성에 따라 사안을 분석하여 소장을 창조적으로 작성할 수 있도록 여러 예시를 들어 곧바로 실무에 응용할 수 있도록 하였다.

그 밖에 다양한 실무서식을 부가하여 법률실무자들과 일반인 및 법학을 공부하는 학생들에게도 실질적인 도움이 되도록 하였다.

따라서 이 책이 소송실무자나 소송실무를 접한 모든 사람들에게 길잡이의 역할을 할 수 있기를 기대한다.

2018. 7.

김 덕 원 드림

개정판을 내면서

이 책은 개정판으로 최근 개정된 법률과 송달료 등이 변경됨에 따라 변경된 부분을 수정·보완하였다.

특히 이 책은 각종 민사사건에서 소장·답변서 등의 작성요령을 설명하고, 쟁점 및 증거방법을 파악하며, 사건의 특성에 따라 사안을 분석하여 소장 등을 창조적으로 작성할 수 있도록 여러 예시를 들어 설명하였고, 기타 다양한 실무서식을 부가하여 법률실무가들과 일반인 및 법학을 공부하는 학생들에게도 실질적인 도움이 되도록 하였다.

2014. 2.

김 덕 원 드림

머 리 말

오늘날 재판의 제도 등을 포함한 법률실무는 경제 및 사회생활의 변화와 함께 많은 변화가 있었다.

대법원은 2010년 4월 특허사건에 전자소송을 도입한 데 이어, 2011년 5월부터는 민사소송에서 전자소송을 도입, 시행함으로써, 소송문서 제출부담의 감소, 소송비용의 절감, 소송절차의 신속성과 투명성의 제고 등 법원이 추구하는 '국민의 사법서비스'를 실현할 것이라고 하였다.

이러한 변화로 인하여 법원의 실무환경도 바뀌게 되어 이제는 법률서적도 새롭게 태어나지 않으면 독자들에게 다가갈 수 없다는 생각에 저자는 그동안 실무를 하면서 모아둔 자료와 실무경험을 바탕으로 「소장작성 매뉴얼 및 소송전략」이란 책을 발간하게 되었다.

이 책은 단순한 소장의 유형을 수록하는데 그치지 아니하고 소장의 작성요령을 설명하고 자세한 해설과 함께 최근 판례를 소개하였으며, 그 배경이 되는 법률적 사고를 할 수 있도록 보다 근본적인 문제에 대하여 설명하였다. 즉, 소장을 창조적으로 작성할 수 있는 능력을 가질 수 있도록 간단한 소장마저도 그 본질을 깊이 생각하여 음미하게 하였고, 그 소장이 무엇인지를 깨닫게 하여 어떠한 사건에 당하여서도 곧바로 실무에 응용할 수 있도록 하였다.

특히 이 책은 법률실무가들뿐만 아니라 일반인들에게 실질적인 도움을 주기 위해 주요 쟁점을 정리하여 해결책을 모색하고 제시하는 방법서라고 할 수 있고 법학을 공부하는 학생들에게도 쉽게 실무를 터득할 수 있도록 하였다.

이처럼 특별한 책이 되기까지 열과 성을 다하였지만 미흡한 부분이 있거나 오류가 있다면 독자제현께서 지적해 주시고 너그러이 충고해 주시기 바란다.

끝으로, 이 책을 출간하기까지 적극적인 관심과 도움을 주신 진원사 양진수 사장님을 비롯한 편집부 직원 여러분께 깊은 감사를 드린다.

2012. 11.

김 덕 원 드림

목 차

제 1 장 총 론 / 3

제 2 장 요건사실 및 입증방법 / 53

제 3 장 소장의 사례와 해설 / 111

제 4 장 항 소 장 / 629

제 5 장 증 거 신 청 / 637

제 6 장 기타 실무서식 / 665

제 7 장 재판실무자료 / 715

소송작성 매뉴얼 및 소송전략

제1장 총 론

1. 사건표시의 예

사 건 2018가단 828 소유권이전등기

사 건 2018가합 53 손해배상(자)

사 건 2017가단 826(본소) 건물명도등
2018가단 732(반소) 유익비

사 건 2018가단 173 매매대금
2018가합 207(병합) 대여금

사 건 2018가단 73 동산인도
2018가단 136(참가) 소유권확인

사 건 2018가합 67 토지인도 등
2018가합 72(중간확인) 소유권확인

사건번호는 소장을 법원에 제출해야 비로소 부여된다. 따라서 소장에는 사건의 표시로 사건번호를 기재할 수 없게 된다. 그리하여 보통 소장에는 다음의 예와 같이 사건명만으로 사건을 표시한다.

매매대금 청구의 소
손해배상(산) 청구의 소
건물명도 청구의 소
소유권이전등기 청구의 소
소유권이전등기말소회복 청구의 소
소유권이전등기말소 청구의 소

손해배상청구사건은 다른 종류의 사건보다 워낙 많아 통계의 편의상 다시 6가지로 구분하여 괄호 안에 약자를 쓰고 있다.

손해배상(자) 자동차사고
손해배상(산) 산업재해
손해배상(의) 의료과오
손해배상(공) 공해
손해배상(지) 지적소유권
손해배상(기) 기타

2. 당사자표시 및 청구취지, 청구원인 작성방법

가. 법정대리인이 있는 경우, "원고 3은 미성년자이므로 법정 대리인 친권자 부 OOO, 모 OOO" 대신 "원고 3의 친권자 부 OOO, 모 OOO"로 표시함이 실무이다.

나. 청구취지에 기재된 금원은 반드시 청구원인 사실에 의하여 계산된 금액을 기재하여야 한다. 예를 들어, 청구원인에 의하여 계산된 금액이 청구취지 기재 금액과 다른 경우 혹은 약정이자율이나 지연이자율이 변경되어 변경된 이자율이나, 지연이자율에 의하여 이자 혹은 지연이자를 구하는데, 그러한 내용이 청구원인에 기재됨이 없이 청구취지에만 기재되어 있는 경우에는 잘못된 소장이다.

다. 금융기관 대출금의 경우 청구원인란에 채권자, 채무자, 대여일자, 대출금액, 이자, 연체이율, 이자지급시기, 대출기간만료일, 기한이익상실약정내용 등을 빠짐없이 기재하여야 한다.

라. 원고는 소장을 작성함에 있어 요건사실을 빠짐없이 기재하여야 하고, 요건사실이 빠진 경우에는 곧바로 패소하게 됨. 대출금에 관련된 대여금 청구의 기본적인 요건사실은 아래와 같다.

(1) 대출원금 : 대출한 주체(원고), 대출일자, 대출받은 상대방(피고), 대출한 금액, 변

제기에 도래한 사실(약정 상환기간 도래하거나, 혹은 기한의 이익상실 약정 및 약정사실의 발생)

(2) 이자 : 이자를 지급하기로 한 사실, 약정이율(원고 소정의 이자율이 변경되면 이에 따르기로 하는 약정이 있었으면, 이러한 약정사실 및 이자율이 변경된 일자, 변경내용), 이자 지급기간, 이자계산식 등
만약, 이자를 원본에 산입하여 청구하는 경우, 그에 관한 약정내용과 산입한 사유를 기재하여야 한다.

(3) 지연손해금(연체이자) : 지연손해금을 지급하기로 약정한 사실, 지연손해금 비율(원고 소정의 지연손해금비율이 변경되면 이에 따르기로 하는 약정이 있었으면, 이러한 약정사실 및 지연손해금이 변경된 일자, 변경내용), 지연손해금 지급기간, 채무지연사실(약정기간도래, 기한의 이익상실 및 약정사실의 발생 등), 지연손해금계산식 등

(4) 기한의 이익상실 : 기한의 이익의 상실 약정에 기하여 기한의 이익이 상실되었음을 원인으로 하는 경우에는 구체적인 기한의 이익 상실일자 및 그 일자에 기한의 이익이 상실된 근거를 밝혀야 한다.

(5) 연대보증인에 대한 청구 : 연대보증하기로 약정한 당사자, 연대보증일시, 연대보증의 상대방 및 연대보증하기로 한 채무 등

(6) 근보증 : 보증한도액을 정한 근보증에 있어 보증채무는 특별한 사정이 없는 한 보증한도금 내에서 확정된 주채무, 이자, 위약금, 손해배상, 기타 주채무에 종속한 채무를 모두 청구할 수 있다. 그러나 부대금액을 포함한 청구금액의 총합계가 보증한도액을 초과하여서는 안된다.
다만, 보증채무 자체의 이행지체로 인한 지연손해금은 보증한도액을 초과하더라도 청구할 수 있다. 이 경우 보증채무 자체의 연체율은 특별한 약정이 없는 한 민법이 정한 연 5% 또는 상법이 정한 연 6%가 적용된다.

마. 청구원인 작성시 원고인 금융기관이 대출시에 피고가 직접 금융기관에 오지 아니하였음에도 피고가 기관에 왔고, 온 사람이 오지 아니한 피고를 대리할 수 있는 근거가 무엇이며, 온 사람이 오지 아니한 피고로부터 대리권을 수여 받지 아니하였다면 원고가 대리권이 있는 것으로 믿음에 대하여 정당한 사유가 있었음을 밝혀

야 한다.

바. 원고가 가계자금대출에 대하여 부부연대책임을 구하고, 그 근거를 일상가사라고 주장하는 경우, 대출명목이 가계자금대출이라고 하여 모두 일상가사로서 부부가 연대책임을 지는 것이 아니므로 일상가사의 구체적인 내용을 주장 · 입증하여야 한다.

사. 상속인에 대한 청구의 경우, 피상속인의 사망일자, 상속인들의 피상속인과의 관계, 상속비율, 각 상속비율에 따른 상속금액과 그 계산방식을 각 기재하여야 한다. 상속인에 대하여 청구하면서도 피상속인에 대한 대여관계나 연체된 원리금에 대한 언급만 있지 상속관계에 대하여 이러한 기본적인 언급이 없는 소장 및 지급명령신청이 많다.

아. 청구금액을 계산함에 있어 지분계산이나 일할계산 등의 결과 원미만으로 나오는 경우에는 원미만을 버리고 청구한다. 원고가 자신의 권리(청구채권)보가 많은 것을 청구할 수 없지만 그보다 적은 것을 청구함은 원칙적으로 가능하므로 원미만을 버리고 청구한다(처분권주의). 그러나 반올림하여 청구할 수는 없다.

3. 청구취지 작성시 유의사항

(1) "이 사건 소장부본송달일까지" 혹은 "이 사건 소장부본 송달 다음날부터"로 구할 경우 "소장송달일까지" 혹은 "소장송달 다음날부터"로 구하는 것이 실무이다.

(2) 금액은 금자를 쓰지 않고 "5백만 원" 또는 "500만 원"이라고 표시함이 실무이다.

(3) 소송비용의 표시는 '소송비용은 피고가 부담한다.', '소송비용은 피고들이 부담한다.'로 표시함이 실무이다.

(4) "이 사건 소송부본 송달일"을 "소장송달일"로 표시함이 실무이다.

(5) "100평방미터"를 "100㎡"로 표시한다.

(6) 민사소송법 "제451조 제1항 제11호"를 "민사소송법 451조 1항 11호"로 표시한다.

(7) "민법 소정의 연 5푼"을 민법이 정한 연 5%로 표시한다.

(8) "2018. 3. 1.부터 같은 해 5.20까지는 연 1할 3푼 5리, 그 다음날부터 같은 해 6.25.까지는 연 1할 9푼 5리, 그 다음 달부터 완제일까지는 연 1할 5푼의 각 비율에 의한"을 "2018. 3. 1.부터 2018. 5. 20.까지는 연 13.5%, 2018. 5. 21.부터 2018. 6. 25.까지는 연 19.5%, 2018. 6. 26.부터 갚는 날까지는 연 15%의 각 비율로 계산한"으로 표시한다.

(9) "비율로 계산한"은 "비율에 의한"의 최근의 표시다.

(10) 청구취지에서 이율을 표기할 때 가능한 '연 15%' 또는 '연 8%'라고 표시하도록 한다.

(11) " ~ 과 그 중 ~ "은 " ~ 과 이 중 ~ ", " ~ 과 위 돈 중 ~ ", " ~ 과 위 금원 중"으로 표시하기도 한다.

(12) "각 이에 대하여"는 "위 각 돈에 대하여"로 표시하기도 하고, 이는 "위 각 금원에 대하여"의 최근의 표시이다.

(13) 문서의 일부분을 삭제하거나 수정하는 경우에는 원안의 글자를 알 수 있도록 당해 글자 중앙에 한 선을 그어 삭제 · 수정 후 날인한다. 화이트로 덮어 지우고 그 위에 글자를 쓰는 것은 잘못된 정정방법이다.

(14) 청구취지에 기재하는 지연손해금에 대하여 당사자간에 이자약정이 있고 그 약정이 연 15%보다 많으면 약정한 이자를 기재하고, 그 이외의 경우에는 연 15%로 기재한다.

(15) 각 피고들간에 연대채무나 부진정 연대채무(공동불법행위) 또는 불가분채무관계에 있어서 여러 사람에게 각자 전액의 책임을 물으려고 할 때, 청구취지에 '연대하여 지급하라' 또는 '각자 지급하라'라는 방식으로 기재하여야 하며, '각 지급하라'라는 표현은 사용하지 않는다{예, 피고들은 각자(또는 연대하여) 원고에게 2,000만 원을 지급하라}. '각자'라는 표현은 중첩관계를 표현하지만 '각'이라는 표현은 독립적 관계를 표현한다.

(16) "금 50,000,000원을 "5,000만 원" 또는 "5천만 원"으로 표시함이 실무이다.

(17) "시가 금 123,450,000원"을 "시가 1억 2345만 원"으로 표시함이 실무이다.

(18) "같은 해 7.경"을 "같은 해 7월경"으로 표시함이 실무이다.

(19) "소송비용은 이를 4등분하여 그 1은 …"를 "소송비용 중 1은 …" 또는 "소송비용 중 25%는 …"으로 표시함이 실무이다.

(20) "완제일까지"를 "갚는 날까지"로 표시함이 실무이다.

(21) "소외 홍길동"을 "홍길동"으로 표시함이 실무이다.

(22) "이 사건 판결선고일"을 "이 판결선고일"로 표시함이 실무이다.

[참조] : 각 피고의 의무 사이에 중첩관계가 있는 경우

1. 중첩관계의 예

가. 불가분채무(민법 제411조) : 공유물에 타인의 소유물이 부합됨으로써 공유자가 얻은 부당이득의 반환채무(대법원 1980. 7. 22. 선고 80다649 판결), 여러 사람이 공동으로 타인의 소유물을 점유 사용함으로써 얻은 부당이득의 반환채무(대법원 1991. 10. 8. 선고 91다3901 판결), 건물의 공유자가 공동으로 건물을 임대하고 보증금을 수령한 경우에 그 보증금의 반환채무(대법원 1998. 12. 8. 선고 98다43137 판결) 등,

나. 연대채무 : 연대채무자의 채무(민법 제413조) 및 주채무자와 연대보증인의 채무(민법 제437조 단서)

다. 부진정연대채무 : 공동불법행위자의 채무(민법 제760조, 대법원 1998. 9. 22. 선고 97다42502. 42519 판결, 2000. 4. 11. 선고 99다41749 판결), 피용자와 사용자의 각 손해배상채무(민법 제756조) 등,

라. 합동채무 : 여러 사람의 어음 · 수표채무자의 채무(어음법 제47조, 수표법 제43조)

마. 기타 여러 사람이 각자 전액의 책임을 지는 경우 : 주채무자와 단순보증인 1인의 각 채무, 신원본인과 신원보증인(비연대)의 각 채무 등,

2. 중첩관계의 표시

위 각 경우에는 청구취지에서 각 피고의 중첩관계가 있음을 반드시 표시해야 한다. 이를 위하여 위 나항의 연대채무 등에 있어서는 연대하여, 위 라항의 합동채무에 있어서는 합동하여, 그 밖에 위 가, 다, 마항의 경우에는 각자라는 문구를 부가하는 것이 관례이다.

4. 청구취지 기재례

가. 금전 지급

(1) 기본형

> 피고는 원고에게 10,000,000원을 지급하라.

(2) 부대청구가 있는 경우

> 피고는 원고에게 1,000,000원과 이에 대하여 2018. 2. 1.부터 다 갚는 날까지 연 15%의 비율로 계산한 돈을 지급하라.

(3) 원고가 여럿인 경우

> 피고는 원고 김풍요에게 1,000,000원, 원고 이민권, 원고 박민주에게 각 1,000,000원과 각 이에 대하여 이 사건 소장부본 송달다음날부터 다 갚는 날까지 연 15%의 비율로 계산한 돈을 각 지급하라.

(4) 원고가 상당히 많은 경우

> 피고는 별지 원고 목록 기재의 각 원고에게 각 해당 원고 성명 아래의 합계 금액란 기재 돈과 각 이에 대하여 이 사건 소장부본 송달다음날부터 다 갚는 날까지 연 15%의 비율로 계산한 각 돈을 지급하라.

(5) 피고가 여럿인 경우

> 원고에게, 피고 김풍요는 10,000,000원, 피고 이민권, 피고 박이치는 각 10,000,000원과 각 이에 대하여 2018. 5. 15.부터 다 갚는 날까지 연 15%의 비율로 계산한 돈을 각 지급하라.

(6) 피고들 간에 중첩관계가 있는 경우

피고들은 연대하여 원고에게 10,000,000원을 지급하라.

(가) 민법 제413조의 연대채무인 경우

피고들은 합동하여 원고에게 10,000,000원을 지급하라.

(나) 수표법 제43조에 의한 합동책임의 경우

피고들은 각자 원고에게 10,000,000원을 지급하라.

(다) 민법 제760조상의 공동불법행위자의 부진정연대책임의 경우

피고들은 원고에게 10,000,000원을 지급하라.

(라) 민법 제408조상의 분할채무인 경우

원고에게, 피고 김풍요, 피고 이여유는 각자 10,000,000원, 피고 이여유, 피고 정해유는 각자 11,000,000원을 각 지급하라.

(마) 피고 김풍요, 피고 이여유가 공동불법행위책임 1,000만원을 부담하고, 별도로 피고 이여유, 피고 정해유가 공동불법행위책임 1,100만원을 부담하는 경우

원고에게, 가. 피고들은 각자 10,000,000원을, 나. 피고 김여유는 1,000,000원을 각 지급하라.

(바) 피고들이 공동불법행위책임으로 1,000만원을 부담하고, 피고 김여유가 별도로 100만원을 부담하는 경우

> 원고에게,
> 가. 피고 김이리, 피고 이여유는 각자 10,000,000원을,
> 나. 피고 김이리, 피고 박자유는 각자 10,000,000원을
> 각 지급하라.

(사) 피고 김이리가 주채무 20,000,000원을 부담하는데 피고 이여유, 피고 박자유가 20,000,000원을 단순 공동보증하여 분별의 이익이 있는 경우

> 피고들은 각자 원고에게 20,000,000원을 지급하라.

(아) 피고들이 주채무자와 단순보증인의 관계에 있는 경우

> 원고에게,
> 가. 피고 김여유, 피고 이풍요는 연대하여 10,000,000원을,
> 나. 위 피고들과 연대하여 위 돈 중 피고 김영희, 피고 김성희는 각 2,000,000원을
> 각 지급하라.

(자) 소외 망 김재권이 10,000,000원을 차용하는 데 대하여 피고 김여유, 피고 이풍요가 연대보증하였는데, 소외 망 김재권이 사망하여 피고 김여유가 6,000,000원, 피고 김영희가 2,000,000원, 피고 김성희가 2,000,000원을 상속한 경우

> 1. 피고 정형수는 원고에게 ~ 하고,
> 2. 피고 정팔호는 원고에게 ~ 하고,
> 3. 피고 함복순은 원고에게 ~ 하라.
> 4. 피고 정형수의 위 의무와 피고 함복순의 위 의무 중 3,000,000원 부분에 한하여는 각자 지급의 관계에 있다.

(차) 피고 정형수와 피고 함복순의 각 지급채무에 대하여 원금에 대한 지연손해금의 기산일이 서로 달라 중첩관계를 하나의 문장에 도저히 나타낼 수 없어 각자 지급 관계에 있는 부분을 별도의 문장으로 분리해 내어 표시한 사례

(7) 장래에 기한이 도래하는 장래이행청구의 경우

> 피고는 원고에게 10,000,000원과 이에 대하여 2018. 6. 1.부터 다 갚는 날까지 연 15%의 비율로 계산한 돈을 지급하라.

(8) 장래에 조건이 성취되는 장래이행청구의 경우

> 피고는 원고에게 소외 문주란의 피고에 대한 대전지방법원 2018카단 123호 유체동산 가압류결정의 집행이 취소되는 즉시 10,000,000원을 지급하라.

(9) 상속 한정승인심판을 한 경우

> 피고는 원고에게 15,000,000원과 이에 대하여 2018. 6. 5.부터 다 갚는 날까지 연 15%의 비율로 계산한 돈을, 소외 망 허인호로부터 상속받은 재산의 범위 내에서 지급하라.

(10) 정기적 급부를 청구하는 경우

> 피고는 원고에게 2018. 6. 1.부터 10년간 원고의 생존을 조건으로 매년 5. 1. 10,000,000원씩을 지급하라.

(11) 민법 제380조의 선택채권의 경우

> 1. 피고는 원고에게 7,000,000원 또는 8,000,000원을 지급하라.
> 2. 피고는 원고의 선택에 따라 12,000,000원을 지급하거나 별지 목록 기재 동산을 인도하라.

나. 점유이전(인도, 명도, 철거 등)

(1) 기본형

피고는 원고에게 서울 서초구 서초동 100 대 100㎡(실측면적 120㎡)을 인도하라.

※ 공부상 면적과 실측면적이 다르면 괄호 안에 기재한다.

(2) 목적물이 많은 경우

피고는 원고에게 별지 물건 목록 기재의 각 토지를 인도하라.

(3) 부대청구가 있는 경우

피고는 원고에게 서울 관악구 봉천동 71 대 100㎡를 인도하고 2018. 6. 2.부터 인도 완료일까지 월 3,000,000원의 비율로 계산한 돈을 지급하라.

(4) 건물인 경우로서 등기기록상 표시와 현황이 다른 경우

피고는 원고에게 서울 송파구 가락로 79(석촌동) 목조 기와지붕 1층 점포 100㎡(등기부상표시 : 서울 송파구 가락로 79(석촌동) 목조 스레트지붕 2층 점포 1층 100㎡, 2층 100㎡)를 인도하라.

(5) 건물이 양 지상에 걸쳐 있고 건물의 일부의 인도를 구하는 경우

피고는 원고에게 서울 강남구 도곡동 70 대 100㎡ 및 같은 동 71 대 200㎡ 서울 강남구 강남대로 12(도곡동) 철근콘크리트조 슬래브지붕 단층 주택 150㎡(별지 도면 표시 ㄱ, ㄴ, ㄷ, ㄹ, ㅁ, ㄱ의 각 점을 차례로 연결한 선내의 가 부분)를 철거하고 위 각 대지를 인도하라.

※ 도면을 첨부할 때는 방위, 축척을 표시하여야 한다.

(6) 퇴거 및 철거청구의 경우

> 원고에게
> 가. 피고 김여유는 서울 강남구 강남대로 71(도곡동) 철골조 슬래브지붕 2층 사무실 1층 100㎡, 2층 100㎡ 중 별지 도면 표시 ㄱ, ㄴ, ㄷ, ㄹ, ㄱ의 각 점을 차례로 연결한 선내의 (가) 부분 창고 50㎡에서 퇴거하고,
> 나. 피고 이민호는 위 건물부분 50㎡를 철거하라.

(7) 여러 피고들에 대하여 건물의 일부씩의 인도를 구하는 경우

> 1. 원고에게, 별지 목록 기재의 건물 중,
> 가. 피고 김풍요는 별지 도면 표시 ㄱ, ㄴ, ㄷ, ㄹ, ㄱ의 각 점을 차례로 연결한 선내의 (가) 부분 방 20㎡를,
> 나. 피고 김여유는 같은 도면 표시 ㅅ, ㅇ, ㅈ, ㅊ, ㅅ의 각 점을 차례로 연결한 선내의 (나) 부분 다방홀 57㎡를 각 인도하라.

(8) 특정물인 동산의 인도를 구하는 경우

> 피고는 원고에게 별지 목록 기재의 자동차를 인도하라.

(9) 상환인도청구의 경우

> 피고는 10,000,000원을 수령함과 상환으로 원고에게 별지 목록 기재의 물건을 인도하라.

(10) 화물상환증과의 상환인도청구의 경우

> 피고는 원고에게 나락(중등품, 경기산) 100가마(가마당 50㎏들이)를 한중운송주식회사가 2018. 3. 17. 발행한 제123호 화물상환증과 상환으로 조치원역에서 인도하라.

(11) 상환인도청구의 경우(불확정금액 공제의 경우)

> 피고는 원고로부터 10,000,000원에서 2018. 6. 17.부터 별지 목록 기재 건물의 인도 완료시까지 월 240,000원의 비율로 계산한 돈을 공제한 나머지 금액을 지급받음과 상환으로 별지 목록 기재의 건물을 인도하라.

(12) 미리 청구할 필요가 있는 경우의 선이행청구

> 피고는 원고로부터 10,000,000원을 지급받은 후 원고에게 별지 목록 기재의 동산을 인도하라.

(13) 주식인도 및 대상청구의 경우

> 피고는 원고에게 별지 목록 기재의 주식을 인도하라.
> 주식에 대한 강제집행이 불능인 경우에는 주식 1주당 34,760원의 비율로 환산한 돈을 지급하라.

※ 유가증권은 그 종류, 액면, 발행일, 발행인 등의 증권의 기재사항을 기재하여 특정할 수 있을 것이다.

(14) 외화인도 및 대상청구의 경우

> 피고는 원고에게 미화 100,000불을 인도하라.
> 미화에 대한 강제집행이 불능인 경우에는 집행 당시의 대고객전신환매도율로 따라 환산한 원화를 지급하라.

※ 환율에는 기준환율(재정경제원이 정함), 한국은행집중율, 외국환 은행의 대고객매매율, 은행간 매매율이 있고, 외국환은행의 대고객매매율에는 전신환매매율, 일람출급환매매율, 수입어음결제율, 기한부어음매매율이 있다. 매매율에는 매도율과 매입율이 있는데 매도율이라고 함은 은행이 고객에게 팔 때 적용되는 것이고, 매입율이라고 함은 은행이 고객으로부터 매수할 때 적용되는 것이다.

(15) 대체물인도 및 대상청구의 경우

> 피고는 원고에게 백미(정부미, 중등품) 100가마(가마당 50㎏들이)와 이에 대하여 2018. 6. 1.부터 갚는 날까지 연 15%의 비율로 계산한 백미를 인도하라.
> 백미에 대한 강제집행이 불능인 경우에는 백미 1가마당 150,000원의 비율로 환산한 돈을 지급하라.

※ 백미, 술 등 대체물은 종류, 품질, 수량 등을 기재하여 특정할 수 있을 것이다.

다. 의사진술(절차이행)청구

(1) 소유권이전등기청구

> 피고는 원고에 대하여 별지 목록 기재의 부동산에 관하여 2018. 6. 12.자(또는 이 사건 소장부본 송달일자) 매매(또는 증여, 명의신탁 해지, 시효취득, 대물변제, 양도담보, 화해, 유증, 교환, 재산분할, 협의분할에 의한 재산상속, 상환완료, 양도약정, 대물반환, 약정, 계약 등)를 원인으로 한 소유권이전등기절차를 이행하라.

※ 1. 등기에 관한 의사의 진술을 명하는 이와 같은 사건에 있어서는 목적부동산의 실제현황과 등기기록상의 표시가 일치하지 아니할 경우에도 등기기록상의 표시만으로 족하다.
2. 무명계약이 등기원인인 경우 관용어로 등기원인을 양도약정 또는 계약 또는 약정이라고 표현하는 경우도 있다.

(2) 전세권설정등기청구

> 피고는 원고에게 별지 목록 기재의 부동산에 관하여 2018. 6. 1. 전세권설정계약을 원인으로 하여 전세금 10,000,000원, 존속기간 2025. 5. 1.인 전세권설정등기절차를 이행하라.

(3) 저당권설정등기청구

> 피고는 원고에 대하여 별지 목록 기재의 부동산에 관하여 2018. 6. 17. 저당권설정계약을 원인으로 하여 채권액 10,000,000원, 채무자 김인호{주소 서울 송파구 가락로 13(석촌동)}, 변제기 2019. 6. 17. 이자 연 15%, 이자지급시기 매월 17일인 저당권설정등기절차를 이행하라.

> 피고는 원고들에게 별지 제1목록 기재 부동산에 관하여 창원지방법원 창녕등기소 2018. 6. 3. 접수 제12247호로서 한 채권최고액 250,000,000원의 근저당권설정등기에 추가하여, 별지 제2목록 기재 부동산에 관하여 2018. 6. 10.자 추가계약을 원인으로 한 근저당권설정등기절차를 이행하라.

(4) 근저당권설정등기청구

> 피고는 원고에 대하여 별지 목록 기재의 부동산에 관하여 2018. 6. 11. 근저당권설정계약을 원인으로 한 채권최고액 10,000,000원의 근저당권설정등기절차를 이행하라.

(5) 소유권이전등기청구(환매특약부)

> 피고는 원고에게 별지 목록 기재의 부동산에 관하여 매매대금 10,000,000원, 계약비용 1,000,000원, 환매기간 2018. 11. 10.까지인 2018. 5. 1.자 환매특약부 매매를 원인으로 하여 소유권이전등기절차를 이행하라.

(6) 지분이전등기청구

> 피고는 원고에 대하여 별지 목록 기재의 부동산의 10분의 5 공유지분에 관하여 2018. 6. 18. 매매를 원인으로 한 소유권이전등기절차를 이행하라.

(7) 근저당권이전등기청구

> 피고는 원고에 대하여 별지 목록 기재의 부동산에 관하여 서울중앙지방법원 2018. 1. 2. 접수 제11700호로 등기한 근저당권에 대하여 2018. 6. 16. 채권양도를 원인으로 한 근저당권이전등기절차를 이행하라.

(8) 권리변경등기청구

> 피고는 원고에 대하여 별지 목록 기재의 부동산에 관한 피고의 공유지분 2분의 1과 원고의 공유지분 2분의 1을 합유로 변경하는 등기절차를 이행하라.

(9) 가등기청구

피고는 원고에 대하여 별지 목록 기재의 부동산에 관하여 2018. 6. 16. 매매예약을 원인으로 한 소유권이전청구권보전의 가등기절차를 이행하라.

(10) 상환등기청구의 경우

피고는 10,000,000원을 수령함과 상환으로 원고에 대하여 별지 목록 기재의 부동산에 관하여 2018. 6. 16.의 매매를 원인으로 한 소유권이전등기절차를 이행하라.

(11) 다수의 원고들의 지분등기청구

피고는 원고들에 대하여 별지 목록 기재의 각 부동산 중 별지 기재 각 해당지분에 관하여 2018. 6. 17. 화해를 원인으로 한 소유권이전등기절차를 이행하라.

(12) 순수한 가등기에 기한 본등기의 청구

피고는 원고에 대하여 별지 목록 기재의 부동산에 관하여 서울중앙지방법원 2018. 5. 12. 접수 제75557호로 마친 가등기에 기한 2018. 6. 15. 매매를 원인으로 한 소유권이전등기절차를 이행하라.

(13) 담보가등기를 경료한 경우의 본등기청구(가등기담보등에관한법률)

피고는 원고에 대하여 별지 목록 기재의 부동산에 관하여 서울중앙지방법원 2017. 11. 7. 접수 제105호로 마친 가등기에 기한 2018. 6. 11.의 대물반환을 원인으로 한 소유권이전등기절차를 이행하라.

(14) 원고가 소외인의 권리를 대위행사하는 경우

피고는 소외 김풍요에게 별지 목록 기재의 부동산에 관하여 2018. 6. 16. 매매를 원인으로 한 소유권이전등기절차를 이행하라.

(15) 순차 전매의 경우 채권자대위권을 행사하는 경우

> 1. 별지 목록 기재의 부동산에 관하여,
> 가. 피고 김인호는 피고 이영자에 대하여 2018. 5. 8.의 매매를 원인으로 한,
> 나. 피고 이영자는 피고 박희자에 대하여 2018. 4. 8.의 매매를 원인으로 한,
> 다. 피고 박희자는 원고에 대하여 2018. 6. 7.의 매매를 원인으로 한,
> 각 소유권이전등기절차를 이행하라.

(16) 진정명의회복을 원인으로 한 소유권이전등기청구

> 피고는 원고에 대하여 서울 강남구 삼성동 123-1 대 314㎡에 관하여 진정한 등기명의의 회복(또는 진정명의 회복)을 원인으로 한 소유권이전등기절차를 이행하라.

※ 이미 자기 앞으로 소유권을 표상하는 등기가 되어 있었거나 법률에 의하여 소유권을 취득한 자가 진정한 등기명의를 회복하기 위한 방법으로는 현재의 등기명의인을 상대로 그 등기의 말소를 구하는 외에 "진정한 등기명의의 회복"을 원인으로 한 소유권이전등기절차의 이행을 직접 구하는 것도 허용되어야 한다.
진정한 등기명의의 회복을 원인으로 하는 이전등기청구를 이용하면 원인무효의 등기가 순차 경료된 후 등기부가 폐쇄된 경우 현등기명의인만을 상대로 이전등기를 청구할 수 있어 편리하다.

(17) 양도담보계약 해제를 원인으로 한 소유권이전등기청구의 경우

> 피고는 원고에 대하여 ~ 부동산에 관하여 2018. 6. 1. 양도담보계약 해제를 원인으로 한 소유권이전등기절차를 이행하라.

※ 기타 계약의 해제를 등기원인으로 하여 소유권이전등기를 하는 경우에도 위와 같이 할 수 있다.

(18) 수임인의 취득물 이전의무의 이행을 청구하는 경우

> 피고는 원고에 대하여 ~ 부동산에 관하여 2018. 6. 7. 민법 제684조 제2항에 의한 이전을 원인으로 한 소유권이전등기절차를 이행하라.

※ 민법 제684조 제2항은 수임인이 위임인을 위하여 자기의 명의로 취득한 권리는 위임인에게 이전하여야 한다고 규정하고 있다.

(19) 민법 제299조에 의한 위기(委棄)로 인한 소유권이전등기 청구

> 피고는 원고에 대하여 ~ 부동산에 관하여 2018. 6. 14. 민법 제299조에 의한 위기를 원인으로 한 소유권이전등기절차를 이행하라.

※ 민법 제299조는 승역지의 소유자는 지역권에 필요한 부분의 토지소유권을 지역권자에게 위기하여 공작물의 설치 또는 수선의 의무를 면할 수 있다고 규정한다.

(20) 말소 의미의 소유권경정등기청구의 경우

> 피고는 원고에 대하여 ~ 부동산 중 4분의 1 지분에 관하여 소유권보존등기의 말소등기절차를 이행하라.

※ 이 경우에는 판결을 받은 후 소유권보존등기의 말소등기신청을 하지 아니하고 말소 의미의 소유권경정등기신청을 하여야 한다.
1부동산 1등기용지의 원칙상 4분의 1 지분만의 보존등기의 말소등기는 곤란하기 때문이다.

> 피고는 원고에 대하여 ~ 부동산 중 피고의 3분의 2 지분 중 3분의 1 지분에 관하여 소유권이전등기의 말소등기절차를 이행하라.

※ 이 경우에는 판결을 받은 후 소유권이전등기의 말소등기신청을 하지 아니하고 말소 의미의 소유권경정등기신청을 하여야 한다. 왜냐하면 피고의 3분의 2 지분 중 3분의 1 지분만 말소되고 3분의 1 지분은 그대로 남아있게 되기 때문이다.

(21) 회복등기승낙의사표시청구

> 피고는 원고에 대하여 별지 목록 기재의 부동산에 관하여 서울중앙지방법원 2018. 1. 17. 접수 제2000호로 말소등기된 같은 법원 2018. 6. 1. 접수 제2001호 소유권이전등기의 회복등기에 대하여 승낙의 의사표시를 하라.

(22) 경정등기승낙의사표시청구

> 피고는 원고에 대하여 별지 목록 기재의 부동산에 관한 서울중앙지방법원 2018. 6. 10. 접수 제5500호 근저당권설정등기의 채권최고액 "금 50,000,000원"을 "금 500,000,000원"으로 하는 경정등기에 대하여 승낙의 의사표시를 하라.

(23) 명의변경청구

> 피고는 원고에 대하여 별지 목록 기재의 부동산(또는 별지 회원권)에 관하여 2018. 6. 7. 매매를 원인으로 한 서울특별시(또는 아리랑컨트리크럽) 비치 구덕시영아파트 수분양대장(또는 임차인명부 또는 회원명부)상의 수분양자(또는 임차인 또는 회원) 명의변경절차를 이행하라.

※ 서울시영분양아파트는 소유명의는 서울특별시로 해두고 분양대금을 15년간 분할상환하게 하여 수분양자대장상의 명의인에게 소유권이전등기를 해주고 있다고 한다.

(24) 채권양도청구

> 피고는 원고에 대하여 별지 목록 기재의 건물에 관한 피고의 소외 김이라에 대한 반환청구권을 양도하는 의사표시를 하고, 소외 김이라{주소 서울 강남구 강남대로 23 (역삼동)}에게 위 청구권을 원고에게 이 사건 판결 확정일에 양도하였다는 취지의 통지를 하라.

※ 판결 확정 후 원고가 판결문을 김이라에게 확정일자 있는 증서로 송부 또는 제시하여야 양도통지의 효과가 생긴다.

(25) 토지사용승낙의사표시청구

> 피고는 원고가 춘천시에 대하여 춘천시 석사동 813 대지 상에 건축허가를 신청함에 있어 춘천시 석사동 813 대 200㎡ 중 피고의 135분의 92 지분에 대하여 건축허가에 필요한 도로개설에 관하여 동의의 의사표시를 하라.

라. 말소등기

(1) 기본형

> 피고는 원고에 대하여 서울 구로구 구로동 8 잡종지 50㎡에 관하여 2018. 6. 17. 서울중앙지방법원 구로등기소 접수 제5566호로 마친 소유권이전등기의 말소등기절차를 이행하라.

※ 민법 제214조는 소유자는 소유권을 방해하는 자에 대하여 방해의 제거를 청구할 수 있다고 규정한다. 원인무효의 등기를 경료한 사람은 소유자에 대하여 소유권을 방해하는 자에 해당한다.

(2) 피고가 2명인 경우

> 1. 원고에 대하여, 별지 목록 기재의 부동산에 관하여,
>   가. 피고 김정직은 서울중앙지방법원 2018. 7. 6. 접수 제1001호로 마친 소유권이전등기의,
>   나. 피고 이민호는 같은 법원 2018. 6. 3. 접수 제7888호로 마친 소유권이전등기의
>   각 말소등기절차를 이행하라.

(3) 토지 중 일부만의 말소등기청구

> 피고는 원고에 대하여 별지 목록 기재의 토지 중 별지 도면 표시 ㄱ, ㄴ, ㄷ, ㄹ, ㅁ, ㅂ, ㄱ의 각 점을 차례로 연결한 선내의 부분 101㎡에 관하여 서울중앙지방법원 2018. 6. 11. 접수 제1002호로 마친 소유권이전등기의 말소등기절차를 이행하라.

※ 토지의 일부만에 관하여 말소등기를 청구하는 경우에는 판결을 받은 후 대위에 의하여 분할신청, 분필등기를 한 후 말소등기를 하게 된다. 도면은 지적도등본을 참고하여 적당히 그렸다가 법원에 측량감정신청을 하여 측량도면이 나오면 그 도면을 복사하여 별지로 첨부하여 청구취지변경신청을 내면 된다.

(4) 대위에 의한 말소등기청구 및 이전등기청구

> 1. 별지 목록 기재의 부동산에 관하여,
>   가. 피고 김이권에 대하여,
>   (1) 피고 이민호는 서울중앙지방법원 2018. 6. 12. 접수 제10031호로 마친 소유권이전등기의,
>   (2) 피고 박복호는 같은 법원 2018. 2. 3. 접수 제7008호로 마친 소유권이전등기의, 각 말소등기절차를 이행하고,
>   나. 피고 김이권은 원고에 대하여 2017. 6. 3. 매매를 원인으로 한 소유권이전등기절차를 이행하라.

(5) 말소회복등기청구

> 피고는 원고에 대하여 별지 목록 기재의 부동산에 관하여 서울중앙지방법원 2018. 6. 11. 접수 제5555호로 말소등기된 같은 법원 2017. 4. 7. 접수 제12721호 근저당권설정등기의 회복등기절차를 이행하라.

※ 이 말소회복청구도 물권적 청구권을 청구권원으로 하는 것이며 원인무효라고 보통 부른다.

(6) 근저당권말소청구

> 피고는 원고에 대하여 별지 목록 기재의 부동산에 관하여 서울중앙지방법원 2017. 2. 11. 접수 제7500호로 마친 근저당권설정등기에 대하여 2018. 6. 7. 해지(변제)를 원인으로 한 말소등기절차를 이행하라.

※ 후발적 실효사유인 해지를 청구권원으로 하는 경우이다.

마. 확인청구

(1) 소유권확인

> 별지 목록 기재의 부동산은 원고의 소유임을 확인한다.

(2) 지상권확인

> 별지 목록 기재의 토지에 관하여 철근콘크리트조 건물의 소유를 목적으로 하는 존속기간 2018. 6. 1.부터 30년인 지상권이 원고에게 있음을 확인한다.

(3) 임차권확인

> 별지 목록 기재의 건물에 관하여 2018. 6. 1.자 원고와 피고 사이의 임대차계약에 기한 기간 2018. 6. 20.부터 2년, 차임 월 1,000,000원인 임차권이 원고에게 있음을 확인한다.

(4) 채무부존재확인

> 원고와 피고 사이의 2018. 6. 17.자 금전소비대차계약에 의한 10,000,000원과 이에 대한 이자채무가 원고에게 없음을 확인한다.

> 원고의 피고에 대한 공증인가 한라합동법률사무소 2018. 6. 7. 작성 증서 제332호 약속어음공정증서에 기한 약속어음금 10,000,000원의 채무는 존재하지 아니함을 확인한다.

(5) 채무일부부존재확인

> 원고와 피고 사이의 2018. 6. 17.자 금전소비대차계약에 의한 원고의 채무는 10,000,000원을 넘어서는 존재하지 아니함을 확인한다.

(6) 증서진부확인

> 원고를 매도인, 피고를 매수인으로 하여 2018. 6. 18. 작성된 별지 사본 기재의 매매계약서는 진정으로 성립된 것이 아님을 확인한다.

※ 민사소송법 제250조는 확인의 소는 법률관계를 증명하는 서면이 진정한지 아닌지를 확정하기 위하여서도 제기할 수 있다고 규정한다.

(7) 피고가 여럿인 경우 일부 피고와만의 확인

> 원고와 피고 이호철과 사이에 있어서 별지 목록 기재의 토지가 원고의 소유임을 확인한다.

바. 기 타

(1) 경계확정청구

> 원고 소유의 별지 목록 기재 1 토지와 피고 소유의 별지 목록 기재 2 토지와의 경계선은 별지 목록 기재 1 토지상의 별지 목록 기재 3 건물의 동남쪽 모퉁이인 별지 도면 표시 가 점으로부터 별지 목록 기재 2 토지상의 별지 목록 기재 4 건물의 북서쪽 모퉁이인 별지 도면 표시 나 점에서 동북쪽으로 2m 45㎝ 지점인 별지 도면 다 점을 연결한 직선으로 확정한다.

(2) 공유물 현물분할

> 별지 목록 기재의 토지를 중 별지 도면 표시 ㄱ, ㄴ, ㄷ, ㄹ, ㅁ, ㅂ, ㄱ의 각 점을 차례로 연결한 선내의 가 부분 60㎡는 원고의 소유로, 같은 도면 표시 ㄴ, ㄷ, ㄹ, ㅈ, ㅇ, ㅅ, ㄴ의 각 점을 차례로 연결한 선내의 나 부분 58㎡는 피고의 소유로 분할한다.

(3) 공유물 경매분할

> 별지 목록 기재의 부동산을 경매에 부쳐 그 대금에서 경매비용을 공제한 나머지 금액을 원고에게 10분의 3, 피고에게 10분의 7의 각 비율로 분배한다.

(4) 청구이의의 경우

> 피고의 원고에 대한 광주지방법원 2018가합 222 추심금 청구사건의 판결에 기한 강제집행은 이를 불허한다.

> 피고의 원고에 대한 공증인가 한국합동법률사무소 작성 2018년 증서 제222호 약속어음공정증서에 기한 강제집행은 이를 불허한다.

> 피고의 원고에 대한 공증인가 백제합동법률사무소 작성 2018년 증서 제333호 금전소비대차공정증서에 기한 강제집행은 2018. 7. 6.까지 이를 불허한다.

> 피고의 원고에 대한 OO지방법원 2018가단 13 대여금 청구사건의 판결에 기한 강제집행은 10,000,000원을 초과하는 부분에 한하여 이를 불허한다.

(5) 제3자 이의의 경우

> 피고가 소외 한철수에 대한 OO지방법원 2018가합 555 부당이득금 청구사건의 집행력 있는 판결정본에 기하여 2018. 6. 15. 별지 목록 기재의 물건에 대하여 한 강제집행은 이를 불허한다.

(6) 재심청구

> 1. 귀원이 2018가합 127 토지인도 청구사건에 관하여 2018. 6. 16. 선고한 판결은 이를 취소한다.
> 2. 원고(재심피고)의 청구를 기각한다.

> 1. 귀원이 2018가합 123 토지인도 청구사건에 관하여 2013. 6. 12. 선고한 판결은 이를 취소한다.
> 2. 피고(재심피고)는 원고(재심원고)에게 별지 목록 기재의 토지를 인도하라.

(7) 제권판결에 대한 불복의 소

(가) 민사소송법 제490조 제2항 1호의 경우

귀원이 2018카공 123 공시최고신청사건에서 별지 목록 기재의 문서에 대하여 2018. 6. 12. 선고한 제권판결을 취소한다. 위 문서에 대한 공시최고신청을 기각한다.

(나) 민사소송법 제490조 제2항 2, 3, 4, 5, 7호의 경우

귀원이 2018카공 456 공시최고신청사건에서 별지 목록 기재의 수표에 대하여 2018. 6. 16. 선고한 제권판결을 취소한다. 위 수표에 대한 제권판결신청을 각하한다.

(다) 민사소송법 제490조 제2항 6호의 경우

1. 귀원이 2018카공 789 공시최고사건에서 208. 6. 11. 선고한 제권판결을 다음과 같이 변경한다. 2. 별지 목록 기재의 수표에 대하여 원고가 신고한 권리를 보류하고 위 증서의 무효를 고한다.

(8) 사해행위취소청구

1. 피고와 소외 양철호와 사이에 별지 목록 기재의 부동산에 관하여 2018. 6. 17. 체결한 근저당권설정계약은 이를 취소한다. 2. 피고는 소외 양철호에게 전항 기재 부동산에 관하여 청주지방법원 접수 제112호 마친 근저당권설정등기의 말소등기절차를 이행하라.

5. 당사자표시 기재방법

가. "지배인"은 법률상 대리인이나 그냥 "지배인"으로 표시하고, 그 외 "상무나 지부장, 지점장"등의 직명을 가진 법률상 대리인은 직명 앞에 "법률상대리인"이라고 부기하여 예컨대 "법률상대리인 상무", "법률상대리인 지부장"이라고 병기하여 표시한

다. "업무수탁기관"도 상법 제11조 제1항의 지배인과 동일한 법률상대리인이므로 "법률상 대리인 업무수탁기관 OO농업협동조합"으로 표시하여야 함에 유의하여야 한다. 이때 업무수탁기관은 법률상대리인에 불과하지만 일반적인 법인 당사자의 표시와 동일하게 법인명칭(혹인상호), 주사무소(혹은 본점), 대표자의 표시를 하여야 한다. 실제로 소송을 수행하는 자이기 때문이다.

※ 주의 : 농협중앙회가 "농림수산업자 신용보증기금"의 관리기관(농림수산업자신용보증법 제4조 내지 제5조의 2)으로서 당사자가 되는 경우와 위 기금의 관리기관인 농업협동조합중앙회가 금융기관 등에 업무를 위탁한 경우(같은 법 제10조의 2)에 아직까지도 당사자 표시를 대부분 "농림수산업자 신용보증기금 관리기관 농업협동조합중앙회"라고 표시하고 있으나 이는 잘못된 표시이며 이 때의 당사자는 단지 "농업협동조합중앙회"로 편리상 "농업협동조합중앙회(신용보증기금)"으로 표시하기도 하며 대표자는 전무이사이다.

(* 대법원판례(2004다2762)에 의하면 농림수산업자 신용보증기금은 독립된 법인이 아니고 그 관리자인 농업협동조합중앙회가 권리의무의 귀속주체이다)

그 외 신용사업과 관련한 업무는 신용대표이사가 중앙회를 대표한다(예, 농협중앙회가 신용업무를 위탁하지 않은 경우의 채권, 채무에 관한 대표권).

나. 자연인의 표시에 있어 성명을 기재하고 괄호 안에 주민등록번호를, 예컨대 "홍길동(OOOOOO-OOOOOOO)"과 같이 기재하고, 주민등록번호를 알 수 없는 경우에는 김철수(金哲洙), 박재동(일명 : 박선달)과 같이 괄호 안에 "한자, 혹은 별명, 이명"을 기재한다. 당사자가 외국인, 외국법인인 경우에는 "존, 에프, 케네디(J, F, Kennedy)"와 같이 외국어에 대한 성명이나 명칭 전체를 한글로 표시하고, 해당 외국문자를 괄호 안에 병기한다. 이는 당사자의 특정을 위하여서이다. 원래 주민등록번호나 한자성명은 기재하지 아니하여도 소송을 제기할 수 있으나, 강제집행시에 동일인의 증명을 위하여 필요하므로 가급적이면 기재하도록 한다. 주소는 성명의 아래 줄의 성명의 첫 번째 글자부터 시작하여 기재하는 것이 원칙이다.

다. 휴면회사로서 상법 제520조의 2에 의하여 해산간주된 회사는 법인등기기록에 나타난 대표이사가 대표청산인으로 표시한다(말소사항 포함된 법인등기기록에 기재된 대표이사). 만약 감사만 존속하는 것으로 등기기록에 기재되었다면 감사는 특별한 사정이 없는 한 회사의 대표권이 없으므로 이를 대표자로 표시해서는 아니된다.

6. 당사자표시 기재례

(1) 기 본 형

원 고	김 풍 요 (OOOOOO-OOOOOOO)
	서울 송파구 가락로 17(석촌동)
피 고	이 번 영 (OOOOOO-OOOOOOO)
	서울 송파구 가락로 68(석촌동)

(2) 미성년자인 경우

원 고	김 풍 요 (OOOOOO-OOOOOOO)
	서울 강남구 강남대로 126(도곡동)
	친권자 부 김동훈, 모 김애경
	위 같 은 곳

(3) 피고가 소재불명인 경우

피 고	이 정 의 (OOOOOO-OOOOOOO)
	현재 소재불명
	최후주소 : 서울 관악구 관악로 106(봉천동)

(4) 피고의 성명이 여럿인 경우

피 고	이 번 영(일명 이민철)

(5) 원고가 법인체인 경우

원 고	한성주식회사 (OOOOOO-OOOOOOO)	- 등기기록상 명칭
	서울 관악구 관악로 926(봉천동)	- 본점 소재지
	대표자 대표이사 김 인 수	- 대표자

(6) 법인체로서 법인등기부상 본점 소재지와 실제 본점소재지가 다른 경우

원 고	한림주식회사 (OOOOOO-OOOOOOO) 서울 은평구 가좌로164(응암동) 법인등기기록상주소 : 서울 관악구 관악로 118(봉천동) 대표자 대표이사 김 번 영

(7) 등기, 등록 관계 소송에서 피고의 현주소와 등기부상 주소가 다른 경우

피 고	이 여 유 (OOOOOO-OOOOOOO) 서울 관악구 관악로 106(봉천동) 등기기록상주소 : 서울 강남구 강남대로 496(논현동)

(8) 피고의 상호가 변경된 경우

피 고	한라주식회사(구상호 : 한주주식회사) (OOOOOO-OOOOOOO) 서울 강남구 강남대로 496(논현동) 등기기록상주소 : 서울 강남구 강남대로 217(논현동) 대표자 대표이사 김 여 리

(9) 원고가 여럿인 경우

원 고	1. 김 풍 요 (OOOOOO-OOOOOOO) 서울 송파구 가락로 28(석촌동) 2. 이 복 지 (OOOOOO-OOOOOOO) 서울 강남구 강남대로 102(논현동)

(10) 선정된 당사자의 경우

원 고(선정당사자)	김 번 창 (OOOOOO-OOOOOOO) 서울 강남구 강남대로 218(논현동)

※ 이 경우에는 당사자선정서를 소장 뒤에 첨부한다. 당사자선정서에는 어떤 사건에 관하여 어떤 이유로 선정당사자를 선정한다는 내용을 기재하고 선정자의 성명과 주소를 쓴 후 날인한다.

(11) 독립당사자참가를 하는 경우

> 원 고 김 화 목 (OOOOOO-OOOOOOO)
> 서울 강남구 강남대로 496(논현동)
>
> 피 고 이 이 치(OOOOOO-OOOOOOO)
> 서울 송파구 가락로 217(석촌동)
> 독립당사자참가인 박 복 지
> 서울 관악구 관악로 108(봉천동)

(12) 반소를 제기하는 경우

> 원 고(반소피고) 김 화 목 (OOOOOO-OOOOOOO)
> 서울 관악구 관악로 108(봉천동)
>
> 피 고(반소원고) 이 친 절 (OOOOOO-OOOOOOO)
> 서울 강남구 강남대로 496(논현동)

(13) 재심을 청구하는 경우

> 원 고(재심원고) 김 화 목 (OOOOOO-OOOOOOO)
> 서울 관악구 관악로 108(봉천동)
>
> 피 고(재심피고) 이 친 절 (OOOOOO-OOOOOOO)
> 서울 강남구 강남대로 496(논현동)

(14) 항소사건의 경우

원 고(피항소인) 김 풍 요 (OOOOOO-OOOOOOO)
서울 강남구 강남대로 496(논현동)

피 고(항 소 인) 이 이 치 (OOOOOO-OOOOOOO)
서울 관악구 관악로 108(봉천동)

(15) 원고를 보조참가하는 경우

원 고 김 풍 요 (OOOOOO-OOOOOOO)
서울 관악구 관악로 108(봉천동)

보조참가인 김 정 의 (OOOOOO-OOOOOOO)
서울 강남구 강남대로 112(역삼동)

피 고 전 여 순 (OOOOOO-OOOOOOO)
서울 송파구 가락로 27(석촌동)

(16) 소송수계가 있는 경우

원 고 망 김인수의 소송수계인 김 풍 요 (OOOOOO-OOOOOOO)
서울 관악구 관악로 108(봉천동)

피고, 피상고인 1. 선정당사자 오 해 정 (OOOOOO-OOOOOO)
2. 망 박찬호의 소송수계인 김 화 자 (OOOOOO-OOOOOOO)

(17) 파산관재인인 경우

원 고 파산자 김인수의 파산관재인 김 인 권 (OOOOOO-OOOOOOO)
서울 관악구 관악로 108(봉천동)

※ 파산선고가 있는 경우 파산자가 가지고 있던 재산은 모두 파산재단이 된다. 그런데 파산재단에 관한 소송에 있어서 당사자는 파산자가 아니라 파산관재인이다. 파산관재인은 파산재단에 관하여 관리처분권을 가진다. 이에 반하여 파산적 청산을 예방하기 위한 화의절차에 있어서는 화의재단이라는 관념이 없고 화의관재인은 있으나 화의관재인은 화의채무자에 대한 감독권은 있으나 화의채무자의 재산에 대한 관리처분권이 없다. 따라서 화의채무자의 재산에 관한 소송에 있어서 당사자는 화의채무자 자신이 되고 화의관재인이 되는 것이 아니다. 화의개시결정이 내려져도 화의채권이 아닌 일반우선권 있는 채권 등에 의한 강제집행에는 영향이 없다.

(18) 정리회사 관리인인 경우

원 고 정리회사 한성주식회사의 관리인 김 인 권 (OOOOOO-OOOOOOO)
서울 관악구 관악로 108(봉천동)

(19) 유언집행자인 경우

원 고 망 김인수의 유언집행자 김 천 권 (OOOOOO-OOOOOOO)
서울 관악구 관악로 108(봉천동)

(20) 상속재산관리인인 경우

피 고 망 김인수의 상속재산관리인 김 천 권 (OOOOOO-OOOOOOO)
서울 관악구 관악로 108(봉천동)

※ 피고가 사망하고 사망자의 상속인이 모두 상속포기를 해 버리는 경우 원고로서는 민법 제1044조(포기한 상속재산의 관리계속의무) 제2항의 규정에 따라 민법 제1023조 제1항 상의 상속재산의 보존에 필요한 처분(가사소송법 제2조 제1항 라류 27호 사건, 상속재산보존을 위한 처분)으로 상속재산관리인의 선임을 신청하여 그 선임된 상속재산관리인을 상대로 하여 소송을 하여야 할 것이다.

(21) 선장을 상대로 해난구조료를 청구하는 경우

피 고 선장 이 민 주 (OOOOOO-OOOOOOO)
서울 관악구 관악로 108(봉천동)

(22) 등기관계소송에서 당사자가 사망하였으나 등기부에는 아직 상속등기가 되지 아니한 경우

피 고 망 이민주의 재산상속인
1. 이 철 강 (OOOOOO-OOOOOOO)
2. 송 미 경 (OOOOOO-OOOOOOO)
위 피고들의 주소 : 서울 관악구 관악로 108(봉천동)

- 상속이 2차에 걸쳐 이루어졌으나 모두 상속등기가 되지 아니한 경우, 즉 이연수가 사망하여 이경호가 단독상속하고 이경호가 사망하여 이동철, 이동구, 이동필이 공동 상속한 경우

망 이연수의 상속인인 망 이경호의 상속인 이동철, 이동구, 이동필

(23) 당사자가 사단법인인 경우

피 고	사단법인 연 정 회 (OOOOOO-OOOOOOO)
	서울 관악구 관악로 108(봉천동)
	대표자 이사장 김 철 식

(24) 당사자가 비법인사단인 경우

피 고	조락동우회
	서울 관악구 관악로 108(봉천동)
	대표자 회장 김 인 수

(25) 당사자가 종중인 경우

피 고	제주장씨 전서공파기문공종중 (OOOOOO-OOOOOOO)
	제주시 이도로 19(이도동)
	대표자 도유사 장 철 수

(26) 당사자가 국가인 경우

피 고	대 한 민 국 법률상 대표자 법무부장관 ○○○

※ 국가나 지방자치단체가 당사자인 경우에는 주소를 기재하지 아니한다.

(27) 당사자가 사찰인 경우

원 고	봉 은 사 (○○○○○○-○○○○○○○) 서울 관악구 관악로 108(봉천동) 대표자 주지 김허무

(28) 특별대리인이 있는 경우

피 고	사단법인 연정회 (○○○○○○-○○○○○○○) 서울 관악구 관악로 108(봉천동) 특별대리인 장 정 의

(29) 소송대리인이 있는 경우

원 고	김 인 철 (○○○○○○-○○○○○○○) 서울 관악구 관악로 108(봉천동) 소송대리인 변호사 장수인 서울 서초구 강남대로 216(도곡동)

(30) 당사자가 상당히 많은 경우

원 고	별지 목록 기재와 같음 원고들의 소송대리인 변호사 정인기 서울 서초구 강남대로 216(도곡동)

(31) 단독사건에서 은행직원이 소송대리허가를 받아 소송대리인이 되고자 하는 경우

> 원 고 주식회사 번성은행 (OOOOOO-OOOOOOO)
> 서울 서초구 강남대로 216(도곡동)
> 대표이사 이 번 성
> 소송대리인 김 행 운

(32) 당사자가 학교법인인 경우

> 원 고 학교법인 공부학원 (OOOOOO-OOOOOOO)
> 서울 서초구 강남대로 216(도곡동)
> 대표자 이사장 박공실

(33) 당사자가 지방자치단체인 경우

> 원 고 경 기 도
> 대표자 도지사 정경수
>
> 원 고 용 인 군
> 대표자 군수 조용기

(34) 송달영수인 신고를 한 경우

> 원 고 김 인 권 (OOOOOO-OOOOOOO)
> 서울 서초구 강남대로 216(도곡동)
> 송달영수인 김 민 권
> 서울 강남구 강남대로 478(논현동)

(35) 부재자로서 재산관리인이 있는 경우

원 고	김 인 권 (OOOOOO-OOOOOOO) 현재 소재불명 최후주소 서울 강남구 강남대로 478(논현동) 부재자이므로 법정대리인 재산관리인 김민구 서울 송파구 가락로 126(석촌동)

(36) 당사자가 합명회사인 경우

원 고	한성 합명회사 (OOOOOO-OOOOOOO) 서울 송파구 가락로 126(석촌동) 대표사원 김인권, 김민주
원 고	한일 합명회사 (OOOOOO-OOOOOOO) 서울 강남구 강남대로 216(도곡동) 대표자 업무집행사원 김복지

(37) 당사자가 합자회사인 경우

원 고	허무 합자회사 (OOOOOO-OOOOOOO) 서울 강남구 강남대로 216(도곡동) 대표자 무한책임사원 김복지

(38) 교육에 관하여 지방자치단체가 당사자가 될 경우

피 고	경 기 도 대표자 교육감 김정직

(39) 소송복대리인이 있는 경우

원 고 김 인 권 (OOOOOO-OOOOOOO)
서울 강남구 강남대로 216(도곡동)
소송대리인 변호사 김주원
서울 송파구 가락로 62(석촌동)

(40) 소송대리인이 여럿인 경우

원 고 김 인 자 (OOOOOO-OOOOOOO)
서울 송파구 가락로 62(석촌동)
소송대리인 변호사 장인권, 김주원
서울 관악구 관악로 126(봉천동)

(41) 소송대리인이 법무법인인 경우

원 고 김 인 권 (OOOOOO-OOOOOOO)
서울 관악구 관악로 126(봉천동)
소송대리인 법무법인 오성
담당변호사 이민주, 박광명
서울 송파구 가락로 62(석촌동)

(42) 대한법률구조공단의 소속변호사나 공익법무관의 경우

원 고 김 희 석 (OOOOOO-OOOOOOO)
서울 송파구 가락로 62(석촌동)
소송대리인 변호사 박희수, 공익법무관 이인주
서울 관악구 관악로 126(봉천동) 대한법률구조공단

(43) 농협의 경우

원 고	보성농업협동조합 (OOOOOO-OOOOOOO) 서울 관악구 관악로 126(봉천동) 대표자 조합장 양주동 법률상 대리인 전무 양복지

(44) 승계참가하는 경우

원 고	합명회사 영광 (OOOOOO-OOOOOOO) 서울 관악구 관악로 126(봉천동) 대표자 업무집행사원 임철희 승계참가인 박 귀 희 서울 송파구 가락로 62(석촌동)
피 고	이 복 환 서울 강남구 강남대로 216(도곡동)

- 원고가 탈퇴한 다음에는 당사자 표시를 다음과 같이 할 수 있다.

원 고(탈퇴)	합명회사 영광 (OOOOOO-OOOOOOO) 승계참가인 박 귀 희
피 고	이 복 환

7. 주소의 표시방법

가. 도의 표시는 "경기도"는 "경기" "충청남도"는 "충남"으로, 특별시나 광역시의 표시는 "특별시나 광역시"를 생략하여 "서울특별시"는 "서울", "광주광역시"는 "광주"로, 그 밖의 시는 속해 있는 도의 표시 없이 "천안시", "용인시"로, 읍이나 면은 속

해 있는 군이나 시를 표시하여 “충남 연기군 조치원읍” “논산시 강경읍” “충남 금산군 부리면”으로 각 표시한다.

나. 적당한 여백에 당사자의 전화번호 및 이-메일주소 등 연락처를 기재한다.

다. 소 제기 시부터 공시송달로 진행해야 할 경우라면 “현재 소재불명, 최후주소 전남 OO군 OO읍 OO로 12번길 6” 등으로 표시한다. 부동산 관련 소송에 있어서는 주소 아래에 등기기록상주소를 표시한다.

라. 주소지와 송달받을 장소가 다른 경우에는 별도로 송달받을 장소를 기재한다. 아울러 송달영수인을 정하여 신고할 수 있다(민소법 184조). 송달영수인이란 당사자, 법정대리인 또는 소송대리인에 의해 선임된 자로 그 수송달자는 수소법원의 소재지에 주소, 거소, 영업소, 사무소가 없거나 있는 경우에도 정할 수 있다.

마. 민사사건에서 송달장소 기재와 관련하여 법무사나 그 사무원은 원고(채권자)에 대한 보충송달의 수령인이 될 수 없으므로, 송달영수인 신고서를 제출하는 방법으로 가능하다.

바. 사해행위취소소송에서 등기관련 소송을 제기하는 경우 등기기록에 기재되어 있는 피고의 주소지가 현주소지가 다른 경우에는 등기기록상주소를 병기한다.

사. 이미 사망한 사람을 생존하는 사람으로 잘못 알고 소송을 제기한 후 사망사실이 발견되면 사망자의 재산상속인으로 당사자표시정정신청을 하고, 제소 당시에는 생존하였으나 제소 후 사망한 경우에는 사망자의 재산상속인을 상대로 소송을 계속하고자 할 때에는 소송수계신청을 한다.

아. 상속인 중에 1인이 이민을 갔으나 주소가 불명한 경우의 주소를 증명하는 서면은 외국주재 본국 대사관이나 영사관에서 발급하는 재외국민거주사실증명서를 발급받아야 한다(외국인과 결혼하여 그 소재를 알 수 없는 경우에는 위 대사관 또는 영사관에서 소재를 확인할 수 없다는 확인서를 발급받아야 한다).

8. 법원의 사건관할

가. 합의사건의 사물관할

(1) 합의부가 심판할 것으로 결정한 재정합의사건

(2) 소송물가액이 2억원을 초과하는 민사사건

(3) 해고무효확인의 소 등 비재산권상의 소

(4) 소송물가액이 2억원을 초과하는 민사사건

(5) 재산권상의 소이지만 소가를 산출할 수 없는 사건

(6) 본소가 합의부관할인 경우 이에 병합하여 제기하는 관련청구

나. 단독사건의 사물관할

(1) 소송물가액이 2억원 이하의 민사사건

(2) 다음에 열거하는 사건은 2억원을 초과하더라도 단독사건임(즉 청구금액에 관계없이 단독사건임)

- 수표금 · 약속어음금 청구사건
- 금융기관(은행, 농협, 수협, 축협, 산림조합, 신협, 신용보증기금, 기술신보, 지역신용보증재단, 새마을금고, 상호저축은행, 종합금융회사, 시설대여회사, 보험회사, 신탁회사, 증권회사, 신용카드회사, 할부금융회사, 신기술사업금융회사)이 채권자인 대여금, 구상금, 보증금 청구사건
- 자동차손해배상법에서 정한 자동차 · 원동기장치자전거 · 철도차량의 운행 및 근로자의 업무상재해로 인한 손해배상 청구사건과 채무부존재확인청구사건
- 단독판사가 심판할 것을 합의부가 결정한 사건

※ 주의 : 단독사건의 사물관할은 3,000만원에서 2억원 이하이지만, 소송대리허가는 1억원 이하 사건만 가능하다.

다. 기타 사건의 관할

(1) 특수판매(즉, 방문판매, 전화권유판매, 다단계판매, 후원방문판매, 계속거래 및 사업권유거래)와 관련된 소는 피고의 전속관할지 법원(시・군법원 포함)에 소장을 접수하여야 한다.

(2) 신용카드이용대금의 경우 할부대금이 없는 경우에는 약관에서 정한 법원 또는 의무이행지에 소송을 제기할 수 있으나, 할부대금이 있는 경우 피고의 전속관할지(시・군법원 포함)에 소장을 접수하여야 한다. 따라서 피고가 할부금을 연체하고 있고, 다른 시도에 거주한다면 피고 주소지가 있는 법원에 소장을 접수하여야 한다. 할부금이 없는 경우 할부금이 없다는 소명자료를 제출하면 원고의 본점 또는 영업소 소제기 관할 법원에 소를 제기할 수 있다.

9. 민사소송사건의 송달처리방법

가. 개인사건의 경우

(1) 공시송달을 허가하는 경우

- 직권말소된 주민등록초등(초)본이 제출된 경우
- 주민등록등(초)본 + 집행관의 특별송달결과 이사불명, 수취인불명으로 되어 있고, 집주인 문의 또는 거주자 문의 등의 구체적인 내용이 기재되어 있는 경우(* 통반장의 불거주확인서는 이미 폐지되어 효력이 없고, 공시송달의 효력발생시기는 게시한 날로부터 2주일의 경과하는 날에 효력이 발생한다)

(2) 공시송달을 이용할 수 없는 사건

지급명령신청(단, 저축은행을 제외한 은행, 증권, 보험 등의 금융회사는 공시송달 가능), 증인・감정에 대한 소환장의 송달, 제3채무자에 대한 진술최고, 이행권고결정 및 화해권고결정

나. 기관사건(금융기관 등)의 경우

(1) 주민등록등(초)본(3개월 이내)이 제출된 경우

- 수취인불명, 이사불명이면 원칙적으로 당사자의 신청에 의하여 허부를 결정하

고, 예외적으로 직권에 의하여 할 수 있다(소액사건 경우).

(2) 주민등록등(초)본(3개월 이내)이 제출되어 있더라도,

- 수취인부재, 주소불명이면 주소보정을 명함(주소보정시마다 주민등록등(초)본을 새로 발급받아 제출한다)
- 폐문부재이면 주소보정명령하고, 공휴일, 야간송달(특별송달)을 하였는데도 폐문부재인 경우에는 발송송달을 하도록 되어 있으나 실무에서는 다시 보정명령하고 공시송달을 허가하는 예가 대부분이다.
- 폐문부재, 수취인부채, 수취인거절시 바로 특별송달신청하거나 재송달신청하고 다시보정명령이 오면 특별송달을 신청한다.
- 법인에 대한 주소보정은 주민등록등(초)본을 첨부하여 대표이사 개인주소로 할 수 있다.

(3) 공시송달요건

- 집행관송달을 실시하여 이사불명, 수취인불명, 수취인미거주의 사유로 송달불능이 된 경우
- 폐문부재, 수취인부재, 수취인거절의 사유로 송달이 안되어 보정명령이 내려진 경우는 공시송달신청을 할 수 없고, 집행관송달을 실시하였는데 폐문부재, 수취인부재로 2회 이상 송달불능된 경우 가능하다.
- 소액사건에서 특별송달을 실시하였는데, 이사불명, 수취인불명, 수취인미거주, 수취인불능, 주소불명의 사유로 송달불능이 되고, 그 후 피고의 주민등록등(초)본이 제출된 경우
- 법인의 경우 법인등기사항증명서상의 사무소의 주소지와 대표자의 주민등록등(초)본상의 주소지의 송달불능은 공시송달을 하기 위하여 반드시 요구되는 요건이다.

(4) 주민등록등(초)본이 제출안된 경우

- 송달불능사유에 관계없이 주소보정을 명함(원고가 허위의 주소로 유도한 경우가 있다).
- 당사자의 동일성을 확인하고 소제기 당시의 주소를 확인하기 위하여 피고의 주

민등록등(초)본을 제출한다. 주민등록등(초)본을 제출함이 없이 판결이 선고되면 후일 집행을 하는 데 있어 커다란 어려움이 따를 수 있다.

다. 발송송달

원고가 송달불능된 경우와 피고에게 송달되거나 출석하다가 송달불능된 경우

10. 소멸시효와 중단

가. 판결 등에 의하여 확정된 사건

(1) 지급명령은 기판력이 없기 때문에 시효가 10년이 아니라는 견해가 통설이나, 이에 대한 반대견해도 있으며, 대법원 판례는 없다. 기판력이 없으므로 채무부존재소송, 부당이득소송의 가능성이 있다는 문제점이 있으나 이 부분은 소가 제기되더라도 피고가 다툴 수 있는 부분이고, 당사자가 이의를 제기하는 경우에는 그 이의를 할 수 있는 기회를 제공하여야 하므로 문제점으로 보기는 어렵다.

(2) 화해, 판결, 조정, 지급명령, 이행권고결정에 의하여 확정된 채권의 소멸시효는 확정된 다음날부터 10년이다.

[참조판례 : 확정판결에 기한 채권의 소멸시효기간인 10년의 경과가 임박하여서 강제집행의 실시가 현실적으로 어렵게 되었다면 그 이전에 강제집행의 실시가 가능하였는가의 여부에 관계없이 시효중단을 위해 동일한 내용의 재판상청구가 불가피하다고 할 것이므로, 확정판결이 있었다고 하더라도 시효중단을 위한 동일내용의 소는 소의 이익이 있다(대법원 1987. 11. 10. 선고 87다카1761 판결)]

(3) 주채무자를 피고로 한 소송에서 승소판결이 확정된 경우 보증인에 대한 시효도 중단된다.

나. 상행위 등으로 인한 채권

(1) 일반인이 매매한 물건의 대가는 10년, 상인이 판매한 상품의 대가는 3년의 각 소멸시효에 해당된다(지급기일의 다음날부터 계산).

(2) 일반적으로 대여금 소멸시효는 무조건 10년이 아니고, 채권자 또는 채무자중 일방 또는 쌍방이 상인이면 시효는 5년이다.
[참조판례 : 상행위로 인한 채권은 상법에 다른 규정이 있는 경우(상법 제121조, 제147조, 제154조, 제167조, 제662조, 제870조) 또는 다른 법령에서 이보다 단기시효 규정이 있는 경우(민법 제163조, 제164조)를 제외하고 그 소멸시효기간은 5년이다(상법 제64조)]

(3) 할부매매대금(카드대금)은 3년의 소멸시효에 해당된다.

(4) 수표채권의 소멸시효기간은 지급제시기간 만료일다음날부터 6월이다.

(5) 약속어음의 공정증서는 만기일다음날부터 3년, 소비대차의 공정증서는 10년 각 소멸시효에 해당된다.

(6) 약속어음(시판 약속어음 포함)의 발행인 및 보증인에 대한 소멸시효기간은 지급기일 다음날부터 3년, 배서인은 1년이다.

(7) 보증채무에 대한 소멸시효기간은 상인, 비상인 불문 판결확정시부터 5년이다.

(8) 대여금에 대한 이자채권, 물품대금 및 공사대금 채권, 급료(임금), 사용료, 부양료, 의사·약사의 치료 및 조제에 관한 채권, 변호사, 법무사의 직무에 관한 채권의 소멸시효기간은 3년이다(위 이자 채권은 판결에 의하여 확정되면 10년이다).

(9) 숙박료, 음식료(술값)에 대한 소멸시효기간은 1년이다.

(10) 국민건강보험급여를 받을 권리·국민건강보험료 징수권에 대한 소멸시효기간은 3년이다.

(11) 보험금청구권·보험료반환청구권의 소멸시효기간은 보험금을 청구할 수 있는 날로부터 2년이다(단, 보험회사의 보험료 청구권은 1년이다. 상법 662조).

(12) 시효중단방법으로는 청구, 압류, 가압류, 가처분, 승인의 방법이 있다. 시효중단방법 중 청구는 시효목적인 채권을 재판상 또는 재판 외에서 실행할 것을 요구하는 것이다. 재판상 청구는 소의 제기, 지급명령신청, 소환, 임의출석, 파산절차의 참가, 경매신청 등이 있으며 재판외의 청구로는 최고가 있다. 최고의 경우에는 내용증명 우편으로 하는 것이 좋다. 시효중단방법 중 압류, 가압류, 가처분

은 어느 것이나 법원이 관여한 것으로서 채권행사 또는 채권보전을 위한 절차이다. 또한 승인은 채무자가 채권자의 권리를 인정하는 것, 즉 시효로 이익을 받을 자가 시효로 인하여 권리를 잃을 자에게 그 권리가 존재하는 것을 알고 있다고 통지하는 것으로서 그 방법은 통상 서면으로 행하게 되는데 이 방법이 시효중단의 방법 중에 가장 간편하고 확실한 방법이다. 일단 중단사유가 그때까지 진행한 시효가 종료하며 그 때로부터 다시 시효기간이 진행하게 된다.

11. 소장 등 작성시 유의사항

(1) 신청서에는 기명날인하고, 간인을 하며, 작성 후 정정한 사항이 있으면, 반드시 원본과 부본 모두 정정하여야 하며, 원본에만 정정인을 날인하고, 부본에는 정정하였음을 알 수 있게 표시하여 두어야 한다.

(2) 법원은 복리를 인정하지 않는다.

(3) 여러 명의 채무자에 대하여 금전의 지급을 구하는 경우 "연대하여"(연대보증의 경우), "각자"(불법행위로 인한 손해배상채무자가 여러 명인 경우, 임대인들이 여러명인 경우), "각"(여러명의 보증인이 단순보증인 경우 등), "합동"(여러 사람의 어음 · 수표채무자의 채무).

(4) 금융기관의 물품대금 사건은 소정기간의 이자(연체이자)를 원금에 합산하여 구할 수 있다(단, 약정시).

(5) 카드할부금융대출금은 대여금 사건이므로 신용카드대금이용대금 사건으로 청구해서는 아니된다.

(6) 사해행위취소의 소를 제기하는 경우 '사해행위취소에 기한 원상회복청구권'이라고 기재하지 말고 '사해행위취소에 기한 소유권이전등기말소청구권', '사해행위취소에 기한 가등기말소청구권' 등으로 기재함이 바람직하다.

(7) ㎡의 한글표시는 제곱미터라고 쓰며, 평방미터라고 쓰지 않는다(반대로 등기신청시 한글표시는 평방미터이고, 제곱미터라고 쓰지 않는다).

(8) 2000년 이후의 연도는 '2001'과 같이 네 자리로 모두 써야 하나, 1999년까지는 '99년'과 같이 두 자리만 쓰면 된다.

(9) 선정당자자의 경우, 선정자명단에는 실무상 선정당사자도 포함시키고, 선정자 목록을 별지로 작성하여 제출한다.

(10) 당사자 표시의 경우 이름과 별명만 알고 주민등록번호나 한자성명을 알지 못한 경우 동일인임을 입증하는데 도움이 되고자 '피고 김길동(일명 : 홍길동)'이라고 기재하면 된다.

(11) 당사자가 지방자치단체인 경우 '서울특별시' 또는 '피고 서울특별시 서초구'라고 기재하여야 하며, 피고 '서울특별시 서초구청' 또는 '서울특별시 서초구청장'이라고 기재하면 아니된다.

(12) 최초로 붙인 사건명이 잘못 기재되었거나, 소가 변경된 경우라 하더라도 고칠 수는 없으며, 그 사건이 끝날 때까지 계속 따라 다니게 된다. 사건제목이 실제 내용과 다르다고 할지라도 나중에 강제집행을 실시하는 데는 지장이 없다.

(13) 당사자는 소장에 기재한 표시만에 의할 것이고 청구의 내용과 원고사실을 종합하여 확정하여야 하는 것이고 당사자 정정신청을 하는 경우에도 실질적으로 당사자가 변경되는 것은 허용할 수 없는 것이므로, 원고 "주식회사 태백산맥 대표이사 홍길동"을 개인인 "홍길동"으로 하는 정정신청은 당사자인 원고를 변경하는 것으로 허용될 수 없다.

(14) 지급명령신청에서는 신청취지, 신청원인이란 표현은 잘 사용하지 않고, 청구취지, 청구원인(청구이유)이란 용어를 사용한다.

(15) 청구원인의 항목을 구분할 때 첫째 항은 1., 둘째 항은 가., 셋째 항은 (1), 넷째 항은 1), 다섯째 항은 가)의 순서대로 분류하고, 청구원인 중 원,피고의 당사자가 아닌 증인 등 제3자를 언급할 경우 'OOO'라고만 표시한다.

(16) "입증방법"란에는 서증들은 첨부한 순서대로 기재하면 되고 "첨부서류"란에는 서증 등을 비롯한 소장에 첨부한 서류들을 순서대로 기재하면 된다, 증빙자료인 서증에 대하여는 누가 제출한 것인지 알 수 있도록, 그 앞에 일정한 부호를 붙여주어야 하는데 원고가 제출한 서증에는 '갑 제( )호증', 피고가 제출한 서증에는 '을 제( )호증', 당사자 참가인이 제출한 서증에는 '병 제( )호증'이라는 부호를 붙여주고, 서증이 둘 이상인 때에는 첨부한 순서대로 '갑 제1호증 차용

금증서', '갑 제2호증 매매계약서' 등과 같이 기재한다.
서증이 상호 연관성이 있거나 공통성이 있는 경우 또는 하나의 서증이 여러 장으로 구성되어 있는 경우에는 가지번호를 붙여 구분하고(예 : '갑 제1호증의 1', '갑 1호증의 2') 동일방향의 당사자가 수인인 경우, 예컨대, 원고가 둘 이상인 경우에는 한 명의 원고가 제출한 서증에는 '갑 가 제1호증', 다른 원고가 제출한 서증에는 '갑 나 제1호증'과 같은 부호를 붙여 구별한다.

(17) 작성연월일을 기재할 때에는 연,월,일이라는 글자는 생략하고, 온점(·) 찍어 표시하고, 본문에서 시간을 표시할 필요가 있는 때에는 시, 분의 글자는 생략하고, 쌍점(:)을 찍어 구분한다(예, 2018. 6. 12. 13:00).

(18) 별지로 첨부한 서면을 작성할 때에는 '목록' '부동산 목록' '부동산의 표시' '계산서' '가계도' '분할경위도' '도면' '제1도면' 등 적절한 제목을 붙이고 별지 자체에 '별지' 목록이라고 표시해서는 안된다.

(19) 금전지급을 구하는 소의 경우 채권자의 주소지 또는 채무자의 주소지의 법원에 소를 제기하여도 가능하다

(20) 이행권고결정은 원고 전부승부승소 판결을 할 수 있는 사건에 한하여 할 수 있다(지급명령처럼 일부각하 또는 기각될 수 없음).

(21) 이행권고결정은 우편송달(민소법 제187조), 공시송달(민소법 제194조 내지 제195조)에 의한 방법으로 피고에게 송달할 수 없다(소심법 제5조의3).

(22) 이행권고결정이 종전 피고에게 송달되기 전에는 경정된 새로운 피고에 대하여 최초로 혹은 새로이 이행권고결정을 할 수 있고, 종전 피고에게 송달된 이후 확정 전에 피고경정신청이 있으면 피고결정이 불가능하다고는 볼 수 없다.
그러나 피고경정신청에 대한 종전 피고가 민사소송법 제260조 제4항에 정한 적법한 이의기간 내에 이의하면 피고경정을 불허하고, 종전 피고가 이행권고결정에 대한 이의신청기간 내의 이의여부에 따라 변론기일의 지정여부를 결정한다.

(23) 종전 피고에 대한 이행권고결정서 등본이 송달되고 이의신청기간이 경과되어 확정된 이후에는 피고경정은 허용되지 않는다. 이 경우에는 별도로 새로운 피고를 상대로 소송을 제기하여야 한다.

그러나 이행권고결정에 대하여 피고의 적법한 이의신청으로 통상 소송절차로 이행된 이후 변론종결 전이면 피고의 경정은 민사소송법 제260조의 규정에 따라 가능하다.

(24) 피고에게 이행권고결정서등본 송달 후 확정 전에 피고가 이의신청을 하지 않거나, 답변서 또는 준비서면을 제출하지 않고 있을 때 소취하가 있으면 피고의 동의 없이 소취하의 효력이 발생한다(민소법 제266조).
또한 피고에게 이행권고결정서등본 송달 후 확정 전에 피고의 이의신청이 있은 후 소취하가 있으면 피고의 동의 또는 동의의제가 있어야 이행권고의 효력이 발생하지 않게 된다.

(25) 소의 취하시 피고가 본안에 관하여 준비서면을 제출하거나 변론준비절차에서 진술하거나 변론을 한 후에는 피고의 동의를 얻지 않으면 취하의 효력이 없다(민소 266조 2항). 다만 피고에게 소취하서가 송달된 날로부터 2주일 내에 피고가 이의를 하지 않는 때에는 취하에 동의한 것으로 본다. 한편 상대방 피고가 위와 같은 응소행위를 하기 전에는 상대방의 동의는 필요 없다. 또한 판결선고 이후에 소취하서를 제출하고 이와 동시에 피고의 동의가 있으면 소취하와 함께 소송이 종료된다.

(26) 이행권고결정 확정 후에는 취하할 수 없다.

(27) 이행권고결정 또는 지급명령은 확정판결과 동일한 효력이 있지만 변론종결일의 개념이 없으므로 청구이의의 사유에는 어떠한 제한도 받지 않으므로, 이행권고결정이나 지급명령이 확정된 경우에도 당해 결정이나 명령이 확정되기 전 또는 확정 후 사유를 들어 청구이의의 소를 제기할 수 있으나, 화해결정의 경우에는 당해 결정이 확정되기 전의 사유를 청구이의의 소를 제기할 수 없다.

(28) 이행권고결정이나 지급명령이 확정된 경우, 원고(채권자)는 송달증명이나 확정증명, 집행문을 부여받을 필요 없이 강제집행을 실시할 수 있다(소심법 제5조의8, 민집법 제58조).
다만 이행권고결정에 조건이 있는 채권이 있는 경우와 승계집행문이 필요한 경우에는 재판장의 명을 받아 집행문을 부여받아야 한다(소심법 제5조의8 제1항 단서).

(29) 이행권고결정서 정본의 재도 또는 수통 부여시 재판장의 허가를 받을 필요가

없고 집행문도 받을 필요가 없다.

(30) 지급명령이의, 이행권고결정이의, 조정에 갈음하는 결정에 대한 이의신청서에는 인지를 붙이지 않는다.

(31) 헌법재판소에 의하면 상속포기를 하지 않았음을 원인으로 하는 법정단순승인은 위헌이므로, 상속인을 상대로 한 재판은 중단될 수밖에 없다.
이런 경우 금융기관은 소멸시효중단의 절차를 취한 후 소송을 취하할 수밖에 없으며, 취하시 헌법불합치결정에 따라 제소하기 위한 취하라는 취지의 부기문을 첨부하면 된다. 다만 상속인들이 상속재산을 처분하였다는 점을 주장 · 입증하는 경우에는 재판진행이 가능하다.

(32) 피고가 소장부본을 받은 날로부터 30일내에 답변서를 제출하지 않거나, 소장의 청구원인사실을 모두 인정하는 답변서를 제출하는 등의 경우에는 변론없이 무변론 판결을 한다.
만일 선고기일이전에 답변서를 제출하지 아니한 채 선고기일에 출석하더라도 실무적으로 피고가 다투는 의사표명을 한 이상 재판장은 선고하지 않고, 피고에게 답변서를 제출하도록 촉구한 후 선고기일을 연기하거나 선고기일을 취소한 후 피고의 답변서를 기다려 변론준비절차에 부치는 방식으로 한다.

(33) 항소는 판결이 송달된 날로부터 2주일 내에 제기하여야 하며, 판결의 송달 전에도 항소할 수 있다(민소법 296조 1항).
위 2주일의 기간은 제1심 판결문이 송달된 다음날로부터 기산하여 기간의 말일 24:00의 종료로써 만료된다. 기간의 말일이 일요일, 기타의 휴일에 해당하는 경우에는 그 다음의 종료로써 만료된다(민소법 170조).
기간의 말일이 신정공휴일과 같은 연휴의 초일이나 중간에 해당하는 경우에는 그 연휴기간의 종료 다음날의 종료로써 만료된다(예 : 소송당사자가 판결문을 송달받은 날이 10월 31일이라면 항소제기는 11월 14일 자정 12시:00까지 하면 된다. 만약에 11월 14일이 공휴일이면 11월 15일까지 제기하여야 한다).
항소장이 제1심 법원이 아닌 항소심 법원에 접수되었다가(우편발송 등) 제1심법원으로 송부된 경우에는 항소심법원 접수시가 아니라 제1심법원 도착시를 기준으로 하고 있다(대결 1992. 4. 15. 92마146).

(34) 소액사건의 경우 현재의 주민등록이 말소되어 있으면 기일소환장부터 바로 공시송달로 진행한다(3개월이내에 발급된 것).

(35) 소장, 지급명령 등을 신청할 때 반드시 당사자의 주민등록등(초)본을 첨부하여야 한다.

(36) 채무자의 주민등록등초본상 직권말소되었거나, 송달이 잘 되지 않을 것 같은 채무자를 상대로 본안소송제기하고 할 때는 일반소장으로 신청하고, 지급명령신청으로 신청하지 않아야 한다.

(37) 모든 주소보정서(재송달 포함)에는 반드시 보정명령서를 받은 후 발급된 주민등록초본을 보정시마다 첨부하여야 한다.

(38) 사건과 직접적인 관계가 없는 서류는 증거서류가 아니라 참고자료로 제출한다(판례 등 첨부시).

(39) 변론기일소환장을 받고도 원고가 2회 출석하지 아니하면 소를 취하한 것으로 간주된다(이때 원고는 1개월 이내에 변론기일지정신청을 하면 된다).

(40) 금융기관 대출금에 관한 기한의 이익상실사유 적용시 가계용 여신거래기본약관과 기업용 여신거래기본약관의 일부 다르게 적용됨을 주의한다.

(41) 소제기 전에 사망하였으나 착오로 망인을 피고로 한 경우, 상속인들을 피고로 하고 싶으면 피고표시정정신청을 내면 되고, 소제기 후 사망한 경우에는 소송수계절차를 거쳐야 한다.

(42) 판결경정은 당사자의 신청 또는 직권에 의하여 언제든지(상소제기 후 또는 판결확정 후 등) 경정할 수 있다.

(43) 채권자 취소권은 취소원인을 안날부터 1년, 법률행위가 있은 날로부터 5년 이내에 행사하여야 한다.

(44) 임차인이 2개월이상 행불된 경우 계약해지 최고절차없이 건물인도소송을 제기할 수 있다.

제2장 요건사실 및 입증방법

제1절 금전청구 등

1. 대 여 금

가. 청구원인

ㅇ 금전소비대차계약(변제기 포함)을 체결한 사실

ㅇ 금전을 지급할 사실

나. 부대청구

ㅇ 이자를 약정한 사실

다. 주의사항

☆ 동업자 1인에게 동업하는 사업과 관련하여 대여한 경우

- 상법 57조 1항에 의하여 연대채무가 되므로 연대청구 가능
- 민법상 조합(그 업무집행조합원)에 돈을 대여하였다면 조합원 전원(조합재산에 집행하기 위하여) 또는 일부(조합원 개인재산에 집행하기 위하여)를 상대로 지분별로 분할청구 가능

☆ 상속인을 상대로 청구하는 경우 제적등본, 가족관계증명서, 기본증명서, 주민등록등(초)본을 제출하고, 제출된 등본에 따라 상속비율에 맞게 청구하여야 함.

라. 항변 등

ㅇ 본안전 항변

- 채권의 압류·추심 항변

○ 주요항변

- 변제 항변
  - 주요서증 : 영수증, 무통장입금증, 합의충당서
  - 변제공탁 : 일부변제공탁은 원고가 이를 출급하지 아니하면 일부변제의 효력도 없음.
- 면책적 채무인수 항변(민법 453조)

  다른 사람이 대신 지급하기로 하였다는 등의 주장이 있더라도, 면책적 채무인수가 아닌 이상 피고가 책임을 지는 것이고, 특별한 사정이 없는 한 병존적 채무인수가 되는 것임.
- 상속포기나 한정승인 항변(민법 1019조)
  - 차용인의 상속인으로서 상속포기가 한정승인에 관한 심판서를 내면, 원고에게 그 효력을 다투는지 여부를 확인한 후 다투지 않는 경우 피고경정(상속포기시)이나 청구취지정정(한정승인시 "상속받은 재산의 한도에서"라는 문구)을 하도록 보정권고
  - 보정권고 : 피고가 상속포기(한정승인) 주장을 하고 있는 바, 이를 다투는지를 밝히고, 만일 다투지 않는다면 청구취지를 정정할 것(한정승인을 인정하는 경우에는 "상속받은 재산의 한도에서"라는 문구를 기재)
- 소멸시효 항변(민법 162조, 상법 64조)
  - 상사시효나 민법상 단기소멸시효에 해당하는지 여부를 검토하여 보정권고
  - (원고) 소제기, 압류나 가압류 · 가처분, 또는 일부변제 등으로 채무를 승인하였다는 소멸시효중단의 재항변
- 대여금채권이 원고의 채권자에 의하여 압류 · 전부(또는 추심)되었다는 항변
  - 압류 · 전부된 경우에는 본안에 관한 항변이고, 압류 · 추심된 경우에는 각하의 본안전 항변임
  - 대여금 채권이 단순히 압류 · 가압류되었음을 들어 항변할 수 없음(대법원 2000. 4. 11. 선고 99다23888 판결)
- 취소의 항변(민법 5조 ②)

  피고가 미성년자이므로 계약을 취소한다(하였다)는 항변

2. 보 증 금

가. 청구원인

○ 주채무가 발생한 사실

○ 보증계약을 체결한 사실

- 보증한도를 정한 보증(한도보증)이고(제출된 보증서에 한도보증인지를 확인) 이미 주채무자에 대한 채권액이 지연손해금을 합하여 보증한도를 초과하는 경우, 보증인에 대한 청구는 그 특정의 한도금액만을 정액으로 청구하도록 보정권고

나. 항변 등

○ 본안전 항변

- 채권의 압류 · 추심항변

○ 주요항변 등

- 서명 · 날인 위조 주장
- 주채무자가 변제 · 공탁 · 상계 · 면제를 받았다는 항변
- 변제 항변(민법 460조)

  일부 변제공탁은 원고가 이를 출급하지 아니하면 일부 변제의 효력도 없음.
- 채무인수 항변

  면책적 채무인수 항변(민법 453조) : 다른 사람이 대신 지급하기로 하였다는 등의 주장이 있더라도, 면책적 채무인수가 아닌 이상 피고가 책임을 지는 것이고, 특별한 사정이 없는 한 병존적 채무인수가 되는 것임.
- 상속포기나 한정승인 항변(민법 1019조)

  - 차용인의 상속인으로서 상속포기나 한정승인에 관한 심판서를 내면, 원고에게 그 효력을 다투는지 확인한 후 다투지 않는 경우 피고경정(상속포기시)이나 청구취지정정(한정승인시 "상속받은 재산의 한도에서"라는 문구)을 하도록 보정권고
  - 피고가 상속포기(한정승인) 주장을 하고 있는 바, 이를 다투는지를 밝히고, 만일 다투지 않는다면 청구취지를 정정할 것(한정승인을 인정하는 경우에는 "상속받은 재산의 한도에서"라는 문구를 기재)

- 소멸시효 항변(민법 162조, 상법 64조)

  상사시효나 민법상 단기소멸시효에 해당하는지 여부를 검토하여 보정권고
- 채권의 압류 · 전부 항변
  - 압류 · 전부된 경우에는 본안에 관한 항변이고 압류 · 추심된 경우에는 각하의 본안전 항변임.
  - 대여금채권이나 보증금채권이 단순히 압류 · 가압류되었음을 들어 항변할 수는 없음.
- 취소의 항변(민법 5조 2항)

  피고가 미성년자이므로 보증계약을 취소한다(하였다)는 항변
- 최고 · 검색의 항변
  - 단순보증에서 피고는 주채무자에게 변제자력이 있고 그 집행이 쉽다는 최고 · 검색의 항변
  - 연대보증의 경우에는 최고 · 검색의 항변권을 행사할 수 없음.

3. 임대차보증금반환

가. 청구원인

O 임대차계약을 체결하고 보증금을 지급한 사실

O 임대차가 종료한 사실

☆ 임대차종료를 원인으로 한 임대보증금반환을 구하는 경우에는 기간만료 또는 해지원인 등을 밝혀야 함.

나. 부대청구

O 지연손해금을 구하는 경우에는 임대목적물을 인도한 사실

다. 항변 등

O 본안전 항변

- 채권의 압류 · 추심 항변(대법원 2000. 4. 11. 선고 99다23888 판결)

○ 주요항변

- 묵시의 갱신 항변
  - 기간만료로 종료되었다는 원고의 주장에 대하여, 원고가 종료 후에도 목적물을 계속 사용·수익하였고, 종료 후 상당한 기간 내에 이의를 제기하지 않았다는 묵시의 갱신 항변
  - 다만, 주택임대차에서는 임차인만이 묵시의 갱신을 주장할 수 있다는 견해가 다수설이므로 주택임대인인 피고는 위 항변을 못함.
- 공제 항변

  반환을 구할 수 있는 보증금액은 목적물을 반환할 때까지의 연체차임과 관리비, 차임 상당의 부당이득금, 목적물의 훼손 등으로 인한 손해배상채무액 등을 공제한 잔액이므로, 피고(임대인)는 차임·관리비 약정사실과 목적물훼손 사실 및 손해액을 주장·입증하여 공제항변을 할 수 있음.
- 임대인지위 양도 항변(주택임보법 3조 ②, 상가임보법 3조 ②)

  피고는 원고가 대항력 있는 주택임차인 또는 상가임차인이라는 점과 임대차 목적물을 타에 양도하여 신 소유자가 임대인지위를 승계하였다는 항변
- 동시이행의 항변

  목적물을 인도받을 때까지 보증금을 지급할 수 없다는 항변
- 보증금반환채권이 양도·전부(또는 추심)되었다는 항변

4. 매매대금

가. 청구원인

○ 매매계약을 체결한 사실

나. 부대청구

○ 매매목적물에 대한 소유권이전·인도를 마친 사실

- 매매목적물의 소유권이전·인도는 요건사실이 아님, 다만, 지연손해금을 같이 청구하는 경우에는 매매목적물을 인도한 사실이 요건사실임 ⇒ 지급일 약정

이 없다면 인도일 다음날이 기산일이고, 약정이 있다면 지급일 전에 인도하였더라도 약정지급일 다음날이 기산일임.

- 동업자에게 매도한 경우
  - 상법 57조 1항에 의하여 연대채무가 되므로 연대청구 가능
  - 민법상 조합(그 업무집행조합원)에 매도하였다면 조합원 전원(조합재산에 집행하기 위하여) 또는 일부(조합원 개인재산에 집행하기 위하여)를 상대로 지분별로 분할청구 가능.

다. 항변 등

O 주요항변

- 동시이행항변
  - 매매목적물의 이전 인도와 동시이행 항변을 할 수 있음
  - 동시이행약정 없어도 법리에 의해서 동시이행관계가 성립
- 취소의 항변(민법 5조 ②)

  피고는 미성년자이므로 매매계약을 취소한다(하였다)는 항변
- 소멸시효의 항변
  - 일반이 매매한 물건의 대가는 10년의 소멸시효(민법 162조)
  - 상인이 판매한 상품의 대가는 3년의 단기소멸시효(민법 163조 6호)
- 하자담보책임 항변(민법 570조, 상법 69조)
  - 매매목적물에 하자가 있다고 하여 하자담보책임을 물어 매매계약을 해제하였으므로 대금지급의무가 없다고 하거나(하자가 중대함), 대금을 감액하여야 한다는(하자가 중대하지 아니함) 항변
  - 상인간의 매매일 경우에는 매매목적물을 수령한 즉시 검사하여 발견된 하자를 원고에게 통지하였다는 사실(즉시 발견할 수 없는 하자의 경우에는 6개월 내에 통지)도 주장하여야 함.
- 계약해제의 항변(매매목적물 이전 · 인도의무이행을 이유로 함)

  동시이행관계에 있는 자기의 대금지급의무(선이행의무였던 중도금 지급의무도 잔금 기일까지 지체하면 그때부터는 잔금과 함께 동시이행에 걸리게 됨)를 이행 또는 이행제공하고 상당한 기간을 정해 원고에게 이행최고를 하였으며 그래도 해제의사를 표

시할 때까지 원고가 이행의무를 이행하지 아니하였음을 주장하여야 함.

5. 계약금반환

가. 청구원인

- ○ 매매계약을 체결한 사실
- ○ 계약금을 지급한 사실
- ○ 매매계약이 취소, 해제 등으로 소멸한 사실
  - 이행지체를 이유로 계약해제의 경우에는 특정한 채무를 이행하지 아니한 사실만으로는 부족하고, 원고가 상당한 기간을 정하여 피고에게 이행을 최고하였는데도 이행하지 아니하여 해제의사표시를 한 사실까지가 요건사실임.

나. 항변 등

- ○ 주요항변
  - 계약금 몰취의 항변
    합의해제를 원인으로 한 계약금반환청구에 대하여, 피고는 원고가 오히려 채무불이행하였고 그 경우 계약금을 몰취하기로 약정하였으니 계약금을 반환할 수 없다는 항변
  - 기한유예의 항변
    이행지체로 인한 해제를 원인으로 한 계약금반환청구에 관하여, 원고로부터 당초의 인도일을 연기(유예)받았기에 해제가 부적법하다는 항변

6. 구 상 금

가. 청구원인

- ○ 보증관계 등이 성립한 사실
- ○ 대위변제한 사실
  〈부담부분〉

- 다른 연대보증인 또는 공동불법행위자에 구성하는 경우
  자기 부담부분을 넘는 금액을 채권자에게 변제(공동면책)하여야만 그 넘는 금액만큼은 구상할 수 있음(민법 448조 2항, 대법원 1997. 12. 2. 선고 96다50896 판결).
- 다른 연대채무자에게 구상하는 경우
  자기 부담부분을 넘지 않는 금액을 변제하였더라도 그 변제금액에 다른 사람의 부담비율을 곱한 금액을 그 다른 사람에게 구상할 수 있다는 것이 다수설임.
- 구상금청구와 구상권의 범위 내에서 변제자대위(민법 480조, 481조)나 보험자대위(상법 682조)에 의하여 채권자의 채권을 대위행사하는 것과는 구분해야 함.
- 지연손해금을 청구하는 경우에 기산일은 변제일(공동면책일)당일임(민법 424조 ②, 성질은 법정이자).

나. 항변 등

○ 주요항변

- 사전통지결여 항변(민법 445조 ①)
- 사후통지결여 항변(민법 445조 ②)

7. 보 험 금

가. 청구원인

○ 보험계약을 체결한 사실

○ 보험사고가 발생한 사실

〈지연손해금〉

- 책임보험에서는 보험금액 자체가 피보험자의 배상금액으로서 손해금과 보험사고일부터의 지연손해금으로 구성되기 때문에 거기에다가 다시 보험금액에 대한 지연손해금을 구하는 경우가 드묾.
- 다만, 보험금액에 대한 지연손해금은 약정기한이 있으면 그 기일의 다음날부터, 약정기한이 없으면 원고의 보험사고발생통지일(상법 657조)부터 10일 이상이 지난 다음날(상법 658조)부터 각 발생함.

〈손해액 주장 · 입증〉

- 자동차배상책임보험과 같이 보험금이 피보험자의 손해배상책임액으로 약정된 경우에는 손해배상청구소송과 동일하게 손해액을 구체적으로 주장 · 입증하여야 함.
- 생명보험과 같이 보험금이 정액으로 약정되어 있는 경우에는 손해액을 주장 · 입증할 필요 없음.

나. 항변 등

○ 주요항변

- 고의 · 중과실 항변
- 해지 항변
- 소멸시효 항변(상법 662조)

  보험금을 청구할 수 있는 날부터 2년이 경과하였다는 항변

8. 할부매매대금

가. 청구원인(청구별 요건사실이 다름)

○ 할부판매계약을 체결한 사실

○ 할부금을 연속하여 2회 이상 연체하였고, 합계액이 매매대금의 10%를 넘는 사실

○ 할부금 청구

- 원고(할부판매업자)가 피고와 할부판매계약을 체결한 사실

○ 잔여금 전체 일시청구

- 할부금을 청구하는 것이 아니라 할부가격(=할부금의 총 합계액)을 청구하는 경우에는 피고가 할부금을 연속하여 2회 이상 지급하지 아니하고 그 지급하지 아니한 금액의 합계가 매매대금의 10%를 초과하는 사실이 요건사실로 추가됨.

○ 카드대금

- 피고가 은행과 금전소비대차계약을 하고 원고(신용제공자=카드업자)가 피고로부터 보증위탁을 받아 위 금전소비대차를 연대보증한 사실

- 피고가 원고의 가맹점에서 할부로 물건을 구입하고 카드결제를 한 사실
- 피고가 대출금(카드할부금)을 은행에 입금하지 아니하고 원고가 대위변제한 사실(주요서증 : 금전소비대차계약서, 보증계약위탁계약서, 연대보증계약서, 대위변제증서)

나. 항변 등

○ 주요항변

- 철회 항변(할부법 5조 ⑤)
  피고(할부구매자)는 계약서를 교부받지 못한 사실과 목적물을 인도받은 날부터 7일 내에 원고에게 할부청약의 철회의사를 발송하였다는 항변
- 지급거절 항변(할부법 12조 ①)
  - 할부거래에관한법률 12조 1항의 사유
  - 할부거래에관한법률 12조 2항의 사유
- 소멸시효 항변(민법 166조 6호) : 통상 3년의 단기소멸시효

9. 공사대금

가. 청구원인

○ 도급계약을 체결한 사실

○ 건축공사를 전부 또는 일부 완성한 사실

- 완성한 건물을 인도한 사실은 지연손해금 청구시 요건사실로 추가
- 공동수급인이 동업(민법상 조합)으로 도급계약을 체결한 경우
  공사대금청구는 필수적 공동소송이므로, 원고 추가여부확인
- 공동도급인이 동업(민법상 조합)으로 도급계약을 체결한 경우
  공사대금채무는 불가분채무 또는 상법 57조 1항의 연대채무이므로, 청구취지에 중첩적의무관계 즉, "각자" 또는 "연대하여"의 표시 사용

나. 항변 등

○ 동시이행항변

- 하자보수청구(민법667조 ①)

  피고(도급인)는 완공된 목적물이나 기성고 부분에 하자가 있음과 상당한 기간을 정하여 하자보수청구를 하였음을 들어 하자보수가 완료될 때까지 공사대금의 지급을 거절할 수 있음. 제척기간은 1년임(민법 670조).

- 손해배상(민법 667조 ①)

  피고(도급인)은 완공된 목적물이나 기성고 부분에 하자가 있음과 하자보수에 갈음(중요하지 아니한 하자이고 그 보수에 과다한 비용이 드는 경우가 그 대표적인 경우임) 하거나 또는 하자보수에 추가하여 손해배상을 청구한 사실을 들어 그 배상을 받을 때까지 공사대금의 지급을 거절한다는 동시이행 항변. 제척기간은 1년임(민법 670조).

○ 해제 항변(민법 668조)

- 피고는 목적물(건물 기타 공작물은 제외)에 계약의 목적을 달성할 수 없을 정도의 중대한 하자가 있음과 이를 이유로 도급계약을 해제하였다는 항변. 제척기간은 1년임(민법 670조).

○ 상계 항변

- 피고가 지체상금 약정과 지체일수를 주장하여 지체상금(손해배상예정액)을 청구하면서 공사대금과 상계한다는 항변

10. 용역비 · 임가공비

가. 청구원인

○ 용역을 의뢰받은 사실

○ 용역을 제공한 사실

☆ 용역의뢰계약은 통상 위임이지만 계약내용에 따라서는 도급, 고용, 매매가 될 수도 있으니, 그 계약내용의 중요부분을 명확히 해야 함.

나. 항변 등

○ 주요항변

- 해제, 하자의 항변

  원고의 채무불이행으로 계약을 해제하였다거나, 제공한 용역에 하자가 있어 목적달성이 불가능하다는 점을 들어 용역비 지급을 거절할 수 있음.

11. 투 자 금

가. 청구원인

○ 동업계약을 맺은 사실

○ 다른 동업자 전원에게 탈퇴의사를 표시한 사실

○ 손익분배의 비율(약정이 없을 때는 출자자액의 비율)과 탈퇴 당시의 동업재산의 가액

☆ 다른 동업자가 동업계약을 위반하였다는 이유로 동업계약을 해제하고 자기가 출자한 돈을 반환하라는 청구(원상회복청구)는 할 수 없음(대법원 1979. 1. 23. 선고 78다2008 판결).

☆ 다만, 동업계약상의 채무를 위반하였고 위반자가 다른 동업자에게 출자금을 반환하기로 약정되어 있다면 그 약정금청구는 가능함.

12. 양 수 금

가. 청구원인

○ 갑이 피고에게 돈을 대여한 사실

○ 갑이 원고에게 위 대여금 채권을 양도한 사실

○ 갑이 피고에게 양도통지를 하였거나 피고가 승낙한 사실

☆ 계약해제권

- 3면 계약이나 채무자의 동의에 의하여 성립되는 계약상 지위양도와는 달리, 양도권 채권의 발생원인이 되는 계약관계를 해제하는 등의 계약상 권리는 원고(양수인)에게 양도되지 아니함.

  "예" 임대차계약에서 발생한 임대보증금반환채권이 양도된 경우 임대차계약 해제권은 양도인이 행사

- 원고(양수인)가 양도인을 대위하여 해제권을 행사하는 것은 가능함.

☆ 양도통지 ⇒ 대법원 1997. 6. 27. 선고 95다40977, 40984 판결

- 주채무자에만 통지해도 보증인에 대한 통지는 불필요

나. 항변 등

○ 주요항변

- 양도금지 항변(민법449조 내지 452조)

  대상채권이 성질상 양도를 허용하지 아니하는 것이라는 사정, 또는 갑과 사이에 양도금지의 특약을 하였는데, 양수인이 악의 또는 과실 있는 선의였다는 항변

- 양도 항변

  - 확정일자 있는 증서에 의한 원고로의 양도통지를 받았을 경우에는 그 이전에 확정일자 있는 증서에 의한 다른 양도통지, 전부명령, 추심명령을 받았다는 항변
  - 확정일자 없는 양도통지를 받은 경우에는 그 이후에 위 전부명령 등을 받았더라도 항변가능

13. 어 음 금

가. 청구원인

○ 피고가 어음행위(발행, 배서, 보증 등)를 한 사실

○ 어음상 권리가 원고에게 귀속된 사실

○ 원고가 어음을 소지한 사실

- 발행인에 대하여는 지연손해금을 구할 경우에만 지급제시사실이 요건사실이 됨(어음원금만 구할 경우에는 지급제시사실 불필요).
- 발행인, 어음금액, 만기, 지급지, 지급장소, 수취인, 발행일 발행지 등을 모두 기재하여야 하나, 국내어음의 발행지는 어음요건이 아님(대법원 1998. 4. 23. 선고 95다36466 전원합의체판결).
- 발행인에 대한 청구 : 제시기간 중에 지급제시를 하지 않았거나, 지급거절증서

작성 기간 내에 거절증서를 작성하지 않은 경우라도, 발행인에 대하여 어음금의 지급을 청구할 수 있은데, 이러한 권리는 만기로부터 발행인의 채무의 소멸시효기간인 만기의 날 이후 3년 내에서는 언제든지 청구할 수 있음. 다만, 지연손해금은 어음제시한 날 또는 소장부본 송달다음날부터 구할 수 있음.

- 수취인란이 백지인 경우 : 수취인란 등이 보충되지 않았다는 이유로 원고의 청구를 기각한 원심판결에 석명의무를 다하지 아니한 위법이 있다고 한 사례(대법원 1993. 12, 7, 선고 93다25165 판결).
- 배서인에 대한 청구 : 소구요건(제시기간 내 적법한 지급제시+지급거절+지급거절증서 작성 또는 면제)이 요건사실로 추가됨. 다만, 지급거절증서 작성을 면제한 경우 적법한 지급제시가 있었던 것으로 추정.
- 어음사본 중 어음요건(특히 수취인)이 백지인 경우 : 제시기간 내에 하였더라도 그 지급제시는 부적법한 것이고 이후에는 백지를 보충하더라도 제시기간이 지났기 때문에 적법한 지급제시를 할 방법이 없음(청구기각 대상).

나. 항변 등

○ 주요항변

- 물적항변
  - 어음시효완성, 무능력 등의 항변
  - 어음시효 기산일 : 장래 발생할 구상채권을 담보하기 위하여 발행된 약속어음상 청구권과 소멸시효 기산일은 구상채권이 현실적으로 발생하여 그 약속어음상의 청구권을 행사하는 것이 법률적으로 가능하게 된 때부터 진행함(대법원 2004. 12. 10. 선고 2003다33769 판결).
  - 어음의 분실 또는 제권판결을 받았다는 항변
  - 기명 · 날인이 위조되거나 어음기재가 변조되었다는 주장 : 피고가 입증
- 인적항변
  - 원인관계의 부존재 · 무효 · 취소 또는 해제 · 어음행위에 대한 사기 · 강박, 담보용(견질용)으로 한 사용한다는 특약의 존재 주장 등
  - 원고가 피고로부터 직접 어음을 취득한 경우(예컨대 원고 수취인, 피고 발행인)
  - 원고가 제3자로부터 어음을 취득한 경우

- 융통어음 항변

14. 부당이득반환

가. 청구원인

○ 원고에게 손실이 발생하고 그로 인하여 피고에게 이득이 발생한 사실

○ 이득의 발생에 법률상 원인이 없는 사실

○ 이득을 얻는 물건의 가액(가액반환을 구하는 경우)

- 취득한 이익 전부와 그 이익을 취득한 날부터의 법정이자(민법 748조 2항)를 구하는 경우에는 피고가 악의의 취득자(법률상 원인 없음을 아는 취득자)임을 원고가 주장 · 입증하여야 함.

나. 항변 등

○ 주요항변

- 불법원인급여 항변(민법 746조)
  피고는 불법한 원인(예컨대 도박계약, 부첩계약)으로 이익을 취득하였음을 들어 항변
- 악의의 변제 또는 도의관념 적합 항변(민법 742조, 744조)
  비채변제를 요건사실로 하는 경우, 원고가 채무 없음을 알면서 변제한 것이라거나, 또는 그 변제가 도의관념에 적합함을 들어 반환 의무가 없다는 항변

제2절 등기관련

1. 매매로 인한 소유권이전등기청구

가. 청구원인

○ 매매계약체결사실

- 매매대금 지급사실은 요건사실이 아님(약정된 대금액만을 기재)
- 1필의 토지의 일부에 대한 이전등기청구의 경우에는 분필절차를 거쳐야 함.

나. 항변 등

○ 주요항변

- (가)압류 항변(원고의 소유권이전등기청구권을 제3자가 (가)압류하였다는 항변)
  소유권이전등기청구권에 대한 압류, 가압류 또는 처분금지가 처분이 되어 있는 경우, 채무자가 제3채무자를 상대로 그 이행을 구하는 소송을 제기할 수 있고, 법원은 "가압류의 집행해제를 조건"으로 판결선고(대법원 1999. 2. 9. 선고 98다42615 판결)
- 동시이행 항변
  - 피고는 매매대금 잔액을 지급받을 때까지 소유권이전등기를 해 줄 수 없다는 동시이행 항변
  - 대금잔액에 있음을 주장만 하면 됨(미변제사실은 입증 불요)
- (대금 미지급을 원인으로)계약해제 항변(민법 543조, 544조)
  - 이전등기의무의 이행제공을 계속하였다는 사실
  - 상당한 기간을 정해 최고하였는데도 잔금을 지급받지 못한 사실

2. 취득시효완성으로 인한 소유권이전등기청구

가. 청구원인

○ 20년간 자주 · 평온 · 공연하게 부동산을 점유한 사실
- 자주 · 평온 · 공연한 점유는 민법 197조에 의하여 추정

나. 항변 등

○ 타주점유

○ 무단점유

○ 시효중단 항변
- 피고는 ① 원고가 성질상 타주점유로 보이는 권원에 기하여 점유를 취득한 사실, ② 원고가 타인의 소유권을 배제하여 자기의 소유물처럼 배타적 지배를 행사하는 의사를 가지고 점유하는 것으로 볼 수 없는 객관적 사정이 있다는 사실, 또는 ③ 원고가 점유개시 당시에 소유권 취득의 원인이 될 수 있는 법률행위 기타 법률요건이 없음에도 그러한 사정을 잘 알면서 타인 소유의 부동산을 무단 점유한 사실을 주장 · 입증하여 자주점유의 추정을 깨뜨리는 항변을 할 수 있음(대법원 1997. 8. 21. 선고 95다28625 판결).
- 피고는 또한 평온 · 공연하지 아니하였음을 추인하게 하는 간접사실을 주장 · 입증하여 평온 · 공연의 법률상 추정을 깨뜨리는 항변도 할 수 있음.
- 취득시효의 중단 항변 : 사유가 되는 재판상 청구에는 시효취득의 대상인 목적물의 인도 내지는 소유권존부확인이나 소유권에 관한 등기청구소송은 말할 것도 없고, 소유권 침해의 경우에 그 소유권을 기초로 하는 방해배제 및 손해배상 혹은 부당이득반환청구소송도 포함(대법원 1997. 4. 25. 96다46484 판결).

3. 가등기에 기한 본등기청구

가. 청구원인

○ 돈을 대여한 사실

○ 대물변제예약을 한 사실
○ 가등기한 사실
○ 대물변제예약 완결의 의사표시가 도달한 사실
○ 청산절차를 마친 사실
☆ 대물변제예약 당시를 기준으로 부동산 가액이 대여 원리금을 초과하는 경우 가등기담보등에관한법률(3조 1항)이 적용되므로, 원고가 변제기 후 청산금평가액을 피고에게 통지하여 도달시킨 사실, 그 도달일부터 2개월(청산기간)이 경과한 사실은 요건사실로 추가됨.
☆ 가등기권자가 복수인 경우 : 그 전부가 예약완결권을 행사하고 본등기청구를 하여야 하는 필수적 공동소송임(대법원 1984. 6. 12. 선고 83다카2282 판결).

나. 항변 등

○ 주요항변
- 동시이행 항변
  청산금을 지급할 때까지 본등기를 해줄 수 없다는 동시이행 항변
- 취소 항변
  대물변제예약이 무효이거나 또는 취소사유가 있어 취소하였다는 항변
- 해제 항변
  대여하기로 한 돈을 일부 대여하지 아니하였기에(채무불이행) 대물변제예약을 해제하였다는 항변

4. 소유권보존등기말소청구

가. 청구원인

○ 원고 소유인 사실
○ 피고 명의의 등기가 마친 사실
- 소유권보존등기의 추정력은 소유권이전등기의 그것보다 약하여 권리변동에 대하여는 미치지 아니하므로 원시취득자(예컨대 사정받은 자)가 따로 있음을 원고가 주장 · 입증하거나, 또는 피고가 스스로 원시취득한 것이 아니라 원시취

득자로부터 매수한 것이라고 자인하고 원시취득자가 양도사실을 부인하면 추정력은 깨어짐(대법원 1982. 9. 14. 선고 82다카797 판결).

○ 허위의 보증서, 확인서에 의하여 경료된 사실(특별조치법)

- 추정력이 더욱 강력하여 보존등기이든 이전등기이든 가리지 아니하고 그 등기원인 서류인 보증서와 확인서가 허위, 위조되었다거나 그밖에 적법하게 등기된 것이 아니라는 점이 주장 · 입증되어야만 권리보유의 추정력이 깨어짐(대법원 1987. 10. 13. 선고 86다카2928 판결).

나. 항변 등

○ 주요항변

- 실체관계에 부합하는 유효한 등기라는 항변
  피고는 비록 불법하게 등기를 하였지만 실제로 원고로부터 매수하고 그 대금을 모두 지급하였다는 점을 들어 실체관계에 부합하는 유효한 등기라는 항변
- 취득시효 항변
  피고는 10년간 등기기록상 소유자로 등재되어 있으면서 같은 기간 자주 · 평온 · 공연 · 선의 무과실 점유한 사실(자주 · 평온 · 공연 · 선의 점유는 민법 197조에 의하여 법률상 추정됨)을 주장하여 등기부 시효취득하였다고 주장하거나, 앞서 본 점유취득시효를 주장하여 실체관계에 부합한다는 항변
- 등기의 유용 항변
  피고는 비록원인무효의 등기이지만 이를 원고에 대한 채권의 양도담보등기로 유용하기로 원고와 합의하였다는 항변

5. 소유권이전등기말소청구

가. 청구원인

○ 원고 소유인 사실

○ 피고 명의의 등기가 마친 사실

- 소유권이전등기의 추정력은 권리변동(등기원인)에 대하여도 미치므로 그 등기원인이 처음부터 없었다거나 처음엔 있었지만 나중에 소급하여 소멸되었다는 사정

을 입증하여야만 추정력이 깨어짐

○ 등기원인서류가 위조되었거나 등기원인인 매매가 무효 · 취득 · 해제된 사실(특별조치법)

- 추정력이 더욱 강력하여 보존등기이든 이전등기이든 가리지 아니하고 그 등기원인 서류인 보증서와 확인서가 허위, 위조되었다거나 그밖에 적법하게 등기된 것이 아니라는 점이 주장 · 입증되어야만 권리보유의 추정력이 깨어짐(대법원 1987. 10. 13. 선고 86다카2928 판결).

나. 항변 등

○ 주요항변

- 실체관계에 부합하는 유효한 등기라는 항변
  피고는 비록 불법하게 등기를 하였지만 실제로 원고로부터 매수하고 그 대금을 모두 지급하였다는 점을 들어 실체관계에 부합하는 유효한 등기라는 항변
- 취득시효 항변
  피고는 10년간 등기기록상 소유자로 등재되어 있으면서 같은 기간 자주 · 평온 · 공연 · 선의 · 무과실 점유한 사실(자주 · 평온 · 공연 · 선의 점유는 민법 197조에 의하여 법률상 추정됨)을 주장하여 등기부 시효취득하였다고 주장하거나, 앞서 본 점유취득시효를 주장하여 실체관계에 부합한다는 항변
- 등기의 유용 항변
  피고는 비록 원인무효의 등기이지만 이를 원고에 대한 채권의 양도담보등기로 유용하기로 원고와 합의하였다는 항변

6. (근)저당권말소청구

가. 청구원인

○ 원고 소유의 사실

○ 피고 명의의 등기가 마친 사실

○ 등기원인서류 위조, 등기원인의 무효 · 취소 · 해제

○ 피담보채무가 변제된 사실(후발적 실효)

- 피담보채무가 없는 상황에서 근저당권이 해지된 사실

☆ (근)저당권이전의 부기등기

- 피담보채권이 이전 · 부기되어(근저당권의 경우에는 피담보채권이 확정된 후에 이전 · 전부되어) (근)저당권이전의 부기등기가 되어 있는 경우, 그 양수인만을 상대로 부기등기가 아닌 설정등기의 말소를 청구하여야 하고 양도인은 피고적격이 없음(대법원 2000. 4. 11. 2000다5640 판결).

  "예" 소외 OOO을 근저당권자로 하는 2015. 10. 23.자 근저당권설정등기가 마쳐졌다가, 피고가 OOO의 원고에 대한 근저당권부 채권에 관하여 2018. 2. 8.자 압류 및 전부명령을 받아 확정됨에 따라 이를 원인으로 한 피고 명의의 2018. 2. 19.자 근저당권이전의 부기등기가 마친 경우 피고를 상대로 근저당권설정등기의 말소등기절차이행을 구하여야 함.

- (근)저당권 부동산의 제3취득자나 물상보증인 : 채무자의 채무가 더 많더라도 민법 360조의 금액(저당권의 경우) 또는 채권최고액(근저당권의 경우)만을 변제하고 근저당권말소청구를 할 수 있음(민법 364조).
- 전(前) 소유자 : (근)저당권을 설정해 준 후 당해 부동산의 소유권을 타에 이전해준 전 소유자도, 비록 소유자는 아니지만 (근)저당권설정계약자의 지위에서 매도인의 채무이행을 위하여 확정된 피담보채권의 소멸을 이유로 말소청구할 수 있음. 그러나 원인무효로 인한 말소청구는 소유자만이 할 수 있으므로 전 소유자는 할 수 없음.

나. 항변 등

○ 등기유용합의

피고는 비록 피담보채무가 소멸하였지만 다른 채무의 담보로 근저당권을 유용하기로 원고와 합의하였다는 항변

7. 말소승낙의 의사표시를 구하는 소

가. 청구원인

○ 피고 명의가 등기가 마친 사실

- 말소원인이 있는 등기에 터잡아 제3자인 피고 명의의 등기가 마친 사실

○ 말소원인이 있는 등기에 터잡아 마쳐진 사실

☆ 피고 명의의 등기가 이전등기인 경우에는 피고가 제3자가 아닌 당사자이므로 그를 상대로 바로 말소청구를 할 수 있을 뿐이고(이견있음), 근저당권설정등기인 경우에는 제3자의 등기이어서 그를 상대로 말소승낙의 의사표시를 구하여야 할 것이지만 판례가 그를 상대로 바로 말소청구를 하는 것도 허용함.

8. 말소등기회복청구

가. 청구원인

○ 원고 명의의 등기가 말소된 사실

○ 말소원인이 없었거나 무효 · 취소된 사실

☆ 피고는 회복등기의 등기의무자(등기가 말소됨으로써 등기기록상 이익을 본 사람)가 되어야 함(제3자에 의하여 불법 말소되었다고 해서 그 제3자를 피고로 하면 피고적격이 없음).

☆ 말소등기 후에 등기기록상 이해관계 있는 제3자가 생겼다면 그 사람도 함께 피고로 하여 회복등기에 대한 승낙의 의사표시를 하라는 내용의 청구를 하여야만 회복등기의 목적을 달성할 수 있음.

나. 항변 등

○ 주요항변

- 실체관계에 부합하는 등기

  말소된 상태가 다른 실체적 원인에 의하여 실체관계에 부합하게 되었다는 항변

제3절 건물 · 토지관련

1. 불법점유를 이유로 한 건물인도청구

가. 청구원인

○ 원고 소유의 부동산인 사실

○ 피고가 점유중인 사실

- 불법하게 점유하고 있다는 것은 요건사실이 아니고, 적법하게 점유하고 있다는 사실이 피고의 항변사실임.

○ 차임 상당 손해가 발생한 사실(부대청구)

- 불법점유로 인한 손해배상청구를 부대청구하는 경우에는 손해가 차임 상당액으로 추정되므로 차임의 요건사실임.

나. 항변 등

○ 주요항변

- 적법한 권원(임대차 등)에 의한 점유 항변
- 유치권 항변(민법230조,320조)
  - 피고가 전 소유자와의 임대차에 기하여 점유 중에 유익비 등을 지출한 경우 : 전 소유자에 대하여 민법 626조에 의한 유익비 등 상환청구를 할 수 있을 뿐, 원고에게는 민법 203조에 의한 유익비 등 상환청구를 할 수 없지만(대법원 2003. 7. 25. 선고 2001다64752 판결), 전 소유자에 대한 유익비상환청구권을 위하여 현 소유자인 원고에게 유치권항변을 할 수는 있음.
  - (원고) 피고가 선의의 점유자로서 과실취득권을 가지고 과실을 취득하였으니 통상의 필요비 부분에 한하여는 상환청구권이 없다는 재항변(민법 203조 1항 단서, 201조 1항).

2. 임대차종료를 이유로 한 건물인도청구

가. 청구원인

○ 임대차계약을 체결한 사실

○ 피고가 점유중인 사실

○ 임대차가 종료한 사실

○ 임대목적물을 계속 사용·수익한 사실(부대청구)

☆ 공동임차인에 대한 청구 : 공동임차인의 상호간의 관계는 불가분채무이므로 "각자" 인도하라고 청구해야 함.

☆ 임차인의 이행보조자, 임대인의 동의를 얻지 아니한 전차인이나 임차권 양수인에 대하여는 위 청구를 할 수 없고, 퇴거청구를 구하여야 함.

☆ 임대차 종료 후에 피고가 건물을 계속 사용·수익하고 있음을 들어 차임 상당의 부당이득반환청구를 병합한 경우에는 사용·수익을 계속한 사실을 요건사실로 추가하여야 함.

나. 항변 등

○ 주요항변

• 묵시의 갱신 항변(민법639조)

기간만료로 종료되었다는 원고의 주장에 대하여, 피고는 원고가 종료 후에도 목적물을 계속 사용·수익하였고, 종류 후 상당한 기간 내에 이의 제기하지 않았다는 묵시의 갱신 항변

• 동시이행 항변

- 부속물매수청구 항변(민법 646조) : 건물의 사용편익을 위하여 원고의 동의를 얻어서 또는 임대인에게서 매수하여 건물에 부착함으로써 건물의 객관적 이용가치를 증가시키는 부속물이 있음과 그 부속물의 가격 및 원고에게 이를 매수하라고 통보하였음을 들어 그 부속물 대금을 지급받기까지는 건물을 인도해줄 수 없다는 동시이행 항변

- 인정례 : 5층 건물 중 공부상 용도가 음식점인 1,2층을 임차하여 대중음식

점을 경영하면서 음식점경영의 편익을 위하여 한 시설물이 건물의 사용에 객관적인 편익을 가져온 경우(대법원 1993. 2. 26. 선고 92다41627 판결)

- (원고) 부속물매수청구권을 미리 배제하는 특약이 있고, 그것이 임차인에게 불리하지 아니하다는 재항변 : 건물 임차인이 자신의 비용을 들여 증축한 부분을 임대인소유로 귀속시키기로 하는 약정은 임차인이 원상회복의무를 면하는 대신 투입비용의 변상이나 권리주장을 포기하는 내용이 포함된 것으로서 특별한 사정이 없는 한 유효함(대법원 1996. 8. 20. 선고 94다44705, 44712 판결).

● 유치권 항변

- 피고는 점유 중에 화장실 등을 보수하였거나 개축하였고 그로 인하여 현재 그 지출액 이상으로 건물의 가치가 증가된 사실을 주장 · 입증하면서 그 필요비나 유익비를 상환받기까지는 인도해 줄 수 없다는 항변
- (원고) 유익비포기약정(임대차가 종료되면 원상복구하여 인도하기로 한 약정)이 있다는 재항변

3. 건물철거 및 토지인도청구

가. 청구원인

○ 토지가 원고의 소유인 사실

○ 피고가 그 지상에 건물을 소유하면서 토지를 점유하고 있는 사실

○ 차임 상당 손해가 발생한 사실(부대청구)

☆ 임대차종료를 원인으로 토지인도를 구할 경우 : 토지임대차계약을 체결한 사실과 토지를 임차인에게 인도한 사실 및 임대차종료의 원인이 되는 사실(기간만료, 해지)이 요건사실로 추가되고, 토지점유사실은 요건사실에서 제외됨.

☆ 무허가 건물의 철거를 구할 경우 : 사실상 처분권자를 피고로 하여야 함.

● 건물철거는 그 소유권의 종국적 처분에 해당하는 사실행위이므로 원칙적으로는 그 소유자(등기명의자)에게만 그 철거처분권이 있다고 할 것이나 그 건물을 매수하여 점유하고 있는 자는 등기기록상 아직 소유자로서의 등기명의가 없다 하더라도 그 권리의 범위 내에서 그 점유중인 건물에 대하여 법률상 또는 사실상 처분을 할 수 있는 지위에 있으므로 그 건물의 건립으로 불법점유를

당하고 있는 토지 소유자는 위와 같은 지위에 있는 건물 점유자에게 그 철거를 구할 수 있음(대법원 1988. 9. 27. 선고 88다카4017 판결).

- 불법점유로 인한 손해배상청구를 병합청구 : 손해는 토지의 차임 상당액으로 추정되므로 그 차임이 요건사실임.

나. 항변 등

○ 주요항변

- 묵시의 갱신 항변
  기간만료로 종료되었다는 원고의 주장에 대하여, 피고는 종료 후에도 목적물을 계속사용·수익하였고 종료 후 상당한 기간 내에 이를 제기하지 않았다는 묵시적 갱신 항변
- 지상물매수청구 항변
  지상물매수청구권을 미리 배제하는 특약으로서 토지임차인에게 불리한 것은 무효이므로 원고가 그러한 특약을 들어 재항변 할 수 없음.

☆ 지상물매수청구권의 항변이 있으면 법원은 원고에게 건물소유권이전등기와 건물인도청구로 변경하도록 석명할 의무가 있음(대법원 1995. 7. 11. 선고 94다34265 전원합의체판결).

☆ 지상물매수청구권을 미리 배제하는 특약으로서 토지임차인에게 불리한 것은 무효이므로 원고가 그러한 특약을 들어 재항변을 할 수 없음.

4. 공유물분할

가. 청구원인

○ 원고와 피고들이 공유하고 있는 사실

☆ 법률상 분할금지되는 경우

- 수인이 한 채의 건물을 구분하여 일부분씩을 소유한 경우 그 건물과 그 부속물 중 공유하는 부분(민법 215조)
- 상린자의 공유로 추정되는 경계선상에 설치된 경계표, 담, 구거(민법 239조)
- 구분소유권의 목적인 건물이 속하는 1동의 건물의 대지(집합건물의소유및관리에

관한법률 8조)

☆ 공동명의수탁자의 분할청구

- 명의신탁자가 수인에게 부동산의 명의를 신탁한 경우 공동명의수탁자의 일부가 나머지 공동명의수탁자를 상대로 공유물분할청구를 제기할 수 없음(대법원 1993. 2. 9. 선고 92다37482 판결).

☆ 당사자가 주장하는 분할방법에 대한 근거가 있어야 하고 그에 대한 설명이 있어야 함.

나. 항변 등

○ 주요항변

- 분할금지의 항변
  - 분할금지 특약은 당연히 승계되지 아니함(대법원 1975. 11. 11. 선고 75다82 판결).
  - 분할금지 기간을 정하지 아니하거나 5년을 초과한 경우에도 그 기간은 5년으로 봄.
- 분할합의 항변

  공유자 사이에 분할합의가 성립한 경우 공유자는 이에 따라야 하고 공유물분할소송을 할 수 없음, 이 경우 합의에 따른 지분이전등기절차이행 또는 대금지급청구소송을 할 수 있을 뿐이고, 제기된 공유물분할소송은 각하됨(대법원 1995. 1. 12. 선고 94다30348, 30355 판결).

5. 경계확정의 소

가. 청구원인

○ 공부상 등록된 토지 또는 건물인 사실

- 임야대장에는 분할되어 지번, 지적이 부여된 것으로 표시되어 있고, 등기부상 분필등기까지 되어 있으나 임야도상으로는 표시가 전혀 되지 아니한 경우 비록 분할측량원도의 기재가 있다 하더라도 지적법상 분할절차를 거쳐 지적공부상분할등록이 마쳐졌다고 할 수 없으므로 이러한 임야는 토지로서 이에 존재하지 아니하거나 특정할 수 없고 그 등기도 1개 토지의 일부에 대한 것으로

서 무효임(대법원 1998. 11. 27. 선고 97다24948 판결).

나. 항변 등

○ 시효취득의 항변을 하지 못함

- 경계확정의 소는 인접하는 토지의 경계를 확정을 구하는 소이고, 그 토지에 관한 소유권의 범위나 실체상 권리의 확인을 목적으로 하는 것은 아니므로, 당사자가 토지 일부를 시효취득하였는지의 여부는 토지경계확정의 소에게 심리할 대상이 되지 못함(대법원 1993. 10. 8. 선고 92다44503 판결).

제4절 손해배상

1. 감독자 또는 사용자의 배상책임

가. 청구원인

○ 피용자(피감독자)의 고의, 과실로 원고가 손해를 입은 사실

- 피용자가 그 사무집행에 관하여 또는 책임능력 없는 미성년자(판례상 13세 5월이나 14세 2월 된 중학생이 이에 해당함)나 심신상실자가 고의 또는 과실로, 각 원고의 일정한 권리나 보호법익을 침해하였고, 그로 인하여 원고에게 일정한 손해가 발생한 사실

☆ 책임능력 있는 미성년자(판례상 16세 5월의 고등학생이 이에 해당함)가 불법행위를 한 경우 : 미성년자 본인에게 책임을 묻는 것 이외에, 보호자에게도 그 감독의무를 게을리하였음과 그것과 손해와의 인과관계를 주장 · 입증하여 일반불법행위책임(민법750조)을 물을 수 있음. 민법 750조와 755 · 756조에 의한 불법행위책임은 별개임.

☆ 책임능력 있는 미성년 학생의 불법행위에 대하여 학교 교사에게 일반 불법행위책임을 묻는 경우 : 불법행위가 학교에서의 교육활동 및 이와 밀접 · 불가분한 생활관계에서 발생하였고 제반 사정에 비추어 그러한 불법행위발생이 통상 발생할 수 있다고 예측되거나 예측가능성이 있어야 함.

○ 피고가 사용자(감독자)인 사실

- 피고가 사용자(그에 갈음하여 사무를 감독하는 자 포함) 또는 보호자(친권자 · 후견인 또는 이들에 갈음하여 무능력자를 감독하는 자)인 사실

나. 항변 등

○ 위법성 조각 항변

- 정당방위 : 타인의 불법행위에 대하여 자기 또는 제3자의 이익을 방위하기 위하여 부득이 원고에게 손해를 가하였다는 항변
- 긴급피난 : 급박한 위난을 피하기 위하여 부득이 원고에게 손해를 가하였다는 항변
- 자력구제 : 자기의 권리를 보전하기 위하여 국가기관의 구제를 기다릴 여유가 없어서 스스로 선량한 풍속이나 사회질서에 반하지 아니하고 사회적으로 허용되는 정도의 수단을 사용하여 원고에게 손해를 가하였다는 항변
- 기타 : 선량한 풍속이나 사회질서에 반하지 아니하는 피해자의 승낙을 얻었거나 기타 정당한 사무관리 · 권리행사 · 업무행위라는 항변
- 공공의 이익 : 명예훼손의 불법행위 청구에 대하여, 국민 모두가 알아야 하는 공공의 이익을 위하여 한 행위라는 항변

○ 소멸시효 항변(민법 766조)

- 손해 및 가해자를 안 날부터 3년 또는 불법행위를 한 날부터 10년이 경과하여 소를 제기하였다는 항변

○ 과실상계(민법 763조, 396조)

- 원고가 불법행위를 유발하였다는 등 과실상계 주장 : 직권조사사항(대법원 1996. 10. 25. 선고 96다30113 판결)이지만, 자기에게 유리한 결과를 얻기 위한 주장 · 입증은 필요함.

○ 손익공제주장

- 불법행위로 인하여 원고에게 이득이 생겼음을 주장하여 손해배상에서 그 이득을 공제한다는 내용의 손익공제주장을 할 수 있음(상계항변과는 다름).

2. 공작물점유자 · 소유자의 배상책임

가. 청구원인

○ 피고가 공작물을 설치한 사실

○ 공작물에 하자가 있어 피고가 손해를 입은 사실

☆ 원고는 점유와 소유자를 모두 피고로 하는 주관적 · 예비적병합청구를 할 수 있음(민소 70조).

☆ 설치 · 보존의 하자 : 공작물이 그 용도에 따라 통상 갖추어야 할 안정성을 갖추지 못한 상태를 의미하고, 그것을 판단하는 데에는 객관적 요소만이 아니라 피고가 사회통념상 요구되는 정도의 방호조치의무를 다하였는지 여부도 판단기준이 됨.

☆ 객관적으로 보아 시간적 · 장소적으로 손해발생에 대한 예견 가능성과 회피가능성이 없었다면 설치 · 보존의 하자가 있다고 할 수 없겠지만 이 부분은 피고가 입증해야 함.

나. 항변 등

○ 주요항변

- 주의를 해태하지 않았다는 등의 항변

  피고가 점유자인 경우, 손해의 방지에 상당한 주의를 해태하지 아니하였다거나 또는 상당한 주의를 하였더라도 손해발생을 피할 수 없었다는 항변

- 소멸시효 항변(민법 766조)

  손해 및 가해자를 안날부터 3년 또는 불법행위를 한날부터 10년이 경과하여 소를 제기하였다는 항변

- 과실상계(민법 763조, 396조)

  원고가 불법행위를 유발하였다는 등 과실상계 주장 : 직권조사사항(대법원 1996. 10. 25. 선고 96다30113 판결)이지만, 자기에게 유리한 결과를 얻기 위한 주장 · 입증은 필요함.

- 손익공제

  불법행위로 인하여 원고에게 이득이 생겼음을 주장하여 손해배상액에서 그 이득을 공제한다는 내용의 손익공제 주장(상계항변과는 다름)

3. 제조물책임법에 의한 손해배상

가. 청구원인

○ 제조물에 결함이 있고 그로 인하여 생명·신체 재산상의 손해를 입은 사실

○ 피고가 제조자 등인 사실

- 결함 : 제조상·설계상·표시상의 결함으로 구분되며 통상적으로 기대할 수 있는 안정성이 결여된 것을 말함.
  - 제조상 결함에 대한 책임은 무과실책임이지만, 설계상 결함이나 표시상 결함에 대한 책임은 과실책임이므로 원고가 합리적인 대체설계를 채용하였더라면, 또는 합리적인 설명·지시·경고 등을 표시하였다면 각 피해나 위험을 피하거나 줄일 수 있었음을 입증해야 함. 다만, 제품이 정상적으로 사용되는 상태에서 사고가 발생한 경우 원고는 그 사고가 제조업자의 배타적 지배하에 있는 영역에서 발생하였다는 점과 그 사고가 어떤 자의 과실없이는 통상 발생하지 않는다고 하는 사정을 증명하면 족함(입증책임완화, 대법원 2004. 3. 12. 선고 2003다16771 판결).
- 판매·대여업자에 대한 손해배상청구
  - 제조물이 제조·수입업자를 알 수 없는 객관적 사정과 피고가 제조물의 판매·대여업자로서 위 제조물을 판매·대여하였음을 주장·입증하여 판매·대여업자에게도 손해배상을 구할 수 있음(제조물책임법 3조 ②).
- 연대책임 : 배상책임자가 2명 이상이면 연대책임을 짐(제조물책임법 5조).
- 원고적격 : 피고가 소비자이어야만 하는 것은 아니고, 다른 제조업자라도 가능함.
- 하자담보책임과의 구별
  - 제조물책임이란 제조물에 통상적으로 기대되는 안전성을 결여한 결함으로 인하여 생명·신체나 제조물 그 자체 외에 다른 재산에 손해가 발생한 경우에 제조업자 등에게 지우는 손해배상책임이고, 제조물에 상품적합성이 결여되어 제조물 그 자체에 발생한 손해는 제조물책임의 적용 대상이 아니므로, 하자담보책임으로서 그 배상을 구하여야 함(대법원 2000. 7. 28. 선고 98다35525 판결).

- 하자담보책임 : 지하주차장에 주차해 둔 차량의 운전석에서 원인불명의 화재가 발생하여 차량만 전소한 경우
- 제조물책임 : 동일한 사안에서 원인불명의 화재가 발생하여 운전자나 동승자가 상해를 입은 경우

나. 항변 등

○ 주요항변

● 면책 항변

- 제조물 공급 당시의 과학 · 기술수준으로 결함의 존재를 발견할 수 없었다는 항변
- 제조물 공급 당시의 법령이 정하는 기준을 준수함으로써 결함이 발생하였다는 항변
- 제조물이 원재료 · 부품인데 그것을 사용한 제조업자의 설계 · 제작에 관한 지시로 인하여 결함이 발생하였다는 항변

● 고지 항변

피고가 판매 · 대여업자인 경우, 상당한 기간 내에 그 제조업자나 자기에게 제작물을 공급한 자를 원고에게 알려주었다는 항변

4. 교통사고로 인한 손해배상

가. 청구원인

○ 자동차의 운행 중 교통사고가 발생하여 원고의 피상속인이 사망하거나 원고가 상해를 입은 사실

○ 피고가 자기를 위하여 그 자동차를 운행한 사실

○ 망인이나 원고가 입은 손해액

나. 항변 등

○ 주요항변

● 면책 항변(자동차손배법 3조 단서)

- 운행자 지위상실의 항변
- 위법성 조각 항변
  - 정당방위 : 타인의 불법행위에 대하여 자기 또는 제3자의 이익을 방위하기 위하여 부득이 원고에게 손해를 가하였다는 항변
  - 긴급피난 : 급박한 위난을 피하기 위하여 부득이 원고에게 손해를 가하였다는 항변
  - 자력구제 : 자기의 권리를 보전하기 위하여 국가기관의 구제를 기다릴 여유가 없어서 스스로 선량한 풍속이나 사회질서에 반하지 아니하고 사회적으로 허용되는 정도의 수단을 사용하여 원고에게 손해를 가하였다는 항변
  - 기타 : 선량한 풍속이나 사회질서에 반하지 아니하는 피해자의 승낙을 얻었거나 기타 정당한 사무관리 · 권리행사 · 업무행위라는 항변
  - 공공의 이익 : 명예훼손의 불법행위 청구에 대하여, 국민 모두가 알아야 하는 공공의 이익을 위하여 한 행위라는 항변
- 소멸시효 항변(민법766조)

  손해 및 가해자를 안 날부터 3년 또는 불법행위를 한 날부터 10년이 경과하여 소를 제기하였다는 항변
- 과실상계(민법 763조, 396조)

  원고가 불법행위를 유발하였다는 등 과실상계 주장 : 직권조사사항(대법원 1996. 10. 25. 선고 96다30113 판결)이지만, 자기에게 유리한 결과를 얻기 위한 주장 · 입증은 필요함.
- 손익공제주장

  불법행위로 인하여 원고에게 이득이 생겼음을 주장하여 손해배상액에서 그 이득을 공제한다는 내용의 손익공제주장을 할 수 있음(상계항변과는 다름).

5. 인접공사로 인한 손해배상

가. 청구원인

○ 피고가 인접지에서 공사한 사실

○ 건물 등에 일정액의 손해가 발생한 사실

☆ 직접 시공자 이외에 도급인 또는 건축주도 피고로 한 경우에는 도급인 또는 건축주에게 도급 또는 지시에 관한 중대한 과실이 있다거나(민법 757조), 또는 공작물 등의 설치·보존에 하자가 있음(민법 758조)을 요건사실로 추가하여야 함.

나. 항변 등

○ 주요항변

- 손해배상액 감경
  피고는 원고의 손해에는 건물노후화에 따른 자연발생적인 현상도 경합되어 발생하였다는 손해배상액 감액 항변

6. 의료사건

가. 청구원인

○ 피고로부터 의료행위를 받은 사실

○ 의료행위에 과실이 있다는 사실

○ 의료행위로 인하여 신체적 장애가 발생한 사실

- 일련의 의료행위 과정에서 일반인의 상식에 바탕을 둔 의료상의 과실 있는 행위를 하였고, 그 결과와의 사이에 일련의 의료행위 외에 다른 원인이 개재될 수 없다는 점만을 입증하면 됨(인과관계를 추정하여 입증책임을 완화. 대법원 2000. 2. 11. 선고 98다9816 판결).

나. 항변 등

○ 피고는 의료행위를 한 측이 그 결과가 의료상의 과실로 말미암은 것이 아니라 전혀 다른 원인으로 말미암은 주장·입증(항변은 아니지만 사실상 추정의 번복을 위한 주장이고, 그 증거는 간접반증임).

7. 지적재산권 관련소송

가. 청구원인

○ 특허권자인 사실

○ 피고의 행위가 특허권을 침해하는 사실(또는 침해로 인하여 손해가 발생한 사실)

- 저작권은 크게 저작인격권, 저작재산권, 저작인접권으로 나누어 볼 수 있는데, 모두 이른바 권리의 다발로서 그 속에 여러 종류의 지분적 권리가 내포되어 있음.
- 저작권법은 ① 저작인격권의 내용으로 공표권, 성명표시권, 동일성 유지권, 출판에 관한 수정 · 증감권을, ② 저작재산권의 내용으로 복제권, 공연권, 방송권, 전시권, 배포권, 2차적 저작물과 편집저작물 작성권을, ③ 저작인접권의 내용으로 실연자의 복제권, 실연방송권, 보상금청구권, 음반제작자의 복제 · 배포권, 보상금 청구권, 방송사업자의 복제 · 동시중계방송권을 열거하고 있으므로, 청구원인에서 위 각 지분적 권리 중 어느 권리를 침해하였는지를 특정하여야 함.
- 손해배상액의 산정내역을 구체적으로 밝혀야 함.

나. 항변 등

○ 주요항변

- 원고의 지적재산권이 무효라는 항변
- 원고의 지적재산권을 침해하지 않았다는 항변

8. 환경사건

가. 청구원인

○ 일반불법행위

- 고의나 과실에 의한 가해행위
- 행위의 위법성(수인한도)

- 손해의 발생
- 행위와 손해 사이의 인과관계

○ 공작물 또는 영조물의 하자

- 공작물 또는 영조물의 설치·관리상의 하자(수인한도)
- 손해의 발생
- 인과관계

☆ 환경침해를 원인으로 하는 민사소송은 손해배상청구소송으로서, ① 자연적인 환경이익(일조, 조망 등)을 소극적으로 차단하여 그 향유를 방해하거나 제한하는 소극적 침해에 대한 일반불법행위 손해배상청구, ② 자연상태의 일상생활의 평온이나 안락을 파괴하거나 변형케 하는 물질(소음, 진동, 분진 등)을 발산하여 환경이익이나 신체의 평온성의 향유를 방해하거나 제한하는 적극적 침해에 대한 손해배상청구인데, 이 중 건설공사장 소음으로 인한 피해의 경우는 일반불법행위 손해배상청구이고, 교통소음 및 항공기소음으로 인한 피해의 경우는 공작물의 하자에 따른 손해배상청구나 영조물의 하자로 인한 손해배상청구임.

9. 언론관련소송

가. 청구원인

○ 신문기사가 게재된 사실

○ 신문기사로 인하여 인격권 침해 등 손해가 발생한 사실

나. 항변 등

○ 주요항변

- 진실하다고 믿을만한 상당한 이유가 있다는 항변

제5절 노 동

1. 해고무효항변

가. 청구원인

○ 피고의 근로자인 사실

○ 피고가 원고를 해고한 사실

- 해고가 부당노동행위에 해당하여 무효라는 주장을 하는 경우에는 부당노동행위(실제로는 노조활동을 이유로 해고하였다)가 요건사실로 추가됨

☆ 의원면직이지만 원고의 자의에 의한 것이 아니거나, 또는 형식상의 기간제 고용에서 계약갱신거절임을 각 들어 사실상 해고당한 것이라고 주장할 수 있음.

☆ 해고기간 중 임금청구가 병합되는 경우 임금이 얼마인지가 요건사실로 추가되는데, 그 임금은 평균임금이나 통상임금이 아니고, 평균임금산정의 기초로 되는 임금총액에 들어갈 임금이 모두 포함됨(월 얼마로 청구하는 경우가 대부분인데 이때는 1년분 임금을 월할 계산하는 것이 적당함).

나. 항변 등

○ 주요항변

- 정당한 해고사유가 있다는 항변
  - 단체협약, 취업규칙에 규정된 해고절차를 준수함(위반한 경우에도 그 절차조항의 취지에 따라 해고무효사유로 안될 수도 있음)
  - 취업규칙과 단체협약에 규정된 해고사유에 해당함.

☆ 해고사유가 위 두 규범 사이에 달리 규정되어 있을 경우에는 단체협약이 우선함.

☆ 해고 당시에 이유로 든 해고사유만을 기준으로 해고무효 여부를 판단하고 재심절차가 있는 경우에 재심절차에서 해고사유를 추가할 수 없으므로 그 추가된 사유는 판단대상에서 배제됨.

- 공제항변

  병합된 임금청구에 대하여는 해고기간 중 원고가 다른 직장에 종사하여 수입을

얻었음을 주장·입증하여 이를 원고의 임금 중 휴업수당(평균임금의 70%)을 초과하는 금액에서 공제한다는 항변(대법원 1991. 6. 28. 선고 90다카25277 판결).

2. 미지급 임금·퇴직금청구소송

가. 청구원인

○ 피고의 근로자로서 일정기간 근무한 사실

○ 지급하기로 되어 있는 임금액

☆ 퇴직금청구 : 정당한 퇴직금을 산정하는 3요소는 평균임금액과 근속연수 및 지급률인데, 위 3요소에 의해 산정된 약정퇴직금은 법정퇴직금(1년당 30일분 평균임금)보다 많아야 유효함.

☆ 임원의 보수나 퇴직금 : 정관이나 주주총회에 정하여진 경우에만 청구할 수 있음. 다만, 임원이 실질적으로 근로자임을 주장·입증하여 일반 근로자에게 정해진 약정퇴직금 또는 법정퇴직금을 청구할 수는 있음.

☆ 퇴직금에 대한 지연손해금은 퇴직 후 15일이 되는 날부터 기산함(근로기준법 26조, 이견 있음).

나. 항변 등

○ 주요항변

- 포기 항변

  노동조합과 체불임금 삭감합의를 하였다고 항변하는 것은 개별 조합원에게 이미 발생한 임금의 포기를 내용으로 하는 것이어서 원고 등 전 근로자의 위임에 의한 것이 아닌 한 허용 안됨.

- 근속연수 단절의 항변

  퇴직금 청구에 관하여 중간퇴직을 하였다는 항변

- 퇴직금지급률 등 변경 항변

  누진율 폐지 등으로 퇴직금지급률이 낮게 변경되었고 그에 대한 근로자들의 집단적 의사결정방식에 의한 동의 또는 과반수 노조의 동의를 얻었다는 항변

3. 법정수당(임금)청구

가. 청구원인

○ 통상임금을 구성하는 금품항목과 그 액수

○ 원고가 연장·야간·휴일근로를 한 사실

☆ 휴업수당, 연차휴가 대체수당·연차휴가수당, 해고예고수당, 연장근로수당·야간근로수당·휴일근로수당 등으로 구별하여 청구액을 명시하여야 함. 특히 가장 많은 연장근로수당·야간근로수당·휴일근로수당은 통상임금(정기적·일률적으로 근로에 대하여 지급하기로 정해진 임금액)의 100분의 50을 가산하므로 통상임금 산정자료 제출

나. 항변 등

○ 주요항변

- 포괄임금제 약정

☆ 포괄임금제는 근로자에게 불이익이 없고 제반사정에 비추어 정당하여야만 유효한데, 장거리트럭운전사, 감시·단속업무자, 교대근로자, 도급제근로자, 일용근로자와 같이, 근로의 성질상 근로계약체결 당시부터 연장·야간·휴일근로가 예상되는 경우가 포괄임금제의 유효성에 근접한 경우들임.

☆ 퇴직금은 포괄임금제가 적용되지 않음(대법원 1998. 3. 24. 선고 96다24699 판결).

제6절 집행관련

1. 청구이의

가. 청구원인

○ 집행권원(확정판결, 집행증서)의 존재

○ 집행권원에 표시된 청구권이 소멸된 사실

- 판결에 표시된 청구권이 변론종결 후에 변제·상계로 소멸되었거나 청구권 발생원인이 된 법률행위의 취소·해제사유가 변론종결 후에 발생하여 행사됨으로써 청구권이 소멸한 사실
- 집행증서나 지급명령, 이행권고결정에 표시된 청구권에 대하여는 시기의 제한 없이 소멸사유를 주장할 수 있음.

☆ 집행채무자나 그 승계인이 원고적격자이지만, 집행채무자의 채권자가 대위하여 소제기를 할 수도 있음.

☆ 모든 종류의 집행권원의 집행력 자체의 배제를 구하는 소이므로 집행권원 자체의 취소를 구하는 것은 안되며, 이러한 경우 상소나 재심의 소 또는 채무부존재확인의 소로 제기

- 구체적 집행력의 배제를 구할 수 없음(각하대상)

☆ 임의경매에 있어서는 청구이의의 소를 제기할 수 없으므로(대법원 2002. 9. 24. 선고 2002다43684 판결) 채무부존재확인의 소 또는 (근)저당권말소 청구의 소로 변경

☆ 가집행선고판결, 가압류·가처분명령, 대체집행에 의한 수권결정, 검사의 집행명령은 청구이의의 대상이 아님.

☆ 집행정지의 잠정처분 : 청구이의의 소제기 없이 청구하거나 일반 가처분으로 청구하는 것은 각하됨(대법원 2003. 9. 8.자 2003그74 결정). 기록에 집행정지결정문이 없는 경우 보정권고

나. 항변 등

○ 본안전 항변

- 강제집행이 종료된 사실

  강제집행이 완료되어 채권자가 권리만족을 얻은 때(배당절차까지 완료된 때)에는 소의 이익이 없다는 본안전 항변이 가능함. 이 경우에는 부당이득반환청구 또는 손해배상청구로 소 변경.

2. 제3자이의

가. 청구원인

○ 집행권원에 기하여 집행행위가 개시된 사실

○ 집행된 목적물이 원고의 소유 등인 사실

- 집행목적에 대하여 원고가 소유권을 가진 사실 또는 양도·인도를 저지할 수 있는 권리(양도담보권, 채무자에 대한 채권적 청구권).
- 채권적 청구권에 의한 권리 : 집행목적물이 집행채무자 소유가 아닌 경우에는 집행채무자와의 사이에 임대차, 사용대차, 위임, 임치 등의 계약관계에 의거하여 채무자에 대하여 목적물의 반환을 구하는 채권적 청구권이 있는 제3자는 집행에 의한 양도나 인도를 막을 이익이 있음(대법원 2003. 6. 13. 선고 2002다16576 판결).

나. 항변 등

○ 본안전 항변

- 강제집행이 개시되지 아니하였거나 종결한 사실

☆ 배당절차가 남아있는 한 종료된 것이 아님(승소 후 배당권자로서 배당받음).

☆ 소송계속 중에 종료된 경우에도 소의 이익이 없음(집행정지결정을 받지 아니하면 집행절차가 그대로 진행됨).

3. 배당이의

가. 청구원인

○ 배당이의를 한 사실

- 채권자가 배당기일에 출석하여 다른 채권자(피고)에게 실체상의 이의를 제기한 사실, 또는 채무자가 배당기일에 출석하거나 배당기일 3일 전부터 배당기일 끝날 때까지 집행력 있는 집행권원의 정본을 가지지 아니한 채권자(피고)에게 실체상의 이의를 제기한 사실.

○ 배당순위 오류 또는 배당채권소멸 사실

- 피고의 채권이 부존재(가장채권)하거나 소멸된 사실 또는 배당표 기재의 채권액보다 적은 액수인 사실, 또는 피고의 채권이 배당표 기재의 배당순위에 있지 아니한 사실.

○ 배당수령권이 있는 사실

- 원고의 배당수령권 발생원인사실.

☆ 원고가 채권자일 경우 : 채무자의 피고에 대한 항변권을 행사할 수 있고 그 전제로서 채무자의 취소 · 해제 · 상계권을 대위행사 할 수 있음.

☆ 피고가 확정판결 기타 기판력 있는 집행권원을 가지고 있는 경우 : 원고는 그 기판력의 표준시 이전에 생긴 실체상의 사유를 주장하여 그 채권의 존재 · 액수를 부인할 수 있음.

☆ 채무자가 통정하여 허위의 집행권원을 가지고 배당에 참가한 채권자의 채권에 대하여 이의를 한 채권자는 그 채권의 존재 · 액수를 부인할 수 있음.

나. 항변 등

○ 본안전 항변

- 제소기간 도과

  제소기간 도과(배당기일부터 1주일)의 본안전 항변, 이 경우 원고에게 부당이득반환청구로 소변경.

○ 본안에 관한 항변

- 원고의 배당수령권에 대한 장해, 소멸, 저지사유를 들어 항변

  배당기일에 피고가 원고에 대하여 이의를 하지 않은 경우에도 원고의 채권 자체를 부인할 수 있음(반대견해 있음).

- 피고의 채권이 부존재하는 경우 : 원고의 채권보다 다른 선순위채권자가 있어서 그 채권자의 채권에 배당되어야 하고 원고에게 배당되어서는 안된다는 항변은 할 수 없음(대법원 2001. 2. 9. 선고 2000다41844 판결).

○ 집행력 있는 집행권원의 정본을 가진 채권자에 대하여 이의한 채무자는 청구이의의 소를 제기하여야 함(민사집행법 154조 2항).

☆ 채무자가 7일 이내에 청구이의의 소와 집행정지결정의 정본을 제출하지 않고

배당이의의 소만 제기한 경우에는 이의가 취하 간주되어 배당이의의 소는 부적법하여 각하된다.

제7절 증권관련

1. 포괄적 일임매매에서의 과당매매로 인한 손해배상청구

가. 청구원인

○ 주식매매거래계좌설정약정을 체결한 사실

○ 금전 또는 증권을 예탁한 사실

○ 증권회사 직원에게 주식거래를 포괄적으로 위임한 사실

○ 회전매매로 인하여 손해를 입은 사실

- 과도한 거래에 대하여 지급한 수수료 등

나. 항변 등

○ 주요항변

- 과실상계 : 원고에게도 과실이 있어서 손해액을 감액하여야 한다는 주장

2. 부당권유로 인한 손해배상청구

가. 청구원인

○ 투자수익보장으로 투자를 권유한 사실

○ 손실을 입은 사실

☆ 부당권유로 인한 불법행위 성립 기준 : 거래 경위와 거래 방법, 고객의 투자 상황, 거래의 위험도 및 이에 관한 설명의 정도 등을 종합적으로 고려한 후 당해 권유행위가 경험이 부족한 일반 투자가에게 거래행위에 필연적으로 수반되는 위험성에 관한 올바른 인식형성을 방해하거나, 고객의 투자 상황에 비추어 과대한 위험성을 수

반하는 거래를 적극적으로 권유한 경우에 해당하여 결국 고객에 대한 보호의무를 저버려 위법성을 띤 행위인 것으로 평가될 수 있어야 함.

☆ 부수적인 사실 : 부당권유를 판단하기 위한 간접사실로 원고의 투자상황(나이, 학력, 직업, 재산상태, 사회적 경험 및 투자경험 등)이 중요

나. 항변 등

○ 주요항변

- 과실상계

  원고에게도 과실이 있어서 손해액을 감액하여야 한다는 주장

3. 선물옵션거래에서의 손해배상청구

가. 청구원인

○ 투자수익보장으로 투자를 권유한 사실

○ 선물옵션거래의 특성 및 위험성에 대한 충분한 설명 결여

○ 피고의 투자운용상의 과실로 손실을 입은 사실

- 여유자금을 확보해 두지 않은 채 예탁금의 거의 전부를 담보로하여 매우 큰 위험을 초래하는 대규모 거래를 수회 반복한 사실.

나. 항변 등

○ 주요항변

- 과실상계

  원고에게도 과실이 있어서 손해액을 감액하여야 한다는 주장

제8절 회사관련

1. 분식결산의 손해배상청구

가. 청구원인

○ 임직원으로 일정기간 재직한 사실

○ 분식결산을 한 사실

○ 그로 인하여 손실을 입은 사실

- 손해배상의 범위 : ① 금융기관의 대출손해 - 실제 회수하지 못한 금액 상당액. ② 주식투자자의 손해
- 민법상 손해의 범위 : 분식결산으로 인하여 상실하게 된 주가 상당액인데, 통상은 분식결산이 밝혀져 거래가 정지되기 직전에 정상적으로 형성된 주가와 분식결산으로 인한 거래정지가 해제되고 거래가 재개된 후 계속된 하종가를 벗어난 시점에서 정상적으로 형성된 주가와의 차액 상당액임. 만약 주가가 다시 정상적으로 형성되기 이전에 매도가 이루어지고 그 가액이 그 후 다시 형성된 정상적인 주가를 초과하는 경우에는 그 매도가액과 차액 상당액임.

나. 항변 등

○ 주요항변

- 인과관계 부존재 항변
- 현금변제 또는 출자전환으로 변제충당되었다는 항변
- 소멸시효 항변(3년)
- 과실상계

  원고에게도 과실이 있어서 손해액을 감액하여야 한다는 주장.

2. 외부감사인의 부실감사 손해배상청구

가. 청구원인

○ 감사보고서에 중요사항 미기재 또는 허위기재

○ 감사보고서를 믿고 이용하여 손해를 입은 사실

○ 인과관계

☆ 손해액 : ① 금융기관의 대출손해 - 실제 회수하지 못한 금액 상당액. ② 주식투자자의 손해. 다만, 주식회사의외부감사에관한법률에 있어서의 배상책임은 민법상 손해배상책임의 범위 적용.

3. 주주총회결의취소

가. 청구원인

○ 원고가 주주, 이사, 감사인 사실

○ 주주총회 소집 및 존재 사실

○ 결의에 취소사유가 있는 사실

- 취소사유 : 총회의 소집절차 또는 결의방법이 법령 또는 정관에 위반하거나 현저하게 불공정한 경우 또는 결의의 내용이 정관에 위반하는 경우.

  ① 소집절차상의 하자 : 이사회의 총회 소집결의의 하자, 소집권한이 없는 자에 의한 소집, 통지상의 하자 및 기타의 소집절차상의 하자.

  ② 결의방법의 하자 : 주주들의 의사가 충분히 반영되지 않은 경우, 결의가 정족수를 결한 경우, 정관상 의장이 될 사람이 아닌 자가 의장이 되어 의사에 관여한 경우.

나. 항변 등

○ 본안전 항변

- 제척기간도과(제척기간 : 결의일로부터 2월내).

4. 주주총회결의무효확인

가. 청구원인

○ 원고가 주주, 이사, 감사인 사실
○ 주주총회 소집 및 존재 사실
○ 결의에 무효사유가 있는 사실

- 무효사유

  총회의 결의 내용이 법령에 위반하는 경우 : 주주평등의 원칙에 반하는 결의, 주주 유한책임의 원칙에 반하여 추가출자의무를 지우는 결의, 총회권한사항을 이사회, 이사 등 타인에게 일임하는 결의, 선량한 풍속 기타 사회질서에 위반하는 결의, 위법한 재무제표를 승인하는 결의, 상법 462조의 규정에 위반하는 배당결의, 주주의 고유권을 침해하는 결의 등

나. 항변 등

○ 제척기간은 없음.

5. 주주총회결의부존재확인

가. 청구원인

○ 원고가 주주, 이사, 감사인 사실
○ 주주총회결의가 부존재한 사실

- 부존재 사유

  총회의 소집절차나 결의방법에 총회결의가 존재한다고 볼 수 없을 정도의 중대한 하자가 있는 경우 : 이사회의 결의도 없이 소집권한이 없는 자가 소집한 총회에서 이루어진 결의, 유효한 주주가 아닌 자들에 의한 총회의 결의, 대부분의 주주에게 소집통지를 하지 않은 결의 등

나. 항변 등

○ 제척기간은 없음.

6. 주식명의개서청구

가. 청구원인

○ 원고가 실질주주인 사실
○ 주주명부상 타인이 주주로 기재되어 있는 사실

7. 주주권확인

가. 청구원인

○ 원고가 주주인 사실
○ 피고가 다투고 있는 사실
☆ 주주권 인정 여부 : 명의신탁의 경우 명의대여자는 주주가 아니므로 명의신탁 해지의 의사표시사실을 같이 주장해야 하고, 주권의 발행이 없는 주식을 양수한 것이라면 회사에 대한 주식양도통지사실을 같이 주장해야 함.

8. 주권인도청구

가. 청구원인

○ 주식을 양수 등으로 취득한 사실
○ 피고가 주권을 소지하고 있는 사실
- 피고가 권한 없이 당해 주권을 소지하고 있는 사실

9. 주주대표소송(상법 403조)

가. 청구원인

○ 원고가 발행주식 총수의 100분의 1 이상에 해당하는 주식을 가진 주주명부 등재 주주인 사실

○ 피고들이 이사 등인 사실

- 상법 401조의2 소정의 '이사로 볼 자'인 사실

○ 회사에 제소청구를 한 사실

○ 이사 등의 임무해태(선관주의 의무 내지 충실의무 위반)로 회사에 손해가 발생한 사실

나. 항변 등

○ 주요항변

- 경영판단에 기한 적법절차를 거쳤다는 항변

10. 회계장부서류 열람 등사 청구(상법 466조)

가. 청구원인

○ 원고가 발행주식 총수의 100분의 3 이상에 해당하는 주식을 가진 주주명부 등재 주주인 사실

- 주권상장법인 또는 협회등록법인인 경우에는 6월 전부터 계속하여 발행주식 총수의 1만 분의 10 이상에 해당하는 주식을 대통령령이 정하는 바에 의하여 보유한 자.

○ 열람·등사를 서면청구한 사실

나. 항변 등

○ 주요항변

- 원고의 청구가 부당하다는 항변(상법 466조 ②).

11. 위법행위유지의 소(상법 402조)

가. 청구원인

○ 원고가 발행주식 총수의 100분의 1 이상에 해당하는 주식을 가진 주주명부 등재 주주인 사실

- 주권상장법인 또는 협회등록법인인 경우에는 6월 전부터 계속하여 발행주식 총수의 10만분의 50 이상(최근 사업연도 말 자본금이 1천억 원 이상인 법인의 경우 10만분의 25)에 해당하는 주식을 대통령령이 정하는 바에 의하여 보유한 자

○ 피고가 이사인 사실

○ 위법행위로 회사에 손해가 생길 염려가 있는 사실

☆ 유지대상이 되는 위법행위 : 법령 · 정관에 위반하는 행위(상법에서 특별히 규정하고 있는 구체적인 규정에 위반하여, 자기주식을 취득하거나 이사회 결의 없이 신주 또는 사채를 발행하려고 하는 경우, 정관에서 주주의 신주인수권을 인정하고 있는데도 이를 무시하고 신주를 발행하려고 하는 경우, 이사의 선관주의의무나 충실의무 등 일반적인 의무를 정한 법령에 위반하는 행위)

12. 신주발행무효의 소(상법 429조)

가. 청구원인

○ 원고의 주주, 이사, 감사인 사실

○ 신주의 발행이 법령 또는 정관의 규정에 위반한 사실

☆ 무효사유 : 정관에서 정하지 않은 종류의 주식을 발행한 경우, 발행예정 주식 총수를 초과하여 발행한 경우, 주주의 신주인수권을 무시하고 신주를 발행한 경우, 주주의 유지청구에 대한 판결과 가처분명령을 무시하고 신주가 발행된 경우, 신주의 편저한 불공정발행의 경우, 이사회결의 없이 신주를 발행한 경우

제9절 회사정리 · 파산

1. 정리채권 · 정리담보권확정의 소

가. 청구원인

○ 정리채권 등의 내용(발생원인, 종류, 액수 등)

○ 정리채권 등의 신고사실(일자)

○ 정리담보권 및 정리채권 특별조사기일에서 관리인에 의해 이의가 제기된 사실 (이의제기일)

나. 항변 등

○ 주요항변

- 부인권 행사

☆ 부인권의 개별적 성립요건

① 고의부인 : 회사가 정리채권자 또는 정리담보권자를 해할 것을 알고 한 행위 → ㉠ 객관적 요건으로 정리채권자 등을 해하는 행위가 있어야 하고(사해행위), ㉡ 주관적 요건으로 회사가 행위 당시 그 행위에 의하여 정리채권자 등을 해한다는 사실을 알고 있어야 함(사해의사).

② 본지행위에 대한 위기부인 : 회사가 지급의 정지 또는 파산, 화의개시, 정리절차개시의 신청이 있은 후에 한 사해행위와 담보의 제공 또는 채무의 소멸에 관한 행위 → ㉠ 객관적 요건으로 정리채권자 등을 해하는 행위와 담보의 제공 또는 채무의 소멸에 관한 행위, ㉡ 시기적 요건으로 회사가 지급정지, 파산, 화의개시 또는 정리절차개시의 신청이 있은 후에 한 행위, ㉢ 주관적 요건으로 수익자가 행위 당시 지급정지 등이 있는 것 또는 정리채권자 등을 해하는 사실을 알고 있을 것

③ 비본지행위에 대한 위기부인 : 회사가 지급의 정지 등이 있은 후 또는 그 전 60일 내에 한 담보의 제공 또는 채무의 소멸에 관한 행위로서 회사의 의무에 속하지 아니하거나 그 방법 또는 시기가 회사의 의무에 속하지 아니하

는 것 → ㉠ 객관적 요건으로 담보의 제공 또는 채무의 소멸에 관한 행위로서 그 행위 자체나 방법 또는 시기가 회사의 의무에 속하지 아니하는 행위, ㉡ 시기적 요건으로 회사가 지급정지 등이 있은 후 또는 그 전 60일 내에 한 행위

④ 무상행위의 부인 : 회사가 지급의 정지 등이 있은 후 또는 그 전 6월 내에 한 무상행위(증여 등)와 이와 동일시하여야 할 유상행위 → ㉠ 객관적 요건으로 회사의 행위가 무상행위(회사가 대가를 받지 않고 재산을 감소시키거나 채무를 증가시키는 일체의 행위 → 입증 필요) 또는 이와 동일시하여야 할 유상행위, ㉡ 시기적 요건으로 회사가 지급정지 등이 있은 후 또는 그 전 6월 내에 한 행위

☆ (원고) 부인권 소멸의 재항변

원고는 정리절차개시가 있은 날부터 2년간 부인권을 행사하지 아니하였거나 부인의 대상이 되는 행위를 한 날부터 10년을 경과하여 소멸시효가 완성되었다는 재항변. 다만, 지급정지의 사실은 안 것을 이유로 하여 부인하는 경우에는 정리절차개시신청이 있은 날로부터 1년 전에 행하여진 행위는 부인할 수 없음.

2. 부인의 소

가. 청구원인

○ 정리채권자 등에게 해를 끼치는 행위(또는 회사의 행위, 이와 동일시되는 행위부인사유)가 존재하는 사실

○ 관리인의 부인권 행사인 사실

☆ 부인권의 개별적 성립요건

① 고의부인 : 회사가 정리채권자 또는 정리담보권자를 해할 것을 알고 한 행위 → ㉠ 객관적 요건으로 정리채권자 등을 해하는 행위가 있어야 하고(사해행위), ㉡ 주관적 요건으로 회사가 행위 당시 그 행위에 의하여 정리채권자 등을 해한다는 사실을 알고 있어야 함(사해의사).

② 본지행위에 대한 위기부인 : 회사가 지급의 정지 또는 파산, 화의개시, 정리절차개시의 신청이 있은 후에 한 사해행위와 담보의 제공 또는 채무의 소멸에 관한 행위 → ㉠ 객관적 요건으로 정리채권자 등을 해하는 행위와 담보

의 제공 또는 채무의 소멸에 관한 행위, ㉡ 시기적 요건으로 회사가 지급정지, 파산, 화의개시 또는 정리절차개시의 신청이 있은 후에 한 행위, ㉢ 주관적 요건으로 수익자가 행위 당시 지급정지 등이 있는 것 또는 정리채권자 등을 해하는 사실을 알고 있을 것

③ 비본지행위에 대한 위기부인 : 회사가 지급의 정지 등이 있은 후 또는 그 전 60일 내에 한 담보의 제공 또는 채무의 소멸에 관한 행위로서 회사의 의무에 속하지 아니하거나 그 방법 또는 시기가 회사의 의무에 속하지 아니하는 것 → ㉠ 객관적 요건으로 담보의 제공 또는 채무의 소멸에 관한 행위로서 그 행위 자체나 방법 또는 시기가 회사의 의무에 속하지 아니하는 행위, ㉡ 시기적 요건으로 회사가 지급정지 등이 있은 후 또는 그 전 60일 내에 한 행위

④ 무상행위의 부인 : 회사가 지급의 정지 등이 있은 후 또는 그 전 6월 내에 한 무상행위(증여 등)와 이와 동일시하여야 할 유상행위 → ㉠ 객관적 요건으로 회사의 행위가 무상행위(회사가 대가를 받지 않고 재산을 감소시키거나 채무를 증가시키는 일체의 행위→입증 필요) 또는 이와 동일시하여야 할 유상행위, ㉡ 시기적 요건으로 회사가 지급정지 등이 있은 후 또는 그 전 6월 내에 한 행위

☆ (원고) 부인권 소멸의 재항변

원고는 정리절차개시가 있은 날부터 2년간 부인권을 행사하지 아니하였거나 부인의 대상이 되는 행위를 한 날부터 10년을 경과하여 소멸시효가 완성되었다는 재항변. 다만, 지급정지의 사실은 안 것을 이유로 하여 부인하는 경우에는 정리절차개시신청이 있은 날로부터 1년 전에 행하여진 행위는 부인할 수 없음.

나. 항변 등

○ 주요항변

- 소멸의 항변

원고는, 정리절차개시가 있은 날부터 2년간 부인권을 행사하지 아니하였거나 부인의 대상이 되는 행위를 한 날부터 10년을 경과하여 소멸시효가 완성되었다는 항변. 다만, 지급정지의 사실을 안 것을 이유로 하여 부인하는 경우에는 정리절차개시신청이 있은 날로부터 1년 전에 행하여진 행위는 부인할 수 없음.

3. 파산채권확정의 소

가. 청구원인

○ 파산채권의 내용 및 신고사실

○ 채권조사기일에서 파산관재인에 의해 이의가 제기된 사실

☆ 부수적인 사실 : 파산자가 파산선고에 이르게 된 경위 및 파산관재인 선임에 관한 사실

나. 항변 등

○ 주요항변

- 부인권 행사

☆ 부인권의 개별적 성립요건

① 고의부인 : 파산자가 파산채권자를 해할 것을 알고 한 행위 → ㉠ 객관적 요건으로 파산채권자 등을 해하는 행위가 있어야 하고(사해행위), ㉡ 주관적 요건으로 파산자의 행위 당시 그 행위에 의하여 파산채권자 등을 해한다는 사실을 알고 있어야 함(사해의사).

② 본지행위에 대한 위기부인 : 파산자가 지급의 정지 또는 파산, 화의개시, 정리절차개시의 신청이 있은 후에 한 사해행위와 담보의 제공 또는 채무의 소멸에 관한 행위 → ㉠ 객관적 요건으로 파산채권자 등을 해하는 행위와 담보의 제공 또는 채무의 소멸에 관한 행위, ㉡ 시기적 요건으로 파산자가 지급정지, 파산, 화의개시 또는 정리절차개시의 신청이 있은 후에 한 행위, ㉢ 주관적 요건으로 수익자가 행위 당시 지급정지 등이 있는 것 또는 파산채권자 등을 해하는 사실을 알고 있을 것

③ 비본지행위에 대한 위기부인 : 파산자가 지급의 정지 등이 있은 후 또는 그 전 60일 내에 한 담보의 제공 또는 채무의 소멸에 관한 행위로서 파산자의 의무에 속하지 아니하거나 그 방법 또는 시기가 파산자의 의무에 속하지 아니하는 것 → ㉠ 객관적 요건으로 담보의 제공 또는 채무의 소멸에 관한 행위로서 그 행위 자체나 방법 또는 시기가 파산자의 의무에 속하지 아니하는 행위, ㉡ 시기적 요건으로 파산자가 지급정지 등이 있은 후 또는 그 전 60일

내에 한 행위

④ 무상행위의 부인 : 파산자가 지급의 정지 등이 있은 후 또는 그 전 6월 내에 한 무상행위(증여 등)와 이와 동일시하여야 할 유상행위 → ㉠ 객관적 요건으로 파산자의 행위가 무상행위(파산자가 대가를 받지 않고 재산을 감소시키거나 채무를 증가시키는 일체의 행위→입증 필요) 또는 이와 동일시하여야 할 유상행위, ㉡ 시기적 요건으로 파산자가 지급정지 등이 있은 후 또는 그 전 6월 내에 한 행위

☆ (원고) 부인권 소멸 사유의 재항변

- 파산선고가 있은 날부터 2년간 행사하지 아니하거나 부인의 대상이 되는 행위가 있던 날부터 10년을 경과하여 소멸시효가 완성되었다는 재항변
- 지급정지의 사실을 안 것을 이유로 부인하는 경우에는 파산선고가 있은 날로부터 1년 전에 행하여진 행위는 부인할 수 없음

제10절 사해행위 · 채권자대위 · 채무부존재

1. 사해행위취소소송

가. 청구원인

○ 원고의 甲에 대한 채권이 있는 사실(채권발생의 원인이 되는 사실)

○ 甲이 피고에게 유일한 재산(부동산, 동산 등)을 매도하거나 채무초과상태에서 채권자들 중 한사람인 피고에게만 근저당설정을 해 주거나 대물변제한 사실

○ 甲이 원고를 해할 의사(사해의사)가 있었다는 사실

- 주요서증 : 소비대차약정서, 부동산등기사항증명서, 재산세 과세자료, 제적등본, 가족관계증명원 등(친족관계인 경우)
- 유일한 재산의 매도인 경우 사해의사는 사실상 추정됨.

☆ 사해행위 이후에 그 전에 있던 부동산상의 부담(근저당권 등)이 소멸된 경우(반드시 피고가 소멸시켜야 할 필요 없음) : 원물반환(등기말소나 진정명의회복의 이전등기)을 할 수 없고, 그 부동산의 사실심 변론종결 당시의 시가를 기준으로 일반채권자의

공동 담보로 되어 있는 책임재산 부분의 액수를 계산하여 그 범위 내에서 원고의 채권액만큼을 가액배상하여야 함.

☆ 사해행위 후 당해 부동산이 경매되어 타에 낙찰된 경우: 피고에게 배당된 돈이 있으면(없으면 원고청구가 기각됨) 그 배당금청구권을 원고에게 양도하는 의사를 표시하고, 국가에 그 양도통지를 하라는 내용으로 청구취지를 변경하여야 함 → 등기기록에 경매개시결정기입등기가 있는 경우 사건검색 등을 통하여 검토 후 청구취지변경 등 보정권고

나. 항변 등

○ 본안전 항변

- 제척기간
  - 원고가 사해행위임을 안 날부터 1년, 사해행위일부터 5년이 지나서 이 사건 소를 제기하였다는 본안전 항변
  - 부동산등기사항증명서에 의하여 가처분등기 후 1년이 경과한 사실이 확인될 경우 보정권고
  - 보정권고 : 채권자취소소송은 그 행위를 안 날로부터 1년 내에 제기하여야 하는 바(민법 406조 2항), 근저당권처분금지가처분등기 후 1년이 경과 후 제기된 이 사건 소송이 적법하다는 법적 근거를 밝힐 것

○ 본안에 관한 항변

- 원고의 채권 소멸 항변

  피보전채권(원고의 갑에 대한 채권)이 시효 소멸하였거나 변제되었다(갑이 변제하였음)는 항변

- 선의의 항변

  피고는 사해행위 당시에 그것이 원고 등의 일반채권자를 해하는 것임을 몰랐다는 선의의 항변 → 특별한 친족관계나 친지관계가 아닌 사이로 정상적인 가격과 절차에 따라 매매나 근저당설정을 한 경우가 이에 해당할 것임.

2. 채권자대위관련소송

가. 청구원인

○ 甲이 피고로부터 부동산 등을 매수한 사실

○ 그 후 원고가 甲으로부터 그 부동산 등을 매수한 사실

☆ 특정물(부동산등기청구권 등)에 관한 권리 보전

- 甲이 피고로부터 부동산 등을 매수한 사실
- 그 후 원고가 甲으로부터 그 부동산 등을 매수한 사실

☆ 금전채권 보전

- 원고가 甲에게 금전을 대여한 사실
- 甲이 피고에게 부동산을 얼마에 매도한 사실
- 甲은 위 매매대금채권 이외에는 원고의 대여금채권을 위한 책임재산이 없는 사실(무자력한 사실)
- 甲이 자신의 권리를 행사하지 않은 사실(대위 요건)
- 원고의 甲에 대한 채권이 이행기에 도래한 사실(대위 요건) → 도래하지 않아도 법원의 허가를 받으면 가능함(민법 404조 2항).

나. 항변 등

○ 본안전 항변

- 피보전채권의 소멸
- 甲이 이미 권리를 재판상이나 재판 외에서 행사하였거나 행사하고 있는 사실

○ 본안에 관한 항변

- 피고의 甲에 대한 일반적인 항변
  ① 피고의 甲에 대한 일반적인 항변 : 피고는 피대위채권(甲의 피고에 대한 채권)의 행사에 관하여 甲에게 할 수 있는 일반적인 항변을 모두 원고에게 할 수 있음.
  ② 甲의 원고에 대한 항변권 행사
    - 피고는 피보전채권(원고의 甲에 대한 채권)의 발생원인이 무효라거나 변제되었다는 본안전 항변을 할 수 있음. 다만, 채권자대위권에 기한 청구에서 제3채무자는 채무자가 채권자에 대하여 가지는 항변으로 대항할 수

없을뿐더러, 채권의 소멸시효가 완성된 경우 이를 원용할 수 있는 자는 시효이익을 직접 받는 자뿐이고 채권자대위소송의 제3채무자는 이를 행사할 수 없음(대법원 1993. 3. 26. 선고 92다25472 판결).

- 피보전채권의 부존재는 대위 요건의 흠결로서 소각하사유임.

③ 피고는 甲이 이미 권리를 재판상이나 재판 외에서 행사하였거나 행사하고 있는 사실을 들어 본안전 항변(이때 甲의 권리행사가 소제기인 경우에는 중복제소로 부적법하다는 본안전 항변도 가능)

대위 요건의 흠결은 소각하 사유이고 법원이 직권으로 조사하여야 함.

3. 채무부존재확인

가. 청구원인

○ 소송물인 특정채무의 발생원인사실이 아예 없거나, 있었지만 그것이 무효, 취소, 해제되었다거나, 발생한 채무가 변제되었다는 등의 주장

- 소송물인 특정채무의 발생원인사실이 아예 없었다고 주장하는 경우에는 원고는 소송물을 특정할 정도의 주장만을 하면 되고, 피고가 그 발생원인사실을 주장·입증하여야 함.
- 소송물인 특정채무의 발생원인이 있었지만 그것이 무효, 취소되었다거나 또는 발생한 채무가 사후에 소멸되었다는 주장을 하는 경우에는 소멸원인(무효, 취소, 변제, 소멸시효 등) 사실이 요건사실임.

○ 확인의 이익이 있음을 인정할 수 있는 사실

[사례 1] 소유권이전등기청구 소장(매매를 원인)

소 장

원 고 김 여 유 (OOOOOO-OOOOOOO)
서울 관악구 관악로 97(봉천동)
소송대리인 변호사 김철호 (전화 :)
서울 강남구 강남대로 238(도곡동) (우 :)

피 고 박 오 루 (OOOOOO-OOOOOOO)
서울 송파구 가락로 18(석촌동)

소유권이전등기절차이행 청구의 소

청 구 취 지

1. 피고는 원고에 대하여 서울 관악구 신림동 1297 잡종지 96㎡에 관하여 2017. 10. 14. 매매를 원인으로 한 소유권이전등기절차를 이행하라.
2. 소송비용은 피고의 부담으로 한다.

라는 판결을 구합니다.

청 구 원 인

1. 원고는 2017. 10. 14. 피고로부터 청구취지 기재의 부동산을 대금 3,000,000원에 매수하였습니다.

2. 따라서 원고는 피고에 대하여 매매계약을 원인으로 하여 소유권이전등기절차의 이행을 구하고자 본소 청구에 이르렀습니다.

입 증 방 법

1. 갑 제1호증 부동산등기사항증명서
그 밖의 입증방법은 변론시 수시 제출하겠습니다.

첨 부 서 류

1. 위 입증서류 1통
1. 주민등록초본 2통
1. 소장 부본 1통
1. 개별공시지가확인서 1통
1. 소송위임장 1통
1. 송달료납부서 1통

2000. O. .

원고의 소송대리인 변호사 김 철 호 (인)

OO지방법원 귀중

[해 설]

1. 부동산의 매매계약으로부터는 매수인에게 소유권이전등기청구권이 생기며 매도인에게 매매대금지급청구권이 생긴다.
2. 소유권이전등기절차를 이행하라는 것은 등기과나 등기소에 대하여 소유권이전등기신청서를 제출하라는 의미이다. 신청서를 제출한다는 것은 등기신청의 의사표시를 하는 것에 해당한다. 이러한 등기신청의 의사의 진술을 명하는 판결이 난 때에는 피고가 등기신청의 의사표시를 하지 않더라도 판결이 확정된 때에 피고가 그러한 등기신청의 의사를 진술한 것으로 보게 되어 있다(민사집행법 제263조 의사표시의무의 집행).
그러므로 판결이 확정되면 그 판결과 확정증명만 가지고 원고가 일방적으로 이전등기신청을 할 수 있게 된다.
3. 개별공시지가확인서를 첨부하는 것은 첩용인지대의 계산자료이기 때문이다. 민사소송인지규칙 제8조 제2항 참조.
매매목적물이 건물인 경우에는 첩용인지액을 계산하기 위하여 필요하므로 개별공시지가확인서 외에도 건축물관리대장 등본을 더 첨부하여야 한다.
4. 부동산 등기기록상의 주소가 피고의 실제 주소와 다른 경우에는 실제 주소 밑에 등기기록상 주소 서울 관악구 관악로 126(봉천동)과 같이 표시한다.

소장에 등기기록상 주소를 기재하지 아니한 경우에는 나중에라도 등기기록상 주소보정서를 제출하여야 한다. 등기기록상 주소가 누락되면 판결이 나더라도 등기를 할 수 없게 된다.

5. 토지대장상의 부동산의 표시가 등기기록상의 표시와 다를 경우에는 서울 관악구 신림동 1297 잡종지 96㎡(대장상 표시 같은 번지 대 98㎡)과 같이 표시한다.
   토지의 분할이나 합병이 있어서 토지대장상의 표시와 등기기록상의 표시가 일치하지 아니할 때에는 분필등기나 합필등기 또는 합병등기를 마친 후 등기기록상의 표시가 토지대장상의 표시와 일치하게 한 후 소장에 등기기록상의 표시를 하는 것이 바람직하다.
   그리고 미등기토지이거나 등기 된 토지라도 대장상으로만 분할되어 있는 경우에는 토지대장상의 부동산의 표시를 사용한다.
6. 농지법 제8조는 농지를 취득하고자 하는 경우 농지취득자격증명을 받도록 규정하고 있다. 여기서 취득이라 함은 매매만을 말하는 것이 아니라 증여, 명의신탁 해지 등도 포함하는 것으로 해석된다.
   다만, 상속은 동법에서 제외하고 있다.
   농지취득자격증명은 사실심 변론종결 시까지 발급받아야 하는 것이 아니라 판결 선고 후에 발급 받아도 되는 것으로 보아야 할 것이다.
7. 1평은 3.3058㎡이다.
8. 원고나 피고 중에 법인체가 있는 경우에는 법인등기사항증명서를 첨부한다. 법인의 대표자를 확인하기 위하여서이다.
9. 위 사건의 경우 토지의 면적이 96㎡이고 개별공시지가가 ㎡당 1,000,000원이라면 토지가격은 96,000,000원이 된다.
   그런데 민사소송등인지규칙 제9조 제2항에서 토지의 가액은 100분의 50을 곱하도록 규정하고 있으므로 금 48,800,000원이 된다.
   따라서 소가는 48,800,000원이 되고, 첩용인지액은 민사소송등인지법 제2조 제1항 2호의 규정에 따라 224,600원(=48,800,000원 × 0.0045 + 5,000원)이 된다.
10. 매매대금 잔금지급과의 동시이행항변
    가. 피고(매도인)는 매매대금 잔액을 지급받을 때까지 소유권이전등기를 해 줄 수 없다는 동시이행항변 : 이 경우 대금잔액이 있음을 주장만 하면 된다(미변제사실은 입증 불요).
    나. 원고(매수인의 재항변) : 원고는 잔금의 지급 또는 이행제공의 계속을 주장, 입증하여 동시이행항변권이 소멸된다는 재항변(이행수령최고서, 예금통장)

[사례 2] 소유권이전등기청구 소장(예비적 청구, 매매, 시효취득)

소　　　장

원 고　　강　민　주 (OOOOOO-OOOOOOO)　(전화 :　　　)
서울 중구 서소문로 17(서소문동)　(우 :　　　)

피 고　　복지 주식회사(구상호 주식회사 정의) (OOOOOO-OOOOOOO)
서울 강서구 화곡로 76(화곡동)　(우 :　　　)
등기기록상주소 : 서울 강서구 화곡로 96(화곡동)
대표이사 김 인 권

소유권이전등기 청구의 소

청 구 취 지

1. 제1차적으로,
   피고는 원고에 대하여 별지 부동산 목록 기재 토지에 관하여 1997. 10. 1. 매매를 원인으로 한 소유권이전등기절차를 이행하고, 이 청구가 기각되는 경우에는 제2차적으로, 1997. 10. 1. 시효취득을 원인으로 한 소유권이전등기절차를 이행하라.
2. 소송비용은 피고의 부담으로 한다.

라는 판결을 구합니다.

청 구 원 인

1. 원고는 1997. 10. 1. 피고로부터 별지 부동산 목록 기재 토지(이하 '이 사건 토지'라고 한다)를 대금 630,000원에 매수하였습니다.

2. 따라서 피고는 원고에게 매매를 원인으로 하여 소유권이전등기절차를 이행할 의무가 있습니다.

3. 한편 원고는 1997. 10. 1. 전부터 이 사건 토지를 피고로부터 임차하고 있다가 1997. 10. 1.의 위 매수 이후 소유의 의사로 평온 공연하게 현재까지 20년 이상 점유를 계속하고 있습니다.

4. 그리고 이 사건 토지의 현재의 등기명의인이면서 진정한 소유자는 피고입니다.

5. 따라서 피고는 원고에게 2017. 10. 1. 취득시효 완성을 원인으로 하여 소유권이전 등기절차를 이행할 의무가 있다 할 것이므로 본 소 청구에 이르렀습니다.

입 증 방 법

변론시 수시 제출하겠습니다.

첨 부 서 류

1. 주민등록초본 1통
1. 법인등기사항증명서 1통
1. 토지가격확인원 1통
1. 소장부본 1통
1. 납부서 1통

2000. O. .

위 원고 강 민 주 (인)

O O 지 방 법 원 귀 중

[해 설]

1. 예비적 청구는 주된 청구와 사이에서 첫째로 양립되지 않는 관계에 있고 심판순서에 있어 후순위일 것을 요한다. 이점에서 선택적 병합과 구별된다. 둘째로 기초되는 사실관계가 견련되어 있지 않으면 안된다. 또 이러한 예비적 병합의 예로, 제1차적 청구로서 매매대금의 지급을 청구하고, 제2차적 청구로서 매매계약이 무효인 때를 대비하여 이미 인도한 매매목적물의 반환을 청구하는 경우가 있다. 그리고 등기가 원인무효임을 이유로 말소청구를 하고, 유효일 때를 대비하여 신탁 해지를 원인으로 하여 이전등기청구를 하는 경우에는 선택적 병합이 아니고 예비적 병합이라고 한 것에는 대법원 82. 7. 13. 선고 81다카1120 판결이 있다. 그리고 동일목적의 청구를 양립하지 않는 수개의 권리나 형성원인에 기하여 구하는 경우에도 예비적 병합으로 보는 것이 구소송물이론의 입장이다. 예컨대 동일금전을 제1차적으로 대여금채권에 기하여 구하고, 소비대차가 무효일 때를 대비하여 예비적으로 부당이득반환청구권에 기하여 청구하는 경우이다. 또 실무상 동일부동산에 관한 이전등기를 매매를 원인으로 청구하며 동시에 취득시효를 원인으로 청구하는 경우도 예비적 병합으로 취급한다. 그러나 신소송물이론의 주류는 이러한 동일목적의 소송에 있어서는 소송물을 1개로 보고 단지 공격방법이 예비적으로 병합된 것으로 해석한다.

2. 민법 제247조에 의하면 시효취득의 효력은 점유를 개시한 때에 소급한다.
3. 시효취득에 의한 소유권취득은 원시취득이지만 등기를 하여야 비로소 그 소유권을 취득하는 것이므로 목적부동산이 미등기인 경우에도 시효취득자명의로 직접 소유권보존등기를 신청할 수는 없으며 종전소유자명의로 소유권보존등기를 한 다음 이전등기를 할 수 밖에 없다. 또 취득시효의 목적이 부동산의 일부인 경우에는 그 등기를 하기 위한 전제로서 분필등기가 선행되어야 한다.

[사례 3] 소유권이전등기청구 소장(대위등기)

소 장

원 고 홍 길 동 (OOOOOO-OOOOOOO) (전화 :)
서울 동작구 상도로 28(상도동) (우 :)

피 고 한국건설주식회사 (OOOOOO-OOOOOOO)
서울 송파구 가락로 16(석촌동) (우 :)
대표이사 김 인 수

소유권이전등기 청구의 소

청 구 취 지

1. 피고는 별지 부동산 목록 기재 부동산에 관하여 매매를 원인으로 한 소외 임기순 명의로의 소유권이전등기절차를 이행하라.
2. 소송비용은 피고의 부담으로 한다.

라는 판결을 구합니다.

청 구 원 인

1. 원고는 소외 임기순에 대하여, 서울중앙지방법원 2018가단 00000호 대여금 청구사건의 집행력 있는 판결정본에 기하여, 100,000,000원과 이에 대하여 2018. 3. 10.부터 2018. 11. 15.까지는 연 5%, 그 다음날부터 다 갚는 날까지는 연 15%의 각 비율로 계산한 금원지급청구채권을 가지고 있는 바, 소외 임기순은 현재까지도 위 채무를 이행하지 않고 있습니다.

2. 한편 위 임기순은 피고회사가 신축 분양하는 서울 강남구 강남대로 216(역삼동)

소재 한국아트에 관하여 2016. 3.경 분양신청을 하였고 그 중 제2동 1502호를 분양받게 되었습니다.

3. 이에 원고는 소외 임기순을 상대로 한 위 대여금 청구의 본안소송을 제기하기에 앞서 그 집행보전을 위하여 2018. 5. 14. 같은 법원 2018카합 00000로서 소외 임기순이 피고회사에 대하여 가지고 있는 이 사건 아파트의 분양권을 가압류해둔 바 있습니다.

4. 위 임기순은 분양받은 이 사건 아파트는 이미 모든 공사가 완료되어 입주를 마쳤고, 등기기록 등의 공부상에의 등재까지 끝난 상태이므로 하시라도 소외 임기순 명의로의 소유권이전등기절차가 가능한 상태입니다.

5. 따라서 원고는 소외 임기순에 대한 금전채권자로서 이 사건 아파트를 채무자인 임기순의 책임재산으로 귀속시킨 후 강제집행을 심시하여 그 매각대금으로부터 위 채권의 변제를 받기 위하여 본 소 청구에 이른 것입니다.

입 증 방 법

1. 갑 제1호증 판결문(서울중앙지방법원 2018가단 00000호)
1. 갑 제2호증 부동산등기사항증명서
1. 갑 제3호증의1 토지대장
1. 갑 제3호증의2 건축물대장
1. 갑 제4호증 결정문(서울중앙지방법원 2018카합 00000호)

그 밖의 입증방법은 변론시 수시 제출하겠습니다.

첨 부 서 류

1. 위 입증서류 각 1통
1. 주민등록초본 2통
1. 법인등기사항증명서 1통
1. 소장 부본 1통
1. 송달료납부서 1통

20○○. ○. .

위 원고 홍 길 동 (인)

○○지방법원 귀중

[해 설] 매매대금 잔금지급과의 동시이행항변

1. 피고(매도인)는 매매대금 잔액을 지급받을 때까지 소유권이전등기를 해 줄 수 없다는 동시이행항변 : 이 경우 대금잔액이 있음을 주장만 하면 된다(미변제사실은 입증 불요).
2. 원고(매수인의 재항변) : 원고는 잔금의 지급 또는 이행제공의 계속을 주장, 입증하여 동시이행항변권이 소멸된다는 재항변(이행수령최고서, 예금통장)

[사례 4] 소유권이전등기청구 소장(매매, 상속을 원인)

소 장

원 고 1. 정 진 선 (OOOOOO-OOOOOOO)
2. 이 이 용 (OOOOOO-OOOOOOO)
3. 이 나 용 (OOOOOO-OOOOOOO)
4. 이 다 미 (OOOOOO-OOOOOOO)
위 원고들의 주소 : 서울 강남구 강남대로 318(역삼동)
원고 4.는 미성년자이므로 법정대리인 친권자 모 정진선

피 고 박 희 태 (OOOOOO-OOOOOOO)
서울 송파구 가락로 38(석촌동)

소유권이전등기절차이행 청구의 소

청 구 취 지

1. 피고는 별지 목록 기재 부동산 중 원고 정진선에 대하여는 9분의 3 지분, 원고 이가용, 원고 이나용, 원고 이다미에 대하여는 각 9분의 2 지분에 관하여 2018. 1. 21. 매매를 원인으로 한 소유권이전등기절차를 이행하라.
2. 소송비용은 피고의 부담으로 한다.

라는 판결을 구합니다.

청 구 원 인

1. 소외 망 이원용은 2018. 1. 21. 피고와 사이에 피고로부터 별지 목록 기재 부동산을 대금 90,000,000원에 매수하는 내용의 매매계약을 하였습니다.

2. 그런데 위 이원용은 2018. 3. 27. 사망하여 아내인 원고 정진선, 장남인 원고 이가용, 차남인 원고 이나용, 장녀인 원고 이다미가 각 3/9, 2/9, 2/9, 2/9지분씩 공동상속하였습니다.

3. 따라서 매도인인 피고는 매수인인 위 이원용의 포괄승계인인 원고들에 대하여 각 법정상속지분만큼씩 소유권이전등기를 해 주어야 할 의무가 있다 할 것이므로 본소 청구에 이른 것입니다.

입 증 방 법

변론시 수시 제출하겠습니다.

첨 부 서 류

1. 주민등록초본 5통
1. 제적등본 1통
1. 가족관계증명서 1통
1. 소장 부본 1통
1. 개별공시지가확인서 1통
1. 송달료 납부서 1통

20○○. ○. .

원고 정 진 선 (인)
이 이 용 (인)
이 나 용 (인)
이 다 미 (인)
위 이다미는 미성년자이므로 법정대리인
친권자 모 정 진 선 (인)

○○지방법원 귀중

[해 설]

1. 매매계약의 효과로 매도인에게는 매매대금지급청구권이 발생하고 매수인에게는 재산권이전청구권(소유권이전등기절차이행청구권과 재산점유이전청구권)이 발생한다. 따라서 소유권이전등기청구를 하려면 매매계약이 성립한 사실을 주장, 입증하여야 한다.

소장은 최초의 주장서면이므로 자신이 주장하는 권리가 발생하기 위하여 필요한 요건사실을 구체적으로 기재하여야 한다. 매매에 관하여는 매도인의 이름, 매수인의 이름, 매매목적물, 매매대금, 매매계약일을 기재하면 될 것이다. 간결하고 명확하게 기재할수록 좋을 것이다.

2. 사망의 효과로 상속이 개시되는데 상속은 피상속인의 재산과 채무가 포괄적으로 상속인에게로 승계되는 것이다. 상속은 계약이 아니라 사건이다. 상속을 표현하기 위하여는 피상속인의 이름, 사망일시, 상속인, 상속목적물, 상속지분을 기재하면 될 것이다. 상속지분에 관하여는 수차 민법이 개정되면서 변화가 있었다.

[사례 5] 소유권이전등기등절차이행청구 소장(변제공탁, 통정허위표시, 채권자대위)

소 장

원 고 강 인 권 (OOOOOO-OOOOOOO) (전화 :)
서울 강남구 강남대로 238(도곡동) (우 :)

피 고 1. 오 순 희 (OOOOOO-OOOOOOO)
2. 최 정 의 (OOOOOO-OOOOOOO)
피고들의 주소 :
서울 송파구 가락로 39(석촌동) (우 :)

소유권이전등기 등 절차이행 청구의 소

청 구 취 지

1. 피고 오순희는 피고 최정의에게 별지 부동산 목록 기재 부동산에 관하여 서울중앙지방법원 등기국 2018. 4. 11. 접수 제30,000호로 마친 소유권이전등기의 말소등기절차를 이행하고, 피고 최정의는 원고에게 위 부동산에 관하여 2017. 10. 20. 매매를 원인으로 한 소유권이전등기절차를 이행하라.
2. 소송비용은 피고들의 부담으로 한다.

라는 판결을 구합니다.

청 구 원 인

1. 원고는 2017. 10. 20. 피고 최정의와 사이에 피고 최정의로부터 피고 최정의의 소유의 별지 목록 기재 부동산(이하 '이 사건 부동산'이라고 한다)을 대금 50,000,000

원에 매수하는 내용의 계약을 하고, 2017. 11. 5.까지 25,000,000원을 지급하고, 2018. 9. 16. 잔금 25,000,000원을 2017. 11. 20. 피고 최정의의 수령 거절을 이유로 변제공탁하였습니다.

2. 그러므로 피고 최정의는 원고에게 매매계약을 원인으로 하여 소유권이전등기절차를 이행할 의무가 있다 할 것입니다.

3. 그런데 피고 최정의와 피고 최정의의 처인 피고 오순희는 이 사건 부동산의 가격이 오르자 원고에 대한 이 사건 부동산의 소유권이전등기의무의 이행을 회피하기 위하여 서로 짜고서 마치 피고 오순희가 이 사건 부동산을 피고 최정의로부터 매수한 것처럼 가장하고 청구취지 기재의 소유권이전등기를 마쳤습니다.

4. 따라서 원고는 피고 최정의에 대하여 매매계약을 원인으로 하여 소유권이전등기절차의 이행을 청구하고, 피고 오순희에 대하여, 원고의 피고 최정의에 대한 위 소유권이전등기절차이행 청구권을 보전하기 위하여 피고 최정의를 대위하여 통정허위표시로서 원인무효인 위 소유권이전등기의 말소등기절차의 이행을 구하고자 본 소 청구에 이른 것입니다.

입 증 방 법

1. 갑 제1호증	매매계약서
1. 갑 제2호증	가족관계증명서
1. 갑 제3호증	토지등기사항증명서
1. 갑 제4호증	건물등기사항증명서
1. 갑 제5호증	(매매대금변제)영수증
1. 갑 제6호증	(매매대금변제)영수증
1. 갑 제7호증	(변제)공탁서

그 밖의 입증방법은 변론시 수시 제출하겠습니다.

첨 부 서 류

1. 위 입증서류	각 1통
1. 주민등록초본	3통
1. 소장 부본	2통
1. 개별공시지가확인서	1통
1. 건축물관리대장 등본	1통
1. 송달료납부서	1통

2000. 0. .

위 원고 강 인 권 (인)

OO지방법원 귀중

[별 지]

부 동 산 목 록

1. 서울 송파구 석촌동 123 대 185㎡

2. 서울 송파구 석촌동 123
철근콘크리트조 슬래브지붕 단층주택 및 점포
1층 123.7㎡
지하실 264㎡. 끝.

[해 설]

1. 매매계약은 쌍무계약이므로 매수인에 대하여 소유권이전등기를 청구하려면 우선 자신의 매매대금지급의무를 이행하여야 한다. 그렇지 아니하고 소유권이전등기를 청구하면 매수인이 매매대금을 지급받지 아니하였으므로 소유권이전등기절차를 이행할 수 없다고 동시이행의 항변을 하여 그 항변이 받아들여질 수 있다. 따라서 이러한 동시이행의 항변을 사전에 봉쇄하기 위하여 매매대금을 전부 지급하여야 한다. 그런데 매수인이 매매대금의 수령을 거부하는 경우가 있는데 이런 경우에는 변제공탁을 하여 매수인의 매매대금청구권을 소멸시켜야 할 것이다.
2. 통정허위표시인 법률행위(매매계약)는 무효이다.
그리고 통정허위표시로 마쳐진 등기에 대하여는 속칭 원인무효인 등기라는 표현이 주로 사용되고 있다.
통정허위표시인 법률행위를 표현하는 데에는 '서로 짜고서'와 '마치 매수한 것처럼 가장하고'의 용어를 사용하는 것이 아주 유용할 것이다.
통정허위표시로 원인무효인 등기에 대하여는 그 직전 소유명의인이 원인무효인 등기의 명의인을 상대로 말소등기절차의 이행을 청구할 수 있다.
따라서 매수인의 지위에서는 원인무효인 등기의 명의인을 상대로 말소등기절차의 이행을 청구할 수 없으므로 그 직전 소유명의인을 대위하여(채권자 대위권을 행사하여)야만 할 것이다.

위 사건에서 피고 최정의가 피고 오순희를 상대로 말소등기(절차이행)를 청구할 수 있는 근거는 소유물방해제거청구권이다.

소유물방해제거를 청구할 수 있는 사람은 소유자이고, 그 권리행사의 상대방은 소유물을 방해하고 있는 사람이 된다. 원인무효인 등기를 자신의 명의로 경료하고 있는 사람은 소유물을 방해하는 사람으로 간주된다(소유물방해행위의 전형적인 경우는 소유자의 승낙 없이 불법 점유하고 있는 경우일 것이다. 어느 정도가 방해가 되고 어떤 행위가 방해가 되는지는 최종적으로 법원이 판단하게 된다).

소유물방해제거청구의 요건사실은 소유자인 사실과 상대방이 소유물을 방해하고 있는 사실의 2가지이다.

소유자인 사실의 표현에는 원고는 어느 물건의 소유자라는 표현이 사용될 수도 있고 원고는 어느 물건에 대하여 소유권이전등기나 보존등기를 경료하였다는 표현이 사용될 수도 있다. 등기에는 소유권의 추정력이 있다고 볼 수 있기 때문이다. 미등기부동산의 경우에는 일제시대에 사정받았다는 표현이나 사정명의인으로부터 상속받았다는 표현 등이 사용될 수 있을 것이다.

사정이란 행정처분으로 사정명의인은 소유권을 절대적으로 원시취득하기 때문이다.

사정에는 그 명의자가 소유자라는 사실을 확정하는 효력이 있으나 등기에는 그 명의자가 소유자라는 사실을 확정하는 효력은 없고 단지 추정하는 효력이 있지만 반증이 없는 한 뒤집어지지 않는다.

그러나 1960년 이후에는 등기가 대항요건이 아니라 효력발생 요건이 되었으므로 소유자로부터 매수하였다는 표현은 소유자인 사실을 표현하는 것으로 부족하게 되었다는 사실을 명심할 필요가 있다.

물론 1960년 이전에는 등기가 대항요건에 불과하였으므로 누구로부터 어느 물건을 매수하였다는 표현만으로도 소유자인 사실의 표현 문구로 충분할 수 있었다.

이에 대하여 동산의 경우에는 등기제도나 사정제도가 없으므로 소유자인 사실을 표현하기 위하여 언제 누구로부터 양수하였다거나 무주의 동산이고 자신이 소유의 의사로 선점하였다거나 자신이 제작하여 그 소유권을 원시취득하였다는 표현이 사용될 수 있다.

3. 증거방법으로 어떤 것을 내는지는 원고의 마음에 달려 있다.

   사람에 따라 입증하는 방법이나 태양은 달라질 수 있는 법이다. 그러나, 이 사건과 같이 이전등기나 말소등기 등을 청구하는 경우에는 등기사항증명서를 제출하는 것은 누구에게나 필수적인 것이라고 할 것이다. 왜냐하면 이런 사건에서 판결하기 위하여는 등기기록상의 부동산의 표시, 등기명의인, 등기원인, 등기원인일자, 등기접수일자와 접수번호 등의 확인이 필수적이기 때문이다.

   가족관계증명서 등은 피고들이 부부지간인 사실을 증명하는 증거방법이다.

4. 통정허위표시여서 무효라는 주장이나 반사회질서행위로서 무효라는 주장은 보통 공격방어 방법으로 사용되고 있다.

   소송물은 통정허위표시로서 무효라는 주장이 아니라 소유물방해행위이므로 등기를 말소하라는 청구이다.
통정허위표시임을 주장하는 이유는 등기에는 적법추정력이 있으므로 그 추정력을 뒤집어(복멸하여) 방해행위라는 것을 분명히 하기 위해서이다.

5. 피고가 행방불명인 경우 처음부터 소장에 피고가 소재불명인 사실을 기재하고 최후주소를 기재하여 공시송달허가신청서를 제출하는 경우도 있으나 이보다는 처음에는 피고의 최후주소를 주소란에 기재하여 법원에서 송달을 해 보게 하고 주소보정명령이 나오면 그 때에 가서 비로소 소명자료를 첨부하여 공시송달허가신청을 하는 것이 좋다.

[사례 6] 소유권이전등기등청구 소장(말소등기와 이전등기를 동시에 청구)

소 장

원 고 김 인 권 (OOOOOO-OOOOOOO) (전화 :)
서울 강남구 강남대로 28(양재동) (우 :)

피 고 1. 정 하 진 (OOOOOO-OOOOOOO)
2. 이 진 선 (OOOOOO-OOOOOOO)
3. 정 이 진 (OOOOOO-OOOOOOO)
4. 정 나 진 (OOOOOO-OOOOOOO)
피고들의 주소 : 서울 서초대로 26길(서초동) (우 :)

소유권이전등기 등 청구의 소

청 구 취 지

1. 피고 정하진은 피고 이진선, 피고 정가진, 피고 정나진에게 서울 서초구 서초동 31 대 95㎡에 관하여 서울중앙지방법원 등기국 2018. 3. 19. 접수 제1111호로 마친 소유권이전등기의 말소등기절차를 이행하고,
2. 원고에게, 피고 이진선은 전항 기재 부동산 중 7분의 3 지분에 관하여, 피고 정가진은 전항 기재 부동산 중 7분의 2 지분에 관하여, 피고 정나진은 전항 기재 부동산 중 7분의 2 지분에 관하여, 각 2018. 1. 20. 매매를 원인으로 한 소유권이전등기절차를 이행하라.
3. 소송비용은 피고들의 부담으로 한다.

라는 판결을 구합니다.

청 구 원 인

1. 원고는 2018. 1. 20. 소외 망 정원진으로부터 청구취지 기재의 부동산(이하 '이 사건 부동산'라고 한다)을 대금 50,000,000원에 매수하였습니다.

2. 그런데 소외 망 정원진은 2018. 3. 17. 사망하여 처인 피고 이진선, 장남인 피고 정가진, 차남인 피고 정나진이 각 3/7, 2/7, 2/7 지분만큼씩을 공동상속하여 권리를 승계하였습니다.

3. 한편 피고 정하진은 이 사건 부동산에 관하여 서울중앙지방법원 강남등기소 2018. 3. 19. 접수 제1111호 소유권이전등기를 마쳤습니다.

4. 그러나 이 등기는 아무런 등기원인 없이 경료된 무효인 것입니다.(원인무효인 등기인 이유는 변론시 구체적으로 입증할 것이다)

5. 따라서 원고는 매매계약에 기하여 피고 이진선, 피고 정가진, 피고 정나진에 대하여 각 그 상속지분에 상응하는 지분에 관하여 소유권이전등기절차의 이행을 청구하고, 아울러 원고의 위 피고들에 대한 위 소유권이전등기신청절차이행청구권을 보전하기 위하여 위 피고들을 대위하여 피고 정하진에 대하여 원인무효인 위 소유권이전등기의 말소등기신청절차의 이행을 구하고자 본 소 청구에 이르렀습니다.

입 증 방 법

변론시 수시 제출하겠습니다.

첨 부 서 류

1. 주민등록초본 2통
1. 소장 부본 4통
1. 개별토지가격확인서 1통
1. 납부서 1통

20OO. O. .

위 원고 김 인 권 (인)

OO지방법원 귀중

[해 설]

1. 매매를 원인으로 한 소유권이전등기신청절차의 이행을 청구하려면 매매계약의 성립사실을 주장 입증하여야 한다.
   매매계약은 매매당사자(매도인, 매수인), 매매목적물(매물), 매매대금, 그리고 매매계약체결일을 기재하면 특정이 될 것이다.
   매매대금 지급 사실은 매매계약의 성립과는 무관하다. 다만, 매도인이 매매대금을 지급하지 않았다고 하여 동시이행의 항변을 하면 그때에 가서 매매대금을 지급하였다고 재항변을 하면 된다.
   그러나 실무상 주장 입증의 책임에 구애되지 아니하고 사건의 진상을 자세히 밝혀 준다는 생각에서 매매대금 지급사실도 같이 기재하여 주는 경우가 많다.
   대법원 1993. 12. 28. 선고, 93다777 판결은 매매를 원인으로 한 소유권이전등기 청구에 있어서 매수인이 매매계약사실을 주장, 입증하면, 특단의 사정이 없는 한, 매도인은 소유권이전등기의무가 있는 것이며, 매도인이 매매잔대금을 수령한 바 없다면 동시이행의 항변을 제기하여야 하는 것이고 법원은 매도인의 이러한 항변이 있을 때 비로소 매수인의 매매잔대금지급사실의 유무를 심리하여 매수인이 매매잔대금을 지급하지 않았다면 매도인에 대하여 매수인으로부터 매매잔대금을 지급받음과 동시에 소유권이전등기절차를 이행하라는 판결을 할 수 있는 것이라고 한다.
2. 상속으로 인한 권리의 포괄적 승계의 요건사실은 사망이란 사건인데 이를 특정하여 기재하기 위하여는 피상속인, 사망일시, 상속인, 상속목적물, 상속지분, 그리고 사망사실을 기재하면 될 것이다.
3. 동시이행의 항변의 요건은 동일한 쌍무계약으로부터 생기는 양 채무의 존재, 상대방의 채무의 변제기 도래, 상대방이 채무의 이행 또는 그 제공을 하지 아니하고 청구하고 있는 것의 3가지이다. 따라서 동시이행의 항변을 하고자 할 때에는 이 요건에 맞추어 사실을 기재하여야 할 것이다.
4. 상계의 요건은 채권이 대립하고 있을 것, 쌍방의 채권이 동종의 목적을 가지고 있을 것, 쌍방의 채권이 변제기에 있을 것, 채권의 성질상 상계가 허용될 것의 4가지이다.

[사례 7] 소유권이전등기청구 소장(가등기에 기한 본등기 청구)

소　　　장

원 고　　나 우 수 (OOOOOO-OOOOOOO)
　　　　서울 서초구 서초대로 28길(서초동)
　　　　소송대리인 변호사권 호 권　　　(전화 :　　　)
　　　　서울 서초구 신반포로 23길(반포동)　　　(우 :　　　)

피 고 김 성 희 (OOOOOO-OOOOOOO)
경기 연천군 청산면 초성로 10 (우 :)

소유권이전등기 청구의 소

청 구 취 지

1. 피고는 원고에게 별지 부동산 목록 기재의 부동산에 관하여 의정부지방법원 연천등기소 2011. 8. 11. 접수 제8784호로 마친 가등기에 기한 2018. 8. 11. 매매를 원인으로 한 소유권이전등기절차를 이행하라.
2. 소송비용은 피고의 부담으로 한다.

라는 판결을 구합니다.

청 구 원 인

1. 원고는 별지 부동산 목록 기재의 부동산을 2011. 7. 25. 소외 최영수로부터 매수한 후 2011. 7. 28. 편의상 피고의 명의로 신탁하여 소유권이전등기를 경료하였습니다.

2. 그 후 원고는 2011. 8. 10. 피고와 사이에 매매예약을 체결하고 2011. 8. 11. 원고를 권리자로 하여 가등기를 하였습니다.

3. 한편 위 매매예약의 내용은 피고가 20,000,000원과 원,피고간에 미리 합의된 손해금 상당을 2018. 8. 10.까지 원고에게 지급하면 위 매매예약은 해제되며, 만약 피고가 그 기간까지 위 금액을 지급하지 아니하면 당사자 간 다른 의사표시가 없더라도 위 기간이 끝나는 다음날인 2018. 8. 11.자로 당사자 간에 매매완결의 의사표시를 한 것으로 보고 별지 부동산 목록 기재의 부동산에 대한 소유권을 원고에게 이전하기로 하였습니다.

4. 그런데 피고는 2011. 8. 10. 자 위 매매예약상의 20,000,000원과 원, 피고간에 미리 합의된 손해금을 2018. 8. 10.까지 원고에게 지급하지 아니함으로써 2018. 8. 11. 자로 매매계약이 성립되었습니다.

5. 따라서 원고는 2017. 8. 11. 매매계약을 원인으로 하여 피고에 대하여 별지 부동산 목록 기재의 부동산에 관한 소유권이전등기절차의 이행을 구하고자 본 소 청구에 이르렀습니다.

입 증 방 법

1. 갑 제1호증의 1 내지 3 각 부동산등기사항증명서
1. 갑 제2호증 부동산매매예약서 사본

그 밖의 입증서류는 변론시 수시 제출하겠습니다.

첨 부 서 류

1. 위 입증서류 각 1통
1. 주민등록초본 2통
1. 소장 부본 1통
1. 개별공시지가확인서 1통
1. 납부서 1통
1. 소송위임장 1통

20○○. ○. .

원고의 소송대리인 변호사 권 호 권 (인)

○○지방법원 귀중

[별 지]

부 동 산 목 록

1. 경기 연천군 청산면 초성리 100 답 2327㎡
2. 위 같 은 리 101 잡종지 965㎡
3. 위 같 은 리 102 답 1230㎡. 끝.

[사례 8] 소유권이전등기청구 소장(시효취득을 원인)

소 장

원 고 신 민 주 (000000-0000000) (전화 :)
서울 강남구 강남대로 238(도곡동) (우 :)

피 고 서 복 지 (000000-0000000)
서울 강남구 강남대로 296(역삼동) (우 :)

소유권이전등기 청구의 소

청 구 취 지

1. 피고는 원고에 대하여 서울 강남구 수서동 90-9 대 100㎡ 중 별지 도면 표시 ㄱ, ㄴ, ㄷ, ㄹ, ㅁ, ㄱ의 각 점을 차례로 연결한 선내의 (가)부분 50㎡에 관하여 1997. 11. 7. 시효취득을 원인으로 한 소유권이전등기절차를 이행하라.
2. 소송비용은 피고의 부담으로 한다.

라는 판결을 구합니다.

청 구 원 인

1. 원고는 원고 소유이던 서울 강남구 수서동 89 대 205㎡ 지상에 여관 건물을 건립하면서 인접한 피고 소유의 수서동 90-9 대 100㎡ 중 별지 도면 표시 ㄱ, ㄴ, ㄷ, ㄹ, ㅁ, ㄱ의 각 점을 연결한 선내의 (가)부분 50㎡(이하 '이 사건 토지'라고 한다)도 원고의 소유의 토지의 일부인 것으로 알고 이 사건 토지 지상에까지 여관건물을 지어 1997. 11. 7.부터 점유를 시작한 이래 2017. 11. 7.까지 소유의 의사로 평온 공연하게 점유하여 왔습니다.

2. 따라서 원고는 피고에 대하여 시효취득을 원인으로 하여 이 사건 토지에 관한 소유권이전등기절차의 이행을 구하고자 본소 청구에 이르렀습니다.

입 증 방 법

변론시 수시 제출하겠습니다.

첨 부 서 류

1. 주민등록초본 2통
1. 소장 부본 1통
1. 개별공시지가확인서 1통
1. 납부서 1통

20OO. O. .

위 원고 신 민 주 (인)

O O 지 방 법 원 귀 중

[해 설]

1. 점유 취득시효의 완성으로 인한 소유권이전등기 청구의 요건사실은 20년간 소유의 의사로(자주점유) 평온, 공연하게 타인 소유의 부동산을 점유한 사실이다.

   이 사실을 특정하여 기재하기 위하여는 점유자, 취득시효 완성 당시의 진정한 소유자(민법 등 실체법상의 소유자), 언제부터 언제까지 20년 동안 점유한 사실, 점유한 부동산, 20년간 소유의 의사로 평온, 공연하게 점유한 사실을 기재하면 된다. 평온, 공연하게 점유한 사실의 기재는 더 구체적으로 하지 아니하고 평온 공연하게 점유하였다는 추상적인 표현을 그대로 사용하고 있는 실정이다.

   점유의 태양으로는 건물의 건립, 농작물 경작, 통행로 개설, 방목, 야적장 설치, 수목의 식재 등 다양하다.

   자주점유(소유의 의사 있는 점유)는 많이 문제되는 경향이 있다. 그래서 타주점유가 아니라 자주점유라는 점을 보여주기 위하여 점유의 경위를 구체적으로 기재하는 경우가 흔하다. 소유의 의사 있는 점유란 자기의 물건과 동일하게 지배하는 것을 말한다. 그러므로 임차하여 점유하는 것과 같은 경우에는 소유의 의사 있는 점유가 아니라 임차의 의사 있는 점유이므로 시효취득이 부정된다.

   무단점유의 경우 시효취득을 인정할 것인가에 관하여 대법원 판례는 혼선을 보이다가 1997. 8. 21. 선고, 95다28625 전원합의체판결을 통하여 무단점유한 것이 입증된 경우에는 자주점유라는 추정이 깨어졌다고 보아야 한다고 판시하여 통일을 기하였다. 그러므로 이제는 시효취득으로 승소하려면 일단 소장에서 매수사실이나 수증사실, 교환사실, 화해취득 사실 등의 점유권원을 주장해야 한다. 비록 매매, 증여, 교환, 화해 등의 점유권원의 입증에 실패하더라도 주장은 해야 한다. 처음부터 임차, 전세, 무주물 선점 등 타주점유의 징표를 언급하면 패소할 확률이 높다.

   그저 타인의 토지를 20년 동안 점유했다거나 주인 없는 토지인 줄 알았다는 식으로 주장하면 객관적으로 점유권원의 성질상 타주점유로 인정되어 패소하기가 쉽다.

2. 시효취득이 인정되는 사례로는 백미 몇 가마를 주고 개인의 토지를 매수한 후 소유권이전등기절차를 밟지 아니하고 수 십 년 간 전전매매 되어 온 경우, 인접된 토지와 경계가 불분명한 채로 점유를 계속해 오다가 타인의 토지에 건축물까지 축조하여 매도한 경우, 선조 때에서부터 현재에 이르기까지 타인 명의로 되어 있는 토지를 점유해 오고 있으나 선조가 어떠한 권원에 기하여 점유를 개시하였는지 모르는 경우, 토지를 매수하여 오래 점유해 왔으나 나중에 알고 보니 매도인이 정당한 소유자가 아닌 경우 등이 있고, 미등기 토지의 경우, 특조법에 의하여 등기된 토지의 경우, 외국에 가서 거주하면서 수 십년 간 귀국하지 아니하여 토지관리를 방임해 온 경우 등에 많다.
   증거가치 판단에 있어서는 건물과 같은 유형적인 물건을 건축하여 점유한 경우 등에는 쉽게 시효취득이 인정되나, 경작했다든가, 방목했다든가, 돌을 쌓아 두었다든가, 토끼를 키웠다든가, 묘를 설치하였다든가, 벌목을 하였다든가 하는 경우에는 시효취득 인정이 조금 더 어렵다. 그러나 이런 경우에도 매매계약서와 매매대금 지급 영수증이 있는 경우에는 좀 더 쉽게 승소할 수 있다. 매수 등에 대한 증빙이 없고 증인만 있는 경우에는 승소가 결코 쉽지 않다. 서증도 있고 증인도 있어야 승산이 높다고 말할 수 있다. 증거가치 판단은 법관이 하는 것이기 때문에 승산을 섣불리 말할 것은 아니다. 그러나, 서증은 없고 증인만 있는 경우에 승산이 있다고 말하는 것은 일반적으로 바른 자세는 아니다.
3. 시효취득을 원인으로 하는 소유권이전등기청구권은 채권적 청구권이므로 취득시효 완성 당시의 진정한 소유자 아닌 사람에 대하여는 소유권이전등기 청구를 하지 못한다. 여기서 진정한 소유자라고 함은 민법 등 실체법상 소유자를 말한다. 따라서 등기기록상 소유자라고 하여 함부로 그를 피고로 할 것은 아니다.
4. 한 필지의 토지 중 일부만의 소유권이전등기 청구를 하는 경우에 분필등기(분할)를 피고에 대하여 청구할 필요가 없다. 소유권이전등기에 관한 승소판결을 받은 후 그 등기청구권에 터잡아 피고의 등기신청권을 대위행사하여 원고 단독으로 분할 및 분필등기를 마칠 수 있기 때문이다.
5. 지상권 시효취득의 요건이 충족되었다고 하기 위하여는 적어도 점유개시의 원인이 되는 어떤 대가관계 하에서 소유자가 건물 신축을 명시적으로 승낙하는 등의 사실이 인정되어야 한다.
6. 민법 제245조 제2항의 규정에 의한 소유권의 취득을 주장하는 경우에 자신이 부동산의 소유자로 등기한 기간과 전점유자가 부동산의 소유자로 등기한 기간을 아울러 주장할 수 있다(대법원 1989. 12. 26. 선고, 87다카2176 전원합의체 판결).
7. 상속에 의하여 점유권을 취득한 경우에는 상속인은 새로운 권원에 의하여 자기 고유의 점유를 개시하지 않는 한 피상속인의 점유를 떠나 자기만의 점유를 주장할 수 없고, 또 선대의 점유가 타주점유인 경우 선대로부터 상속에 의하여 점유를 승계한 자의 점유도 상속 전과 그 성질 내지 태양을 달리 하는 것이 아니어서, 특단의 사정이 없는 한, 그 점유가 자주점유로는 될 수 없고, 그 점유가 자주점유로 되기 위하여는 점유자가 소유자에 대하여 소유의

의사가 있는 것을 표시하거나 새로운 권원에 의하여 다시 소유의 의사로써 점유를 시작하여야만 하는 것이다(피상속인이 공유지분권자인 경우 그 상속인도 그 승계점유의 성질상 다른 공유자의 지분비율의 범위 내에서는 타주점유라고 한다.

8. 전점유자의 점유를 승계한 자는 그 점유 자체와 하자만을 승계하는 것이지 그 점유로 인한 법률효과까지 승계하는 것은 아니므로 부동산을 취득시효기간 만료 당시의 점유자로부터 양수하여 점유를 승계한 현 점유자는 자신의 전 점유자에 대한 소유권이전등기청구권을 보전하기 위하여 전 점유자의 소유자에 대한 소유권이전등기청구권을 대위행사 할 수 있을 뿐, 전 점유자의 취득시효 완성의 효과를 주장하여 직접 자기에게 소유권이전등기를 청구할 권원은 없다(대법원 1995. 3. 28. 선고, 93다47745 전원합의체 판결).
9. 건물소유자가 현실적으로 건물이나 그 부지를 점유하고 있지 아니한 경우에도 그 부지에 대한 점유를 인정할 수 있어 20년 점유취득시효를 인정할 수 있다.
10. 점유를 개시한 일자를 오랜 세월의 경과로 인하여 잘 알 수 없는 경우에는 적당한 일자로 특정하기도 한다. 예를 들어 2015. 12.경인데 정확한 일자를 모르면 2015. 12. 31.로 점유기산점을 특정하고자 한다고 소장에 부기해 주면 된다.
11. 당사자 관련 : '시효완성 당시의 점유자'가 '시효완성 당시의 소유자'를 상대로 청구하여야 함(채권적 청구권)
    가. 점유취득시효완성 후 점유자가 변경된 경우(원고 관련)
        (1) 원고는 현재의 점유자가 아니라 '취득시효 완성 당시의 점유자'가 되어야 함.
        (2) 예컨대, 원고가 자신의 토지를 점유하기 전에 이미 취득시효가 완성되었다고 주장하면서 직접 자기에게 취득시효를 원인으로 한 소유권이전등기청구권을 하면 '주장 자체로 이유 없음(청구기각)' → 보정권고(※ 석명의무는 없음)
    나. 점유취득시효완성 후 '소유자'가 변경된 경우(피고 관련)
    점유취득시효가 완성된 후 취득시효완성을 원인으로 한 소유권이전등기를 하지 않고 있는 사이에 그 부동산에 관하여 제3자 명의의 소유권이전등기가 경료된 경우 피고는 '취득시효완성 당시의 소유자'가 되어야 함.
12. 항변 등에 관한 판단
    가. 타주점유(타주점유에 관한 항쟁) : 점유취득시효 자체 저지
    대표적으로 아래의 세 가지 경우 중 하나에 해당한다는 사실을 주장, 입증하여 자주점유의 추정을 깨뜨리는 항변을 할 수 있다.
        (1) 원고가 성질상 타주점유로 보이는 권원에 기하여 점유를 취득한 사실 : 예컨대 공유부동산의 단독점유, 귀속재산에 대한 점유 등(부동산등기사항증명서, 전귀속임야대장, 일명인명사전)
        (2) 원고가 타인의 소유권을 배제하여 자기의 소유물처럼 배타적 지배를 행사하는 의사를 가지고 점유하는 것으로 볼 수 없는 객관적 사정이 있다는 사실
        (3) 원고가 점유 개시 당시에 소유권취득의 원인이 될 수 있는 법률행위 기타 법률요건이 없음에도 그러한 사정이 잘 알면서 타인 소유의 부동산을 무단점유한 사실

나. 강폭 · 은비의 점유(평온 · 공연한 점유에 관한 항쟁) : 점유취득시효 자체 저지(피고는 또한 평온 · 공연의 법률상 추정을 깨뜨리는 항변도 할 수 있음)
다. 취득시효 중단 항변 : 점유취득시효 자체 저지(청구, 가처분 승인)
라. 시효이익 포기 항변 : 점유취득시효 자체 저지(시효취득자가 취득시효 완성을 알고 소유자를 상대로 시효이익을 받지 않겠다는 의사표시를 한 사실)
마. 이행불능 항변(점유취득시효 완성 후) : 취득시효 완성 후 소유자가 제3자에게 소유권이전등기를 마쳐주면 소유자의 시효취득자에 대한 소유권이전등기의무는 특별한 사정이 없는 한 이행불능
바. 시효소멸 항변(점유취득시효 완성 후)
(1) 원칙 : (점유취득시효완성을 원인으로 한 소유권이전등기청구권) 10년의 소멸시효
(2) 예외 : 점유를 계속하고 있는 동안은 시효가 진행되지 않음. 다만 그 점유를 상실한 때(제3자에게 처분한 경우)에는 시효이익의 포기로 볼 수 있는 것이 아닌 한 점유를 상실할 때부터 10년간 등기청구권을 행사하지 아니하면 소멸시효 완성(대법원 1994. 9. 27. 선고 94다22309 판결).(※ 매수인이 제3자에게 처분한 경우 소멸시효를 진행하지 않는 것과 비교됨)

[사례 9] 소유권이전등기청구 소장(시효취득을 원인)

소 장

원 고 이 경 순 (OOOOOO-OOOOOOO) (전화 :)
서울 강남구 강남대로 238(도곡동) (우 :)

피 고 학교법인 한성학원 (OOOOOO-OOOOOOO)
서울 성동구 가람길 113(송정동) (우 :)
등기기록상주소 : 서울 성동구 가람길 126(송정동)
대표자 이사장 이온주

소유권이전등기 청구의 소

청 구 취 지

1. 피고는 원고에게 서울 강남구 수서동 81 유지 1248㎡ 중 별지 도면 표시 ㄱ, ㄴ, ㄷ, ㄹ, ㄱ의 각 점을 차례로 연결한 선내의 가 부분 231㎡에 관하여 2017. 12. 31. 시효취득을 원인으로 한 소유권이전등기절차를 이행하라.

2. 소송비용은 피고의 부담으로 한다.
라는 판결을 구합니다.

청 구 원 인

1. 원고의 남편인 소외 박주철은 1997. 11. 경 소외 백남준으로부터 청구취지 기재의 토지 부분 231㎡를 100원에 매수하여 1997. 12. 말경 그 곳에 건물을 건립하여 원고와 공동으로 점유를 시작한 이래 2017. 12. 31.까지 소유의 의사로 평온 공연하게 점유하여 왔다.

2. 그런데 2017. 12. 31. 현재 청구취지 기재의 토지 부분 231㎡는 피고의 소유입니다.

3. 따라서 원고는 피고에 대하여 시효취득을 원인으로 하여 위 231㎡에 관하여 소유권이전등기절차의 이행을 구하고자 본 소 청구에 이른 것입니다.

입 증 방 법

변론시 수시 제출하겠습니다.

첨 부 서 류

1. 주민등록초본 1통
1. 법인등기사항증명서 1통
1. 소장 부본 1통
1. 개별공시지가확인서 1통
1. 납부서 1통

20OO. O.

위 원고 이 경 순 (인)

O O 지 방 법 원 귀 중

[해 설]

1. 별지 도면에는 방위표와 축척을 표시한다. 그리고 각 꼭지점에 부호를 붙인다.
2. 자백간주(민사소송법 제150조)가 가능한 경우에는 도면을 현황측량성과도(대한지적공사 작

성)로 첨부하여야 한다. 법원은 소장에 별지로 붙인 도면을 복사하여 판결을 작성하기 때문에 판결로써 등기가 가능하기 위해서는 측량도면을 사용하여야 하는 것이다. 그러나 자백간주의 가능성이 없는 경우에는 지적도를 보면서 대충 도면을 작성하여 첨부하였다가 변론기일에 측량감정신청을 하여 그 감정결과가 나오면 그 도면을 복사하여 별지 도면으로 첨부하면서 청구취지 및 청구원인 변경신청서를 제출한다.

소장 첨부의 별지 도면이나 별지 계산서를 바꾸는 것도 당연히 청구취지나 청구원인을 변경하는 것에 해당한다. 따라서 소장 첨부의 별지 도면을 누락하여 소장을 제출한 경우에는 청구취지 및 청구원인 변경신청서를 제출하면서 별지를 첨부하고 청구취지와 청구원인에 별지를 원용하여 기재하면 된다.

3. 자주점유의 추정은 국가나 지방자치단체가 도로를 점유하는 경우에도 적용된다.

   도로부지로서 불법점유한다는 이유로 토지의 임료 상당의 부당이득의 반환을 구하는 사건에서 국가 등이 시효취득의 항변을 하여 부당이득 반환책임을 면하는 경우가 있다.

   이와 반대로 원고가 취득시효 완성을 이유로 소유권이전등기 청구의 소를 제기한 경우 원고의 주장이 사실과 다르다면(시효취득이 인정 될 수 없다면) 피고는 원고를 상대로 불법점유를 원인으로 한 임료 상당의 부당이득반환청구의 반소를 제기할 수 있다.

4. 대법원 1994. 12. 9. 선고, 94다25025 판결은 취득시효 완성된 토지가 수용되어 소유권이전등기 의무가 이행불능되었을 경우 취득시효 완성자는 소유자에게 수용보상금의 반환을 대상청구권의 행사로 할 수 있다고 한다.

   즉, 취득시효가 완성된 토지가 수용됨으로써 취득시효 완성을 원인으로 하는 소유권이전등기 의무가 이행불능이 된 경우에는 그 소유권이전등기 청구권자는 소위 대상청구권의 행사로서, 그 토지의 소유자가 그 토지의 대가로서 지급받은 수용보상금의 반환을 청구할 수 있다고 보아야 할 것이라고 한다(대법원 1992. 5. 12. 선고, 92다4581, 4598 판결).

5. 대법원 1994. 12. 23. 선고, 94다40734 판결은 시효이익의 포기는 달리 특별한 사정이 없는 한 시효취득자가 취득시효 완성 당시의 진정한 소유자에 대하여 하여야 그 효력이 발생하는 것이지 원인무효인 등기의 등기기록상 소유명의자에게 그와 같은 의사를 표시하였다고 하여 그 효력이 발생하는 것은 아니라고 한다. 그 이유는 시효이익의 포기는 상대방 있는 단독행위이기 때문이라고 한다.

6. 타인의 토지 위에 분묘를 설치 또는 소유하는 자는 점유권원의 성질상 소유의 의사가 추정되지 아니한다.

7. 6.25 사변 이후 일정기간 민간인통제구역에 속해 국가가 점유를 하였다고 하더라도 그 기간 동안 원래의 점유자는 국가를 통하여 계속 점유하였다고 보아야 한다(대법원 1994. 12. 2. 선고, 93다14776 판결).

8. 당사자 관련 : '시효완성 당시의 점유자'가 '시효완성 당시의 소유자'를 상대로 청구하여야 함(채권적 청구권)

   가. 점유취득시효완성 후 점유자가 변경된 경우(원고 관련)

      (1) 원고는 현재의 점유자가 아니라 '취득시효 완성 당시의 점유자'가 되어야 함.

(2) 예컨대, 원고가 자신의 토지를 점유하기 전에 이미 취득시효가 완성되었다고 주장하면서 직접 자기에게 취득시효를 원인으로 한 소유권이전등기청구권을 하면 '주장 자체로 이유 없음(청구기각)' → 보정권고(※ 석명의무는 없음)

나. 점유취득시효완성 후 '소유자'가 변경된 경우(피고 관련)

점유취득시효가 완성된 후 취득시효완성을 원인으로 한 소유권이전등기를 하지 않고 있는 사이에 그 부동산에 관하여 제3자 명의의 소유권이전등기가 경료된 경우 피고는 '취득시효완성 당시의 소유자'가 되어야 함.

9. 항변 등에 관한 판단

가. 타주점유(타주점유에 관한 항쟁) : 점유취득시효 자체 저지

대표적으로 아래의 세 가지 경우 중 하나에 해당한다는 사실을 주장, 입증하여 자주점유의 추정을 깨뜨리는 항변을 할 수 있다.

(1) 원고가 성질상 타주점유로 보이는 권원에 기하여 점유를 취득한 사실 : 예컨대 공유부동산의 단독점유, 귀속재산에 대한 점유 등(부동산등기사항증명서, 전귀속임야대장, 일명인명사전)

(2) 원고가 타인의 소유권을 배제하여 자기의 소유물처럼 배타적 지배를 행사하는 의사를 가지고 점유하는 것으로 볼 수 없는 객관적 사정이 있다는 사실

(3) 원고가 점유 개시 당시에 소유권취득의 원인이 될 수 있는 법률행위 기타 법률요건이 없음에도 그러한 사정이 잘 알면서 타인 소유의 부동산을 무단점유한 사실

나. 강폭 · 은비의 점유(평온 · 공연한 점유에 관한 항쟁) : 점유취득시효 자체 저지(피고는 또한 평온 · 공연의 법률상 추정을 깨뜨리는 항변도 할 수 있음)

다. 취득시효 중단 항변 : 점유취득시효 자체 저지(청구, 가처분 승인)

라. 시효이익 포기 항변 : 점유취득시효 자체 저지(시효취득자가 취득시효 완성을 알고 소유자를 상대로 시효이익을 받지 않겠다는 의사표시를 한 사실)

마. 이행불능 항변(점유취득시효 완성 후) : 취득시효 완성 후 소유자가 제3자에게 소유권이전등기를 마쳐주면 소유자의 시효취득자에 대한 소유권이전등기의무는 특별한 사정이 없는 한 이행불능

바. 시효소멸 항변(점유취득시효 완성 후)

(1) 원칙 : (점유취득시효완성을 원인으로 한 소유권이전등기청구권) 10년의 소멸시효

(2) 예외 : 점유를 계속하고 있는 동안은 시효가 진행되지 않음. 다만 그 점유를 상실한 때(제3자에게 처분한 경우)에는 시효이익의 포기로 볼 수 있는 것이 아닌 한 점유를 상실할 때부터 10년간 등기청구권을 행사하지 아니하면 소멸시효 완성(대법원 1994. 9. 27. 선고 94다22309 판결).(※ 매수인이 제3자에게 처분한 경우 소멸시효 진행하지 않는 것과 비교됨)

[사례 10] 소유권이전등기청구 소장(취득시효완성을 원인)

소 장

원 고 최 경 복 (OOOOOO-OOOOOOO) (전화 :)
서울 강남구 강남대로 236(도곡동) (우 :)

피 고 황 태 연 (OOOOOO-OOOOOOO)
서울 동작구 신대방길 86(신대방동) (우 :)
등기기록상주소 : 서울 은평구 가좌로 164(응암동)

소유권이전등기 청구의 소

청 구 취 지

1. 피고는 원고에게 경기도 파주군 탄현면 법흥리 765 대 826㎡에 관하여, 2018. 1. 5. 취득시효 완성을 원인으로 한 소유권이전등기절차를 이행하라.
2. 소송비용은 피고의 부담으로 한다.

라는 판결을 구합니다.

청 구 원 인

1. 청구취지 기재의 부동산(이하 "이 사건 부동산"이라고 한다)은 원래 피고의 조부인 소외 망 황영민의 소유였는 바, 위 황영민은 이 사건 부동산을 소외 윤경자에게, 위 윤경자는 다시 이를 원고의 생부인 소외 망 최동화에게 매도하였고, 위 망 최동화는 이 사건 부동산을 매수한 직후인 1972. 2.경부터 거주지로 살아오면서 그 이전등기를 하지 않고 있던 중 1998. 1. 4. 사망하였고, 원고는 위 망 최동화의 상속인으로서 동거중이다가 이 사건 토지를 그대로 넘겨 받아 현재까지 점유하고 있습니다.

2. 그런데 이 사건 토지의 소유권은 위 황영민에서 그 처인 윤화순 앞으로, 다시 그 손자인 피고 앞으로 각 이전등기가 경료되어 현재에 이르고 있는 데, 그 연유를 알 수가 없습니다.

3. 그러나 소외 망 최동화는 이 사건 부동산을 매수한 이래 사망시까지 소유의 의사로 평온, 공연하게 점유하여 왔고, 동인의 사망 후에는 원고가 이를 넘겨받아 소유의

의사로 평온, 공연하게 점유하여 위 최동화의 사망 후 20년이 경과한 2018. 1. 5.에는 이 사건 토지에 관하여 적어도 취득시효가 완성되었습니다.

4. 따라서 원고는 피고에게 이 사건 토지에 관하여 2018. 1. 5. 취득시효 완성을 원인으로 한 소유권이전등기절차의 이행을 구하기 위하여 이 사건 청구에 이른 것입니다.

입 증 방 법

1. 갑 제1호증 제적등본
1. 갑 제2호증 가족관계증명원
1. 갑 제3호증 1내지 2 각 주민등록표등본
1. 갑 제4호증 부동산등기사항증명서
1. 갑 제5호증 폐쇄등기사항증명서
1. 갑 제6호증의 1내지 6 각 지방세납세실적증명서

그 밖의 입증방법은 변론시 수시 제출하겠습니다.

첨 부 서 류

1. 위 입증서류 각 1통
1. 주민등록초본 2통
1. 토지대장등본 5통
1. 소장 부본 1통
1. 납부서 1통

2000. O. .

위 원고 최 경 복 (인)

OO지방법원 귀중

[해 설]

1. 대법원 1994. 12. 23. 선고, 94다40734 판결은 시효이익의 포기는 달리 특별한 사정이 없는 한 시효취득자가 취득시효 완성 당시의 진정한 소유자에 대하여 하여야 그 효력이 발생하는 것이지 원인무효인 등기의 등기기록상 소유명의자에게 그와 같은 의사를 표시하였다고 하여 그 효력이 발생하는 것은 아니라고 한다. 그 이유는 시효이익의 포기는 상대방 있는 단독행위

이기 때문이라고 한다.

2. 당사자 관련 : '시효완성 당시의 점유자'가 '시효완성 당시의 소유자'를 상대로 청구하여야 함(채권적 청구권)
   가. 점유취득시효완성 후 점유자가 변경된 경우(원고 관련)
      (1) 원고는 현재의 점유자가 아니라 '취득시효 완성 당시의 점유자'가 되어야 함.
      (2) 예컨대, 원고가 자신의 토지를 점유하기 전에 이미 취득시효가 완성되었다고 주장하면서 직접 자기에게 취득시효를 원인으로 한 소유권이전등기청구권을 하면 '주장 자체로 이유 없음(청구기각)' → 보정권고(※ 석명의무는 없음)
   나. 점유취득시효완성 후 '소유자'가 변경된 경우(피고 관련)
      점유취득시효가 완성된 후 취득시효완성을 원인으로 한 소유권이전등기를 하지 않고 있는 사이에 그 부동산에 관하여 제3자 명의의 소유권이전등기가 경료된 경우 피고는 '취득시효완성 당시의 소유자'가 되어야 함.

3. 항변 등에 관한 판단
   가. 타주점유(타주점유에 관한 항쟁) : 점유취득시효 자체 저지
      대표적으로 아래의 세 가지 경우 중 하나에 해당한다는 사실을 주장, 입증하여 자주점유의 추정을 깨뜨리는 항변을 할 수 있다.
      (1) 원고가 성질상 타주점유로 보이는 권원에 기하여 점유를 취득한 사실 : 예컨대 공유부동산의 단독점유, 귀속재산에 대한 점유 등(부동산등기사항증명서, 전귀속임야대장, 일명인명사전)
      (2) 원고가 타인의 소유권을 배제하여 자기의 소유물처럼 배타적 지배를 행사하는 의사를 가지고 점유하는 것으로 볼 수 없는 객관적 사정이 있다는 사실
      (3) 원고가 점유 개시 당시에 소유권취득의 원인이 될 수 있는 법률행위 기타 법률요건이 없음에도 그러한 사정이 잘 알면서 타인 소유의 부동산을 무단점유한 사실
   나. 강폭 · 은비의 점유(평온 · 공연한 점유에 관한 항쟁) : 점유취득시효 자체 저지(피고는 또한 평온 · 공연의 법률상 추정을 깨뜨리는 항변도 할 수 있음)
   다. 취득시효 중단 항변 : 점유취득시효 자체 저지(청구, 가처분 승인)
   라. 시효이익 포기 항변 : 점유취득시효 자체 저지(시효취득자가 취득시효 완성을 알고 소유자를 상대로 시효이익을 받지 않겠다는 의사표시를 한 사실)
   마. 이행불능 항변(점유취득시효 완성 후) : 취득시효 완성 후 소유자가 제3자에게 소유권이전등기를 마쳐주면 소유자의 시효취득자에 대한 소유권이전등기의무는 특별한 사정이 없는 한 이행불능
   바. 시효소멸 항변(점유취득시효 완성 후)
      (1) 원칙 : (점유취득시효완성을 원인으로 한 소유권이전등기청구권) 10년의 소멸시효
      (2) 예외 : 점유를 계속하고 있는 동안은 시효가 진행되지 않음. 다만 그 점유를 상실한 때(제3자에게 처분한 경우)에는 시효이익의 포기로 볼 수 있는 것이 아닌 한 점유를 상실할 때부터 10년간 등기청구권을 행사하지 아니하면 소멸시효 완성(대법원 1994.

9. 27. 선고 94다22309 판결).(※ 매수인이 제3자에게 처분한 경우 소멸시효 진행하지 않는 것과 비교됨)

[사례 11] 소유권이전등기청구 소장(진정명의회복을 원인)

소　　　장

원　고　　김　기　추 (OOOOOO-OOOOOOO)　　(전화 :　　　)
　　　　　서울 관악구 관악로 18(봉천동)　　　(우 :　　　)

피　고　　강　기　찬 (OOOOOO-OOOOOOO)
　　　　　서울 관악구 관악로 29(봉천동)　　　(우 :　　　)

소유권이전등기 청구의 소

청　구　취　지

1. 피고는 원고에 대하여 서울 강동구 둔촌동 80 대 300㎡에 관하여 진정 명의회복을 원인으로 한 소유권이전등기절차를 이행하라.
2. 소송비용은 피고의 부담으로 한다.

라는 판결을 구합니다.

청　구　원　인

1. 소외 망 김기철은 1947. 4. 2. 서울 강동구 둔촌동 80 대 300㎡(이하 '이 사건 부동산'이라고 한다)를 그의 명의로 사정받았습니다. 그 후 김기철은 2001. 7. 1. 사망하여 그의 장남인 원고가 단독으로 상속하였습니다.

2. 그런데 피고는 이 사건 부동산에 관하여 서울중앙지방법원 등기국 2002. 9. 25. 접수 제9100호 멸실회복에 의한 소유권보존등기를 경료하여 아무런 권원 없이 원고의 소유권 행사를 방해하고 있습니다.

3. 소외 망 김기철은 1957. 4. 2. 이 사건 부동산을 사정이라는 행정처분에 의하여 원시취득하였고, 원고는 2001. 7. 1. 이 사건 부동산에 대한 소외 망 김기철의 소유권을 승계취득하였습니다.

4. 따라서 원고는 이 사건 부동산의 소유권에 기하여 원고의 소유권 행사를 방해하고 있는 피고 명의의 위 원인무효인 등기의 말소를 청구할 수 있다고 할 것입니다.

5. 그러나 원고는 편의상 피고에 대하여 진정한 등기명의의 회복을 원인으로 하여 이 사건 부동산에 관한 소유권이전등기절차의 이행을 구하고자 본 소 청구에 이르렀습니다.

입 증 방 법

변론시 수시 제출하겠습니다.

첨 부 서 류

1. 주민등록초본 2통
1. 소장 부본 1통
1. 개별공시지가확인서 1통
1. 납부서 1통

2000. O. .

위 원고 김 기 추 (인)

OO지방법원 귀중

[해 설]

1. 진정한 등기명의의 회복을 원인으로 한 소유권이전등기청구는 그 성질이 소유물방해제거청구이다. 따라서 말소등기절차의 이행을 청구해야 맞다. 그러나, 소유권보존등기 또는 소유권이전등기의 말소등기에 갈음하여 소유권이전등기를 청구하는 것이 중간등기자의 이익을 해치지 않는 한 소송경제에 부합하고 편리한 경우가 많다.
2. 이미 자기 앞으로 소유권을 표상하는 등기가 되어 있었거나 법률의 규정에 의하여 소유권을 취득한 자가 현재의 등기명의인을 상대로 '진정한 등기명의의 회복'을 등기원인으로 한 소유권이전등기절차의 이행을 명하는 판결을 받아 소유권이전등기신청을 한 경우 그 등기신청은 수리되어야 한다는 등기예규가 하달되어 있다(대법원 1990. 11. 27. 선고, 89다카12389 전원합의체 판결 참조, 등기예규 제266호 참조).

[사례 12] 소유권이전등기청구 소장(환매 청구)

소 장

원 고 강 인 호 (○○○○○○-○○○○○○○)
서울 서초구 서초대로 28길(서초동) (우 :)
소송대리인 법무법인 해강
담당변호사 권 추 수, 김 호 성

피 고 대 한 민 국
법률상 대표자 법무부장관 ○○○

토지소유권이전등기청구의 소

청 구 취 지

1. 피고는 원고에게 경기 파주시 광탄면 영장리 131 전 4747㎡에 관하여 매매를 원인으로 한 소유권이전등기절차를 이행하라.
2. 소송비용은 피고의 부담으로 한다.

라는 판결을 구합니다.

청 구 원 인

1. 경기 파주시 광탄면 영장리 131 전 4747㎡(이하 '이 사건 부동산'이라고 한다)는 원래 원고의 소유였습니다.

2. 그런데 피고는 이를 징발법에 따라 징발하여 사용하여 오던 중 1970. 1. 1. 제정된 징발재산정리에관한특별조치법에 따라 군사상 긴요하여 계속 사용할 필요가 있다는 이유로 1992. 2. 1. 매수하여 같은 달 24. 의정부지방법원 파주등기소 접수 제2438호로 피고 앞으로 소유권이전등기를 경료하였습니다.

3. 당시 피고는 이 사건 부동산 위에 육군 제1111부대의 자재창고를 두었으나 약 3년 후부터는 건물을 지어 민간인인 소외 오철수에게 임대하였고 이에 소외 오철수는 그 곳에서 식당을 경영하고 있습니다.

4. 따라서 이 사건 부동산은 더 이상 군사상 필요가 없게 되었으므로 원고는 징발재산

정리에관한특별조치법 제20조의 규정에 따라 피고에 대하여 환매의 의사표시를 하고 이 사건 부동산의 소유권이전등기절차의 이행을 구하고자 본 소 청구에 이르렀습니다.

입 증 방 법

1. 갑 제1호증 부동산등기사항증명서
1. 갑 제2호증 토지대장 등본
1. 갑 제3호증의 1 사실확인서
1. 갑 제3호증의 2 인감증명서
1. 갑 제4호증의 1내지 7 각 현장사진

그 밖의 입증서류는 변론시 수시 제출하겠습니다.

첨 부 서 류

1. 위 입증서류 각 1통
1. 주민등록초본 2통
1. 개별공시지가확인서 1통
1. 소장 부본 1통
1. 소송위임장 1통
1. 납부서 1통

2000. O. .

원고의 소송대리인 법무법인 해 강 (인)
담당변호사 권 추 수 (인)
담당변호사 김 호 성 (인)

OO지방법원 귀중

[해 설]

1. 이 사건의 요건사실은 징발사실, 군사상 불필요사실, 환매의사표시사실이라고 생각된다.
2. 군사상 불필요 여부는 현실적인 점유상태만이 아니라 고도의 현대화된 작전개념에 맞추어 군사상 긴요성 여부를 결정하여야 한다고 한다.
3. 대법원 1999. 4. 9. 선고, 98다46945 판결은 환매권 행사기간은 제척기간으로서 직권조사사항이며 10년 이내에 환매의 의사표시가 담긴 서면이 피고에게 도달하여야 한다고 판시한다. 따라

서 10년 이내에 소장이 법원에 접수되기만 하면 되는 것이 아니므로 환매의 의사표시를 소제기로써 갈음하는 경우에는 특히 주의하여야 한다. 법원에서 빨리 소장을 송달하지 아니하여 10년이 경과해 버리면 곤란해지기 때문이다.

[사례 13] 소유권이전등기청구 소장(상속재산 협의분할 이행청구)

소 장

원 고 장 공 연 (OOOOOO-OOOOOOO) (전화 :)
서울 동작구 신대방길 86(신대방동) (우 :)

피 고 1. 김 희 권 (OOOOOO-OOOOOOO)
서울 강남구 강남대로 236(도곡동) (우 :)
2. 김 세 권 (OOOOOO-OOOOOOO)
서울 강남구 강남대로 298(역삼동) (우 :)

소유권이전등기 청구의 소

청 구 취 지

1. 피고 김희권은 피고 김세권에 대하여 서울 강남구 신사동 701 대 70㎡ 중 별지 도면 표시 ㄱ, ㄴ, ㄷ, ㄹ, ㄱ의 각 점을 차례로 연결한 선내의 가 부분 48㎡의 2분의 1 지분에 관하여 2018. 4. 3.자 상속재산 협의분할을 원인으로 한 소유권이전등기절차를 이행하고, 피고 김세권은 원고에 대하여 위 48㎡에 관하여 2018. 4. 25.자 매매를 원인으로 한 소유권이전등기절차를 이행하라.
2. 소송비용은 피고의 부담으로 한다.

라는 판결을 구합니다.

청 구 원 인

1. 서울 강남구 신사동 701 대 70㎡(이하 '이 사건 토지'라고 한다)는 원래 소외 망 김석휘의 소유입니다.

2. 그런데 위 김석휘는 2018. 4. 3. 사망하여 피고 김희권, 피고 김세권이 각 2분의 1 지분씩 공동상속하였고, 피고 김희권, 피고 김세권은 2018. 4. 17. 상속재산인 이 사건 토지 중 별지 도면 표시 가 부분은 피고 김세권의 소유로, 같은 도면 표시

나 부분은 피고 김희권의 소유로 분할하기로 협의하였습니다.

3. 한편 원고는 2018. 4. 25. 피고 김세권으로부터 위 가 부분을 대금 50,000,000원에 매수하였습니다.

4. 따라서 원고는 피고 김세권에 대하여는 매매를 원인으로 한 소유권이전등기절차의 이행을 청구하고, 피고 김희권에 대하여는 원고의 피고 김세권에 대한 위 소유권이전등기청구권을 보전하기 위하여 피고 김세권을 대위하여 2018. 4. 3.자 상속재산 협의분할을 원인으로 한 지분 소유권이전등기절차의 이행을 구하고자 본 소 청구에 이른 것입니다.

입 증 방 법

변론시 수시 제출하겠습니다.

첨 부 서 류

1. 주민등록초본 3통
1. 소장 부본 2통
1. 개별공시지가확인서 1통
1. 납부서 1통

20OO. O. .

위 원고 장 공 연 (인)

OO지방법원 귀중

도 면

축척 600분의 1

서울 강남구 신사동 701 대 70㎡

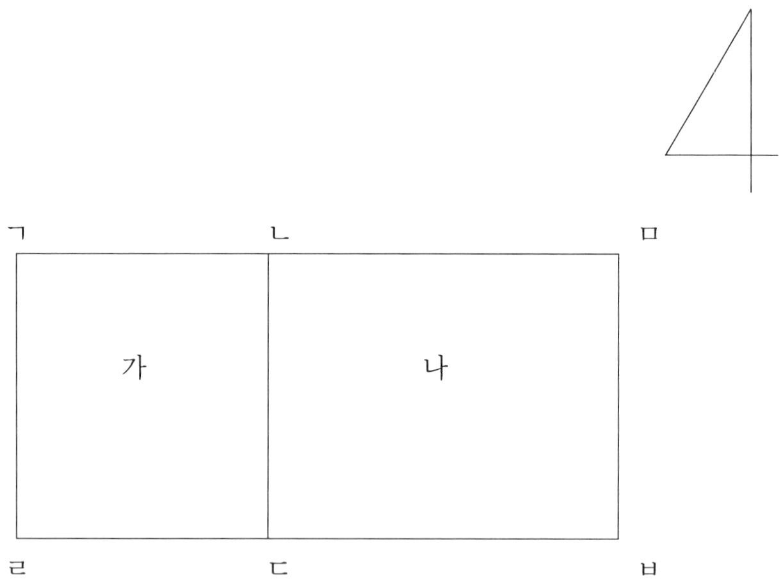

[해 설]

1. 상속재산 협의분할은 민법 제1015조에 의하여 사망시에 소급하여 효력이 있다.
2. 상속재산분할을 협의해 놓고도 이를 이행하지 아니할 경우에는 이 사건과 같은 이행의 소를 제기할 수 있다.

   상속재산분할을 협의해 놓고도 이행하지 아니하는 경우에는 상대방이 등기신청용 인감증명서를 교부하지 아니하는 경우가 있다.

   이와 같은 경우에는 가족관계증명서 등을 첨부하여 법정상속분대로 공동상속등기를 한 후 이 사건과 같은 소를 제기하여 승소확정판결을 받고 상속재산분할을 등기원인으로 하여 소유권경정등기를 신청하면 된다.

[사례 14] 소유권이전등기등청구 소장(시효취득, 대위말소청구, 사자상대판결)

소 장

원 고 김 주 원

피 고 1. 박 해 완
　　　 2. 정 동 식

소유권이전등기 등 청구의 소

청 구 취 지

1. 별지 부동산 목록 기재 부동산에 관하여, 피고 정동식은 피고 박해완에게 아무법원 아무날 접수 아무호 소유권이전등기의 말소등기절차를 이행하고, 피고 박해완은 원고에게 2015. 10. 5. 시효취득을 원인으로 한 소유권이전등기절차를 이행하라.
2. 소송비용은 피고들의 부담으로 한다.

라는 판결을 구합니다.

청 구 원 인

1. 별지 부동산 목록 기재 부동산은 원래 소외 망 박희수의 소유입니다.

2. 그런데 피고 정동식은 사망한 위 박희수를 상대로 소를 제기하여 법원을 기망하고 판결을 받아 그 판결에 의하여 소유권이전등기를 경료하였으므로 피고 정동식 명의의 소유권이전등기는 사자를 상대로 한 당연 무효인 판결에 의한 것으로서 원인무효입니다.

3. 위 박희수는 2018. 5. 3. 사망하여 피고 박해완이 단독상속하였습니다.

4. 원고는 1995. 10. 5. 위 부동산을 소외 임이호로부터 증여받아 원고의 누나인 소외 김혜자에게 임대하여 간접점유자로서 소유의 의사로 평온, 공연하게 2015. 10. 5.까지 점유하여 왔습니다.

5. 따라서 원고는 취득시효가 완성된 2015. 10. 5. 당시 위 부동산의 소유자인 위 박희수의 상속인 피고 박해완에 대하여 소유권이전등기청구 채권을 가지고 있습니다.

6. 원고는 피고 정동식에 대하여는 피고 박해완을 대위하여 당연무효인 판결에 의하여 경료된 위 소유권이전등기의 말소등기절차이행을 청구하고, 피고 박해완에 대하여는 시효취득을 원인으로 하여 소유권이전등기절차의 이행을 구하고자 본 소 청구에 이른 것입니다.

첨 부 서 류

이하 생략

[해 설]

1. 이 사례에서 피고 정동식은 비록 사자를 상대로 한 판결에 의하여 소유권이전등기를 경료하였으나 피고 박해완으로부터 매수하였으므로 실체법 상의 권리관계에 부합하게 되는 등기로서 유효하다고 주장하였다.
2. 피고 박해완은 1995. 10. 5.에는 소외 임이호가 이미 사망한 때였다면서 증여받았다는 주장을 부인하고 소외 김혜자 역시 이 사건 토지를 최근에 잠깐 5,6년간 점유한 사실밖에 없다고 주장하였다.

[사례 15] 가등기에 기한 소유권이전등기청구 소장

소 장

원 고 김 재 기 (OOOOOO-OOOOOOO) (전화 :)
서울 은평구 가좌로 164(응암동) (우 :)

피 고 이 회 복 (OOOOOO-OOOOOOO)
서울 성동구 가람길 113(송정동) (우 :)

가등기에 기한 소유권이전등기 청구의 소

청 구 취 지

1. 피고는 원고에게 별지 목록 기재 부동산에 관하여 2016. 7. 1. 접수 제2222호 가등기에 기한 2017. 9. 2. 대물반환을 원인으로 한 소유권이전등기절차를 이행하라.
2. 소송비용은 피고의 부담으로 한다.

라는 판결을 구합니다.

청 구 원 인

1. 원고는 2016. 7. 1. 피고와 사이에 원고의 피고에 대한 원금 50,000,000원, 이자 월 3%, 변제기일 2017. 7. 1.인 대여금채권의 담보로 피고 소유의 청구취지 기재의 부동산에 관하여 원고 앞으로 가등기를 하고 피고가 위 대여금을 원고에게 변제하면 위 가등기를 말소해 주고 만약 변제기에 변제하지 못하면 원고 앞으로 가등기에 기한 본등기를 넘겨주기로 하는 내용의 가등기담보계약을 체결하였습니다.

2. 한편, 피고는 변제기까지 대여원리금을 변제하지 못하여 원고는 2017. 7. 2. 피고

에게 청구취지 기재의 부동산의 평가액 90,000,000원, 원고의 피고에 대한 대여금 채권 원금 50,000,000원, 이자 7,500,000원(=50,000,000원×365/365×15/100), 지연손해금 20,547원(=50,000,000원 × 1/365 × 15/100), 청산금 평가액 27,465,754원을 통지하여 그 날 위 통지가 피고에게 도달하였고, 2017. 9. 2.의 경과로 법정청산기간 2월이 경과하였습니다.

3. 따라서 원고는 피고에 대하여 2017. 9. 2. 대물반환을 원인으로 하여 청구취지 기재의 부동산에 관한 소유권이전의 본등기 절차의 이행을 구하고자 본 소 청구에 이른 것입니다.

입 증 방 법

변론시 수시 제출하겠습니다.

첨 부 서 류

1. 주민등록초본 2통
1. 소장 부본 1통
1. 개별공지지가확인서 1통
1. 납부서 1통

2000. 0. .

위 원고 김 재 기 (인)

ㅇㅇ지방법원 귀중

[해 설]

1. 소유권이전담보가등기에 기한 본등기청구사건의 경우 소유권이전담보 가등기계약성립사실, 피담보채권의 변제기 후의 청산금 평가액 통지 사실, 통지 도달사실, 그리고 통지 도달일로부터 2월의 청산기간이 경과한 사실을 기재해 주면 될 것이다.
   청산금을 지급했다는 사실은 피고가 청산금을 지급받지 못하였으므로 소유권이전등기청구에 응할 수 없다는 동시이행의 항변을 하였을 때 비로소 원고가 재항변하면 족하다.
2. 이와 같은 사건의 경우 등기원인을 '모년 모월 모일자의 청산기간 경과'라고 표시하는 것이 바람직할 것이라는 견해가 있었으나 모년 모월 모일의 대물반환이라고 하는 것이 보다 바람직할 것이다.

[사례 16] 가등기에 기한 본등기청구 소장(매매완결, 가등기담보)

소　　　장

원　고　　김　복　지 (OOOOOO-OOOOOOO)　　(전화 :　　　)
　　　　　서울 동작구 신대방길 86(신대방동)　　(우 :　　　)

피　고　　이　정　의 (OOOOOO-OOOOOOO)
　　　　　서울 성동구 가람길 116(송정동)　　(우 :　　　)

가등기에 기한 본등기 청구의 소

청　구　취　지

1. 피고는 원고에게 서울 성동구 가람길 123(송정동) 연와조 시멘트 기와지붕 단층 주택 72㎡에 관하여 서울중앙지방법원 등기국 2017. 11. 5. 접수 제2083호 소유권이전청구권보전의 가등기에 기한 2018. 3. 31. 매매를 원인으로 한 소유권이전등기 절차를 이행하라.
2. 소송비용은 피고의 부담으로 한다.

라는 판결을 구합니다.

청　구　원　인

1. 원고는 2017. 11. 5. 피고에게 50,000,000원을, 이자는 월 3%, 변제기는 2017. 3. 5.로 정하여 대여하면서 그 날 그 담보조로 피고 소유의 청구취지 기재의 부동산에 관하여 서울중앙지방법원 등기국 접수 제2083호로 2017. 11. 4. 매매예약을 원인으로 한 소유권이전청구권보전을 위한 가등기를 원고 앞으로 경료한 사실이 있습니다.

2. 그런데 피고는 변제기가 지나도록 위 차용금을 변제하지 아니하여 원고는 2018. 3. 31.자 서면으로 피고에 대하여 위 매매예약 완결의 의사표시를 하고 그날 도달한 사실이 있습니다.

3. 그러므로 피고는 원고에게 2018. 3. 31.자 매매를 원인으로 하여 가등기에 기한 소유권이전의 본등기절차를 이행할 의무가 있으므로 본 소 청구에 이른 것입니다.

입 증 방 법

1. 갑 제1호증 차용증서
1. 갑 제2호증 매매예약서
1. 갑 제3호증 내용증명우편
1. 갑 제4호증 배달증명
1. 갑 제5호증 건물등기사항증명서

그 밖의 입증서류는 변론시 수시 제출하겠습니다.

첨 부 서 류

1. 위 입증서류 사본 각 1통
1. 주민등록 초본 2통
1. 건축물대장등본 1통
1. 소장 부본 1통
1. 납부서 1통
1. 위임장 1통

2000. O. .

위 원고 김 복 지 (인)

OO지방법원 귀중

[사례 17] 대여금청구 소장(이자제한법 변동내용)

소 장

원 고 박 평 온 (OOOOOO-OOOOOOO) (전화 :)
서울 노원구 공릉로 97(공릉동) (우 :)

피 고 장 자 비 (OOOOOO-OOOOOOO)
서울 노원구 공릉로 102(공릉동) (우 :)

대여금 청구의 소

청 구 취 지

1. 피고는 원고에게 10,000,000원과 이에 대하여 2017. 8. 18.부터 2017. 10. 16.까지 연 15%, 그 다음날부터 다 갚는 날까지는 연 24%의 각 비율로 계산한 돈을 지급하라.
2. 소송비용은 피고의 부담으로 한다.
3. 위 제1항은 가집행할 수 있다.

라는 판결을 구합니다.

청 구 원 인

1. 원고는 2017. 8. 17. 피고에게 10,000,000원을, 이율은 연 15%, 변제기는 2017. 10. 16. 지연손해금율은 연 24%로 정하여 대여하였습니다.

2. 그런데 피고는 변제기가 지나도록 그 변제를 지체하고 있습니다.

3. 이에 원고는 피고로부터 소비대차계약 종료를 원인으로 하여 위 대여금의 반환과 이 대여금에 대한 차용일 다음날부터 변제기까지의 이자의 지급 및 변제기 다음날부터 다 갚는 날까지의 약정비율에 의한 지연손해금을 지급받고자 본 소 청구에 이른 것입니다.

입 증 방 법

변론시 수시 제출하겠습니다.

첨 부 서 류

1. 주민등록초본 2통
1. 소장 부본 1통
1. 납부서 1통

20OO. O. .

위 원고 박 평 온 (인)

OO지방법원 귀중

[해 설]

1. 대여금반환 청구의 요건은 소비대차 계약의 성립 및 변제기(반환 기한)의 도래이다. 소비대

차계약의 중요한 요소는 대주, 차주, 원금, 이자, 변제기 등이다. 소비대차계약의 성립사실을 표현해 주기 위하여 원고와 피고는 어떠한 내용의 소비대차 계약을 체결하였다고 기재할 수도 있고 원고는 피고에게 얼마를 대여하였다고 기재할 수도 있다.

이자는 변제기까지 원물에 대하여 약정이율의 비율로 발생하는 법정과실이고, 변제기 이후에는 이행지체로 인하여 손해배상채무가 발생할 뿐이다. 금전에 대하여 이행지체로 인하여 발생하는 손해배상금을 보통 지연손해금이라고 부른다. 그리고 그것 역시 이자처럼 생각하는 일반의 인식으로 인하여 지연이자 또는 연체이자라는 용어를 사용하는 경우들도 있다.

2. 소비대차 계약과 관련된 몇 가지 기재례를 살펴본다.

가. 지연손해금의 비율을 약정하지 아니한 경우

원고는 2017. 8. 17. 피고에게 금 1,000,000원을 이자는 월 2%, 변제기는 2017. 10. 16.로 정하여 대여하였다. 그런데 피고는 위 대여금의 반환을 지체하고 있다.

따라서 원고는 피고에 대하여 소비대차계약을 원인으로 하여 위 대여금 1,000,000원의 반환과 이에 대한 차용일로부터 변제기까지의 이자 및 변제기 다음날부터 다 갚는 날까지의 이자 상당의 지연손해금의 지급을 청구한다.

지연손해금의 비율을 정하지 않고 이자의 비율은 정한 경우 이자의 비율(이율)을 지연손해금의 비율로 본다.

나. 변제기 및 이율의 약정이 없는 경우

원고는 2017. 8. 1. 피고와 사이에 금 1,000,000원을 원고가 피고에게 대여하는 내용의 소비대차계약을 체결하였다.

그 후 원고는 2017. 9. 11. 피고에 대하여 위 대여금을 반환하라고 최고하였다.

따라서 원고는 피고에게 위 소비대차계약을 원인으로 하여 위 대여금의 반환을 청구하고 아울러 이행지체를 원인으로 하여 반환 최고 다음날부터 다 갚는 날까지 민법이 정하는 연 5%의 비율에 의한 지연손해금의 지급을 청구한다.

다. 위 나.의 경우에 반환 최고(이행청구)를 별도로 한 사실이 없는 경우에는 다음과 같이 될 것이다.

원고는 2017. 8. 1. 피고와 사이에 금 1,000,000원을 원고가 피고에게 대여하는 내용의 소비대차계약을 체결하였다.

이에 원고는 피고에게 소비대차계약을 원인으로 하여 대여금의 반환과 그 대여금에 대한 반환채무 지체를 원인으로 하여 이 사건 소장부본 송달다음날부터 다 갚는 날까지 연 5%의 비율에 따른 손해배상금의 지급을 청구한다.

이 경우에는 소의 제기로 인한 소장부본의 송달 자체가 반환최고(이행청구)의 성질을 가지기 때문이다.

그리고 금전지급채무의 이행지체로 인한 손해배상청구에 대해서는 소송촉진등에관한특례법 제3조의 특별규정이 있으므로 소장부본 송달다음날부터는 연 5% 대신 연 15%로 청구하는 것이 유리하다.

그러나 법정이율은 약정이율이 없는 경우에만 보충적으로 적용되는 것이므로 약정이율이 연 15%를 넘는 경우에는 소송촉진등에관한특례법 제3조 소정의 연 15%보다는 약정이율에 의하여 청구하는 것이 유리할 것이다.

그리고 변제기의 약정이 없는 경우 대여자(대주)는 언제든지 그 반환을 청구할 수 있다. 다만, 이 경우 이행지체는 이행청구가 있어야 발생하므로 지연손해금은 이행청구가 도달한 다음날부터만 청구할 수 있음은 물론이다.

라. 수차 대여한 경우의 예시

원고는 2017. 6. 16. 피고에게 금 1,000,000원을 대여한 이래 각 일자 불상경 1,000,000원을 1회, 400,000원을 3회, 500,000원을 3회 대여하는 등 모두 금 3,700,000원을 이자 및 변제기의 약정 없이 대여하였다.

이에 원고는 피고에 대하여 소비대차계약을 원인으로 하여 대여금 3,700,000원에서 변제된 900,000원을 공제한 2,800,000원의 반환을 청구하고, 아울러 2,800,000원에 대하여 이행지체를 원인으로 하여 이 사건 소장부본 송달다음날부터 다 갚는 날까지 연 15%의 비율에 의한 지연손해금의 지급을 청구한다.

3. 무엇을 얼마만큼 기재할 것인가

대여금반환 청구의 요건은 금전소비대차계약의 성립과 반환시기의 도래이다.

금전소비대차계약의 성립을 표현하기 위하여 무엇을 얼마만큼 기재할 것인가.

법률요건을 구체적 사건에 적용하여 표현할 때에는 역사적 사실이 된다. 따라서 언제 누가 어떻게 하였는가를 기재하는 방식으로 즉, 육하원칙에 따라 기재하여야 한다.

그러나 장소는 기재할 필요가 없다. 왜냐하면 법률적으로 계약이 청구권원이 되는 경우에 국제거래사건이 아닌 한 장소가 국내이기만 하면 그 곳이 어디든지 간에 법적으로 의미 있는 경우란 거의 없기 때문이다.

청구원인사실은 역사적 사실이기 때문에 당사자와 때, 그리고 그 계약의 내용을 알 수 있도록 기재하면 되고 '때'를 알 수 없는 경우에는 기재하지 않아도 무방하다. 증거자료에 의하여 금전 소비대차계약이 성립하였다는 심증을 얻을 수 있으면 족하기 때문이다.

그러나 '때'의 기재가 없는 경우에는 객관적으로 그 사실의 진위 여부를 규명하는 것이 불가능한 경우가 많음을 유의할 필요가 있을 것이다.

법정이자 : 법률이 정하는 바에 따라 발생하며 법정이율로 산정되는 이자(※ 구별개념 : 이행지체를 원인으로 하는 지연손해금)

(1) 민법 제379조(법정이율)에서는 연 5%
(2) 상법 제54조와 어음법 제48조 제1항 제2호의 연 6%
(3) 민법 제548조 제2항(해제시 금전의 원상회복의무) : 반환할 금전에는 그 받은 날로부터 이자를 가산
(4) 상법 제55조 : 상인간의 소비대차계약에 있어 이자의 약정이 없는 경우에도 법정이자가 발생(상사 법정이율은 당사자 일방에 대하여만 상행위가 되는 행위이면 연 6%를 적용

4. 지연손해금 청구

가. 약정이율에 의한 지연손해금(민법 397조 ① 후문) : 약정이율에 의한 지연손해금은 지연손해

금에 대한 약정은 없으나 기본채권에 관하여 약정이율이 있는 경우에 특별한 의사표시가 없는 한 당사자의 의사는 변제기가 지난 후에도 당초 약정이율에 의하여 지연손해금을 지급하기로 한 것으로 보아 이를 지연손해금에도 그대로 적용하여 '약정이율에 의한 지연손해금'이라 하여 지연손해금을 인정함.

나. 법정이율에 의한 지연손해금

(1) 민법상의 법정이율 연 5%(민법 397조 ① 본문)

(2) 상법상의 법정이율 연 6%(당사자 일방에 대하여만 상행위가 되는 행위로 인한 채권도 적용)

(3) 어음법상의 법정이율 연 6%

(4) 법정이율의 특칙으로 소송촉진등에관한특례법상의 연 15%

[사례 18] 대여금청구 소장(변제기를 정하지 않은 경우)

소 장

원 고 김 종 철 (OOOOOO-OOOOOOO)
서울 성동구 가람길 113(송정동) (우 :)

피 고 1. 정 찰 (OOOOOO-OOOOOOO)
2. 김 현 숙 (OOOOOO-OOOOOOO)
피고들의 주소 현재 소재불명
최후주소 : 서울 은평구 가좌로 164(응암동) (우 :)

대여금 청구의 소

청 구 취 지

1. 피고들은 연대하여 원고에게 2,235,397원과 이 중 2,000,000원에 대하여 2017. 3. 1.부터 다 갚는 날까지 연 24%의 비율로 계산한 돈을 지급하라.
2. 소송비용은 피고들의 부담으로 한다.
3. 위 제1항은 가집행할 수 있다.

라는 판결을 구합니다.

청 구 원 인

1. 원고는 2016. 6. 26. 피고 김현숙에게 4,000,000원을 이자는 월 2%로 정하고 변제

기는 정하지 아니하고 대여하였습니다.

2. 그리고 피고 정찰은 2017. 8. 27. 원고에 대하여 피고 김현숙의 위 소비대차상의 원리금반환채무를 연대보증하였습니다.

3. 한편 원고는 이 사건 소장부본의 송달로써 피고들에 대하여 지급되지 아니한 대여 원리금의 반환을 최고합니다.

4. 그렇다면 피고들은 소비대차계약 및 연대보증계약, 그리고 채무불이행을 원인으로 하여 연대하여 원고에게 지급되지 아니한 원금 2,000,000원 및 지급된 원금 2,000,000원에 대한 지급되지 아니한 2017. 3. 1.부터 2017. 8. 26.까지의 약정이자 235,397원(=2,000,000원×24/100×179일/365일, 원 미만은 포기) 및 지급되지 아니한 원금 2,000,000원에 대한 대여일 이후인 2017. 3. 1.부터 이 사건 소장 부본의 공시송달 효력발생일까지의 약정이자와 그 다음날부터 다 갚는 날까지의 같은 비율 상당의 지연손해금을 지급할 의무가 있으므로 본 소 청구에 이른 것입니다.

입 증 방 법

변론시 수시 제출하겠습니다.

첨 부 서 류

1. 주민등록초본 1통
1. 말소자 주민등록초본 2통
1. 소장 부본 2통
1. 납부서 1통

20○○. ○. .

위 원고 김 종 철 (인)

○○지방법원 귀중

[해 설]

1. 이 사건은 소 제기 당초부터 피고들의 소재 불명을 이유로 공시송달을 신청하는 경우이다. 소장과는 별도로 공시송달신청서를 법원에 제출하여야 하고 소명자료도 제출하여야 한다. 소명자료로는 피고들의 주민등록이 말소되었다면 말소자등본을 제출한다.

그러나 소장 제출 때부터 공시송달을 신청하는 것보다는 소장에 피고들의 주소를 기재해 넣고 법원에 제출하여 법원에서 송달한 결과 송달불능이 되어 주소 보정 명령이 오면 그 때 비로소 소명자료를 갖추어 공시송달을 신청하는 것이 좋을 것이다.

2. 이 사건은 소장의 제출로써 대여금 반환의 최고 즉, 이행청구의 의사표시를 공시송달하는 경우이다. 공시송달의 효력은 2주가 지나야 생긴다.
   그 때에 대여금 반환 청구의 의사표시를 한 효력이 생긴다. 따라서 그 다음날부터 이자가 아니라 지연손해금 지급의무가 생긴다.

[사례 19] 대여금청구 소장(상사법정이율)

소　　　장

원 고　　이　사　랑 (OOOOOO-OOOOOOO)　　(전화 :　　　)
　　　　　서울 관악구 관악로 106(봉천동)　　(우 :　　　)

피 고　　정　평　화 (OOOOOO-OOOOOOO)
　　　　　서울 성동구 가람길 113(송정동)　　(우 :　　　)

대여금 청구의 소

청 구 취 지

1. 피고는 원고에게 500,000원과 이에 대하여 2017. 7. 1.부터 이 사건 소장부본 송달일까지 연 6%, 그 다음날부터 다 갚는 날까지는 연 15%의 각 비율로 계산한 돈을 지급하라.
2. 소송비용은 피고의 부담으로 한다.
3. 위 제1항은 가집행할 수 있다.

라는 판결을 구합니다.

청 구 원 인

1. 원고는 오토바이의 수리 및 매매를 영업으로 하는 상인이다.

2. 그런데 원고는 2015. 1. 7.과 같은 해 3. 7. 및 같은 해 5. 7. 피고로부터 의뢰를 받아 오토바이를 수리하여 주었고 그 수리대금은 각각 100,000원, 300,000원, 100,000원으로서 합계 500,000원에 이릅니다.

3. 한편 원고와 피고는 2017. 4. 1. 원고가 피고에 대하여 가지고 있는 위 수리대금채권 500,000원을 소비대차의 목적으로 한다는 약정을 하고 변제기는 2017. 6. 30.로 정하고 이자는 정하지 아니한 사실이 있습니다.

4. 이에 원고는 피고로부터 위 준소비대차계약을 원인으로 하여 대여금 500,000원과 2017. 7. 1.부터 이 사건 소장부본 송달일까지 연 6%, 그 다음날부터 다 갚는 날까지는 소송촉진등에관한특례법에서 정한 연 15%의 각 비율로 계산한 돈을 지급받고자 본 소 청구에 이르렀습니다.

입 증 방 법

1. 갑 제1호증 수리비청구서
그 밖의 입증서류는 변론시 수시 제출하겠습니다.

첨 부 서 류

1. 위 입증서류 각 1통
1. 주민등록초본 2통
1. 소장부본 1통
1. 납부서 1통

20OO. O. .

위 원고 이 사 랑 (인)

O O 지 방 법 원 귀 중

[해 설]

상법 제54조는 상행위로 인한 채무의 법정이율은 연 6%로 한다고 규정하고 있다. 그리고 상법 제46조는 재산의 매매나 수선에 관한 행위를 영업으로 하면 상행위라고 규정하고 있다.
또한 상법 제3조는 당사자 중 1인의 행위가 상행위인 때에는 전원에 대하여 상법을 적용한다고 규정하고 있다.
위 소장 중 청구원인 중의 '오토바이의 수리 및 매매를 영업으로 하는 상인'이라는 표현은 연 6%의 상사법정이율을 적용받기 위한 주장이라고 볼 수 있다.

[사례 20] 대여금청구 소장(대출금)

소 장

원 고 OO농업협동조합 (OOOOOO-OOOOOOO) (전화 :)
전남 OO군 OO읍 OO로 OO (우 :)
조합장 O O O

피 고 (1) 김 차 용 (OOOOOO-OOOOOOO)
서울 OO구 OO로 OO(OO동) (우 :)
(2) 이 보 증 (OOOOOO-OOOOOOO)
전남 OO군 OO읍 OO로 OO (우 :)
(3) 박 보 증 (OOOOOO-OOOOOOO)
전남 OO군 OO읍 OO로 OO (우 :)

대여금 청구의 소

청 구 취 지

1. 원고에게,
   가. 피고 김차용, 같은 이보증은 연대하여 11,000,000원과 이 중 9,000,000원에 대하여 2016. 12. 1.부터 다 갚는 날까지 연 24%의 비율로 계산한 돈을,
   나. 피고 박보증은 위 피고들과 연대하여 14,000,000원의 한도 내에서 위 가항 기재의 돈을,
   각 지급하라.
2. 소송비용은 피고들의 부담으로 한다.
3. 제1항은 가집행할 수 있다.

라는 판결을 구합니다.

청 구 원 인

1. 원고와 피고들 사이의 약정내용

가. 약정일 : 2014. 1. 1.
나. 주채무자 : 김채무, 연대보증인 : 이보증, 박보증
다. 대여금 : 10,000,000원, 변제기 : 2017. 12. 31.

라. 이자율 및 지연손해금율 : 통화위원회 결정 및 제한범위 내에서 원고가 정하는 이율을 따르기로 하였으며, 기간별 이자율 및 지연손해금은 별지 금리변동표와 같음

마. 특약 : 기한의 이익상실, 피고 박채무는 14,000,000원의 한도 내에서 연대보증

2. 약정당시상황

피고 김채무는 원고 지점을 직접 방문하여 약정서에 서명날인하였고, 피고 이보증은 원고 지점을 직접 방문하였으나 글씨를 쓸 줄 모른다고 하여 원고 직원이 대필하고 피고 이보증이 건네준 도장을 날인하였으며, 피고 이보증이 약정서에 무인하였습니다. 피고 박채무는 출장관계로 원고 지점을 직접 방문하지는 아니하였으나, 연대보증에 관한 권한을 피고 김채무에게 위임하였고, 다만 연대보증범위를 14,000,000원으로 한정한다는 의사표시를 하였습니다. 원고 담당자는 피고 김채무가 제시하는 위임장, 인감증명을 교부받았고, 위임장에 기재된 전화번호로 전화를 하여 피고 박보증이 14,000,000원 한도 내에서는 연대보증의사가 있음을 확인하였으며, 차용금증서에 피고 김채무를 대리인으로 기재하였습니다.

3. 대여이후 상환

피고 김채무는 원금 1,000,000원과 2016. 1. 31.까지의 이자만을 지급하였습니다. 피고 김채무는 채무과다로 현재 정상적인 채무변제가 어려운 상황이며 소재가 파악되지 아니하고 있고, 피고 이보증은 보증사실을 인정하면서도 피고 김채무가 자력이 있다는 주장만을 하고 있으며, 피고 박보증은 피고 김채무를 믿은 것이 잘못이라는 이야기만 하고 있습니다.

4. 미지급 원리금내역

2016. 11. 30.까지 계산한 이자, 지연손해금의 합계는 별지 계산 내역과 같이 2,000,000원이고, 미지급원금은 9,000,000원입니다.

5. 결 론

따라서 피고들은 원고에게 청구취지 기재의 돈을 지급할 의무가 있으며, 원고는 피고들이 빠른 시일내에 임의변제를 할 가능성이 없다고 보여지므로 대여금을 변제받기 위하여 부득이 이 사건 소를 이르게 되었습니다. 피고들이 열람을 원하는 경우, 원고 지점은 언제든지 차용금증서, 위임장, 원장, 약관을 열람하도록 할 것이고, 필요한 경우 사본을 제공할 것이며, 원고가 정하는 지연손해금율이 하락하는 경우 하락한 때부터는 판결에도 불구하고 하락된 지연손해금을 적용할 것입니다.

입 증 방 법

1. 갑 제1호증 대출거래약정서
1. 갑 제2호증 근보증서
1. 갑 제3호증 인감증명
1. 갑 제4호증 대출금원장조회표
1. 갑 제5호증 여신거래기본약관

기타 입증서류는 변론시 필요에 따라 수시 제출하겠습니다.

첨 부 서 류

1. 위 입증서류 사본 각 1통
1. 법인등기사항증명서 1통
1. 주민등록초본 1통
1. 소장부본 1통
1. 위임장 1통

20○○. ○. .

위 원고 ○○농업협동조합
조합장 ○ ○ ○ (인)

○○지방법원 ○○지원 ○○군법원 귀 중

[해 설]

1. 청구취지에 기재된 금원은 반드시 청구원인 사실에 의하여 계산된 금액을 기재하여야 한다. 예를 들어, 청구원인에 의하여 계산된 금액이 청구취지 기재 금액과 다른 경우 혹은 약정이자율이나 지연이자율이 변경되어 변경된 이자율이나, 지연이자율에 의하여 이자 혹은 지연이자를 구하는데, 그러한 내용이 청구원인에 기재됨이 없이 청구취지에만 기재되어 있는 경우에는 잘못된 소장이다.
2. 금융기관 대출금의 경우 청구원인란에 채권자, 채무자, 대여일자, 대출금액, 이자, 연체이율, 이자지급시기, 대출기간만료일, 기한이익상실약정과 연대보증인이 있으면 약정내용을 빠짐없이 기재하여야 한다.
3. 원고는 소장을 작성함에 있어 요건사실을 빠짐없이 기재하여야 하고, 요건 사실이 빠진 경우에는 곧바로 패소하게 됨. 대출금에 관련된 대여금 청구의 기본적인 요건사실은 아래와 같다.
   가. 대출원금 : 대출한 주체(원고), 대출일자, 대출받은 상대방(피고), 대출한 금액,변제기에

도래한 사실(약정 상환기간 도래하거나, 혹은 기한의 이익상실 약정 및 약정사실의 발생)

나. 이자 : 이자를 지급하기로 한 사실, 약정이율(원고 소정의 이자율이 변경되면이에 따르기로 하는 약정이 있었으면, 이러한 약정시실 및 이자율이 변경된 일자, 변경내용), 이자 지급기간, 이자계산식 등
만약, 이자를 원본에 산입하여 청구하는 경우, 그에 관한 약정내용과 산입한 사유를 기재하여야 한다.

다. 지연손해금(연체이자) : 지연손해금을 지급하기로 약정한 사실, 지연손해금 비율(원고 소정의 지연손해금비율이 변경되면 이에 따르기로 하는 약정이 있었으면, 이러한 약정사실 및 지연손해금이 변경될 일자, 변경내용), 지연손해금 지급기간, 채무지연사실(약정기간도래, 기한의 이익상실 및 약정사실의 발생 등), 지연손해금계산식 등

라. 기한의 이익상실 : 기한의 이익의 상실 약정에 기하여 기한의 이익이 상실되었음을 원인으로 하는 경우에는 구체적인 기한의 이익 상실일자 및 그 일자에 기한의 이익이 상실된 근거를 밝혀야 한다.

4. 청구원인 작성시 원고인 금융기관이 대출시에 피고가 직접 금융기관에 오지 아니하였음에도 피고가 기관에 왔고, 온 사람이 오지 아니한 피고를 대리할 수 있는 근거가 무엇이며, 온 사람이 오지 아니한 피고로부터 대리권을 수여 받지 아니하였다면 원고가 대리권이 있는 것으로 믿음에 대하여 정당한 사유가 있었음을 밝혀야 한다.

5. 최초로 붙인 사건명이 잘못 기재되었거나, 소가 변경된 경우라 하더라도 고칠 수는 없으며, 그 사건이 끝날 때까지 계속 따라 다니게 된다. 사건제목이 실제 내용과 다르더라도 나중에 강제집행을 실시하는데는 지장이 없다.

6. 당사자는 소장에 기재한 표시만에 의할 것이고 청구의 내용과 원고사실을 종합하여 확정하여야 하는 것이고 당사자 정정신청을 하는 경우에도 실질적으로 당사자가 변경되는 것은 허용할 수 없는 것이므로, 원고 "주식회사 태백산맥 대표이사 홍길동"을 개인인 "홍길동"으로 하는 정정신청은 당사자인 원고를 변경하는 것으로 허용될 수 없다.

7. 사건과 직접적인 관계가 없는 서류는 증거가 아니라 참고자료로 제출한다(판례 등 첨부시).

[사례 21] 대여금청구의 소장(시효연장)

소 장

원 고 ○ ○ ○ (○○○○○○-○○○○○○○) (전화 :)
전남 ○○군 ○○읍 ○○로 ○○ (우 :)

피 고 ○ ○ ○ (○○○○○○-○○○○○○○)
전남 ○○군 ○○읍 ○○로 ○○ (우 :)

대여금 청구의 소

청 구 취 지

1. 피고는 원고에게 5,000,000원과 이에 대하여 2015. 5. 8.부터 이 사건 소장부본 송달일까지는 연 5%, 그 다음날부터 다 갚는 날까지는 연 15%의 각 비율로 계산한 돈을 지급하라.
2. 소송비용은 피고의 부담으로 한다.
3. 위 제1항은 가집행할 수 있다.

라는 판결을 구합니다.

청 구 원 인

1. 원고는 피고로부터 2015. 5. 5. 15,000,000원을, 이자는 약정하지 않고, 변제기일은 2017. 4. 30.로 정하여 차용하면서, 피고는 원고에게 차용증서를 작성하여 교부하였습니다.

2. 그런데 피고는 위 상환기일 경과되어도 원,리금을 한푼도 지급하지 않아, 원고는 위 차용증서에 기하여 피고를 상대로 귀원에 대여금 청구소송을 제기하여 귀원으로부터 "1. 피고는 원고에게 원금 15,000,000원과 이에 대하여 2016. 10. 26.부터 다 갚는 날까지 연 18%의 비율로 계산한 돈을 지급하라. 2. 소송비용은 피고의 부담으로 한다. 2. 위 제1항은 가집행할 수 있다."라는 원고 승소 판결을 받았습니다.

3. 그런데 원고는 위 판결문을 송달받고 피고의 재산에 대하여 강제집행을 하려고 피고의 재산의 재산을 알아본 결과 아무런 재산이 없어 결국 강제집행을 못하고 판결문만 소지하고 있었는데 이제 위 판결에 대한 소멸시효가 곧 도래하게 됨에 따라 부득이 소멸시효를 연장하는 것이 원고를 위하여 이익이 있다 할 것입니다. (또는 판결을 받은 후 2015. 10. 30.에 금 200만원을 변제받아 이자에 충당하였고, 마지막으로 소멸시효를 연장하기 위하여 본 소 청구에 이르렀습니다.)

4. 따라서 원고는 위 소멸시효 연장을 위하여 원고는 피고로부터 5,000,000원과 이에 대하여 2015. 5. 8.부터 이 사건 소장부본 송달일까지는 연 5%, 그 다음날부터 다 갚는 날까지는 소송촉진등에관한특례법에서 정한 연 15%의 각 비율로 계산한 지연손해금을 지급받고자 본 소 청구에 이르렀습니다.

입 증 방 법

1. 갑 제1호증 차용증서(* 없어도 됨)

1. 갑 제2호증 판결문 사본
기타 입증서류는 변론시 수시 제출하겠습니다.

첨 부 서 류

1. 위 입증서류 사본 각 1통
1. 주민등록초본 2통
1. 소장부본 3통
1. 위임장 1통

20OO. O. .

위 채권자 O O O (인)

OO지방법원 OO지원 OO군법원 귀 중

[해 설]

1. 청구원인의 항목을 구분할 때 첫째 항은 1., 둘째 항은 가., 셋째 항은 (1), 넷째 항은 1), 다섯째 항은 가)의 순서대로 분류하고, 청구원인 중 원,피고의 당사자가 아닌 증인 등 제3자를 언급할 경우 '소외 OOO(신청사건의 경우에는 신청외 OOO)'과 같이 그 앞에 '소외' 또는 '신청외'라는 용어를 기재한다.
2. "입증방법"란에는 서증들은 첨부한 순서대로 기재하면 되고 "첨부서류"란에는 서증 등을 비롯한 소장에 첨부한 서류들을 순서대로 기재하면 된다, 증빙자료인 서증에 대하여는 누가 제출한 것인지 알 수 있도록, 그 앞에 일정한 부호를 붙여주어야 하는데 원고가 제출한 서증에는 '갑 제( )호증', 피고가 제출한 서증에는 '을 제( )호증', 당사자 참가인이 제출한 서증에는 '병 제( )호증'이라는 부호를 붙여주고, 서증이 둘 이상인 때에는 첨부한 순서대로 '갑 제1호증 차용금증서', '갑 제2호증 매매계약서' 등과 같이 기재한다.
   서증이 상호연관성이 있거나 공통성이 있는 경우 또는 하나의 서증이 여러 장으로 구성되어 있는 경우에는 가지번호를 붙여 구분하고(예, '갑 제1호증의 1', '갑 1호증의 2') 동일방향의 당사자가 수인인 경우, 예컨대, 원고가 둘 이상인 경우에는 한 명의 원고가 제출한 서증에는 '갑 가 제1호증', 다른 원고가 제출한 서증에는 '갑 나 제1호증'과 같은 부호를 붙여 구별한다.
3. 작성연월일을 기재할 때에는 연,월,일이라는 글자는 생략하고, 온점(·)을 찍어 표시하고, 본문에서 시간을 표시할 필요가 있는 때에는 시,분의 글자는 생략하고, 쌍점(:)을 찍어 구분한다(예, 2018. 2. 25. 13:00).

[사례 22] 대여금청구의 소장(지급담보목적의 약속어음의 소멸시효경과)

소 장

원 고 ○ ○ ○ (○○○○○○-○○○○○○○) (전화 :)
○○시 ○○구 ○○로 ○○(○○동) (우 :)

피 고 ○ ○ ○ (○○○○○○-○○○○○○○)
현재 소재불명
최후주소 : ○○시 ○○구 ○○로 ○○(○○동) (우 :)

대여금 청구의 소

청 구 취 지

1. 피고는 원고에게 ○○○원과 이에 대하여 20○○. ○. ○.부터 이 사건 소장부본 송달일까지는 연 6%, 그 다음날부터 다 갚는 날까지는 연 15%의 각 비율로 계산한 돈을 지급하라.
2. 소송비용은 피고의 부담으로 한다.
3. 위 제1항은 가집행 할 수 있다.

라는 판결을 구합니다.

청 구 원 인

1. 원고와 피고는 10여년 전부터 같은 업종의 사업을 하면서 알게 되어 친하게 지내면서 서로 가족끼리도 왕래하는 사이였는데, 피고가 자신의 사업자금이 부족하다고 원고에게 돈을 빌려 줄 것을 요청해와 20○○. ○. ○.에 변제기를 20○○. ○. ○.로 정하여 금 ○○○원을 대여한 사실이 있습니다.

2. 그런데 피고는 원고에 대하여 위 채무에 대한 담보조로 다음과 같은 약속어음 1매를 작성하여 교부하였습니다.
   가. 액이면 : 금 ○○○원
   나. 지급기일 : 20○○. ○. ○.
   다. 지급지 : ○○시
   라. 지급장소 : ○○은행 ○○동지점
   마. 발행일 : 20○○. ○. ○.

바. 발행지 : OO시
사. 발행인 : OOO

3. 그런데 피고는 위 돈을 빌려간 뒤 20OO. O.경부터는 영업을 중단하였고 원고의 여러 차례에 걸친 변제독촉에도 불구하고 20OO. O.경에는 행방을 감춘 뒤 지금까지 위 돈을 변제하지 않고 있습니다. 또한, 원고는 위 약속어음을 소지하고 있던 중 지급기일인 20OO. O. O.에 지급장소인 OO은행 OO동지점에 지급제시 하였으나 예금부족이란 이유로 지급거절을 당하였으며, 원고가 지급인으로부터 지급거절증서를 작성받아 피고에게 청구하려 하였으나, 행방을 감춘 피고에게 채권추심이 불가능하여 3년이 지난 지금까지 아무런 조치를 취하지 못하고 있던 중, 지금에 이르러서야 피고의 현주소지가 확인되었습니다.

4. 따라서 원고는 피고에게 대여금 OOO원과 이에 대하여 20OO. O. O.부터 이 사건 소장부본 송달일까지는 상법에서 정한 연 6%, 그 다음날부터 다 갚는 날까지는 소송촉진등에관한특례법에서 정한 연 15%의 각 비율로 계산한 지연손해금을 지급받기 위하여 이 사건 소제기에 이르렀습니다.

입 증 방 법

1. 갑 제1호증의 1, 2　　약속어음 앞면 및 뒷면
1. 갑 제2호증　　사업자등록증

기타 입증서류는 필요에 따라 수시 제출하겠습니다.

첨 부 서 류

1. 위 입증서류 사본　　각 1통
1. 주민등록초본　　2통
1. 소장부본　　1통
1. 위임장　　1통

20OO. O. .

위 원고 O O O (인)

OO지방법원 귀중

[해 설]

1. 소액사건의 경우 현재의 주민등록이 말소되어 있으면 기일소환장부터 바로 공시송달로 진행

한다(3개월 이내에 발급된 것).
2. 소장, 지급명령, 압류(경매 등) 등을 신청할 시 반드시 주민등록등(초)본 및 금리변동표를 첨부하여야 한다.
3. 채무자의 주민등록등초본상 직권말소되었거나, 송달이 잘 되지 않을 것 같은 채무자를 상대로 본안소송제기하고 할 때는 일반소장으로 신청하고, 지급명령신청으로 신청하지 않아야 한다.

[사례 23] 대여금청구의 소장(일상가사대리, 부부공동피고)

소 장

원 고 ○ ○ ○ (○○○○○○-○○○○○○○) (전화 :)
○○시 ○○구 ○○로 ○○(○○동) (우 :)

피 고 1. 김 ○ ○ (○○○○○○-○○○○○○○) (전화 :)
○○시 ○○구 ○○로 ○○(○○동) (우 :)
2. 이 ○ ○ (○○○○○○-○○○○○○○) (전화 :)
○○시 ○○구 ○○로 ○○(○○동) (우 :)

대여금 청구의 소

청 구 취 지

1. 피고들은 연대하여 원고에게 ○○○원과 이에 대하여 2017. 1. 11.부터 이 사건 소장 부본 최후 송달일까지는 연 14%, 그 다음날부터 다 갚는 날까지는 연 15%의 각 비율로 계산한 돈을 지급하라.
2. 소송비용은 피고들의 부담으로 한다.
3. 위 제1항은 가집행할 수 있다.

라는 판결을 구합니다.

청 구 원 인

1. 피고 김○○은 동인의 아들인 소외 김○○의 병원입원비와 대학등록금으로 사용하기 위하여 원고로부터 2017. 1. 10. ○○○원을 연 14%, 변제기일은 2018. 3. 15.로 정하여 차용한 사실이 있습니다.
2. 피고 김○○은 위 차용금 ○○○원은 2017. 1. 15. 소외 김○○의 병원입원비로 사용하였으며, 나머지 ○○○원은 2017. 2. 20. 소외 김○○의 대학등록금으로 사용하였

습니다.

3. 그렇다면 위 채무관계는 일상가사로 인하여 발생한 것이므로 민법 제827조 및 제832조에 의하여 부부간의 피고들은 연대하여 책임을 부담하여야 할 것이고, 원고는 피고들에게 위 대여금 및 이자지급을 여러 차례에 걸쳐 요구하였으나, 피고들은 이에 응하지 않고 있습니다.

4. 따라서 원고는 피고들에게 연대하여 위 대여금 OOO원과 이에 대하여 2017. 1. 11.부터 이 사건 소장부본 최후 송달일까지는 약정이율인 연 14%, 그 다음날부터 다 갚는 날까지는 소송촉진등에관한특례법에서 정한 연 15%의 각 비율로 계산한 지연손해금을 지급받고자 이 사건 청구에 이른 것입니다.

입 증 방 법

1. 갑 제1호증 차용증서
1. 갑 제2호증 가족관계증명서
1. 갑 제3호증 주민등록등본

기타 입증서류는 필요에 따라 수시 제출하겠습니다.

첨 부 서 류

1. 위 입증서류 사본 각 1통
1. 주민등록초본 3통
1. 소장부본 2통
1. 위임장 1통

20OO. O. .

위 원고 O O O (인)

O O 지 방 법 원 귀 중

[해 설]

원고가 가계자금대출에 대하여 부부연대책임을 구하고, 그 근거를 일상가사라고 주장하는 경우, 대출명목이 가계자금대출이라고 하여 모두 일상가사로서 부부가 연대책임을 지는 것이 아니므로 일상가사의 구체적인 내용을 주장 · 입증하여야 한다.

[사례 24] 대여금청구의 소장(변제기 및 이자약정이 없는 경우)

소 장

원 고 ○ ○ ○ (○○○○○○-○○○○○○○) (전화 :)
○○시 ○○구 ○○로 ○○(○○동) (우 :)

피 고 ○ ○ ○ (○○○○○○-○○○○○○○)
○○시 ○○구 ○○로 ○○(○○동) (우 :)

대여금 청구의 소

청 구 취 지

1. 피고는 원고에게 10,000,000원과 이에 대하여 2017. 3. 11.부터 이 사건 소장부본 송달일까지는 연 5%, 그 다음날부터 다 갚는 날까지는 연 15%의 각 비율로 계산한 돈을 지급하라.
2. 소송비용은 피고의 부담으로 한다.
3. 위 제1항은 가집행할 수 있다.

라는 판결을 구합니다.

청 구 원 인

1. 피고는 원고에게 증권을 구입하여 준다고 돈을 차용을 요청하여 원고는 2016. 3. 10. 금 15,000,000원을 피고에게 빌려 준 사실이 있습니다.

2. 피고는 구입하여 준다고 하는 증권도 구입해주지 않고 원고에게 빌려 간 위 돈도 반환해주지 않기에 원고는 피고에게 독촉하여 차용증이라도 작성하여 줄 것을 요청하자 피고는 조금만 더 기다려 보고 그때까지 해결이 되지 않으면 그때 가서 차용증이라도 써 주겠다고 하면서 원고에게 차용증을 작성해주지 않았습니다.

3. 그러나 피고는 몇 개월 후에 위 돈 중에서 5,000,000원만을 원고에게 돌려준 채 나머지 잔액 10,000,000원을 빌려 준지 무려 1년이 경과하도록 갚지 않고 있습니다. 그러므로 원고는 2017. 5. 10.부터 피고에게 수차에 걸쳐 나머지 돈을 갚을 것을 요구하였으나 피고는 차일피일하면서 지급하지 않고 있습니다.

4. 따라서 원고는 피고로부터 위 대여금 중 변제받지 못한 나머지 잔액 10,000,000원과 이에 대하여 2017. 3. 11.부터 이 사건 소장부본 송달일까지는 민법에서 정한 연 5%, 그 다음날부터 다 갚는 날까지는 소송촉진등에관한특례법소정의 연 15%의 각 비율로 계산한 지연손해금을 지급 받기 위하여 본 소 청구에 이르렀습니다.

입 증 방 법

1.갑 제1호증의 1, 2　　　각 통고서
기타 입증서류는 필요에 따라 수시 제출하겠습니다.

첨 부 서 류

1. 위 입증서류 사본　　　각 1통
1. 주민등록초본　　　2통
1. 소장부본　　　1통
1. 위임장　　　1통

2000. 0. .

위 원고 ○ ○ ○ (인)

○ ○ 지 방 법 원 귀 중

[사례 25] 대여금 청구의 소장(상속인이 원고)

소 장

원 고　1. 김 ○ ○ (000000-0000000)　(전화 :)
　OO시 OO구 OO로 OO(OO동)　(우 :)
2. 김 ○ ○ (000000-0000000)　(전화 :)
　OO시 OO구 OO로 OO(OO동)　(우 :)
3. 박 ○ ○ (000000-0000000)　(전화 :)
　OO시 OO구 OO로 OO(OO동)　(우 :)

피 고 ○ ○ ○ (○○○○○○-○○○○○○○)
현재 소재불명
최후주소 : ○○시 ○○구 ○○로 ○○(○○동) (우 :)

대여금 청구의 소

청 구 취 지

1. 피고는 원고 김○○, 김○○에게 각 ○○○원, 원고 박○○에게 ○○○원과 이에 대하여 2018. 3. 11.부터 이 사건 소장부본 송달일까지는 연 5%, 그 다음날부터 다 갚는 날까지는 연 15%의 각 비율로 계산한 돈을 지급하라.
2. 소송비용은 피고의 부담으로 한다.
3. 위 제1항은 가집행할 수 있다.

라는 판결을 구합니다.

청 구 원 인

1. 원고 김○○과 김○○은 2018. 3. 10.에 사망한 소외 망 김○○의 자녀들이고, 원고 박○○은 소외 망 김○○의 처입니다.

2. 소외 김○○와 피고는 같은 직장에서 근무하던 관계로 평소 친하게 지내면서 상호 친분이 있던 중 피고는 2017. 5. 20. 소외 망 김○○로부터 자신의 아파트입주의 잔금이 필요하다면서 입주한 뒤 대출을 받아 2018. 6. 10.에 갚겠다고 하면서 이자는 정하지 않고 ○○○원을 빌려간 사실이 있습니다.

3. 그런데 피고는 소외 망 김○○에게 위 돈을 빌려 자신이 거주하는 아파트에 입주한 뒤 대출을 받아 위 채무를 갚겠다는 약속을 어기고 대출을 받은 돈을 유흥비 등으로 낭비하고, 다시 지나치게 많은 채무 때문에 자신의 아파트를 처분한 뒤에도 여전히 소외 망 김○○로부터 빌려간 돈을 갚지 않았습니다.

4. 소외 망 김○○은 피고의 이와 같은 태도에 분개하던 중 평소 지병인 당뇨가 악화되어 2018. 3. 10. ○○대학병원에서 사망하였고, 소외 망 김○○의 자녀인 원고 김○○, 원고 김○○와 처 원고 박○○은 소외 망 김○○의 상속인으로서 피고에 대한 소외 망 김○○의 채권을 상속하였으므로 각 법정상속지분대로 피고에 대하여 원고 김○○, 김○○은 각 ○○○원(= ○○○원×2/7), 원고 박○○은 ○○○원(= ○○○원×3/7)의 상속채권을 가지고 있다고 할 것입니다.

5. 따라서 원고들은 피고로부터 위 돈에 대한 법정상속지분에 따라 원고 김OO, 김OO은 각 OOO원, 원고 박OO은 OOO원과 이에 대하여 2018. 3. 11.부터 이 사건 소장부본 송달일까지는 민법에서 정한 연 5%, 그 다음날부터 다 갚는 날까지는 소송촉진등에관한특례법소정의 연 15%의 각 비율로 계산한 지연손해금을 지급받고자 본소 청구에 이르렀습니다.

입 증 방 법

1. 갑 제1호증 차용증
1. 갑 제2호증 제적등본
1. 갑 제3호증 기본증명서
1. 갑 제4호증 가족관계증명서

기타 입증서류는 필요에 따라 수시 제출하겠습니다.

첨 부 서 류

1. 위 입증서류 사본 각 1통
1. 주민등록초본 4통
1. 소장부본 3통
1. 위임장 1통

2000. O. .

위 원고 O O O (인)
O O O (인)
O O O (인)

OO지방법원 귀중

[주] 소 제기 시부터 공시송달로 진행해야 할 경우라면 "현재 소재불명, 최후주소 전남 OO군 OO읍 OO로 OO"으로 표시한다.

[사례 26] 대여금청구 소장(기한연장의 경우 연대보증책임)

소 장

원 고 ○ ○ ○ (○○○○○○-○○○○○○○) (전화 :)
○○시 ○○구 ○○로 ○○(○○동) (우 :)

피 고 1. 박 ○ ○ (○○○○○○-○○○○○○○)
○○시 ○○구 ○○로 ○○(○○동) (우 :)
2. 김 ○ ○ (○○○○○○-○○○○○○○)
○○시 ○○구 ○○로 ○○(○○동) (우 :)
3. 이 ○ ○ (○○○○○○-○○○○○○○)
○○시 ○○구 ○○로 ○○(○○동) (우 :)

대여금 청구의 소

청 구 취 지

1. 피고들은 연대하여 원고에게 5,000,000원과 이에 대하여 2017. 5. 11.부터 이 사건 소장부본 최후 송달일까지는 연 13.2%, 그 다음날부터 다 갚는 날까지는 연 15%의 각 비율로 계산한 돈을 지급하라.
2. 소송비용은 피고들의 부담으로 한다.
3. 위 제1항은 가집행할 수 있다.

라는 판결을 구합니다.

청 구 원 인

1. 피고 박OO은 원고와 집안의 먼 친척지간으로 시제 등의 참석을 통하여 자기가 하는 사업이 평소 전망이 좋고 자금을 투자하면 수익을 확실히 보장해 줄 수 있다는 말로써 원고를 현혹하여 2017. 5. 10.에 자신의 사업장 사무실에서 원고로부터 금 5,000,000원을 차용기간을 1년, 이자는 월 1.1%의 사업체 직원인 피고 김OO와 피고 이OO은 피고 박OO의 채무자에 대하여 각 연대보증인으로서 연대보증각서를 작성하여 원고에게 교부하였습니다.

2. 그런데 피고 박OO은 채무상환기일인 2018. 5. 10.이 되자 위 채무의 상환기일을 6개월만 연장해달라고 간청하여 그 기간을 연장해주었으나, 연장해준 기간이 지나

고서도 위 채무를 상환하지 아니하고 계속 미루기만 하고 있습니다. 그래서 원고가 연대보증인들인 피고 김OO와 피고 이OO에게 여러 차례 보증채무를 이행하라고 독촉하였으나, 피고 김OO와 피고 이OO은 원고가 연대보증인들의 동의도 받지 않고 위 채무의 상환기일을 연장해주었으므로 그들은 책임이 없다고만 하고 있습니다.

3. 그러나 채무가 특정되어 있는 확정채무에 대하여 보증한 연대보증인으로서는 자신의 동의없이 피보증채무의 이행기를 연장해주었느냐의 여부에 상관없이 그 연대보증채무를 부담하는 것이므로(대법원 2002. 6. 14. 선고 2002다14853 판결), 피고 김OO와 피고 이OO의 위와 같은 항변으로 보증책임을 면할 수 없다고 할 것입니다.

4. 따라서 원고는 피고들로부터 연대하여 5,000,000원과 2017. 5. 11.부터 이 사건 소장부본 최후 송달일까지는 약정이율인 연 13.2%, 그 다음날부터 다 갚는 날까지는 소송촉진등에관한특례법소정의 연 15%의 각 비율로 계산한 지연손해금을 지급받기 위하여 본 소 청구에 이르렀습니다.

입 증 방 법

1. 갑 제1호증 차용증
1. 갑 제2호증 연대보증각서

기타 입증서류는 필요에 따라 수시 제출하겠습니다.

첨 부 서 류

1. 위 입증서류 사본 각 1통
1. 주민등록초본 4통
1. 소장부본 3통
1. 위임장 1통

20OO. O. .

위 원고 O O O (인)

OO지방법원 귀중

[해 설]

1. 주소지와 송달받을 장소가 다른 경우에는 별도로 송달받을 장소를 기재한다. 아울러 송달영

수인을 정하여 신고할 수 있다(민소 184조). 송달영수인이란 당사자, 법정대리인 또는 소송대리인에 의해 선임된 자로 그 수송달자는 수소법원의 소재지에 주소, 거소, 영업소, 사무소가 없거나 있는 경우에도 정할 수 있다.

2. 민사사건에서 송달장소 기재와 관련하여 법무사나 그 사무원은 원고(채권자)에 대한 보충송달의 수령인이 될 수 없으므로, 송달영수인 신고서를 제출하는 방법으로 가능하다.
3. 피고가 두사람 이상일 경우 (연대)청구부분에 대하여 "이 사건 소장부본 송달일까지" 혹은 "이 사건 소장부본 송달다음날부터"로 구할 경우 피고별로 송달일자가 각기 다를 경우 판결문의 주문 등이 복잡하여지고 자칫 착오를 일으키기 쉬우므로 가급적 피고들 중 "최후"에 소장부본이 송달된 날짜를 기준할 수 있도록 "이 사건 소장부본 최후 송달일까지" 혹은 "이 사건 소장부본 최종 송달다음날부터"로 구하는 것이 실무의 예이다.
4. 각 피고들간에 연대채무나 부진정 연대채무(공동불법행위) 또는 불가분채무관계에 있어서 여러 사람에게 각자 전액의 책임을 물으려고 할 때, 청구취지에 '연대하여 지급하라' 또는 '각자 지급하라'라는 말은 방식으로 기재하여야 하며, '각 지급하라',라는 표현은 사용하지 않는다(예, 피고들은 각자(또는 연대하여) 원고에게 금 20,000,000원을 지급하라). '각자'라는 표현은 중첩관계를 표현하지만 '각'이라는 표현은 독립적 관계를 표현한다.

[사례 27] 대여금청구 소장(당좌대출)

소 장

원 고 주식회사 OO은행 (OOOOOO-OOOOOOO) (전화 :)
서울 OO구 OO로 OO(OO동) (우 :)
대표자 대표이사 O O O

피 고 (1) 홍 길 동 (OOOOOO-OOOOOOO)
서울 OO구 OO로 OO(OO동) (우 :)
(2) 김 갑 동 (OOOOOO-OOOOOOO)
서울 OO구 OO로 OO(OO동) (우 :)

대여금 청구의 소

청 구 취 지

1. 피고들은 연대하여 원고에게 100,000,000원과 이에 대하여 2018. 1. 11.부터 이 사건 소장부본 최후 송달일까지는 연 14%, 그 다음날부터 다 갚는 날까지는 연 15%

의 각 비율로 계산한 돈을 지급하라.
2. 소송비용은 피고들의 부담으로 한다.
3. 제1항은 가집행할 수 있다.
라는 판결을 구합니다.

청 구 원 인

1. 원고는 각종 예금 등의 수신 및 대출금의 여신업을 목적으로 하여 설립된 금융기관으로서 "OO방직"이라는 상호로 각종 섬유류의 제조 및 임가공업을 영위하는 피고 홍길동과의 사이에 2015. 9. 12. 일시당좌대출거래약정을 체결하고, 이에 기하여 피고 홍길동에게 100,000,000원을 대출기간만료일은 2017. 12. 31. 대출기간만료일까지의 이자율 연 10% 및 기한이후의 지연손해금 연 14%로 각 정하여 대출하였습니다.

2. 한편 피고 김갑동은 같은 날 피고 홍길동이가 위 당좌대출약정에 따라 원고에 대하여 부담하는 위 대출원리금의 상환 등 일체의 채무를 연대보증하였습니다.

3. 그런데 피고 홍길동은 위 대출금에 대하여 2018. 1. 10.까지의 이자 및 지연손해금만을 지급하였을 뿐, 상환기일이 도과한 이후 현재에 이르기까지 위 대출원금 및 지연손해금을 전혀 지급하지 않고 있습니다.

4. 그렇다면 피고 홍길동은 대출원금 100,000,000원과 이에 대하여 2018. 1. 11.부터 이 사건 소장부본 최후 송달일까지는 연 14%, 그 다음날부터 다 갚는 날까지는 소송촉진등에관한특례법소정의 연 15%의 각 비율로 계산한 돈을 지급할 의무가 있다 할 것이므로, 원고는 그 지급을 구하기 위하여 이 사건 청구에 이른 것입니다.

입 증 방 법

1. 갑 제1호증　　자금차입신청서
1. 갑 제2호증　　당좌대출거래약정서
1. 갑 제3호증　　각 근보증서

기타 입증서류는 변론시 필요에 따라 수시 제출하겠습니다.

첨 부 서 류

1. 위 입증서류 사본　　각 1통
1. 법인등기사항증명서　　1통

1. 주민등록초본 2통
1. 소장부본 1통
1. 위임장 1통

2000. 0. .

위 원고 주식회사 000 은행
대표이사 0 0 0 (인)

0 0 지 방 법 원 0 0 지 원 귀중

[사례 28] 대여금청구 소장(사망)

소 장

원 고 00농업협동조합 (000000-0000000) (전화 :)
전남 00군 00읍 00로 00
조합장 000
송달장소 :
전남 00군 00읍 00로 00, 00농협 00지점 (우 :)

피 고 (1) 박 영 돈 (000000-0000000)
전남 00군 00읍 00로 00 (우 :)
(2) 김 일 금 (000000-0000000)
전남 00군 00읍 00로 00 (우 :)
(3) 김 이 금 (000000-0000000)
전남 00군 00읍 00로 00 (우 :)
(4) 김 삼 금 (000000-0000000)
전남 00군 00읍 00로 00 (우 :)
(5) 김 사 금 (000000-0000000)
전남 00군 00읍 00로 00 (우 :)
(6) 김 오 금 (000000-0000000)
전남 00군 00읍 00로 00 (우 :)
(7) 김 육 금 (000000-0000000)

전남 OO군 OO읍 OO로 OO (우 :)

대여금 청구의 소

청 구 취 지

1. 원고에게,
   가. 피고 박영돈은 9,000,000원과 이에 대하여 2016. 5. 3.부터 2017. 6. 4.까지는 연 8.5%, 그 다음날부터 다 갚는 날까지는 연 15.5%의 각 비율로 계산한 돈을,
   나. 피고 박영돈은 6,000,000원과 이에 대하여 2015. 10. 27.부터 2016. 6. 26.까지는 연 8.5%, 그 다음날부터 2016. 12. 14.까지는 연 15%, 그 다음날부터 다 갚는 날까지는 연 15.5%의 각 비율로 계산한 돈을,
   다. 위 피고 박영돈와 연대하여 위 가항 기재의 돈 중 피고 김일금은 2,076,923원, 피고 김이금, 같은 김삼금, 같은 김사금, 같은 김오금, 같은 김육금는 각 1,384,615원과 각 2016. 5. 3.부터 2017. 6. 4.까지는 연 8.5%, 그 다음날부터 다 갚는 날까지는 연 15.5%,
   라. 위 피고 박영돈과 연대하여 위 나항 기재의 돈 중 피고 김일금은 1,384,615원, 피고 김이금, 같은 김삼금, 같은 김사금, 같은 김오금, 같은 김육금은 각 923,076원과 각 이에 대하여 2015. 10. 27.부터 2016. 6. 26.까지는 연 8.5%, 그 다음날부터 2016. 12. 14.까지는 연 15%, 그 다음날부터 다 갚는 날까지는 연 15.5%의 각 비율로 계산한 돈을,

   각 지급하라.
2. 소송비용은 피고들의 부담으로 한다.
3. 위 제1항은 가집행할 수 있다.

라는 판결을 구합니다.

청 구 원 인

1. 가. 원고는 피고 박영돈에게 2015. 6. 4. 일반대출금으로 9,000,000원을 대여하면서, 대출기간만료일은 2017. 6. 4. 이자는 연 8.5%, 연체이율은 연 15%로 정하여 지급하기로 하되, 만약 대출기간만료일에 위 채무를 이행하지 않거나, 이자 등을 지급하여야할 때로부터 계속하여 1개월간 지체하는 등의 사유로 기한의 이익을 상실할 때에는 그때로부터 대출금잔액 전부에 대하여 다 갚는 날까지 각 지연배상금을 가산하여 일시에 지급하기로 하되, 원고 조합 소정의 이율이 변경될 경우에는 이에 따르기로 대출거래약정을 하면서, 소외 (망) 김사망은 위 약정시 연대보증하였고,

   나. 원고는 피고 박영돈에게 2015. 10. 26. 일반대출금으로 6,000,000원을 대여하

면서, 대출기간만료일은 2017. 10. 26. 이자는 연 8.5%, 연체이율은 원고 조합이 정한 이율을 적용하여 매년 4월, 10월 각 26일마다 후취로 이자를 지급하기로 하되, 그외 모든 약정사항은 위 가항과 같은 내용으로 하여 대출거래약정을 하면서, 소외 (망) 김사망은 위 약정시 연대보증하였습니다.

2. 한편 위 제1의 가항의 대출금에 관한 원고 조합 소정의 연체이율(지연손해금율)은 2016. 12. 15.부터 연 15.5%로 각 변경되었고, 위 제1의 나항에 관한 연체이율(지연손해금율)은 위 약정시부터 2016. 12. 14.까지는 연 15%이고, 2016. 12. 15.부터 연 15.5%로 변경되었습니다.

3. 그런데 피고 박영돈은 위 제1의 가항의 대출금에 관하여 상환기일이 지난 현재까지 2016. 5. 2.까지의 이자만을 지급한 채, 2017. 6. 4.까지 상환하여야 할 원금 9,000,000원을 지급하지 않고 있으므로, 피고 박영돈은 원고에게 9,000,000원과 이에 대하여 2016. 5. 3.부터 2017. 6. 4.까지는 연 8.5%의 비율로 계산한 기한내이자금과 2017. 6. 5.부터 다 갚는 날까지는 연 15.5%의 비율로 계산한 지연손해금을, 위 제1의 나항의 대출금에 관하여는 원리금을 한푼도 지급하지 않아, 2016. 4. 26. 불입하여야 할 이자를 계속하여 1개월 이상 지체하여, 피고 박영돈은 원고에게 농협여신거래기본약관 제7조 제2항 제1호의 규정에 의거 2016. 6. 27. 기한의 이익을 상실하여 즉시 채무를 변제하여야 할 것이므로, 피고 박영돈은 원고에게 6,000,000원과 이에 대하여 2015. 10. 27.부터 2016. 6. 26.까지(기한이익상실전일)는 연 8.5%의 비율로 계산한 기한내이자금과 2016. 6. 27.부터 2016. 12. 14.까지는 연 15%, 2016. 12. 15.부터 다 갚는 날까지는 연 15.5%의 각 비율로 계산한 지연손해금을 각 지급할 의무가 있다 할 것입니다.

4. 한편 위 각 대출금에 관한 연대보증인 소외 (망) 김사망은 2017. 4. 22. 같은 (망) 이효자는 1984. 5. 7. 각 사망함으로써, 원고는 소외 (망) 김사망의 상속인들인 피고들로부터 주채무자인 피고 박영돈과 연대하여 위 제3항의 대출금잔액에 대하여 피고 김일금은 13분의 3에 해당하는 법정상속분 3,461,538원과 이 중 2,076,923원에 대하여는 2016. 5. 3.부터 2017. 6. 4.까지는 연 8.5%, 그 다음날부터 다 갚는 날까지는 연 15.5%, 1,384,615원에 대하여는 2015. 10. 27.부터 2016. 6. 26.까지는 연 8.5%, 그 다음날부터 2016. 12. 14.까지는 연 15%, 그 다음날부터 다 갚는 날까지는 연 15.5%의 각 비율로 계산한 돈을, 피고 김이금 같은 김삼금, 같은 김사금, 같은 김오금, 같은 김육금은 각 13분의 2에 해당하는 법정상속분 각 2,307,691원과 이 중 1,384,615원에 대하여는 2016. 5. 3.부터 2017. 6. 4.까지는 연 8.5%, 그 다음날부터 다 갚는 날까지는 연 15.5%, 923,076원에 대하여는 2015. 10. 27.부터 2016. 6. 26.까지는 연 8.5%, 그 다음날부터 2016. 12. 14.까지는 연 15%, 그

다음날부터 다 갚는 날까지는 연 15.5%의 각 비율로 계산한 돈을 각 지급받고자 합니다.

5. 그러므로 원고는 위와 같은 사실을 피고 박영돈에게 통지하고 원,리금을 변제할 것을 수차에 걸쳐 독촉하였으나 이에 불응하고 있어 연대보증인 소외 (망) 김사망의 상속인들에게 위 사실을 고지하고 피고 박영돈과 연대하여 지급할 것을 촉구하였음에도 불구하고 피고들은 아무런 이유없이 변제하지 않고 있으므로, 부득이 청구취지와 같은 돈을 지급받고자 본 소 청구에 이르렀습니다.

입 증 방 법

1. 갑 제1호증의 1, 2　　각 대출거래약정서 사본
1. 갑 제2호증의 1, 2　　각 대출금원장조회
1. 갑 제3호증의 1, 2　　각 대출금회수조회표
1. 갑 제4호증의 1, 2　　각 조합대출, 정책자금계좌별금리내역조회

기타 입증서류는 수시 제출하겠습니다.

첨 부 서 류

1. 위 입증서류 사본　　각 1통
1. 법인등기사항증명서　　1통
1. 제적등본　　2통
1. 가족관계증명서　　4통
1. 주민등록초본　　8통
1. 소장부본　　9통
1. 위임장　　1통

20○○. ○. .

위 원고 ○○농업협동조합
조합장 ○ ○ ○ (인)

○○지방법원 ○○지원 ○○군법원 귀중

[주] 소송대리허가 : 소액사건(3,000만원 이하의 금전채권)의 경우 당사자와, 배우자, 직계혈족, 형제자매는 법원의 허가 없이도 소송대리인이 될 수 있고(이 경우 친족관계임을 증명하는

가족관계증명서 또는 주민등록등본과 소송위임장을 제출), 단독사건 중 3,000만원 초과 ~ 1억원 이하 사건, 금융기관사건 예외)은 당사자와 배우자, 4촌 이내의 혈족, 고용관계 등에 있는 자에 한하여 법원의 허가를 받아 소송대리인이 될 수 있고(이 경우 친족관계임을 증명하는 가족관계증명서, 주민등록등본, 재직증명서 등과 소송위임장을 제출),

[사례 29] 대여금청구 소장(사망)

소 장

원 고 OO농업협동조합 (OOOOOO-OOOOOOO) (전화 :)
전남 OO군 OO읍 OO로 OO
조합장 OOO
송달장소 :
전남 OO군 OO읍 OO로 OO, OO농협 OO지점 (우 :)

피 고 (1) 김 일 금 (OOOOOO-OOOOOOO)
전남 OO군 OO읍 OO로 OO (우 :)
(2) 김 이 금 (OOOOOO-OOOOOOO)
전남 OO군 OO읍 OO로 OO (우 :)
(3) 김 삼 금 (OOOOOO-OOOOOOO)
전남 OO군 OO읍 OO로 OO (우 :)
(4) 김 사 금 (OOOOOO-OOOOOOO)
전남 OO군 OO읍 OO로 OO (우 :)
(5) 김 오 금 (OOOOOO-OOOOOOO)
전남 OO군 OO읍 OO로 OO (우 :)
(6) 김 육 금 (OOOOOO-OOOOOOO)
전남 OO군 OO읍 OO로 OO (우 :)

대여금 청구의 소

청 구 취 지

1. 원고에게,

가. 피고 김일금은 14,000,000원과 이에 대하여 2016. 11. 4.부터 2017. 4. 3.까지는 연 8.5%, 그 다음날부터 2017. 12. 14.까지는 연 15%, 그 다음날부터 다 갚는 날까

지는 연 15.5%의 각 비율로 계산한 돈을,

나. 위 피고와 연대하여 위 가항 기재의 돈 중 피고 김이금은 3,230,769원, 피고 김삼금, 같은 김사금, 같은 김오금, 같은 김육금은 각 2,153,846원과 각 이에 대하여 2016. 11. 4.부터 2017. 4. 3.까지는 연 8.5%, 그 다음날부터 2017. 12. 14.까지는 연 15%, 그 다음날부터 다 갚는 날까지는 연 15.5%의 각 비율로 계산한 돈을,

각 지급하라.

2. 소송비용은 피고들의 부담으로 한다.
3. 위 제1항은 가집행할 수 있다.

라는 판결을 구합니다.

청 구 원 인

1. 원고는 피고 김일금에게 2016. 10. 26. 일반대출금으로 14,000,000원을 대여하면서, 대출기간만료일은 2018. 10. 26. 대출이자는 연 11%, 연체이율은 원고 조합이 정한 이율을 적용하여 매년 2월, 5월, 8월, 11월 각 3일마다 후취로 이자를 지급하기로 하되, 만약 대출기간만료일에 위 채무를 이행하지 않거나, 이자 등을 지급하여야 할 때로부터 계속하여 1개월간 지체하는 등의 사유로 기한의 이익을 상실할 때에는 그때로부터 대출금잔액 전부에 대하여 다 갚는 날까지 각 지연배상금을 가산하여 일시에 지급하기로 하되, 원고 조합 소정의 이율이 변경될 경우에는 이에 따르기로 대출거래약정을 하면서, 소외 (망) 김사망은 위 약정시 연대보증하였습니다.

2. 한편 원고 조합 소정의 적용약정이율은 위 약정시부터 연 8.5%이고, 연체이율(지연손해금율)은 위 약정시부터 2017. 12. 14.까지 연 15%이고, 2017. 12. 15.부터 연 15.5%로 변경되었습니다.

3. 그런데 피고 김일금은 위 대출금에 관하여 2016. 11. 3.까지 이자만을 지급하고, 그 후 2018. 2. 3. 불입하여야 할 이자를 계속하여 1개월 이상 지체하여, 피고 김일금은 원고는 여신거래기본약관 제7조 제2항 제1호의 규정에 의거 2017. 4. 4. 기한의 이익을 상실하여 즉시 채무를 변제하여야할 것이므로, 피고 김일금은 채권자에게 14,000,000원과 이에 대하여 2016. 11. 4.부터 2017. 4. 3.까지(기한이익상실전일)는 연 8.5%의 비율로 계산한 기한내이자금과 2017. 4. 4.부터 2017. 12. 14.까지는 연 15%, 2017. 12. 15.부터 다 갚는 날까지는 연 15.5%의 각 비율로 계산한 지연손해금을 지급할 의무가 있다 할 것입니다.

4. 한편 연대보증인 소외 (망) 김사망은 2013. 4. 22. 같은 (망) 김효자는 2011. 5. 7. 각 사망함으로써, 원고 소외 (망) 김사망의 상속인들인 피고들로부터 주채무자인 피고 김일금과 연대하여 위 제3항의 대출금잔액에 대하여 피고 김이금은 13분의 3에 해당하는 법정상속분 금 3,230,769원과 이에 대하여 2016. 11. 4.부터 2017. 4. 3.까지는 연 8.5%, 그 다음날부터 2017. 12. 14.까지는 연 15%, 그 다음날부터 다 갚는 날까지는 연 15.5%의 각 비율로 계산한 돈을, 피고 김삼금, 같은 김사금, 같은 김오금, 같은 김육금은 각 13분의 2에 해당하는 법정상속분 각 금 2,153,846원과 각 이에 대하여 2016. 11. 4.부터 2017. 4. 3.까지는 연 8.5%, 그 다음날부터 2017. 12. 14.까지는 연 15%, 그 다음날부터 다 갚는 날까지는 연 15.5%의 각 비율로 계산한 돈을 각 지급받고자 합니다.

5. 그러므로 원고는 위와 같은 사실을 피고 김일금에게 통지하고 원,리금을 변제할 것을 수차에 걸쳐 독촉하였으나 이에 불응하고 있어 연대보증인 소외 (망) 김사망의 상속인들에게 위 사실을 고지하고 피고 김일금과 연대하여 지급할 것을 촉구하였음에도 불구하고 피고들은 아무런 이유없이 변제하지 않고 있으므로, 부득이 청구취지와 같은 돈을 지급받고자 본 소 청구에 이르렀습니다.

입 증 방 법

1. 갑 제1호증 대출거래약정서
1. 갑 제2호증 대출금원장조회
1. 갑 제3호증 대출금회수조회표
1. 갑 제4호증 조합대출, 정책자금계좌별금리내역조회

기타 입증서류는 수시 제출하겠습니다.

첨 부 서 류

1. 위 입증서류 사본 각 1통
1. 법인등기사항증명서 1통
1. 제적등본 2통
1. 가족관계증명서 4통
1. 주민등록초본 7통
1. 소장부본 8통
1. 위임장 1통

2000. 0. .

위 원고 OO농업협동조합
조합장 OOO (인)

OO지방법원 OO지원 OO군법원 귀 중

[사례 30] 매매대금청구 소장

소 장

원 고 김 희 열 (OOOOOO-OOOOOOO) (전화 :)
서울 강남구 강남대로 239(도곡동) (우 :)

피 고 이 만 족 (OOOOOO-OOOOOOO)
서울 강남구 강남대로 326(역삼동) (우 :)

매매대금 청구의 소

청 구 취 지

1. 피고는 원고에게 1,000,000원과 이에 대하여 2017. 7. 2.부터 이 사건 소장부본 송달일까지는 연 6%, 그 다음날부터 다 갚는 날까지는 연 15%의 각 비율로 계산한 돈을 지급하라.
2. 소송비용은 피고의 부담으로 한다.
3. 위 제1항은 가집행할 수 있다.

라는 판결을 구합니다.

청 구 원 인

1. 원고는 2017. 1. 17. 피고에게 영업으로 칼라텔레비전(20인치) 1대를 대금 1,000,000원에 매도하고 대금은 2017. 7. 1. 지급받기로 하였습니다.

2. 따라서 원고는 피고로부터 매매계약에 따른 매매대금과 2017. 7. 2.부터 이 사건 소장부본 송달일까지는 연 6%, 그 다음날부터 다 갚는 날까지는 소송촉진등에관한 특례법에서 정한 연 15%의 각 비율로 계산한 지연손해금을 지급받고자 본 소 청구에 이른 것입니다.

입 증 방 법

1. 갑 제1호증 매매증서
그 밖의 입증서류는 변론시 수시 제출하겠습니다.

첨 부 서 류

1. 위 입증서류 사본 1통
1. 주민등록초본 2통
1. 소장 부본 1통
1. 납부서 1통

2000. 0. .

위 원고 김 희 열 (인)

OO지방법원 귀중

[해 설]

1. 지연손해금에 관하여 약정이율이 없으면 법정이율에 의하도록 되어 있다. 즉, 민법 제397조 제1항은 금전채무불이행의 손해배상액은 법정이율에 의한다. 그러나 법령의 제한에 위반하지 아니한 약정이율이 있으면 그 이율에 의한다고 규정하고 있다.
2. 이 사건에서 청구권원은 매매계약에 기한 매매대금지급청구권과 채무불이행(이행지체)에 따른 손해배상청구권이다.
3. 매매대금청구에서 대금지급기일은 요건사실이 아니지만 지연손해금청구에서는 요건사실이 된다. 이행지체 여부를 확정하기 위하여는 대금지급기일이 언제인지 알아야 하기 때문이다.
4. 매매계약은 낙성계약이므로 매매목적물의 인도는 매매대금지급청구의 요건사실이 아니다. 다만 피고가 동시이행의 항변을 할 경우 원고의 재항변사항이 된다.
5. 상사매매의 경우 상행위임을 나타내기 위하여 영업으로 동산의 매매를 했다는 사실을 기재한다.
6. 주의사항
   가. 매매목적물의 소유권이전·인도사실, 물품 공급사실 : 원칙적으로 요건사실이 아니지만 지연손해금도 청구하는 경우에는 요건사실에 해당
   나. 지연손해금의 기산일 : 지급일 약정이 있다면(지급일 전에 인도하였더라도) 약정지급일 다음날, 지급일 약정이 없다면 물건인도일 또는 공급일(민법 587조 본문)
   다. 동업자에게 매도한 경우

(1) 상법 제57조 제1항에 의하여 연대채무가 되므로 연대청구 가능

(2) 민법상 조합(그 업무집행조합원)에 매도하였다면 조합원 전원(조합재산에 집행하기 위하여) 또는 일부(조합원 개인재산에 집행하기 위하여)를 상대로 지분별로 분할청구 가능

7. 항변 등에 관한 판단

가. 동시이행 항변 : 매매계약서

(1) 피고는 매매목적물의 소유권이전 · 인도와 동시이행항변을 할 수 있음.

(2) 동시이행약정 없어도 법리에 의해서 동시이행관계가 성립

– 원고의 이행 · 이행제공 재항변 : 피고의 동시이행항변에 대하여 원고가 매매목적물의 소유권이전 · 인도의무를 이행 또는 이행제공 하였음을 들어 재항변할 수 있음 (등기사항증명서, 인도증서, 인감증명, 내용증명)

나. 취소의 항변(민법 5조 ②) : 가족관계증명서, 내용증명

피고는 미성년자이니 매매계약을 취소한다(하였다)고 항변할 수 있음.

– 원고의 재항변 : 동의서, 처분허락서, 최고서

· 피고의 법정대리인이 위 매매에 동의하였다는 재항변

· 이미 법정대리인에 의하여 처분이 허락된 범위 내의 재산을 매수하였다는 재항변

· 피고나 그 법정대리인에게 1월 이상의 기간을 정해 추인 여부의 확답을 최고하였는데도 그 기간이 경과하였다는 재항변

· 사술로써 능력자로 믿게 하거나 법정대리인의 동의가 있는 것으로 믿게 하였다는 재항변(민법 17조)

· 법정대리인으로부터 허락을 얻은 특정한 영업에 해당한다는 재항변(민법 8조)

다. 소멸시효 항변

통상 매매대금채권의 시효 10년(민법 162조), 상인과의 매매대금채권 5년, 상인이 판매한 상품대금채권 3년(민법 163조 3호)이 경과되었다는 시효항변 가능

라. 하자담보책임 항변(민법 570조, 상법 69조) : 매매목적물 또는 공급된 물품에 하자가 있다는 항변

(1) 하자가 중대한 경우 매매계약 해제를 이유로 대금지급의무가 없다고 항변을 할 수 있고, 하자가 중대하지 아니한 경우 대금을 감액하여야 한다는 항변을 할 수 있음. 제품하자로 인한 확대손해를 주장하는 경우도 있음 : 하자감정신청, 하자감정서, 사진, 내용증명

(2) 상인간의 매매일 경우에는 매매목적물을 수령한 즉시 검사하여 발견된 하자를 원고에게 통지하였다는 사실(즉시 발견할 수 없는 하자의 경우에는 6개월 내에 통지)도 주장하여야 함 : 내용증명

– 원고의 재항변 : 피고가 악의이므로 하자담보책임을 청구할 수 없다는 재항변 가능 (※ 제척기간 6개월이 도과하였다는 주장은 직권조사사항에 대한 촉구 의미이지 지 항변은 아님)

마. 계약해제의 항변(매매목적물 이전 · 인도의무 불이행을 이유로 함)

동시이행관계에 있는 자기의 대금지급의무(선이행 의무였던 중도금지급의무도 잔금기일

까지 지체하면 그때부터는 잔금과 함께 동시이행에 걸리게 됨)를 이행 또는 이행제공하고 상당한 기간을 정해 원고에게 이행최고를 하였으며 그래도 해제의사를 표시할 때까지 원고가 이행의무를 이행하지 아니하였고 해제권을 행사하여 매매계약을 해제한다(하였다)는 주장, 입증하여야 함 : 내용증명, 입금증, 통장사본, 이행최고서, 해제통지서

[사례 31] 매매대금반환청구 소장(착오를 이유로 한 취소)

소 장

원 고 김 철 호 (OOOOOO-OOOOOOO) (전화 :)
서울 성동구 가람길 116(송정동) (우 :)

피 고 정 대 철 (OOOOOO-OOOOOOO)
서울 노원구 공릉로 98(공릉동) (우 :)

매매대금반환 청구의 소

청 구 취 지

1. 피고는 원고에게 100,000,000원과 이에 대하여 이 사건 소장부본 송달다음날부터 다 갚는 날까지 연 15%의 비율로 계산한 돈을 지급하라.
2. 소송비용은 피고의 부담으로 한다.
3. 위 제1항은 가집행할 수 있다.

라는 판결을 구합니다.

청 구 원 인

1. 원고는 2018. 4. 21. 피고로부터 서울 영등포구 당산동 79 대 129㎡와 같은 지상 철근 콘크리트조 슬래브지붕 단층 주택 85㎡를 대금 100,000,000원에 매수하되 위 주택은 피고 소유이나 위 대지는 서울특별시 소유이므로 위 대지를 점유권을 근거로 장차 서울특별시로 부터 불하받을 것을 기대하여 이른바 연고권을 매수하는 것으로 약정하였습니다.

2. 그런데 위 약정 후 위 대지는 공원용지로서 불하가 불가능하다는 사정이 밝혀졌습니다. 원고가 위 약정을 한 것은 시유지인 위 대지를 불하받기 위해서이고 만약 원고가 위 대지를 불하받을 수 없는 사정을 알았더라면 위 약정은 하지 않았을 것입니다. 또한 이러한 원고의 의사는 위 약정 당시 표시되어 피고도 이를 알고 있었

습니다.

3. 따라서 원고는 이 사건 소장부본의 송달로써 위와 같은 착오가 있었음을 이유로 위 매매계약을 취소합니다.

4. 그리고 한편 원고는 위 매수당일 매매대금 100,000,000원을 지급하였습니다.

5. 위 착오는 계약의 중요부분에 대한 착오이고 비록 동기의 착오이지만 그 동기가 표시된 것이므로 이 사건 소장부본의 송달로써 위 매매는 적법히 취소된다고 할 것입니다. 따라서 피고는 원상회복으로서 이미 지급받은 위 매매대금과 이에 대한 지연손해금을 원고에게 반환할 의무가 있다 할 것이므로 본 소 청구에 이른 것입니다.

입 증 방 법

변론시 수시 제출하겠습니다.

첨 부 서 류

1. 주민등록초본 2통
1. 소장 부본 1통
1. 납부서 1통

20OO. O. .

위 원고 김 철 호 (인)

OO지방법원 귀중

[해 설]

1. 이 사건은 동기의 착오를 이유로 의사표시를 취소하고 원상회복을 구하는 사건이다.
2. 항변 등에 관한 판단

가. 동시이행 항변 : 매매계약서

(1) 피고는 매매목적물의 소유권이전 · 인도와 동시이행항변을 할 수 있음.

(2) 동시이행약정 없어도 법리에 의해서 동시이행관계가 성립

– 원고의 이행 · 이행제공 재항변 : 피고의 동시이행항변에 대하여 원고가 매매목적물의 소유권이전 · 인도의무를 이행 또는 이행제공 하였음을 들어 재항변할 수 있음(등

기사항증명서, 인도증서, 인감증명, 내용증명)

나. 취소의 항변(민법 5조 ②) : 가족관계증명서, 내용증명

피고는 미성년자이니 매매계약을 취소한다(하였다)고 항변할 수 있음.

— 원고의 재항변 : 동의서, 처분허락서, 최고서

· 피고의 법정대리인이 위 매매에 동의하였다는 재항변

· 이미 법정대리인에 의하여 처분이 허락된 범위 내의 재산을 매수하였다는 재항변

· 피고나 그 법정대리인에게 1월 이상의 기간을 정해 추인 여부의 확답을 최고하였는데도 그 기간이 경과하였다는 재항변

· 사술로써 능력자로 믿게 하거나 법정대리인의 동의가 있는 것으로 믿게 하였다는 재항변(민법 17조)

· 법정대리인으로부터 허락을 얻은 특정한 영업에 해당한다는 재항변(민법 8조)

다. 소멸시효 항변

통상 매매대금채권의 시효 10년(민법 162조), 상인과의 매매대금채권 5년, 상인이 판매한 상품대금채권 3년(민법 163조 3호)이 경과되었다는 시효항변 가능

라. 하자담보책임 항변(민법 570조, 상법 69조) : 매매목적물 또는 공급된 물품에 하자가 있다는 항변

(1) 하자가 중대한 경우 매매계약 해제를 이유로 대금지급의무가 없다고 항변을 할 수 있고, 하자가 중대하지 아니한 경우 대금을 감액하여야 한다는 항변을 할 수 있음. 제품하자로 인한 확대손해를 주장하는 경우도 있음 : 하자감정신청, 하자감정서, 사진, 내용증명

(2) 상인간의 매매일 경우에는 매매목적물을 수령한 즉시 검사하여 발견된 하자를 원고에게 통지하였다는 사실(즉시 발견할 수 없는 하자의 경우에는 6개월 내에 통지)도 주장하여야 함 : 내용증명

— 원고의 재항변 : 피고가 악의이므로 하자담보책임을 청구할 수 없다는 재항변 가능 (※ 제척기간 6개월이 도과하였다는 주장은 직권조사사항에 대한 촉구 의미이지 재항변은 아님)

마. 계약해제의 항변(매매목적물 이전 · 인도의무 불이행을 이유로 함)

동시이행관계에 있는 자기의 대금지급의무(선이행 의무였던 중도금지급의무도 잔금기일까지 지체하면 그때부터는 잔금과 함께 동시이행에 걸리게 됨)를 이행 또는 이행제공하고 상당한 기간을 정해 원고에게 이행최고를 하였으며 그래도 해제의사를 표시할 때까지 원고가 이행의무를 이행하지 아니하였고 해제권을 행사하여 매매계약을 해제한다(하였다)는 주장, 입증하여야 함 : 내용증명, 입금증, 통장사본, 이행최고서, 해제통지서

[사례 32] 매매대금등청구 소장(예비적 청구, 계약해제, 제작물 공급계약)

소 장

원 고 이 치 호 (○○○○○○-○○○○○○○) (전화 :)
서울 은평구 가좌로 164(응암동) (우 :)

피 고 권 주 선 (○○○○○○-○○○○○○○)
서울 성동구 가람길 113(송정동) (우 :)

매매대금 등 청구의 소

청 구 취 지

1. 1차적으로,
   피고는 원고에게 800,000원과 이에 대하여 2018. 2. 17.부터 이 사건 소장부본 송달일까지는 연 5%, 그 다음날부터 다 갚는 날까지는 연 15%의 각 비율로 계산한 돈을 지급하라.
   2차적으로,
   피고는 원고에게 별지 물건 목록 기재 동산 중 48,800매를 인도하고, 그 인도집행이 불능일 경우에는 976,000원을 지급하고, 4,000,000원과 이에 대하여 이 사건 소장부본 송달다음날부터 다 갚는 날까지 연 15%의 비율로 계산한 돈을 지급하라.
3. 소송비용은 피고의 부담으로 한다.
4. 위 제1항은 가집행할 수 있다.

라는 판결을 구합니다.

청 구 원 인

1. 비닐한약봉투 행상인 원고는 2018. 2. 16. 피고로부터 별지 물건 목록 기재 동산을 3,000,000원에 매수하고 같은 날 계약금 800,000원을 피고에게 지급하였습니다.

2. 그런데 피고가 원고에게 2018. 3. 10. 인도한 스탠드파우치(Stand Pouch) 200매에는 재질이 너무 빳빳하고 눈금 표시가 되지 아니하는 등 하자가 있었습니다. 이 하자있는 스탠드파우치에 한약을 넣고 끓이는 경우 스탠드파우치가 터져 약액이 새고, 약액의 양을 눈금으로 측정할 수 없어 한약봉투로 사용할 수 없습니다.

3. 원고는 2018. 3. 11. 피고에게 인도받은 스탠드파우치에 위와 같은 하자가 있는 사실을 통지하고 위 매매계약을 해제하였습니다.

4. 한편 스탠드파우치의 시가는 1매당 금 100원이나 위와 같은 하자가 있는 스탠드파우치의 시가는 1매당 금 20원에 불과합니다.

5. 그러므로 피고는 물건의 하자를 이유로 한 계약해제에 인한 원상회복으로 원고에게 지급받은 계약금 800,000원을 반환하고, 이에 대하여 계약금을 받은 날로부터 다 반환하는 날까지의 이자를 지급할 의무가 있습니다.

6. 만약 스탠드파우치의 하자에도 불구하고 원고가 계약한 목적을 달성할 수 있어 계약해제의 의사표시가 효력이 없다고 한다면 예비적으로 매매를 원인으로 하여 원고에게 별지 물건 목록 기재 동산 중 인도되지 아니한 스탠드파우치 48,800매를 인도하고, 그 인도집행이 불능일 경우에는 이행불능을 원인으로 하여 전보배상으로 위 동산의 시가 976,000원(= 20원 × 48,800매)의 손해배상금을 지급하고, 물건의 하자에 대한 손해배상으로 4,000,000원[= (100원 - 20원) × 5만매]을 지급하고, 이에 대하여 이행지체를 원인으로 하여 이행청구한 다음 날부터 다 갚는 날까지의 지연손해금을 지급할 의무가 있다 할 것이므로 본 소 청구에 이르렀습니다.

입 증 방 법

변론시 수시 제출하겠습니다.

첨 부 서 류

1. 주민등록초본 2통
1. 소장 부본 1통
1. 납부서 1통

20OO. O. .

위 원고 이 치 호 (인)

OO지방법원 귀중

물 건 목 록

품 명 스탠드파우치(Stand Pouch)
수 량 50,000매

동산 소재지 서울 마포구 가양대로 143(상암동). 끝.

[해 설]

1. 제작물공급계약에서 목적물이 대체물이면 매매로 보아 하자담보책임을 인정해 주는 것이 타당할 것이고, 대체물이 아닐 때에는 도급으로 보아 수급인의 보수의무를 인정해 주는 것이 타당할 것이다.
2. 상법 제69조는 매수인이 목적물을 수령한 경우 즉시 하자 또는 수량의 부족을 통지해야 계약해제권, 대금감액청구권, 손해배상청구권을 행사할 수 있다고 규정하고 있다.

[사례 33] 매수대금청구 소장(형성권의 행사)

소 장

원 고 강 민 주 (OOOOOO-OOOOOOO) (전화 :)
서울 동작구 신대방길 86(신대방동) (우 :)

피 고 박 민 철 (OOOOOO-OOOOOOO)
서울 성동구 가람길 113(송정동) (우 :)

매수대금 청구의 소

청 구 취 지

1. 피고는 원고에게 7,850,000원을 지급하라.
2. 소송비용은 피고의 부담으로 한다.
3. 위 제1항은 가집행할 수 있다.

라는 판결을 구합니다.

청 구 원 인

1. 원고는 2010. 3. 25. 피고로부터 의정부시 신곡동 8 대 176㎡(이하 '이 사건 토지'라고 한다)를 건물의 신축을 위하여 임차하면서 임차기간은 10년, 차임은 연 1,000,000원씩으로 정하였습니다.

2. 그 후 원고는 2014. 5. 17. 동 지상에 철근콘크리트조 슬래브지붕 단층 주택 100㎡(이하 '이 사건 건물'이라고 한다)를 준공하였습니다.

3. 그리고 2018. 3. 25. 이 사건 토지의 임대차계약이 기간만료로 종료되었으며 원고는 그 동안 단 한번도 연 차임을 연체한 적이 없습니다.

4. 원고는 2018. 3. 24. 이 사건 토지의 위 임대차계약을 갱신하여 줄 것을 피고에 대하여 청구하는 의사표시를 하였다. 그런데 피고는 그 갱신을 거절하였습니다.

5. 이에 원고는 피고에 대하여 이 사건 소장의 송달로써 민법 제643조, 제283조의 규정에 따라 이 사건 건물의 매수를 청구하며, 이 매수청구권은 형성권이므로 피고에게 이 사건 소장의 부본이 송달되는 즉시 이 사건 건물의 매매계약이 성립되는 효과가 발생한다고 할 것이고 그 매매대금은 그 매매계약 성립 시의 시가 상당액이라고 할 것인 바, 그 시가는 추후 시가 감정결과를 통하여 확정하여 청구하기로 하고 우선 일응의 시가인 7,850,000원의 지급을 구하고자 본 소 청구에 이르렀습니다.

입 증 방 법

변론시 수시 제출하겠습니다.

첨 부 서 류

1. 주민등록초본 2통
1. 소장 부본 1통
1. 납부서 1통

2000. 0. .

위 원고 강 민 주 (인)

ㅇㅇ지방법원 귀중

[해 설]

1. 이런 청구는 원고의 건물철거 및 대지인도 청구에 대하여 반소의 형태로 이루어지는 것이 보통이다.
2. 임대차에 있어서 임차인의 채무불이행 등 사유로 인하여 임대차계약이 해지되었을 때에는 임차인에게 계약갱신권이나 매수청구권이 발생할 수 없다(대법원 72다2013 판결).
3. 건물의 매수청구권을 행사한다는 주장이 있는 경우에는 그 건물의 대지에 관하여 적법한 임대차계약이 성립되어 있는지, 있다면 기간만료의 사유 및 계약갱신청구가 거절된 사실이 있는지의 여부에 관하여 심리하여야 한다(대법원 76다370 판결).
4. 임차인의 건물매수청구권은 임대인에 대한 권리에 불과하므로 임차권의 등기가 없는 한 새로이 대지소유권을 취득한 자에게 대항할 수 없다(대법원 76다702 판결).
5. 토지임차인의 매수청구권 행사로 지상건물에 대하여 시가에 의한 매매유사의 법률관계가 성립된 경우에 토지임차인의 건물인도 및 그 소유권이전등기의무와 토지임대인의 건물대금 지급의무는 서로 대가관계에 있는 채무이므로 토지임차인은 토지임대인의 건물인도청구에 대하여 대금지급과의 동시이행을 주장할 수 있다(대법원 91다3260 판결).
6. 만일 임차인이 건물매수청구권을 행사하고 심리 결과 그 권리가 인정된다면 임대인의 건물철거 및 대지인도 청구는 기각되어야 한다(대법원 94다51178, 51185 판결).
7. 건물철거 및 대지인도 청구사건에서 피고가 건물매수청구권을 행사하여 그 권리가 인정된다면 법원으로서는 원고가 종전의 건물철거 및 토지인도청구를 계속 유지할 것인지, 아니면 대금지급과 상환으로 건물의 인도를 청구할 의사가 있는지 석명하여 건물인도 및 소유권이전등기 판결을 하여 분쟁의 1회적 해결을 꾀하여야 한다(대법원 94다34265 판결).
8. 건물의 소유를 목적으로 하는 토지 임대차에 있어서 임차인 소유 건물이 임대인이 임대한 토지 외에 임차인 또는 제3자 소유의 토지 위에 걸쳐서 건립되어 있는 경우에는, 임차지상에서 있는 건물 부분 중 구분소유의 객체가 될 수 있는 부분에 한하여 임차인에게 매수청구가 허용된다(대법원 93다42634 판결).
9. 쉽게 분리 철거해 낼 수 있는 화훼 판매용 쇠파이프 골격 비닐하우스에 대하여는 임차인의 매수청구권이 인정되지 아니한다(대법원 96다46668 판결).
10. 임대인이 예상할 수 없을 정도의 고가의 것이라는 특별한 사정이 없는 한, 비록 행정관청의 허가를 받은 적법한 건물이 아니더라도 임차인의 건물매수청구의 대상이 될 수 있다(대법원 97다37753 판결).
11. 임차인이 건물을 인도해 주지 않고 계속 점유하고 있다면 건물매수청구사건에서 임대인에 대하여 지연손해금을 청구할 수 없다(대법원 98다2389 판결).

[사례 34] 물품대금청구 소장

소 장

원 고 한미푸드 주식회사 (OOOOOO-OOOOOOO) (전화 :)
서울 마포구 가양대로 143(상암동) (우 :)
대표이사 정 호 윤

피 고 김 달 수 (OOOOOO-OOOOOOO)
서울 은평구 가좌로 164(응암동) (우 :)

물품대금 청구의 소

청 구 취 지

1. 피고는 원고에게 70,993,260원과 이에 대하여 2016. 3. 1.부터 이 사건 소장부본 송달일까지는 연 11.5%, 그 다음날부터 다 갚는 날까지는 연 15%의 각 비율로 계산한 돈을 지급하라.
2. 소송비용은 피고의 부담으로 한다.
3. 위 제1항은 가집행할 수 있다.

라는 판결을 구합니다.

청 구 원 인

1. 원고는 2013. 7. 5.경 피고와 가축용 사료에 관한 외상공급거래를 시작하였는데 위 거래의 법률상 성질은 위탁매매였습니다.

2. 그리고 원고와 피고사이의 위탁거래관계는 2017. 6. 30. 종료되었고 종료당시 피고가 원고에게 지급할 채무액은 위탁수수료를 공제하고 산출한 금액인 226,493,260원이었습니다.

3. 그러나 피고는 잔존금액에 대하여 이의를 제기함으로써 원고와의 사이에 분쟁이 발생하였습니다.

4. 원고와 피고사이의 분쟁은 2017. 10. 14. 분쟁을 끝내기 위한 화해약정이 체결됨으로써 종료되었습니다. 즉, 피고는 위 잔존채무를 226,493,260원으로 인정하고 여기

에 연 11.5%의 이자를 가산하여 지급하며, 원고는 피고 소유 부동산에 대한 임의경매신청을 취하하는 한편, 4회에 걸친 분할변제의 이익을 피고에게 주는 형태로써 화해약정이 이루어진 것입니다.

5. 피고는 위의 화해약정에 따라 1회분 원금 60,000,000원 및 이자 13,000,000원(2015. 2. 28.까지의 약정이자 해당분)을 지급하였으나, 나머지 원금 166,493,260원 및 이에 대한 2016. 3. 1. 이후의 약정이자를 지급치 아니하였습니다.

6. 따라서 원고는 피고로부터 위의 화해약정에 따라 위 166,493,260원 중 그 후 일부 지급받은 95,500,000원을 공제한 나머지 70,993,260원과 이에 대하여 2016. 3. 1. 부터 이 사건 소장부본 송달일까지는 연 11.5%, 그 다음날부터 다 갚는 날까지는 연 15%의 각 비율로 계산한 지연손해금을 지급받고자 본 소 청구에 이른 것입니다.

입 증 방 법

1. 갑 제1호증의 1내지 56 각 계산서
1. 갑 제2호증 화해약정서
1. 갑 제3호증의 1내지 5 각 입금표

그 밖의 입증서류는 변론시 수시 제출하겠습니다.

첨 부 서 류

1. 위 입증서류 사본 각 1통
1. 법인등기사항증명서 1통
1. 주민등록초본 1통
1. 소장 부본 1통
1. 납부서 1통

20OO. O. .

위 원고 한미푸드 주식회사
대표이사 정 호 윤 (인)

O O 지 방 법 원 귀 중

[사례 35] 부당이득금반환청구 소장(도로를 불법점유)

소 장

원 고 강 담 돈 (OOOOOO-OOOOOOO) (전화 :)
서울 동작구 신대방길 86(신대방동) (우 :)

피 고 수 원 시
대표자 시장 김 택 지

부당이득금반환 청구의 소

청 구 취 지

1. 피고는 원고에게 4,576,950원과 이에 대하여 이 사건 소장부본 송달다음날부터 다 갚는 날까지 연 15%의 비율로 계산한 돈을 지급하라.
2. 소송비용은 피고의 부담으로 한다.
3. 위 제1항은 가집행할 수 있다.

라는 판결을 구합니다.

청 구 원 인

1. 원고는 1994. 1. 20. 안양시 안양동 723-8 도로 63㎡(이하 '이 사건 토지'라고 한다)를 전소유자인 소외 김청으로부터 매수하여 그 날 원고의 명의로 소유권이전등기를 경료함으로써 이 사건 토지를 소유하고 있습니다.

2. 그런데 피고시는 1993. 7. 1.부터 도시계획사업의 일환으로 이 사건 토지를 도로부지로 편입시켜 도로확장공사를 시행하고는 1995. 1. 1.부터 일반공중의 교통에 공용함으로써 이 사건 토지를 점유하기 시작하여 현재에 이르고 있습니다.

3. 그 결과 피고는 이 사건 토지의 2011. 10. 1.부터 2017. 9. 30.까지의 적산임료 4,576,950원 상당을 법률상 원인 없이 이득하고 이로 인하여 원고에게 동액 상당의 손해를 가하였습니다.

4. 따라서 원고는 피고로부터 부당이득을 원인으로 하여 4,576,950원과 이에 대하여 이 사건 소송부본 송달다음날부터 다 갚는 날까지 소송촉진등에관한특례법이 정한

연 15%의 지연손해금을 지급받고자 본 소 청구에 이르렀습니다.

입 증 방 법

변론시 수시 제출하겠습니다.

첨 부 서 류

1. 주민등록초본 1통
1. 소장 부본 1통
1. 납부서 1통

20OO. O. .

위 원고 강 담 돈 (인)

O O 지 방 법 원 귀 중

[해 설]

1. 이 사건에서 피고시는 점유시효취득을 주장하여 승소하였다. 즉, 1995. 1. 1.부터 2015. 1. 1.까지 20년간 소유의 의사로 평온, 공연하게 점유함으로써 1995. 1. 1.에 소급하여 이 사건 토지의 소유권을 취득하였으므로 임료 상당의 이득액은 소유권에 기한 정당한 것이라는 이유로 승소하였다.
2. 이러한 도로점유로 인한 부당이득반환청구사건에 있어서의 피고의 관용적인 방어방법에는 다음과 같은 것들이 보인다.
   가. 피고가 언제부터 도로 및 시장 부지로서 소유의 의사로서 평온 공연하게 점유함으로써 그 소유권을 시효취득하였다는 주장
   나. 원고가 이미 일반 주민에 대하여 도로로서 통행할 수 있는 권한을 부여함으로써 이 사건 토지에 대한 독점적이고 배타적인 사용수익권을 포기하였다는 주장
   다. 피고는 관습에 의한 지역권 또는 민법 제302조 소정의 특수지역권을 시효취득하였다는 주장
3. 도로에는 도로법에 의한 도로, 도시계획법에 의한 도로, 사도법에 의한 도로, 지적법에 의한 도로, 건축법에 의한 도로 등 여러 가지가 있으므로 도로관리청인 시청, 도청 등에 사실조회를 하여 어떤 도로인지 알아보아야 한다.
4. 도시계획시설 결정 및 지적승인을 한 경우 도로로 사실상 점유한 것으로 보아야 한다.
5. 도로부지로서가 아니라 하천부지 또는 제외지로 점유한 경우에는 하천구역 편입절차가 없더

라도 하천구역법정주의에 따라 법률상 원인 있는 점유가 되어 하천법 제74조 소정의 절차에 따라 손실보상은 청구할 수 있으나 부당이득이나 손해배상은 청구할 수 없다고 한다. 이 점에서 하천은 도로와 다르다.

6. 노선 인정의 공고 외에 도로구역의 결정까지 있어야 지방자치단체의 도로관리청으로서의 점유를 인정할 수 있다.
7. 지방자치단체가 도로를 사실상 지배하는 주체로서 이를 점유하는 경우 지방자치법이 시행되기 전인 1988. 4. 30.까지는 특별시나 광역시가 그 점유주체가 될 것이나, 지방자치법이 시행된 1988. 5. 1.부터는 그 점유주체가 특별시나 광역시로부터 자치구로 당연히 이전된 것으로 보아야 한다.
8. 지방자치단체가 타인 소유의 토지를 아무런 권원 없이 하천부지로 점유, 사용하고 있는 경우, 토지의 점유자로서 의 지방자치단체의 이득 및 토지 소유자의 손해의 범위는 일반적으로 토지가 하천부지로 편입되어 이용되고 있는 사정을 고려하지 않고 그 편입될 당시의 현실적 이용상황을 고려하여 산정한 임대료에서 개발이익을 공제한 금액의 상당에 해당한다.
9. 이러한 사건에서 소 제기일로부터 10년 이상을 소급하여 점유로 인한 부당이득반환을 청구하는 경우 시효소멸의 항변을 잊지 말고 하여야 할 것이다.
10. 항변 등에 관한 판단
    가. 불법원인급여 항변(민법 746조) : 도박자금차용증, 부첩계약서
    피고는 불법한 원인(예컨대 도박계약, 부첩계약)으로 이익을 취득하였음을 들어 반환청구를 거절하는 불법원인급여의 항변
    - 원고의 재항변 : 불법원인이 피고에게만 있다(예컨대 민법 104조의 불공정한 법률행위)는 재항변
    나. 악의의 변제 또는 도의관념에 적합한 항변(민법 742조, 744조)
    비체변제를 요건사실로 하는 경우, 원고가 채무 없음을 알면서 변제할 것이라거나, 또는 그 변제가 도의관념에 적합함를 들어 반환의무가 없다는 항변
    - 원고의 재항변 : 원고는 자기가 채무 없음을 알면서 변제하였더라도 변제를 강제당한 경우나 강제집행이나 변제거절로 인한 사실상의 손해를 피하기 위하여 부득이 변제하였다는 재항변 : 강제집행예고서

[사례 36] 부당이득금반환청구 소장(도로로 무단점유, 잠정청구)

소 장

원 고 장 희 화 (OOOOOO-OOOOOOO) (전화 :)
경기 이천군 장호원읍 선읍로 18 (우 :)

피 고 고 양 시
대표자 시장 홍 길 동

부당이득금반환 청구의 소

청 구 취 지

1. 피고는 원고에게 35,000,000원과 이에 대하여 이 사건 소장부본 송달다음날부터 다 갚는 날까지 연 15%의 비율로 계산한 돈을 지급하라.
2. 소송비용은 피고의 부담으로 한다.
3. 위 제1항은 가집행할 수 있다.

라는 판결을 구합니다.

청 구 원 인

1. 원고는 1988. 4. 14. 별지 목록 기재 부동산(이하 '이 사건 토지'라고 한다)의 소유권을 취득하여 현재까지 소유하고 있습니다.

2. 그런데 피고는 원고가 이 사건 토지의 소유권을 취득하기 이전부터 이 사건 토지의 소유자로부터 기부채납 또는 사용승낙을 받거나 수용 등 적법한 절차를 거치지 아니한 채 이 사건 토지에 대하여 도로 포장공사를 하여 주민과 노선버스를 포함한 차량의 통행에 제공하고 있습니다.

3. 따라서 피고는 이 사건 토지를 법률상 원인 없이 도로의 부지로 점유관리하고 있고 그로 인하여 임대료 상당의 부당이득을 얻고 있습니다.

4. 그러므로 원고는 피고로부터 2018. 2. 1.부터 이 사건 변론종결일까지의 이 사건 토지의 점유로 인한 부당이득의 반환을 청구하고자 하나 추후 임료 감정 결과에 따라 확정청구하기로 하고 우선 35,000,000원과 이에 대하여 이 사건 소장부본 송달다음날부터 다 갚는 날까지 소송촉진등에관한특례법에서 정한 연 15%의 비율로 계산한 지연손해금을 지급받고자 본 소 청구에 이른 것입니다.

입 증 방 법

1. 갑 제1호증의 1, 2 각 부동산등기사항증명서
1. 갑 제2호증의 1, 2 각 토지대장등본
1. 갑 제3호증 토지이용계획확인서

그 밖의 입증서류는 변론시 수시 제출하겠습니다.

첨 부 서 류

1. 위 입증서류 각 1통
1. 주민등록초본 1통
1. 소장 부본 1통
1. 납부서 1통

2000. O. .

위 원고 장 희 화 (인)

OO지방법원 귀중

[별 지]

부 동 산 목 록

1. 경기 고양시 토당동 659-2 도로 407㎡

2. 위 같은 동 668-1 도로 231㎡. 끝.

[사례 37] 부당이득금반환청구 소장(공유지분권자, 토지의 배타적 사용수익)

소 장

원 고 임 인 권 (OOOOOO-OOOOOOO) (전화 :)
인천 남구 경인로 110(숭의동) (우 :)

피 고 대한민국

법률상 대표자 법무부장관 OOO

부당이득금반환 청구의 소

청 구 취 지

1. 피고는 원고에게 5,000,000원과 이에 대하여 이 사건 소장부본 송달다음날부터 다 갚는 날까지 연 15%의 비율로 계산한 돈을 지급하라.
2. 소송비용은 피고의 부담으로 한다.
3. 위 제1항은 가집행할 수 있다.

라는 판결을 구합니다.

청 구 원 인

1. 원고는 인천 남구 숭의동 440 철도선로 14,094㎡(이하 '이 사건 토지'라고 한다) 중 7228분의 1026 지분을 소유하고 있고, 피고는 이 사건 토지 중 7228분의 6202 지분을 소유하고 있습니다.

2. 그런데 피고는 2015. 7. 1.부터 현재까지 이 사건 토지 중 별지 도면 표시 가 부분 241㎡를 법률상 원인없이 배타적으로 사용수익하고 있습니다.

3. 따라서 원고는 피고로부터 부당이득을 원인으로 하여 배타적 점유부분에 대한 2006. 7. 1.부터 예상되는 변론종결일 무렵인 2017. 12. 31.까지의 임료 상당액 중 원고의 지분에 상응하는 5,000,000원과 이에 대하여 이 사건 소장부본 송달다음날부터 다 갚는 날까지 소송촉진등에관한특례법에서 정한 연 15%의 비율로 계산한 지연손해금을 지급받고자 본 소 청구에 이른 것입니다.

입 증 방 법

변론시 수시 제출하겠습니다.

첨 부 서 류

1. 주민등록초본 1통
1. 소장 부본 1통
1. 납부서 1통

2000. O. .

위 원고 임 인 권 (인)

ＯＯ지방법원 귀중

[해 설]

1. 별지 도면은 생략
   별지 도면에는 방위표와 축척을 표시하고 토지 소재지, 지목, 면적을 기재하고 가의 위치와 면적을 알 수 있도록 축척에 맞게 도면을 그려 넣는다.
2. 원고가 이 사건 토지를 농지로만 이용하여 왔다고 하더라도 그 소유권을 행사함에 있어 아무런 장애를 받지 않았다고 할 수 없고, 원고가 피고의 송전선의 가설로 인하여 이 사건 토지의 상공에 대한 구분지상권에 상응하는 임료 상당의 손해를 입었다고 할 것이다(대법원 1996. 5. 14. 선고 94다54283 판결).

[사례 38] 부당이득금반환청구 소장(임금채권우선변제권, 근로기준법 제38조 제2항)

소 장

원 고 꿈나무 주식회사 (OOOOOO-OOOOOOO) (전화 :)
서울 강남구 강남대로 238(도곡동) (우 :)
대표이사 정 호 준

피 고 주식회사 장미은행 (OOOOOO-OOOOOOO)
서울 은평구 가좌로 164(응암동) (우 :)
대표이사 표 민 선

부당이득금반환 청구의 소

청 구 취 지

1. 피고는 원고에게 194,404,823원과 이에 대하여 이 사건 소장부본 송달다음날부터 다 갚는 날까지 연 15%의 비율로 계산한 돈을 지급하라.
2. 소송비용은 피고의 부담으로 한다.
3. 위 제1항은 가집행할 수 있다.

라는 판결을 구합니다.

청 구 원 인

1. 피고는 인천지방법원 2018타경 3333호 부동산임의경매신청사건에서 근로자의 최종 3월분의 임금 및 최종 3년간의 퇴직금(대위변제금)의 배당요구를 하여 2018. 4. 27. 법률상 원인 없이 1순위로 227,336,320원을 배당받은 사실이 있습니다.

2. 이로 말미암아 원고는 2015. 4. 14. 설정된 근저당권에 의하여 담보된 채권액 중 194,404,823원을 덜 배당받았습니다.

3. 따라서 원고는 피고로부터 부당이득(위법배당)을 원인으로 하여 194,404,823원과 이에 대하여 이 사건 소장부본 송달다음날부터 다 갚는 날까지 소송촉진등에관한 특례법에서 정한 연 15%의 비율로 계산한 지연손해금을 지급받고자 본소 청구에 이른 것입니다.

입 증 방 법

변론시 수시 제출하겠습니다.

첨 부 서 류

1. 법인등기사항증명서 2통
1. 소장 부본 1통
1. 납부서 1통

20OO. O. .

위 원고 꿈나무 주식회사
대표이사 정 호 준 (인)

O O 지 방 법 원 귀 중

[해 설]

1. 근로기준법 제38조에 규정된 근로자의 최종 3월분의 임금에 대한 우선특권은 이른바 법정담보물권에 해당하는 것으로서 사용자의 총재산에 대하여 질권 또는 저당권 또는「 동산 · 채권 등의 담보에 관한 법률 」에 따른 담보권에 따라 담보된 채권 외에는 조세 · 공과금 및 다른 채권에 우선하여 변제받을 수 있는 권리이므로 사용자 소유의 부동산에 설정된 근저당권의 실행으로 진행되는 임의경매 절차에서도 그 권리를 주장하여 저당권의 피담보채권보다

우선하여 변제를 받을 수 있다.

2. 대법원 95다28304 판결이 나오기 전에는 경락기일까지 배당요구를 하지 아니하여도 후순위 권리자에 대한 부당이득반환청구를 인용하는 판결이 하급심에서 선고되기도 하였으나, 위 대법원 판결 선고 후에는 경락기일(현 매각결정기일)까지 배당요구를 하고도 배당을 받지 못한 경우만 후순위권리자에 대하여 부당이득반환청구를 할 수 있게 되었다.
   현행 근로기준법은 제38조에서 최종 3개월분의 임금, 재해보상금, 그 밖에 근로관계로 인한 채권에 대하여는 우선변제권을 인정하고 있다.
3. 대법원 1998. 3. 27. 선고 97다32680 판결은 채무자 이외의 자의 소유에 속하는 동산을 경매한 경우에도 경매절차에서 그 동산을 경락받아 경락대금을 납부하고 이를 인도받은 경락인은 특별한 사정이 없는 한 소유권을 선의취득한다고 할 것이지만, 그 동산의 매득금은 채무자의 것이 아니어서 채권자가 이를 배당받았다고 하더라도 채권은 소멸하지 아니하고 계속 존속한다고 할 것이므로, 배당을 받은 채권자는 이로 인하여 법률상 원인 없는 이득을 얻고 소유자는 경매에 의하여 소유권을 상실하는 손해를 입게 되었다고 할 것이니, 그 동산의 소유자는 배당을 받은 채권자에 대하여 부당이득으로서 배당받은 금원의 반환을 청구할 수 있다고 판시하였다.
4. 대법원 2004. 6. 24. 선고 2003다59259 판결은 경락인이 강제경매절차를 통하여 부동산을 경락받아 대금을 완납하고 그 앞으로 소유권이전등기까지 마쳤으나, 그 후 강제경매절차의 기초가 된 채무자 명의의 소유권이전등기가 원인무효의 등기이어서 경매 부동산에 대한 소유권을 취득하지 못하게 된 경우, 이와 같은 강제경매는 무효라고 할 것이므로 경락인은 경매채권자에게 경매대금 중 그가 배당받은 금액에 대하여 일반 부당이득의 법리에 따라 반환을 청구할 수 있고, 민법 제578조 제1항, 제2항에 따른 경매의 채무자나 채권자의 담보책임은 인정될 여지가 없다고 판시하였다.

[사례 39] 부당이득금반환청구 소장(착오지급사건)

소 장

원 고 서 민 주 (OOOOOO-OOOOOOO) (전화 :)
서울 서초구 서초대로 28길(서초동) (우 :)

피 고 김 미 경 (OOOOOO-OOOOOOO)
서울 서초구 신반포동 36길(반포동) (우 :)

부당이득금반환 청구의 소

청 구 취 지

1. 피고는 원고에게 10,000,000원과 이에 대하여 2018. 3. 6.부터 이 사건 소장부본 송달일까지는 연 5%, 그 다음날부터 다 갚는 날까지는 연 15%의 각 비율로 계산한 돈을 지급하라.
2. 소송비용은 피고의 부담으로 한다.
3. 위 제1항은 가집행할 수 있다.

라는 판결을 구합니다.

청 구 원 인

1. 피고는 2018. 3. 5. 원고로부터 30,000,000원의 채권을 변제받으면서 원고가 착오로 금 40,000,000원을 지급하자 이를 전부 수령하여 법률상 원인없이 금 10,000,000원을 이득하고 이로 인하여 원고에게 동액의 손해를 가하였습니다.

2. 따라서 원고는 피고로부터 부당이득금 10,000,000원과 이에 대하여 이득일 다음날인 2018. 3. 6.부터 이 사건 소장부본 송달일까지는 연 5%, 그 다음날부터 다 갚는 날까지는 소송촉진등에관한특례법에서 정한 연 15%의 각 비율로 계산한 지연손해금을 지급받고자 본 소 청구에 이르렀습니다.

입 증 방 법

변론시 수시 제출하겠습니다.

첨 부 서 류

1. 주민등록초본	2통
1. 소장 부본	1통
1. 납부서	1통

20○○. ○. .

위 원고 서 민 주 (인)

○○지방법원 귀중

[사례 40] 부당이득금반환청구 소장(강박을 이유로 한 취소)

소 장

원 고 최 무 권 (OOOOOO-OOOOOOO) (전화 :)
서울 서초구 서초대로 28길(서초동) (우 :)

피 고 춘 천 시
시장 김 성 주

부당이득금반환 청구의 소

청 구 취 지

1. 피고는 원고에게 200,000,000원과 이에 대하여 이 사건 소장부본 송달다음날부터 다 갚는 날까지 연 15%의 비율로 계산한 돈을 지급하고,
2. 피고는 원고에게 춘천시 효자동 590 대 668㎡에 관하여 춘천지방법원 2011. 6. 15. 접수 제1154호로 마친 근저당권설정등기의 말소등기절차를 이행하라.
3. 소송비용은 피고의 부담으로 한다.
4. 위 제1항은 가집행할 수 있다.

라는 판결을 구합니다.

청 구 원 인

1. 원고는 2010. 9. 중순경 모 기관에 의하여 강제연행되어 감금되고는 청구취지 기재 토지의 매매차익 400,000,000원을 기부금의 형식으로 피고시에게 자진납부할 것을 강요받았습니다.

2. 그리하여 원고는 2011. 6. 15. 피고시에게 하급공무원 후생복지사업비 명목으로 200,000,000원을 지급하였고, 나머지 200,000,000원에 대하여는 담보로 원고 소유의 청구취지 기재 토지에 관하여 피고시에 근저당권설정등기를 경료해 주었습니다.

3. 2011. 6. 15. 피고시는 이미 위 모 기관이 원고를 강제연행, 감금하고 있는 사실을 알고 있었고 위 모 기관으로부터 원고가 위 매매차익을 피고시에 기부금으로 낼 것이라는 내용을 통보받고 있었습니다.

4. 이에 원고는 2018. 3. 30. 피고에 대하여 위 금원기부행위 및 근저당권설정행위를 위 모기관의 강박으로 인한 의사표시라는 이유로 취소한 바 있습니다.

5. 따라서 원고는 원상회복으로 피고에 대하여 위 200,000,000원의 반환 및 이에 대한 지연손해금의 지급을 청구하고, 소유물방해제거청구로서 피고에 대하여 원인무효인 위 근저당권 설정등기의 말소를 구하고자 본 소 청구에 이르렀습니다.

입 증 방 법

변론시 수시 제출하겠습니다.

첨 부 서 류

1. 주민등록초본 1통
1. 소장 부본 1통
1. 납부서 1통

20OO. O. .

위 원고 최 무 권 (인)

O O 지 방 법 원 귀 중

[해 설]

1. 이 사건은 제3자의 강박을 이유로 의사표시를 취소하고 원상회복을 구하는 사건이다. 이 경우 원상회복청구는 부당이득반환청구의 성질을 가지는 것이며, 근저당권말소청구는 취소의 물권적 복귀의 효과에 따라 소유물방해제거청구를 하는 것이다.
2. 강박에 의한 법률행위가 무효가 되기 위하여는 강박의 정도가 극심하여 의사표시자의 의사결정의 자유가 완전히 박탈되는 정도에 이르러야 한다. 강박을 이유로 법률행위를 취소하기 위하여는 추인할 수 있는 날로부터 3년의 제척기간 내에 하여야 한다.
3. 항변 등에 관한 판단

가. 불법원인급여 항변(민법 746조) : 도박자금차용증, 부첩계약서

피고는 불법한 원인(예컨대 도박계약, 부첩계약)으로 이익을 취득하였음을 들어 반환청구를 거절하는 불법원인급여의 항변

원고의 재항변 : 불법원인이 피고에게만 있다(예컨대 민법 제104조의 불공정한 법률행위)는 재항변

나. 악의의 변제 또는 도의관념에 적합한 항변(민법 742조, 744조)
비채변제를 요건사실로 하는 경우, 원고가 채무 없음을 알면서 변제할 것이라거나, 또는 그 변제가 도의관념에 적합함을 들어 반환의무가 없다는 항변
원고의 재항변 : 원고는 자기가 채무 없음을 알면서 변제하였더라도 변제를 강제 당한 경우나 강제집행이나 변제거절로 인한 사실상의 손해를 피하기 위하여 부득이 변제하였다는 재항변 : 강제집행예고서

[사례 41] 부당이득금반환청구 소장

소 장

원 고 OO수산업협동조합 (000000-000000) (전화 :)
전남 OO군 OO읍 OO로 OO (우 :)
대표자 조합장 O O O

피 고 O O O (000000-000000)
OO광역시 OO구 OO로 OO(OO동) (우 :)

부당이득금반환 청구의 소

청 구 취 지

1. 피고는 원고에게 7,000,000원과 이에 대하여 20OO. 1. 25.부터 이 사건 소장부본 송달일까지는 연 5%, 그 다음날부터 다 갚는 날까지는 연 15%의 각 비율로 계산한 돈을 지급하라.
2. 소송비용은 피고의 부담으로 한다.
3. 위 제1항은 가집행할 수 있다.

라는 판결을 구합니다.

청 구 원 인

1. 원고와 소외 OOO간에 20OO. O. O. 중매인거래약정을 체결하고, 위 거래관계로 인하여 발생할 채무의 이행을 담보하기 위하여, 원고는 소외 OOO 소유의 광주 OO구 OO동 OO, 대 221㎡ 및 그 지상 벽돌조 광주 OO구 OO로 OO(OO동), 주택 OO㎡의 부동산에 대하여, 원고와 소외 OOO간에 채권최고액 금 240,000,000원으

로 한 근저당권설정계약을 20OO. O. O. 체결하고, 같은 날 OO지방법원 OO등기소 접수 제OOOO호로 등기한 근저당권자이고, 피고는 소외 OOO과 사이에 임대차보증금 15,000,000원으로 정하여 가장 임대차계약을 체결하고, 20OO. O. O. 주민등록을 전입신고를 마친 자입니다.

2. 그 후 소외 OOO은 위 중매인거래로 인하여 원고에게 지급할 채무를 이행하지 않자, 위 부동산에 대한 근저당권자인 원고는 부동산임의경매신청에 의하여 20OO. O. O. 그 경매절차가 개시되어 위 부동산은 20OO. O. O. 30,350,000원에 소외 OOO의 처인 소외 OOO에게 낙찰되었습니다.

3. 그런데, 위 부동산의 경매시 주택임대보호법상의 소액임차보증금 상당을 배당받을 목적으로 위 부동산 중 건물에 실제로 거주하지 않으면서 피고는 위 부동산의 소유자 OOO과 통모하여 가장 임차인으로서 임대차계약을 작성하고 허위로 20OO. O. O. 주민등록전입신고를 마친 것으로, 위 건물의 면적은 35㎡(약 10평)의 단층주택으로, 위 건물의 면적과 구조상으로 보아 2세대가 주거용으로 사용하는 데는 객관적으로 보아 타당하지 않고, 위 임대차계약 당시 본건 건물에 대하여 근저당권자인 원고와 위 소외인들간에 채권최고액 240,000,000원으로 된 근저당권설정등기가 경료되었는 바, 피고와 소외 OOO간에 실제로 임대차보증금 15,000,000원으로 한 임대차계약을 체결하였다고 하는 것을 상식적으로나 경험칙상으로 납득할 수 없습니다.

4. 경매법원은 배당기일인 20OO. O. O.에 배당금 30,412,514원에서 집행비용 2,470,659원을 제외한 나머지 금원 중 피고에게 7,000,000원을, 원고에게 금 20,941,864원을 각 배당표를 작성하여 원고와 피고에게 교부하자, 원고는 같은 날 경매법원에 배당이의를 제기하였고, 원고는 착오로 위 기일로부터 7일 이내에 배당이의의 소를 제기하지 않자, 경매법원은 피고에게 7,000,000원을 배당하였습니다.

5. 따라서, 본건 소액임차인은 피고와 소외 OOO과 통정하여 작출된 임대차계약 및 주민등록에 기초한 것으로 무효의 임차권임이 분명함으로 위 경매절차에서 배당받을 권리가 없음에도 불구하고 피고는 원고에게 배당되어야 할 금원을 배당받아 법률상 원인없이 부당이득을 취하였고, 원고는 그에 따라 손실을 입었으므로, 그 부당이득금을 반환받고자 본 소 청구에 이른 것입니다.

입 증 방 법

변론시 수시 제출하겠습니다.

첨 부 서 류

1. 근저당권설정계약서 사본(등기필증) 1통
1. 토지 및 건물등기사항증명서 각 1통
1. 주민등록초본 사본 1통
1. 배당표 사본 1통
1. 법인등기사항증명서 1통
1. 주민등록초본 1통
1. 소장부본 1통
1. 납부서 1통
1. 위임장 1통

20OO. O. .

위 원고 OO수산업협동조합
조합장 O O O (인)

OO지방법원 OO지원 귀중

[사례 42] 손해배상청구 소장(굴착공사)

소 장

원 고 허 풍 요 (OOOOOO-OOOOOOO) (전화 :)
서울 송파구 가락로 14(석촌동) (우 :)

피 고 주식회사 양안 (OOOOOO-OOOOOOO)
서울 은평구 가좌로 164(응암동) (우 :)
대표이사 권이수

손해배상(기) 청구의 소

청 구 취 지

1. 피고는 원고에게 9,955,500원과 이에 대하여 이 사건 소장부본 송달다음날부터 갚

는 날까지 연 15%의 비율로 계산한 돈을 지급하라.
2. 소송비용은 피고의 부담으로 한다.
3. 위 제1항은 가집행할 수 있다.
라는 판결을 구합니다.

청 구 원 인

1. 피고는 아파트 대지 조성을 위하여 2017. 봄 경 서울 서대문구 북가좌동 145 인근 언덕의 일부를 깎아내리고, 2017. 여름 경 위 같은 동 145 인근에서 굴착기로 굴착 작업을 하고, 2017. 11.경 위 같은 동 145 인근에서 중장비로 하수도관을 매설하는 작업을 하였습니다.

2. 이로 말미암아 위 같은 동 145 소재 원고의 소유의 가옥에 균열이 생기고 일부 벽은 도괴하는 등 손해가 발생하였습니다.

3. 피고에게는 위와 같은 작업을 하는 데 있어서 원고의 소유의 가옥에 손해가 발생할 수 있다는 사실을 예견하여 이를 막기 위하여 필요한 방어공사나 진동방지시설 등의 조치를 취하지 아니한 과실이 있습니다.

4. 원고는 그 소유의 가옥의 파손으로 인하여 수리비 9,955,500원 상당의 손해를 입었습니다.

5. 따라서 원고는 피고로부터 불법행위를 원인으로 하여 손해배상금 9,955,500원과 이에 대하여 이 사건 소장부본 송달다음날부터 갚는 날까지 소송촉등에관한특례법에서 정한 연 15%의 비율로 계산한 지연손해금을 지급받고자 본 소 청구에 이른 것입니다.

입 증 방 법

변론시 수시 제출하겠습니다.

첨 부 서 류

1. 주민등록초본 1통
1. 법인등기사항증명서 1통
1. 소장 부본 1통
1. 납부서 1통

2000. O. .

위 원고 허 풍 요 (인)

OO지방법원 귀중

[해 설]

1. 대법원 93다38284 판결은 토석의 굴취 또는 절개 등으로 토지가 훼손됨으로써 토지소유자가 입게 되는 통상의 손해는 훼손된 부분을 원상회복시키는데 소요되는 비용 상당액이라고 할 것이고, 그 비용이 과다하거나 원상회복이 사실상 불가능한 때에는 훼손으로 인하여 토지 자체의 교환가치가 감소된 부분이 통상의 손해라고 할 것이라고 한다. 이 판례의 취지에 따라 이 사건 소장에서는 원상회복에 필요한 수리비를 청구하고 있다. 수리비는 현장검증과 수리비감정신청을 통하여 입증하면 될 것이다.
2. 이 사건 청구원인은 굴착행위사실과 인과관계(청구원인 중 '이로 인하여' 라는 기재 부분), 그리고 손해발생사실 및 상대방의 과실의 존재, 손해액, 청구권원, 청구금액의 순서로 기재하고 있다. '손해'란 법익에 관하여 받은 불이익이다. 따라서 법에 의하여 보호되는 이익이 인정되지 아니하는 경우 피해가 있더라도 손해로 인정 받을 수 없다. 예를 들면 통상적으로 동네골목길로서 주로 사실상 자주 통행하여 왔다고 하더라도 그 토지가 자신의 것이 아니거나 통행권이 없는 경우에는 토지소유자나 제3자가 그 통로를 막아 교통을 방해하여 피해가 엄청나더라도 손해배상을 청구할 수 없다.
3. 농작물 피해와 같은 경우는 피해작물의 그루 수가 수천 개에 달하고 그것도 모두 고사한 것이 아니라 부분적으로 고사한 것과 전체적으로 고사한 것이 섞여 있는 경우에는 피해 발생 즉시 증거보전신청을 하여 현장검증 및 피해감정을 해 두지 아니하면 나중에는 입증곤란에 빠지게 되는 경우가 많다.
   침수 피해의 경우도 비슷하다. 침수된 물건이 수 백 개에 달하고 침수 후에 모두 그 교환가치가 전무하게 되지 아니한 경우 손해액 입증이 곤란하게 되는데 이러한 경우에도 증거보전이 필수적이다.

[사례 43] 손해배상청구 소장(건축공사로 인한 인접건물의 균열)

소 장

원 고 윤 호 일 (OOOOOO-OOOOOOO) (전화 :)
강원 철원군 서면 와수로 216번길 (우 :)

피 고 주식회사 성호건설 (OOOOOO-OOOOOOO)
강원 철원군 서면 와수로 170번길 (우 :)
대표이사 김 우 철

손해배상(기) 청구의 소

청 구 취 지

1. 피고는 원고에게 150,000,000원과 이에 대하여 2017. 12. 1.부터 이 사건 소장부본 송달일까지는 연 5%, 그 다음날부터 다 갚는 날까지는 연 15%의 각 비율로 계산한 돈을 지급하라.
2. 소송비용은 피고의 부담으로 한다.
3. 위 제1항은 가집행할 수 있다.

라는 판결을 구합니다.

청 구 원 인

1. 원고는 강원 철원군 서면 와수리 1170 및 같은 리 1140 지상 시멘트 벽돌조 슬래브 지붕 2층 점포, 소매점, 주택 354.81㎡의 소유자입니다.

2. 피고는 소외 전호철, 소외 강기호, 소외 염황호로부터 건물건축공사를 도급받아 2016. 3. 20.부터 2017. 11.경까지 사이에 강원 철원군 서면 와수2리 1148 지상에 건물 시공을 하였습니다.

3. 그런데 피고는 지하굴착작업을 함에 있어서 건설장비의 사용 등으로 인한 소음과 진동, 인접토지의 지하수 유출 등으로 인한 영향으로 원고의 소유의 위 건물에 균열이 발생하지 않도록 안전조치를 취하여야 함에도 불구하고 이를 소홀히 하여 굴토작업 및 암반굴착작업, 자재 수송 등을 시행한 과실로 원고의 소유의 위 건물에 조적 벽체 균열, 변형, 지붕 균열, 바닥 균열 등의 하자를 발생시켰습니다.

4. 이로 말미암은 수리비로 일단 140,000,000원을 청구하고 추후 수리비 감정결과에 따라 확정 청구하기로 합니다.

5. 원고는 피고의 위와 같은 과실 있는 불법행위로 인하여 소유권을 침해당하는 손해를 입었을 뿐만 아니라, 위 건물이 균형을 잃어 출입문이 닫히지 않고 비가 새며 갑자기 각목이 주방 싱크대 창문을 내리치기도 하고 일광이 차단되어 낮에도 내부에 전등을 켜야만 생활이 가능한 정도이고 시멘트 가루가 집안으로 날아드는 등 심한 정신적 고통을 받고 있습니다.

6. 따라서 이로 인한 위자료로 피고는 원고에게 금 10,000,000원을 지급하여야 할 것입니다.

7. 이에 원고는 피고로부터 하자보수비 140,000,000원, 위자료 10,000,000원 합계 150,000,000원의 손해배상금을 불법행위를 원인으로 하여 청구하고, 동시에 그 지연손해금으로 불법행위일 다음날인 2017. 12. 1.부터 이 사건 소장부본 송달일까지 연 5%, 그 다음날부터 다 갚는 날까지는 소송촉진등에관한특례법에서 정한 연 15%의 각 비율로 계산한 지연손해금을 지급받고자 본 소 청구에 이른 것입니다.

입 증 방 법

1. 갑 제1호증 건축물대장 등본
1. 갑 제2호증 진정서 회신
1. 갑 제3호증 건물등기사항증명서
1. 갑 제4호증 지적도 등본
1. 갑 제5호증의 1내지 13 각 사진

그 밖의 입증서류는 변론시 수시 제출하겠습니다.

첨 부 서 류

1. 위 입증서류 각 1통
1. 주민등록초본 1통
1. 법인등기사항증명서 1통
1. 소장 부본 1통
1. 납부서 1통

2000. O. .

위 원고 윤 호 일 (인)

OO지방법원 귀중

[해 설]

1. 위 사건에서 원고는 현장검증 및 하자감정(보수비 감정)을 신청하였다. 현장검증여비 외에 하자감정비용은 780만원 정도의 예납명령이 나왔다. 위와 같은 사건에서 하자감정을 하여 그 하자의 내용과 그 보수비용이 나오면 그만큼 청구하면 될 것이나 그 하자의 정도가 중대하여 건물의 안전성에 심각한 문제가 있어 건물의 용도대로 사용할 수 없다는 감정 결과가

나오면 다시 시가감정신청을 하여 불법행위 전후의 시가를 밝혀서 그 차액을 손해배상으로 청구하면 될 것이다.

2. 시가가 인정될 수 없을 정도의 부실건물이 되어 버렸다면 그 건물을 철거하고 새로이 건축하는 데에 소요되는 비용 전부를 손해배상으로 청구할 수 있을 것이다.

[사례 44] 손해배상청구 소장(토석의 굴취)

소 장

원 고 김 남 익 (OOOOOO-OOOOOOO) (전화 :)
서울 강남구 강남대로 238(도곡동) (우 :)

피 고 소청기업주식회사 (OOOOOO-OOOOOOO)
서울 강남구 강남대로 296(역삼동) (우 :)
대표이사 김 학 의

손해배상(기) 청구의 소

청 구 취 지

1. 피고는 원고에게 9,000,000원과 이에 대하여 2018. 1. 1.부터 이 사건 소장부본 송달일까지는 연 5%, 그 다음날부터 다 갚는 날까지는 연 15%의 각 비율로 계산한 돈을 지급하라.
2. 소송비용은 피고의 부담으로 한다.
3. 위 제1항은 가집행할 수 있다.

라는 판결을 구합니다.

청 구 원 인

1. 제주시 건입동 8-1 전 727㎡(이하 ‘이 사건 토지’라고 한다)는 원고의 소유입니다.

2. 그런데 피고회사는 원고의 승낙 없이 2015. 12.경부터 2017. 12. 31.까지 이 사건 토지의 흙 및 암석 등을 지하로 30m 이상 채취함으로써 이 사건 토지를 쓸모가 없게 황폐화시켰습니다.

3. 따라서 피고회사의 고의로 인한 위 소유권침해로 그 원상복구비 9,000,000원(추후 감정 결과에 따라 손해액을 확정할 것임) 상당의 손해를 입었습니다.

4. 그러므로 원고는 피고회사로부터 불법행위를 원인으로 하여 위 9,000,000원과 이에 대하여 2018. 1. 1.부터 이 사건 소장송달일까지는 연 5%, 그 다음날부터 다 갚는 날까지는 소송촉진등에관한특례법에서 정한 연 15%의 각 비율로 계산한 지연손해금의 지급받고자 본 소 청구에 이른 것입니다.

입 증 방 법

1. 갑 제1호증 부동산등기사항증명서
1. 갑 제2호증 토지대장 등본
1. 갑 제3호증 도시계획사실확인원

그 밖의 입증서류는 변론시 수시 제출하겠습니다.

첨 부 서 류

1. 위 입증서류 각 1통
1. 주민등록초본 1통
1. 법인등기부초본 1통
1. 소장부본 1통
1. 납부서 1통

20○○. ○. .

위 원고 김 남 익 (인)

○○지방법원 귀중

[해 설]

이 사건에서 피고는 원고의 손해액은 위 토지의 현재 시가와 토석 채취 이전의 시가와의 차액을 초과하는 원상복구비는 될 수 없다고 주장하였다. 즉 교환가격의 차액을 한정되어야 한다고 주장하였다.

또한 이 사건 손해배상청구권은 시효소멸하였다고 주장하였다. 이에 대하여 원고는 피고회사의 상무가 시효이익을 포기하였다고 주장하였고 피고는 피고회사의 대표권 없는 상무의 시효이익의 포기는 피고에게 효력을 미칠 수 없다고 주장하였다.

[사례 45] 손해배상청구 소장(고압전주 설치로 인한 불법점유)

소 장

원 고 고 상 현 (OOOOOO-OOOOOOO)
서울 강남구 강남대로 238(도곡동) (우 :)

피 고 현우전력공사 (OOOOOO-OOOOOOO)
서울 강남구 강남대로 297(역삼동) (우 :)
대표자 이 명 임

토지사용료 청구의 소

청 구 취 지

1. 피고는 원고에게 15,400,000원과 이에 대하여 이 사건 소장부본 송달다음날부터 갚는 날까지 연 15%의 비율로 계산한 돈을 지급하라.
2. 소송비용은 피고의 부담으로 한다.
3. 위 제1항은 가집행할 수 있다.

라는 판결을 구합니다.

청 구 원 인

1. 피고는 2015. 3. 1.부터 원고 소유의 서울 강남구 일원동 72 대 500㎡(이하 '이 사건 토지'라고 한다) 중 별지 도면 표시 가 부분 지상에 철탑을 설치 소유하여 고압전력의 송출용 지지물로 점유 사용함으로써 원고로 하여금 이 사건 토지 중 별지 도면 표시 가, 나(이격거리내), 다(과소토지) 부분 합계 275.4㎡를 사용할 수 없게 하여 2018. 3. 1.까지 5년 동안 원고에게 15,400,000원(사용 불능 면적의 가격에 기대이율을 곱하여 산출되는 차임액) 상당의 손해를 입혔습니다.

2. 따라서 피고는 원고에게 소유권의 침해로 인한 불법행위로 말미암아 원고가 입은 손해금 15,400,000원과 이에 대한 소송촉진등에관한특례법에서 정한 연 15%의 비율로 계산한 지연손해금을 지급할 의무가 있다 할 것이므로 본 소 청구에 이르렀습니다.

입 증 방 법

변론시 수시 제출하겠습니다.

첨 부 서 류

1. 주민등록초본 1통
1. 법인등기사항증명서 1통
1. 소장 부본 1통
1. 납부서 1통

2000. 0. .

위 원고 고 상 현 (인)

0 0 지 방 법 원 귀 중

도 면

서울 강남구 일원동 72 대 500㎡

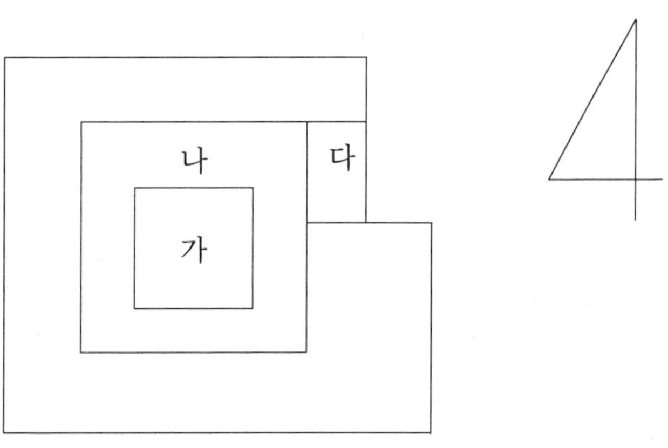

[해 설]

토지의 지하에 지하철구조물이 설치된 토지를 매수한 후 서울지하철공사를 상대로 손해배상청구를 한 경우에 관하여 대법원은 지하 토지 불법점유로 인한 손해배상청구시 통상손해는 그 점유토지의 임료 상당액이라고 판시하고 있다. 즉, 그 토지의 교환가치 감소분의 손해배상을 일시에 청구할 수는 없고 소유권을 취득한 때부터 변론종결시까지의 그 지하 토지의 임료 상당액만을 청구할 수 있다고 한다(대법원 93다51539 판결).

[사례 46] 손해배상청구 소장(이사의 선관주의의무 위배)

소 장

원 고 사회복지법인 삼학원 (OOOOOO-OOOOOOO) (전화 :)
서울 마포구 가양대로 143(상암동) (우 :)
특별대리인 고 치 수

피 고 강 명 희 (OOOOOO-OOOOOOO)
서울 노원구 공릉로 98(공릉동) (우 :)

손해배상(기) 청구의 소

청 구 취 지

1. 피고는 원고에게 52,500,000원과 이에 대하여 2017. 8. 4.부터 이 사건 소장부본 송달일까지는 연 5%, 그 다음날부터 갚는 날까지는 연 15%의 각 비율로 계산한 돈을 지급하라.
2. 소송비용은 피고의 부담으로 한다.
3. 위 제1항은 가집행할 수 있다.

라는 판결을 구합니다.

청 구 원 인

1. 원고법인의 이사인 피고는 원고법인의 대표자로 근무하고 있던 2017. 8. 3. 원고법인의 소유인 서울시 서초구 논현동 124 전 4297㎡를 소외 제주시에 592,000,000원에 매도하였습니다.

2. 이로 인하여 원고법인은 위 부동산의 시가인 644,500,000원과 위 매도대금인 592,000,000원의 차액인 52,500,000원의 손해를 입었습니다.

3. 피고는 위 부동산의 시가를 잘 알면서도 정당한 이유 없이 지나치게 저가로 위 부

동산을 처분한 과실이 있습니다.

4. 따라서 원고법인은 피고로부터 불법행위를 원인으로 한 위 차액 상당의 손해배상금과 이에 대하여 2017. 8. 4.부터 이 사건 소장부본 송달일까지는 연 5%, 그 다음 날부터 갚는 날까지는 소송촉진등에관한특례법에서 정한 연 15%의 각 비율로 계산한 지연손해금을 지급받고자 본 소 청구에 이른 것입니다.

입 증 방 법

변론시 수시 제출하겠습니다.

첨 부 서 류

1. 법인등기사항증명서 1통
1. 주민등록초본 1통
1. 특별대리인 선임결정 1통
1. 소장 부본 1통
1. 납부서 1통

20OO. O. .

원고의 특별대리인 고 치 수 (인)

OO지방법원 귀중

[해 설]

이 사건은 사회복지법인의 이사가 선량한 관리자의 주의의무(민법 제61조는 이사의 주의의무를 규정하고 있다)를 위반하여 법인에 손해를 가하였다는 이유로 이사 개인을 상대로 불법행위책임을 묻는 사건이다.

민법 제64조의 규정에 따르면 법인과 이사의 이익이 상반하는 사항에 관하여는 이사는 대표권이 없다.

이 경우에는 민법 제63조의 규정에 의하여 특별대리인을 선임하여야 한다고 되어 있다.

이 규정에 따라 이 사건에서는 비송사건절차법 제33조의 규정에 따라 특별대리인선임결정을 받아 소장에 덧붙였다.

[사례 47] 손해배상청구 소장(농작물피해)

소 장

원 고 한 이 치 (OOOOOO-OOOOOOO) (전화 :)
충남 당진군 고대면 한수로 18번길 (우 :)

피 고 김 행 복 (OOOOOO-OOOOOOO)
충남 당진군 고대면 한수로 76번길 (우 :)

손해배상(기) 청구의 소

청 구 취 지

1. 피고는 원고에게 14,297,800원과 이에 대하여 2018. 4. 1.부터 이 사건 소장부본 송달일까지는 연 5%, 그 다음날부터 다 갚는 날까지는 연 15%의 각 비율로 계산한 돈을 지급하라.
2. 소송비용은 피고의 부담으로 한다.
3. 위 제1항은 가집행할 수 있다.

라는 판결을 구합니다.

청 구 원 인

1. 피고는 2017. 7. 초경 충남 당진군 고대면 소재 약 3천만평의 농경지에서 벼농사를 지으면서 병충해 방지를 위하여 헬리콥터를 사용하여 성명불상자로 하여금 밧사그란이란 제초제를 수차례 살포하였습니다.

2. 그런데 헬리콥터를 사용하여 제초제를 살포하는 경우 바람의 영향 등으로 위 농경지 부근의 경작물에까지도 제초제가 살포되는 결과를 초래하여 수확에 장애를 줄 수 있으므로 이를 예견하고 이를 방지하기 위한 필요한 조치를 취하여야 함에도 이를 제대로 이행하지 아니한 과실로 인하여, 위 농경지로부터 약 1㎞ 정도 떨어져 있는 충남 당진군 고대면 한수리 12 과수원 1,726㎡에서 원고가 재배하는 산머루 900주에 흑색반점이 생기고 잎이 노랗게 변하고 열매가 떨어지는 현상을 초래하여 2010년에는 1킬로그램의 산머루도 수확하지 못하게 하였습니다.

3. 원고가 재배하고 있던 3년생 산머루의 경우 1주당 생산량은 10㎏ 정도이고 생산산

머루의 상품화율은 0.919이며 2017년도 산머루 도매시장 가격은 킬로그램당 1800원이고, 원고의 산머루 재배지 1,726㎡에서 산머루를 재배하는 데 소요되는 비용은 비료비, 고용인력비 합계 590,000원이므로, 원고가 2017년도에 산머루를 수확함으로써 얻었을 순수입은 14,297,800원(=900×10×0.919×1800-590,000) 상당입니다.

4. 따라서 원고는 피고에게 불법행위를 원인으로 하여 손해배상금 14,297,800원의 지급을 청구하고, 아울러 이행지체를 원인으로 하여 통상의 최후 산머루 판매일다음날부터 다 갚는 날까지 법 소정의 각 비율로 계산한 손해배상금의 지급받고자 본소 청구에 이른 것입니다.

입 증 방 법

변론시 수시 제출하겠습니다.

첨 부 서 류

1. 주민등록초본 2통
1. 소장 부본 1통
1. 납부서 1통

20○○. ○. .

위 원고 한 이 치 (인)

○○지방법원 ○○지원 귀중

[해 설]

농작물 피해로 인한 손해배상청구의 소장의 기재요령도 다른 사건과 다를 바가 없다. 다만 손해액 산정과 손해의 입증이 좀 더 어렵다고 할 수 있다.

손해액을 객관적이고 합리적으로 산정하여 청구하여야 하는데 여기에는 농업전문가의 도움이 필요하다고 볼 수 있다.

손해의 입증 역시 농업기술센터라든가 농과대학, 농협 같은 곳에 사실조회를 하거나 관계 통계자료나 학술자료를 제공받아 객관적이고 합리적인 손해를 주장, 입증하여야 한다.

통상 피해자인 농민들이 주장하는 손해액은 과장된 경우도 있고 지극히 주관적인 경우도 있다. 게다가 농작물수입은 안정되어 있지 아니한 경우가 많고, 시세가 형성되지 아니한 경우도 있으며, 작황 역시 매년 큰 차이가 나기도 하며, 개체수가 많아 일일이 세거나 합산을 하는 것 역시 몹시 힘든 경우가 많다.

[사례 48] 손해배상청구 소장(부동산사기)

소 장

원 고 홍 기 한 (OOOOOO-OOOOOOO) (전화 :)
서울 성동구 가람길 113(송정동) (우 :)

피 고 1. 정 향 미 (OOOOOO-OOOOOOO)
서울 노원구 공릉로 98(공릉동) (우 :)
2. 이 훈 수 (OOOOOO-OOOOOOO)
서울 마포구 가양대로 143(상암동) (우 :)
3. 방 길 수 (OOOOOO-OOOOOOO)
서울 송파구 가락로 13(석촌동) (우 :)

손해배상(기) 청구의 소

청 구 취 지

1. 피고들은 각자 원고에게 160,000,000원과 이에 대하여 2018. 2. 21.부터 이 사건 소장부본 송달일까지는 연 5%, 그 다음날부터 다 갚는 날까지는 연 15%의 각 비율로 계산한 돈을 지급하라.
2. 소송비용은 피고들의 부담으로 한다.
3. 위 제1항은 가집행할 수 있다.

라는 판결을 구합니다.

청 구 원 인

1. 피고 정향미는 2018. 2. 4. 원고에게 서울 관악구 신림동 402-139 대 50㎡(이하 '이 사건 토지'라고 한다)에 관한 등기사항증명서를 제시하면서 이 사건 토지가 자신의 소유라고 거짓말하여 이에 속은 원고와 사이에 대금을 160,000,000원으로 하는 매매계약을 체결하고 원고로부터 같은 날 계약금조로 30,000,000원, 같은 달 20. 잔금조로 130,000,000원을 지급받아 이를 편취하였습니다.

2. 피고 방길수는 피고 정향미가 이 사건 토지의 소유자인 소외 김도식으로부터 이 사건 토지를 매수하였는지 여부를 제대로 확인하지 아니하고 소외 김도식으로 행세한 소외 양명불상자(梁名不詳者)로부터 '이 사건 토지를 피고 정향미에게 매도하

였고 이 사건 토지의 등기필증을 분실하였다'는 말을 곧이 듣고 이미 준비하고 있던 소외 김수성, 윤정희의 인장을 이용하여 등기의무자임이 틀림없다는 보증서를 허위로 작성하고 이들의 보증용 인감증명서를 첨부하여 등기신청을 하여 이 사건 토지에 관하여 피고 정향미 명의로 소유권이전등기를 경료해 준 과실이 있습니다.

3. 이로 인하여 원고는 피고 정향미에게 이 사건 토지의 매매대금조로 160,000,000원을 편취당하는 손해를 입었습니다.

4. 피고 정향미는 고의의 불법행위자이고, 피고 이훈수는 법무사로서 피고 방길수를 제대로 감독하지 아니하여 위와 같이 사기사건이 발생하게 한 과실이 있으며, 피고 방길수는 피고 정향미와 소외 양명미상자의 등기신청을 대리하는 법무사인 피고 이훈수의 피용자로서 그의 업무를 보조함에 있어 등기의무자임이 틀림없다는 보증서를 허위로 작성한 과실이 있습니다.

5. 따라서 원고는 공동불법행위를 원인으로 하여 피고들로부터 손해금 160,000,000원과 이에 대하여 민법 및 소송촉진등에관한특례법 소정의 연 15%의 비율로 계산한 지연손해금의 각 지급받고자 본 소 청구에 이른 것입니다.

입 증 방 법

변론시 수시 제출하겠습니다.

첨 부 서 류

1. 주민등록초본 4통
1. 소장 부본 3통
1. 납부서 1통

2000. O. .

위 원고 홍 기 한 (인)

OO지방법원 귀중

[해 설]

1. 공동불법행위의 경우 불법행위자들 사이의 공모와 같은 주관적 관련 공동이 필요 없고 오로지 객관적 공동관련성만 인정되면 된다. 그리고 공동불법행위자들은 각자 손해액 전부를 배상할 의무를 지고 그들 내부관계에서만 부담부분에 따른 구상권을 가진다.
2. 주민등록담당 동사무소직원과 통장의 과실로 동사무소에 위조된 주민등록표가 비치되고 허위의 주민등록표와 인감증명서가 발급되어 무효인 근저당권설정등기가 경료된 경우, 그 근저당권을 믿고 물품을 외상 공급하여 손해를 입은 자에 대한 지방자치단체의 손해배상책임을 인정한 사례로는 대법원 94다16335 판결 등이 있다.

[사례 49] 손해배상청구 소장(말소등기판결확정으로 인한 소유권이전불능)

소 장

원 고 박 장 수 (OOOOOO-OOOOOOO) (전화 :)
서울 노원구 공릉로 98(공릉동) (우:)

피 고 김 조 화 (OOOOOO-OOOOOOO)
서울 성동구 가람길 113(송정동) (우 :)

손해배상(기) 청구의 소

청 구 취 지

1. 피고는 원고에게 120,000,000원과 이에 대하여 2018. 6. 8.부터 이 사건 소장부본 송달일까지는 연 5%, 그 다음날부터 다 갚는 날까지는 연 15%의 각 비율로 계산한 돈을 지급하라.
2. 소송비용은 피고의 부담으로 한다.
3. 위 제1항은 가집행할 수 있다.

라는 판결을 구합니다.

청 구 원 인

1. 원고는 피고에 대하여 서울 성북구 미아동 50 대 330㎡(이하 '이 사건 토지'라고 한다)에 관하여 2017. 7. 15.자 매매로 인한 소유권이전등기청구권을 가지고 있습니다.

2. 그런데 소외 대한민국이 피고에 대하여 이 사건 토지에 관하여 제기한 원인무효로 인한 소유권이전등기말소청구의 소에 관하여 2018. 6.경 피고 패소의 판결이 확정되었습니다.

3. 이 사건 토지의 2018. 6. 7. 당시의 교환가격은 120,000,000원 상당입니다.

4. 이에 원고는 피고로부터 이행불능을 원인으로 하여 이행불능이 발생한 때의 이 사건 토지의 시가 상당의 손해배상금과 이에 대한 이행불능 발생일 다음날부터 다 갚는 날까지 소송촉진등에관한특례법 소정의 연 15%의 비율로 계산한 지연손해금을 지급받고자 본 소 청구에 이른 것입니다.

입 증 방 법

변론시 수시 제출하겠습니다.

첨 부 서 류

1. 주민등록초본 2통
1. 소장 부본 1통
1. 납부서 1통

2000. 0. .

위 원고 박 장 수 (인)

OO지방법원 귀중

[해 설]

매매계약을 체결하여 매수한 후 소유권이전등기를 신청하여 소유권이전등기를 한 후 등기사항증명서를 발급받아 보니 매매계약을 체결한 다음날 가압류기입등기가 된 것을 발견하였다면 민법상 매도인의 담보책임에 관한 규정에 따라 매수목적 달성불능을 원인으로 하여 계약해제사유가 되고 또한 손해배상청구 사유도 될 것이다.

[사례 50] 손해배상청구 소장(가지급물반환)

소 장

원 고 이 장 관 (OOOOOO-OOOOOOO) (전화 :)
서울 마포구 가양대로 143(상암동) (우 :)

피 고 박 정 숙 (OOOOOO-OOOOOOO)
서울 은평구 가좌로 164(응암동) (우 :)

손해배상(기) 청구의 소

청 구 취 지

1. 피고는 원고에게 7,800,000원과 이에 대하여 2018. 3. 21.부터 이 사건 소장부본 송달일까지는 연 5%, 그 다음날부터 다 갚는 날까지는 연 15%의 각 비율로 계산한 돈을 지급하라.
2. 소송비용은 피고의 부담으로 한다.
3. 위 제1항은 가집행할 수 있다.

라는 판결을 구합니다.

청 구 원 인

1. 피고는 원고에 대한 가집행선고부 판결을 선고받고 2018. 3. 20. 원고에 대하여 27,800,000원을 집행하였습니다.

2. 그런데 그 제2심은 2018. 11. 2. 위 판결을 20,000,000원으로 변경, 선고하였습니다.

3. 따라서 원고는 피고로부터 불법행위를 원인으로 하여 가집행으로 인한 손해금 7,800,000원과 이에 대한 가집행일로부터 다 갚는 날까지 소송촉진등에관한특례법 소정의 연 15%의 비율로 계산한 지연손해금을 지급받고자 본 소 청구에 이른 것입니다.

입 증 방 법

변론시 수시 제출하겠습니다.

첨 부 서 류

1. 주민등록초본 2통
1. 소장 부본 1통
1. 납부서 1통

2000. 0. .

위 원고 이 장 관 (인)

OO지방법원 귀중

[사례 51] 손해배상청구 소장(자배법책임)

소 장

원 고 1. 김 미 진 (000000-0000000) (전화 :)
2. 전 정 의 (000000-0000000)
3. 전 민 주 (000000-0000000)
4. 전 선 미 (000000-0000000)
원고들의 주소 :
서울 관악구 관악로 106(봉천동) (우 :)
원고 2 내지 4는 미성년자이므로
법정대리인 친권자 모 김 미 진

피 고 대한운송주식회사 (000000-0000000)
서울 송파구 가락로 14(석촌동) (우 :)
대표이사 조 대 운

손해배상(자) 청구의 소

청 구 취 지

1. 피고는 원고 김미진에게 97,155,766원, 원고 전정의, 원고 전민주, 원고 전선미에게

각 59,770,511원과 각 이에 대하여 2018. 2. 21.부터 이 사건 소장부본 송달일까지는 연 5%, 그 다음날부터 다 갚는 날까지는 연 15%의 각 비율로 계산한 돈을 각 지급하라.
2. 소송비용은 피고의 부담으로 한다.
3. 위 제1항은 가집행할 수 있다.
라는 판결을 구합니다.

청 구 원 인

1. 피고를 위하여 운행되던 서울 50도5678호 승용차는 2017. 2. 20. 21:00경 서울 구파발 쪽에서 시내 쪽으로 진행하다가 서울 서대문구 영천동 20 앞 길에서 횡단보도를 건너가던 소외 망 전복지를 들이받아 그 충격으로 사망하게 하였습니다.

2. 위 사고로 인하여 위 전복지의 아내인 원고 김미진은 9분의 3, 장남인 원고 전정의, 차남인 원고 전민주, 장녀인 원고 전선미는 각 9분의 2지분씩 위 전복지의 권리를 승계하였습니다.

3. 위 전복지는 1988. 6. 20.생이고 기대여명은 38년 정도입니다. 그리고 위 전복지는 사고 당시 전업사 영업사원이었으며 그 가동기간은 사고시부터 55세가 끝날 때까지라고 할 것입니다.

4. 위 전복지는 사고 당시 월 1,500,000원 이상씩의 월급을 받고 있었으며 월 500,000원 정도씩을 생계비로 쓰고 있었습니다.

5. 따라서 위 전복지의 일실수입은 206,467,300원[=(1,500,000원 - 500,000원) × 206.4673, 원 미만 포기]이 됩니다.

6. 한편 원고 김미진은 위 전복지의 장례비로 3,000,000원을 지출하였습니다.

7. 그리고 위 전복지는 피고의 불법행위로 상당한 정신적 고통을 받았습니다. 따라서 그 위자료로는 40,000,000원이 상당할 것입니다. 원고들도 피고의 불법행위로 상당한 정신적 고통을 받았는데 그 위자료로는 원고 김미진이 12,000,000원, 원고 전정의, 원고 전민주, 원고 전선미는 각 5,000,000원씩이 상당할 것입니다.

8. 따라서 자동차운행자인 피고로부터 자동차손해배상보장법에 따라 원고 김미진은 97,155,766원[=(206,467,300원 + 40,000,000원) × 3/9 + 3,000,000원 + 12,000,000원], 원고 전정의, 원고 전민주, 원고 전선미는 각 59,770,511원[=(206,467,300원 + 40,000,000원) × 2/9 + 5,000,000원]과 각 이에 대하여 불법행위 다음날부터 다 갚

는 날까지 법 소정의 각 비율로 계산한 지연손해금을 지급받고자 본 소 청구에 이른 것입니다.

입 증 방 법

1. 갑 제1호증 가족관계증명서
1. 갑 제2호증 제적등본
1. 갑 제3호증 법인등기사항증명서
1. 갑 제4호증 자동차등록원부 등본
1. 갑 제5호증의 1, 2 각 생명표 표지 및 내용
1. 갑 제6호증 사망진단서(또는 사체검안서)

그 밖의 입증서류는 변론시 수시 제출하겠습니다.

첨 부 서 류

1. 위 입증서류 사본 각 1통
1. 주민등록초본 4통
1. 법인등기사항증명서 1통
1. 소장부본 1통
1. 납부서 1통

20OO. O. .

위 원고 1. 김 미 진 (인)
2. 전 정 의
3. 전 민 주
4. 전 선 미
원고 2 내지 4는 미성년자이므로
법정대리인 친권자 모 김 미 진 (인)

OO지방법원 귀중

[해 설]

1. 피고를 위하여 운행되던 자동차의 운전자의 과실내용을 청구원인에 자세히 기재하는 경우가 있으나 물적 손해를 청구하지 아니하고 인적 손해만을 자동차손해배상보장법에 의하여 청구하는 경우에는 반드시 필요한 요건사실은 아니다.
피해자에게 과실이 있었고 그 과실은 어떠한 것이었는지는 피고가 과실 상계의 항변을 하는 경우 반증할 사실이지 원고가 입증(본증)할 사실은 아니다.
피고가 무과실항변을 하거나 과실이 있더라도 그 과실과 원고들의 손해간에 상당인과관계가 없다는 주장을 하면 그 때 가서 원고는 자동차 운전자의 과실의 존재를 반증하면 그만이다.

2. 자동차손해배상보장법 제3조의 운행자 책임 규정은 민법 제750조, 제756조의 특별규정인 동시에 국가배상법상의 책임에 대한 특별규정이기도 하다. 또한 국가배상법은 민법 제756조의 특별규정이다. 청구권 경합이 아니라 법조경합이므로 민법이나 국가배상법에 따라 청구해서는 아니되고 자동차손해배상보장법에 따라 청구해야 한다.
3. 자동차의 장치의 용법에 따른 사용으로 말미암아 발생한 교통사고에 대하여만 자동차운행자 책임이 있고 자동차의 운행에 즈음하여 발생한 교통사고라도 자동차의 장치의 용법에 따른 사용으로 말미암은 사고가 아니라면 자동차운행자책임이 없다.
4. 무단운전의 경우 자동차소유자에게 운행지배 및 운행이익이 있는지 여부를 판단하는 기준을 설시해 주고 있다(대법원 93다47394 판결).
5. 교통사고로 인한 상해의 후유증에도 불구하고 변론종결시까지 종전과 같은 직장에서 종전과 다름없이 수입을 얻고 있었다고 하더라도 아무런 재산상 손해를 입지 않았다고 단정할 수 없다(대법원 94다25810 판결).

[사례 52] 손해배상청구 소장(계약목적달성불능, 계약해제, 예비적 청구, 하자보수갈음 손해배상)

소 장

원 고 이 원 진 (OOOOOO-OOOOOOO) (전화 :)
경기 연천군 전곡읍 청연로 29번길 12 (우 :)

피 고 김 영 진 (OOOOOO-OOOOOOO)
서울 성동구 가람길 116(송정동) (우 :)

손해배상(기) 청구의 소

청 구 취 지

주위적으로
1. 피고는 원고에게 49,000,000원과 이에 대하여 이 사건 소장부본 송달다음날부터 다 갚는 날까지 연 15%의 비율로 계산한 돈을 지급하라.
2. 소송비용은 피고의 부담으로 한다.

3. 위 제1항은 가집행할 수 있다.
라는 판결을 구합니다.

예비적으로
1. 피고는 원고에게 35,000,000원과 이에 대하여 이 사건 소장부본 송달다음날부터 다 갚는 날까지 연 15%의 비율로 계산한 돈을 지급하라.
2. 소송비용은 피고의 부담으로 한다.
3. 위 제1항은 가집행할 수 있다.
라는 판결을 구합니다.

청 구 원 인

1. 원고는 2018. 2. 10. 피고와 사이에 경기 연천군 전곡읍 신답리 100 지상에 농가주택을 신축하는 공사를 원고가 피고에게 도급주는 내용의 주택신축공사도급예약을 대금 60,000,000원에 체결한 사실이 있습니다.

2. 그리고 원고는 공사대금으로 2018. 2. 10. 10,000,000원, 2018. 3. 3. 20,000,000원, 2018. 5. 5. 18,000,000원, 그리고 일자 불상경 영수증 없이 1,000,000원 모두 49,000,000원을 지급한 사실이 있으며 나머지는 준공인도와 동시에 지급하기로 하였습니다.

3. 피고는 위 공사를 구두로 2018. 4. 20.까지 준공시켜 주기로 약정을 하였는데도 이 기한을 도과하였을 뿐만 아니라 위 약정한 공사대금 외에 추가의 금전의 지급을 요구하면서 지급하지 아니할 경우 공사를 속행해 주지 아니하겠다고 협박하고 있으며, 이미 시공한 부분에도 계약서와 시방서, 설계도면대로 시공하지 아니하고 값싼 저질의 재료로 마음대로 바꾸어서 시공하고 철근 등도 시방서대로 시공하지 아니하고 일부를 누락시키는 등 부실시공을 하였습니다. 그 결과 상당한 벽체 균열과 바닥 균열 및 바닥 침하, 지붕 도괴, 벽체 기울어짐 등의 하자를 양산하였습니다.

4. 현재 기준의 기성고비율에 관하여도 원고는 70% 정도로 봄에 대하여 피고는 90% 정도라고 의견이 대립되고 있습니다. 원고는 조속한 공사의 속행과 완공 및 위 하자의 보수를 요구하였으나 피고는 이를 거절하고 있습니다.

5. 원고는 연천군청의 농어촌 주거환경 개선사업에 따라 위 농가주택을 2018. 11.말까지는 준공하여 16,000,000원의 농협자금을 융자받기로 하고 위 공사를 도급준 것입니다.

6. 그런데 피고의 위와 같은 처사로 인하여 원고의 자금계획에 차질이 예상되고 있습니다. 왜냐하면 2018. 11월말까지 완공되는 경우에 한하여 연천군청에서는 농협자금융자를 알선해 주고 그때까지 농가주택을 완공할 자신이 없으면 지금 연천군청에 농협자금융자포기서를 작성 제출하라고 하고 있기 때문입니다.

7. (주위적 청구 ; 계약의 해제 및 원상회복의 청구)
이상과 같은 구체적인 사실관계를 전제로 원고는 위 기시공부분이 안전상 사람의 생명, 신체, 재산에 위해가 있어 농가주택신축이라는 원래의 계약의 목적을 달성할 수 없으므로 피고의 위 도급계약상의 채무불이행을 이유로 하여 또는 유상계약에 있어서의 담보책임을 이유로 위 도급계약을 이 사건 소장부본의 송달로써 해제하며, 또한 위 기시공부분이 원고에게 하등의 이익이 되지 아니하므로(위 기시공부분은 피고가 철거하기를 바라며 만약 철거하지 아니할 경우 원고가 대신 철거하고 그 철거비용을 피고에게 청구할 것입니다) 원상회복으로 원고는 피고에 대하여 기지급한 공사대금 49,000,000원과 이에 대한 지연손해금의 반환을 청구합니다.
(예비적 청구 ; 하자보수에 갈음한 손해배상청구 및 계약 해지, 기성고 초과부분 반환청구)
예비적으로 기시공부분이 안전상 문제가 없어 계약의 목적을 달성하는데 도움이 되는 것으로 판명되는 경우(그 결과 계약해제권이 원고에게 발생하지 아니하는 것으로 판명되는 경우), 원고는 위 기시공부분을 받아들이고 다만 위 기시공부분의 하자(질이 나쁜 재료의 사용, 재료의 고의적인 일부 누락, 벽체 균열, 바닥 균열, 바닥 침하, 벽체 기울어짐, 지붕 도괴 등)를 감정하여 그 하자보수비를 하자보수에 갈음한 손해배상으로 청구하고자 하오며, 또한 원고와 피고의 신뢰관계가 붕괴된 점을 이유로 미시공부분에 대하여는 위 도급계약을 해지하는 바입니다. 그리고 원고는 기성고를 감정하여 기성고비율에 해당되는 공사대금 이상이 피고에게 지급되었다면 그 초과부분에 해당되는 금원을 부당이득으로 반환을 청구할 것입니다. 다만, 우선 안전성 감정 및 하자(보수비) 감정, 그리고 기성고감정결과가 나올 때까지 위 하자보수갈음의 손해상금 및 기성고초과지급대금 합계액을 35,000,000원으로 일응 특정하여 청구해 두고자 본 소 청구에 이른 것입니다.

입 증 방 법

1. 갑 제1호증	공사계약서
1. 갑 제2호증의 1, 2	각 입금표
1. 갑 제3호증	영수증
1. 갑 제4호증의 1내지 12	각 사진
1. 갑 제5호증	회의서류

그 밖의 입증서류는 변론시 수시 제출하겠습니다.

첨 부 서 류

1. 위 입증서류 사본 각 1통
1. 주민등록초본 2통
1. 소장 부본 1통
1. 납부서 1통

20○○. ○. .

위 원고 이 원 진 (인)

○○지방법원 귀중

[해 설]

이와 같은 사건의 경우 의뢰자는 보통 상식적으로 균열 있는 건물은 싫으니까 하자 없는 건물을 새로 지어 달라고 청구할 수 없느냐고 묻는 것이 보통이다. 그러나 건물은 민법 제581조 소정의 종류로 지정될 수 있는 물건이 아니므로 건물을 새로 지어 달라고 청구할 수는 없을 것이다. 새로 지어 달라고 하려면 별도의 계약이 체결되어야 할 것이다. 오로지 건물의 하자가 몹시 심하여 계약의 목적을 달성할 수 없다고 인정되는 경우에 한하여 민법 제567조, 제 575조 제1항의 규정에 따라 계약목적 달성불능을 이유로 하여 계약을 해제하고 원상회복청구의 일환으로 이미 지급한 공사대금이 있으면 그 반환을 청구하고 이미 지급한 공사대금이 없으면 그 지급의무를 면하며 새로이 다른 공사업자와 사이에 건물건축도급공사계약을 새로이 체결하여 새로 건물을 지으면 될 것이다. 또한 이미 시공한 부분이 도급인에게 이익이 되지 아니하는 경우에는 원상회복의 일환으로 그 철거를 청구할 수 있을 것이다. 다만 이미 시공한 부분이 도급인에게 이익이 되는 경우에는 그 기성고 부분만큼의 공사대금의 반환은 청구할 수 없을 것이다. 그리고 건물의 하자가 몹시 심하지 아니하여 건물의 용도대로 사용하는데 문제가 없다고 판정이 나면 계약을 해제하지는 못하고 다만 수리 내지 보수의 청구 또는 보수에 갈음한 손해배상금의 청구만 가능하다고 할 것이다.

[사례 53] 손해배상청구 소장(자배법책임, 공동불법행위)

소 장

원 고 1. 한 정 의 (OOOOOO-OOOOOOO)
2. 강 달 훈 (OOOOOO-OOOOOOO)
원고들의 주소 :
경기 남양주시 화도읍 가곡로 3 (우 :)
원고 강달훈은 미성년자이므로
법정대리인 친권자 모 한 정 의

피 고 1. 대한주식회사 (OOOOOO-OOOOOOO)
제주시 선반로 41(화북일동) (우 :)
대표이사 한 복 기
2. 이 경 훈 (OOOOOO-OOOOOOO)
제주시 관덕로 9길 19(삼도이동) (우 :)

손해배상(자) 청구의 소

청 구 취 지

1. 피고들은 각자 원고 한정의에게 56,123,783원, 원고 강달훈에게 500,000원과 각 이에 대하여 2017. 4. 16.부터 이 사건 소장부본 송달일까지는 연 5%, 그 다음날부터 다 갚는 날까지는 연 15%의 각 비율로 계산한 돈을 지급하라.
2. 소송비용은 피고들의 부담으로 한다.
3. 위 제1항은 가집행할 수 있다.

라는 판결을 구합니다.

청 구 원 인

1. 피고 대한주식회사를 위하여 운행되던 서울 50모1111호 택시가 2017. 4. 15. 22:40경 남성로타리 방면에서 신제주 방면으로 진행하다가 제주시 용담 2동에 있는 우리식품 앞길에서 신호대기를 위하여 정지하고 있던 중 마침 그 뒤에서 진행하여 오던 피고 이경훈을 위하여 운행되던 서울 45라6666호 봉고 승합차가 그 앞 범퍼로 위 택시의 뒷범퍼를 들이받아 그 충격으로 위 택시의 뒷좌석에 타고 있던 원고

한정의에게 구순부 열창상 등의 상해를 가하였습니다.

2. 원고 한정의는 1990. 3. 1.생이고 기대여명은 약 49년이다. 원고 한정의는 적어도 일반농촌일용노동에 종사할 수 있고 일반농촌일용노동에 종사하는 경우 그 가동기간은 사고시부터 60세가 되는 날까지라고 할 것입니다.
원고 한정의의 가동능력상실율은 입원기간 중은 100%이고 그 이후는 15%입니다. 그리고 사고 당시의 여자일반농촌일용노동의 노임은 1일 금 38,250원이고 2017. 10. 현재의 여자일반농촌일용노동의 노임은 1일 금 38,583원입니다.

3. 따라서 원고 한정의의 일실수입은 사고 이후 입원치료 중인 2017. 11. 9.일까지 6개월간은 1일 금 38,250원에 25일을 곱한 금 956,250원에 호프만지수 5.9140을 곱한 금 5,655,262원이고, 퇴원한 이후 가동연한인 60세가 되는 날까지 388개월간은 1일 금 38,583원에 25일을 곱하고 0.15를 곱한 후 호프만지수 226.9139 (=232.8279 -5.9140)를 곱한 금 32,831,321원으로 합계 금 38,486,583원이 됩니다.

4. 그리고 원고 한정의는 위 상해의 치료비로 금 12,637,200원을 지출하였다. 또한 원고 한정의와 그의 아들인 원고 강달훈은 피고들의 공동불법행위로 상당한 정신적 고통을 받았습니다. 그 위자료로는 원고 한정의에게 금 5,000,000원, 원고 강달훈에게 금 500,000원이 상당할 것입니다.

5. 그러므로 피고들은 각자 자기를 위하여 자동차를 운행하는 자들로서 그들의 공동불법행위를 원인으로 하여 원고 한정의에게 금 56,123,783원(=38,486,583원 + 12,637,200원 + 5,000,000원), 원고 강달훈에게 금 500,000원과 각 이에 대하여 이 사건 불법행위일 다음날인 2017. 4. 16.부터 이 사건 소장부본 송달일까지는 민법 소정의, 그 다음날부터 다 갚는 날까지는 소송촉진등에관한특례법 소정의 각 비율로 계산한 지연손해금을 지급할 의무가 있다 할 것이므로 본 소 청구에 이르렀습니다.

입 증 방 법

변론시 수시 제출하겠습니다.

첨 부 서 류

1. 주민등록초본 3통
1. 법인등기사항증명서 1통
1. 소장 부본 2통

1. 납부서 1통

2000. 0. .

위 원고 1. 한 정 의 (인)
2. 강 달 훈
원고 강달훈은 미성년자이므로
법정대리인 친권자 모 한정의 (인)

ㅇ ㅇ 지 방 법 원 귀 중

[해 설]

1. 이와 같은 사건은 자동차손해배상보장법 제3조 소정의 '자기를 위하여 자동차를 운행하는 자는 그 운행으로 말미암아 다른 사람을 사망하게 하거나 부상하게 한 때에는 그 손해를 배상할 책임을 진다'라는 규정을 근거로 하는 것이므로 이 규정의 구성요건에 맞추어 청구원인사실을 기재하면 될 것이다. 여기서 자기를 위하여 자동차를 운행하는 자란 자동차의 운행이익을 누리고 운행을 지배하는 사람을 말한다고 하는 것이 통설이므로 상대방이 운행이익과 운행지배를 가지고 있는 사람이라는 사실을 입증하여야 한다. 실무상 이를 입증하기 위하여 원고측에서는 보통 자동차등록원부를 증거로 제출하여 그 등록원부상 피고가 소유자로 등록되어 있으므로 피고가 운행지배자라고 주장한다(교통사고에 대하여는 보통 형사사건기록 문서송부촉탁신청을 하고 신체감정신청을 하여 입증하고 있는데 형사사건기록 중에 자동차등록원부가 있는 것이 보통이다).
이에 대하여 피고는 소유자로 등록되어 있으나 실제로 자신은 운행지배를 하지 못하고 있었던 사정이 있었으므로 자배법상 자동차운행자 책임을 질 수 없다고 항변한다. 예를 들면 피고가 소유자인 것은 사실이나 실은 운전자가 소유자의 열쇠를 훔쳐 운전을 하였기 때문에 운행지배를 상실하고 있었다고 하는 것과 같은 것이다. 피고가 이러한 주장을 하는 경우 그 주장을 받아들일 것인가의 여부에 관한 판단의 기준을 보여주고 있는 판례로는 대법원 94다9085 판결이 있다. 이 판결은 운행지배와 운행이익의 상실 여부는 평소의 자동차나 그 열쇠의 보관 및 관리상태, 소유자의 의사와 관계없이 운행이 가능하게 된 경위, 소유자와 운전자의 인적 관계, 운전자의 차량의 반환의사의 유무, 무단운행 후 소유자의 승낙가능성, 무단운행에 대한 피해자의 주관적 인식유무 등 객관적이고 외형적인 여러 사정을 사회통념에 따라 종합적으로 평가하여 이를 판단하여야 한다고 판시하고 있다.
2. 인신사고에 있어서 손해액의 산정은 기본적으로 사고 당시 실제수입이나 추정수입, 노동능력상실율, 가동기간, 과실비율에 의한다. 그리고 정기금이 아니라 일시에 청구하는 경우 손해배상을 미리 일시에 받는 만큼 중간이자를 공제하게 된다. 중간이자 공제는 보통 호프만지수에

의한다.

이렇게 하여 산출된 일실수입에 치료비 손해, 위자료 손해를 합산하여 청구한다. 다만, 사망의 경우에는 부상의 경우와는 달리 노동능력상실율이 제외되고 그 대신 생계비 공제와 장례비 손해가 들어간다. 그리고 소득세는 공제하지 않는다. 소득세를 공제한다면 판결이 난 후 현실적으로 금전을 지급하는 단계에서 행하는 것이 옳기 때문이다. 가동기간을 알아내기 위하여는 피해자의 생년월일과 기대여명을 알아내야 한다. 그리고 일용노동의 경우는 보통 경험칙상 월 25일씩(도시의 경우는 22일씩) 가동하는 것으로 본다. 노동능력상실율은 보통 일단 추정상실율을 주장하여 소장에 기재하였다가 신체감정을 신청하여 그 감정 결과가 나오면 그 결과에 맞추어 청구원인을 변경한다. 피감정인이 행방불명이 되었을 경우에는 이미 갖추어진 자료를 토대로 하여 종합병원에 사실조회를 하여 노동능력상실율을 인정받을 수밖에 없을 것이다. 상용근로자가 아니라 일용근로자의 경우는 통상적으로 실제수입을 인정하지 아니하고 통계자료에 의한 추정수입에 근거하여 손해액을 산정하는 것이 보통이다. 실제수입은 객관성이 없는 경우가 많기 때문이다. 사망의 경우 생계비 공제는 원칙적으로 실제 생계비를 입증하여 공제하여야 하나 실무 편의상 수입의 3분의 1이나 30%, 40% 등으로 원, 피고 간에 서로 다투지 않는 것으로 재판장이 당사자의 허락을 받아 변론조서에 정리하는 것이 보통이다. 그리고 이러한 손해액 산정의 필요 사실들을 기재하는 데 있어서는 문장식으로 하는 경우와 나열식으로 하는 경우가 있다.

한편 이 사건은 택시를 타고 가던 손님이 뒷차가 들이받아 부상당한 사건이므로 객관적으로 두 차의 공동불법행위가 성립한다. 공동불법행위의 경우는 피해자에 대하여 각자 전액의 손해를 배상할 의무가 있고 다만 가해자들 내부 문제로 서로의 과실비율에 따른 부담부분이 있으므로 그 부담부분에 따라 상호 구상하게 된다.

[사례 54] 손해배상청구 소장(교통사고, 수리비, 교환가격)

소 장

원 고 아드람운수주식회사 (OOOOOO-OOOOOOO) (전화 :)
서울 마포구 가양대로 143(상암동) (우 :)
대표이사 홍 구 람

피 고 김 진 수 (OOOOOO-OOOOOOO)
서울 은평구 가좌로 164(응암동) (우 :)

손해배상(자) 청구의 소

청 구 취 지

1. 피고는 원고에게 OOOOO원과 이에 대하여 2018. 5. 15.부터 이 사건 소장부본 송달일까지 연 5%, 그 다음날부터 다 갚는 날까지는 연 15%의 각 비율로 계산한 돈을 지급하라.
2. 소송비용은 피고의 부담으로 한다.
3. 위 제1항은 가집행할 수 있다.

라는 판결을 구합니다.

청 구 원 인

1. 피고는 2018. 5. 14. 06:30경 서울1고5555 포니엑셀승용차의 소유자로서 동 차를 운전하고 서울 강서구 개화동 425 노상을 행주대교방면에서 김포공항방면을 향하여 남쪽으로 시속 약 70km로 1차선상을 따라 진행하다가 졸음운전을 한 과실로 중앙분리대를 넘어 반대차선으로 달려들면서 마침 그 반대차선을 공항방면에서 행주대교방면으로 북진하던 원고 소유의 인천 7아8686 사료운반탱크차를 들이받아 원고 소유의 위 차를 손괴하고 적재되어 있던 사료 5톤을 유실케 한 사실이 있습니다. 따라서 피고는 불법행위에 의하여 원고가 입은 손해를 배상할 의무가 있습니다.

2. 원고는 위 사고로 인하여 차체수리비 금 OOOOO원, 사료탱크수리비 금 OOOOO원이 소요되었으며, 하주(荷主)인 소외 주식회사 퓨리나코리아에 유실사료대금 OOOOO원을 변상하였으며, 차량운휴비 금 OOOOO원[차량수리기간은 7일이 소요되었고 1일 운휴(運休)로 인한 일실이득은 금 OOOO원이므로 이를 서로 곱하면 금 OOOOO원이 됨] 상당의 손해를 입었습니다.

3. 따라서 원고는 피고로부터 불법행위에 대한 손해배상으로 OOOOO원과 이에 대하여 2018. 5. 15.부터 이 사건 소장부본 송달일까지 연 5%, 그 다음날부터 다 갚는 날까지는 소송촉진등에관한특례법에서 정한 연 15%의 각 비율로 계산한 지연손해금을 지급받고자 본 소 청구에 이른 것입니다.

입 증 방 법

1. 갑 제1호증의 1 교통사고사실확인원
1. 갑 제1호증의 2 진술서
1. 갑 제2호증의 1 충돌사고정비견적서
1. 갑 제2호증의 2 견적서

1. 갑 제3호증 확인서
1. 갑 제4호증의 1 자동차등록원부등본
1. 갑 제4호증의 2 말소사실증명원

그 밖의 입증서류는 변론시 수시 제출하겠습니다.

첨 부 서 류

1. 위 입증서류 각 1통
1. 법인등기사항증명서 1통
1. 주민등록초본 2통
1. 소장 부본 1통
1. 납부서 1통
1. 위임장 1통

20OO. O. .

위 원고 아드람운수주식회사
대표이사 홍 구 람 (인)

OO지방법원 귀중

[해 설]

1. 이 사례에서는 생명 신체 침해가 없으므로 자동차손해배상보장법상의 운행 지배자 내지 운행 이익자책임을 묻지 아니하고 일반불법행위책임을 물었다.
2. 이 사례에서 물건이 훼손된 경우 그 손해배상액은 수리비로 보나 그 수리비가 사고 당시의 교환가격을 상회할 경우에는 그 교환가격을 한도로 한다는 판례가 주장되었고 그에 따라 사고 당시의 원고의 차의 중고시세를 사실 조회하여 그 금액만을 인용하였다.

[사례 55] 손해배상청구 소장(자배법책임, 현가산정의 기준시기)

소 장

원 고 1. 김 봉 태 (OOOOOO-OOOOOOO) (전화 :)
2. 양 회 분 (OOOOOO-OOOOOOO) (전화 :)

원고들의 주소 :
경기 남양주시 화도읍 가곡로 13 (우 :)

피 고 이 청 운 (OOOOOO-OOOOOOO)
경기 남양주시 화도읍 가곡로 28 (우 :)

손해배상(자) 청구의 소

청 구 취 지

1. 피고는 원고 김봉태에게 200,000,000원, 원고 양희분에게 5,000,000원과 각 이에 대하여 2017. 10. 21.부터 이 사건 판결 선고일까지는 연 5%, 그 다음날부터 다 갚는 날까지는 연 15%의 각 비율로 계산한 돈을 지급하라.
2. 소송비용은 피고의 부담으로 한다.
3. 위 제1항은 가집행할 수 있다.

라는 판결을 구합니다.

청 구 원 인

1. 손해배상의무의 발생

피고는 2017. 2. 18. 23:25경 경기 가평군 외서면 청평리 팔각정휴게소 인근 100m 지점의 경춘국도 상에서 피고 소유의 서울 50가6610 소나타 승용차를 주취(혈중알콜농도 0.4)의 상태로 시속 약 60㎞로 운전하여 가평에서 서울 쪽으로 진행하다가 차선을 따라 진행하지 아니한 과실로 인하여 도로 오른쪽 옹벽을 들이받고 약 50미터 미끄러지면서 1차선 위에 전도시켜 마침 위 승용자동차에 타고 있던 원고 김봉태로 하여금 약 8개월간의 치료를 요하는 제5, 6경추 양측돌기 관절탈구상 등을 입게 하였습니다.

따라서 피고는 자동차운행지배자로서 위 사고로 인하여 원고 김봉태와 그의 모친인 원고 양희분이 입은 손해를 배상할 의무가 있다 할 것입니다.

2. 손해배상의 범위

가. 원고 김봉태의 일실수입

(1) 기초사실

성별 : 남자생년월일 : 1991. 12. 13.생

사고 당시 연령 : 29세 2월 남짓 기대여명 : 40.25년

직업 및 소득실태 : 농업에 종사

휴업기간 : 사고일인 2017. 2. 18.부터 퇴원일인 2017. 10. 20.까지 244일
농촌일용노동종사가능연한 : 60세가 되는 2048. 12. 13.
노동력 감퇴기간 : 2016. 10. 21.부터 2048. 12. 13.까지
31년 1월(373월) 해당 호프만지수 : 224.7502
농촌일용노동 월 가동일수 : 25일
2017. 2.경 성인 남자 농촌일용노임 : 54,723원
2017. 10.경 성인 남자 농촌일용노임 : 57,952원
노동능력상실율 : 51%

(2) 청구내용

사고로 인한 휴업기간인 2017. 2. 18.부터 2017. 10. 20.까지의
일실수입 :
54,723원 × 25 × (10/28 + 7 + 20/31) = 10,947,609원
2016. 10. 21.부터 2047. 12. 13.까지의 일실수입 :
57,952원 × 25 × 0.51 × 224.7502 = 325,618,089원
합계 금 336,565,698원

나. 원고 김봉태의 치료비

(1) 기왕치료비 : 1,472,319원

(2) 향후치료비 : 2,014,840원

다. 위자료

원고 김봉태 25,000,000원, 원고 양희분 5,000,000원

3. 청구의 요지

원고 김봉태의 위 사고로 인한 손해는 일실수입 336,565,698원, 기왕치료비 1,472,319원, 향후치료비 2,014,840원, 위자료 25,000,000원을 합한 금 365,052,857원이 되지만 추후 신체감정 결과에 따라 확정청구하기로 하고 우선 그 일부로 금 200,000,000원과 이에 대하여 2017. 10. 21.부터 이 사건 판결 선고일까지는 연 5%, 그 다음날부터 다 갚는 날까지는 연 15%의 각 비율로 계산한 지연손해금의 지급을 청구하고, 원고 양희분은 위자료 5,000,000원과 이에 대하여 위 원고 김봉태와 같은 비율로 계산한 지연손해금의 지급을 구하고자 본 소 청구에 이른 것입니다.

입 증 방 법

변론시 수시 제출하겠습니다.

첨 부 서 류

1. 주민등록초본 3통

1. 소장 부본 1통
1. 납부서 1통

20OO. O. .

위 원고 김 봉 태 (인)
위 원고 양 희 분 (인)

O O 지 방 법 원 귀 중

[해 설]

1. 원래 불법행위로 인한 손해배상채권은 불법행위시에 발생하고 그 이행기가 도래하는 것이므로 장래 발생할 소극적, 적극적 손해의 경우에도 불법행위시가 현가 산정의 기준시기가 되고 이때부터 장래의 손해발생 시점까지의 중간이자를 공제한 금액에 대하여 다시 불법행위시부터의 지연손해금을 부가하여 지급을 명하는 것이 원칙이나, 반드시 그와 같은 방식으로만 청구가 허용된다고 제한할 필요는 없고, 사실심의 변론종결 전에 그 손해발생시기가 경과한 경우에는 현실의 손해전부와 그 손해발생일 이후의 지연손해금을 청구하는 것도 허용되어야 할 것이고, 같은 이치에서 이 사건에 있어서와 같이 당사자가 사실심의 변론종결에 이르기까지의 불법행위시 이후의 어느 시점을 기준으로 하여 그 이후의 일실손해의 배상을 청구하면서 그 때까지의 중간이자를 공제하는 방법으로 소득상실액의 가액을 산정하여 그 배상청구를 하는 경우에도 이것이 위와 같은 본래의 방법을 벗어나거나 이에 모순, 저촉되는 것이 아닌 한 이를 허용하여도 무방할 것이라고 판시하고 있다. 즉, 이 사건과 같이 사고일인 2017. 2. 18.부터 지연손해금을 청구하지 아니하고 2017. 10. 21.부터 지연손해금을 청구하여도 된다는 것이다.
2. 이 사건과 같이 추후 신체감정 결과에 따라 확정청구하기로 하고 우선 그 일부로 얼마를 청구한다고 한 경우 추후 신체감정 결과가 늦게 나와 청구확장이 사고 발생일로부터 3년이 지난 다음에 된 경우나 또는 신체감정 결과가 늦게 나온 것은 아닌데 사고발생일로부터 3년이 거의 다 된 시점에서 소를 제기하였기 때문에 청구확장을 3년이 경과하여 한 경우 피고측으로서는 확장된 청구부분은 소멸시효 3년이 완성되어 시효소멸하였다는 주장을 하는 경우가 있다. 이런 경우 원고측에서는 상당히 당황하게 된다. 이에 관하여 대법원 92다29924호 판결에서 장차 신체감정 결과에 따라 청구금액을 확장할 것을 전제로 우선 손해금의 일부를 청구한다는 뜻으로 해석되는 경우 채권의 일부에 대해서만 판결을 구하는 취지의 일부청구가 아님이 분명하여 소 제기로 인한 시효중단의 효력은 원고들이 소장에서 주장한 손해배상청구채권의 동일성의 범위 내에서 그 채권 전부에 미친다고 보아야 한다고 판시하고 있다. 따라서 원고로서는 일부청구를 하면서 추후 신체감정 결과에 따라서 확정청구하기로 하고 우선 그 일부로 얼마를 청구한다는 취지를 소장에 기재하여 두면 시효소멸되는 것으로 판단되는 불이익을 면하게 된

다. 같은 차원의 문제가 경매신청에서도 제기되는데 경매신청서의 청구금액을 일부만 기재한 후 채권계산서를 제출하면서 비로소 청구금액을 확장하는 경우 확장된 부분에 대한 시효중단의 효력은 채권계산서를 제출하였을 때에야 생긴다는 것이므로 주의를 요한다. 최근 판례는 채권계산서 제출로 청구금액을 확장할 수 없다고 한다. 즉, 경매신청서나 채권계산서의 청구금액은 중요한 의미를 지니므로 신중히 기재하여야 한다. 가압류신청서의 경우에도 시효문제와 관련하여 청구금액은 중요한 의미를 지닌다.

3. 본안소송을 수임한 변호사가 처분금지가처분을 신청해 줄 의무가 있는 지에 관하여 대법원 95다20775 판결은 의뢰인과 변호사 사이의 권리 의무관계는 소송위임장에 의한 수권행위가 아니라 위임계약에 의하여 정해진다고 하면서, 이 사건의 구체적 사실관계에 비추어 이 사건 이전등기소송의 수임 당시 피고가 원고들에게 이 사건 토지에 대한 소유권이전등기청구권을 보전할 필요성 및 처분금지가처분절차에 관하여 충분히 설명을 하였어야 할 구체적 사정이 존재하였다고 단정하기 어렵다고 하고, 원심판결이 변호사의 의뢰인에 대한 선량한 관리자로서의 주의의무에 관한 법리를 오해하였다고 판시하였다.

[사례 56] 손해배상청구 소장(산업재해사고, 일실퇴직금, 재해보상과 산재보상과의 관계)

소 장

원 고 1. 유 인 권 (OOOOOO-OOOOOOO) (전화 :)
2. 박 진 선 (OOOOOO-OOOOOOO) (전화 :)
3. 유 가 권 (OOOOOO-OOOOOOO)
4. 유 나 미 (OOOOOO-OOOOOOO)
원고들의 주소 :
서울 마포구 가양대로 143(상암동) (우 :)
원고 3. 4.는 미성년자이므로
법정대리인 친권자 부 유인권, 모 박진선

피 고 민주토건주식회사 (OOOOOO-OOOOOOO)
서울 은평구 가좌로 164(응암동) (우 :)
대표이사 이 민 주

손해배상(산) 청구의 소

청 구 취 지

1. 피고는 원고 유인권에게 223,819,589원, 원고 박진선에게 1,000,000원, 원고 유가권, 원고 유나미에게 각 500,000원과 각 이에 대하여 2017. 5. 11.부터 이 사건 소장부본 송달일까지는 연 5%, 그 다음날부터 다 갚는 날까지는 연 15%의 각 비율로 계산한 돈을 각 지급하라.
2. 소송비용은 피고의 부담으로 한다.
3. 위 제1항은 가집행할 수 있다.

라는 판결을 구합니다.

청 구 원 인

1. 피고회사는 2017. 5. 10. 15:00경 소외 양다택으로 하여금 서울 가락동 소재 하수도공사장에서 가배수로 설치작업을 하게 하였습니다.

2. 그 때 소외 양다택은 가배수로를 설치하기 위하여 착암기로 아스팔트 절단작업을 하다가 빈 깡통에 발이 걸려 넘어지면서 착암기를 밀어던져 원고 유인권에게 상해를 입게 하였습니다.

3. 그런데 소외 양다택은 빈 깡통을 치우고 안전하게 작업을 하여야 하는데 그러하지 아니한 과실이 있습니다.

4. 한편 원고 유인권은 1981. 6. 3.생이고 기대여명은 31년 정도입니다. 그리고 피고회사의 배관공인 원고 유인권의 가동기간은 사고시부터 정년인 55세까지입니다.

5. 원고 유인권은 이 사고로 배관공으로는 더 이상 종사할 수 없게 되었고 도시일용노동에 종사하는 경우 노동능력상실율은 100분의 40입니다.
   원고 유인권의 사고 당시 수입은 월급 150만원, 상여금 연 300%이다. 그리고 사고 당시 도시일용노동수입은 1일 금 45,031원입니다.

6. 따라서 원고 유인권의 일실수입은 다음과 같이 금 208,455,457원이 됩니다.

   배관공의 월 수입

   (1,500,000원 × 12 + 1,500,000원 × 3)/12 = 1,875,000원

   도시일용노임 45,031원 × 22일 = 990,682원

   가동기간

   사고일로부터 치료종결일인 2017. 11. 10.까지 6개월

치료종결일로부터 정년까지 222개월(월 미만 포기)
1,875,000원 × 5.9140 + (1,875,000원 - 990,682원 × 0.6) ×
(160.0357 - 5.9140) = 208,455,457원

7. 그리고 원고 유인권은 피고회사에 2014. 5. 1. 취직하여 위와 같은 임금을 받다가 2017. 11. 10. 퇴직하였습니다.
피고회사의 퇴직금규정은 계속근로년수 1년에 대하여 30일분의 평균임금을 지급하는 것으로 규정하고 있습니다.

8. 따라서 원고 유인권의 일실퇴직금은 다음과 같이 금 22,564,102원이 됩니다.
(1,500,000원 + 1,500,000원 + 3,000,000원)/90일 × 30일
= 2,000,000원 (30일분의 평균임금)
2036년 - 2014년 = 22년 (계속근로년수)
2,000,000원 × 22년 = 44,000,000원
44,000,000원 / 1 + 0.05 × 19년 = 22,564,102원

9. 또한 원고 유인권과 그의 아내인 원고 박진선, 그의 아들인 원고 유가권, 그의 딸인 원고 유나미는 소외 양다택의 불법행위로 상당한 정신적 고통을 받았습니다.
그 위자료로는 원고 유인권은 금 20,000,000원, 원고 박진선은 금 1,000,000원, 원고 유가권, 원고 유나미는 각 금 500,000원씩이 상당합니다.

10. 그러므로 피고는 소외 양다택을 사용하여 그의 사무에 종사하게 한 자로 소외 양다택이 그 사무에 관하여 원고들에게 가한 손해 중 이미 원고 유인권에게 지급한 휴업급여금 6,000,000원과 장해보상금 20,000,000원과 퇴직금 1,199,970원을 공제한 돈을 원고들에게 지급하고, 이에 대하여 이행지체를 원인으로 하여 불법행위 다음날부터 다 갚는 날까지 법 소정의 각 비율로 계산한 지연손해금을 지급할 의무가 있다 할 것이므로 본 소 청구에 이르렀습니다.

입 증 방 법

변론시 수시 제출하겠습니다.

첨 부 서 류

1. 주민등록초본 4통
1. 법인등기사항증명서 1통
1. 소장 부본 1통

1. 납부서 1통

2000. O. .

위 원고 1. 유 인 권 (인)
2. 박 진 선 (인)
3. 유 가 권
4. 유 나 미
원고 3. 4.는 미성년자이므로
법정대리인 친권자 부 유인권 (인)
모 박진선 (인)

OO지방법원 귀중

[해 설]

1. 대법원 93다10651 판결은 요양중인 근로자가 휴업급여를 받았을 때에는 보험가입자가 그 금액의 한도 안에서 민법상의 손해배상책임이 면제가 되지만 휴업급여는 요양중인 근로자가 취업하지 못한 기간 중에 일정액의 급여를 지급함으로써 근로자의 최저생활을 보장하려는 데 그 취지가 있으므로, 보험가입자가 수급권자의 일실이익의 손해액에서 휴업급여금을 공제하는 경우에는 그것이 지급된 휴업기간 중의 일실이익 상당의 손해액에서만 공제하여야 한다고 판시한다.
2. 대법원 81다카351 판결은 근로기준법상의 재해보상 중 휴업보상과 장해보상에 대하여는 근로자에게 중대한 과실이 있으면 그 보상책임을 면할 수 있으나, 그 외의 요양보상과 유족보상 등에 있어서는 근로자에게 중대한 과실이 있더라도 책임을 면하거나 제한되지 않으므로 재해근로자가 수령한 요양보상 중 과실비율에 따른 금원을 부당이득이라고 하여 사용자의 손해배상액으로부터 공제할 수 없다고 한다.
   따라서 피고측으로서는 산재사고에서 휴업보상과 장해보상에 대하여만 이미 수령한 금액을 공제하여야 한다고 항변할 수 있다고 하겠다.
3. 근로기준법에 의하면 사용자는 근로자가 업무상 부상 또는 질병에 걸려 완치 후 신체에 장해가 있는 경우에는 소정의 장해보상을 하여야 한다고 규정하고 있다. 따라서 이 규정에 따라 근로자는 민사소송으로 장해보상금의 지급을 사용자에 대하여 청구할 수 있을 것이다. 그런데 통상 근로기준법 적용 사업장은 산업재해보상보험법이 적용되기 때문에 장해급여금을 받게 된다. 그리하여 근로기준법에 따라 재해보상금의 지급을 청구하는 사건은 보기 힘들다. 오히려 산업재해보상보험법에 의한 보험급여가 적어서 추가로 더 이상의 손해의 배상을 민법상의 일반불법행위나 공작물책임, 사용자책임 등의 규정에 따라 청구하는 경우가 많다.

4. 외국인 근로자의 경우 일실수입의 산출과 관련하여 외국의 소득실태를 기준으로 할 것이냐 아니면 국내의 소득실태를 기준으로 할 것이냐에 관하여 외국임금기준설과 국내임금기준설이 있다.

[사례 57] 손해배상청구 소장(공작물책임과 사용자책임의 선택적 청구)

소 장

원 고 1. 정 가 호 (OOOOOO-OOOOOOO)
2. 장 수 지 (OOOOOO-OOOOOOO)
3. 정 나 수 (OOOOOO-OOOOOOO)
4. 정 다 수 (OOOOOO-OOOOOOO)
위 원고들의 주소 :
서울 은평구 가좌로 164(응암동) (우 :)

피 고 부국주식회사 (OOOOOO-OOOOOOO)
서울 노원구 공릉로 98(공릉동) (우 :)
대표이사 부상호

손해배상(산) 청구의 소

청 구 취 지

1. 피고는 원고 정가호에게 17,276,255원, 원고 장수지에게 5,000,000원, 원고 정나수, 원고 정다수에게 각 500,000원과 각 이에 대하여 2017. 7. 7.부터 이 사건 소장부본 송달일까지는 연 5%, 그 다음날부터 다 갚는 날까지는 연 15%의 각 비율로 계산한 돈을 각 지급하라.
2. 소송비용은 피고가 부담으로 한다.
3. 위 제1항은 가집행할 수 있다.

라는 판결을 구합니다.

청 구 원 인

1. 원고 정가호는 2017. 7. 6. 07:10경 안산시 성곡동 소재 주식회사 남방의 공장 신축 현장에서 꼬여 있는 물 호스를 곧게 펴려고 잡아당기다가 웅덩이에 떨어져 요추

압박 골절상을 입었습니다.

2. 당시 위 웅덩이는 뚜껑이 없는 등 통상의 안전성이 결여되어 공작물로서의 설치 보존상의 하자가 있었다. 그리고 위 웅덩이의 점유자는 피고회사였습니다.

3. 한편 피고회사는 사고 전날 소외 주대길로 하여금 위 공장 신축현장에 하수구 설치를 위한 웅덩이를 파게 하였다. 그 때 소외 주대길은 파 놓은 웅덩이에 시멘트 뚜껑을 덮는 작업을 하다가 어두워지자 작업을 중단하고 파놓은 웅덩이 일부를 그대로 방치하여 안전표시등을 설치하는 등의 안전조치를 취하지 아니한 과실이 있습니다.

4. 원고 정가호는 1965. 5. 22.생이고 기대여명은 20년 정도입니다. 그리고 소외 대종실업주식회사의 경비요원으로 일하면서 월 1,400,000원의 소득을 얻고 있었습니다. 원고 정가호는 위 사고가 없었더라면 최소한 도시일용노동에 종사하면서 월 1,154,626원(=52,483원 × 22일)의 소득을 사고일부터 55세까지 얻을 수 있었을 터였는데 위 사고로 말미암아 35%의 가동능력을 상실하였습니다.

5. 따라서 원고 정가호의 일실수입은 다음과 같이 계산한 금 17,263,378원이 된다고 할 것입니다.

1,154,626원×5.9140+1,154,626원×0.35×(31.7354-5.9140)
=17,263,378원
사고일로부터 6개월 간 입원치료
    6개월 해당 호프만지수 5.9140
사고일로부터 55세가 되는 2020. 5. 22.까지 34개월
    34개월 해당 호프만지수 31.7354

6. 한편 원고 정가호는 향후수술이 필요하고 그 수술비의 사고 당시 현가는 최소한 금 1,000,000원이라고 할 것입니다(정확한 것은 신체감정 후 확정할 것입니다).

7. 또한 원고 정가호와 그의 아내인 원고 장수지, 아들인 원고 정나수, 원고 정다수는 피고회사의 불법행위로 인하여 상당한 정신적 고통을 받았습니다.
그 위자료로는 원고 정가호가 금 15,000,000원, 원고 장수지가 금 5,000,000원, 원고 정나수, 원고 정다수가 각 금 500,000원씩이 상당할 것입니다.

8. 그러므로 피고회사는 공작물의 설치 보존상의 하자로 원고들에게 손해를 가하였거나, 소외 주대길을 사용하여 그의 사무에 종사하게 하고 소외 주대길이 그 사무에

관하여 원고들에게 손해를 가하였으므로, 그 손해액에서 중 원고 정가호에게 이미 지급된 휴업급여금과 장해보상금 합계 금 15,987,123원을 공제한 금원을 원고들에게 지급하고, 또한 이에 대하여 법 소정의 지연손해금을 지급할 의무가 있다 할 것이므로 본 소 청구에 이르렀습니다.

입 증 방 법

1. 갑 제1호증의 1, 2　　건설업임금실태조사보고서 표지 및 내용
1. 갑 제2호증　　가족관계증명서
1. 갑 제3호증의 1, 2　　생명표 표지 및 내용
1. 갑 제4호증　　향후수술비추정서
1. 갑 제5호증　　진단서
1. 추후 신체감정, 형사사건기록(업무상과실치상)문서송부촉탁신청예정

첨 부 서 류

1. 위 입증서류 사본　　각 1통
1. 주민등록초본　　4통
1. 법인등기사항증명서　　1통
1. 소장부본　　1통
1. 납부서　　1통

2000. 0. .

위 원고 1. 정 가 호 (인)
2. 장 수 지 (인)
3. 정 나 수 (인)
4. 정 다 수 (인)

OO지방법원 귀중

[해 설]

이 사건 소장은 차액설이 아니라 평가설에 입각하여 청구하는 예이다.

입원치료 기간은 소득의 100%를 상실한 것으로 계산하고 퇴원한 후부터는 신체감정 결과 나오는 가동능력상실율만큼 소득을 상실한 것으로 계산하는 것이 관례이다.

[사례 58] 손해배상청구 소장(산업재해사고)

소 장

사 건 손해배상(산) 청구의 소

원 고 1. 이 정 찬 (OOOOOO-OOOOOOO)
서울 송파구 가락로 14(석촌동)
2. 장 일 현 (OOOOO-OOOOOOO)
서울 은평구 가좌로 164(상암동)
원고들 소송대리인 변호사 장 정 의 (전화 :)
서울 성동구 가람길 113(송정동) (우 :)

피 고 황 주 현 (OOOOOO-OOOOOOO)
경기 남양주시 화도읍 가곡로 16 (우 :)

청 구 취 지

1. 피고는 원고 이정찬에게 38,462,237원, 원고 장월현에게 2,500,000원과 각 이에 대하여 2017. 12. 1.부터 이 사건 소장부본 송달일까지는 연 5%, 그 다음 날부터 다 갚는 날까지는 연 15%의 각 비율로 계산한 돈을 각 지급하라.
2. 소송비용은 피고의 부담으로 한다.
3. 위 제1항은 가집행할 수 있다.

라는 판결을 구합니다.

청 구 원 인

1. 원고 이정찬은 2017. 11. 30. 16 : 00경 경기 남양주시 화도읍 가곡로 26 호산기업의 작업대에서 재단기를 이용하여 하이그로시재료(반짝반짝 빛나는 가구재료)를 절단하던 작업을 하던 중 디디고 서 있던 발판이 미끄러워 재단기 위로 넘어지면서 왼손이 재단기 톱날에 닿아 좌수 2, 3, 4, 5지가 절단되는 상해를 입었습니다.

2. 이는 피고가 경영하는 위 호산기업 내의 피고 소유 및 점유의 공작물인 절단기계와 작업대를 설치 보존하는 데 있어 통상 갖추어야 할 안전성을 결여한 하자 즉, 발판이 편편하지 아니하고 비스듬하여 미끄러운 점, 발판이 시멘트로 되지 아니하고 유동적인 목재로 된 점, 기계가 컴퓨터 재단기가 아니라 시대에 뒤떨어진 것으로

안전장치가 구비되지 아니한 것인 점, 작업대가 근로자가 작업하기에 알맞은 높이로 설치되지 아니한 점, 재단기의 톱날이 위험한데도 아무런 안전커버가 설비되어 있지 아니한 점 등으로 말미암아 발생한 사고입니다.

3. 따라서 피고는 하자 있는 공작물 소유자 내지 점유자로서 또는 적절한 안전장치를 설비하지 아니한 과실 있는 불법행위자로서 원고 이정찬과 그의 어머니인 원고 장일현이 입은 모든 손해를 배상할 의무가 있다고 할 것입니다.

4. 나아가 피고가 배상하여야 할 손해액에 관하여 살펴보면, 원고 이정찬은 남자이고 1996. 12. 12.생이며 사고 당시 만 20세 11개월 남짓하였고, 기대여명이 49.21년이며, 사고 당시 피고가 경영하는 위 호산기업에서 생산직(하이그로시절단직)에 종사하면서 월 평균 금 1,197,666원{(1,219,400+1,184,600+1,189,000)÷3}의 수입을 올리고 있었고, 위 상해로 인한 노동능력상실율은 약 15%이므로 원고 이정찬의 위 사고시인 2017. 11. 30.부터 원고 이정찬이 60세가 되는 2056. 12. 12.까지 39년 남짓 동안 일실수입은 산식 1,197,666원×0.2×호프만지수 240에 따라 산출된 금 57,487,968원이 됩니다.
원고 이정찬의 과실비율을 30%로 보면 피고가 원고 이정찬에게 지급하여야 하는 일실수입배상액은 금 40,241,577원(57,487,968×0.7)이 됩니다.

5. 그런데 원고 이정찬은 이미 장해보상금으로 금 6,779,340원을 수령하였으므로 이를 위 일실수입배상액에서 공제하면 금 33,462,237원이 됩니다. 그리고 원고 이정찬의 위자료로는 금 5,000,000원이 상당할 것입니다. 한편 원고 이정찬과 앞서 본 바와 같은 가족관계에 있는 원고 장일현 위자료로는 금 2,500,000원이 상당할 것입니다.

6. 결국 피고는 원고 이정찬에게 금 38,462,237원(33,462,237+5,000,000), 원고 장일현에게 금 2,500,000원과 각 이에 대하여 이 사고 다음날인 2017. 12. 1.부터 이 사건 소장부본 송달일까지는 연 5%, 그 다음날부터 다 갚는 날까지는 연 15%의 각 비율로 계산한 지연손해금을 각 지급할 의무가 있다고 할 것이므로 본 소 청구에 이르렀습니다.

입 증 방 법

1. 갑 제1호증	보험급여원부
1. 갑 제2호증의 1내지 3	각 급여명세서
1. 갑 제3호증의 1내지 7	각 현장사진
1. 갑 제4호증	가족관계증명서

그 밖의 입증서류는 변론시 수시 제출하겠습니다.

첨 부 서 류

1. 위 입증서류 사본 각 1통
1. 주민등록초본 3통
1. 소장부본 1통
1. 납부서 1통

20OO. O. .

원고들 소송대리인 변호사 장 정 의 (인)

O O 지 방 법 원 귀 중

[손해배상 중요판례]

(1) **렌트카회사의 자동차운행자책임**

자동차대여회사는 자동차의 보유자로서 차량임차인에 대한 인적 관리와 임대차량에 대한 물적 관리를 통하여 임대차량에 대한 운행이익과 운행지배를 가지고 있다. 임대차량의 사고 당시의 운전자가 임차인 아닌 제3자이고 운전면허도 없는 자였다는 사실만으로는 임대차량에 대한 자동차대여회사의 운행지배가 단절 되었다고 볼 수 없다(대법원 1993. 8. 13. 선고 93다10675 판결).

(2) **국토이용관리법상의 토지거래허가대상 판단기준**

거래허가대상인가 아니면 단순히 신고대상인가를 구별하는 거래단위면적은 각 필지별 면적에 따라 필지별로 정할 것이 아니라 목적 토지들의 지리적 근접성 및 이용상황, 당해 거래의 경제적 목적, 대금의 결정방법 등 제반 상황을 종합적으로 고려하여 수필지 토지 전체가 하나의 매매계약 목적물이라고 보여지는 경우에는 수필지 토지 전체의 면적을 기준으로 정하여야 한다(대법원 1993. 9. 14. 선고 91다41316 판결).

(3) 국유재산법의 위헌결정이 소유의 의사에 미치는 영향

국유재산법 제5조 제2항이 시행된 1977. 5. 1.부터 헌법재판소에 의하여 1991. 5. 13.위 규정이 위헌결정될 때까지의 잡종재산에 대한 점유를 위헌결정 전의 점유라는 이유로 타주점유라고 할 수 없다(대법원 1993. 12. 28. 선고 93다45237 판결).

(4) 허위의 주소로 송달하여 의제자백의 판결을 받은 경우의 대처방법

민사소송법 제422조 제1항 제11호의 재심사유는 당사자가 상대방의 주소나 거소를 알면서 소재불명이라고 법원을 속여 공시송달의 명령을 얻어 소송이 진행된 때를 뜻하고, 허위의 주소로 송달되도록 하여 제3자로 하여금 소송서류를 수령하도록 하여 의제자백의 판결을 받은 때는 뜻하지 않는다. 후자의 경우에는 재심의 대상이 되지 아니하고 항소의 대상이 된다. 판결이 피고에게 적법하게 송달되지 아니하였으므로 항소기간의 진행이 개시되지 아니하였기 때문이다(대법원 1993. 12. 28. 선고 93다48861 판결).

원고가 피고의 주소를 허위로 기재하여 소를 제기함으로써 그 허위주소로 소송서류가 송달되어 피고 아닌 원고가 그 서류를 받아 의제자백의 형식으로 원고 승소의 제1심 판결이 선고되고 그 판결정본 역시 허위의 주소로 보내어져 송달된 것으로 처리되었다면, 제1심 판결 정본은 피고에게 적법하게 송달되었다고 할 수 없으므로 그 판결에 대한 항소기간은 진행을 개시하지 아니한다 할 것이어서 그 판결은 형식적으로 확정되었다고 할 수 없고, 따라서 소송행위 추완의 문제는 나올 수 없고, 피고는 제1심 판결 정본의 송달을 받지 않은 상태에 있다(즉, 피고는 이 사건 제1심 판결 정본의 송달을 받지 않은 상태에 있다 할 것이므로 이 사건 항소는 제1심 판결 정본 송달 전에 제기된 것으로서 적법하다)(법원공보 95년 630쪽).

(5) 시간강사 임용계약 갱신절차위반의 경우 해고의 무효 여부

계약만료 1월 전에 서면으로 갱신신청을 하여야 한다는 시행세칙상의 규정은 단지계약갱신관계를 명확하게 하기 위한 편의규정일 뿐 계약갱신의 효력규정은 아니라고 봄이 상당하다는 이유로, 원고들과의 계약기간 만료 후 계약갱신을 거부할 만한 정당한 사유에 대한 입증이 없는 한, 피고가 원고들과의 시간강사임용계약 갱신을 거절한 것은 정당한 사유가 없는 해고와 다름이 없어 무효라고 판시한 것은 정당하다(법원공보 94-683).

(6) 감독청의 허가 없는 학교법인의 기본재산의 경락의 효력

구사립학교법(1990. 4. 7.법 제4226호로 개정되기 전의 것) 제28조 제1항은 학교법인이 그 기본재산을 매도, 증여, 임대, 교환 또는 용도변경하거나 담보에 제공하고자 할 때 또는 의무의 부담이나 권리의 포기를 하고자 할 때에는 감독청의 허가를 받아야 한다고 규정하고 있으므로, 학교법인이 그 의사에 의하여 기본재산을 양도하는 경우뿐만 아니라 강제경매절차에 의하여 양도되는 경우에도 감독청의 허가가 없다면 그 양도행위가 금지된다고 할 것이고, 따라서 학교법인의 기본재산이 감독청의 허가 없이 강제경매절차에 의하여 경락되어 이에 관하여 경락을 원인으로 하여 경락인 명의의 소유권이전등기가 경료되었다 하더라도 그 등기는 적법한 원인을 결여한 등기라고 할 것이다(대법원 1994. 1. 25. 선고 93다42993호 판결).

(7) 상호명의신탁관계에 있는 경우의 제3자의 방해행위에 대한 대처방법

1필지의 토지 중 일부를 특정하여 매수하고 다만 그 소유권이전등기는 그 필지 전체에 관하여 공유지분권이전등기를 한 경우에는 그 특정부분 이외의 부분에 관한 등기는 상호 명의신탁을 하고 있는 것으로서, 그 지분권자는 내부관계에 있어서는 특정부분에 한하여 소유권을 취득하고 이를 배타적으로 사용, 수익할 수 있고, 다른 구분소유자의 방해행위에 대하여는 소유권에 터잡아 그 배제를 구할 수 있으나, 외부관계에 있어서는 1필지 전체에 관하여 공유관계가 성립되고 공유자로서의 권리만을 주장할 수 있는 것이므로, 제3자의 방해행위가 있는 경우에는 자기의 구분소유부분뿐 아니라 전체 토지에 대하여 공유물의 보존행위로서 그 배제를 구할 수 있다(대법원 1994. 2. 8.선고 93다42986 판결).

(8) 경계침범사건에서의 경계복원측량의 방법

경계침범여부가 문제로 되어 지적도상의 경계를 실지에 복원하기 위하여 행하는 경계복원측량은 등록할 당시의 측량방법과 동일한 방법으로 하여야 하는 것이므로(지적법시행령 제45조), 위 경계복원측량을 함에 있어서는 첫째 등록당시의 측량방법에 따르고, 둘째 측량 당시의 기초점을 기준으로 하여야 할 것이다(대법원 1994. 1. 14.선고 92다 13295). 따라서 비록 등록당시의 측량방법이나 기술이 발전되지 못하여 정확성이 없었다고 하더라도, 경계복원측량을 함에 있어서는 등록당시의 측량방법에 의하여야 하는 것이지, 보다 정밀한 측량방법이 있다 하여 그 방법에 의하여 측량할 수는 없다 할 것이다(대법원 1994. 2. 8. 선고 92다47359 판결).

(9) 건축허가명의경정을 민사소송으로 청구할 수 있는지 여부

원고가 대구직할시 북구청장을 상대로 건축허가명의경정을 민사소송으로 청구한 사건에 관하여 대법원은 그 사건 소송이 민사소송사항이 아니어서 부적법하다고 각하한 원심판결을 유지하였다(법원공보 93년 2949쪽).

(10) 국유재산대부료 부과의 법적 성질

산림청이나 그로부터 권한을 위임받은 행정청이 산림법등이 정하는 바에 따라 국유임야를 대부하거나 매각하는 행위는 사경제적 주체로서 상대방과 대등한 입장에서 하는 사법상 계약이지 행정청이 공권력의 주체로서 상대방의 의사 여하에 불구하고 일방적으로 행하는 행정처분이라고 볼 수 없으며 이 대부계약에 의한 대부료부과 조치 역시 사법상 채무이행을 구하는 것으로 보아야지 이를 행정처분이라고 할 수 없다(대법원 1993. 12. 7. 선고 91누11612 판결).

(11) 과세표준 및 세액 재증액경정처분이 있는 경우 쟁송의 대상

법인세의 과세표준과 세액을 재경정하는 경우에, 재증액경정처분은 앞서의 경정처분에 의하여 결정된 과세표준과 세액을 그대로 둔 채 재증액되는 부분만을 추가하는 것이 아니라 재증액되는 부분을 포함하여 전체로서 하나의 과세표준과 세액을 다시 결정하는 것이므로, 당초에 한 증액경정결정은 재증액경정결정에 흡수됨으로써 독립된 존재가치를 잃고 그 효력이 소멸되어, 납세의무자는 그 재증액경정결정만을 쟁송의 대상으로 삼아 당초 결정된 과세표준과 세액에 대하여까지 함께 취소를 청구할 수 있다(대법원 1993. 12. 21. 선고 92누14441 판결).

(12) 미성년자의 불법행위에 대한 부모의 손해배상책임

소외 김학일은 그가 오토바이를 운전하던 중 일으킨 이 사건 교통사고 당시 만 17세 9개월 남짓된 고등학교 3학년생으로서 자기 행위에 대한 책임을 변식할 지능이 있었으므로 그 부모인 피고들은 피해자인 원고 이순옥과, 그 가족인 나머지 원고들에 대하여 민법 제755조 제1항에 의한 손해배상책임이 없고, 위 김학일은 이 사건 사고를 일으키기 8개월 여 전에 원동기장치자전거 운전면허를 취득하였는데, 그 판시와 같은 원고들의 입증만으로는 피고들이 위 김학일에 대한 감독을 게을리 한 과실이 있고, 그로 말미암아 위 사고가 발생하였다고 인정하기에 부족하고, 달리 증거가 없으므로 피고들에게는 민법 제750조에 의한 손해배상책임이 없다고 판시하여 원고들의 청구를 모두 기각하였는바, ~~ 이러한 판단은 정당하고 ~~(대법원 1994. 2. 8. 선고 전원합의체 93다13605 판결, 이와 반대로 판시했던 소부의 판결로는 대법원 1993. 8. 27. 선고 93다22357 판결이 있다).

판례공보 98년 1845면 판결(대법원 98. 6. 9. 선고 97다49404 판결)은 책임능력 있는 미성년자의 불법행위로 인하여 손해가 발생한 경우 그 손해와 미성년자에 대한 감독의무자의 의무위반과 사이에 상당 인과관계가 있으면 감독의무자에게 민법 제750조에 의한 손해배상 책임이 있다. 경제적인 면에서 전적으로 부모에게 의존하며 부모의 보호감독을 받고 있었고 이미 수 차례에 걸친 범죄로 집행유예기간 중에 있던 만 19세 10개월 된 전문대학 1학년 재학 중의 아들이 폭력행위로 타인에게 손해를 가한 경우, 부모로서는 아들이 다시 범죄를 저지르지 않고 정상적으로 사회에 적응할 수 있도록 일상적인 지도 및 조언을 계속하여야 할 보호. 감독의무가 있음에도 불구하고 이를 게을리한 과실이 있다는 이유로, 부모의 손해배상책임을 인정하였다.

(13) 무면허운전면책약관의 적용범위

이 사건 무면허운전면책조항을 문언 그대로 무면허운전의 모든 경우를 아무런 제한없이 공제의 보상대상에서 제외한 것으로 해석하게 되면 절취운전이나 무단운전의 경우와 같이 자동차보유자는 피해자에게 손해배상책임을 부담하면서도 자기의 지배관리가 미치지 못하는 무단운전자의 운전면허소지여부에 따라 공제의 보호를 전혀 받지 못하는 불합리한 결과가 생기는바, 위 무면허운전면책조항이 공제조합원의 지배 또는 관리 가능성이 없는 무면허운전의 경우에까지 적용된다고 보는 경우에는 그 조항은 신의성실의 원칙에 반하는 공정을 잃은 조항으로서 약관의규제에관한법률 제6조 제1,2항, 제7조 제2,3호의 각 규정에 비추어 무효라고 볼 수밖에 없기 때문에 위 무면허운전면책조항은 위와 같은 무효의 경우를 제외하고 무면허운전이 공제조합원의 지배 또는 관리가능한 상황에서 이루어진 경우에 한하여 적용되는 조항으로 수정해석할 필요가 있으며 무면허운전이 공제조합원의 지배 또는 관리가능한 상황에서 이루어진 경우라 함은 구체적으로는 무면허운전이 공제조합원의 명시적 또는 묵시적 승인 하에 이루어진 경우를 말한다고 할 것이고(대법원 91. 12.24. 선고 90다카23899 전원합의체판결 참조), 기명피보험자의 승낙을 받아 자동차를 사용하거나 운전하는 자로서 보험계약상 피보험자로 취급되는 자(이른바 승낙피보험자)의 승인만이 있는 경우는 이에 해당하지 않는다고 보아야 할 것이다. 이러한 승낙피보험자는 원칙적으로 보험계약자나 기명피보험자에 대한 관계에 있어서 제3자로 하여금 당해 자동차를 사용, 운전하게 승인할 권한을 가지지 못하는 것인데 이러한 권한없는 자의 승인이 있었다는 이유만으로 보험자가 면책되어 보험계약자나 기명피보험자가 보험금청구권을 상실한다는 것은 불합리하기 때문이다(대법원 1993. 12. 21. 선고 91다36420 판결).

(14) 사업경영자의 일실수입 계산방법

개인사업을 경영하는 사람의 일실수입을 산정함에 있어서는 그의 사고 당시의 사업소득을 기준으로 하여 그 사업소득에 들어 있는 개인적 기여도에 의한 수익부분의 비율에 따라 산정할 수 있는 것으로서 사업소득에서 인적, 물적 경비와 자본이익을 공제하는 방법으로 사업소득에 대한 개인적 기여도를 산정할 수 있는 것이고, 소득세법에 의하여 총수입금액을 소득표준율을 곱하여 계산한 업소득금액을 기준으로 하는 경우에는 인적, 물적 경비를 공제한 소득을 사업소득으로 산정하는 것이므로 거기에서 그 사업에 투하된 자본이 기여한 수입액을 다시 공제하여야 하며 이와 같은 자본이익으로서의 투하자본의 기여액은 사업소득결정과정에서 공제되는 임차한 점포의 차임과 같은 필요경비와는 구별되어야 하는 것이므로 이를 동일한 사유에 의한 2중 공제로 볼 수는 없다(대법원 1993. 10. 12. 선고 91다38679 판결, 1987. 3. 24. 선고 86다카2455 판결, 1989. 3. 14. 선고 86다카2731 판결, 1990. 2. 13. 선고 88다카34100 판결).

(15) 위증을 이유로 한 위자료청구

원고가 원판시 형사사건에서 유죄판결을 받지 않았다 하더라도 피고의 허위진술로 유죄의 판결을 받을지도 모를 위험에 노출되었다 할 것이므로 피고의 판시 위증으로 인하여 원고가 정신적 고통을 받았을 것임은 경험칙상 인정할 수 있다. 같은 취지에서 원심이 원고의 위자료 청구를 인용한 것은 수긍이 간다(대법원 1994. 2. 8. 선고 93다32439 판결).

(16) 임차물이 원인불명의 화재로 소실된 경우 임차인의 손해배상책임

피고가 원고로부터 원고 소유인 이 사건 건물을 임차하여 밥상의 칠을 하는 공장으로 사용하여 오던 중 구정 연휴로 휴무중이던 1991. 2. 17. 화재가 발생하여 이 사건 건물 전부가 소실된 사실, 위 화재 당시 이 사건 공장 내에는 신나 등 인화물질이 많이 있었던 사실, 위 화재는 이 사건 건물 내부에서 발생한 사실을 인정하는 한편 위 화재가 동네 아이들의 쥐불놀이에 기인한 실화로는 볼 수 없다고 한 다음, 비록 위 화재의 원인이 불명이며 피고가 1991. 2. 13.부터 구정 휴무로 작업을 중지하면서 연탄불을 끄고 전기스위치를 차단하고 공장문을 닫는 등

판시와 같은 조치를 취한 것만으로는 이 사건 임차건물의 보존에 관하여 선량한 관리자로서의 주의의무를 다 하였다고 보기 어렵고 따라서 피고는 원고에게 이 사건 건물의 소실로 인한 손해를 배상할 책임이 있다고 판단하였는바, 위와 같은 판단은 정당하고,임차인의 임차물반환채무가 이행불능이 된 경우에 임차인이 그 이행불능으로 인한 손해배상책임을 면하려면 그 이행불능이 임차인의 귀책사유에 의하지 아니한 것임을 입증할 책임이 있으며, 임차물이 화재로 소실된 경우에 그 화재발생원인이 불명인 때에도 임차인이 그 책임을 면하려면 그 임차건물의 보존에 관하여 선량한 관리자의 주의의무를 다하였음을 입증하여야 할 것이다(대법원 1994. 2. 8. 선고 93다22227 판결, 1985. 4. 9. 선고 84다카2416 판결, 1987. 11. 24. 선고 87다카1575 판결, 1992. 9. 22. 선고 92다16652 판결 등).

(17) 의료사고에 관한 판례

설명의무를 이행하지 아니한 경우 위자료를 배상할 의무가 있지만 소극적, 적극적 손해까지 배상할 의무는 없다는 취지(법원공보 95년 886쪽).

(18) 예문해석

처분문서의 기재내용이 부동문자로 인쇄되어 있다면 인쇄된 예문에 지나지 아니하여 그 기재를 합의의 내용이라고 볼 수 없는 경우도 있으므로 처분문서라 하여 곧바로 당사자의 합의의 내용이라고 단정할 수는 없고 구체적 사안에 따라 당사자의 의사를 고려하여 그 계약내용의 의미를 파악하고 그것이 예문에 불과한 것인지의 여부를 판단하여야 한다(판례공보 98년 90쪽).

(19) 일실수입 산정방법

불법행위로 인하여 사망하거나 신체상의 장애를 입은 사람이 장래 얻을 수 있는 수입의 상실액은 원칙적으로 그 불법행위로 인하여 손해가 발생할 당시에 그 피해자가 종사하고 있었던 직업의 소득을 기준으로 하여야 하고. 이를 기준으로 할 수 없는 경우에는 그 피해자가 가지고 있는 특정한 기능이나 자격 또는 학력에 따라 얻을 수 있을 것으로 상당한 개연성이 인정되는 통계소득을 기준으로 하여 산정할 수도 있다. 통계소득을 기준으로 일실수입을 산정하는 경우에도 수익의 증감이 상당한 정도로 확실시되는 경우가 아닌 한 원칙적으로 사고 당시의 해당 경력에 상응한 통계소득을 기준으로 하여야 하는 것이고, 사실심 변론종결시의 해당 경력에 상응한 통계소득을 기준으로 하는 것은 적절하지 아니하다(판례공보 98년 95쪽).

(20) 환경이익의 침해를 이유로 침해의 배제를 청구할 수 있는지 여부

봉은사와 인접한 5필지의 토지 위에 대지면적 3026.9㎡, 건축면적 1594㎡, 연면적 34202㎡, 건물 높이 약 80m에 이르는 운봉빌딩과 운봉스포츠센터 등 2동의 건물을 건축하기로 하는 건물도급계약을 체결하고, 위 건축공사를 시행하다가 봉은사가 금 1억원을 공탁할 것을 조건으로 운봉빌딩 중 지상 15층 건축물높이 72.3m를 초과하는 부분에 대한 건축공사를 하여서는 아니된다는 가처분결정에 의하여 공사를 중단한 후 봉은사가 19층 높이의 건물을 완공하게 될 경우 사찰 내부 전체를 가까이에서 내려다 볼 수 있어 사생활을 침해하고 사찰의 경관과 문화적 가치 및 기능을 파괴하며 종교활동을 현저히 해할 우려가 있는 등 봉은사의 환경권을 침해하며 이러한 침해는 회복하기 어려운 손해가 될 것이므로 4층 이상으로 건축을 금지해 달라고 청구한 데 대하여, 대법원은 어느 토지나 건물의 소유자가 종전부터 향유하고 있던 경관이나 조망, 조용하고 쾌적한 종교적 환경 등이 그에게 하나의 생활 이익으로서의 가치를 가지고 있다고 객관적으로 인정된다면 법적인 보호의 대상이 될 수 있는 것이라 할 것이므로, 인접대지에 어떤 건물을 신축함으로써 그와 같은 생활이익이 침해되고 그 침해가 사회통념상 일반적으로 수인할 정도를 넘어선다고 인정되는 경우에는 위 토지 등의 소유자는 그 소유권에 기하여 그 방해의 제거나 예방을 위하여 필요한 청구를 할 수 있다고 할 것이라고 한다(판례공보 97년 2638면).

[사례 59] 임대보증금반환청구 소장(임대차계약, 기간만료)

소 장

원 고 송 영 화 (OOOOOO-OOOOOOO) (전화 :)
서울 동작구 신대방길 86(신대방동) (우 :)

피 고 편 인 무 (OOOOOO-OOOOOOO)
서울 은평구 가좌로 164(응암동) (우 :)

임대보증금반환 청구의 소

청 구 취 지

1. 피고는 원고에게 30,000,000원과 이에 대하여 2018. 2. 8.부터 이 사건 소장부본 송달일까지는 연 5%, 그 다음날부터 다 갚는 날까지는 연 15%의 각 비율로 계산한 돈을 지급하라.
2. 소송비용은 피고의 부담으로 한다.
3. 위 제1항은 가집행할 수 있다.

라는 판결을 구합니다.

청 구 원 인

1. 원고는 2012. 4. 4. 피고로부터 동인천지하상가 제18호 점포(이하 "이 사건 점포"라 한다)를 보증금 30,000,000원, 차임 무료, 기간 2014. 4. 4.까지로 정하여 임차하였습니다.

2. 그 후 원고와 피고는 기간을 2018. 1. 31.까지로 갱신하였습니다. 그리하여 원고와 피고 사이의 위 임대차계약은 2018. 1. 31. 기간만료로 인하여 종료되었습니다. 그리고 원고는 2018. 2. 7. 이 사건 점포를 피고에게 인도하였습니다.

3. 따라서 원고는 피고에 대하여 위 임대차보증금계약에 따라 보증금 30,000,000원과 이에 대하여 이 사건 점포인도일 다음날부터 이 사건 소장부본 송달일까지는 민법 소정의 연 5%, 그 다음날부터 다 갚는 날까지는 소송촉진등에관한특례법 소정의 각 비율로 계산한 연 15%의 각 비율로 계산한 지연손해금을 지급받고자 본 소 청구에 이르렀습니다.

입 증 방 법

변론시 수시 제출하겠습니다.

첨 부 서 류

1. 주민등록초본 2통
1. 소장 부본 1통
1. 납부서 1통

20OO. O. .

위 원고 송 영 화 (인)

ㅇㅇ지방법원 귀중

[해 설]

1. 이 사건의 청구권원은 임대차계약에 부수한 보증금계약이다. 보증금계약은 임대차계약의 기간이 만료된 경우 보증금을 반환한다는 내용과 그 반환되는 보증금의 액수는 당해 임대차에 관하여 임차목적물 인도시까지 생긴 임차인의 임대인에 대한 모든 채무를 정산한 나머지로 한다는 내용인 것이 보통이다. 그리고 보증금잔액반환의무와 임차목적물 반환의무는 동시이행관계에 있다.
2. 이 사건에서는 원고가 금 3,000만원을 전부 청구하고 있지만 2018. 2. 1.부터 같은 달 7.까지의 건물인도지체기간에 대한 임대료 상당의 부당이득 내지 손해배상을 공제한 잔액만 승소하게 될 것이다.
3. 보증금반환청구사건에서 요건사실은 임대차보증금 계약성립사실과 계약종료사실 및 반환받을 보증금의 존재사실이 아닌가 생각된다. 임차물반환여부는 보증금반환청구를 하였을 때 오히려 상대방이 동시이행의 항변을 할 사항인 것 같다.
   그리고 반환 받을 보증금의 액수는 보증금 반환청구의 요건사실이 아니라 청구액의 특정 또는 식별을 위한 사실일 뿐이라고 생각된다.
4. 항변 등에 관한 판단
   가. 묵시의 갱신 항변
      (1) 기간만료로 임대차가 종료되었다는 원고(임차인)의 주장에 대하여, 임대차 종료 후에도 원고가 목적물을 계속 사용수익하였고, 종료 후 상당한 기간 내에 이의를 제기하지 아니하였다는 묵시의 갱신 항변
      (2) 주택·상가건물임대차보호법 적용대상 임대차에 있어서 법정기간 내에 적법한 갱신거절통지를 하지 아니하였다는 항변(갱신되는 기간은 주택은 2년, 위 법률 적용상가는 1년, 나머지 건물은 원고의 해지통고로부터 6개월)
         – 원고(임차인)의 재항변 : 묵시의 갱신을 저지하는 사유
           주택임대차의 경우에는 기간만료 전 6월에서 1월 사이에 이미 갱신거절의 통지를 하였다는 재항변(내용증명)
   나. 공제 항변 : 임대차계약서, 견적서, 사진, 영수증, 검증·감정신청
      피고(임대인)는 차임·관리비 약정사실과 목적물훼손사실 및 손해액을 주장·입증(공제대상 채권 발생사실)하여 공제항변을 할 수 있음. 손해액에 대한 증거(영수증, 필요할 경우 검증감정신청을 하도록 권고)를 제출하도록 입증 촉구
      – 원고(임차임)의 재항변 : 차임·관리비나 차임 상당의 부당이득금 내지 손해배상금을 이미 지급한 사실을 주장·입증(공제대상 채권 불발생 소멸사실)하여 재항변 : 영수증
   다. 임대인지위 양도(승계) 항변 : 주민등록등본, 매매계약서, 등기사항증명서
      (1) 피고는 원고가 대항력 있는 주택임차인 또는 상가임차인이라는 점과 임대차 목적물을

타에 양도하여 신 소유자가 임대인지위를 승계하였다는 항변

(2) '신소유자의 보증금반환채무 승계 여부'와 관련하여 전형적인 증거방법 : 묵시적으로 승계되었다고 볼 여지가 있는 사건이 많으므로, 소유권 승계 전후의 사정에 관한 증거 필요 : 신소유자가 차임을 자기에게 지급하여 달라는 취지의 내용증명, 차임을 받아온 입금증, 전 소유자와의 매매계약서 등이 주로 제출됨.

— 원고의 재항변 : 원고(임차인)는 그 양도사실을 알로 상당한 기간 내에 이의를 제기하였음을 주장 · 입증하여 여전히 구 소유자에게 임대인지위가 남아있다는 재항변 : 내용증명(이의제기서)

라. 동시이행의 항변

(1) 임대목적물을 인도받을 때까지 보증금을 지급할 수 없다는 항변

(2) 공제항변과 함께 하는 경우 많음(우선 '공제'항변을 통해 확정된 보증금과 동시이행관계)

— 원고(임차인)의 재항변 : 임대목적물을 인도한 사실을 주장 · 입증하여 재항변(인수증)

마. 보증금반환채권이 양도 · 전부되었다는 항변 : 압류 · 전부명령, 양도통지서

바. 보증금반환채권이 압류 · 추심되었다는 항변(본안전 항변) : 압류 · 추심명령

[사례 60] 임차보증금등청구 소장(점유자의 유익비 청구)

소　　　장

원 고　　황 권 리 (OOOOOO-OOOOOOO)　　(전화 :　　　)
　　　　서울 은평구 가좌로 164(응암동)　　(우 :　　　)

피 고　　제 의 무 (OOOOOO-OOOOOOO)
　　　　서울 성동구 가람길 113(송정동)　　(우 :　　　)

임차보증금 등 청구의 소

청 구 취 지

1. 피고는 원고에게 13,341,965원과 이에 대하여 2018. 1. 1.부터 이 사건 소장부본 송달일까지는 연 5%, 그 다음 날부터 다 갚는 날까지는 연 15%의 각 비율로 계산한 돈을 지급하고, 5,000,000원 또는 5,500,000원과 이에 대하여 이 사건 소장부본 송달다음날부터 다 갚는 날까지 연 15%의 비율로 계산한 돈을 지급하라.
2. 소송비용은 피고의 부담으로 한다.
3. 위 제1항은 가집행할 수 있다.

라는 판결을 구합니다.

청 구 원 인

1. 원고는 2016. 1. 1. 피고로부터 서울역사 지하에 있는 무도유흥음식점(이하 '이 사건 점포'라 한다)을 보증금은 금 25,000,000원, 차임은 부가가치세 1,000,000원을 포함한 연 11,000,000원, 기간은 2017. 12. 31.까지로 정하여 임차한 사실이 있습니다.
   이 때 보증금은 계약기간만료 후 원고가 이 사건 점포를 원상회복하여 반환함과 동시에 이를 반환받기로 약정하였습니다.

2. 원고는 2017. 12. 27. 이 사건 점포에서 퇴거하고 원상회복을 완료하여 피고에게 이 사건 점포를 반환하였습니다. 현재 위 임대차계약은 기간만료로 인하여 종료된 상태입니다.

3. 그런데 피고는 원고에게 위 보증금 25,000,000원 중 13,341,965원을 반환하지 않고 있습니다.

4. 원고는 피고가 원상회복이 불충분하다며 보증금의 반환을 거부하여 2018. 6. 30.까지 금 5,000,000원 정도의 비용을 들여 이 사건 점포의 천정 및 조명시설 등 복구공사를 하며 유익비를 지출하였고 그 가액의 증가는 현존하며 증가액은 금 5,500,000원 상당입니다.

5. 그러므로 원고는 피고에 대하여 위 보증금계약에 따라 아직까지 반환받지 못한 임차보증금 13,341,965원의 반환을 청구하고, 아울러 민법 제203조의 점유자의 유익비상환청구권에 기하여 지출액 5,000,000원 또는 증가액 5,500,000원을 선택하여 지급할 것을 청구하고, 이행지체를 원인으로 하여 미반환보증금에 대하여 계약기간만료 다음날부터 이 소장부본 송달일까지는 연 5%, 그 다음날부터 다 갚는 날까지는 연 15%의 각 비율로 계산한 지연손해금의 지급을 청구하고, 마찬가지로 이행지체를 원인으로 하여 유익비에 대하여 이 소장부본 송달다음날부터 다 갚는 날까지 연 15%의 비율로 계산한 지연손해금을 지급받고자 본 소 청구에 이르렀습니다.

입 증 방 법

변론시 수시 제출하겠습니다.

첨 부 서 류

1. 주민등록초본 2통

1. 소장 부본　　　　　　1통
1. 납부서　　　　　　　1통

20OO. O. .

위 원고 황 권 리 (인)

O O 지 방 법 원 귀 중

[해 설]

이 사건에서 피고는 원상회복이 미흡하다며 스스로 2017. 12. 29.까지 이 사건 점포의 배전판 공사, 화장실 천정의 보수공사 등의 비용으로 금 741,965원을 지출하고 보증금 25,000,000원에서 공사비 741,965원과 임대차종료 다음날부터 타에 다시 임대한 2018. 1. 8.까지의 차임 상당액금 12,600,000원을 공제한 나머지 11,658,035원만을 원고에게 반환하였다.

사건의 발단은 원상회복의무의 범위에 관한 다툼이었다. 원고는 원고가 임차하였을 때의 상태로만 원상회복을 하면 된다. 그리고 원고가 원상회복의무가 있는 정도까지 원상회복하지 아니하고 이를 지체하였다면 이로 인하여 피고가 입은 손해를 원고가 배상하거나 보증금에서 공제하여야 한다. 이 때 피고의 손해액은 원고의 이행지체일로부터 피고 스스로 원상회복을 할 수 있었던 상당한 기간까지의 임대료 상당액이다. 건물임대차에 있어서 임대차 종료 후 임차인의 임차목적물을 원상회복하여 인도할 의무와 임대인이 연체 차임 기타 손해배상금을 공제하고 남은 임차보증금을 반환할 의무와는 동시이행의 관계에 있으므로, 원고의 이행지체는 임대차종료 다음날부터 시작되는 것이 아니라 임대인이 임차보증금의 반환을 제공하고 임차인에게 원상회복, 인도를 청구한 다음날부터 시작된다(대법원 1990. 10. 30. 선고 90다카12035 판결 참조).

[사례 61] 보증금반환청구 소장(계약종료, 반환받을 보증금의 존재)

소 장

원 고　한 정 순 (OOOOOO-OOOOOOO)
서울 서초구 서초대로 28길(서초동)
소송대리인 변호사 기 철 우　　　(전화 :　　)
서울 서초구 서초대로 36길(서초동)　　　(우 :　　)

피 고 전 홍 우 (OOOOOO-OOOOOOO)
서울 성동구 가람길 113(송정동) (우 :)

보증금반환 청구의 소

청 구 취 지

1. 피고는 원고에게 15,000,000원과 이에 대하여 2017. 12. 6.부터 이 사건 소장부본 송달일까지는 연 5%, 그 다음날부터 다 갚는 날까지는 연 15%의 각 비율로 계산한 돈을 지급하라.
2. 소송비용은 피고의 부담으로 한다.
3. 위 제1항은 가집행할 수 있다.

라는 판결을 구합니다.

청 구 원 인

1. 원고는 피고와 사이에 2015. 7. 29. 서울시 서초구 서초동 435-9 지상 골조, 지붕, 층수, 용도, 면적 불상의 건물 중 부엌 딸린 가게 1개 면적 불상에 관하여 보증금 10,000,000원, 월 차임 150,000원, 기간 2015. 8. 7.부터 24개월 동안으로 정하고 임대차계약을 체결한 사실이 있습니다.

2. 그 후 2017. 8. 7. 위 임대차계약이 기간만료로 종료되고 2017. 12. 5. 원고는 피고에게 위 임차물을 반환하였습니다.

3. 그러나 피고는 연체차임 기타 아무런 채권도 원고에 대하여 가지고 있지 않으면서 위 보증금을 반환하지 않고 있습니다.

4. 따라서 원고는 피고로부터 2015. 7. 29.자 임대차계약에 기한 보증금 15,000,000원과 이에 대한 임차물반환 다음날인 2017. 12. 6.부터 이 사건 소장부본 송달일까지는 연 5%, 그 다음날부터 다 갚는 날까지는 연 15%의 각 비율로 계산한 돈을 지급받고자 본 소 청구에 이르렀습니다.

입 증 방 법

1. 갑 제1호증 월세계약서

그 밖의 입증서류는 변론시 수시 제출하겠습니다.

첨 부 서 류

1. 위 입증서류 사본 각 1통
1. 주민등록초본 2통
1. 소장부본 1통
1. 납부서 1통

20OO. O. .

원고 소송대리인 변호사 기 철 우 (인)

O O 지 방 법 원 귀 중

[해 설]
이 사건에서 우선 재판부는 임대차계약종료사실 여부, 원고가 반환받아야 할 보증금채권이 남아 있는지 여부를 심리할 것이다. 임차물을 원고가 피고에게 반환하였는지 여부는 피고가 임차물을 반환하지 않으면 보증금을 반환하지 않겠다는 동시이행의 항변을 하였을 때에야 비로소 심리하게 된다. 이와 같은 사건에서 원고의 입증사항은 임대차계약 종료사실과 원고가 반환받아야 할 보증금이 남아 있다는 사실이므로 이 점을 염두에 두면서 이 점이 역사적 사실로서 구현되도록 소장의 청구원인사실을 구체적, 직접적으로 간략하게 기재해 나가면 된다.

[사례 62] 전세금반환청구 소장(전세계약해지)

소 장

원 고 유 성 호 (OOOOOO-OOOOOOO) (전화 :)
서울 서초구 강남대로 27(양재동) (우 :)

피 고 정 용 덕 (OOOOOO-OOOOOOO)
서울 강남구 강남대로 238(도곡동) (우 :)

전세금반환 청구의 소

청 구 취 지

1. 피고는 원고에게 7,500,000원과 이에 대하여 2018. 5. 1.부터 이 사건 소장부본 송

달일까지는 연 5%, 그 다음날부터 다 갚는 날까지는 연 15%의 각 비율로 계산한 돈을 지급하라.
2. 소송비용은 피고의 부담으로 한다.
3. 위 제1항은 가집행할 수 있다.
라는 판결을 구합니다.

청 구 원 인

1. 원고는 2017. 11. 16. 피고로부터 서울 동작구 신대방길 86(신대방동) 주택 중 3층을 전세금 13,000,000원, 기간 2018. 12. 10.까지로 정하고 임차한 후, 원고측의 사정으로 인하여 2018. 4. 21. 이 전세계약을 합의해지하고 5,500,000원은 반환 받았으나 나머지 7,500,000원은 반환받지 못하였는데 2017. 4. 30.까지 반환 받기로 약정하였습니다.

2. 따라서 원고는 피고로부터 전세계약 합의해지를 원인으로 하여 반환되지 아니한 전세금 7,500,000원과 이에 대하여 반환약정일 다음날부터 이 사건 소장부본 송달일까지는 연 5%, 그 다음날부터 다 갚는 날까지는 소송촉진등에관한특례법에서 정한 연 15%의 각 비율로 계산한 지연손해금의 지급받고자 본 소 청구에 이르렀습니다.

입 증 방 법

1. 갑 제1호증 부동산전세계약서
1. 갑 제2호증 지불각서

그 밖의 입증서류는 변론시 수시 제출하겠습니다.

첨 부 서 류

1. 위 입증서류 사본 각 1통
1. 주민등록초본 2통
1. 소장부본 1통
1. 납부서 1통

2000. O. .

위 원고 유 성 호 (인)

ㅇㅇ지방법원 귀중

[해 설]

합의해지 자체도 해지계약이다. 이 사건의 청구권원은 해지계약이다. 따라서 해지계약의 내용을 기재하여 주고 청구하는 금액을 특정하여 주면 된다.

소장의 청구원인을 기재하기에 앞서서 원고가 원하는 법적 효과가 발생하기 위하여 민법이 요구하는 사실(이를 요건사실 또는 주요사실이라고 한다)을 먼저 염두에 두고 그 사실을 골격으로 하여 역사적 사실로서의 그 사건을 표현할 수 있도록 구체적으로 당사자, 일시, 액수, 목적물 등을 특정하여 간결하게 기재하여 나간다. 소장의 청구원인에 추상적이고 일반적인 요건사실만을 나열하여서도 아니되고, 역사적 사실을 구체적, 직접적으로 기재하면서 법적 효과 발생에 필요한 요건사실을 누락시켜서도 아니된다.

[사례 63] 전세금반환청구 소장(합의해지약정, 이행불능)

소 장

원 고 조 진 수 (OOOOOO-OOOOOOO)
서울 동작구 신대방길 86(신대방동)
소송대리인 변호사 장 운 호 (전화 :)
서울 서초구 서초대로 28길(서초동) (우 :)

피 고 고 혜 수 (OOOOOO-OOOOOOO)
서울 노원구 공릉로 98(공릉동) (우 :)

전세금반환 청구의 소

청 구 취 지

1. 피고는 원고에게 20,000,000원과 이에 대하여 2017. 10. 1.부터 이 사건 소장부본 송달일까지는 연 5%, 그 다음날부터 다 갚는 날까지는 연 15%의 각 비율로 계산한 돈을 지급하라.
2. 소송비용은 피고의 부담으로 한다.
3. 위 제1항은 가집행할 수 있다.

라는 판결을 구합니다.

청 구 원 인

1. 원고는 2017. 3. 9. 피고와 사이에 채무자 소유의 서울시 마포구 가양대로 143(사양동) 시멘트 벽돌조 기와지붕 중 방 2개와 주방, 거실에 관하여 전세금 20,000,000원, 기간 2017. 3. 18.부터 2019. 3. 17.까지로 정하여 채권적 전세계약을 체결한 사실이 있습니다.

2. 그런데 2017. 7. 27.자 수해(세간에 알려진 철원 연천 파주지역 폭우 피해)로 인하여 위 건물부분의 사용이 심히 곤란하게 되어 원고는 2017. 8.초경 피고에게 위 건물부분을 수리하도록 인도하고 위 전세금의 반환을 요구하였습니다.

3. 이에 피고도 2017. 8. 10.경 동의하여 위 전세계약은 합의해지되었습니다. 그때 피고는 원고에게 2017. 9. 30.까지 위 전세금을 반환하여 주겠다고 약정하였습니다.

4. 그러므로 피고는 위 전세금을 원고에게 반환하여 줄 의무가 있음에도 불구하고 현재까지 반환하지 않고 있습니다. 피고는 위 건물부분을 제3자에게 다시 임대하여 자금이 있으면서도 반환하지 아니하고 있는 실정입니다.

5. 따라서 피고는 위 해지약정을 원인으로 하여 원고에게 위 전세금을 반환하든지 아니면 선택적으로 이행불능을 원인으로 하여 원고가 이 사건 소장부본의 송달로써 위 채권적 전세계약을 해제하므로 해제로 인한 원상회복의 일환으로 위 전세금을 반환하든지 할 의무가 있다고 할 것입니다.

6. 이에 원고는 피고로부터 위 전세금 20,000,000원과 이에 대하여 2017. 10. 1.부터 이 사건 소장부본 송달일까지는 연 5%, 그 다음날부터 다 갚는 날까지는 소송촉진등에관한특례법에서 정한 연 15%의 각 비율로 계산한 돈을 지급받고자 본 소 청구에 이르렀습니다.

입 증 방 법

1. 갑 제1호증 부동산전세계약서
1. 갑 제2호증 전세보증금반환청구서

그 밖의 입증서류는 변론시 수시 제출하겠습니다.

첨 부 서 류

1. 위 입증서류 사본 각 1통
1. 주민등록초본 2통

1. 소장부본 1통
1. 납부서 1통

20○○. ○. .

원고 소송대리인 변호사 장 운 호 (인)

○○이지방법원 귀중

[사례 64] 전세금반환청구 소장(채권적 전세계약, 계약종료)

소 장

원 고 김 성 범 (○○○○○○-○○○○○○○)
서울 관악구 관악로 106(봉천동) 유이빌라 지하 102호
소송대리인 변호사 엄 지 호 (전화 :)
서울 서초구 서초대로 28길(서초동) (우 :)

피 고 박 순 희 (○○○○○○-○○○○○○○)
서울 은평구 가좌로 164(응암동) (우 :)

전세금반환 청구의 소

청 구 취 지

1. 피고는 원고에게 30,000,000원과 이에 대하여 2017. 10. 29.부터 이 사건 소장부본 송달일까지는 연 5%, 그 다음날부터 다 갚는 날까지는 연 15%의 각 비율로 계산한 돈을 지급하라.
2. 소송비용은 피고의 부담으로 한다.
3. 위 제1항은 가집행할 수 있다.

라는 판결을 구합니다.

청 구 원 인

1. 원고와 피고는 2015. 10. 28. 피고 소유의 서울 관악구 관악로 106(봉천동) 유이빌

라 지하 102호 주택에 관하여 피고는 원고로 하여금 그 주택에 입주 사용하게 하고 원고는 피고에게 전세금 30,000,000원을 지급하되 그 기간은 정함 없는 내용의 채권적 전세계약을 맺은 사실이 있습니다.

2. 위 계약기간의 정함은 없었으나 주택임대차보호법에 의하여 2년으로 보게 되어 2017. 10. 28.의 경과로 기간이 만료되고 위 계약은 종료되었습니다.

3. 그런데 피고는 위 전세금의 반환을 지체하고 있습니다.

4. 따라서 원고는 피고로부터 전세계약 종료를 원인으로 하여 전세금 30,000,000원과 이에 대하여 계약종료 다음날부터 이 사건 소장부본 송달일까지는 연 5%, 그 다음날부터 다 갚는 날까지는 소송촉진등에관한특례법에서 정한 연 15%의 각 비율로 계산한 지연손해금을 지급받고자 본 소 청구에 이르렀습니다.

입 증 방 법

1. 갑 제1호증 부동산임대차계약서
1. 갑 제2호증 재계약서
1. 갑 제3호증 부동산등기사항증명서

그 밖의 입증서류는 변론시 수시 제출하겠습니다.

첨 부 서 류

1. 위 입증서류 각 1통
1. 주민등록초본 2통
1. 소장부본 1통
1. 납부서 1통

20OO. O. .

원고 소송대리인 변호사 엄 지 호 (인)

O O 지 방 법 원 귀 중

[해 설]

이 사건은 전세계약 종료를 이유로 전세금반환을 청구하는 사건이다. 따라서 전세계약 종료사실과 반환을 구하는 전세금의 액수를 밝히면 될 것이다. 그리고 지연손해금을 청구하려면 이행지체사실도 추가하여 기재하여야 한다. 그러나 경우에 따라서 이행지체사실을 기재하지 않아도 소장의 전취지에 의하여 이행지체사실이 감지되는 경우에는 구태여 그 기재를 하지 않았다고 하여 문제될 것은 없을 것이다.

[사례 65] 전세금반환청구 소장(채권적 전세계약, 대항력취득)

소 장

원 고 박 혜 숙 (OOOOOO-OOOOOOO)
서울 성동구 가람길 113(송정동) 용현주공아파트 305-403
소송대리인 변호사 유 민 주 (전화 :)
서울 서초구 서초대로 28길(서초동) (우 :)

피 고 김 민 수 (OOOOOO-OOOOOOO)
서울 노원구 공릉로 98(공릉동)
송달장소 : 서울 은평구 가좌로 164(응암동)(우 :)

전세금반환 청구의 소

청 구 취 지

1. 피고는 원고에게 20,000,000원과 이에 대하여 이 사건 소장부본 송달다음날부터 다 갚는 날까지 연 15%의 비율로 계산한 돈을 지급하라.
2. 소송비용은 피고의 부담으로 한다.
3. 위 제1항은 가집행할 수 있다.

라는 판결을 구합니다.

청 구 원 인

1. 원고는 2015. 4. 26. 소외 홍성수와 사이에 당시 소외 홍성수의 소유이던 서울 성동구 가람길 113(송정동) 소재 용현주공아파트 305동 403호(이하 '이 사건 건물'이라고 한다)에 관하여 전세금 20,000,000원, 전세기간 2015. 5. 26.부터 2018. 5. 25.까지로 정하여 채권적 전세계약을 체결하고 2016. 5. 26. 이 사건 건물에 입주하고 2016. 5. 30. 주민등록 전입신고를 마쳤습니다.
   그리하여 2016. 5. 31.부터 제3자에 대한 대항력을 가지게 되었습니다.

2. 원고와 소외 홍성수 사이의 위 계약은 주택임대차보호법 규정에 의한 2년의 전세기간이 2017. 5. 25.의 경과로 만료됨으로써 종료되었으나 소외 홍성수가 위 전세금을 반환하지 아니함으로써 존속되었고 그 후 소외 정성길이 2017. 7. 7. 이 사건 건물을 양수하였으며, 그 후에 또다시 피고가 소외 최호균이 2016. 10. 24.자 근저당권에 기하여 신청한 임의경매절차에서 매각받아 양수하였습니다.
따라서 피고는 이 사건 건물의 양수인으로서 임대인의 지위를 승계하였습니다.

3. 그러므로 원고는 피고로부터 전세금 20,000,000원과 이에 대하여 이 사건 소장부본 송달다음날부터 다 갚는 날까지 소송촉진등에관한특례법 제3조에서 정한 연 15%의 비율로 계산한 지연손해금을 지급받고자 본 소 청구에 이르렀습니다.

입 증 방 법

1. 갑 제1호증 부동산임대차계약서
1. 갑 제2호증 주민등록등본
1. 갑 제3호증 건물등기사항증명서

그 밖의 입증서류는 변론시 수시 제출하겠습니다.

첨 부 서 류

1. 위 입증서류 사본 각 1통
1. 주민등록초본 2통
1. 소장부본 1통
1. 납부서 1통

20OO. O. .

원고 소송대리인 변호사 유 민 주 (인)

OO지방법원 귀중

[해 설]

1. 이 사건에서는 전세계약체결사실과 피고가 임대인의 지위를 승계한 사실, 그리고 전세계약이 종료된 사실이 원고가 주장 입증하여야 되는 사실이라고 생각된다. 따라서 원고는 이 사실을 구체적으로 기재하기 위하여 필요한 한도 내에서 간결하게 사실관계를 기재하면 될 것이다.

2. 대지 및 건물이 경매개시되었다가 대지부분만이 매각된 경우에도 그 주택의 소액임차인은 대지 매각대금 중에서 보증금을 우선변제받을 수 있다.

[사례 66] 보증채무금청구 소장(보증계약종료 사유, 근보증)

소 장

원 고 장 민 주 (OOOOOO-OOOOOOO) (전화 :)
서울 관악구 관악로 106(봉천동) (우 :)

피 고 양 인 권 (OOOOOO-OOOOOOO)
서울 송파구 가락로 14(석촌동) (우 :)

보증채무금 청구의 소

청 구 취 지

1. 피고는 원고에게 10,000,000원과 이에 대하여 2017. 7. 2.부터 이 사건 소장부본 송달일까지는 연 20%의 비율로 계산한 돈을 지급하라.
2. 소송비용은 피고의 부담으로 한다.
3. 위 제1항은 가집행할 수 있다.

라는 판결을 구합니다.

청 구 원 인

1. 원고는 소외 박철강에게 2017. 7. 1 10,000,000원을, 이자는 연 20%, 변제기는 2017. 10. 1.로 정하여 대여한 사실이 있고, 피고는 2017. 7. 1. 원고에 대하여 소외 박철강의 위 채무를 연대보증한 사실이 있습니다.

2. 그러므로 원고는 피고로부터 10,000,000원과 이에 대하여 2017. 7. 2.부터 다 갚는 날까지 연 20%의 비율로 계산한 돈을 지급받고자 본 소 청구에 이르렀습니다.

입 증 방 법

변론시 수시 제출하겠습니다.

첨 부 서 류

1. 주민등록초본 2통
1. 소장 부본 1통
1. 납부서 1통

2000. O. .

위 원고 장 민 주 (인)

O O 지 방 법 원 귀 중

[해 설]

1. 대여금반환청구권은 소비대차계약으로부터 발생하므로 소비대차계약체결사실을 기재하여 주면 된다. 그리고 보증채무금지급청구권은 보증계약으로부터 발생하므로 보증계약체결 사실을 기재하여 주면 된다. 그리고 이자지급청구권은 이자약정에서 생기므로 소비대차계약이 이자부소비대차계약이란 사실을 기재하여 주면 될 것이며, 지연배상금지급청구권은 이행지체사실에서 발생하므로 이행지체사실을 기재하여 주면 될 것이다.
   그런데 위 사안에서는 이행지체사실은 명시적으로 기재하지 않았다. 이행지체사실이 소장의 전취지로부터 명백하기 때문이다. 그리고 위와 같은 소비대차계약체결사실을 기재함에 있어서는 최소한도 그 사실을 역사적으로 존재하는 실제사실이었다는 점을 표시하기 위하여 계약체결 연월일과 그 당사자를 밝혀 주어야 할 것이고 그 계약내용을 구체적으로 적어 주어야 할 것이다. 위 사안에서는 대여원금과 이자 약정, 변제기(반환시기) 등을 그 계약의 내용으로 적어 주었다.
   이러한 역사적 사실을 표현하는 방법에는 크게 두 가지가 있다고 본다.
   하나는 사회적인 관용어로 표현하는 방법이고(예, 원고는 소외 박철강에게 2017. 7. 1. 금 10,000,000원을 이자는 연 20%, 변제기는 2017. 10. 1.로 정하여 대여하였다), 다른 하나는 법률 용어로 표현하는 방법이다(예, 원고는 피고와의 사이에 2017. 7. 1. 금 10,000,000원을 이자는 연 20%, 변제기는 2017. 10. 1.로 하는 내용의 금전소비대차계약을 체결하였다).
   전형계약의 경우에는 계약체결사실을 표현하는 방식이 상당한 정도까지 관용화되어 있다. 그러나 비전형계약의 경우에는 관용화된 표현례가 없으므로 그때 그때 구체적이면서도 간결하게 기재하려고 노력하는 수밖에 없다.
2. 보증계약의 종료사유에 해지와 기간만료 등이 있다. 보증계약을 체결할 때 보증기간을 정한 경우 그 보증기간이 만료되면 보증계약은 종료된다. 즉, 보증기간 경과 후의 채무 발생분에 대하여는 보증인은 책임을 지지 아니한다. 다만, 보증기간 내에 채무가 발생하였는데 주채무자가 그 보증기간을 넘도록 변제하지 아니하여 보증인이 그 보증기간 경과 후에 보증인으로

서 변제한 경우 그 대위변제금을 구상할 수 있느냐는 문제가 있다.

이에 대하여 직접 언급한 판례나 학설이 없는 것 같다. 다만, 피보증채무가 보증기간 내에 발생한 이상 변제시기가 보증기간 경과 후라도 그 대위변제금을 구상할 수 있다고 생각된다. 이와 같은 문제는 단순보증의 경우 생기지 아니하고 근보증과 같은 경우에 생긴다.

3. 실무상 어음이나 수표를 대여하는 경우가 종종 있다. 이러한 경우 당사자 사이에는 어음이나 수표를 빌려주고 차용자는 지급시기 이전에 또는 지급시기에 자신의 자금으로 결제하여 어음이나 수표 소지인으로부터 어음이나 수표를 환수하여 대여자에게 반환하기로 하는 내용의 약정(계약)이 있는 것이 보통이다. 만약 이러한 어음이나 수표의 사용대차계약에서 차용인이 어음이나 수표를 이상없이 환수하여 대여자에게 반환하지 아니하여 대여자가 법적인 책임을 짐으로써 손해를 입었다면 대여자는 차용자 상대로 채무불이행을 원인으로 하여 어음금이나 수표금 상당의 손해배상을 청구할 수 있을 것이다. 왜냐하면 차용자는 아무 이상없이 어음이나 수표를 환수하여 반환하는 채무의 이행을 지체하였기 때문이다.

4. 항변 등에 관한 판단

가. 보증계약 체결사실을 부인하는 경우(4가지 유형)

(1) 보증을 한 사실이 없다고만 답변하는 경우 : 보증서 등에 기재된 서명이나 날인이 피고의 것인지 여부를 밝히도록 피고에게 석명권고

(2) 서명이나 날인이 피고의 것이 아니라고 답변하는 경우 : 원고가 계약서의 진정성립을 입증하여야 함(인영 필적 감정신청)

(3) 서명이나 날인이 피고의 것이긴 하지만 제3자가 도장을 임의 사용하여 위조한 것이라고 답변하는 경우 : 피고가 위 사정을 입증하여야 함(위조 등 형사고소사건문서송부촉탁신청)

(4) 서명이나 날인이 피고의 것이긴 하지만 심신미약이나 기망 · 착오의 상태에서 이루어졌다고 답변하는 경우 : 피고가 위 사정을 입증하여야 함.

나. 주채무에 관한 항변(민법 433조 1항) : 보증채무의 '부종성'에 기한 항변(영수증, 공탁서, 내용증명, 채무면제서)

(1) 주채무의 소멸(변제, 공탁, 시효소멸, 상계 등) : 주채무가 처음부터 존재하지 않았거나(무효), 주채무자 사후에 변제, 공탁, 상계 등으로 소멸되면 보증채무도 소멸(부종성에 기한 항변 : 주채무의 소멸 요건사실을 주장, 입증하여 보증채무 소멸 항변이 가능)

(2) 주채무자의 채권으로 직접 상계할 수도 있음(민법 434조)

(3) 원고의 재항변(소멸시효 관련)

- 주채무 시효중단 : 주채무자에 대한 시효중단은 보증인에게 효력이 있음(민법 440조). 다만, 주채무자만을 상대로 소를 제기하여 판결 확정으로 시효기간 10년으로 연장된 경우 소멸시효 '연장'은 보증인에게는 효과가 없고, 보증인에 대하여만 시효중단조치 한 경우 주채무자에게 효력 없음.
- 시효이익 포기 : 주채무자의 시효이익 포기는 보증인에게 효력이 없음(민법 433조 2항).

다. 보증채무의 특유한 항변

(1) 최고 · 검색의 항변(단순보증의 경우에 한함)

— 피고는 주채무자에게 변제자력이 있고 그 집행이 용이하다는 사실을 들어 최고 · 검객의 항변을 할 수 있음 : 과세정보제출명령신청, 등기사항증명서, 재판 외에서 항변한 경우는 그 내용증명

— 원고의 재항변 : 피고의 최고 · 검색의 항변에 대하여 원고가 주채무자에게 최고를 하였고 주채무자의 재산에 집행을 하였다는 재항변할 수 있음 : 내용증명이나 집행기록 송부촉탁신청

(2) 주채무자의 취소권, 해제권 등을 이유로 한 이행거절의 항변(민법 435조)

라. 기타 항변

변제 항변, 면책적 채무인수 항변, 상속포기나 항정승인 항변, 소멸시효 항변, 압류 · 추심 또는 압류 · 전부되었다는 항변

[사례 67] 보증채무금청구 소장(채무승계)

소 장

원 고 천연신용협동조합 (OOOOOO-OOOOOOO) (전화 :)
서울 강남구 강남대로 238(도곡동) (우 :)
대표자 이사장 전 이 구

피 고 1. 허 철 현 (OOOOOO-OOOOOOO)
2. 허 철 선 (OOOOOO-OOOOOOO)
위 피고들의 주소 :
서울 서초구 서초대로 23길(서초동) (우 :)

보증채무금 청구의 소

청 구 취 지

1. 원고에게, 피고 허철현, 같은 허철선은 각 1,000,000원과 각 이에 대하여 2015. 8. 22.부터 다 갚는 날까지 연 24%의 비율로 계산한 돈을 각 지급하라.
2. 소송비용은 피고들의 부담으로 한다.
3. 위 제1항은 가집행할 수 있다.

라는 판결을 구합니다.

청 구 원 인

1. 소비대차

원고조합은 2014. 8. 21. 소외 성종희에게 2,000,000원을 이자 연 18%, 변제기 2015. 8. 21. 변제기 후의 지연배상율은 월 2%로 정하여 대여하였습니다.

2. 연대보증

소외 망 허석구는 이 때 원고조합에 대하여 위 성종희의 전항의 채무를 연대보증하였습니다.

3. 채무승계

소외 망 허석구는 2018. 2. 5. 사망하여 그의 아들들인 피고 허철현, 피고 허철선이 각 2분의 1 지분씩 공동상속에 의하여 그의 권리의무를 포괄승계하였습니다.

4. 따라서 원고조합은 연대보증을 원인으로 하여 피고들로부터 각 1,000,000원과 각 이에 대하여 2015. 8. 22.부터 다 갚는 날까지 연 24%(월 2% × 12개월)의 비율로 계산한 지연손해금을 지급받고자 본 소 청구에 이르렀습니다.

입 증 방 법

1. 갑 제1호증 차용금증서
1. 갑 제2호증 제적등본
1. 갑 제3호증의 1내지 2 각 가족관계증명서
1. 갑 제4호증 인감증명서

그 밖의 입증서류는 변론시 수시 제출하겠습니다.

첨 부 서 류

1. 위 입증서류 각 1통
1. 법인등기사항증명서 1통
1. 주민등록초본 2통
1. 소장 부본 2통
1. 납부서 1통

2000. 0. .

위 원고 천연신용협동조합

이사장 전 이 구 (인)

O O 지 방 법 원 귀 중

[사례 68] 보증채무금청구 소장(소멸시효경과전 주채무이행판결있는 경우)

소 장

원 고 O O O (OOOOOO-OOOOOOO) (전화 :)
OO시 OO구 OO로 OO(OO동) (우 :)

피 고 O O O (OOOOOO-OOOOOOO)
OO시 OO구 OO로 OO(OO동) (우 :)

보증채무금 청구의 소

청 구 취 지

1. 피고는 원고에게 10,000,000원과 이에 대하여 2009. 4. 2.부터 2018. 3. 10.까지는 연 5%, 그 다음날부터 다 갚는 날까지는 연 16%의 각 비율로 계산한 돈을 지급하라.
2. 소송비용은 피고의 부담으로 한다.
3. 위 제1항은 가집행 할 수 있다.

라는 판결을 구합니다.

청 구 원 인

1. 원고는 2009. 1. 1. 소외 OOO로부터 돈을 빌려달라는 부탁을 받고 피고를 보증인으로 하여 변제기일을 2009. 4. 1.로 정하여 10,000,000원을 소외 OOO에게 빌려주기로 하는 금전소비대차계약을 체결하였습니다.

2. 그런데 원고가 소외 OOO에게 변제기일에 위 돈의 반환을 청구하였으나 지급하지 않아, 원고는 소외 OOO를 피고로 2018. 3. 1. 대여금청구소송을 제기하여 원고승소 판결을 받았으나, 소외 OOO가 재산이 없어 위 채권을 회수할 수가 없습니다.

3. 따라서 원고는 원고와 피고간에 체결된 위 금전소비대차계약에 따라서 위 대여금 10,000,000원과 이에 대하여 다 갚을 날의 다음날인 2009. 4. 2.부터 원고가 소외 OOO를 피고로 제기한 대여금청구의 소의 소장부본이 소외 OOO에게 도달한 날인 2018. 3. 10.까지는 민법에서 정한 연 5%, 그 다음날부터 다 갚는 날까지는 소송촉진등에관한특례법에서 정한 연 15%의 각 비율로 계산한 지연손해금을 지급 받고자 이 사건 청구에 이른 것입니다.

입 증 방 법

1. 갑 제1호증　　　　금전소비대차계약서
1. 갑 제1호증　　　　판결문

기타 입증서류는 필요에 따라 수시 제출하겠습니다.

첨 부 서 류

1. 위 입증서류 사본　　각 1통
1. 주민등록초본　　　　2통
1. 소장부본　　　　　　1통
1. 위임장　　　　　　　1통

2000. O. .

위 원고 O O O (인)

O O 지 방 법 원 귀 중

[사례 69] 임금청구 소장(취업규칙, 단체협약, 근로자인지 여부 판정기준)

소 장

원 고　김 기 천 (OOOOOO-OOOOOOO)　(전화 :)
　　　서울 관악구 관악로 106(봉천동)　(우 :)

피 고　정 영 철 (OOOOOO-OOOOOOO)

서울 동작구 신대방길 86(신대방동) (우 :)

임금 청구의 소

청 구 취 지

1. 피고는 원고에게 1,000,000원과 이에 대하여 2017. 8. 26.부터 이 사건 소장 송달일까지는 연 5%, 그 다음날부터 다 갚는 날까지는 연 15%의 각 비율로 계산한 돈을 지급하라.
2. 소송비용은 피고의 부담으로 한다.
3. 위 제1항은 가집행할 수 있다.

라는 판결을 구합니다.

청 구 원 인

1. 원고는 2017. 7. 27. 피고와의 사이에 임금을 월 1,500,000원, 임금지급시기를 매월 25일로 정하고 근로계약을 체결한 사실이 있습니다.

2. 그런데 피고는 2017. 8.분 임금 1,500,000원 중 500,000원만 지급하고 나머지는 그 지급을 지체하고 있습니다.

3. 따라서 원고는 위 근로계약에 기하여 피고로부터 지급하지 아니한 임금 1,000,000원과 이에 대한 임금지급일 다음날인 2017. 8. 26.부터 이 사건 소장부본 송달일까지는 연 5%, 그 다음날부터 다 갚는 날까지는 연 15%의 각 비율로 계산한 지연손해금을 지급받고자 본 소 청구에 이르렀습니다.

입 증 방 법

변론시 수시 제출하겠습니다.

첨 부 서 류

1. 주민등록초본 2통
1. 소장 부본 1통
1. 납부서 1통

2000. 0. .

위 원고 김 기 천 (인)

ＯＯ지방법원 귀중

[해 설]

1. 근로계약이 체결되면 근로자에게는 임금지급청구권이 발생하고 사용자에게는 근로제공청구권이 발생한다.
   임금지급시기나 임금액은 근로계약의 내용이 된다. 근로계약에서 그것을 정하지 아니하는 경우에는 취업규칙에 규정이 있거나 단체협약에 규정이 있는 경우가 많다. 이런 경우 취업규칙이나 단체협약의 임금에 관한 규정은 근로계약의 내용을 보충하여 주는 것이 된다.
2. 임금지급청구의 소장에서는 임금지급청구권의 발생에 관한 근로계약의 내용을 적어 주고 청구하는 임금액과 임금지급약정시기 등을 밝혀 주면 족하고 별도로 근로제공 사실은 기재할 필요가 없다.
3. 중소기업의 이사 등이 근로자인지 여부가 다투어지는 경우가 종종 생긴다.
4. 교수의 임용행위는 본질적으로 당사자 쌍방의 의사의 합치에 의한 고용계약의 성질을 가지는 것이다.

[사례 70] 임금청구 소장(임금등우선변제, 변제자임의대위사건)

소 장

원 고 주식회사 개암은행 (OOOOOO-OOOOOOO) (전화 :)
서울 송파구 가락로 14(석촌동) (우 :)
대표이사 구 본 수
지배인 주 영 채

피 고 주식회사 청전 (OOOOOO-OOOOOOO)
서울 동작구 신대방길 86(신대방동) (우 :)
대표이사 이 원 구

임금 청구의 소

청 구 취 지

1. 피고는 원고에게 201,377,890원과 이에 대하여 2017. 8. 14.부터 이 사건 소장부본

송달일까지는 연 5%, 그 다음날부터 다 갚는 날까지는 연 15%의 각 비율로 계산한 돈을 지급하라.
2. 소송비용은 피고의 부담으로 한다.
3. 위 제1항은 가집행할 수 있다.
라는 판결을 구합니다.

청 구 원 인

1. 피고는 근로자 대표인 소외 정만옥 등 8인과 사이에 근로계약을 체결한 사실이 있습니다.

2. 그리고 피고는 2017. 7.경 사업부진으로 인하여 도산한 사실이 있습니다.

3. 그 때 근로자대표인 소외 정만옥 등 8인과 피고간의 근로계약은 종료되었습니다.

4. 근로자 대표인 소외 정만옥 등 8인의 임금협정에 의한 최종 3월분의 임금액과 퇴직금규정에 의한 퇴직금액 총액은 201,377,890원에 달합니다.

5. 원고는 2017. 8. 13. 피고를 위하여 피고의 위 8인의 근로자들에 대한 최종 3월분의 임금과 퇴직금 채무 총액 201,377,890원을 대위변제하였습니다.

6. 이 때 위 8인의 근로자들은 원고가 그들을 대위하는 것을 승낙하였으며 피고에 대하여 대위사실을 통지하였습니다.

7. 따라서 원고는 변제자의 임의대위에 의하여 피고로부터 최종 3월분의 임금과 퇴직금 201,377,890원과 이에 대하여 대위변제일 다음날부터 이 사건 소장부본 송달일까지는 연 5%, 그 다음날부터 다 갚는 날까지는 소송촉진등에관한특례법에서 정한 연 15%의 각 비율로 계산한 지연손해금을 지급받고자 본 소 청구에 이르렀습니다.

20○○. ○. .

위 원고 주식회사 개암은행
대표이사 구 본 수
지 배 인 주 영 채 (인)

○○지방법원 귀중

[해 설]

채무자를 위하여 채권자에게 임의로 변제한 자는 대위함에 대한 채권자의 승낙을 얻고 채권자가 채무자에게 대위사실을 통지해 주면 채권자의 채무자에 대한 권리를 이전받아 행사할 수 있다.

[사례 71] 임금청구 소장(고용계약, 보수청구)

소 장

원 고 김 인 권 (OOOOOO-OOOOOOO) (전화 :)
서울 성동구 가람길 113(송정동) (우 :)

피 고 박 질 서 (OOOOOO-OOOOOOO)
서울 강남구 강남대로 238(도곡동) (우 :)

임금 청구의 소

청 구 취 지

1. 피고는 원고에게 13,550,000원과 이 중 1,950,000원에 대하여는 2017. 7. 1.부터, 1,450,000원에 대하여는 2017. 8. 1.부터, 1,450,000원에 대하여는 2017. 9. 1.부터, 2,900,000원에 대하여는 2017. 10. 1.부터, 1,450,000원에 대하여는 2017. 11. 1.부터, 1,450,000원에 대하여는 2017. 12. 1.부터, 2,900,000원에 대하여는 2018. 1. 1.부터, 각 이 사건 소장부본 송달일까지 연 5%, 각 그 다음날부터 다 갚는 날까지 연 15%의 각 비율로 계산한 돈을 지급하라.
2. 소송비용은 피고의 부담으로 한다.
3. 위 제1항은 가집행할 수 있다.

라는 판결을 구합니다.

청 구 원 인

1. 원고는 2017. 5. 27. 월급 1,450,000원, 상여금 연 400퍼센트(3, 6, 9, 12월 월급 지급시 지급)를 받기로 하고 계약기간은 정함 없이, 그리고 월급은 매 월분을 매월 말일 지급받기로 하고 피고에게 고용된 사실이 있습니다.

2. 그런데 피고는 2017. 6. 1.부터 2017. 12. 31.까지의 월급 및 상여금 13,550,000원(6월 월급 1,450,000원, 상여금 1,450,000원 × 1/3, 7월 월급 1,450,000원, 8월 월급 1,450,000원, 9월 월급 1,450,000원, 상여금 1,450,000원, 10월 월급 1,450,000원, 11월 월급 1,450,000원, 12월 월급 1,450,000원, 상여금 1,450,000원 합계

13,550,000원)의 지급을 지체하고 있습니다.

3. 따라서 원고는 피고로부터 고용계약을 원인으로 하여 13,550,000원의 지급을 청구하고, 이행지체를 원인으로 하여 위 돈에 대한 각 그 지급일 다음날부터 이 사건 소장부본 송달일까지는 연 5%, 그 다음날부터 다 갚는 날까지는 소송촉진등에관한 특례법에서 정한 연 15%의 각 비율로 계산한 지연손해금을 지급받고자 본 소 청구에 이르렀습니다.

입 증 방 법

변론시 수시 제출하겠습니다.

첨 부 서 류

1. 주민등록초본 2통
1. 소장 부본 1통
1. 납부서 1통

20OO. O. .

위 원고 김 인 권 (인)

O O 지 방 법 원 귀 중

[해 설]

1. 임금지급청구권은 고용계약으로부터 발생한다. 따라서 임금지급을 청구하는 경우 고용 계약 체결사실을 기재하여 주어야 한다. 그리고 그 청구하는 임금액을 특정하여 알아볼 수 있도록 하여야 함은 물론이다. 즉, 언제부터 언제까지의 임금 얼마라는 식으로 기재하여야 하며, 고용계약의 내용으로부터 그 임금액이 산출된 것을 한 눈으로 알아 볼 수 있도록 고용계약체결사실을 기재할 때에는 고용계약의 내용을 자세히 기재하여 주는 것이 좋으며, 취업규칙이나 단체협약에서 임금에 관한 사항을 규정하고 있는 경우에 임금액의 산출과 관련된 내용이 있으면 이 역시 자세히 기재하여 주어 청구원인의 내용만으로 보아서도 어떻게 하여 청구하는 임금액에 도달할 수 있는지 이해할 수 있도록 하여야 할 것이다.
2. 근로제공사실은 임금지급청구의 요건사실이 아니고 다만 상대방이 근로를 제공하지 않았다고 하여 채무불이행을 이유로 하여 계약을 해제한다고 할 때에 비로소 반증할 필요가 있는 사항에 불과하다.

[사례 72] **임금청구 소장(법정대위변제, 권리의 이전)**

소 장

원 고 주식회사 광명은행 (OOOOOO-OOOOOOO)(전화 :)
서울 은평구 가좌로 164(응암동) (우 :)
대표이사 송 민 주
지배인 주 온 정

피 고 주식회사 소망 (OOOOOO-OOOOOOO)
서울 노원구 공릉로 98(공릉동)
송달장소: 서울 성동구 가람길 113(송정동) (우 :)
대표이사 이 생 명

임금 청구의 소

청 구 취 지

1. 피고는 원고에게 120,000,000원과 이에 대하여 2018. 3. 1.부터 이 사건 소장부본 송달일까지는 연 5%, 그 다음날부터 다 갚는 날까지는 연 15%의 각 비율로 계산한 돈을 지급하라.
2. 소송비용은 피고의 부담으로 한다.
3. 위 제1항은 가집행할 수 있다.

라는 판결을 구합니다.

청 구 원 인

1. 원고는 피고 소유의 서울 송파구 가락동 1473 대 573㎡에 관하여 저당권을 가지고 있고, 소외 김정당 외 13인은 피고에 대하여 근로기준법 제38조에 따라 원고의 저당권부 채권보다 우선변제권이 있고 변제기한이 2018. 2. 28.인 120,000,000원의 임금채권을 가지고 있었습니다.

2. 그리하여 원고는 2018. 8. 13. 변제할 정당한 이익이 있는 자로서 피고를 대위하여 소외 김정당 외 13인에게 120,000,000원을 변제하였습니다.

3. 그러므로 원고는 피고로부터 법정대위변제를 원인으로 하여 임금 120,000,000원의

지급을 청구하고, 이 금원에 대한 이행지체를 원인으로 한 임금지급기일 다음날부터 이 사건 소장부본 송달일까지는 연 5%, 그 다음날부터 다 갚는 날까지는 소송촉진등에관한특례법에서 정한 연 15%의 각 비율로 계산한 손해배상금을 지급받고자 본 소 청구에 이르렀습니다.

입 증 방 법

변론시 수시 제출하겠습니다.

첨 부 서 류

1. 법인등기사항증명서 2통
1. 소장 부본 1통
1. 납부서 1통

2000. O. .

위 원고 주식회사 광명은행
대표이사 송 민 주
지 배 인 주 온 정 (인)

OO지방법원 귀중

[해 설]

1. 대위변제를 하면 채권자(위 사건에서는 김정당 외 13인)의 채권은 동일성을 유지하면서 대위변제자(위 사건에서는 광명은행)에게 그대로 이전한다. 따라서 대위변제자는 채권자의 채권을 그대로 채무자에 대하여 행사할 수 있게 된다.
   이 때 대위변제자가 행사하는 채권은 법적 성질이 그대로 유지된다. 즉, 이 사건에서 광명은행이 행사하는 채권의 성질은 임금채권으로서 우선변제권이 있다. 변제자의 대위제도는 변제자의 채무자에 대한 구상권을 확보할 수 있도록 마련된 제도이다. 변제자가 행사하는 권리는 채권자의 권리 자체이지 채무자에 대한 변제자의 구상권이 아니다. 가끔 이런 사건을 구상금청구사건이라고 부르나 엄격히 따지면 이런 사건은 구상금사건이 아니다.
   구상권을 확보하기 위하여 채권자의 권리를 이전받아 행사하는 것일 뿐이다.
2. 대법원 1996. 4. 13. 선고 95다22894 판결은 근로기준법상 우선변제권이 있는 임금채권을 대위변제한 자에게 임금채권은 동일성을 유지한 채 법률상 당연히 이전하는 것이므로, 변제자가 사용자에 대한 임의경매절차 등에서 임금채권자로서 배당요구를 하여 저당권부채권이

나 일반채권보다 우선변제받더라도, 이 우선변제권은 임금채권이 그 성질이 변하지 않고 이전된 것인 이상 일신전속적인 권리로서 근로자만이 주장할 수 있는 권리라고 할 수 없고, 또 임금이 근로자에게 이미 지급된 이상 근로기준법 제43조 제1항 소정의 직접불의 원칙에 위배된다고도 할 수 없다고 한다.

[사례 73] 임금청구 소장(임의대위변제)

소 장

원 고 주식회사 신록은행 (OOOOOO-OOOOOOO) (전화 :)
서울 성동구 가람길 113(송정동) (우 :)
대표이사 김 신 록

피 고 주식회사 재 흥 (OOOOOO-OOOOOOO)
서울 은평구 가좌로 164(응암동) (우 :)
대표이사 이 재 흥

임금 청구의 소

청 구 취 지

1. 피고는 원고에게 120,000,000원과 이에 대하여 2017. 3. 1.부터 이 사건 소장부본 송달일까지는 연 5%, 그 다음날부터 다 갚는 날까지는 연 15%의 각 비율로 계산한 돈을 지급하라.
2. 소송비용은 피고의 부담으로 한다.
3. 위 제1항은 가집행할 수 있다.

라는 판결을 구합니다.

청 구 원 인

1. 원고는 2017. 8. 13. 피고를 대위하여, 피고에 대하여 120,000,000원의 임금채권(변제기한 2017. 2. 28.)을 가지고 있는 소외 김정의 외 13인에게 120,000,000원을 변제한 사실이 있습니다.

2. 그 때 원고는 소외 김정의 외 13인으로부터 120,000,000원에 관하여 원고가 소외 김정의 외 13인을 대위하는데 대한 승낙을 얻었으며, 그 무렵 소외 김정의 외 13인

은 피고에 대하여 이러한 사실을 통지하였습니다.

3. 따라서 원고는 피고로부터 임의대위변제를 원인으로 하여 임금 120,000,000원의 지급을 청구하고, 아울러 이에 대하여 이행지체를 원인으로 하여 임금 지급기일인 2017. 2. 28. 다음날부터 이 사건 소장부본 송달일까지는 연 5%, 그 다음날부터 다 갚는 날까지는 소송촉진등에관한특례법에서 정한 연 15%의 각 비율로 계산한 손해배상금을 지급받고자 본 소 청구에 이르렀습니다.

입 증 방 법

변론시 수시 제출하겠습니다.

첨 부 서 류

1. 법인등기사항증명서 2통
1. 소장 부본 1통
1. 납부서 1통

20OO. O. .

위 원고 주식회사 신록은행
대표이사 김신록 (인)

O O 지 방 법 원 귀 중

[사례 74] 임금청구 소장(선정당사자)

소 장

원 고(선정당사자) 이 복 수 (OOOOOO-OOOOOOO) (전화 :)
서울 마포구 가양대로 143(상암동)
소송대리인 변호사 운 성 조
서울 동작구 신대방로 86(신대방동) (우 :)

피 고 이 광 빈 (OOOOOO-OOOOOOO)

서울 노원구 공릉로 98(공릉동) (우 :)

임금 등 청구의 소

청 구 취 지

1. 피고는 원고(선정당사자) 이복수에게 3,799,633원, 선정자 김선자에게 3,915,153원, 선정자 전도석에게 3,618,954원, 선정자 이상애에게 3,481,309원과 각 이에 대하여 2017. 8. 3.부터 이 사건 소장부본 송달일까지는 연 5%, 그 다음날부터 다 갚는 날까지는 연 15%의 각 비율로 계산한 돈을 각 지급하라.
2. 소송비용은 피고의 부담으로 한다.
3. 위 제1항은 가집행할 수 있다.

라는 판결을 구합니다.

청 구 원 인

1. 원고(선정당사자) 이복수와 선정자 김선자, 선정자 전도석. 선정자 이상애는 피고와 사이에 근로계약을 맺고 피고가 경영하는 '소도식품'이라는 개인기업에서 닭갈비 가공을 하다가 퇴직하였는데 피고는 별지 체불금품내역 기재의 각 해당란 임금 및 퇴직금을 지급하지 아니하고 있습니다.

2. 이에 원고(선정당사자) 이복수는 공동의 이해관계 있는 다수자들의 신탁을 받아 선정당사자가 되어 위 각 근로계약과 위 각 퇴직에 터잡아 피고로부터 위 각 임금 및 퇴직금과 각 이에 대한 퇴직일 이후로서 근로기준법 제36조 소정의 금품청산기간이 경과한 임의의 시점인 2017. 8. 3.부터 이 사건 소장부본 송달일까지는 민법 소정의 연 5%, 그 다음날부터 다 갚는 날까지는 소송촉진등에관한특례법 소정의 연 15%의 각 비율로 계산한 지연손해금의 지급받고자 받고자 본 소 청구에 이르렀습니다.

입 증 방 법

1. 갑 제1호증 체불금품확인원

그 밖의 입증서류는 변론시 수시 제출하겠습니다.

첨 부 서 류

1. 위 입증서류 사본 각 1통

1. 주민등록초본 2통
1. 당사자선정서 1통
1. 인감증명서 4통
1. 소장 부본 1통
1. 소송위임장(이복수) 1통
1. 납부서 1통

2000. O. .

원고(선정당사자) 소송대리인 변호사 운 성 조 (인)

OO지방법원 귀중

[사례 75] **급료청구 소장(근로계약, 해고예고수당, 퇴직금)**

소 장

원 고 정 종 호 (OOOOOO-OOOOOOO)
서울 동작구 신대방로 86(신대방길)
소송대리인 변호사 장민주 (전화 :)
서울 은평구 가좌로 164(응암동) (우 :)

피 고 제성관광주식회사 (OOOOOO-OOOOOOO)
서울 마포구 가양대로 143(상암동) (우 :)
대표이사 오 영 주

급료 청구의 소

청 구 취 지

1. 피고는 원고에게 2,018,060원과 이에 대하여 이 사건 소장부본 송달다음날부터 다 갚는 날까지 연 15%의 비율로 계산한 돈을 지급하라.
2. 소송비용은 피고의 부담으로 한다.
3. 위 제1항은 가집행할 수 있다.

라는 판결을 구합니다.

청 구 원 인

1. 원고는 2016. 4. 10 피고회사와의 사이에 월급 450,000원으로 정하고 근로계약을 체결하였습니다. 그런데 피고회사는 1994. 6. 1부터 2017. 8. 5까지의 급료 972,580원[= 6월분 급료 450,000원 + 7월분 급료 450,000원 + 8월분 급료 중 5일분 72,580원(=450,000원 × 5/31), 10원 미만은 포기함. 이하 같음]을 지급하지 아니하고 있습니다.

2. 피고회사는 2017. 8. 5 아무런 예고 없이 원고를 해고하였습니다. 따라서 피고 회사는 원고에게 30일분의 통상임금인 450,000원을 지급할 의무가 있습니다.

3. 원고는 2017. 8. 5 피고회사의 해고로 인하여 피고회사를 퇴직하였습니다. 원고는 2016. 4. 10 부터 2017. 8. 5.까지 1년 118일(483일) 동안 근속하였습니다.

4. 따라서 근로기준법에 의한 원고의 퇴직금은 595,480원(=450,000원 × 483일/365일)이 됩니다.

5. 그러므로 원고는 피고로부터 2,018,060원(급료 972,580원 + 해고예고수당 450,000원 + 퇴직금 595,480원)과 이에 대하여 이 사건 소장부본 송달 다음날부터 다 갚는 날까지 소송촉진등에관한특례법에서 정한 연 15%의 비율로 계산한 지연손해금을 지급받고자 본 소 청구에 이르렀습니다.

입 증 방 법

변론시 수시 제출하겠습니다.

첨 부 서 류

1. 법인등기사항증명서 1통
1. 주민등록초본 2통
1. 소장 부본 1통
1. 납부서 1통

20OO. O. .

원고 소송대리인 변호사 장 민 주 (인)

ㅇㅇ지방법원 귀중

[해 설]
퇴직금청구권은 계속 근로가 끝나는 퇴직이라는 사실을 요건으로 하여 발생하는 것이므로(대법원 1992. 9. 14. 선고 92다17754 판결 참조), 퇴직금 산정의 기초가 되는 계속근로연수, 평균임금, 퇴직금지급율은 특별한 사정이 없는 한 모두 퇴직 당시를 기준으로 하여야 한다고 한다.

[사례 76] 퇴직금등청구 소장(근로계약, 계약종료, 취업규칙)

소 장

원 고 이 찬 수 (OOOOOO-OOOOOOO) (전화 :)
서울 송파구 가락로 14(석촌동) (우 :)

피 고 간다구원양실업 주식회사 (OOOOOO-OOOOOOO)
서울 강남구 강남대로 238(도곡동) (우 :)
대표이사 홍 길 동

퇴직금 등 청구의 소

청 구 취 지

1. 피고는 원고에게 17,056,547원과 이에 대하여 2018. 4. 9.부터 다 갚는 날까지 연 5%의 비율로 계산한 돈을 지급하라.
2. 소송비용은 피고의 부담으로 한다.
3. 위 제1항은 가집행할 수 있다.

라는 판결을 구합니다.

청 구 원 인

1. 원고는 2011. 7. 10. 피고회사와 사이에 계약기간은 정하지 아니하고 급료는 피고회사의 급여규정에 의하기로 하고 근로계약을 체결하였습니다.

2. 원고는 2018. 4. 6. 사표를 제출하여 2018. 4. 8. 피고회사에서 사표를 수리하여

그 날 원고와 피고회사 사이의 근로계약관계가 종료되었습니다.

3. 피고회사의 급여규정 제4조 제3항에 따르면 퇴직자에 대한 급료는 퇴직하는 달의 근로일수가 14일 이내인 경우에는 1개월분 급료의 1/2을 지급하도록 되어 있습니다.

4. 원고가 퇴직하던 당시인 2018. 4.분의 급료는 급여규정상 1,900,000원이었습니다.

5. 그런데 피고회사는 2018. 4. 1.부터 2018. 4. 8.까지의 급료 950,000원(=1,900,000원×1/2)을 지급하지 아니하고 있습니다.

6. 원고는 2018. 1.내지 2018. 3.사이의 상여금을 지급받지 못하고 있습니다.

7. 피고회사의 급여규정 제14조는 직원의 상여금은 1년에 월급액의 300 내지 500퍼센트의 범위 내에서 지급함을 원칙으로 하며, 회사의 형편에 따라 사장이 지급율을 결정한다고 규정하고 있습니다.
급여규정상 원고의 2018년 월급액은 1,900,000원이므로 원고의 2018. 1. 내지 2018. 3.사이의 상여금은 산식 1,900,000원×300/100×3/12에 따라 산출된 금 1,425,000원이 됩니다.

8. 원고는 피고회사로부터 퇴직금을 지급받지 못하고 있습니다.
원고는 2018. 4. 8. 피고회사에서 퇴직할 때까지 2011. 7. 10.부터 6년 8월 29일 동안 계속 근로하였습니다. 퇴직금 산정사유 발생일 이전 3월간인 2017. 1. 8.부터 2018. 4. 7.까지의 원고의 급료총액은 급여규정에 따라 5,770,000원이고, 2018. 1. 8.부터 2018. 4. 7.까지의 기간의 총일수는 90일이므로 원고의 1일 평균임금은 64,111원(5,770,000원/90일, 원 미만은 포기)이 됩니다. 따라서 원고의 퇴직금은 14,681,547원[= 64,111원×30일×(6 + 8/12 + 29/30)]이 됩니다. 피고회사는 상시 10인 이상을 사용하는 사업장입니다.

9. 그러므로 원고는 피고로부터 위 합계 17,056,547원(급료 950,000원+상여금 1,425,000원+퇴직금 14,681,547원)과 이에 대하여 원고가 퇴직한 다음날인 2018. 4. 9.부터 다 갚는 날까지 민법 소정의 이율인 연 5%의 비율로 계산한 돈을 지급받고자 본소 청구에 이르렀습니다.

입 증 방 법

변론시 수시 제출하겠습니다.

첨 부 서 류

1. 주민등록초본 1통
1. 법인등기사항증명서 1통
1. 소장 부본 1통
1. 납부서 1통

20OO. O. .

위 원고 이 찬 수 (인)

OO지방법원 귀중

[사례 77] 퇴직금청구 소장(근로계약, 계약종료, 취업규칙의 변경)

소 장

원 고 박 중 일 (OOOOOO-OOOOOOO) (전화 :)
서울 은평구 가좌로 164(응암동) (우 :)

피 고 서울특별시
대표자 시장 홍 길 동

퇴직금 청구의 소

청 구 취 지

1. 피고는 원고에게 10,718,107원과 이에 대하여 2017. 8. 29.부터 다 갚는 날까지 연 5%의 비율로 계산한 돈을 지급하라.
2. 소송비용은 피고의 부담으로 한다.
3. 위 제1항은 가집행할 수 있다.

라는 판결을 구합니다.

청 구 원 인

1. 원고는 2009. 11. 30. 피고시에서 정하는 보수규정에 따른 보수를 받기로 하고 피고시 산하 서울시립교향악단에 고용되었습니다. 그 후 2017. 8. 28. 동 악단을 퇴직하였습니다. 그런데 원고는 퇴직금을 지급받지 못하고 있습니다.

2. 원고의 퇴직금액에 관하여 살펴보면,
원고는 7년 8월 29일 동안 위 악단에 계속 근무하였고 원고의 퇴직일인 2017. 8. 28. 이전 3월간인 2017. 5. 29.부터 2017. 8. 27.까지의 보수총액은 산식 5월 보수 1,320,000원×3/31 + 6월 보수 1,513,000원(6월 기말수당 포함) + 7월 보수 1,320,000원 + 8월 보수 1,282,500원에 따라 산출된 4,243,241원이며, 그 3월간의 총일수는 92일이므로 1일 평균임금은 46,122원(원 미만 포기함, 이하 같음, 4,243,241원/92일)이 되는 바, 근로기준법상 퇴직금은 최소한 계속근로년수 1년에 대하여 30일분 이상의 평균 임금을 지급하게 되어 있으므로 결국 원고의 퇴직금은 산식 46,122원 ×30일×(7 + 8/12 + 29/365)에 따라 산출된 10,718,107원이 됩니다.

3. 이에 원고는 피고시로부터 위 퇴직금 10,718,107원과 이에 대하여 원고가 퇴직한 다음날인 2017. 8. 29.부터 다 갚는 날까지 연 5%의 비율로 계산한 돈을 지급받고자 본 소 청구에 이르렀습니다.

입 증 방 법

변론시 수시 제출하겠습니다.

첨 부 서 류

1. 주민등록초본 1통
1. 소장 부본 1통
1. 납부서 1통

20OO. O. .

위 원고 박 중 일 (인)

OO지방법원 귀중

[해 설]

1. 사회통념상 합리성이 없는 한 취업규칙의 불이익 변경은 근로자 집단의 동의 없이는 무효이다.
2. 하급심판결은 퇴직금에 대한 지연손해금의 기산일은 근로기준법 제36조 소정의 금품청산기간을 도과하는 시점인 것처럼 판시하고 있다.
   그러나 근로기준법 제36조의 금품청산기간은 노동행정의 문제로서 규정한 것뿐이고 민사상의 이행지체의 책임을 14일간 유예해 주는 것은 아니라고 생각된다.

[사례 78] 퇴직금청구 소장(취업규칙, 퇴직금산출과정, 사직서제출의 효력)

소 장

원 고 조 성 수 (OOOOOO-OOOOOOO) (전화 :)
서울 동작구 신대방로 86(신대방동) (우 :)

피 고 대한여객운수 주식회사 (OOOOOO-OOOOOOO)
서울 노원구 공릉로 98(공릉동) (우 :)
대표이사 조 권 삼, 조 필 수

퇴직금지급 청구의 소

청 구 취 지

1. 피고는 원고에게 11,897,864원과 이에 대하여 2018. 5. 3.부터 이 사건 소장부본 송달일까지는 연 5%, 그 다음날부터 다 갚는 날까지는 연 15%의 각 비율로 계산한 돈을 지급하라.
2. 소송비용은 피고의 부담으로 한다.
3. 위 제1항은 가집행할 수 있다.

라는 판결을 구합니다.

청 구 원 인

1. 원고는 상시 10인 이상을 사용하는 사업을 경영하는 피고회사에 2012. 2. 20.경 계약기간은 정하지 아니하고 월급은 1,500,000원을 받기로 하고 승급조건은 피고회사의 취업규칙에 따르기로 하여 입사한 사실이 있습니다.

2. 그 후 원고는 6년 2월 12일을 근속하고 2018. 5. 2. 사직서를 제출하여 그 날 사표가 수리됨으로써 퇴직한 사실이 있습니다.

3. 그런데 피고는 원고의 퇴직금의 지급을 지체하고 있습니다.

4. 원고의 퇴직금에 관하여 살펴보면,
원고의 퇴직일 전 3월간인 2018. 2. 2.부터 2018. 5. 1.까지의 총 임금은 산식 2월 임금 1.900,000원(피고회사의 취업규칙에 따르면 원고의 2018년도 월급은 금 1,900,000원임) × 27/28 + 3월 임금 1,900,000원 + 4월 임금 1,900,000원 + 5월 임금 1,900,000원 × 1/31 에 의하여 산출되는 금 5,693,432원이며, 동 기간의 총일수는 89일이므로 1일 평균임금은 63,971.14원이 되고, 결국 원고의 퇴직금액은 산식 63,971.14원 × 30일 × (6 + 2/12 + 12/365)에 의하여 산출되는 금 11,897,864원이 됩니다(피고회사의 취업규칙에 의하면 계속근로년수 1년에 대하여 30일분의 평균임금을 지급하게 되어 있음).

5. 그러므로 원고는 피고로부터 위 취업규칙에 기한 퇴직금 11,897,864원과 이에 대하여 퇴직일 다음날인 2018. 5. 3.부터 이 사건 소장부본 송달일까지는 연 5%, 그 다음날부터 다 갚는 날까지는 소송촉진등에관한특례법에서 정한 연 15%의 각 비율로 계산한 지연손해금을 지급받고자 본 소 청구에 이르렀습니다.

입 증 방 법

변론시 수시 제출하겠습니다.

첨 부 서 류

1. 주민등록초본 1통
1. 법인등기사항증명서 1통
1. 소장 부본 1통
1. 납부서 1통

20○○. ○. .

위 원고 조 성 수 (인)

○○지방법원 귀중

[해 설]

1. 사직서 제출은 근로계약 해지의 의사표시에 해당한다. 1달이 지나야 효력이 발생한다. 다만 기간으로 보수를 정한 때에는 상대방이 해지의 의사표시를 받은 바로 그 기간 후의 1기를 더 경과하여야 효력이 발생한다(민법 제660조). 그러나 사용자가 사직서를 수리하면 근로계약의 합의해지에 동의한 것이 되어 즉시 계약은 종료한다. 사직서 수리를 거부한 경우에만 위 민법 제660조가 적용된다.
2. 이 사건의 경우 청구원인의 요지를 뽑으면 근로계약종료사실, 퇴직금의 액수, 퇴직금 지급지체사실의 3가지가 될 것 같고 그 밖의 사실은 간접사실이거나 보조사실로서 이 사건을 하나의 역사적 사실로서 구체적, 직접적으로 표현하는 데 필요한 사실이며, 이러한 사실들은 입증시에 증거로써 현출시켜도 될 것이다. 그러나 한편, 소장에 기재하여야 하는 사실은 하나의 역사적 사실이지 추상적이고 일반적인 요건사실의 나열이 되어서는 아니되므로 구체적으로 기술하되 항상 일반적인 요건사실도 염두에 두면서 그 요건사실에 맞추어 기재하여야 할 것이다. 다시 말하면 소장의 청구원인은 하나의 역사적 사실의 기술이면서 동시에 원고가 청구하는 법적 효과가 발생하기 위한 요건사실의 기재이어야 하는 것이다.

[사례 79] 해고무효등확인청구 소장(단체협약, 근로자지위확인청구, 임금청구)

소 장

원 고 박 효 수 (OOOOOO-OOOOOOO) (전화 :)
서울 노원구 공릉로 98(공릉동) (우 :)

피 고 해남운수주식회사 (OOOOOO-OOOOOOO)
서울 마포구 가양대로 143(상암동) (우 :)
대표이사 김 도 수

해고무효확인 등 청구의 소

청 구 취 지

1. 피고가 2016. 9. 11. 원고에 대하여 한 해고는 무효임을 확인한다.
2. 피고는 원고에게 29,250,000원을 지급하고, 2018. 1. 1.부터 원고의 원직 복귀를 허용할 때까지 월 2,370,000원씩을 지급하라.
3. 소송비용은 피고의 부담으로 한다.
4. 위 제2항은 가집행할 수 있다.

라는 판결을 구합니다.

청 구 원 인

1. 원고는 2013. 3. 7. 피고회사와의 사이에 계약기간은 정하지 아니하고 임금은 피고회사의 보수규정에 따르기로 하여 피고회사의 운전수로 입사하는 계약을 체결하였습니다.

2. 그런데 피고회사는 2016. 9. 11. 원고를 징계해고하였습니다.

3. 피고회사의 취업규칙 제13조는 종업원 중 교통사고발생자로서 회사에 재산피해액 100만원 이상을 끼친 자는 해고할 수 있다고 규정하고 있고 원고는 2016. 9. 3. 서울 강서구 등촌동에서 타이탄트럭을 들이받아 수리비 200만원 상당의 손해를 입혔다는 것입니다.

4. 그러나 위 취업규칙의 규정은 전국자동차노동조합연맹과 피고회사 등 여객운수사업 대표자간에 체결된 단체협약에 저촉되어 무효입니다. 즉, 동 단체협약 제89조는 종업원이 중대한 과실로 교통사고를 일으켜 회사에 300만원 이상의 재산상 손해를 입혔을 때에는 해고할 수 있다고 규정하고 있습니다. 따라서 피고회사의 위 해고처분은 무효인 취업규칙에 따른 것으로서 정당한 이유가 없는 것이어서 무효라고 할 것입니다.

5. 그런데 피고회사는 위 해고가 유효함을 전제로 원고의 고용계약상의 지위를 부인하고 있어 원고는 위 해고가 무효임의 확인을 청구합니다.

6. 아울러 위 해고가 무효인 이상 원고는 여전히 피고회사 운전수로서의 지위를 가지고 있으므로 피고회사는 원고의 근로제공 여부에 관계없이(원고가 근로를 제공하지 못한 것은 피고회사의 귀책사유로 인한 것임) 고용계약의 내용에 따라 피고회사의 보수규정에 따른 임금을 원고에게 지급할 의무가 있다고 할 것입니다.

7. 그러므로 그 임금액을 살펴보면, 2016. 10.내지 2017. 12.까지는 기본급 800,000원, 연장 및 야간근로수당, 주휴수당, 월차수당 합계 1,000,000원, 승무수당 150,000원으로서 매월 총금 1,950,000원이고, 2017. 1.이후는 기본급 1,000,000원, 연장 및 야간근로수당, 주휴수당, 월차수당 합계 1,200,000원, 승무수당 170,000원으로서 매월 총 금 2,370,000원입니다.

8. 따라서 원고는 피고회사로부터 2016. 10.내지 2017. 12.까지의 임금총액 29,250,000 원(=1,950,000원 × 15개월)과 2018. 1. 1.부터 원고의 원직 복귀를 허용할 때까지 월

2,370,000원씩의 임금을 지급받고자 본 소 청구에 이르렀습니다.

입 증 방 법

변론시 수시 제출하겠습니다.

첨 부 서 류

1. 주민등록초본 1통
1. 법인등기사항증명서 1통
1. 소장 부본 1통
1. 납부서 1통

20○○. ○. .

위 원고 박 효 수 (인)

○ ○ 지 방 법 원 귀 중

[해 설]

1. 해고무효확인청구의 소는 소극적 확인의 소이므로 원고는 근로계약체결사실만을 입증하면 되고 이에 대하여 피고가 해고사실과 그 해고가 정당한 이유가 있는 해고인 사실을 입증할 책임이 있다. 이와 마찬가지로 근로자지위확인청구의 소는 적극적확인의 소이므로 원고는 근로계약체결사실을 입증하면 되고 이에 대하여 피고는 정당한 해고라든가 원고의 사직으로 인하여 원고와 피고 사이의 근로계약관계가 해소된 사실을 입증할 책임이 있다.
2. 해고무효확인청구를 하면서 임금지급을 청구하는 경우 지급되어야 할 임금액은 승급이나 봉급인상액에 따른 것도 포함된다. 다만 성과금이 포함되는지는 의문이 있다. 통상적인 성과급이 있다면 포함되어야 할 것이 아닌가 생각된다.
3. 징계해고시 해고사유로 내세우지 않았던 새로운 사유를 변론에서 내세우는 경우 그 사유는 해고사유가 될 수 없다.

[사례 80] 보수금청구 소장(설비공사도급계약)

소　　　장

원 고　　이 질 서 (OOOOOO-OOOOOOO)　　　(전화 :　　　)
　　　　　대전 동구 가양남로 23번길　　　　　(우 :　　　)

피 고　　한 정 의 (OOOOOO-OOOOOOO)
　　　　　대전 서구 가마절길 12　　　　　　(우 :　　　)

보수금 청구의 소

청 구 취 지

1. 피고는 원고에게 15,000,000원과 이에 대하여 2017. 9. 24.부터 이 사건 소장부본 송달일까지는 연 6%, 그 다음날부터 다 갚는 날까지는 연 15%의 각 비율로 계산한 돈을 지급하라.
2. 소송비용은 피고의 부담으로 한다.
3. 위 제1항은 가집행할 수 있다.

라는 판결을 구합니다.

청 구 원 인

1. 원고는 조명 및 전기공사를 영업으로 하고 있습니다. 한편 원고는 2017. 9. 16. 피고와 사이에 대전광역시 동구 가양남로 17번길 소재 스탠드바 내부조명 및 전기시설 설비공사를 보수는 15,000,000원, 보수지급시기는 일의 완성일로 정하여 원고가 완공해 주기로 하는 내용의 설비공사도급계약을 체결하고 2017. 9. 23. 위 공사를 완료하였습니다.

2. 따라서 원고는 위 도급계약에 기하여 피고에게 위 보수금 15,000,000원의 지급을 청구하고, 아울러 이 보수금에 대하여 보수지급약정일 다음날인 2017. 9. 24.부터 이 사건 소장부본 송달일까지는 상법 소정의 연 6%, 그 다음날부터 다 갚는 날까지는 소송촉진등에관한특례법이 정한 연 15%의 각 비율로 계산한 지연손해금을 지급받고자 본 소 청구에 이르렀습니다.

입 증 방 법

변론시 수시 제출하겠습니다.

첨 부 서 류

1. 주민등록초본 2통
1. 소장 부본 1통
1. 납부서 1통

2000. O. .

위 원고 이 질 서 (인)

OO지방법원 귀중

[해 설]

1. 도급계약으로부터 수급인에게는 일을 완성할 의무와 목적물을 인도할 의무가 생기며, 도급인에게는 보수를 지급할 의무가 생긴다. 따라서 보수지급청구권의 존재를 주장하며 그 이행을 청구하는 사람은 도급계약체결사실을 주장 입증하여야 할 것이며, 목적물인도청구권의 존재를 주장하며 그 이행을 청구하는 사람 역시 도급계약성립사실을 주장, 입증하여야 할 것이다. 그리고 일의 완성여부가 다투어지는 경우에는 수급인이 입증하여야 할 것이다(이에 반하여 대법원판결은 도급계약에 있어 도급인이 미시공공사부분이 있다고 주장한 바 없다고 하더라도 일의 완성에 관한 주장, 입증책임은 일의 결과에 대한 보수의 지급을 구하는 수급인에게 있다고 판시하고 있다). 또한 보수의 지급여부가 다투어지는 경우에는 도급인이 입증하여야 할 것이다.
2. 법전상의 보수라는 용어는 잘 쓰이지 아니하고 실무상 공사대금, 공사비, 공사금, 설비비, 노임 등의 용어가 쓰이고 있으나 법적 성질은 대개 도급계약의 보수이다. 이러한 청구의 소송물은 도급보수지급청구권의 존부이다.
   청구원인에는 계약의 당사자, 계약일시, 계약의 내용(공사내용, 보수금액, 보수지급시기) 등을 구체적으로 기재하여 다른 권리관계와 식별될 수 있도록 하여야 할 것이다. 도급보수금의 지급을 청구하는 경우에 도급계약성립사실만을 주장입증하면 족하고 일의 완성사실은 다툼이 있을 경우에만 입증하면 될 것이 아닌가 생각된다.
3. 원고가 도급계약을 원인으로 하여 공사대금을 청구하는 경우 이에 대하여 피고는 그 목적물에 하자가 있어 하자보수에 갈음하는 손해배상을 청구할 수 있고 이 경우 그 손해배상의 액에 상응하는 보수의 액에 관하여는 그 공사대금의 지급을 거절할 수 있으며, 그 손해배상

의 액수 즉 하자보수비는 목적물의 완성시가 아니라 손해배상청구시를 기준으로 산정함이 상당하다.

또한 하자가 중요하지 아니하면서 동시에 그 보수에 과다한 비용을 요하는 경우에는 도급인은 하자보수나 하자보수에 갈음하는 손해배상을 청구할 수 없고 그 하자로 인하여 입은 손해의 배상만을 청구할 수 있는데, 이러한 경우 그 하자로 인하여 입은 통상의 손해는 특별한 사정이 없는 한 수급인이 하자 없이 시공하였을 경우의 목적물의 교환가치와 하자가 있는 현재 상태대로의 교환가치와의 차액이고, 한편 하자가 중요한 경우에는 그 보수에 갈음하는 즉 실제로 보수에 필요한 비용이 손해배상에 포함된다고 한다. 그리고 도급계약에 있어서 완성된 목적물에 하자가 있을 경우 교환가치의 차액을 산출하기가 현실적으로 불가능한 경우의 통상의 손해는 하자 없이 시공하였을 경우의 시공비용과 하자 있는 상태대로의 시공비용의 차액이라고 봄이 상당하다. 그리고 습식공법으로 시공하기로 한 내용 벽면 석공사를 반건식공법으로 시공한 사안에서, 그 하자가 중요하지 아니하면서 보수에 과다한 비용을 요하는 경우에 해당하나, 그 교환가치나 시공비용의 차이가 없어 하자로 인한 손해배상을 청구할 수 없다.

[사례 81] 보수금청구 소장(도급계약사건)

소 장

원 고 박 철 호 (OOOOOO-OOOOOOO) (전화 :)
서울 송파구 가락로 14(석촌동) (우 :)

피 고 이 석 봉 (OOOOOO-OOOOOOO)
서울 동작구 신대방길 143(신대방동) (우 :)

보수금 청구의 소

청 구 취 지

1. 피고는 원고에게 18,700,000원과 이에 대하여 2017. 10. 16.부터 이 사건 소장부본 송달일까지는 연 5%, 그 다음날부터 다 갚는 날까지는 연 15%의 각 비율로 계산한 돈을 지급하라.
2. 소송비용은 피고의 부담으로 한다.
3. 위 제1항은 가집행할 수 있다.

라는 판결을 구합니다.

청 구 원 인

1. 원고는 2017. 9. 3. 피고로부터 피고가 도급받은 서울 강남구 강남대로 216(도곡동) 소재 건축주 홍남희의 건물신축공사 가운데 씨아이피(C.I.P.)공사를 보수금은 18,700,000원, 보수지급기일은 공사완료일로 각 정하여 재도급받았습니다.

2. 따라서 원고는 도급계약을 원인으로 하여 피고로부터 보수금 18,700,000원과 이에 대하여 이 사건 공사완료일 다음날인 2017. 10. 16.부터 이 사건 소장부본 송달일까지는 연 5%, 그 다음날부터 다 갚는 날까지는 소송촉진등에관한특례법에서 정한 연 15%의 각 비율로 계산한 지연손해금을 지급받고자 본 소 청구에 이르렀습니다.

입 증 방 법

변론시 수시 제출하겠습니다.

첨 부 서 류

1. 주민등록초본 2통
1. 소장 부본 1통
1. 납부서 1통

20OO. O. .

위 원고 박 철 호 (인)

OO지방법원 귀중

[해 설]

도급보수금청구에 있어서 요건사실은 도급계약체결사실만이고 목적물의 인도사실은 피고가 목적물의 인도와 동시에 보수를 지급하겠다고 동시이행의 항변을 한 경우에 원고가 재항변으로 주장 입증할 사항이고 일의 완성사실도 피고가 일을 먼저 완성해야 보수를 지급하겠다고 선이행의 항변을 한 경우 원고가 재항변으로 주장 입증할 사항이라고 생각한다. 따라서 소장에 목적물의 인도사실이나 일의 완성사실을 반드시 기재하여야 하는 것은 아니라고 생각한다. 일단은 도급계약체결사실만 주장하면 논리적 순서에 따른 최초의 주장책임은 다한 것으로 볼 수 있을 것이다.

[사례 82] 공사대금청구 소장(조건불성취에 대한 반신의 행위)

소 장

원 고 김 기 창 (OOOOOO-OOOOOOO) (전화 :)
서울 동작구 신대방길 86(신대방동) (우 :)

피 고 박 태 진 (OOOOOO-OOOOOOO)
서울 관악구 관악로 106(봉천동) (우 :)

공사대금 청구의 소

청 구 취 지

1. 피고는 원고에게 345,200,000원과 이에 대하여 이 사건 소장부본 송달다음날부터 다 갚는 날까지 연 15%의 비율로 계산한 돈을 지급하라.
2. 소송비용은 피고의 부담으로 한다.
3. 위 제1항은 가집행할 수 있다.

라는 판결을 구합니다.

청 구 원 인

1. 원고는 2016. 9. 16. 피고로부터 서울 은평구 가좌로 164(응암동) 소재 건물을 증축하는 공사를 기간 2016. 10. 3.부터 2017. 1. 30.까지, 공사대금 365,200,000원(평당 1,000,000원, 총건평 332평, 부가가치세 포함)으로 정하여 도급받으면서 선수금으로 20,000,000원을 받고 나머지 공사대금은 준공 후 건물을 분양하여 그 분양대금으로 지급받기로 약정하였습니다.

2. 원고는 위 공사를 완료하고 2017. 11. 29. 준공검사를 마쳐 피고에게 인도하였습니다.

3. 그런데 피고는 건물이 분양되지 않는다는 이유로 공사대금 잔금 345,200,000원의 지급을 거절하고 있습니다.

4. 그러나 건물이 분양되지 않는 것은 피고가 서울 은평구 응암동 1107 대지에 관하여 근저당권을 설정하고 임의경매가 진행되게 하여 소외 국민은행이 낙찰받게 한 때

문입니다.
즉, 건물이 분양되지 않는 것은 피고의 책임 있는 사유로 인한 것입니다.

5. 그러므로 원고는 민법 제150조 제1항을 유추하여 건물이 분양되어 기한이 도래한 것으로 주장합니다.

6. 따라서 원고는 피고로부터 도급계약에 의하여 지급되지 아니한 공사대금 345,200,000원과 이에 대하여 이 사건 소장부본 송달다음날부터 다 갚는 날까지 소송촉진등에관한특례법 제3조에서 정한 연 15%의 비율로 계산한 지연손해금을 지급받고자 본 소 청구에 이르렀습니다.

입 증 방 법

변론시 수시 제출하겠습니다.

첨 부 서 류

1. 주민등록초본 2통
1. 소장 부본 1통
1. 납부서 1통

2000. 0. .

위 원고 김 기 창 (인)

OO지방법원 귀중

[해 설]

1. 원래 법률행위는 성립과 동시에 바로 효력을 발생하는 것이 원칙이므로 이러한 법률행위의 시기(始期)의 존재는 권리발생을 방해하는 사실로서 상대방이 이를 입증할 책임이 있고, 이에 대하여 시기의 도래사실은 권리발생을 완전하게 하는 것이므로 권리행사자가 이를 입증할 책임이 있다.
그러나 계약내용을 일괄적으로 기재한다는 의미가 있으므로 이 사례에서는 공사잔대금 지급기한의 존재사실을 기재하여 주고 기한의 도래사실까지 주장하고 있다. 한편 주장입증책임에 관한 위 이론에 의하면 공사대금(도급계약의 보수금의 성질을 가짐)청구시 논리적 순서에 따라 최초로 주장하여야 할 사실, 즉 소장에 반드시 기재하여야 할 청구원인(필요적 기재사항)은 다음과 같이 될 것이다.

[사례 83] 공사대금청구 소장(도급계약)

소 장

원 고 주식회사 제일건업 (OOOOOO-OOOOOOO)(전화 :)
서울 강남구 강남대로 238(도곡동) (우 :)
대표이사 정 호 윤

피 고 청양토건 주식회사 (OOOOOO-OOOOOOO)
서울 마포구 가양대로 143(상암동) (우 :)
대표이사 정 기 성

공사대금 청구의 소

청 구 취 지

1. 피고는 원고에게 48,000,000원과 이에 대하여 2017. 11. 1.부터 이 사건 소장부본 송달일까지는 연 5%, 그 다음날부터 다 갚는 날까지는 연 15%의 각 비율로 계산한 돈을 지급하라.
2. 소송비용은 피고의 부담으로 한다.
3. 위 제1항은 가집행할 수 있다.

라는 판결을 구합니다.

청 구 원 인

1. 원고는 2017. 9. 20. 피고와 사이에 서울 강남구 양재동 양재 전력구공사(총공수 190공, 총심도 1,640m) 도급계약을 체결하고 도급금액은 77,000,000원(부가가치세 포함)으로, 공사기간은 2017. 9. 21.부터 같은 해 10. 20.까지로 약정하였습니다.

2. 위 공사계약에 따라 원고는 같은 해 9. 21.부터 공사를 시작하여 시공하게 되었는데, 공사진행 도중 설계변경으로 인하여 원고와 피고는 2017. 9. 30. 공사계약 변경계약을 체결하고 도급금액은 93,500,000원(= 공급가액 85,000,000원 + 부가가치세 8,500,000원)으로, 공사기간은 2017. 9. 30.부터 같은 해 10. 31.까지로 변경하였던 것입니다.

3. 원고는 위 공사계약에 따라 위 공사기간 내에 이를 완료해 주었으나, 피고는 원고

에게 위 공사대금 중 3차례에 걸쳐 45,000,000원만 지급해 주었을 뿐, 나머지 48,500,000원을 지금까지 지급하지 않고 있습니다.

4. 따라서 원고는 피고로부터 위 공사잔대금 48,500,000원과 이에 대하여 공사완료일 다음날인 2017. 11. 1.부터 이 사건 소장부본 송달일까지는 연 5%, 그 다음날부터 다 갚는 날까지는 소송촉진등에관한특례법 소정의 연 15%의 각 비율로 계산한 지연손해금을 지급받고자 이 사건 청구에 이른 것입니다.

입 증 방 법

1. 갑 제1호증의 1 도급계약서
1. 갑 제2호증의 2 도급계약변경합의서
1. 갑 제2호증의 1내지 3 각 입금표
1. 갑 제2호증 공사대금청구서

그 밖의 입증서류는 변론시 수시 제출하겠습니다.

첨 부 서 류

1. 위 입증서류 사본 각 1통
1. 법인등기사항증명서 2통
1. 소장 부본 1통

20OO. O. .

위 원고 주식회사 제일건업
대표이사 정 호 윤 (인)

OO지방법원 귀중

[사례 84] 임가공비청구 소장

소 장

원 고 이 질 서 (OOOOOO-OOOOOOO) (전화 :)
서울 송파구 가락로 14(석촌동) (우 :)

피 고 영신실업주식회사 (OOOOOO-OOOOOOO)
서울 은평구 가좌로 164(응암동) (우 :)
대표이사 황 태 연

임가공비 청구의 소

청 구 취 지

1. 피고는 원고에게 40,000,000원과 이에 대하여 2017. 10. 21.부터 다 갚는 날까지 연 15%의 비율로 계산한 돈을 지급하라.
2. 소송비용은 피고의 부담으로 한다.
3. 위 제1항은 가집행할 수 있다.

라는 판결을 구합니다.

청 구 원 인

1. 원고는 삼영실업이란 상호로 봉제업을 하고 있으며, 피고는 영신실업 주식회사(이하 "피고회사"라 한다)라는 상호로 무역업을 하고 있습니다.

2. 소외 주식회사 태평실업은 2017. 7. 4. 피고회사와 사이에 수출품 위탁가공계약을 체결하고 위 주식회사 태평실업은 위 계약에 따라 성인용 사파리 점퍼 3,000벌을 가공하여 2017. 10. 20.까지 피고회사에 납품하였습니다.

3. 그런데 피고 회사는 가공비(3,000벌×30,000원) 중 40,000,000원만 지급하고 잔금 50,000,000원은 지급치 아니하였습니다. 이에 위 주식회사 태평실업은 피고회사에 대한 위 가공비 청구채권을 2017. 11. 1. 원고에게 양도하고 위 양도사실을 피고회사에 통지한 바 있습니다.

4. 따라서 피고는 위 주식회사 태평실업으로부터 피고회사에 대한 위 채권을 양도받

은 원고에게 40,000,000원을 지급할 의무가 있다고 할 것이므로 원고는 피고로부터 40,000,000원과 이 사건 임가공비 납품다음날인 2017. 10. 21.부터 다 갚는 날까지 소송촉진등에관한특례법 소정의 연 15%의 비율로 계산한 지연손해금을 지급받고자 이 사건 청구에 이른 것입니다.

입 증 방 법

1. 갑 제1호증 위탁가공계약서
1. 갑 제2호증 채권양도증서
1. 갑 제2호증 채권양도통지서

그 밖의 입증서류는 변론시 수시 제출하겠습니다.

첨 부 서 류

1. 위 입증서류 사본 각 1통
1. 주민등록초본 1통
1. 법인등기사항증명서 1통
1. 소장 부본 1통

2000. 0. .

위 원고 이 질 서 (인)

OO지방법원 귀중

[해 설]

1. 용역이 일부만 완성된 경우 : 특별한 사정이 없는 한 당사자간에 기성금 지급약정이 없더라도, 건축도급계약의 중도해제에서와 같은 법리 또는 위임사무처리비용 또는 사무관리용 등의 법리에 따라, 그 기성고 상당의 용역비를 청구할 수 있다(기성고 감정신청).
2. 항변 등에 관한 판단

   해제하자의 항변(해제통지서, 하자감정신청) : 원고의 채무불이행으로 계약을 해제하였다거나, 제공한 용역에 하자가 있어 목적달성이 불가능하다는 점을 들어 용역비 지급을 거절할 수 있음.

[사례 85] 지분반환청구 소장(동업약정, 탈퇴, 재산상태)

소 장

원 고 김 민 주 (OOOOOO-OOOOOOO) (전화 :)
서울 은평구 가좌로 164(응암동) (우 :)

피 고 양 인 권 (OOOOOO-OOOOOOO)
서울 강남구 강남대로 238(도곡동) (우 :)

지분반환 청구의 소

청 구 취 지

1. 피고는 원고에게 15,000,000원과 이에 대하여 2018. 5. 2.부터 이 사건 소장부본 송달일까지는 연 5%, 그 다음날부터 다 갚는 날까지는 연 15%의 각 비율로 계산한 돈을 지급하라.
2. 소송비용은 피고의 부담으로 한다.
3. 위 제1항은 가집행할 수 있다.

라는 판결을 구합니다.

청 구 원 인

1. 원고는 2017. 3. 29. 피고와 사이에 원고는 30,000,000원을, 피고는 70,000,000원을 출자하여 어업을 동업할 것을 약정한 사실이 있습니다.

2. 그 후 어업을 동업함에 있어 피고가 동업조합의 업무집행을 전횡하여 원고는 하는 수 없이 2018. 5. 1. 피고에 대하여 동업조합 탈퇴의 의사를 표시하였습니다.

3. 원고가 탈퇴한 2018. 5. 1. 당시의 위 조합의 재산상태는 선박 1대 시가 120,000,000원, 부채 70,000,000원이었습니다.

4. 따라서 원고는 피고에게 조합탈퇴를 원인으로 하여 출자가액에 비례한 원고의 지분 10분의 3에 해당하는 15,000,000원{=(자산 120,000,000원-부채 70,000,000원) × 3/10}의 반환을 청구하고, 아울러 이에 대하여 이행지체를 원인으로 하여 탈퇴 의사표시가 피고에게 도달한 다음날인 2018. 5. 2.부터 이 사건 소장부본 송달일까지

는 연 5%, 그 다음날부터 다 갚는 날까지는 소송촉진등에관한특례법에서 정한 연 15%의 각 비율로 계산한 지연손해금을 지급받고자 본 소 청구에 이르렀습니다.

입 증 방 법

변론시 수시 제출하겠습니다.

첨 부 서 류

1. 주민등록초본 2통
1. 소장 부본 1통
1. 납부서 1통

20〇〇. 〇. .

위 원고 김 민 주 (인)

〇〇지방법원 귀중

[해 설]

이 사건에서 피고는 선박 중 10분의 3 지분을 원고가 직접 제3자에게 매도하여 환가하고 부채 중 10분의 3을 지급한 후 나머지를 원고가 가져가라고 주장하여 분쟁이 생겼다. 즉, 피고는 금전으로 지분을 반환할 수 없다고 주장하였다(민법 제719조 제2항 참조).

그러나 조합 유지 차원에서 원고는 금전으로 지분을 반환할 것을 청구할 수 있을 것이다.

[사례 86] 동업지분반환청구 소장(조합계약, 횡령사건, 조합업무집행의 전횡)

소 장

원 고 강 영 호 (〇〇〇〇〇〇-〇〇〇〇〇〇〇) (전화 :)
서울 송파구 가락로 14(석촌동) (우 :)

피 고 고 충 호 (〇〇〇〇〇〇-〇〇〇〇〇〇〇)
서울 은평구 가좌로 164(응암동) (우 :)

동업지분반환 청구의 소

청 구 취 지

1. 피고는 원고에게 210,000,000원과 이에 대하여 이 사건 소장부본 송달다음날부터 다 갚는 날까지 연 15%의 비율로 계산한 돈을 지급하라.
2. 소송비용은 피고의 부담으로 한다.
3. 위 제1항은 가집행할 수 있다.

라는 판결을 구합니다.

청 구 원 인

1. 원고는 2016. 4.경 피고와 사이에 원고는 3, 피고는 7의 비율로 출자하여 광어 양식 및 판매를 동업할 것을 약정한 사실이 있습니다.

2. 그러나 그 후 피고는 원고의 의사를 무시하고 혼자서 조합업무를 전횡하면서 이익분배를 하지 아니하고 있습니다. 원고는 부득이 더 이상 동업을 할 수 없어 이 사건 소장의 송달로써 위 동업조합을 탈퇴합니다.

3. 현재 위 동업조합의 재산상태는 양식장으로 사용되고 있는 토지(남제주군 성산읍 신산리 39 잡종지 1577㎡) 시가 금 아무 원 상당과 동 토지 지상 건물 시가 금 아무 원 상당 및 그 동안 양식하여 판매한 광어판매대금 아무 원 상당 합계 700,000,000원이 있고 채무는 전혀 없는 상태입니다.

4. 따라서 원고는 조합탈퇴로 인한 지분반환으로서 피고로부터 210,000,000(700,000,000원의 10분의 3)과 이 사건 소장부본 소장다음날부터 다 갚는 날까지 소송촉진등에 관한특례법 소정의 연 15%의 비율로 계산한 지연손해금을 지급받고자 본 소 청구에 이르렀습니다.

입 증 방 법

변론시 수시 제출하겠습니다.

첨 부 서 류

1. 주민등록초본	2통
1. 소장 부본	1통
1. 납부서	1통

2000. 0. .

위 원고 강 영 호 (인)

0 0 지 방 법 원 귀 중

[사례 87] **출자금청구 소장(동업계약, 소비대차계약, 채권자대위)**

소 장

원 고 고 호 연 (000000-0000000) (전화 :)
서울 노원구 공릉로 98(공릉동) (우 :)

피 고 임 지 기 (000000-0000000)
서울 성동구 가람길 113(송정동) (우 :)

출자금 청구의 소

청 구 취 지

1. 피고는 원고에게 10,000,000원과 이에 대하여 2018. 1. 1.부터 이 사건 소장부본 송달일까지는 연 5%, 그 다음날부터 다 갚는 날까지는 연 15%의 각 비율로 계산한 돈을 지급하라.
2. 소송비용은 피고의 부담으로 한다.
3. 위 제1항은 가집행할 수 있다.

라는 판결을 구합니다.

청 구 원 인

1. 소외 장대심과 피고는 2017. 3. 9. 상호출자하여 건물을 지은 후 팔아 남는 이익금을 반분하기로 하는 내용의 동업계약을 맺은 사실이 있습니다.

2. 그 후 2017. 9. 9. 위 동업계약을 합의 해지하고 피고는 소외 장대심에게 10,000,000원의 출자금을 2017. 12. 31까지 반환하기로 약정한 사실이 있습니다.

3. 한편 원고는 2016. 1. 10. 소외 장대심에게 30,000,000원을 이자는 월 3%, 변제기는 2016. 3. 9.로 정하여 대여하였는데 소외 장대심은 대여원리금의 반환을 지체하고 있습니다. 그리고 소외 장대심에게는 피고에 대한 위 출자금반환청구채권 외에는 별다른 재산이 없습니다.

4. 따라서 원고는 원고의 소외 장대심에 대한 위 대여금반환청구권을 보전하기 위하여 소외 장대심을 대위하여 피고로부터 위 출자금 10,000,000원과 이에 대하여 2018. 1. 1.부터 이 사건 소장부본 송달일까지는 연 5%, 그 다음날부터 다 갚는 날까지는 소송촉진등에관한특례법에서 정한 연 15%의 각 비율로 지연손해금을 지급받고자 본 소 청구에 이르렀습니다.

입 증 방 법

변론시 수시 제출하겠습니다.

첨 부 서 류

1. 주민등록초본 2통
1. 소장 부본 1통
1. 납부서 1통

2000. O. .

위 원고 고 호 연 (인)

OO지방법원 귀중

[사례 88] 출자금반환청구 소장

소 장

원 고 김 철 기 (OOOOOO-OOOOOOO)
서울 서초구 서초대로 11(서초동)
소송대리인 변호사 장 웅 기 (전화 :)

서울 서초구 서초대로 21(서초동) (우 :)

피 고 1. 신 현 희 (OOOOOO-OOOOOOO)
서울 서초구 서초대로 12(서초동) (우 :)
2. 정 덕 수 (OOOOOO-OOOOOOO)
서울 서초구 서초대로 13(서초동) (우 :)
3. 서 필 수 (OOOOOO-OOOOOOO)
서울 서초구 서초대로 14(서초동) (우 :)

출자금반환 청구의 소

청 구 취 지

1. 피고들은 원고에게 18,000,000원과 이에 대하여 2018. 5. 16.부터 이 사건 소장부본 송달일까지는 연 5%, 그 다음날부터 다 갚는 날까지는 연 15%의 각 비율로 계산한 돈을 지급하라.
2. 소송비용은 피고들의 부담으로 한다.
3. 위 제1항은 가집행할 수 있다.

라는 판결을 구합니다.

청 구 원 인

1. 원고와 피고 등은 서울 동작구 신대방동 138-3 토지를 공동으로 매수하여 농수산물센타를 건립하기로 하는 동업조합을 결성한 바 있습니다.

2. 그 때 원고와 피고 등은 한 사람이 20,000,000원씩을 출자하기로 약정한 바 있으나 원고는 자력이 달려서 18,000,000원 밖에 출자하지 못하였습니다.

3. 이에 원고는 2018. 5. 15.경 피고들에 대하여 부득이 위 동업조합에서 탈퇴한다는 의사를 표시하였습니다.

4. 원고가 위 동업조합에서 탈퇴할 때 위 동업조합의 재산상태는 현금 78,000,000원이 있었습니다.(20,000,000×피고들 3명+원고 18,000,000원 = 78,000,000원)

5. 한편 조합원들의 지분은 출자가액에 비례하도록 되어 있었으므로 원고의 지분은 0.23076923076…(=18,000,000원/78,000,000원)입니다.

6. 따라서 위 동업조합은 원고에게 조합재산 총액 78,000,000원에 원고의 지분 0.2307

6923076…를 곱한 18,000,000원을 반환하여야 할 것입니다.

7. 그리고 위 동업조합의 조합원들인 피고들은 조합채무를 균분하여 부담하여야 하므로 피고들이 원고에게 지급하여야 할 지분반환액은 각 6,000,000원(=18,000,000 원/3명)씩이 될 것입니다.

8. 이에 원고는 피고들로부터 18,000,000원과 이에 대하여 2018. 5. 16.부터 이 사건 소장부본 송달일까지는 연 5%, 그 다음날부터 다 갚는 날까지는 소송촉진등에관한 특례법에서 정한 연 15%의 각 비율로 계산한 지연손해금의 지급받고자 본 소 청구에 이르렀습니다.

입 증 방 법

변론시 수시 제출하겠습니다.

첨 부 서 류

1. 주민등록초본 4통
1. 소장 부본 3통
1. 납부서 1통

2000. O. .

위 원고 소송대리인 변호사 장 웅 기 (인)

OO지방법원 귀중

[사례 89] 예금반환청구 소장(소비임치계약, 계약종료)

소 장

원 고 한 만 족 (OOOOOO-OOOOOOO) (전화 :)
서울 동작구 신대방로 143(신대방동) (우 :)

피 고 주식회사 서울광명은행 (OOOOOO-OOOOOOO)

서울 강남구 강남대로 238(도곡동)　　　　(우 :　　　　)
대표자 은행장 정 광 명

예금반환 청구의 소

청 구 취 지

1. 피고는 원고에게 10,000,000원과 이에 대하여 이 사건 소장부본 송달다음날부터 다 갚는 날까지 연 15%의 비율로 계산한 돈을 지급하라.
2. 소송비용은 피고의 부담으로 한다.
3. 위 제1항은 가집행할 수 있다.

라는 판결을 구합니다.

청 구 원 인

1. 원고는 2017. 6. 7. 피고(소관 율현지점)에게 임치기간을 정하지 아니하고 10,000,000원을 보통예금으로 임치하였습니다. 원고는 이 사건 소장의 송달로써 위 예금계약을 해지합니다.

2. 따라서 원고는 소비임치계약의 종료를 원인으로 하여 피고로부터 위 보통예금 10,000,000원과 이에 대하여 이 사건 소장부본 송달다음날부터 다 갚는 날까지의 소송촉진등에관한특례법에서 정한 연 15%의 비율로 계산한 지연손해금의 지급받고자 본 소 청구에 이르렀습니다.

입 증 방 법

변론시 수시 제출하겠습니다.

첨 부 서 류

1. 주민등록초본　　　　1통
1. 법인등기사항증명서　　1통
1. 소장 부본　　　　　1통
1. 납부서　　　　　　1통

20○○. ○. .

위 원고 한 만 족 (인)

ㅇㅇ지방법원 귀중

[사례 90] 양도성예금반환청구 소장

소 장

원 고 홍 길 동 (OOOOOO-OOOOOOO) (전화 :)
서울 강남구 강남대로 297(역삼동) (우 :)

피 고 1. 주식회사 하나은행 (OOOOOO-OOOOOOO)
서울 마포구 가양대로 143(상암동) (우 :)
대표이사 정 광 명
2. 주식회사 신한은행 (OOOOOO-OOOOOOO)
서울 은평구 가좌로 164(응암동) (우 :)
대표이사 한 경 수

예금반환 청구의 소

청 구 취 지

1. 원고에게,
   가. 피고 주식회사 하나은행은 2,000,000,000원,
   나. 피고 주식회사 신한은행은 1,000,000,000원과 피고들은 이 사건 소장부본 최후송달 다음날부터 다 갚는 날까지 연 15%의 비율로 계산한 돈을 지급하라.
2. 소송비용은 피고들의 부담으로 한다.

라는 판결을 구합니다.

청 구 원 인

1. 원고는 피고 주식회사 하나은행이 2017. 6. 4, 발행한 만기지급액 금 50,000,000원, 만기일 2017. 9. 3.로 된 양도성예금증서(무기명식) 40매(만기지급액 합계 200,000,000원)를, 피고 주식회사 신한은행이 2017. 6. 4. 발행한 만기지급액 금 50,000,000원, 만기일 2017. 9. 3.로 된 양도성 예금증서(무기명식) 20매(만기지급액 합계 10억원)를 각 취득하여 소지하고 있습니다.

2. 그리하여 원고는 위 각 예금증서와 소지인으로서 만기일인 2017. 9. 3.에 각 그 만기 지급액의 지급을 받기 위하여 각 발행지점인 피고 주식회사 하나은행 휘경동 지점과 피고 신한은행 여의도지점에 지급을 위한 제시를 하였으나, 모두 사고계가 접수되었다는 이유로 지급이 거절되었습니다.

3. 그러나 원고는 위 각 양도성예금증서(무기명식)를 소외 김갑동으로부터 적법히 매수하여 소지하고 있는 선의의 취득자로서, 원고는 피고들로부터 각 청구취지와 같은 금액을 지급받고자 본 소 청구에 이르렀습니다.

입 증 방 법

변론시 수시 제출하겠습니다.

첨 부 서 류

1. 위 입증서류 사본 1통
1. 주민등록초본 1통
1. 법인등기사항증명서 2통
1. 소장 부본 1통
1. 소송위임장 1통
1. 납부서 1통

20OO. O. .

위 원고 홍 길 동 (인)

O O 지 방 법 원 귀 중

[사례 91] 양수금청구 소장(채권양도계약, 양도통지)

소 장

원 고 편 인 권 (OOOOOO-OOOOOOO)
서울 노원구 공릉로 98(공릉동) (우 :)

피 고 소 복 지 (OOOOOO-OOOOOOO)
서울 마포구 가양대로 143(상암동) (우 :)

양수금 청구의 소

청 구 취 지

1. 피고는 원고에게 10,000,000원과 이에 대하여 2017. 7. 2.부터 다 갚는 날까지 연 24%의 비율로 계산한 돈을 지급하라.
2. 소송비용은 피고의 부담으로 한다.
3. 위 제1항은 가집행할 수 있다.

라는 판결을 구합니다.

청 구 원 인

1. 소외 강정의는 피고에게 2017. 7. 1. 10,000,000원을, 이자는 월 2%, 변제기는 2017. 8. 1.로 정하여 대여하였습니다.

2. 소외 강정의는 2017. 7. 20. 원고에게 위 대여금채권을 양도하고 2017. 7. 24. 피고에 대하여 위 양도사실을 통지하였고 그 다음 날 그 통지는 피고에게 도달하였습니다.

3. 그러므로 원고는 피고로부터 채권양도계약을 원인으로 하여 위 양수금 10,000,000원과 이에 대한 대여일 다음날인 2017. 7. 2.부터 다 갚는 날까지 연 24%의 비율로 계산한 지연손해금을 지급받고자 본 소 청구에 이르렀습니다.

입 증 방 법

1. 갑 제1호증 내용증명

그 밖의 입증서류는 변론시 수시 제출하겠습니다.

첨 부 서 류

1. 위 입증서류 사본 1통
1. 주민등록초본 2통
1. 소장 부본 1통

20OO. O. .

위 원고 편 인 권 (인)

ㅇㅇ지방법원 귀중

[해 설]

1. 양수금 소장의 심사

가. (지명채권양도를 원인으로 양수금청구) 청구원인 : 원래 채권의 발생에 관한 증서(차용금 증서 등), 채권양도양수계약서, 채권양도통지서 또는 승낙서

나. 주의사항

(1) 양도통지 : 채권양도통지는 원칙적으로 양도인이 하여야 하나, 양수인도 양도인의 사자나 대리인의 자격으로 양도사실을 통지할 수 있음. 채권양도통지는 주채무자에게만 하면 족함.

– 통지권자 : 채권양도통지는 원칙적으로 양도인이 하여야 하나 채권양수인도 양도인의 사자나 대리인의 자력으로 양도사실을 통지할 수 있음. 또한 자산유동화에 관한 법률 제7조(채권양도의 대항요건에 관한 특례)에 의하면 자산유동화계획에 따른 채권의 양도는 양도인 또는 양수인의 채무자에게 통지할 수 있음.

– 원고(양수인)가 통지한 것으로 되어 있는 경우 : 양도인의 사자(그 권한을 수여 받아야 함)이거나 대리인(대리사실로 현명해야 함이 원칙)의 자격이 있다는 점을 입증하여야 함 → 누락된 경우 보정권고

– 통지대상 : 주채무자에게만 통지하면 족하고, 보증인에 대한 통지는 보증인에 대한 청구의 요건사실이 아님. 반면 보증인에게 통지하더라도 채무자에게 효력 없음.

(2) 계약해제권 : 3면 계약이나 채무자의 동의에 의하여 성립되는 계약상 지위양도와는 달리, 양도된 채권의 발생원인이 되는 계약관계를 해제하는 등의 계약상 권리는 원고(양수인)에게 양도되지 아니함(원고가 대위하여 해제권 행사하는 것은 가능하나 양수금 청구의 요건사실과는 무관함).

2. 항변 등에 관한 판단

가. 양도금지특약 항변(민법 449조 내지 452조) : 양도통지를 요건사실로 한 청구에 한하여, 피고는 대상채권이 성질상 양도를 허용하지 아니하는 것이라는 사정, 또는 갑과 사에게 양도금지의 특약을 하였는데 양수인이 악의 또는 중대한 과실 있는 선의였다는 항변을 할 수 있음 : 양도금지특약서

나. 양도 항변 : 제3자로부터 채권양도통지(확정일자 있는 증서에 의한 것), 압류추심명령 또는 압류전부명령을 받았다는 항변(양도통지서, 전부명령, 추심명령, 배달증명서)

(1) 원고의 양도통지가 확정일자 있는 증서에 의하지 아니한 경우 : 피고는 언제든지 항변 가능

(2) 원고의 양도통지가 확정일자 있는 증서에 의한 경우 : 제3자의 채권양도통지 등이 원고의 확정일자 보다 이전에 이루어졌음을 주장·입증하여야 함.

(3) 원고의 확정일자 있는 양도통지와 제3자의 양도통지 등이 동시에 도달된 경우 : 위 사유만으로는 항변사유가 될 수 없고, 채무불이행에서 벗어나기 위하여 피고는 혼합공탁 등을 하여야 함.

[사례 92] 양수금등청구 소장(채권양도, 채권가압류와 전부 명령의 경합, 피고간의 중첩관계 임금직접불의 원칙)

소 장

원 고 최 미 애 (OOOOOO-OOOOOOO) (전화 :)
서울 동작구 신대방로 86(신대방동) (우 :)

피 고 1. 민사여객운수 주식회사 (OOOOOO-OOOOOOO)
서울 마포구 가양대로 143(상암동) (우 :)
대표이사 한 경 수, 한 정 수
2. 양 진 영 (OOOOOO-OOOOOOO)
서울 노원구 공릉로 98(공릉동) (우 :)

양수금 등 청구의 소

청 구 취 지

1. 피고들은 원고에게 각 28,000,000원과 각 이에 대하여 이 사건 소장부본 송달다음 날부터 다 갚는 날까지 연 15%의 비율로 계산한 돈을 각 지급하라.
2. 소송비용은 피고들의 부담으로 한다.
3. 위 제1항은 가집행할 수 있다.

라는 판결을 구합니다.

청 구 원 인

1. 대여금채권

원고는 2015. 6. 16. 피고 양진영에게 5,000,000원을 대여해 준 것을 비롯하여 각 일자 불상경 10,000,000원을 1회, 4,000,000원을 3회, 5,000,000원을 3회 대여하는 등 모두 37,000,000원을 이자 및 변제기의 약정 없이 대여하였습니다.

2. **퇴직금채권**

한편 피고 양진영은 2011. 2. 20. 여객운수 및 운송사업을 주업으로 하고 상시 100인 이상의 근로자를 고용하고 있는 피고 민사여객운수주식회사("피고회사")에 근로기간을 정하지 아니하고 입사하였습니다.

그 후 피고 양진영은 피고회사에서 운전사로 6년 2월 12일 동안 근무하고 2017. 5. 2. 사직서를 제출하여 그 날 사표가 수리됨으로써 퇴직하였습니다.

피고회사의 취업규칙에 의하면 계속근로년수 1년에 대하여 30일분의 평균임금을 지급하게 되어 있습니다. 그리고 피고 양진영의 평균임금은 206,670원이었습니다. 따라서 피고 양진영의 퇴직금은 38,438,139원{(6+2/12+12/365)×206,670×30}이 됩니다.

3. **채권양도 및 양도통지**

피고 양진영은 2017. 4. 21. 원고에게 위 금 37,000,000원에서 이미 변제한 9,000,000원을 공제한 28,000,000원의 차용금채무의 변제를 위하여 그가 피고회사에 대하여 가지게 될 위 퇴직금채권액 중 28,000,000원을 양도하고 2017. 4. 27. 피고회사에 확정일자 있는 증서로 그 양도사실을 통지하여 그 때쯤 피고회사에 그 통지가 도달하였습니다.

4. **사정으로서**

피고회사는 2017. 6. 3. 피고 양진영의 승낙하에 그의 처인 소외 서정희에게 위 퇴직금 중 1,043,793원을 지급하였고, 2017. 8. 3. 소외 서정희가 피고 양진영에 대한 이혼청구에 따른 위자료채권에 의하여 위 퇴직금 중 28,000,000원을 가압류한 후 그 해 11. 23. 이 가압류를 본압류로 전이하고 이어서 전부명령을 받았기 때문에 피고회사가 그 해 11. 28. 소외 서정희에게 28,000,000원을 지급하였다면서 위 양수금의 지급을 거절하고 있습니다.

그러나 위 퇴직금을 먼저 양도받아 확정일자 있는 증서로 피고회사에 통지한 원고에게 소외 서정희에 대한 위 지급으로써 피고회사는 원고에게 대항할 수 없다고 할 것입니다.

5. 그러므로 원고는 피고 양진영으로부터 소비대차를 원인으로 하여 대여금 28,000,000원과 이에 대하여 이 사건 소송부본 송달다음날부터 다 갚는 날까지 소송촉진등에관한특례법에서 정한 연 15%의 비율로 계산한 지연손해금을, 피고회사로부터 채권양도를 원인으로 하여 양수금 28,000,000원과 이에 대하여 이 사건 소장부본 송달다음날부터 다 갚는 날까지 소송촉진등에관한특례법에서 정한 연 15%의 비율로 계산한 지연손해금을 각 지급받고자 본 소 청구에 이르렀습니다.

입 증 방 법

1. 갑 제1호증의 1, 2 약속어음 표면 및 이면
1. 갑 제2호증 채권양도통지서

그 밖의 입증서류는 변론시 수시 제출하겠습니다.

첨 부 서 류

1. 위 입증서류 사본 각 1통
1. 주민등록초본 2통
1. 법인등기사항증명서 1통
1. 소장 부본 2통

20OO. O. .

위 원고 최 미 애 (인)

O O 지 방 법 원 귀 중

[해 설]

1. 퇴직금채권을 입증하는 방법에는 증인신청, 취업규칙과 임금대장 등의 문서제출명령신청, 문서송부촉탁신청(고용노동부 서울서부지청이 보관하는 취업규칙신고서) 등이 있을 것이다.
2. 퇴직금의 계산은 다음 산식에 의한다.
   퇴직금=퇴직금지급일수×평균임금
   퇴직금지급일수=근속연수×30일+(단수인 근속월수/12)x30일+(단수인 근속일수/ 365)×30일
3. 이 사건은 피고가 여럿이면서 중첩적인 관계에 있으므로 각자 지급의 표시를 청구취지에 넣어야 할 것이 아닌가 하는 생각이 들 수 있다. 원고가 이중지급받는 부당이득을 취하게 되지 않을까 하는 우려가 생길 수 있다. 그러나 원고가 판결을 받고 피고들 중 어느 한쪽에 대하여 집행을 하거나 임의변제를 받고 다른 한쪽은 사실상 포기하면 아무런 문제가 생기지 않을 것이다. 이 사건과 같이 각 지급의 표시를 넣지 않으면 분할지급으로 해석되어 불이익을 입게 되므로 각 지급의 표시를 넣는 것을 잊어서는 아니될 것이다.
4. 1988. 12. 선고 대법원 전원합의체판결에 의하면 퇴직금도 임금으로서 근로자에게 직접 지급하여야 하며(임금 직접불의 원칙), 양수인은 사용자에게 지급청구를 하지 못한다고 한다(근로기준법 제43조 제1항). 따라서 이 사건은 양수금청구부분에 한해서는 패소하여야 할 것이다. 그러나 실제 사건에서는 법원이 오판함으로써 양수금청구부분과 대여금청구부분에

서 모두 승소하였다. 피고회사가 불출석하였더라도 양수금청구부분은 의제자백으로 승소시키지 말았어야 하였다.

[사례 93] 양수금청구 소장(약정금채권의 양수)

소 장

원 고 ○ ○ ○ (○○○○○○-○○○○○○○) (전화 :)
○○시 ○○구 ○○로 ○○(○○동) (우 :)

피 고 ○ ○ ○ (○○○○○○-○○○○○○○)
○○시 ○○구 ○○로 ○○(○○동) (우 :)

양수금 청구의 소

청 구 취 지

1. 피고는 원고에게 30,000,000원과 이에 대하여 20○○. ○. ○.부터 이 사건 소장부본 송달일까지는 연 5%, 그 다음날부터 다 갚는 날까지는 연 15%의 각 비율로 계산한 돈을 지급하라.
2. 소송비용은 피고의 부담으로 한다.
3. 위 제1항은 가집행 할 수 있다.

라는 판결을 원합니다.

청 구 원 인

1. 원고는 소외 ○○○에게 30,000,000원의 대여금채권을 가지고 있고, 소외 ○○○는 피고에 대하여 변제기일이 20○○. ○. ○.인 30,000,000원의 약정금채권을 가지고 있는바, 원고는 소외 ○○○로부터 20○○. ○. ○. 소외 ○○○가 피고에 대하여 가지고 있는 위 약정금채권을, 원고가 소외 ○○○에 대하여 가지고 있는 대여금채권의 변제 또는 담보조건으로 채권양도양수계약을 체결하여 양수 받았고, 같은 날 소외 ○○○가 위와 같은 약정금채권의 양도사실을 확정일자 있는 내용증명우편으로 피고에게 통지를 하였으며, 위 양도통지서는 같은 달 12.자로 피고에게 도달된 사실이 있습니다.

2. 위와 같은 사실에 근거하여 원고는 위 양수받은 채권의 변제기일 전에 피고에게

내용증명우편으로 변제기일에 원고에게 변제하여 줄 것을 통지한 사실이 있으나, 피고는 위 변제기일이 지난 현재까지 이를 변제하지 않고 있습니다.

3. 따라서 원고는 피고로부터 위 양수금 30,000,000원과 이에 대하여 위 양수채권 변제기일의 다음날인 20OO. O. O.부터 이 사건 소장부본 송달일까지는 민법에서 정한 연 5%, 그 다음날부터 다 갚는 날까지는 소송촉진등에관한특례법에서 정한 연 15%의 각 비율로 계산한 지연손해금을 지급받기 위하여 이 사건 청구에 이른 것입니다.

입 증 방 법

1. 갑 제1호증 채권양도양수계약서
1. 갑 제2호증 채권양도양수통지서
1. 갑 제3호증 우편물배달증명서
1. 갑 제4호증 약정금지불각서
1. 갑 제5호증 변제최고서(내용증명우편)

기타 입증서류는 필요에 따라 수시 제출하겠습니다.

첨 부 서 류

1. 위 입증서류 사본 각 1통
1. 주민등록초본 2통
1. 소장부본 1통
1. 위임장 1통

20OO. O. .

위 원고 O O O (인)

OO지방법원 귀중

[사례 94] 인수금청구 소장(채무인수계약, 승낙)

소　　장

원 고　　정 민 권 (OOOOOO-OOOOOOO)　　(전화 :　　)
서울 동작구 신대방길 86(신대방동)　　(우 :　　)

피 고　　고 복 지 (OOOOOO-OOOOOOO)
서울 마포구 가양대로 143(상암동)　　(우 :　　)

인수금 청구의 소

청 구 취 지

1. 피고는 원고에게 10,000,000원과 이에 대하여 2016. 7. 2.부터 다 갚는 날까지 연 12%의 비율로 계산한 돈을 지급하라.
2. 소송비용은 피고의 부담으로 한다.
3. 위 제1항은 가집행할 수 있다.

라는 판결을 구합니다.

청 구 원 인

1. 원고는 소외 노정의에게 2016. 7. 1. 10,000,000원을, 이자는 월 2%, 변제기는 2017. 8. 1.로 정하여 대여하였습니다.

2. 피고는 2017. 1. 20. 소외 노정의로부터 위 대여금채무를 인수하고 2017. 1. 27. 원고의 승낙을 받았습니다.

3. 따라서 원고는 피고로부터 채무인수계약을 원인으로 하여 위 인수금 10,000,000원과 이에 대하여 대여일 다음날인 2016. 7. 2.부터 다 갚는 날까지 연 24%의 비율로 계산한 지연손해금을 지급받고자 본 소 청구에 이르렀습니다.

입 증 방 법

변론시 수시 제출하겠습니다.

첨 부 서 류

1. 주민등록초본 2통
1. 소장 부본 1통
1. 납부서 1통

2000. O. .

위 원고 정 민 권 (인)

OO지방법원 귀중

[사례 95] 건물인도청구 소장(명의신탁자로부터의 임차인)

소 장

원 고 김 석 하 (OOOOOO-OOOOOO) (전화 :)
서울 관악구 관악로 106(봉천동) (우 :)

피 고 권 장 희 (OOOOOO-OOOOOOO)
서울 성동구 가람길 113(송정동) (우 :)

건물인도 청구의 소

청 구 취 지

1. 피고는 원고에게 별지 목록 기재 건물을 인도하라.
2. 소송비용은 피고의 부담으로 한다.
3. 위 제1항은 가집행할 수 있다.

라는 판결을 구합니다.

청 구 원 인

1. 청구취지 기재의 건물(이하 '이 사건 건물'이라고 한다)은 2017. 7. 19. 원고의 명의로 소유권이전등기를 경료한 원고의 소유입니다.

2. 그런데 피고는 아무런 권원 없이 이 사건 건물을 점유하고 있습니다.

3. 따라서 원고는 소유권에 기하여 피고로부터 이 사건 건물의 인도를 받고자 본 소 청구에 이르렀습니다.

입 증 방 법

변론시 수시 제출하겠습니다.

첨 부 서 류

1. 건축물관리대장등본 1통
1. 개별토지가격확인원 1통
1. 주민등록초본 2통
1. 소장 부본 1통
1. 납부서 1통

20OO. O. .

위 원고 김 석 하 (인)

O O 지 방 법 원 귀 중

[별 지]

부 동 산 목 록

1. 서울특별시 노원구 공릉동 118
시멘트 벽돌조 기와지붕 단층 주택
70.74㎡. 끝.

[해 설]

1. 물건의 인도를 구하는 집행대상물건이 특정되도록 구체적으로 표시하여야 한다. 특정물의 인도를 구하는 경우에는 그 목적물의 특정을 위하여 동일성을 인식하는 데 필요한 사항을 명확하게 표시하여야 하는데, 특히 소송의 목적물이 부동산인 경우에 청구취지의 특정에 관하여 주의를

할 필요가 있다. 특정물을 목적으로 하는 이행의 소에 있어서 원고가 그 목적물을 특정하여 청구하고 있는지 여부는 소장(또는 그 정정서)의 청구취지 기재뿐만 아니라 변론의 전과정에 의하여 판단되어야 한다(대법원 1988. 4. 25. 선고 87다카2819 판결). 그리고 종류물의 인도를 구하는 청구취지는 목적물을 특정할 수 있도록 수량·품질·종별 등 종류물의 표준을 확정하는데 필요한 사항을 빠짐없이 표시하여야 한다(대법원 1965. 9. 12. 선고 65다1427 판결).

2. 목적물의 표시는 등기부에 따라 부지의 지번(지목과 토지면적은 토지인도청구와 병합된 경우에만 필요함), 건물의 구조, 층수, 용도, 건축면적 등을 빠짐없이 기재하여야 한다.
3. 특정물의 인도를 명하는 경우 원칙적으로 '인도'라는 용어를 사용한다. 인도란 물건에 대한 직접적 지배, 즉 점유를 이전하는 것을 의미한다. 종래 '명도'와 구별하여 사용하였으나 민사집행법 제258조 제1항은 '명도'라는 개념을 따로 인정하지 않고 '인도'라는 개념에 포괄시키고 있다.

[사례 96] 건물철거등청구 소장

소 장

원 고 정 호 윤 (OOOOOO-OOOOOO) (전화 :)
서울 노원구 공릉로 98(공릉동) (우 :)

피 고 1. 김 달 수 (OOOOOO-OOOOOOO)
2. 백 상 운 (OOOOOO-OOOOOOO)
3. 차 길 복 (OOOOOO-OOOOOOO)
위 피고들의 주소 :
서울 동작구 신대방길 86(신대방동) (우 :)

건물철거 등 청구의 소

청 구 취 지

1. 원고에게, 서울시 송파구 석촌동 산125-1 임야 1863㎡ 중
   가. 피고 김달수는 별지 도면 표시 ㉠부분 33㎡ 지상의 시멘트 블록조 기와지붕 단층주택 1동 33㎡를 철거하고, 위 ㉠부분 임야 33㎡를,
   나. 피고 백상운은 별지 도면 표시 ㉡부분 33㎡ 지상의 시멘트 블록조 기와지붕 단층주택 1동 33㎡를 철거하고, 위 ㉡부분 임야 33㎡를,
   다. 피고 차길복은 별지 도면 표시 ㉢부분 39㎡ 지상의 시멘트 블록조 기와지붕 단

층주택 1동 39㎡를 철거하고, 위 ㉢ 부분 임야 39㎡를 각 인도하라.
2. 소송비용은 피고들의 부담으로 한다.
3. 위 제1항은 가집행할 수 있다.
라는 판결을 구합니다.

청 구 원 인

1. 서울시 송파구 석촌동 산125-1 임야 1863㎡는 원고 소유의 토지입니다.

2. 피고는 모두 위 각 토지를 점유, 사용할 정당한 권원이 없음에도 불구하고 청구취지 기재 각 토지부분을 점유, 사용하며 그 지상에 청구취지 기재 각 건물(무허가 가건물)을 소유하고 있습니다.

3. 따라서 원고는 피고들로부터 청구취지 기재 각 건물의 철거와 점유부분 토지의 각 인도를 받기 위하여 본 소 청구에 이른 것입니다.

입 증 방 법

1. 갑 제1호증의 1, 2 각 부동산등기사항증명서
그 밖의 입증서류는 변론시 수시 제출하겠습니다.

첨 부 서 류

1. 위 입증서류 각 1통
1. 주민등록초본 4통
1. 소장 부본 3통

2000. 0. .

위 원고 정 호 윤 (인)

OO지방법원 귀중

[해 설]

1. 인도청구의 목적물이 토지인 경우 그 소유자가 단지 인도청구만을 구하여 승소하더라도 토지의 인도를 명한 집행권원의 효력은 그 지상에 건립·식재된 건물이나 수목의 인도에까지 미치지 아니하므로 그 지상에 건립·식재된 건물이나 수목의 철거까지 추가로 구하여야 한다.

2. 피고의 목적물 점유는 불법하게 점유하고 있다는 것은 요건사실 및 아니다. 오히려 적법하게 점유하고 있다는 사실이 피고의 항변사실이다.
피고의 점유는 원고의 소유권을 현실적으로 방해하는 직접 점유를 의미한다. 따라서 불법점유자라도 제3자에게 목적물을 인도하여 간접 점유하는 자에 대한 인도청구는 그 주장 자체로 이유 없다.
3. 원고 소유 토지상에 타인의 건물을 소유하고 있는 경우 그 토지를 인도받기 위해서는 그 전제로 지상건물의 철거를 구하여야 한다. 물론 건물철거를 구하지 않은 채 토지인도만을 구하더라도 그 청구가 인용되겠지만, 토지인도를 명하는 판결의 효력이 건물철거에는 미치지 않으므로 따로 건물의 철거의 집행권원을 얻기 전에는 인도집행이 불가능하다. 지상건물 소유자 이외의 자가 지상건물을 점유하고 있는 때에는 지상건물에 대한 점유사용으로 인하여 대지인 토지의 소유권이 방해되고 있는 것이므로 토지 소유자는 방해배제로서 점유자에 대한 건물퇴거를 청구할 수 있다.
4. 건물의 공유자들이 부담하는 철거의무는 성질상 불가분채무라 할 것이어서 각 공유자가 건물 전체에 대한 철거의무를 부담하나, 각 공유자가 자기의 지분 한도 내에서 위와 같은 의무를 부담하는 것이므로 공유자 전원을 피고로 삼지 않고 그 중 일부만을 피고로 하여서도 건물 전체의 철거를 구할 수 있다.
5. 자신의 소유 토지 위에 타인이 소유한 건물을 건물 소유자 이외의 자가 점유하고 있는 때(건물의 임차인 등 단순 점유자는 토지를 점유한 것으로 보지 않음에 유의)에는 건물에 대한 점유사용으로 인하여 대지인 토지의 소유권이 방해되고 있는 것이므로, 토지 소유자는 방해배제로서 점유자에 대한 건물퇴거를 청구가능하다. 따라서 소유자와 별개의 이해관계를 갖고 있는 임차인 등의 퇴거청구의 상대방이 되나, 건물의 소유자 및 그 보조자(세대를 같이하는 '가족'의 경우에는 별도의 집행권원 없이도 집행가능)에 대하여는 철거청구로 족하고 퇴거청구는 불필요하다.
6. 사회통념상 건물은 그 대지를 떠나서는 존재할 수 없는 것이고, 건물의 소유자는 현실로 건물이나 대지를 점거하고 있지 않더라도 건물의 소유를 위하여 그 대지를 점유한다고 보아야 한다(대법원 1991. 6. 25. 선고 91다10329 판결). 따라서 건물에 대하여 철거를 구하는 토지의 소유자는 상대방이 자신의 토지에 건물을 소유한 사실을 입증하면 그 대지의 점유사실까지 입증하는 셈이 된다.
7. 토지 중 건물이 소재하지 않은 부분도 영업을 위한 공간으로 사용되고 있는 경우 토지 건체가 건물의 소재 및 그 사용에 필요한 대지에 해당한다고 할 것이나, 그렇지 않은 경우에는 1필의 토지 중 건물의 대지에 해당하는 부분에 한하여 건물 소유에 따른 토지의 점유가 인정될 수도 있다.
8. 건물철거는 그 소유권의 종국적 처분에 해당하는 사실행위이므로 원칙적으로 그 소유자(등기명의자)에게만 그 철거처분권이 있다고 할 것이나, 그 건물을 매수하여 점유하고 있는 자는 등기부상 아직 소유자로서의 등기명의가 없다 하더라도 그 권리의 범위 내에서 그 점유중인 건물에 대하여 법률상 또는 사실상 처분을 할 수 있는 지위에 있으므로 그 건물의 건립으로 불법점유를 당하고 있는 토지소유자는 위와 같은 지위에 있는 건물

점유자에게 그 철거를 구할 수 있다(대법원 1988. 9. 27. 선고 88다카4017 판결).

9. 공동으로 타인의 소유물을 점유 · 사용함으로써 얻은 부당이득의 반환채무는 불가분채무이므로 각 공유자는 채무 변부를 이행할 의무가 있는 바, 건물의 공유자로서 그 부당이득 전부를 원고에게 반환할 채무를 부담한다(대법원 1991. 10. 8. 선고 91다3901 판결, 2001. 12. 11. 선고 2000다13948 판결).

10. 건물 소유자는 토지를 점유함으로써 사용이익 상당의 이익을 얻고, 토지 소유자는 동액 상당의 손해가 발생한다. 대부분 동액의 수익과 손해가 발생하나, 불일치하는 경우는 적은 금액을 기준으로 한다(피고가 얻은 수익 중 원고의 손해 범위 내에서만 인정됨).

11. 타인의 토지 위에 권한 없이 건물을 소유하는 사람이 그 토지의 사용이익을 부당이득으로 반환하여야 할 경우 그 차임 상당액의 산정에 있어 지상에 존재하는 건물로 인하여 토지의 사용이 제한되고 있다는 사정은 고려할 필요가 없다(대법원 1995. 9. 15. 선고 94다61144 판결). : 이 경우 나대지로서 차임 감정을 요한다.

12. 피고가 악의의 수익자인 경우에는 법정이자 상당액 및 이자의 이행지체로 인한 지연손해금도 가산한다(민법 748조 2항, 부당이득 악의의 수익자 반환범위).

13. 항변 등에 관한 판단

가. 건물인도청구의 경우

(1) 적법한 권원(임대차 등)에 대한 점유 항변 : 피고는 임대차 등의 적법한 권원에 의하여 점유하고 있다고 항변(임대차계약서)

– 원고의 재항변 : 원고가 위 임대차가 종료되었다고 재항변할 수 있는데 이렇게 되면 "임대차종료를 이유로 한 건물인도 청구"와 같이 되므로, 처음부터 임대차종료를 이유로 한 건물인도청구로 구성하여야 할 것이다.

(2) 유치권 항변 : 피고는 점유 중에 얼마의 돈을 들여 화장실 등을 보수하였거나 개축하였고 개축으로 인하여 현재 그 지출액 이상으로 건물의 가치가 증가되었음을 들어 그 필요비나 유익비를 상환받기까지는 인도해 줄 수 없다는 항변(민법 203조, 320조) → 개축공사계약서, 공사대금영수증, 현장사진, 필요비 · 유익비 감정신청)

- 전소유자와의 임대차에 기하여 점유 중에 유익비 등을 지출한 경우 피고는 전소유자에 대하여 민법 제626조에 의한 유익비 등 상환청구를 할 수 있을 뿐, 원고에게는 민법 제203조에 의한 유익비 등 상환청구를 할 수 없지만(대법원 2003. 7. 25. 선고 2001다64752 판결), 전소유자에 대한 유익비상환청구권을 위하여 현 소유자인 원고에게 유치권항변을 할 수 있다.

– 원고의 재항변 : 피고가 선의의 점유자로서 과실취득권을 가지고 과실을 취득하였으니 통상의 필요비 부분에 한하여는 상환청구권이 없다는 재항변(민법 203조 1항 단서, 201조 1항).

나. 건물철거 · 토지인도청구의 경우 : 임대차종료를 이유로 한 건물철거 · 토지인도청구에서는 묵시의 갱신 항변, 지상물매수청구 항변 등을 할 수 있다.

(1) 점유를 정당화할 법률상 원인의 존재(민법 213조 단서, 점유할 권리) : 점유를 정당화할 법적지위를 말하며(엄밀한 의미에서 '점유권'이 아니어도 가능), 임차권, 지상권,

사용대차에 의한 점유권이 있는 경우가 대표적이다.

(가) 법정지상권(민법 366조) 내지 관습상 법정지상권 성립의 항변(토지 및 건물 각 부동산등기사항증명서) : 토지 및 건물이 동일인의 소유였다가 그 후 매매 등으로 인하여 각 소유자가 달라진 경우(등기 없이도 바로 물권인 지상권을 취득하여 정당화됨).

(나) 점유취득시효완성의 항변(매매계약서)

- 예컨대, 지상건물과 함께 그 대지를 매수취득하여 점유를 개시함에 있어서 인접토지와의 경계선을 정확하게 확인하지 아니하여 착오로 인접한 원고 소유 토지의 일부를 그가 매수취득한 대지에 속하는 것으로 믿고 점유를 하여 왔다고 주장하는 경우(점유취득시효 완성이라는 사실에 의해 정당화됨). 다만 소유권이전등기청구권은 채권적 권리이므로 제3자에게 소유권이전등기가 경료된 경우에는 항변이 불가능하다(매수인도 마찬가지임)
- 원고의 재항변 : 피고가 매수하였다는 대지의 면적이 등기사항증명서 또는 지적공부상의 면적을 초과하여 피고의 점유는 성질상 타주점유에 해당한다는 재항변(부동산등기사항증명서, 토지대장)

(다) 매각되어 인도된 물건의 항변 : 토지를 매수하여 인도받아 점유하고 있는 매수인의 점유는 매매계약에 의해 정당화된다. 다만 소유권이전등기청구권은 채권적 권리이므로 제3자에게 소유권이전등기가 경료된 경우에는 항변이 불가능하다(점유취득시효 완성한 점유자도 마찬가지임)

(라) 선의의 점유자(민법 201조 1항)(오신+정당한 근거)

- 원고의 사용수익권 포기 항변 : 특별한 사정이 있는 경우 예외적으로 인정됨(원고가 사용수익권을 포기한 경우는 애초부터 손해가 없는 경우가 해당됨)
- 권리남용, 신의칙위반의 항변 : 토지소유자에게 별 이익도 없이 건물철거를 청구하는 경우가 대표적임(법원의 직권조사사항). 민법 2조 2항은 일반조항이므로 예외적으로 인정됨.

[사례 97] 동산인도청구 소장(소유권에 기한 물권적 청구)

소　　　장

원 고　　윤　태　식 (OOOOOO-OOOOOOO)　　(전화 :　　　)
　　　　　서울 은평구 가좌로 164(응암동)　　(우 :　　　)

피 고　　박　홍　대 (OOOOOO-OOOOOOO)
　　　　　서울 송파구 가락로 14(석촌동)　　(우 :　　　)

동산인도 청구의 소

청 구 취 지

1. 피고는 원고에게 별지 물건 목록 기재 동산을 인도하고, 그 인도집행이 불능일 경우에는 14,000,000원을 지급하라.
2. 소송비용은 피고의 부담으로 한다.
3. 위 제1항은 가집행할 수 있다.

라는 판결을 구합니다.

청 구 원 인

1. 별지 물건 목록 기재 동산(이하 '이 사건 동산'이라 한다)은 원고의 소유인데 피고가 이 사건 동산을 점유하고 있으며, 현재 이 사건 동산의 시가는 14,000,000원 상당입니다.

2. 따라서 원고는 피고에 대하여 소유권에 기하여 이 동산의 인도를 청구하고, 만약 그 인도집행이 불능일 경우에는 이행불능을 원인으로 하여 대상(代償,전보배상)으로 이 동산의 시가 14,000,000원 상당의 손해배상금의 지급을 받고자 이 사건 청구에 이르렀습니다.

입 증 방 법

변론시 수시 제출하겠습니다.

첨 부 서 류

1. 주민등록초본 2통
1. 소장 부본 1통
1. 납부서 1통

2000. 0. .

위 원고 윤 태 식 (인)

OO지방법원 귀중

[사례 98] 소유권이전등기말소청구 소장(원인 무효의 공매처분)

소 장

원 고 김 성 희 (OOOOOO-OOOOOOO) (전화 :)
울 동작구 신대방길 86(신대방동) (우 :)

피 고 주 옥 희 (OOOOOO-OOOOOOO)
서울 마포구 가양대로 143(상암동) (우 :)

소유권이전등기말소 청구의 소

청 구 취 지

1. 피고는 원고에게 별지 부동산 목록 기재 부동산에 관하여 서울중앙지방법원 2017. 11. 16. 접수 제4545호로 마친 소유권이전등기의 말소등기절차를 이행하라.
2. 소송비용은 피고의 부담으로 한다.

라는 판결을 구합니다.

청 구 원 인

1. 별지 부동산 목록 기재 부동산(이하 "이 사건 부동산"이라 한다.)은 원고의 소유입니다. 그런데 피고는 2017. 11. 16. 이 사건 부동산에 관하여 2015. 6. 17. 매매를 원인으로 한 소유권이전등기를 마쳤습니다.

2. 그런데 원고는 피고에게 이 사건 부동산을 매도하거나 기타 소유권을 이전하여 준 사실이 없으므로 피고 명의의 위 소유권이전등기는 원인무효입니다.

3. 그러므로 원고는 소유권에 기하여 피고에 대하여 피고 명의의 위 등기의 말소등기를 구하고자 이 사건 청구에 이르렀습니다.

입 증 방 법

1. 갑 제1호증의 1, 2 각 부동산등기사항증명서

그 밖의 입증서류는 변론시 수시 제출하겠습니다.

첨 부 서 류

1. 위 입증서류 1통
1. 주민등록초본 4통
1. 소장부본 3통

2000. O. .

위 원고 김 성 희 (인)

OO지방법원 귀중

[해 설]

1. 이 사건 소에 대하여 피고는 원고를 상대로 한 승소확정판결에 의하여 등기를 마쳤으므로 등기원인이 존재할 뿐더러 피고 명의의 등기가 유효하다고 주장하였고, 이에 대하여 원고는 그 승소확정판결의 소송기록에 관한 서증조사를 신청하여 그 소송기록을 보니 피고가 원고 몰래 허위주소로 원고에 대한 소송서류를 송달하게 하고 원고 상대의 의제자백의 승소판결에 의하여 등기를 마친 사실이 드러났다. 이에 원고는 허위주소로 판결을 송달하였으니 판결의 송달이 무효이고 미확정판결에 의하여 마쳐진 등기이므로 등기원인이 존재하더라도 그 등기는 무효라고 공격하였다. 이에 대하여 피고는 다시 판결이 미확정이라고 하더라도 피고는 원고를 대리한 소외 박경선으로부터 이 부동산을 매수하였으므로 절차상 하자가 있으나 실체적 권리관계에는 부합하여 유효한 등기이므로 말소해 줄 수 없다고 항변하였다.
이에 원고는 다시 소외 박경선에게는 원고의 대리권이 없었다고 주장하고 피고는 유권대리가 인정되지 아니하더라도 권한을 넘은 표현대리라고 방어하였던 사건이다.
2. 세무서에서 세금을 체납한다고 하여 공매처분을 한 경우 그 공매처분에 강제경매와 같은 공신력이 있는지 문제된다. 예컨대 세무서에서 공매처분을 하였는데 그 공매처분의 근거가 된 양도소득세부과처분이 당연무효인 경우나 체납자의 소유가 아닌 전혀 엉뚱한 제3자 소유의 재산을 공매처분하면서 압류등기를 하고 경락이 되어 매수인 앞으로 공매를 원인으로 하여 소유권이전등기가 이루어진 경우에 그 부동산의 소유자가 소유권에 기하여 세무서(국가)를 상대로 압류등기의 말소를 청구하고 아울러 매수인 명의의 공매를 원인으로 한 소유권이전등기의 말소등기를 청구할 수 있느냐 하는 문제이다. 이를 긍정하여야 할 것이다. 민사소송으로 국가를 상대로 원인무효인 압류등기의 말소를 구할 수 있고 또한 원인무효인 공매를 원인으로 한 소유권이전등기의 말소도 구할 수 있다고 하여야 할 것이다. 만약 이가 불가능하다면 세무서(국가)의 이러한 공매처분은 불법행위를 구성하여 손해배상의무가 생기게 될 것이다. 결국 공매처분에는 강제경매와 같은 공신력은 없다고 하여야 할 것이다.
3. 대법원 1995. 5. 9. 선고 94다41010 판결은 제소자가 상대방의 주소를 허위로 기재함으로써 그 허위주소로 소송서류가 송달되어 그로 인하여 상대방 아닌 다른 사람이 그 서류를 받아

의제자백의 형식으로 제소자 승소의 판결이 선고되고 그 판결정본 역시 허위의 주소로 보내어져 송달된 것으로 처리된 경우에는 상대방에 대한 판결의 송달은 부적법하여 무효이므로 상대방은 아직도 판결정본의 송달을 받지 않는 상태에 있어 이에 대하여 상소를 제기할 수 있을 뿐만 아니라, 위 사위판결에 기하여 부동산에 관한 소유권이전등기나 말소등기가 경료된 경우에는 별소로서 그 등기의 말소를 구할 수도 있다고 한다. 이와 같은 경우 항소를 제기하면서 말소를 구하는 반소를 제기하면 종전의 1심 재판기록을 증거조사절차 없이 그대로 이용할 수 있어 좋을 것이다.

4. 항변 등에 관한 판단

가. 실체관계에 부합하는 유효한 등기라는 항변

(1) 원고와 피고 사이에 중간생략등기 합의가 없었더라도 관계 당사자들 사이에 매매가 체결되어 이행(등기)된 경우

(2) 등기원인과 다른 실체 등기원인이 있는 경우

(3) 등기의 유용 항변 : 등기유용합의서

(4) 매수(매매계약 체결하고 대금전액을 지급한 경우) : 매매계약서, 영수증

(5) 취득시효 항변 : 부동산등기사항증명서, 주민등록표, 점유내용에 관한 자료, 사실조회신청, 현장검증신청

- 점유취득시효 완성(소유권이전등기만 하면 되는 경우)을 주장 : 예컨대, 학교부지, 철도용지 등으로 점유하면서 취득시효가 완성되었다는 주장
- 피고는 10년간 등기부상 소유자로 등재되어 있으면서 같은 기간 동안 자주 · 평온 · 공연 · 선의 · 무과실 점유한 사실(자주 · 평온 · 공연 · 선의 점유는 민법 197조에 의하여 법률상 추정됨)을 주장하여 등기부 시효취득하였다고 주장(다만 무효인 후행 소유권보존등기를 근거로 하여 등기부취득시효를 주장할 수 없음)

나. 원고의 소유권 상실 항변 : 농지소표, 수분농지대장, 농지상환대장, 농지상환증서, 부동산등기사항증명서, 전귀속임야대장, 일본인명사전 등

(1) 토지사정 또는 소유권취득 후 원고측이 이를 제3자에게 처분하는 등의 사유로 이미 소유권을 상실하였다는 항변 : 제3자가 농지상환을 완료하였다거나, 해방 당시 이미 일본인 소유의 귀속재산이었다는 등 원고 측 이후에 제3자가 목적부동산을 취득하였다는 점에 관한 입증을 요함.

(2) 원고의 후발적(반사적) 소유권 상실 : 예컨대 피고 1 이후 최종 등기명의자(피고 2)의 등기부취득시효(민법 245조 2항) 완성

다. 무주부동산 공고를 거쳐 적법하게 국가(피고) 명의로 취득하였다는 주장

사정명의자가 사망하고 상속인도 없다는 점이 입증되거나 그 토지에 대하여 민법 소정의 국가귀속 절차가 이루어지지 아니한 이상 무주부동산의 처리절차를 밟아 국유재산으로 등록되었다 하여 국가 소유로 되는 것도 아니므로, 정당한 항변사유가 될 수 없음

[사례 99] 소유권이전등기말소청구 소장(공유지분권에 기한 물권적청구, 대습상속, 사자상대 판결)

소 장

원 고 망 이민주의 재산상속인
이 보 람 (OOOOOO-OOOOOOO) (전화 :)
서울 노원구 공릉로 78(공릉동) (우 :)

피 고 이 평 온 (OOOOOO-OOOOOOO)
서울 은평구 가좌로 164(응암동) (우 :)

소유권이전등기말소등기 청구의 소

청 구 취 지

1. 피고는 원고에 대하여 별지 부동산 목록 기재의 부동산에 관하여 서울중앙법원 등기국 2011. 11. 14. 접수 제5555호로 마친 소유권이전등기의 말소등기절차를 이행하라.
2. 소송비용은 피고의 부담으로 한다.

라는 판결을 구합니다.

청 구 원 인

1. 별지 부동산 목록 기재의 부동산("이 사건 부동산"이라 한다)은 원래 이민주의 소유였는데, 이민주는 2001. 12. 4. 사망하여 이달관(장남, 호주상속인), 원고(미출가장녀)가 법정상속분에 따라 별지 상속지분표(1차) 기재와 같이 공동상속을 하였고, 다만, 이근면(차남)은 1984. 7. 6. 이미 사망하여 이근면의 법정상속분은 유일한 아들인 이절약이 대습상속을 하였습니다.
   이절약 역시 2009. 10. 26. 직계존비속, 형제자매 없이 사망하여 그의 상속분은 최근친인 3촌 이달관, 원고가 법정상속분에 따라 별지 상속지분표(2차) 기재와 같이 공동상속을 하였습니다.

2. 그 결과 현재 이 사건 부동산 중 3분의 1지분은 원고의 소유이며, 망 이민주나 원고, 이 달관, 이절약은 모두 피고에게 이 사건 부동산의 소유권을 이전해 준 사실이 없습니다.

3. 그런데 이 사건 부동산에는 2011. 11. 14. 서울중앙지방법원 등기국 접수 제5555호로 망 이민주로부터 피고에 대하여 소유권이전등기가 경료되어 있습니다.

4. 그러므로 피고 명의의 위 소유권이전등기는 원인무효라고 할 것입니다. 따라서 원고는 이 사건 부동산의 공유지분권자로서 소유물방해제거청구권에 기하여 피고에 대하여 전기 소유권이전등기의 말소등기절차의 이행을 구하기 위하여 본 소 청구에 이르렀습니다.

입 증 방 법

1. 갑 제1호증의 1, 2　　각 토지등기사항증명서
1. 갑 제2호증의 1, 2　　각 가족관계증명서

그 밖의 입증서류는 변론시 수시 제출하겠습니다.

첨 부 서 류

1. 위 입증서류　　1통
1. 주민등록초본　　3통
1. 토지가격확인원　　1통
1. 소장 부본　　1통

2000. O. .

위 원고 이 보 람 (인)

O O 지 방 법 원 귀 중

[별 지]

부 동 산 목 록

1. 서울특별시 송파구 석촌동 148　　전 3712㎡

2. 위　같 은　동　256　　전 2168㎡. 끝.

상 속 지 분 표

이민주 2001. 12. 4. 사망
이근면 1984. 7. 6. 사망

상 속 인	1차	2차	지분
이보람(원고)	1/6	1/6	2/6(1/3)
이 달 관	3/6	1/6	4/6(2/3)
이 근 면	(2/6)		
이 절 약	2/6	2009. 10. 26 사망	

[해 설]

1. 이 사건은 원고와 이달관이 상속등기를 하지 아니하고 있는 사이에 피고가 이미 사망한 이민주를 상대로 소를 제기하여 의제자백의 판결을 받아 2005. 5. 6. 매매를 원인으로 한 소유권이전등기를 경료한 경우이다. 소장, 변론기일소환장, 판결 등을 이민주의 동거인이라고 사칭하는 제3자에게 송달한 것으로 밝혀졌다. 사망한 자를 상대로 한 판결이므로 무효의 판결이라고 할 것이고, 그 무효의 판결에 의하여 등기를 경료하였으므로 피고 명의의 등기는 원인무효이다. 공유자는 보존행위를 할 수 있으므로 자신의 지분만이 아니라 공유물 전부에 대한 말소등기를 청구할 수 있다.
2. 이 사건은 원고가 소유권에 기한 방해제거청구권을 행사하는 것이므로 원고는 목적부동산에 관하여 현재 소유권을 가지고 있는 사실과 피고가 위 부동산에 관하여 원고의 소유권을 방해하는 관계에 있는 등기를 가지고 있는 사실만을 주장, 입증하면 된다. 그런데 등기에는 현재의 등기명의인에게 특정의 권리가 존재하는 것으로 추정하는 효력이 있으므로 원고가 목적부동산에 관하여 현재 소유권을 가지고 있는 사실을 입증하는 것은 쉽지 아니하다. 일반적으로 원고가 목적부동산에 관하여 현재 소유권을 가지고 있는 사실을 입증하기 위하여 등기신청서류가 위조되었다거나 등기신청서에 첨부되었던 판결이 무효라거나 원고의 인감증명발급신청서가 위조되었다는 등의 사실을 서증조사신청, 사실조회신청, 증인신청 등에 의하여 입증한다. 이 사건에서는 원고가 재판기록에 대한 서증조사를 신청하여 소 제기 당시부터 이민주가 사망한 사람이었다는 사실을 입증하자, 피고는 이민주가 이자조 소유의 이 사건 부동산을 허위의 보증서와 확인서를 발급받아 일반농지의 소유권이전등기등에관한특별조치법(부동산등기법과 지적법등에대한특별법으로 공동신청주의 등에

대한 예외를 규정하고 있다)에 따라 이민주 명의로 소유권이전등기를 마쳤던 것이므로 이민주 명의의 소유권이전등기는 원인무효이고 여전히 이자조의 소유라고 할 것인데, 이자조의 상속인들이 피고에게 증여하였으므로 이 사건 부동산은 원고들의 소유가 아니라고 적극부인하면서, 어차피 피고 명의로 소유권이전이 되어야 할 것이어서 실체관계에 부합하는 등기이므로 말소될 수 없다고 주장하고 증인의 증언 등을 통하여 입증을 시도하였으나 법원은 허위의 보증서라는 취지의 증인의 증언은 믿을 수 없다고 하여 피고의 주장을 배척하였다. 실무상 위와 같은 특조법에 의한 등기는 일제시대 때의 토지사정과 거의 비슷한 정도의 강한 효력을 인정하는 경향이었으나 1989년 이후부터 차츰 그 효력을 완화하여 인정하는 듯한 대법원 판례들이 나오고 있다.

[사례 100] 소유권이전등기말소청구 소장(공유지분권에 기한 물권적 청구, 선의의 제3자의 보호)

소 장

원 고 망 김경축의 재산상속인
김 정 의 (○○○○○○-○○○○○○○) (전화 :)
서울 마포구 가양대로 143(상암동) (우 :)

피 고 1. 김 협 조 (○○○○○○-○○○○○○○)
서울 동작구 신대방길 86(신대방동) (우 :)
2. 이 근 면 (○○○○○○-○○○○○○○)
서울 노원구 공릉로 98(공릉동) (우 :)
3. 박 자 조 (○○○○○○-○○○○○○○)
서울 관악구 관악로 106(봉천동)
등기기록상주소 :
서울 강남구 강남대로 238(도곡동) (우 :)

소유권이전등기말소 청구의 소

청 구 취 지

1. 원고에 대하여 서울 강남구 암사동 산 1-1 임야 2007㎡에 관하여,
   가. 피고 박자조는 서울중앙지방법원 등기국 2006. 8. 9. 접수 제222호로 마친 소유권이전등기의,

나. 피고 이근면은 같은 법원 등기국 2007. 5. 15. 접수 제111호로 마친 소유권이전 등기의,

다. 피고 김협조는 같은 법원 등기국 2006. 9. 3. 접수 제444호로 마친 소유권이전 등기의,

각 말소등기절차를 이행하라.

2. 소송비용은 피고들의 부담으로 한다.

라는 판결을 구합니다.

청 구 원 인

1. 청구취지 기재의 부동산은 원래 사망한 김경축의 소유였는데, 김경축은 2003. 5. 10. 사망하여 원고(호주상속인), 김정숙(출가), 그 밖의 김동의, 김서의가 법정상속분에 따라 각 6/15, 1/15, 4/15, 4/15 지분씩 공동상속을 하여 현재 이 사건 부동산 중 15분의 6 지분은 원고의 소유입니다.

2. 그리고 망 김경축이나 그 상속인들은 모두 청구취지 기재의 부동산을 피고 김협조에게 매도한 사실이 없습니다.

3. 그런데 이 사건 부동산에는 망 김경축으로부터 피고 김협조 앞으로 소유권이전등기가 경료되어 있고, 이 등기에 터잡아 피고 이근면, 피고 박자조 명의의 등기가 순차로 경료되어 있습니다.

4. 그러므로 피고 김협조 명의의 위 소유권이전등기는 원인무효이며, 이에 각 터잡아 경료된 나머지 피고들 명의의 위 각 소유권이전등기 역시 원인무효가 됩니다.

5. 따라서 원고는 이 사건 부동산의 공유지분권자로서 소유물방해제거청구권에 기하여 피고들에 대하여 전기 각 소유권이전등기의 말소등기절차의 각 이행을 구하고자 이 사건 청구에 이르렀습니다.

입 증 방 법

1. 갑 제1호증	부동산등기사항증명서
1. 갑 제2호증	제적등본
1. 갑 제3호증	가족관계증명서

그 밖의 입증서류는 변론시 수시 제출하겠습니다.

첨 부 서 류

1. 위 입증서류	각 1통
1. 주민등록초본	4통
1. 토지가격확인원	1통
1. 소장 부본	3통

20○○. ○. .

위 원고 김 정 의 (인)

○○지방법원 귀중

[해 설]

1. 실체법상의 물권변동의 원인에는 매매, 증여, 교환, 화해, 재산상속, 유증(유언), 저당권 등 설정계약, 해제, 해지, 변제, 유산상속, 시효취득, 유류분반환, 협의분할에 의한 재산상속, 면책적 채무인수, 양도담보, 대물변제, 양도계약, 매매예약, 권리포기, 저당권의 채무자변경계약, 그 밖의 무명계약 등이 있다.

   (무명계약의 경우는 몇년 몇월 몇일자 계약이라고만 표현한다. 계약의 명칭이 없기 때문이다)
2. 현재 우리나라의 등기에는 공신력이 인정되지 아니하므로 어느 한 등기가 그 등기원인이 부존재하거나 무효이면 그에 터잡아 경료된 등기도 모두 무효가 된다. 이 점이 선의취득이 인정되는 동산의 경우와 다르다. 따라서 부동산에 관하여 원인무효의 등기가 경료되면 그 원인무효의 등기명의인으로부터 매수하여도 여전히 소유권을 취득하지 못하여 매수인 명의로 소유권이전등기를 경료하여도 그 등기 역시 원인무효가 되어 말소를 면치 못하게 된다. 다만, 등기원인이 취소되거나 해제되는 경우에는 민법에 특별히 제3자를 보호하는 규정이 있어 선등기가 그 등기원인이 취소되거나 해제되어 말소되더라도 후등기는 선의의 제3자에 해당되는 경우 말소를 면하게 된다. 예를 들면 민법 제108조 제2항(통정한 허위의 의사표시), 민법 제109조 제2항(착오로 인한 의사표시), 민법 제110조 제3항(사기, 강박에 의한 의사표시), 민법 제548조 제1항 후문(해제의 효과) 등에 해당되는 경우이다.

[사례 101] 소유권이전등기말소청구 소장(사찰, 비법인사단, 총유관계)

소 장

원 고 대한불교원효종용인(○○○○○○-○○○○○○○) (전화 :)

서울 강남구 강남대로 238(도곡동) (우 :)
대표자 주지 박 형 선

피 고 1. 고 지 홍 (OOOOOO-OOOOOOO)
2. 고 시 홍 (OOOOOO-OOOOOOO)
위 피고들의 주소 :
서울 은평구 가좌로 164(응암동) (우 :)

소유권이전등기말소 청구의 소

청 구 취 지

1. 원고에게, 피고 고지홍은 별지 목록 기재 제1 토지에 관하여 2017. 10. 2. 서울중앙지방법원 등기국 접수 제30868호로 마친 소유권이전등기의, 피고 고시홍은 별지 목록 기재 제2 토지에 관하여 2017. 10. 2. 같은 법원 등기국 접수 제30869호로 마친 소유권이전등기의 각 말소등기절차를 이행하라.
2. 소송비용은 피고들의 부담으로 한다.

라는 판결을 구합니다.

청 구 원 인

1. 원고사찰은 석가모니를 받들어 모시고 마음을 수양하며 불교를 널리 전파할 목적을 가진 용인신도들의 불교단체로서 비법인사단입니다. 그리고 별지 목록 기재 제1, 제2토지들은 원고사찰의 총유입니다.

2. 그런데 원고사찰이나 원고사찰이 소속하고 있는 대한불교원효종단 몰래 피고들 명의로 청구취지 기재의 각 소유권이전등기가 경료되었으므로 청구취지 기재의 각 등기는 원인무효입니다.

3. 그리하여 원고사찰은 소유권에 기하여 피고들에 대하여 청구취지 기재의 각 소유권이전등기의 말소등기절차의 이행을 구하고자 이 사건 청구에 이르렀습니다.

입 증 방 법

1. 갑 제1호증 암헌(또는 규약)
1. 갑 제2호증 결의서
1. 갑 제3호증 대표자증명서

1. 갑 제4호증의 1, 2 각 부동산등기사항증명서
그 밖의 입증서류는 변론시 수시 제출하겠습니다.

첨 부 서 류

1. 위 입증서류 각 1통
1. 기타단체증명서 1통
1. 주민등록초본 2통
1. 토지가격확인원 2통
1. 소장 부본 2통

20〇〇. 〇. .

위 원고 대한불교원효종용인암
주지 박 형 선 (인)

○○지방법원 귀중

[별 지]

부 동 산 목 록

1. 서울특별시 동작구 신대방동 78 임야 405㎡

2. 위 같 은 동 406 임야 4089㎡. 끝.

[해 설]

1. 이 사건에서 피고들은 이 사건 토지들은 원래 소외 이필라의 소유인데 동인이 주지로 있던 원고사찰 명의로 신탁하여 소유권보존등기를 마쳐두었다가 피고들에게 매도한 것이며, 소외 이필라는 형식적으로 원고사찰의 암헌에 따른 매각결의를 거쳐 원고사찰 주지 자격으로 피고들에게 이전등기를 해 주었으므로 피고들 명의의 등기는 실체관계에 부합하는 것이어서 말소될 수 없다고 주장, 입증하였다. 그 결과 소외 이필라가 이 사건 토지들의 실질적 소유자이고 소외 이필라의 이 사건 매도 및 등기이전행위에 이 사건 토지들에 대한 명의신탁 해지

와 소유권이전의 뜻이 함축되어 있다고 볼 수 있다고 하여 피고들의 실체부합의 항변이 받아들여졌다.

2. 비법인사단의 경우에는 소장이나 준비서면에서 당사자능력에 관하여 언급하여 주는 것이 실무례이다. 그리고 비법인사단의 경우 규약, 회의록, 대표자증명 등을 소장에 첨부하여야 한다.

[사례 102] 소유권이전등기말소청구 소장(사기로 인한 취소, 선의의 제3자, 표현대리, 이론상의 합일확정소송)

소　　　장

원　고　1. 윤 태 섭 (OOOOOO-OOOOOOO)　(전화 :　　　)
서울 마포구 가양대로 143(상암동)　(우 :　　　)
2. 윤 병 섭 (OOOOOO-OOOOOOO)　(전화 :　　　)
서울 마포구 가양대로 172(상암동)　(우 :　　　)
3. 윤 정 섭 (OOOOOO-OOOOOOO)　(전화 :　　　)
서울 마포구 가양대로 118(상암동)　(우 :　　　)

피　고　1. 조 용 무 (OOOOOO-OOOOOOO)
서울 송파구 가락로 14(석촌동)　(우 :　　　)
2. 최 광 수 (OOOOOO-OOOOOOO)
서울 동작구 신대방길 86(신대방동)　(우 :　　　)
3. 서 후 석 (OOOOOO-OOOOOOO)
서울 서초구 강남대로 27(양재동)　(우 :　　　)

소유권이전등기말소 청구의 소

청 구 취 지

1. 피고 조용무는 원고 윤태섭에게 서울 종로구 부암동 123-1 대 2973㎡ 중 7분의 3 지분에 관하여, 원고 윤병섭, 원고 윤정섭에게 위 부동산 중 각 7분의 2 지분에 관하여 서울중앙지방법원 등기국 2016. 2. 5. 접수 제3165호로 마친 소유권이전등기의 말소등기절차를 이행하고, 피고 최광수는 원고 윤태섭에게 위 부동산 중 7분의 3 지분에 관하여, 원고 윤병섭, 원고 윤정섭에게 위 부동산 중 각 7분의 2 지분에 관하여 위 법원 등기국 2016. 2. 13. 접수 제3889호로 마친 소유권이전등기의 말소

등기절차를 이행하고, 피고 서후석은 원고 윤태섭에게 위 부동산 중 7분의 3 지분에 관하여, 원고 윤병섭, 원고 윤정섭에게 위 부동산 중 각 7분의 2 지분에 관하여 위 법원 등기국 2016. 3. 5. 접수 제6179호로 마친 소유권이전등기의 말소등기절차를 이행하라.

2. 소송비용은 피고들의 부담으로 한다.

라는 판결을 구합니다.

청 구 원 인

1. 청구취지 기재 부동산(이하 "이 사건 부동산"이라 한다)은 2010. 2. 17. 공동으로 상속하여 원고 윤태섭이 7분의 3지분, 원고 윤병섭, 원고 윤정섭이 각 7분의 2지분씩 소유하고 있습니다.

2. 피고 조용무는 2016. 2. 5. 이 사건 부동산에 관하여 2016. 2. 1. 매매를 원인으로 한 소유권이전등기를 마친 사실이 있고, 피고 최광수는 2016. 2. 13. 이 사건 부동산에 관하여 2016. 2. 12.매매를 원인으로 한 소유권이전등기를 마친 사실이 있으며, 피고 서후석은 2016. 3. 5. 이 사건 부동산에 관하여 2016. 3. 3. 매매를 원인으로 한 소유권이전등기를 마쳤습니다.

3. 원고 윤병섭, 원고 윤정섭으로부터 이 사건 부동산의 각 해당지분의 처분권을 위임받은 원고 윤태섭은 소외 최대영에게 이 사건 부동산에 담보권을 설정하여 150,000,000원을 융자받아 달라는 내용의 담보설정대리권 및 차용금 수령권한을 수여한 사실이 있습니다.

4. 그런데 소외 최대영은 피고 조용무가 그의 부동산과 같이 공동담보로 조흥은행에 저당권을 설정하여 그 대부금 중 150,000,000원을 빌려주겠다면서 그러기 위해서는 일단 이 사건 부동산을 자기 명의로 소유권이전등기를 하여야 한다고 하는 말에 속아서 피고 조용무 앞으로 소유권이전등기를 마쳐주고 말았습니다.

5. 원고들은 이 소장의 송달로써 피고 조용무에 대하여 사기를 이유로 2016. 2. 1.자의 매매계약을 취소합니다. 결국 이 소장이 피고 조용무에게 송달되면 피고 조용무 명의의 위 등기는 원인무효의 것이 되고 말 것입니다.

6. 따라서 원고들은 소유권에 기하여 피고들에 대하여 피고들 명의의 위 각 소유권이전등기의 말소등기절차의 이행을 구하기 위하여 이 사건 청구에 이르렀습니다.

입 증 방 법

변론시 수시 제출하겠습니다.

첨 부 서 류

1. 주민등록초본 6통
1. 토지가격확인원 1통
1. 소장 부본 3통
1. 납부서 1통

2000. O. .

위 원고 윤 태 섭 (인)
위 원고 윤 병 섭 (인)
위 원고 윤 정 섭 (인)

O O 지 방 법 원 귀 중

[해 설]

1. 등기원인(매매계약)이 취소되면 매도인은 소유권에 기하여 매수인에 대하여 소유물방해제거를 청구하는 방법으로 매수인 명의의 소유권이전등기의 말소등기를 청구할 수 있다.
2. 이 사건 소는 피고 조용무에 대하여는 승소하고 나머지 피고들에 대하여는 패소하였다. 그 이유는 민법 제110조 제3항에 따라 원고들이 피고 최광수, 피고 서후석의 악의의 사실을 주장 입증하지 못하였기 때문이다. 즉, 피고 최광수, 피고 서후석은 원고들의 대리인인 소외 최대영의 사기에 의한 의사표시에 대하여 선의의 제3자였기 때문이다.
3. 이 사건 소의 요건사실은 원고들이 이 부동산의 소유자인 사실과 이 부동산에 피고들 명의의 등기가 마쳐진 사실, 그리고 피고 조용무의 사기에 의한 의사표시로써 매매(등기원인)가 성립되었는데 원고들이 그 매매를 취소하는 의사표시를 한 사실의 3가지이다. 간단하게는 소유사실, 등기사실, 등기원인 취소사실로 표현할 수 있을 것이다(점유이전사건에서는 요건사실을 소유사실, 점유사실로 간단히 표현할 수 있을 것임). 말소등기사건에서는 등기추정력을 복멸시키는 공격방법이 무엇이냐에 따라서 등기원인 취소사실 대신 등기원인 부존재사실, 등기원인 무효사실, 등기원인 해제사실 등이 대입될 수 있을 것이다.
4. 이 사건 소장에서 원고들은 청구권원으로 소유권을, 공격방법으로 등기원인 취소를 대고 있지만, 공격방법을 등기원인 부존재로 할 수도 있다. 그렇게 하려면 소장에 소유사실, 등기사실, 등기원인 부존재사실(원고들이 이 부동산을 매도한 일이 없다는 사실)을 기재하여야

한다. 이에 대하여 피고들은 원고들의 대리인인 소외 최대영과 피고 조용무 사이의 매매가 있었던 사실을 주장함으로써 원고들의 등기원인 부존재주장을 직접 부인할 것이다(대리권 유무는 간접사실이고 요건사실이 아니라고 보아야 할 것이다).

5. 원고들은 공격방법을 등기원인 무효로 주장할 수도 있다. 그렇게 하려면 소장에 소유사실, 등기사실, 등기원인 무효사실(무권대리인 최대영에 의한 매매이므로 무효라는 사실)을 기재해야 한다(물론 공격방법으로 소장에 등기원인 부존재를 기재한 경우 공격방법을 준비서면으로써 등기원인 무효로 변경할 수도 있을 것이다). 이에 대하여 피고들은 기본대리권으로 담보설정대리권이 있었던 사실과 소외 최대영이 등기필증, 인감증명서, 위임장, 인장 등을 소지하고 있었으므로 소유권이전등기신청 대리권까지 가지고 있었다고 믿을 만한 정당한 이유가 있었다는 사실(권한 넘은 표현대리사실)을 주장함으로써 원고들의 등기원인 무효주장에 대하여 항변할 것이다.
6. 어떻든 이 사건 소의 사안에서는 등기원인(매매)의 부존재사실과 무효사실이 부정되었고 취소주장만이 인정되었다.
7. 이 사건과 같은 경우를 이론상의 합일확정소송(수단 목적 관계)이라고 한다. 원고들은 피고 조용무, 피고 최광수, 피고 서후석의 등기 모두를 말소해야만 이 부동산의 소유권을 찾아올 수 있기 때문이다. 그러나 피고 조용무에 대해서만 승소하더라도 피고 조용무의 소유권이전등기말소등기의무의 이행불능을 원인으로 하여 피고 조용무에게 전보배상을 청구할 수 있다는 실익이 있다(피고 조용무가 피고 최광수에게 매도한 것은 피고 조용무의 책임에 돌아갈 사유가 될 것이다). 또한 나중에 피고 최광수, 피고 서후석의 등기가 다른 사유로 우연히 말소되는 경우에도 이 사건의 판결이 집행될 수 있는 실익이 있다.

[사례 103] 소유권이전등기말소등청구 소장(승낙청구)

소　　　장

원 고　　박　민　주 (OOOOOO-OOOOOOO)　　(전화 :　　　)
　　　　서울 은평구 가좌로 164(응암동)　　(우 :　　　)

피 고　　1. 김　인　권 (OOOOOO-OOOOOOO)
　　　　2. 이　복　지 (OOOOOO-OOOOOOO)
　　　　　위 피고들의 주소 :
　　　　　서울 마포구 가양대로 143(상암동)　　(우 :　　　)

소유권이전등기말소 등 청구의 소

청 구 취 지

1. 피고 김인권은 원고에 대하여 별지 목록 기재의 토지에 관하여 서울중앙지방법원 등기국 2017. 8. 1. 접수 제3500호로 마친 소유권이전등기의 말소등기절차를 이행하라.
2. 피고 이복지는 원고에 대하여 전항의 말소등기에 대하여 승낙의 의사표시를 하라.
3. 소송비용은 피고들의 부담으로 한다.

라는 판결을 구합니다.

청 구 원 인

1. 청구취지 기재의 토지(이하, '이 사건 토지'라고 한다)는 원고가 2016. 7. 1. 소외 장정의로부터 매수하여 그 날 원고 앞으로 소유권이전등기를 마친 원고의 소유로서 피고 김인권에게 소유권을 이전하거나 피고 이복지에게 저당권을 설정한 사실이 없습니다.

2. 그런데 이 사건 토지에는 2017. 8. 1. 서울중앙지방법원 등기국 접수 제3500호로 원고로부터 피고 김인권에 대하여 소유권이전등기가 경료되고, 다시 2017. 8. 3. 같은 등기과 접수 제3600호로 피고 이복지를 권리자로 한 저당권설정등기가 경료되어 있습니다.

3. 따라서 피고 김인권은 원인무효인 위 소유권이전등기를 말소할 의무가 있고, 피고 이복지는 등기기록상 이해관계가 있는 자로서 위 소유권이전등기의 말소등기절차를 이행함에 있어서 이를 승낙할 의무가 있다고 하겠습니다.

4. 그러므로 원고는 피고 김인권에 대하여 전기 소유권이전등기의 말소등기절차의 이행을 구하고, 피고 이복지에 대하여 전기 소유권이전등기의 말소등기절차의 이행에 대한 승낙을 구하기 위하여 이 사건 청구에 이르렀습니다.

입 증 방 법

변론시 수시 제출하겠습니다.

첨 부 서 류

1. 주민등록초본 2통
1. 토지가격확인원 1통
1. 소장 부본 1통

1. 납부서 1통

2000. 0. .

위 원고 박 민 주 (인)

OO지방법원 귀중

[해 설]

1. 부동산등기법은 등기의 말소를 신청하는 경우에 그 말소에 대하여 등기상 이해관계 있는 제3자가 있는 때에는 신청서에 그 승낙서 또는 이에 대항할 수 있는 재판의 등본을 첨부하여야 한다고 규정하고 있다. 따라서 이 사건과 같은 경우 피고 김인권에 대한 말소판결만 가지고는 말소등기신청을 할 수 없으므로 이해관계인인 피고 이복지에 대하여도 그 승낙을 청구하였다. 물론 이 사건에서 피고 이복지에 대하여도 저당권설정등기의 말소등기를 청구할 수도 있다. 그러나 이 사건에서는 저당권설정등기의 말소는 청구하고 있지 않다. 그 이유는 피고 이복지가 선의의 제3자이어서 굳이 그의 저당권등기까지 말소시키고 싶지 않기 때문이었다.
2. 등기원인이 원래부터 부존재하거나 무효인 경우 그 등기의 말소등기청구를 하게 되면 그 말소등기청구권의 법적 성질은 물권에 기한 방해제거청구권이 된다. 이런 경우 말소되어야 할 등기를 실무상 원인무효의 등기라고 부른다.
3. 말소등기청구의 소에는 소유권보존등기, 소유권이전등기, 저당권 등 제한물권 설정등기, 이들 설정등기의 부기등기, 가등기 등 여러가지 종류의 등기의 말소등기청구의 소가 있다. 말소등기청구의 소의 법적 성질은 현재의 물권자가 당해 물권의 권리상태를 방해하고 있는 현재의 등기명의인에 대하여 당해 등기의 말소를 청구하는 경우는 물권적 청구권으로 풀이되고 이러한 경우 그 요건사실은
   가. 원고가 목적부동산에 관하여 현재 특정의 물권을 가지고 있는 사실
   나. 피고가 위 부동산에 관하여 원고의 위 물권을 방해하는 관계에 있는 등기를 가지고 있는 사실의 2가지가 될 것이다.
4. 대법원 1997. 9. 30. 선고, 95다39526 판결은 가등기가 가등기권리자의 의사에 의하지 아니하고 말소되어 그 말소등기가 원인무효인 경우에는 등기상 이해관계가 있는 제3자는 그의 선의, 악의를 묻지 아니하고 가등기권리자의 회복등기절차에 필요한 승낙을 할 의무가 있으므로, 가등기가 부적법하게 말소된 후 가처분등기, 근저당권설정등기, 소유권이전등기를 마친 제3자는 가등기의 회복등기절차에서 등기상 이해관계 있는 제3자로서 승낙의무가 있다고 하여 승낙의무가 어떤 경우에 있는지에 관하여 일례를 보여주고 있다.

[사례 104] 소유권이전등기말소청구 소장(특조법등기)

소 장

원 고 권 호 준 (OOOOOO-OOOOOOO)
서울 송파구 가락로 38(석촌동)
소송대리인 변호사 정 미 수 (전화 :)
서출 서초구 서초대로 28길(서초동) (우 :)

피 고 1. 권 이 구 (OOOOOO-OOOOOOO)
서울 관악구 관악로 106(봉천동) (우 :)
2. 대한주택공사 (OOOOOO-OOOOOOO)
서울 마포구 가양대로 143(상암동) (우 :)
사장 이 양 희

소유권이전등기말소 청구의 소

청 구 취 지

1. 원고에게
피고 권이구는 별지 목록 기재 부동산 중 2분의 1 지분에 관하여 2007. 6. 28. 접수 제19126호로 마친 소유권이전등기의, 피고 대한주택공사는 별지 목록 기재 부동산 중 2분의 1 지분에 관하여 2015. 2. 5. 접수 제6572호로 마친 소유권이전등기의 각 말소등기절차를 이행하라.
2. 소송비용은 피고들의 부담으로 한다.

라는 판결을 구합니다.

청 구 원 인

1. 별지 목록 기재 부동산 중 2분의 1 지분은 원고의 소유입니다. 그런데 피고 권이구는 허위의 보증서를 받아 또는 보증인자격이 없는 자인 피고 권이구 자신을 포함한 3인의 보증서를 받아 특조법에 따라 피고 권이구의 명의로 소유권이전등기를 경료하였습니다.

2. 그러나 원고는 원고의 별지 목록 기재 부동산에 대한 2분의 1 지분을 피고 권이구에게 양도한 사실이 전혀 없습니다.

3. 그러므로 피고 권이구 명의의 청구취지 기재의 소유권이전등기는 원인무효의 것으로 말소되어야 합니다.

4. 한편 위 원인무효인 피고 권이구 명의의 청구취지 기재의 소유권이전등기에 터잡아 피고 대한주택공사는 협의취득을 원인으로 청구취지 기재의 소유권이전등기를 경료하였습니다.

5. 따라서 피고 대한주택공사 명의의 위 소유권이전등기 역시 원인무효로서 말소되어야 할 것입니다.

6. 이에 원고는 피고들에 대하여 소유권에 기한 방해배제청구권에 기하여 청구취지 기재와 같은 내용의 판결을 구하고자 이 사건 청구에 이른 것입니다.

입 증 방 법

1. 갑 제1호증 보증서
1. 갑 제2호증 확인서발급신청서
1. 갑 제3호증 토지등기사항증명서
1. 갑 제4호증 폐쇄등기사항증명서
1. 갑 제5호증 토지대장등본

그 밖의 입증서류는 변론시 수시 제출하겠습니다.

첨 부 서 류

1. 위 입증서류 각 1통
1. 주민등록초본 2통
1. 법인등기사항증명서 1통
1. 소장 부본 2통
1. 납부서 1통

2000. O. .

위 원고 소송대리인 변호사 정 미 수 (인)

OO지방법원 귀중

[해 설]

1. 특조법에 의한 등기 추정력의 복멸 여부 : 우선 허위의 보증서라 함은 권리변동의 원인이 되는 실제적 기재내용이 진실이 아닌 보증서나 확인서를 의미하는 바, 특조법이 부동산의 사실상의 양수인에 대하여 그 권리변동과정과 일치하지 않는 등기를 허용하는 것임에 비추어 보증서나 확인서상의 매도인 명의나 매수일자의 기재가 실제와 달리 되어 있거나 보증서에 구체적 권리변동 사유의 기재가 생략되고 현재의 권리상태에 대해서만 기재되어 있다 하더라도 그것만으로는 바로 그 등기의 적법 추정력이 깨어진다고 할 수 없고, 다만 그 밖의 자료에 의하여 그 실체적 기재내용이 진실이 아님을 의심할만큼 증명이 된 때에는 그 등기의 추정력이 번복된다고 보아야 하고(대법원 2000. 10. 27. 선고 2000다33775 판결 외 다수), 특조법에 따라 등기를 마친 자가 보증서나 확인서에 기재된 취득원인이 사실과 다름을 인정하더라도 그가 다른 취득원인에 따라 권리를 취득하였음을 주장하는 때에는 특조법의 적용을 받을 수 없는 시점의 취득원인일자를 내세우는 경우와 같이 그 주장 자체에서 특조법에 따른 등기를 마칠 수 없음이 명백하거나 그 주장하는 내용이 구체성이 전혀 없다든지 그 자체로서 허구임이 명백한 경우 등 특별한 사정이 없는 한 위의 사유만으로 특조법에 따라 마쳐진 등기의 추정력이 번복된다고 할 수 없으며, 그 밖의 자료에 의하여 새로이 주장된 취득원인 사실에 관하여도 진실이 아님을 의심할 만큼 증명되어야 그 등기의 추정력이 번복된다고 할 것이다(대법원 2001. 11. 22. 선고 2000다71388, 71395호 전원합의체 판결).

2. 부동산소유권이전등기 등에 관한 특별조치법 연혁

법 률	적용범위	경과조치
1977. 12. 31. 법률 제3094호	1974. 12. 31. 이전에 매매 · 증여 · 교환 등 법률행위로 인하여 사실상 양도된 것	1978. 3. 1.부터 시행 (소유권의 귀속에 관하여 소송이 계속중인 부동산에 관하여는 적용하지 아니함)
1978. 12. 6. 법률 제3159호	1974. 12. 31. 이전에 매매 · 증여 · 교환 등 법률행위로 인하여 사실상 양도된 부동산, 상속받은 부동산과 소유권보존등기가 되어 있지 아니한 부동산	1979. 1. 1.부터 시행
1982. 4. 3. 법률 제3562호	소유자미복구부동산의 사실상의 소유자를 포함	공포한 날로부터 시행 1984. 12. 31.까지 효력
1992. 11. 30. 법률 제4502호	1985. 12. 31. 이전에 사실상 양도, 상속, 소유권 미보존등기된 것	1993. 1. 1.부터 시행 1994. 12. 31.까지 효력
1993. 12. 10. 법률 제4586호	적용대상에 읍 · 면 지역의 전토지 및 건물, 시지역(인구 50만 이상의 시는 제외)의 농지 · 임	공포한 날로부터 시행

	야 외에 지가(地價) 1㎡당 6만 500원 이하의 전 토지를 추가	
1994. 8. 3. 법률 제4775호	적용대상에 시 지역 인구제한을 풀고 직할시를 포함시키면서 직할시 및 인구 50만 이상의 시에 대하여는 1985. 1. 1. 이후 직할시 또는 그 시에 편입된 지역에 한정하여 적용	1994. 9. 1.부터 시행
2005. 5. 26. 법률 제7500호	1. 1995. 6. 30. 이전에 사실상 양도, 상속, 소유권 미보존등기된 것 2. 광역시를 포함하면서, 광역시 및 인구 50만 이상의 시에 대하여는 1995. 1. 1. 이후 광역시 또는 그 시에 편입된 지역에 한정	2006. 1. 1.부터 시행 2007. 12. 31.까지 효력
2006. 12. 26. 법률 제8080호	1998. 1. 1. 이후 직할시 · 광역시 또는 그 시에 편입된 지역에 한정	공포한 날로부터 시행

[사례 105] 소유권이전등기말소청구 소장(대습상속, 시효취득, 해제조건부 사용대차계약)

소 장

원 고 강 순 익 (OOOOOO-OOOOOOO) (전화 :)
서울 강남구 강남대로 238(도곡동) (우 :)

피 고 1. 강 병 수 (OOOOOO-OOOOOOO)
서울 송파구 가락로 14(석촌동) (우 :)
2. 이 행 권 (OOOOOO-OOOOOOO)
서울 마포구 가양대로 143(상암동) (우 :)

소유권이전등기말소 청구의 소

청 구 취 지

1. 원고에게 서울 강남구 개포동 1420-1 대 1005㎡ 및 같은 동 1420-2 대 565㎡에 관하여,
   가. 피고 강병수는 서울중앙지방법원 등기국 2017. 12. 1. 접수 제49493호로 마친 소유권이전등기의,

나. 피고 이행권은 같은 법원 등기국 2017. 12. 1. 접수 제49494호로 마친 소유권이전등기의, 각 말소등기절차를 이행하라.

2. 소송비용은 피고들의 부담으로 한다.

라는 판결을 구합니다.

청 구 원 인

1. 서울 강남구 개포동 1420-1 대 1005㎡ 및 같은 동 1420-2 대 565㎡(이하 '이 사건 토지'라고 한다)는 원래 원고의 선대인 소외 망 강한권의 소유입니다.

2. 강한권은 2010. 8. 10. 사망하여 소외 강원주, 강철주, 강경애가 상속하였는데 위 강원주는 이미 사망하여 위 강원주의 상속분은 원고, 소외 강철익이 대습상속하였습니다.

3. 그런데 피고 강병수는 이 사건 토지를 매수한 일이 없음에도 불구하고 이 사건 토지에 관하여 매매를 원인으로 그의 명의로 소유권이전등기를 경료하였고, 피고 이행권은 정당한 소유자 아닌 피고 강병수로부터 이 사건 토지의 소유권이전등기를 경료받았습니다.

4. 따라서 원고는 이 사건 토지의 소유권에 기하여 피고들에 대하여 원인무효인 피고들 명의의 이 사건 토지에 관한 소유권이전등기의 말소를 구하고자 이 사건 청구에 이르렀습니다.

입 증 방 법

변론시 수시 제출하겠습니다.

첨 부 서 류

1. 주민등록초본	3통
1. 개별토지가격확인원	1통
1. 소장 부본	2통
1. 납부서	1통

20○○. ○. .

위 원고 강 순 익 (인)

ㅇㅇ지방법원 귀중

[해 설]

1. 소유물방해제거청구로서의 말소등기청구는 보존행위이므로 공유자 중 1인이 단독으로 할 수 있다.
2. 이 사건의 경우 부동산처분금지가처분을 해두는 것이 좋다.
3. 등기부취득시효를 주장하는 경우 그 사실 기재례를 보면 다음과 같다.
   [피고 이정화는 이 사건 임야를 매수하여 2007. 7. 16. 소유권이전등기를 마치고 점유를 개시하였다가 피고 이정호가 이를 증여받아 2017. 2. 9. 소유권이전등기를 마치고 점유를 승계한 이래 현재까지 점유를 계속하여 옴으로써 점유개시 및 등기일로부터 10년이 되는 2017. 7. 16. 시효취득하였으므로 이 사건 임야에 관한 피고 이정호 명의의 소유권이전등기는 실체적 권리관계에 부합하는 유효한 것입니다].

[사례 106] 소유권이전등기말소청구 소장(해제조건부증여, 해제조건의 성취)

소 장

원 고 김 수 길 (OOOOOO-OOOOOOO) (전화 :)
서울 송파구 가락로 14(석촌동) (우 :)

피 고 서울특별시
대표자 시장 김 갑 돌

소유권이전등기말소 청구의 소

청 구 취 지

1. 피고는 원고에게 서울 서대문구 북가좌동 114-91 대 1007㎡에 관하여 서울중앙지방법원 등기국 2012. 9. 15. 접수 제2222호로 마친 소유권이전등기의 말소등기절차를 이행하라.
2. 소송비용은 피고의 부담으로 한다.

라는 판결을 구합니다.

청 구 원 인

1. 서울 서대문구 북가좌동 114-91 대 1007㎡(이하 '이 사건 부동산'이라고 한다)는 원래 원고의 소유입니다.

2. 현재 피고 명의로 이 사건 부동산에 관하여 2012. 8. 30. 증여를 원인으로 하여 청구취지 기재의 소유권이전등기가 경료되어 있습니다.

3. 위 소유권이전등기가 경료된 것은 이 사건 부동산을 포함한 그 일대의 토지들이 2006. 12. 1 건설부 고시 제OOO호로 주택개량을 위한 재개발사업구역으로 지정 고시되었기 때문에 원고가 이 사건 부동산에 인접한 토지 위에 건물을 신축하기 위해서는 행위제한완화(건축)심의요청을 피고에게 아니할 수 없었고 이에 피고는 이 사건 부동산을 피고에게 기부채납(증여)하는 것을 조건으로 이 사건 부동산에 인접한 토지 위에 건축하는 것을 승인하였습니다.

4. 그 후 원고는 2012. 8. 30. 피고에게 이 사건 부동산을 기부채납(증여)하였기 때문입니다. 그런데 그 후 2015. 4. 26. 국토해양부 고시 제OOO호로 이 사건 부동산을 포함한 그 일대의 토지들에 대한 재개발사업구역지정이 해제되었습니다.

5. 이 사건 부동산에 관한 2012. 8. 30.자 위 증여는 도시재개발사업을 시행하지 않는 것을 해제조건으로 한 해제조건부 증여입니다.

6. 그런데 도시재개발사업구역지정의 해제로써 해제조건이 성취되었으므로 이 사건 부동산에 관한 위 증여는 효력을 잃어 청구취지 기재의 소유권이전등기는 원인무효의 등기가 되었습니다.

7. 그러므로 원고는 피고에 대하여 원인무효인 청구취지 기재의 소유권이전등기의 말소등기절차의 이행을 구하고자 이 사건 청구에 이르렀습니다.

입 증 방 법

변론시 수시 제출하겠습니다.

첨 부 서 류

1. 주민등록초본 1통
1. 토지가격확인원 1통
1. 소장 부본 1통

1. 납부서 1통

2000. O. .

위 원고 김 수 길 (인)

O O 지 방 법 원 귀 중

[해 설]

재개발사업구역내 건물을 신축하면서 토지일부를 기부채납하였다가 그 후 재개발사업구역지정이 해제되었다면 기부채납이 효력을 잃어 원인무효의 등기가 된다는 것이 요지이다. 원인무효라고 하면 원래부터 등기원인이 부존재하거나 무효인 경우이지만 그렇지 않고 후발적으로 등기원인이 해제되거나 취소되거나 해제조건이 성취된 경우도 광의로는 원인무효라고 할 수 있을 것이다.

[사례 107] 소유권이전등기말소청구 소장(양도담보계약, 가등기담보법 제11조)

소 장

원 고 임 만 족 (OOOOOO-OOOOOOO) (전화 :)
서울 은평구 가좌로 164(응암동) (우 :)

피 고 (망 신한국의 재산상속인)
1. 양 순 미 (OOOOOO-OOOOOOO)
2. 신 민 주 (OOOOOO-OOOOOOO)
위 피고들의 주소 :
서울 성동구 가람길 113(송정동) (우 :)

소유권이전등기말소 청구의 소

청 구 취 지

1. 피고들은 원고에게 서울 영등포구 대방동 4 대 120㎡ 및 서울 영등포구 대방로 12(대방동) 목조 기와지붕 단층 주택 74㎡에 관하여 서울중앙지방법원 등기국 2016.

12. 21. 접수 제7777호로 마친 소유권이전등기에 대하여 2016. 12. 23. 변제를 원인으로 한 말소등기절차를 이행하라.
2. 소송비용은 피고들의 부담으로 한다.
라는 판결을 구합니다.

청 구 원 인

1. 원고는 2016. 9. 23. 소외 망 신한국과 사이에 원고의 그에 대한 60,000,000원의 차용금 채무를 담보하기 위하여 청구취지 기재의 부동산을 그에게 양도담보로 제공하기로 하는 계약을 체결한 사실이 있습니다.

2. 그런데 소외 망 신한국은 2017. 1. 3. 사망하여 그의 처인 피고 양순미와 그의 장남인 피고 신민주가 균등하게 공동상속하였습니다.

3. 원고는 2017. 12. 23. 피고들에게 위 양도담보의 피담보채무인 위 차용원리금을 변제하고자 하였으나 피고들이 수령을 거절하여 하는 수 없이 피고들을 위하여 각 피담보채무 원금 30,000,000원과 이에 대한 차용일인 2016. 9. 23.부터 변제기인 2017. 9. 23.까지의 이자제한법의 제한범위 내인 연 15%의 비율에 의한 약정이자와 2017. 9. 24.부터 변제공탁일인 2017. 12. 23.까지의 이자제한법의 제한범위 내인 연 15%의 비율에 의한 약정이자 상당의 지연손해금 합계 금 37,479,452원(= 30,000,000원 + 30,000,000원 × 1 × 20/100 + 30,000,000원 × 90/365 × 20/100, 원 미만은 버림)씩을 서울중앙지방법원 공탁관에게 공탁하였습니다.

4. 따라서 원고는 피고들에 대하여 피담보채무액 변제를 원인으로 하여 청구취지 기재의 소유권이전등기의 말소등기절차의 이행을 구하고자 이 사건 청구에 이르렀습니다.

입 증 방 법

변론시 수시 제출하겠습니다.

첨 부 서 류

1. 제적등본 1통
1. 가족관계증명서 1통
1. 주민등록초본 4통
1. 토지가격확인원 1통

1. 건축물관리대장등본 1통
1. 소장 부본 2통
1. 납부서 1통

20○○. ○. .
위 원고 임 만 족 (인)

○○지방법원 귀중

[해 설]

1. 이 사건은 가등기담보등에관한법률 제11조의 규정에 의한 청구를 하는 것으로서 후발적 실효사유인 채무액변제를 청구권원으로 하는 것이다.
2. 이 사건에서 확정판결을 받은 후 말소등기를 하려면 말소등기에 앞서 상속인인 피고들을 대위하여 상속으로 인한 소유권이전등기를 먼저 하여야 한다.

[사례 108] 소유권이전등기말소청구 소장(담보계약과 명의신탁계약의 혼합된 계약)

소 장

원 고 임 민 주 (○○○○○○-○○○○○○○) (전화 :)
서울 동작구 신대방길 86(신대방동) (우 :)

피 고 1. 신 한 국 (○○○○○○-○○○○○○○)
2. 임 갑 을 (○○○○○○-○○○○○○○)
위 피고들의 주소 :
서울 노원구 공릉로 98(공릉동) (우 :)

소유권이전등기말소 청구의 소

청 구 취 지

1. 별지 목록 기재 부동산에 관하여,
   가. 피고 신한국은 피고 임갑을에게 서울중앙지방법원 등기국 2017. 7. 5. 접수 제3333호로 마친 소유권이전등기의 말소등기절차를 이행하고,

나. 피고 임갑을은 원고에게 같은 법원 등기국 2016. 3. 6. 접수 제2222호로 마친 소유권이전등기에 대하여 2018. 3. 6. 변제를 원인으로 한 말소등기절차를 이행하라.

2. 소송비용은 피고들의 부담으로 한다.

라는 판결을 구합니다.

청 구 원 인

1. 원고는 2016. 3. 6. 피고 신한국과 사이에 원고의 피고 신한국에 대한 30,000,000원의 차용금채무를 담보하기 위하여 청구취지 기재 부동산에 관하여 양도담보설정계약을 맺고, 피고 신한국에 대하여 소유권이전등기의 명의신탁을 수락한 피고 신한국의 종업원인 피고 임갑을에게 소유권이전등기를 경료한 사실이 있습니다.

2. 그런데 피고 신한국은 원고가 피담보채무를 변제하고 위 소유권이전등기의 말소등기를 청구하는 것을 방해하기 위하여 피고 임갑을과 통정하여 그로부터 매수한 것처럼 위장하여 2017. 7. 5.자로 피고 신한국 앞으로 소유권이전등기를 마쳐버렸습니다.

3. 한편 원고는 2018. 3. 6. 피고 신한국에게 위 피담보 채무원리금을 변제하려고 하였으나 수령을 거절하여 하는 수 없이 그 날 피담보채무 원금 30,000,000원과 이에 대한 차용일인 2016. 3. 6.부터 변제기인 2017. 3. 6.까지의 이자제한법의 제한범위 내인 연 15%의 비율에 의한 약정이자와 2017. 3. 6.부터 변제공탁일인 2018. 3. 6.까지의 이자제한법의 제한범위 내인 연 15%의 비율에 의한 약정이자 상당의 지연손해금 합계 42,000,000원(=30,000,000원 + 30,000,000원 × 1 × 20 / 100 + 30,000,000원 × 1 × 20/100)을 변제공탁하였습니다.

4. 따라서 원고는 피고 임갑을에 대하여는 피담보채무액 변제를 원인으로 하여 동인 앞으로 마쳐진 소유권이전등기의 말소등기절차의 이행을 청구하고, 피고 신한국에 대하여는 원고의 피고 임갑을에 대한 위 소유권이전등기말소등기청구권을 보전하기 위하여 피고 임갑을을 대위하여 통정허위표시로서 무효인 피고 신한국 명의의 위 소유권이전등기의 말소등기절차의 이행을 구하고자 이 사건 청구에 이르렀습니다.

입 증 방 법

변론시 수시 제출하겠습니다.

첨 부 서 류

1. 주민등록초본 3통
1. 토지가격확인원 1통
1. 소장 부본 2통
1. 납부서 1통

2000. 0. .

위 원고 임 민 주 (인)

OO지방법원 귀중

[해 설]

대법원 1993. 9. 28. 선고 92다32814 판결은 양도담보로 제공된 부동산 지상에 건물을 신축하거나 양도담보로 제공된 부동산에 관하여 제3자에게 근저당권을 설정해 주었다는 등 사정은 특별한 사정이 없는 한 자기의 담보권의 이용 내지 활용에 불과할 뿐 담보권의 실행으로서의 환가처분으로는 볼 수 없다고 하면서 피고들 명의의 소유권이전등기가 그대로 남아 있는 이상 원고는 피고들에게 피담보채무를 변제하고 양도담보로 제공된 부동산의 반환을 구할 권리가 있다고 판시하고 있다.

[사례 109] 소유권이전등기말소청구 소장(순차대위, 이중매도)

소 장

원 고 이 강 수 (000000-0000000) (전화 :)
서울 송파구 가락로 106(석촌동) (우 :)

피 고 1. 박 용 필 (000000-0000000)
서울 동작구 신대방길 86(신대방동) (우 :)
2. 이 재 분 (000000-0000000)
서울 노원구 공릉로 98(공릉동) (우 :)
등기기록상주소 : 서울 마포구 가양대로 143(상암동)

소유권이전등기말소등기 청구의 소

청 구 취 지

1. 별지 목록 기재 각 부동산에 관하여,
   가. 피고 박용필은 피고 이재분에 대하여 서울중앙지방법원 등기국 2017. 5. 25. 접수 제19497호 소유권이전등기의 말소등기절차를 이행하고,
   나. 피고 이재분은 소외 김석수에 대하여 같은 법원 등기국 2014. 11. 28. 접수 제46281호 소유권이전등기의 말소등기절차를 이행하라.
2. 소송비용은 피고들의 부담으로 한다.

라는 판결을 구합니다.

청 구 원 인

1. 별지 목록 기재 제1 부동산(이하 '이 사건 토지'라고 한다)은 원래 소외 김석수의 소유인데 소외 김순희, 소외 이향애, 원고가 순차로 매수하였습니다.

2. 그런데 피고 이재분은 소외 김석수의 이중매도에 적극 가담, 매수하고 소유권이전등기를 하고 이어서 피고 박용필에게 매도, 소유권이전등기를 하여 주었습니다.

3. 이러한 피고 이재분의 이중매수는 반사회질서의 법률행위로서 무효이므로 피고 이재분 명의의 소유권이전등기와 그에 바탕을 둔 피고 박용필 명의의 소유권이전등기는 원인무효로서 말소되어야 합니다.

4. 그러므로 원고는 소외 이향애, 소외 김순희, 소외 김석수를 순차로 대위하여 피고 이재분과 피고 박용필 명의의 각 소유권이전등기의 말소등기절차의 이행을 청구합니다.

5. 별지 목록 기재 제2 부동산(이하 '이 사건 건물'이라고 한다)은 원래 소외 김순희가 신축한 그녀의 소유인데, 소외 이향애, 원고가 순차로 매수하였습니다.

6. 그런데 이 사건 건물을 소외 김순희로부터 명의신탁 받은 소외 김석수는 이중매매임을 알고 적극 가담, 매수한 피고 이재분에게 소유권이전등기를 하여 주고 피고 이재분은 다시 피고 박용필에게 매도하고 소유권이전등기를 하여 주었습니다.

7. 따라서 피고 이재분 명의의 위 등기는 이중매매에 적극 가담한 반사회적 법률행위에 기한 원인무효의 등기입니다. 피고 이재분 명의의 위 등기에 바탕을 둔 피고 박용필 명의의 위 등기 역시 원인무효의 등기입니다.

8. 그러므로 원고는 소외 이향애, 소외 김순희, 소외 김석수를 순차로 대위하여 원인무효인 피고 이재분과 피고 박용필 명의의 위 각 등기의 말소등기절차의 이행을

구하고자(소외 김순희는 소외 김석수에 대하여 명의신탁 해지를 원인으로 한 소유권이전등기청구채권을 가지고 있으므로 이 권리를 대위권 행사의 피보전권리로 합니다). 이 사건 청구에 이르렀습니다.

입 증 방 법

변론시 수시 제출하겠습니다.

첨 부 서 류

1. 주민등록초본 3통
1. 토지대장 1통
1. 건축물대장등본 1통
1. 토지가격확인원 1통
1. 소장 부본 2통
1. 납부서 1통

2000. O. .

위 원고 이 강 수 (인)

OO지방법원 귀중

[별 지]

부 동 산 목 록

1. 서울 서초구 반포동 56-27 대 118㎡

2. 서울 서초구 반포동 56-27
시멘트 벽돌조 기와지붕 단층 주택 70.74㎡. 끝.

[사례 110] 소유권이전등기말소등청구 소장(채권자대위, 통정허위표시사건)

소 장

원 고 강 호 림 (OOOOOO-OOOOOOO) (우 :)
서울 은평구 가좌로 164(응암동) (전화 :)

피 고 1. 오 순 화 (OOOOOO-OOOOOOO)
2. 최 인 수 (OOOOOO-OOOOOOO)
위 피고들의주소 :
서울 동작구 신대방길 86(신대방동) (전화 :)

소유권이전등기말소 등 청구의 소

청 구 취 지

1. 피고 오순화는 피고 최인수에게 별지 목록 기재 부동산에 관한 서울중앙지방법원 등기국 2017. 4. 11. 접수 제3334호 소유권이전등기의 말소등기절차를 이행하고, 피고 최인수는 원고에게 위 부동산에 관하여 2016. 10. 20. 매매를 원인으로 소유권이전등기절차를 이행하라.
2. 소송비용은 피고들의 부담으로 한다.

라는 판결을 구합니다.

청 구 원 인

1. 원고는 2016. 10. 20. 피고 최인수로부터 그 소유인 별지 부동산 목록 기재 부동산을 대금 50,000,000원에 매수하였습니다. 그리고 원고는 계약당일 계약금 5,000,000원을, 2016. 11. 5. 중도금 20,000,000원을 각 지급하고, 2017. 9. 16. 잔금 25,000,000원을 피고 최인수 앞으로 서울중앙지방법원에 변제공탁하였습니다.

2. 따라서 원고는 피고 최인수에 대하여 매매에 의한 소유권이전등기청구채권을 가지고 있습니다.

3. 그런데 피고 최인수는 별지 부동산 목록 기재 부동산의 시가가 급등하자 이전등기의무를 모면하기 위하여 그의 처인 피고 오순화와 짜고 그녀에게 별지 부동산 목록 기재 부동산을 매도한 것처럼 2017. 4. 11. 그녀 앞으로 소유권이전등기를 마쳤습

니다.

4. 그리고 피고 최인수는 통정허위표시로서 무효인 위 2017. 4. 11.자 피고 오순화 명의의 소유권이전등기에 관하여 소유권에 기한 말소등기청구권을 행사하고 있지 아니합니다.

5. 따라서 원고는 피고 오순화에 대하여는 원고의 피고 최인수에 대한 매매를 원인으로 한 소유권이전등기청구채권을 보전하기 위하여 피고 최인수를 대위하여 그녀 명의의 소유권이전등기의 말소등기절차의 이행을 청구하고, 피고 최인수에 대하여는 2016. 10. 20. 매매를 원인으로 한 소유권이전등기절차의 이행을 구하고자 본소 청구에 이르렀습니다.

입 증 방 법

1. 갑 제1호증 매매계약서
1. 갑 제2호증 가족관계증명서
1. 갑 제3호증의 1, 2 각 부동산등기사항증명서
1. 갑 제4호증의 1, 2 각 영수증
1. 갑 제5호증 공탁서

그 밖의 입증서류는 변론시 수시 제출하겠습니다.

첨 부 서 류

1. 위 입증서류 사본 각 1통
1. 주민등록 초본 3통
1. 개별토지가격확인원 1통
1. 건축물대장등본 1통
1. 소장 부본 2통
1. 납부서 1통
1. 위임장 1통

20OO. O. .

위 원고 강 호 림 (인)

OO지방법원 귀중

[별 지]

부 동 산 목 록

1. 서울특별시 관악구 봉천동 123 대 175㎡

2. 서울특별시 관악구 봉천동 123
철근조 슬래브지붕 주택 및 점포 1동
건평 123.7㎡
지하실 264㎡. 끝.

[해 설]

1. 매도인에 대한 소유권이전등기청구의 요건사실은 매매계약체결사실이다. 원인무효등기명의인에 대한 말소등기청구의 요건사실은 청구자가 소유자인 사실과 등기명의인이 실체법상의 권리관계에 부합하지 아니하는 등기명의를 가지고 있어 청구자의 소유권행사를 방해하고 있는 사실이다.
채권자대위권행사의 요건사실은 채권보전의 필요가 있는 사실(무자력사실), 채무자가 권리를 행사하고 있지 아니한 사실, 보전하려고 하는 채권이 이행기가 도래한 사실의 3가지이다. 다만 보전하려고 하는 채권이 특정채권인 경우에는 무자력사실은 필요하지 아니하다.
2. 통정허위표시로서 무효라는 주장을 하는 경우 예비적으로 사해행위이므로 취소한다는 채권자취소청구를 같이 하는 경우가 실무상 많다.

[사례 111] 소유권보존등기말소청구 소장(공유지분권, 소유권 경정등기)

소 장

원 고 김 미 희 (OOOOOO-OOOOOOO) (전화 :)
서울 마포구 가양대로 143(상암동) (우 :)

피 고 장 영 호 (OOOOOO-OOOOOOO)
서울 노원구 공릉로 98(공릉동) (우 :)

소유권보존등기말소 청구의 소

청 구 취 지

1. 피고는 원고에 대하여 서울특별시 동작구 신대방동 100 대 55㎡ 중 2분의 1 지분에 관하여 서울지방법원 등기국 2018. 5. 15. 접수 제16785호 소유권보존등기의 말소등기절차를 이행하라.
2. 소송비용은 피고의 부담으로 한다.

라는 판결을 구합니다.

청 구 원 인

1. 원고는 서울특별시 동작구 신대방동 100 대 55㎡(이하 "이 사건 부동산"이라 한다.) 중 2분의 1 지분을 소유하고 있습니다.

2. 그런데 피고는 이 사건 부동산 전부에 관하여 서울중앙지방법원 등기국 2018. 5. 15. 접수 제16785호 소유권보존등기를 경료하여 아무런 권원 없이 원고의 이 사건 부동산에 관한 2분의 1 지분권의 행사를 방해하고 있습니다.

3. 따라서 원고는 이 사건 부동산 중 2분의 1 지분권에 기하여 피고에 대하여 피고 명의의 위 원인무효인 2분의 1 지분권 등기의 말소등기를 구하고자 본 소 청구에 이르렀습니다.

입 증 방 법

변론시 수시 제출하겠습니다.

첨 부 서 류

1. 주민등록초본 2통
1. 개별토지가격확인원 1통
1. 소장 부본 1통
1. 납부서 1통

20OO. O. .

위 원고 김 미 희 (인)

OO지방법원 귀중

[해 설]

1. 소유물방해제거청구의 요건사실은 원고가 소유자인 사실과 피고가 원고 소유물을 방해하는 등기를 가지고 있는 사실이다.
2. 이 사건에서 원고는 승소한 후 확정판결을 첨부하여 모년 모월 모일 모법원의 확정판결을 원인으로 하여 소유권경정등기신청을 하여야 한다. 말소등기신청을 하여서는 아니된다. 대법원 1995. 5. 9. 선고 94다38403 판결은 부동산소유권보존등기의 지분 일부만 원인무효일 경우 그 지분에 한하여만 말소를 명할 수 있고, 다만 그 판결의 집행은 지분말소등기의 방법이 아니라 잔존지분권자와 말소를 명한 지분의 진정한 권리자와의 공유로 하는 경정등기를 신청하는 방법으로 이루어질 따름이다.라고 한다.
3. 소유권보존등기말소청구의 소를 제기하여 승소확정판결(당해 부동산이 보존등기 신청인의 소유임을 확정하는 내용이어야 함)을 받은 자(또는 그 상속인)는 위 판결을 소유권을 증명하는 서면으로 하여 소유권보존등기를 신청할 수 있다.

[사례 112] 소유권보존등기말소청구 소장(원시취득)

소 장

원 고 임 민 주 (OOOOOO-OOOOOOO) (전화 :)
서울 마포구 가양대로 143(상암동) (우 :)

피 고 윤 복 지 (OOOOOO-OOOOOOO)
서울 송파구 가락로 38(석촌동) (우 :)

소유권보존등기말소 청구의 소

청 구 취 지

1. 피고는 원고에게 서울 강남구 도곡동 238 시멘트블록조 슬래브지붕 단층 주택 60 ㎡에 관하여 서울중앙지방법원 등기국 2017. 9. 1. 접수 제7777호로 마친 소유권보존등기의 말소등기절차를 이행하라.
2. 소송비용은 피고의 부담으로 한다.

라는 판결을 구합니다.

청 구 원 인

1. 청구취지 기재의 건물(이하 '이 사건 건물'이라 한다)은 원고가 2017. 7. 20. 신축하

여 원시적으로 소유권을 취득한 원고의 소유입니다.

2. 이 사건 건물에는 2017. 9. 1. 서울중앙지방법원 등기국 접수 제7777호로 피고 명의로 소유권보존등기가 경료되어 있습니다.

3. 그러나 원고는 피고에게 이 건물을 매도하거나 기타 소유권을 이전한 사실이 없습니다.

4. 그러므로 원고는 소유권에 기하여 피고에 대하여 원인무효인 전기 소유권보존등기의 말소등기절차의 이행을 구하고자 본 소 청구에 이르렀습니다.

입 증 방 법

변론시 수시 제출하겠습니다.

첨 부 서 류

1. 주민등록초본 2통
1. 건축물대장등본 1통
1. 개별토지가격확인원 1통
1. 소장 부본 1통
1. 납부서 1통

20○○. ○. .

위 원고 임 민 주 (인)

○ ○ 지 방 법 원 귀 중

[해 설]

1. 이 사건 소를 제기한 후 확정판결을 받아 피고 명의의 소유권보존등기의 말소등기신청과 원고 명의의 소유권보존등기신청을 하면 될 것이다.
2. 항변 등에 관한 판단
   가. 실체관계에 부합하는 유효한 등기라는 항변
      (1) 원고와 피고 사이에 중간생략등기 합의가 없었더라도 관계 당사자들 사이에 매매가 체결되어 이행(등기)된 경우
      (2) 등기원인과 다른 실체 등기원인이 있는 경우
      (3) 등기의 유용 항변 : 등기유용합의서

(4) 매수(매매계약 체결하고 대금전액을 지급한 경우) : 매매계약서, 영수증

(5) 취득시효 항변 : 등기사항증명서, 주민등록표, 점유내용에 관한 자료, 사실조회신청, 현장검증신청

- 점유취득시효 완성(소유권이전등기만 하면 되는 경우)을 주장 : 예컨대, 학교부지, 철도용지 등으로 점유하면서 취득시효가 완성되었다는 주장
- 피고는 10년간 등기부상 소유자로 등재되어 있으면서 같은 기간 동안 자주 · 평온 · 공연 · 선의 · 무과실 점유한 사실(자주 · 평온 · 공연 · 선의 점유는 민법 197조에 의하여 법률상 추정됨)을 주장하여 등기부 시효취득하였다고 주장(다만 무효인 후행 소유권보존등기를 근거로 하여 등기부취득시효를 주장할 수 없음)

나. 원고의 소유권 상실 항변 : 농지소표, 수분농지대장, 농지상환대장, 농지상환증서, 부동산 등기사항증명서, 전귀속임야대장, 일본인명사전 등

(1) 토지사정 또는 소유권취득 후 원고측이 이를 제3자에게 처분하는 등의 사유로 이미 소유권을 상실하였다는 항변 : 제3자가 농지상환을 완료하였다거나, 해방 당시 이미 일본인 소유의 귀속재산이었다는 등 원고 측 이후에 제3자가 목적부동산을 취득하였다는 점에 관한 입증을 요함.

(2) 원고의 후발적(반사적) 소유권 상실 : 예컨대 피고 1 이후 최종 등기명의자(피고 2)의 등기부취득시효(민법 245조 2항) 완성

다. 무주부동산 공고를 거쳐 적법하게 국가(피고) 명의로 취득하였다는 주장
사정명의자가 사망하고 상속인도 없다는 점이 입증되거나 그 토지에 대하여 민법 소정의 국가귀속 절차가 이루어지지 아니한 이상 무주부동산의 처리절차를 밟아 국유재산으로 등록되었다 하여 국가 소유로 되는 것도 아니므로, 정당한 항변사유가 될 수 없음.

[사례 113] 저당권설정등기말소청구 소장(소가산정, 권한을 넘은 표현대리)

소　　　장

원 고　김 정 의 (OOOOOO-OOOOOOO)　(전화 :　　)
서울 동작구 신대방길 86(신대방동)　(우 :　　)

피 고　1. 오 민 주 (OOOOOO-OOOOOOO)
서울 서초구 서초대로 28(서초동)　(우 :　　)
2. 정 복 지 (OOOOOO-OOOOOOO)
서울 서초구 서초대로 30(서초동)　(우 :　　)
3. 강 인 권 (OOOOOO-OOOOOOO)
서울 서초구 서초대로 35(서초동)　(우 :　　)

저당권설정등기말소 청구의 소

청 구 취 지

1. 원고에 대하여 별지 부동산 목록 기재의 토지에 관하여,
   가. 피고 오민주는 서울중앙지방법원 등기국 2018. 6. 21. 접수 제25644호로 마친 저당권설정등기의,
   나. 피고 정복지는 같은 법원 등기국 2018. 6. 21. 접수 제25645호로 마친 저당권설정등기의,
   다. 피고 강인권은 같은 법원 등기국 2018. 6. 21. 접수 제25646호로 마친 저당권설정등기의, 각 말소등기절차를 이행하라.
2. 소송비용은 피고들의 부담으로 한다.

라는 판결을 구합니다.

청 구 원 인

1. 별지 부동산 목록 기재의 토지(이하 '이 사건 부동산'이라고 한다)는 원고가 2012. 7. 21. 매수하여 그날 원고 명의로 등기를 마친 원고의 소유입니다.

2. 그런데 이 사건 부동산에는 2018. 6. 21. 서울중앙지방법원 등기국 접수 제25644호, 제25645호, 제25646호로 피고 오민주, 피고 정복지, 피고 강인권 명의의 저당권설정등기가 각 경료되어 있습니다.

3. 그러나 원고는 피고들에게 저당권을 설정해 준 사실이 없습니다.

4. 따라서 피고들 명의의 위 각 저당권설정등기는 원인무효이므로 원고는 소유권에 기하여 피고들에 대하여 위 각 저당권설정등기의 말소등기절차의 이행을 구하고자 본 소 청구에 이르렀습니다.

입 증 방 법

1. 갑 제1호증　　　　　　부동산등기사항증명서

그 밖의 입증서류는 변론시 수시 제출하겠습니다.

첨 부 서 류

1. 위 입증서류　　　　　1통
1. 주민등록초본　　　　　4통

1. 토지가격확인원 1통
1. 소장 부본 3통

2000. 0. .

위 원고 김 정 의 (인)

ㅇㅇ지방법원 귀중

[해 설]

1. 소유권에 기한 저당권말소청구의 경우 소가는 목적물가액을 한도로 하여 피담보채무액으로 계산하므로 첩용인지액을 계산하기 위하여 등기사항증명서(피담보채무액확인), 토지가격확인원(목적물가액확인) 1통씩을 첨부한다. 소유권에 기하여, 즉, 등기원인의 무효를 원인으로 하여 말소를 구하므로 목적물가액이나 피담보채무액에 1/2를 곱한 것이 소가가 된다.
2. 청구취지에서 말소대상이 되는 등기를 표시할 경우 관할등기소, 접수년월일, 접수번호, 등기종류만으로 족하고 그밖에 등기원인, 채권액, 변제기, 이자, 채무자 등은 표시할 필요가 없다. 다만 후발적 실효사유에 의하여 장래에 향하여 실효할 경우에는 등기원인과 그 일자를 표시하여야 한다(예; 피고는 원고에 대하여 별지 목록 기재의 부동산에 관하여 서울중앙지방법원 등기국 2017. 11. 12. 접수 제1111호로 마친 근저당권설정등기에 대하여 2017. 5. 7. 해지를 원인으로 한 말소등기절차를 이행하라).
3. 이와 같은 물권에 기한 방해제거청구의 요건사실은 (ㄱ) 원고가 목적부동산에 관하여 현재 특정의 물권을 가지고 있는 사실 (ㄴ) 피고가 위 부동산에 관하여 원고의 위 물권을 방해하는 관계에 있는 등기를 가지고 있는 사실의 2가지이다.
4. 이 사건에서 피고들은 원고로부터 가등기말소신청권을 위임받은 소외 강희망이 원고의 인감증명서, 인감도장, 위임장, 등기필증을 가지고 저당권설정계약을 원고 명의로 체결하고 그 등기를 신청하였으므로 권한을 넘은 표현대리라고 항변하여 인용되었다.
5. 대법원 1995. 5. 26. 선고 95다7550 판결은 근저당권의 양도에 의한 부기등기는 기존의 근저당권설정등기에 의한 권리의 승계를 등기부상 명시하는 것뿐으로, 그 등기에 의하여 새로운 권리가 생기는 것이 아닌 만큼 근저당권설정등기의 말소등기청구는 양수인만을 상대로 하면 족하고, 양도인은 그 말소등기청구에 있어서 피고적격이 없는 것이고, 또한 근저당권 이전의 부기등기는 기존의 주등기인 근저당권설정등기에 종속되어 주등기와 일체를 이루는 것이어서 피담보채무가 소멸된 경우 또는 근저당권설정등기가 당초 원인무효인 경우 주등기인 근저당권설정등기의 말소만 구하면 되고 그 부기등기는 별도로 말소를 구하지 않더라도 주등기의 말소에 따라 직권으로 말소되는 것이라고 판시한다.

6. 등기부가 멸실된 후 회복으로 인한 소유권보존등기를 마친 자도 적법한 소유자로 추정되나, 제3자가 그 토지를 사정받았거나 또는 멸실 전 등기부상에 소유권보존등기를 한 자가 따로 있고 그가 양도사실을 부인할 경우에는 그 회복으로 인한 소유권보존등기가 임야소유권이전등기등에관한특별조치법이나 부동산소유권이전등기등에관한특별조치법에 의하여 마쳐진 것이 아닌 한 그 추정력은 깨어지므로, 등기명의인이 구체적으로 실체관계에 부합한다거나 그 승계취득사실을 주장, 입증하지 못하는 한 그 등기는 원인무효가 된다.
또한 1975. 12. 31. 지적법 개정 전에 복구된 토지대장은 아무런 법적 근거 없이 과세의 편의상 임의로 복구한 것에 불과하여 그 소유자란에 이름이 기재되어 있다 하더라도 그 기재에 권리추정력을 인정할 수 없다(대법원 1995. 12. 26. 선고 95다28601,28618 판결)

[사례 114] 근저당권설정등기말소청구 소장

소 장

원 고 홍 길 동 (OOOOOO-OOOOOOO) (전화 :)
서울 마포구 가양대로 143(상암동) (우 :)

피 고 이 몽 룡 (OOOOOO-OOOOOOO)
서울 서초구 서초대로 277(서초동) (우 :)

근저당권설정등기말소 청구의 소

청 구 취 지

1. 피고는 원고에게 별지 부동산 목록 기재 부동산에 대하여 2017. 1. 22, 서울중앙지방법원 등기국 접수 제1234호로 마친 근저당권설정등기의 말소등기절차를 이행하라.
2. 소송비용은 피고의 부담으로 한다.

라는 판결을 구합니다.

청 구 원 인

1. 별지 부동산 목록 기재 부동산은 2017. 7. 15. 원고가 소외 김갑동으로부터 매수하여 이전등기를 마친 원고 소유의 부동산입니다.

2. 그런데 위 부동산은 원고가 취득하기 전인 2017. 1. 22. 전소유자인 소외 김갑동이 피고와 상거래를 하기 위하여 동 부동산에 대하여 장래의 채권을 담보하기 위하여 채권최고액 50,000,000원으로 한 근저당권설정등기를 경료하였으나 소외 김갑동은 한푼의 채권의 발생없이 2017. 10. 20. 거래를 종료하였습니다.

3. 그렇다면 피고는 이건 근저당권설정등기를 말소하여 줄 의무가 있다 할 것임에도 불구하고, 원고의 말소청구에 불응하고 있으므로 본 소 청구에 이르렀습니다.

입 증 방 법

1. 갑 제1호증 부동산등기사항증명서
1. 갑 제2호증 채무부존재확인서 사본

그 밖의 입증서류는 변론시 수시 제출하겠습니다.

첨 부 서 류

1. 위 입증서류 각 1통
1. 주민등록초본 2통
1. 소장 부본 3통

2000. 0. .

위 원고 홍 길 동 (인)

00지방법원 귀중

[해 설]

1. 원고의 선이행을 조건으로 피고에 대하여 일정한 급부의 이행을 구하는 경우에는 "피고는 원고로부터 금 000원을 수령한 다음에 또는(원고가 피고에게 금 000원을 지급한 때에는) 000부동산에 관하여 원고에게 00지방법원 00등기소 2000. 0. 0. 접수 제000호로 마친 근저당권설정등기의 말소등기절차를 이행하라"라고 표시하여, 원고의 채무이행이 피고의 채무이행에 선이행관계에 있음을 명확히 하여야 한다.
2. 근저당권에 의하여 담보되는 채권이 전부 소멸하고 채무자가 거래를 더 계속할 의사가 없는 경우에는 근저당 또는 그 기초되는 계약에 존속기간의 정함이 있고 그 기간의 경과전이라도 설정자는 그 계약을 해지하고 설정등기의 말소를 구할 수 있다고 해석함이 조리에 합당하다(대법원 1966. 3. 22. 선고 66다68 판결).

3. 기간의 정함이 없는 근저당권설정계약에 있어 피담보채무가 전부 소멸한 경우에는 근저당권설정등기말소를 구할 수 있다.
4. 근저당권의 실행으로 인하여 이미 근저당권설정등기가 말소되어 버린 경우에는 원인무효를 이유로 그 근저당권설정등기의 말소를 청구할 수 없다.
5. (근)저당권설정 후 소유자가 변경된 경우(원고가 '전소유자'인 경우), 후발적실효형과 달리 원인무효형은 현재 소유자만 말소청구할 수 있고 전소유자는 말소청구할 수 없다(원고적결 문제는 아님)
6. 원인무효에 의한 말소청구의 경우 달리 후발적 실효사유(저당권의 피담보채무의 변제, 근저당권의 해지)에 의한 말소청구의 경우에는, 청구취지에 말소등기의 원인("2018. 1. 10. 변제", "2018. 1. 10. 해지")이 기재되어야 한다.
   다만, 선이행이나 동시이행으로 말소청구하는 경우에는 원인을 기재하지 못한다.
7. (근)저당권설정 후 소유자가 변경된 경우(원고가 '전소유자'인 경우, 원인무효형과 달리 후발적실효성은 현재 소유자(소유권에 기하여) 및 종전 소유자(근저당권설정계약의 당사자로서) 모두 말소청구할 수 있다.
8. 피담보채무의 소멸을 위한 변제액 : (근)저당권설정자가 채무자인 경우에는 채무 전액을 변제하여야 하나, "물상보증인" 또는 "제3취득자"는 실제 채무액이 이를 초과하더라도 민법 360조의 금액(저당권의 경우) 또는 채권최고액(근저당권의 경우)만을 변제하고 근저당권말소를 구할 수 있다(민법 364조).
9. 가등기이전에 의한 부기등기는 기존의 가등기에 의한 권리의 승계관계를 등기부상 명시하는 것뿐으로, 그 등기에 의하여 새로운 권리가 생기는 것이 아닌 만큼 가등기의 말소청구는 양수인만을 상대로 하면 족하고, 양도인은 그 말소등기청구에 있어서의 피고적격이 없다. 가등기이전의 부기등기는 기존의 주등기인 가등기에 종속되어 주등기와 일체를 이루는 것이어서 피담보채무가 소멸된 경우에는 주등기인 가등기의 말소만 구하면 되고, 그 부기등기는 별도로 말소를 구하지 않더라도 주등기의 말소에 따라 직권으로 말소된다(대법원 1994. 10. 21. 선고 94다17109 판결).
10. 소유 OOO을 근저당권자로 하는 2015. 10. 23.자 근저당권설정등기가 마쳐졌다가, 피고가 OOO의 원고에 대한 근저당권부 채권에 관련하여 2018. 2. 8.자 압류 및 전부명령을 받아 확정됨에 따라 이를 원인으로 한 피고 명의의 2018. 2. 19.자 근저당권이전의 부기등기가 마친 경우 피고를 상대로 근저당권 "설정등기"의 말소등기절차이행을 구하여야 한다.
11. 양도인을 상대로 말소청구를 구하고, 양수인을 상대로 부기등기의 말소청구를 하는 경우, 법원은 바로 각하할 것이 아니라 원고에게 석명권을 행사하여 주장을 바로 잡을 필요가 있고, 석명권을 행사하지 않으면 부적법하게 된다.
12. 강제집행정지신청이 기각되는 등의 이유로, (근)저당권말소소송 중 부동산이 경락되어 (근)저당권설정등기가 이미 말소된 경우에는 소의 이익이 없게 된다.
13. 항변 등에 관한 판단
   가. 등기유용합의(등기유용합의서) : 피고는 비록 피담보채무가 소멸하였지만 다른 채무의

담보로 (근)저당권을 유용하기로 합의하였다는 항변, 다만 그 이전에 등기부상 이해관계를 맺은 제3자(2순위 근저당권자)에 대하여는 유용의 합의로 대항하지 못한다.

나. (원인무효형) 실체관계에 부합단하는 항변

다. (후발적실효형) 변제액이 피담보채무원리금 전액에 미달하는 주장 : 피고가 원래의 주채무자인 경우 피담보채무 전액을 변제하였다는 점은 원칙적으로 원고가 입증하여야 한다.

[사례 115] 지상권설정등기말소청구 소장

소　　장

원　고　　정 호 윤 (OOOOOO-OOOOOOO)　　(전화 :　　　)
　　　　　서울 송파구 가락로 14(석촌동)　　(우 :　　　)

피　고　　1. 김 달 수 (OOOOOO-OOOOOOO)
　　　　　　서울 관악구 관악로 106(봉천동)　　(우 :　　　)
　　　　　2. 양 성 진 (OOOOOO-OOOOOOO)
　　　　　　서울 동작구 신대방길 86(신대방로)　　(우 :　　　)
　　　　　　등기부상주소 : 서울 강남구 강남대로 238(도곡동)

지상권설정등기말소 청구의 소

청 구 취 지

1. 피고들은 원고에 대하여 별지 부동산 목록 기재 부동산에 대하여 각 서울중앙지방법원 등기국 2018. 3. 13. 접수 제1956호로 마친 지상권설정등기의 말소등기절차를 이행하라.
2. 소송비용은 피고들의 부담으로 한다.

라는 판결을 구합니다.

청 구 원 인

1. 별지 부동산 목록 기재 부동산은 원고가 2012. 2.경 소외 임채덕으로부터 매수하여 같은 해 3. 12.경 소유권이전등기를 마친 원고 소유의 부동산입니다.

2. 그런데 원고는 최근에 위 부동산에 관하여 각 서울중앙지방법원 등기국 2018. 3. 13. 접수 제1956호로써 아래와 같이 원고가 모르는 사이에 지상권설정등기가 되어

있음은 발견하였습니다.
가. 2018. 3. 10. 설정계약
나. 목적 : 벽돌조 건물의 소유
다. 범위 : 토지의 전부
라. 존속기간 : 2018. 3. 10.부터 15년간
마. 지상권자 : 김달수, 양성진

3. 그러나 원고는 피고 김달수, 양성진과 채무자 소외 진강석을 전혀 알지 못하고, 또한 피고 양인에게 채무자 소외 한명식을 위하여 지상권설정등기를 할 아무런 법률상의 이유가 없습니다.

4. 원고는 이 사건 부동산에 대하여 2017. 2. 13.경 소외 윤성일에게 대금 100,000,000원에 매도계약을 체결하여 계약당일 계약금조로 10,000,000원을 수령한 사실이 있고, 위 윤성일의 잔대금 지급확보용이라는 감언이설에 속아 인감증명과 백지에 인감도장을 날인하여 교부해 준 사실이 있는데, 소외 윤성일과 소외 한명식이 공모하여 위 인감증명 등의 서류를 이용, 불법으로 원고명의의 문서로 위조한 후 이 사건 부동산에 관하여 각 지상권설정등기를 마친 것입니다.

5. 따라서 원고 소유의 이 사건 부동산에 관한 피고들의 지상권설정등기는 소유자인 원고의 의사에 의하지 아니한 것으로서 불법적으로 잘못 설정된 원인무효의 등기이므로 원고는 피고들에 대하여 위 각 말소등기의 절차이행을 구하고자 본 소 청구에 이르렀습니다.

입 증 방 법

1. 갑 제1호증의 1, 2　　　각 부동산등기사항증명서
1. 갑 제2호증　　　　　　매매계약서 사본

그 밖의 입증서류는 변론시 수시 제출하겠습니다.

첨 부 서 류

1. 위 입증서류　　　　각 1통
1. 주민등록초본　　　　3통
1. 소장 부본　　　　　2통

20○○. ○. .

위 원고 정 호 윤 (인)

ㅇㅇ지방법원 귀중

[사례 116] 가등기말소등청구 소장(담보계약과 명의신탁계약의 혼합된 계약)

소 장

원 고 최 정 의 (OOOOOO-OOOOOOO) (전화 :)
서울 동작구 신대방동 86(신대방동) (우 :)

피 고 박 인 권 (OOOOOO-OOOOOOO)
서울 은평구 가좌로 164(응암동) (우 :)

가등기말소 등 청구의 소

청 구 취 지

1. 피고는 원고에게 서울 관악구 봉천동 107 대 1057㎡에 관하여 서울중앙지방법원 등기국 2016. 7. 9. 접수 제8888호로 마친 가등기에 대하여 2017. 8. 3. 변제를 원인으로 한 말소등기절차를 이행하고, 같은 법원 등기국 같은 날 접수 제8889호로 마친 근저당권설정등기에 대하여 2017. 8. 3. 변제를 원인으로 한 말소등기절차를 이행하라.
2. 소송비용은 피고의 부담으로 한다.

라는 판결을 구합니다.

청 구 원 인

1. 원고는 2016. 7. 9. 소외 이민주와 사이에 소외 임복지의 소외 이민주에 대한 50,000,000원의 차용금채무를 담보하기 위하여 원고 소유의 청구취지 기재의 부동산에 관하여 가등기담보 및 근저당권을 설정하되 소외 이민주가 지정하는 피고 앞으로 가등기 및 근저당권설정등기를 경료하기로 하는 내용의 계약을 한 사실이 있습니다.

2. 그런데 소외 임복지는 2017. 8. 3. 소외 이민주에게 위 피담보채무원리금을 변제하려고 하였으나 소외 이민주가 수령을 거절하여 하는 수 없이 그 날 피담보채무 원금 50,000,000원과 이에 대한 차용일인 2016. 7. 9.부터 변제기인 2017. 7. 9.까지의 이자제한법의 제한 범위 내인 연 15%의 비율에 의한 약정이자와 2017. 7. 10.부터 변제공탁일인 2017. 8. 3.까지의 이자제한법의 제한범위 내인 연 15%의 비율에 의한 약정이자 상당의 지연손해금 합계 금 57,910,958원(=50,000,000원 + 50,000,000원 × 1 × 15/100 + 50,000,000원 × 20/365 × 15/100, 원 미만 버림)을 변제공탁하였습니다.

3. 따라서 원고는 피고에 대하여 변제를 원인으로 하여 위 가등기 및 위 근저당권설정등기의 말소등기절차의 이행을 구하고자 본 소 청구에 이르렀습니다.

입 증 방 법

변론시 수시 제출하겠습니다.

첨 부 서 류

1. 주민등록초본 2통
1. 토지가격확인원 1통
1. 소장 부본 1통
1. 납부서 1통

2000. 0. .

위 원고 최 정 의 (인)

OO지방법원 귀중

[해 설]

1. 대법원 1994. 2. 8. 선고 93다19153,19160 판결은「채권의 담보를 위하여 담보계약을 체결함에 있어서 그 담보권의 명의를 제3자로 한 경우에 그 담보권명의자는 그 피담보채권을 수령하고 그 담보권을 실행하는 등의 권한을 가지는 것이지만 특별한 수권이 없는 한 그 담보계약 자체의 합의해제나 그 피담보채권의 포기와 같은 담보계약상의 권리가 아닌 기존의 채권을 포기할 권리는 갖지 않는다고 해석함이 상당하다고 할 것인 바(대법원 1983. 11. 8. 선고 82다카1948 판결 참조) -- 담보계약 및 명의신탁계약에 터잡은

적법유효한 등기라고 인정한 것은 정당하고」라고 판시하고 있다. 이 판결은 이 사건과 직접적인 연관은 없으나 담보계약과 명의신탁계약이 혼합된 계약에 관하여 언급하고 있어 참고가 된다.

2. 가등기담보에 있어서 변제를 이유로 한 가등기말소청구권은 실체관계에 부합하지 않는 가등기의 말소를 구하는 것이므로 그 성질이 물권적 청구권이라고 한다(대법원 1994. 8. 12. 선고, 94다25155 판결). 그리고 여기서 실체관계에 부합하지 않는다는 의미는 바로 소유물방해제거청구에 있어서의 '방해행위'라는 의미로 해석 가능하다고 생각된다.
3. 대법원 1995. 2. 10. 선고 94다 18508 판결은 전세권이 담보물권적인 성격도 가지는 이상 부종성과 수반성이 있는 것이기는 하지만, 채권담보를 위하여 담보권을 설정하는 경우 채권자와 채무자 및 제3자 사이에 합의가 있으면 채권자가 그 담보권의 명의를 제3자로 하는 것도 가능하고, 이와 같은 경우에는 채무자와 담보권명의자인 제3자 사이에 담보계약관계가 성립하는 것으로 그 담보권 명의자는 그 피담보채권을 수령하고 그 담보권을 실행하는 등의 담보계약상의 권한을 가진다고 판시한다.

[사례 117] 가등기말소청구 소장(상속, 통정허위표시, 가등기이전의 부기등기의 경우 말소등기의 청구)

소 장

원 고 홍 순 희 (OOOOOO-OOOOOOO) (전화 :)
서울 노원구 공릉로 98(공릉동) 우 :)

피 고 김 경 희 (OOOOOO-OOOOOOO)
서울 송파구 가락로 38(석촌동) (우 :)

가등기말소 청구의 소

청 구 취 지

1. 피고는 원고에 대하여 별지 목록 기재의 부동산에 관하여 서울중앙지방법원 등기국 2017. 10. 12. 접수 제3993호로 마친 소유권이전청구권 가등기의 말소등기절차를 이행하라.
2. 소송비용은 피고의 부담으로 한다.

라는 판결을 구합니다.

청 구 원 인

1. 청구취지 기재의 부동산(이하 '이 부동산'이라고 한다)은 원래 소외 망 김원철의 소유입니다. 소외 망 김원철은 2017. 3. 2. 사망하여 그의 아내인 원고 홍순희, 아들인 소외 김성호, 딸인 소외 김성림, 소외 김성미가 각 3/9, 2/9, 2/9, 2/9지분씩 그의 권리를 승계하였습니다.

2. 한편 이 부동산에는 2016. 10. 10. 매매예약, 권리자 피고로 된 소유권이전청구권 가등기가 2016. 10. 12.자로 마쳐져 있습니다. 그러나 소외 망 김원철과 피고 사이의 2016. 10. 10.의 매매예약은 원고 홍순희가 2016. 10. 7. 소외 망 김원철에게 이혼 및 재산분할청구의 소를 제기하겠다고 말하자 소외 망 김원철이 재산분할을 모면하기 위하여 그의 누나인 피고와 통정하여 맺은 가장계약으로서 무효입니다.

3. 따라서 원고는 공유지분권자로서 소유물방해제거청구권에 기하여 피고에 대하여 통정허위 표시로서 무효인 위 가등기의 말소등기절차의 이행을 구하고자 본 소 청구에 이르렀습니다.

입 증 방 법

변론시 수시 제출하겠습니다.

첨 부 서 류

1. 주민등록초본 2통
1. 토지대장 등본 1통
1. 건축물대장 등본 1통
1. 소장 부본 1통
1. 납부서 1통

20○○. ○. .

위 원고 홍 순 희 (인)

○○지방법원 귀중

[해 설]

1. 첩용인지액은 민사소송등인지규칙 제13조 4호 나, 제1호에 따라 목적물건의 가액의 2분의

1로 계산한다.

2. 가등기이전의 부기등기가 된 경우 가등기권리를 양도한 사람을 상대로 가등기의 말소등기를 청구할 수 없고 가등기를 양수한 사람을 상대로 가등기의 말소등기를 청구하여야 하며, 이 경우에도 부기등기를 말소하라고 청구해서는 아니되고 주등기를 말소하라고 청구하여야 된다.

[사례 118] 가등기말소청구 소장

소 장

원 고 홍 순 희 (OOOOOO-OOOOOOO) (전화 :)
서울 강남구 강남대로 238(도곡동) (우 :)

피 고 김 경 희 (OOOOOO-OOOOOOO)
서울 관악구 관악로 106(봉천동) (우 :)

가등기말소 청구의 소

청 구 취 지

1. 피고는 원고에 대하여 별지 목록 기재 부동산에 관하여 서울중앙지방법원 등기국 2017. 2. 2. 접수 제4819호로 마친 소유권이전등기청구권가등기의 말소등기절차를 이행하라,
2. 소송비용은 피고의 부담으로 한다.

라는 판결을 구합니다.

청 구 원 인

1. 원 · 피고는 2016. 5. 초순경 원고 소유의 별지 목록 기재 부동산에 관하여 전세금 30,000,000원, 전세기간은 입주일(2016. 5. 19.)로부터 2년간으로 하는 요지의 전세계약을 체결하고, 피고는 위 약지에 따른 전세금 지급의무를 이행하고 2016. 5. 19. 위 부동산에 입주하였습니다.

2. 그 후 2016. 10. 18. 원고가 소외 주식회사 국민은행에 이건 부동산을 담보로 20,000,000원을 차용하고, 이에 대하여 같은 날 서울중앙지방법원 등기국 접수 제53478호로 채권최고액 25,000,000원의 근저당권설정등기를 마치자, 피고는 위 전세기간이 만료된 후 위 전세금을 반환받지 못할 경우가 발생할런지 모른다는 불안감에서 원고

에게 그 보장책으로 이건 가등기를 하여 달라고(전세등기를 하는 대신 가등기를 하게 된 것임) 간청하기에, 원고는 피고를 가등기권리자로 하는 이건 가등기절차를 이행하였던 것입니다.

3. 그 후 2018. 6. 5. 원고는 피고에게 위 전세금을 모두 반환하였으므로 피고는 마땅히 위 가등기를 말소하여 줄 의무가 있음에도 불구하고, 원고의 말소등기절차 이행 요구에 불응함으로 본 소 청구에 이르렀습니다.

입 증 방 법

1. 갑 제1호증 부동산등기사항증명서
1. 갑 제2호증 영수증 사본

그 밖의 입증서류는 변론시 수시 제출하겠습니다.

첨 부 서 류

1. 위 입증서류	1통
1. 주민등록초본	2통
1. 소장 부본	2통
1. 납부서	1통

20OO. O. .

위 원고 홍 순 희 (인)

O O 지 방 법 원 귀 중

[해 설]

1. 갑으로부터 을 앞으로 소유권이전등기, 정 앞으로 가등기, 다시 병 앞으로 소유권이전등기가 경료된 토지에 관하여 갑이 을과 병의 각 소유권이전등기를 말소할 수 있는 확정판결과 인낙을 받았다면 을의 소유권이전등기 후 이루어진 정명의의 가등기의 말소를 구할 소의 이익이 있다(대법원 1989. 9. 12. 선고 88다카 9463 판결).
2. 가등기이전의 부기등기가 된 경우 가등기권리를 양도한 사람을 상대로 가등기의 말소등기를 청구할 수 없고 가등기를 양수한 사람을 상대로 가등기의 말소등기를 청구하여야 하며, 이 경우에도 부기등기를 말소하라고 청구해서는 아니되고 주등기를 말소하라고 청구하여야 된다.

[사례 119] 등기명의인표시경정등기말소등청구 소장

소 장

원 고 김 옥 주 (OOOOOO-OOOOOOO) (전화 :)
서울 마포구 가양대로 143(상암동) (우 :)

피 고 1. 전 호 칠 (OOOOOO-OOOOOOO)
서울 서초구 강남대로 27(양재동) (우 :)
2. 정 훈 성 (OOOOOO-OOOOOOO)
서울 송파구 가락로 14(석촌동) (우 :)

등기명의인표시경정등기말소 등 청구의 소

청 구 취 지

1. 원고에 대하여,
가. 피고 전호칠은 별지 부동산 목록 기재 부동산에 관하여 서울중앙지방법원 등기국 2017. 12. 15. 접수 제10600호로 마친 1번 등기명의인 표시경정등기 및 같은 법원 등기국 위 같은 날 접수 제10601호로 마친 1번 등기명의인표시변경등기의 각 말소등기절차를,
나. 피고 정훈성은 별지 목록 기재 부동산에 관하여 서울중앙지방법원 등기국 2017. 12. 15. 접수 제10602호로 마친 2017. 12. 1. 매매를 원인으로 한 소유권이전등기의 말소등기절차를 각 이행하라.
2. 소송비용은 피고들의 부담으로 한다.
라는 판결을 구합니다.

청 구 원 인

1. 별지 부동산 목록 기재 부동산은 원고의 남편 소외 망 전호칠의 소유였는데 그가 2018. 2. 3. 사망함에 따라 원고 등이 상속한 재산입니다.

2. 그런데 피고 전호칠이 위 전호칠과 성명이 동일함을 기화로 허위의 서류를 만들어 서울중앙지방법원 등기국 2017. 12. 15. 접수 제10600호 및 접수 제10601호로 신청착오를 원인으로 한 주소경정등기 및 전거를 원인으로 한 주소변경등기를 마친

후 같은 날 법원 등기국 접수 제10602호로 피고 정훈성으로의 소유권이전등기를 마쳤습니다.

3. 따라서 피고 전호칠이 경료한 위 주소경정 및 주소변경등기는 법률상 원인무효인 등기이고 이에 터잡아 이루어진 피고 정훈성 명의의 소유권이전등기 역시 원인무효의 등기이므로 원고는 위 소외 망 전호칠의 공동상속인 중의 1인으로서 공유물의 보존행위를 구하고자 본 소 청구에 이르렀습니다.

입 증 방 법

1. 갑 제1호증 부동산등기사항증명서
1. 갑 제2호증 토지대장등본
1. 갑 제3호증 지방세세목별과세증명서 및 완납증명서
1. 갑 제4호증 제적등본
1. 갑 제5호증 가족관계증명서
1. 갑 제6호증 말소자 주민등록초본

그 밖의 입증서류는 변론시 수시 제출하겠습니다.

첨 부 서 류

1. 위 입증서류 각 1통
1. 주민등록초본 3통
1. 소장 부본 2통
1. 납부서 1통

2000. 0. .

위 원고 김 옥 주 (인)

ㅇㅇ지방법원 귀중

[별 지]

부 동 산 목 록

1. 서울특별시 동작구 신대방동 398 답 1000㎡. 끝.

[해 설]

1. 대법원 1999. 6. 11. 선고 98다60903 판결은 "등기명의인의 표시변경등기는 등기명의인의 동일성이 유지되는 범위 내에서 등기부상의 표시를 실제와 합치시키기 위하여 행해지는 것에 불과할 뿐 어떠한 권리변동을 가져오는 것이 아니므로, 그 표시변경이 등기명의인의 동일성을 해치는 방법으로 행하여져 타인을 표상하는 결과에 이른 경우가 아닌 한, 등기명의인은 그 표시변경등기가 잘못되었더라도 다시 소정의 서면을 갖추어 경정등기를 하면 되는 것이고, 소로써 그 표시변경등기의 말소를 구하는 것은 소의 이익이 없어 허용되지 아니하는 것이다."라고 판시하였다(대법원 1992. 11. 13. 선고 92다39167 판결 참조).
2. 이 사건과 같은 경우에 관하여 1991. 5. 29. 등기예규 제728호가 있다.

[사례 120] 약속어음금청구 소장(발행인에 대한 수취인의 청구)

소 장

원 고 최 정 의 (○○○○○○-○○○○○○○) (전화 :)
서울 송파구 가락로 14(석촌동) (우 :)

피 고 한 복 지 (○○○○○○-○○○○○○○)
서울 마포구 가양대로 143(상암동) (우 :)

약속어음금 청구의 소

청 구 취 지

1. 피고는 원고에게 5,000,000원과 이에 대하여 2018. 5. 2.부터 이 사건 소장부본 송달일까지는 연 6%, 그 다음날부터 다 갚는 날까지는 연 15%의 각 비율로 계산한 돈을 지급하라.
2. 소송비용은 피고의 부담으로 한다.
3. 위 제1항은 가집행할 수 있다.

라는 판결을 구합니다.

청 구 원 인

1. 피고는 2018. 1. 1. 서울특별시에서 만기일 2018. 5. 1. 지급지 서울특별시로 된 액면 금 5,000,000원의 약속어음 1매를 자신의 기명날인을 하고 수취인을 원고로

하여 발행한 사실이 있고 원고는 이를 소지하고 있습니다.

2. 따라서 원고는 피고로부터 약속어음 발행행위를 원인으로 하여 어음금 5,000,000원과 이에 대하여 2018. 5. 2.부터 이 사건 소장부본 송달일까지는 연 6%, 그 다음날부터 다 갚는 날까지는 소송촉진등에관한특례법에서 정한 연 15%의 각 비율로 계산한 지연손해금을 지급받고자 본 소 청구에 이르렀습니다.

입 증 방 법

1. 갑 제1호증의 1, 2　　　약속어음 표면 및 이면

그 밖의 입증서류는 변론시 수시 제출하겠습니다.

첨 부 서 류

1. 위 입증서류　　　각 1통
1. 주민등록초본　　　2통
1. 소장 부본　　　1통
1. 납부서　　　1통

20○○. ○. .

위 원고 최 정 의 (인)

○○지방법원 귀중

[해 설]

1. 만약 원고가 약속어음금 또는 원인관계에서의 대금(예컨대 매매대금 등) 중 일부인 금 2,000,000원을 지급받았다면 청구취지의 「금 5,000,000원」은 「금 3,000,000원」으로, 청구원인 2항의 「어음금 5,000,000원」은 「지급되지 아니한 어음금 3,000,000원」으로 각각 고치면 된다.
2. 만약 발행지와 지급지가 피고가 경영하는 「한국토탈」이라는 점포라면 청구원인 1항을 「피고는 2018. 1. 1. 한국토탈에서 만기 2018. 5. 1. 지급지 한국토탈로 된 액면 금 5,000,000원의 약속어음」이라고 기재하면 될 것이다.
3. 원인관계에서 매매대금, 대여금 등을 청구하는 것이 아니라 어음관계에서 어음금을 청구하는 것이므로 어음을 받게 된 경위 등을 기재할 필요는 없다. 물론 어음수수(授受)의 직접적 당사자인 최초의 수취인인 원고에 대하여는 피고는 모든 항변(예컨대 대금 감액청구, 사취의

항변 등)으로 대항할 수 있지만 이러한 것은 피고의 항변사항이고 원고의 청구원인사실은 아니므로 이를 소장에 번잡하게 기재할 필요는 없다고 할 것이다.

4. 은행도 어음의 경우 보통 약속어음 발행인이 피사취신고를 내고 사고신고담보금을 은행에 예치하면 은행은 보통 약속어음소지인에게 약속어음금청구의 소의 승소판결을 받아오면 어음금을 지급하겠다고 한다.
   대법원 1996. 3. 12. 선고 95다47732 판결은 어음교환소규약 등에 지급은행이 어음발행인에게 별단예금으로 예탁한 사고신고담보금을 지급하는 경우의 하나인 "당해 어음과 관련하여 이해관계인이 소송계속 중임을 입증하는 서면을 지급은행에 제출한 바가 없고 지급제시일로부터 6개월이 경과한 경우"는 위 사유의 발생으로 위 담보금의 반환청구권이 어음발행인에게 확정적으로 귀속한다는 취지가 아니라, 어음발행인이 위 사유를 내세워 담보금의 반환을 청구하여 오는 경우 지급은행이 이에 응하여 담보금을 어음발행인에게 지급함으로써 반환책임을 면하고 어음소지인에게 대하여도 대항할 수 있다는 취지를 정한 것에 지나지 않고, 지급제시일로부터 6개월이 지난 후라고 하더라도 어음발행인이 담보금의 반환을 청구하지 아니하고 있는 동안에 어음소지인이 정당한 권리자임이 판명되어 지급은행에게 수익의 의사표시를 한 경우에는 어음소지인이 어음금의 지급청구권을 갖는다고 한다.
5. 약속어음을 할인의 방법으로 취득하였는데 그 어음의 최후배서가 위조된 경우 소지인이 최후 배서인에게 그 배서가 진정한 것인지 여부를 확인할 의무가 있고 그 의무를 다하지 아니한 것이 중대한 과실이 되어 어음을 선의취득할 수 없다.
6. 약속어음의 발행일은 어음요건의 하나이므로 그 기재가 없는 상태에서는 어음상의 권리가 적법하게 성립할 수 없고 따라서 이러한 미완성어음으로 지급을 위한 제시를 하였다 하여도 적법한 지급제시가 될 수 없으며, 사실심 변론종결일까지도 그 백지부분이 보충되지 아니한 경우에는 그 어음소지인은 발행인에 대하여 이행기에 도달된 약속어음금채권을 가지고 있다고 볼 수 없다.
7. 대법원판결에 나타난 약속어음금사건의 사실기재례를 예로 들어 보면 다음과 같다.
   「소외 한미건산주식회사가 2018. 1. 20. 소외 홍호조에게 액면 금 20,000,000원, 만기 2018. 4. 20. 발행지 및 지급지 서울특별시, 지급장소 한국주택은행 갈월동 지점으로 된 약속어음 1통을 발행하고, 위 홍호조는 소외 전도일에게, 위 전도일은 소외 이장숙에게, 위 이장숙은 피고에게, 피고는 다시 원고에게 각 지급 거절증서의 작성을 면제하여 위 어음을 순차 배서양도하였다.」
   「피고는 피고보조참가인에게 액면 금 15,000,000원인 이 사건 약속어음 1장을 발행한 사실이 있고, 이 사건 어음은 피고보조참가인으로부터 원고, 소외 송재만, 임우역, 신영상호신용금고에게 순차 배서된 것으로 되어 있고, 지급기일에 지급 거절되었으므로, 원고는 배서인으로서 위 신영상호신용금고에게 어음금을 지급하고 위 어음을 환수하여 소지하고 있다.」
8. 대법원 1995. 2. 10. 선고 94다 55217 판결은 경리부 어음 담당직원에게 사고어음인지 여부를 전화 확인하여 어음 이면에 그 확인해 준 직원의 이름과 확인일시를 기재한 경우 어음취득에 중대한 과실이 있다고 할 수 없어 어음의 선의취득을 인정할 수 있다고 한다.

9. 대법원 1998. 4. 23. 선고 95다36466 전원합의체판결은 국내어음이란 국내에서 발행되고 지급되는 어음을 말하는 것이므로 국내어음인지 여부는 어음면상의 발행지와 지급지가 국내인지 여부에 따라 결정될 것이지만, 어음면상에 발행지의 기재가 없다고 하더라도 그 어음면에 기재된 지급지와 지급장소, 발행인과 수취인, 지급할 어음금액을 표시하는 화폐, 어음문구를 표기한 문자. 어음교환소의 명칭 등에 의하여 그 어음이 국내에서 어음상의 효과를 발생시키기 위하여 발행된 것으로 여겨지는 경우에는 발행지를 백지로 발행한 것인지 여부에 불구하고 국내어음으로 추단할 수 있다. 어음에 있어서 발행지의 기재는 발행지와 지급지가 국토를 달리하거나 세력(歲曆)을 달리하는 어음 기타 국제어음에 있어서는 어음행위의 중요한 해석 기준이 되는 것이지만 국내에서 발행되고 지급되는 이른바 국내어음에 있어서는 별다른 의미를 가지지 못하고, 또한 일반의 어음거래에 있어서 발행지가 기재되지 아니한 국내어음도 어음요건을 갖춘 완전한 어음과 마찬가지로 당사자 간에 발행. 양도 등의 유통이 널리 이루어지고 있으며, 어음교환소와 은행 등을 통한 결제과정에서도 발행지의 기재가 없다는 이유로 지급거절됨이 없이 발행지가 기재된 어음과 마찬가지로 취급되고 있음은 관행에 이른 정도인 점에 비추어 볼 때, 발행지의 기재가 없는 어음의 유통에 관여한 당사자들은 완전한 어음에 의한 것과 같은 유효한 어음행위를 하려고 하였던 것으로 봄이 상당하므로, 어음면의 기재 자체로 보아 국내어음으로 인정되는 경우에 있어서는 그 어음면상 발행지의 기재가 없는 경우라고 할지라도 이를 무효의 어음으로 볼 수는 없다고 한다.

10. 항변 등에 관한 판단
   가. 원 · 피고 어음 거래의 직접 당사자인 경우
      통상적인 금전 채권 · 채권무관계와 같이 모든 항변으로 대항할 수 있음.
   나. 원 · 피고가 어음 거래의 직접 당사자가 아닌 경우
      (1) 물적 항변 : 수취인은 물론 그 뒤의 소지인에 대하여도 무보건 대항할 수 있는 항변[만시 미도래, 시효의 완성, 무담보배서, 제권판결, 어음금액의 공탁에 의한 어음채무의 소멸, 의사 무능력, 강행법규(효력규정)를 위반한 어음의 발행 등]
      (2) 인적 항변 : 수취인과의 인적관계에 기한 항변[원인관계의 부존재 · 무효 · 취소 · 또는 해제의 항변, 어음행위에 관한 의사표시의 하자(사기 · 강박)의 항변, 어음에 나타나지 아니한 특약(담보용 또는 견질용으로만 사용한다는 특약) 또는 권리의 소멸에 기한 항변 등]
         – 소지인(원고)이 해의(害意)일 때에는 대항할 수 있음(해의 항변), 해의가 있어야만 항변이 가능하므로 그에 관한 주장과 입증방법도 함께 제시되도록 유도
         – 전자가 선의인 때에는 전자의 전자에 대한 항변은 이미 절단되므로 소지인이 비록 전자의 전자에 대한 항변에 관하여 악의이더라도 항변이 절단된 권리를 승계함.
      (3) 기타 항변
         – 교부행위 흠결의 항변
            • 교부 흠결 항변 : 어음요건을 갖춘 어음을 작성하였으나, 도난 · 분실 등의 의사에 반해 유통된 경우

- 어음을 유통시킬 의사로 어음상에 발행인으로 기명·날인하여 외관을 갖춘 어음을 작성한 자는 소지인이 악의 또는 중과실에 의하여 어음을 취득하였음을 주장·입증하여야 함(악의·중과실 항변)

– 백지보충권 남용의 항변
- 백지어음 부당보충 항변 : 아예 보충권이 수여되지 않은 경우, 수여된 보충권의 범위를 넘은 경우 등
- 원고가 악의 또는 중과실로 인하여 어음을 취득한 경우에만 항변으로 대항할 수 있음(악의·중과실 항변) : 도난신고서, 분실신고서, 기록송부촉탁신청

– 융통어음의 항변
- 융통어음 : 원인관계 없이 단지 수취인으로 하여금 그 어음을 가지고 제3자로부터 금융을 얻게 할 목적으로 수수되는 어음
- 피융통자에 대하여는 어음상의 책임을 부담하지 아니하나, (융통어음발행 취지상) 어음을 양수한 제3자에 대하여는 선악을 불문하고 대항할 수 없음(다만 교환으로 교부된 담보어음이 지급거절된 경우와 융통어음 재도사용의 제3자의 악의 증명하여 대항 가능함).
- 후자의 항변, 이중무권 항변 : (소지인의 권리행사가) 권리남용에 해당하는 지 여부와 관련하여 검토됨.

[사례 121] 약속어음금청구 소장(발행인에 대한 피배서인의 청구, 표현책임)

소 장

원 고 임 권 리 (OOOOOO-OOOOOOO) (전화 :)
서울 마포구 가양대로 143(상암동) (우 :)

피 고 신천지 주식회사 (OOIOOOO-OOOOOOO)
서울 서초구 강남대로 27(양재동) (우 :)
대표이사 고 의 무

약속어음금 청구의 소

청 구 취 지

1. 피고는 원고에게 10,000,000원과 이에 대하여 2017. 10. 7.부터 이 사건 소장부본 송달일까지는 연 6%, 그 다음날부터 다 갚는 날까지는 연 15%의 각 비율로 계산한

돈을 지급하라.
2. 소송비용은 피고의 부담으로 한다.
3. 위 제1항은 가집행할 수 있다.
라는 판결을 구합니다.

청 구 원 인

1. 피고의 상무이사인 소외 남인권은 2017. 9. 10. 서울특별시에서 만기일 2017. 10. 6. 지급지 서울특별시로 된 액면 금 10,000,000원의 약속어음 1매를 자신의 기명날인을 하고 수취인을 백지로 하여 소외 오민주에게 발행하였습니다.

2. 소외 오민주는 2017. 9. 20. 약속어음의 수취인란에 자기의 이름을 보충한 후 원고에게 배서하였고 원고는 이를 소지하고 있습니다.

3. 이에 선의의 원고는 피고로부터 회사를 대표할 권한이 있는 것으로 인정될 만한 명칭을 사용한 이사의 약속어음 발행행위를 원인으로 하여 10,000,000원과 이에 대하여 2017. 10. 7.부터 이 사건 소장부본 송달일까지는 연 6%, 그 다음날부터 다 갚는 날까지는 소송촉진등에관한특례법에서 정한 연 15%의 각 비율로 계산한 지연손해금을 지급받고자 본 소 청구에 이르렀습니다.

입 증 방 법

1. 갑 제1호증의 1, 2　　약속어음 표면 및 이면
그 밖의 입증서류는 변론시 수시 제출하겠습니다.

첨 부 서 류

1. 위 입증서류　　각 1통
1. 주민등록초본　　1통
1. 법인등기사항증명서　　1통
1. 소장 부본　　1통
1. 납부서　　1통

20OO. O. .

위 원고 임 권 리 (인)

OO지방법원 귀중

[해 설]

1. 상법 제395조는 회사를 대표할 권한이 있는 것으로 인정될 만한 명칭을 사용한 이사의 행위에 대하여 회사는 선의의 제3자에 대하여 책임을 져야 한다고 규정하고 있다.
2. 이 사건에서 피고는 피고의 상무이사 남인권이 수취인 오민주의 신용보증만을 위하여 발행한 것에 불과하다고 주장하였지만 인적 항변이라는 이유로 배척되었다.

[사례 122] 약속어음금청구 소장(발행인 및 배서인에 대한 피배서인의 청구)

소 장

원 고 박 봉 서 (OOOOOO-OOOOOOO) (전화 :)
서울 마포구 가양대로 143(상암동) (우 :)

피 고 1. 윤 홍 룡 (OOOOOO-OOOOOOO)
서울 강남구 강남대로 238(도곡동) (우 :)
2. 윤 용 희 (OOOOOO-OOOOOOO)
서울 송파구 가락로 38(석촌동) (우 :)

약속어음금 청구의 소

청 구 취 지

1. 피고들은 합동하여 원고에게 5,000,000원과 이에 대하여 2017. 8. 10.부터 다 갚는 날까지 연 6%의 비율로 계산한 돈을 지급하라.
2. 소송비용은 피고들의 부담으로 한다.
3. 위 제1항은 가집행할 수 있다.

라는 판결을 구합니다.

청 구 원 인

1. 피고 윤용희는 2017. 7. 31 서울특별시 강남구 강남대로 238(도곡동)에서 만기 2017. 8. 10. 지급지 서울특별시 강남구 강남대로 238(도곡동)으로 된 액면 금 5,000,000원의 약속어음 1매를 자신의 기명날인을 하고 수취인을 피고 윤홍룡으로 하여 발행하였습니다.

2. 피고 윤홍룡은 2017. 8. 11. 원고에게 위 어음을 배서하였고 원고는 이를 소지하고 있습니다.

3. 원고는 2017. 8. 12. 피고 윤용희에게 위 어음을 지급제시하여 거절되었습니다. 피고 윤용희는 위 어음을 발행할 때 지급거절증서 작성을 면제하였습니다.

4. 이에 원고는 피고들로부터 합동하여 약속어음 발행 및 배서를 원인으로 하여 약속어음금과 이에 대하여 만기일다음날부터 다 갚는 날까지 어음법 소정의 연 6%의 비율로 계산한 돈을 지급받고자 본 소 청구에 이르렀습니다.

입 증 방 법

1. 갑 제1호증의 1, 2 약속어음 표면 및 이면

그 밖의 입증서류는 변론시 수시 제출하겠습니다.

첨 부 서 류

1. 위 입증서류 각 1통
1. 주민등록초본 3통
1. 소장 부본 2통
1. 납부서 1통

20OO. O. .

위 원고 박 봉 서 (인)

OO지방법원 귀중

[해 설]

1. 기한 후 배서(지급거절증서 작성 후의 배서 또는 지급거절증서 작성기간 경과 후의 배서를 말함. 이 사건에서 지급거절증서 작성기간은 2017. 8. 12.까지임. 지급거절증서 작성이 면제되었다고 하여 지급제시의무까지 면제되는 것은 아님)의 효력은 지명채권양도의 효력만이 있다. 즉 담보적 효력(어음법 제15조)도 항변의 절단도 없고 이전적 효력과 자격수여력만이 있다. 그러므로 어음채무자는 피배서인의 선의, 악의를 불문하고 배서인에게 대항할 수 있는 모든 항변으로 피배서인에게 대항할 수 있다. 기한 후 배서된 어음은 선의취득도 인정되지 아니한다. 이 사건은 만기 후의 배서이지만(어음법 제20조 제1항) 기한 후 배서는 아니다. 이 사건에서 피고 윤홍룡이 2017. 8. 12.이 지난 후에 원고에게 배서하였다면 기한 후 배서

가 되고 원고의 피고 윤홍룡에 대한 청구는 기각된다. 기한 후 배서에는 담보적 효력(=소구의무)이 없기 때문이다.

2. 어음소지인이 어음위조에 대하여 위조자의 사용자에 대한 불법행위책임을 물어 손해배상을 청구하는 경우에는 어음소구권행사의 요건이 구비되어 있어야 하는 것은 아니다.
3. 전소인 약속어음금 청구소송의 확정판결에 기한 채권의 시효중단을 위하여 제기한 후 소에서 원고의 어음 소지여부를 다시 심리할 수 없다고 한다.

[사례 123] 약속어음금청구 소장(배서인에 대한)

소　　　장

원 고　　최 봉 구 (OOOOOO-OOOOOOO)　　(전화 :　　　)
　　　　서울 서초구 강남대로 27(양재동)　　(우 :　　　)

피 고　　한 석 훈 (OOOOOO-OOOOOOO)
　　　　서울 관악구 관악로 106(봉천동)　　(우 :　　　)

약속어음금 청구의 소

청 구 취 지

1. 피고는 원고에게 8,000,000원과 이에 대하여 2017. 7. 2.부터 다 갚는 날까지 연 6%의 비율로 계산한 돈을 지급하라.
2. 소송비용은 피고의 부담으로 한다.
3. 위 제1항은 가집행할 수 있다.

라는 판결을 구합니다.

청 구 원 인

1. 소외 박정구는 2017. 6. 1. 서울특별시에서 만기일 2017. 7. 1. 지급지 서울특별시 동작구 신대방길 86(신대방동)으로 된 액면 금 8,000,000원의 약속어음 1매를 자신의 기명날인을 하고 수취인을 피고로 하여 발행하였습니다.

2. 그 후 피고는 2017. 6. 20. 원고에게 위 어음을 배서하였고 원고는 이를 소지하고 있습니다.

3. 원고는 2017. 7. 1. 발행인에게 위 어음을 지급제시하였으나 거절되었습니다. 한편 피고는 위 어음을 배서할 때 지급거절증서 작성을 면제하였습니다.

4. 이에 원고는 피고로부터 약속어음 배서를 원인으로 하여 약속어음금과 이에 대하여 위 어음의 만기일다음날부터 다 갚는 날까지 어음법 소정의 연 6%의 비율로 계산한 돈을 지급받고자 본 소 청구에 이르렀습니다.

입 증 방 법

1. 갑 제1호증의 1, 2 　　약속어음 표면 및 이면

그 밖의 입증서류는 변론시 수시 제출하겠습니다.

첨 부 서 류

1. 위 입증서류 　　각 1통
1. 주민등록초본 　　2통
1. 소장 부본 　　1통
1. 납부서 　　1통

20OO. O. .

위 원고 최 봉 구(인)

OO지방법원 귀중

[해 설]

이 사건은 지급거절로 인한 소구를 하는 것이다(어음법 제77조 제1항 4호). 따라서 소구권 행사의 요건이 되는 사실들을 빠짐없이 기재하여야 한다. 이 사건은 만기 후의 소구의 경우이므로 지급거절사실과 적법한 지급제시사실 및 지급거절증서 작성사실을 그 요건사실로 기재하면 될 것이다. 그런데 배서인이 지급거절증서 작성을 면제하여 주었으므로 그 면제하여 준 사실을 적시하고 그 대신 지급거절 증서 작성사실은 기재하지 아니하고 있다.

적법한 지급제시가 되려면 어음요건을 모두 갖춘 완성된 어음을 가지고 지급제시기간 내에 지급을 하여 달라고 발행인에게 제시하여야 한다. 이 이상의 사실을 청구원인으로 기재하는 것은 상관이 없으나 필요한 것은 아니다.

[사례 124] 수표금청구 소장(발행인에 대한 소구, 선일자 수표, 배서의 연속)

소 장

원 고 장 순 희 (OOOOOO-OOOOOOO) (전화 :)
서울 마포구 가양대로 143(상암동) (우 :)

피 고 김 인 권 (OOOOOO-OOOOOOO)
서울 성동구 가람길 113(송정동) (우 :)

수표금 청구의 소

청 구 취 지

1. 피고는 원고에게 30,000,000원과 이에 대하여 2017. 10. 12.부터 이 사건 소장부본 송달일까지는 연 6%, 그 다음날부터 다 갚는 날까지는 연 15%의 각 비율로 계산한 돈을 지급하라.
2. 소송비용은 피고의 부담으로 한다.
3. 위 제1항은 가집행할 수 있다.

라는 판결을 구합니다.

청 구 원 인

1. 피고는 2017. 10. 5. 서울특별시에서 지급지 서울특별시, 지급인 주식회사 국민은행으로 된 액면 금 30,000,000원의 수표 1매를 자신의 기명날인을 하고 원고에 대하여 발행한 사실이 있고 원고는 이를 소지하고 있습니다.

2. 한편 원고는 2017. 10. 11. 주식회사 국민은행에 수표를 제시하여 지급을 받지 못하였고 주식회사 국민은행은 제시일을 수표에 기재하고 일자를 부기하여 지급거절의 선언을 하였습니다.

3. 이에 원고는 피고로부터 수표소구권에 기하여 액면 금 30,000,000원과 이에 대하여 지급제시일 다음날부터 이 사건 소장부본 송달일까지의 수표법이 정하는 연 6%, 그 다음날부터 다 갚는 날까지는 소송촉진등에관한특례법에서 정한 연 15%의 비율로 계산한 지연손해금을 지급받고자 본 소 청구에 이르렀습니다.

입 증 방 법

1. 갑 제1호증의 1, 2   가계수표 표면 및 이면
   그 밖의 입증서류는 변론시 수시 제출하겠습니다.

첨 부 서 류

1. 위 입증서류   각 1통
1. 주민등록초본   2통
1. 소장 부본   1통
1. 납부서   1통

2000. O. O.

위 원고 장 순 희 (인)

OO지방법원 귀중

[해 설]

1. 선일자 수표의 경우도 이와 동일하며 다만 실제 발행일자를 기재하지 아니하고 수표상에 기재된 발행일자로 기재하면 된다. 그 이유는 수표는 고도의 유통성을 목적으로 하므로 수표상의 기재만에 의하여 심사할 수 있도록 하여야 한다는 이념이 지배하기 때문이다. 마찬가지로 배서의 연속 여부도 실제의 양도의 연속성 여부를 심사하는 것이 아니라 형식적으로 수표상의 기재만으로 그 연속성 여부를 심사한다.
2. 이와 같이 피고의 소구의무를 청구원인으로 하는 경우에는 그 수표의 종류가 가계수표냐 당좌수표냐 자기앞수표냐에 따라 그 소장의 청구원인의 기재요령이 달라지지 아니한다.

[사례 125] 수표금청구 소장

소 장

원 고 장 순 희 (OOOOOO-OOOOOOO) (전화 :)
서울 강남구 강남대로 297(역삼동) (우 :)

피 고 김 인 권 (OOOOOO-OOOOOOO)

서울 관악구 관악로 106(봉천동) (우 :)

수표금 청구의 소

청 구 취 지

1. 피고는 원고에게 30,000,000원과 이에 대하여 2018. 3. 16.부터 이 사건 소장부본 송달일까지는 연 6%, 그 다음날부터 다 갚는 날까지는 연 15%의 각 비율로 계산한 돈을 지급하라.
2. 소송비용은 피고의 부담으로 한다.
3. 위 제1항은 가집행할 수 있다.

라는 판결을 구합니다.

청 구 원 인

1. 피고는 2018. 2. 10. 원고에게 다음과 같은 당좌수표 1매를 발행하였습니다.

다 음

가. 액 면 금 : 30,000,000원
나. 지급기일 : 2018. 3. 10.
다. 발행지 및 지급지 : 서울특별시
라. 지급일 및 지급장소 : 신한은행 동대문지점

2. 그리하여 원고는 2018. 3. 15. 위 수표의 소지인으로서 그 지급을 받기 위하여 위 지급인에게 위 수표를 제시하였으나 무거래로 지급이 거절되었고 위 지급인은 위 수표에 그 날짜로 위 제시 및 지급거절의 뜻을 기재하였습니다.

3. 그러므로 원고는 위 수표의 소지인으로서 그 발행인인 피고로부터 위 액면금 30,000,000원과 이에 대하여 그 지급제시일 다음날인 2018. 3. 16.부터 이 사건 소장부본 송달일까지는 연 6%, 그 다음날부터 다 갚는 날까지는 소송촉진등에관한 특례법에서 정한 연 15%의 비율로 계산한 지연손해금을 지급받기 위하여 본 소 청구에 이르렀습니다.

입 증 방 법

1. 갑 제1호증의 1, 2 당좌수표 표면 및 이면

그 밖의 입증서류는 변론시 수시 제출하겠습니다.

첨 부 서 류

1. 위 입증서류 각 1통
1. 주민등록초본 2통
1. 소장 부본 1통
1. 납부서 1통

2000. O. O.

위 원고 장 순 희 (인)

O O 지 방 법 원 귀 중

[해 설]

1. 금전대차관계에 있어서 채무자가 발행한 수표는 특단의 사정이 없는 한 그 채무의 지불담보로서 또는 그 지불을 위하여 발행된 것이라 해석하여야 할 것이며 여사한 의미로서 발행된 수표에 있어서는 그 소비대차당사자인 채권자는 수표상의 권리와 소비대차에 의한 권리를 가지게 되고 그 채무자는 서상양권리중 어느 것을 먼저 행사하느냐 함은 그 권리자의 선택권에 속한다 할 것이므로 수표상의 권리를 먼저 행사하지 아니하였다 하여 이를 위법이라고 할 수 없다(대법원 1961. 11. 2. 선고 4293민상 278).
2. 타인간의 금전소비대차의 편의를 도모하기 위하여 수표를 발행하여 채권자에게 교부한 경우에는 특별한 사정이 없는 한 수표상의 책임은 물론 소비대차상에 있어서도 채무자를 위하여 보증채무를 부담할 의사표시를 한 것으로 볼 것이다(대법원 1965. 9. 28. 선고 65다1268 판결).

[사례 126] 이득상환금청구 소장

소 장

원 고 김 정 의 (OOOOOO-OOOOOOO) (전화 :)
서울 동작구 신대방길 86(신대방동) (우 :)

피 고 주식회사 민주은행 (OOOOOO-OOOOOOO)
서울 성동구 가람길 113(송정동) (우 :)

대표이사 조 복 지

이득상환금 청구의 소

청 구 취 지

1. 피고는 원고에게 10,000,000원과 이에 대하여 이 사건 소장부본 송달다음날부터 다 갚는 날까지 연 15%의 비율로 계산한 돈을 지급하라.
2. 소송비용은 피고의 부담으로 한다.
3. 위 제1항은 가집행할 수 있다.

라는 판결을 구합니다.

청 구 원 인

1. 원고는 2018. 6. 18. 성명미상자로부터 상품판매대금 2,000,000원에 갈음하여, 피고가 2018. 6. 18. 지급지 서울특별시, 지급인 피고은행, 액면 금 10,000,000원으로 하고 기명날인을 하여 발행한 소지인출급식 자기앞수표 1매를 양도받아 거스름돈 8,000,000원을 지급하고 현재까지 수표를 소지하고 있습니다.

2. 그런데 원고는 수표를 적법한 기간 내에 피고에게 제시하지 못하여 소구권을 상실하였을 뿐만 아니라 사법상의 모든 권리까지 상실하였고 피고는 수표 액면 상당의 이익을 얻었습니다.

3. 이에 원고는 피고로부터 수표법 제63조에 따라 이득금 10,000000원과 이에 대하여 이 사건 소장부본 송달다음날부터 다 갚는 날까지 소송촉진등에관한특례법에서 정한 연 15%의 비율로 계산한 지연손해금을 지급받고자 본 소 청구에 이르렀습니다.

입 증 방 법

1. 갑 제1호증의 1, 2 자기앞수표 표면 및 이면

그 밖의 입증서류는 변론시 수시 제출하겠습니다.

첨 부 서 류

1. 위 입증서류 각 1통
1. 주민등록초본 1통
1. 법인등기사항증명서 1통
1. 소장 부본 1통

1. 납부서　　　　　　　　1통

2000. 0. .

위 원고 김 정 의 (인)

ㅇㅇ지방법원 귀중

[해 설]

판례법상 이득상환청구권이 인정된 예의 대부분은 수표 특히, 자기앞수표상의 권리가 보전절차의 흠결로 소멸한 경우이다. 자기앞수표는 보통 원인채무의 지급에 갈음하여 교부되므로 지급제시기간(발행일자로부터 10일, 수표법 29조 1항)을 도과하는 경우에는 수표상의 권리가 소멸되는 것은 물론 원인채권도 행사할 수 없게 되어 이득상환청구권이 발생한다. 그러나 수표가 원인채무의 이행을 위하여 교부되는 경우에는 절차의 흠결로 수표상의 권리가 소멸하여도 원인채권이 남아 있으므로 이득상환청구권은 발생하지 않는다.

[사례 127] 양수금청구 소장(이득상환청구권의 양수)

소　　장

원 고　장 시 복 (000000-0000000)　　(전화 :　　)
서울 송파구 가락로 14(석촌동)　　(우 :　　)

피 고　주식회사 한국은행 (000000-0000000)
서울 성동구 가람길 113(송정동)　　(우 :　　)
대표이사 홍 길 동

양수금 청구의 소

청 구 취 지

1. 피고는 원고에게 10,000,000원과 이에 대하여 2018. 4. 2.부터 이 사건 소장부본 송달일까지는 연 5%, 그 다음날부터 다 갚는 날까지는 연 15%의 각 비율로 계산한 돈을 지급하라.

2. 소송비용은 피고의 부담으로 한다.
3. 위 제1항은 가집행할 수 있다.
라는 판결을 구합니다.

청 구 원 인

1. 소외 정대권은 2018. 3. 28. 성명 미상자로부터 상품판매대금 2,000,000원에 갈음하여, 피고가 2018. 3. 18. 서울특별시에서 지급지 서울특별시, 지급인 피고은행, 액면 금 10,000,000원으로 하고 기명날인을 하여 발행한 소지인 출급식 자기앞수표 1매를 양도받은 사실이 있습니다.

2. 그런데 소외 정대권은 수표를 적법한 제시기간 내에 피고에게 제시하지 못하여 (소외 정대권은 피고은행에 2018. 4. 1. 지급제시하여 이행을 청구하였음) 소구권을 상실하였을 뿐만 아니라 상품판매대금의 지급에 갈음하여 위 자기앞수표를 양도받음으로써 사법상의 모든 권리까지 상실하였고 이로 인하여 피고는 위 수표 액면 상당의 이익을 얻었으므로 소외 정대권은 수표이득상환청구권을 취득하였다고 할 것입니다.

3. 한편 소외 정대권은 2018. 4. 1. 원고에게 위 수표 및 위 수표상의 이득상환청구권과 피고에 대한 양도사실통지권 등 일체를 양도하였습니다. 이에 원고는 소외 정대권으로 부터 양도받은 이득상환청구권 양도사실통지권에 기하여 피고에게 위 이득상환청구권의 양도사실을 이 소장의 송달로써 통지하는 바입니다.

4. 그리하여 원고는 피고로부터 채권양도계약을 원인으로 하여 양수금 내지 이득상환금 10,000,000원과 이에 대한 소외 정대권의 피고은행에 대한 지급제시일로서 이행청구일인 2018. 4. 1. 다음날부터 이 사건 소장부본 송달일까지는 연 5%, 그 다음날부터 다 갚는 날까지는 소송촉진등에관한특례법에서 정한 연 15%의 각 비율로 계산한 돈을 지급받고자 본 소 청구에 이르렀습니다.

입 증 방 법

1. 갑 제1호증의 1, 2　　자기앞수표 표면 및 이면
그 밖의 입증서류는 변론시 수시 제출하겠습니다.

첨 부 서 류

1. 위 입증서류　　각 1통

1. 주민등록초본	1통
1. 법인등기사항증명서	1통
1. 소장 부본	1통
1. 납부서	1통

2000. 0. .

위 원고 장 시 복 (인)

ㅇㅇ지방법원 귀중

[해 설]

1. 양수금 소장의 심사
   가. (지명채권양도를 원인으로 양수금청구) 청구원인 : 원래 채권의 발생에 관한 증서(차용금증서 등), 채권양도양수계약서, 채권양도통지서 또는 승낙서
   나. 주의사항
      (1) 양도통지 : 채권양도통지는 원칙적으로 양도인이 하여야 하나, 양수인도 양도인의 사자나 대리인의 자격으로 양도사실을 통지할 수 있음. 채권양도통지는 주채무자에게만 하면 족함.
         – 통지권자 : 채권양도통지는 원칙적으로 양도인이 하여야 하나 채권양수인도 양도인의 사자나 대리인의 자력으로 양도사실을 통지할 수 있음. 또한 자산유동화에 관한 법률 제7조(채권양도의 대항요건에 관한 특례)에 의하면 자산유동화계획에 따른 채권의 양도는 양도인 또는 양수인의 채무자에게 통지할 수 있음),
         – 원고(양수인)가 통지한 것으로 되어 있는 경우 : 양도인의 사자(그 권한을 수여 받아야 함)이거나 대리인(대리사실로 현명해야 함이 원칙)의 자격이 있다는 점을 입증하여야 함 → 누락된 경우 보정권고
         – 통지대상 : 주채무자에게만 통지하면 족하고, 보증인에 대한 통지는 보증인에 대한 청구의 요건사실이 아님. 반면 보증인에게 통지하더라도 채무자에게 효력 없음.
      (2) 계약해제권 : 3면 계약이나 채무자의 동의에 의하여 성립되는 계약상 지위양도와는 달리, 양도된 채권의 발생원인이 되는 계약관계를 해제하는 등의 계약상 권리는 원고(양수인)에게 양도되지 아니함(원고가 대위하여 해제권 행사하는 것은 가능하나 양수금 청구의 요건사실과는 무관함).
2. 항변 등에 관한 판단
   가. 양도금지특약 항변(민법 449조 내지 452조) : 양도통지를 요건사실로 한 청구에 한하여, 피고는 대상채권이 성질상 양도를 허용하지 아니하는 것이라는 사정, 또는 갑과 사에게

양도금지의 특약을 하였는데 양수인이 악의 또는 중대한 과실 있는 선의였다는 항변을 할 수 있음 : 양도금지특약서

나. 양도 항변 : 제3자로부터 채권양도통지(확정일자 있는 증서에 의한 것), 압류추심명령 또는 압류전부명령을 받았다는 항변(양도통지서, 전부명령, 추심명령, 배달증명서)

(1) 원고의 양도통지가 확정일자 있는 증서에 의하지 아니한 경우 : 피고는 언제든지 항변 가능

(2) 원고의 양도통지가 확정일자 있는 증서에 의한 경우 : 제3자의 채권양도통지 등이 원고의 확정일자 보다 이전에 이루어졌음을 주장 · 입증하여야 함.

(3) 원고의 확정일자 있는 양도통지와 제3자의 양도통지 등이 동시에 도달된 경우 : 위 사유만으로는 항변사유가 될 수 없고, 채무불이행에서 벗어나기 위하여 피고는 혼합공탁 등을 하여야 함.

[사례 128] 사해행위취소청구 소장

소 장

원 고 김 미 인 (OOOOOO-OOOOOOO) (전화 :)
서울 강남구 강남대로 238(도곡동) (우 :)

피 고 1. 나 진 리 (OOOOOO-OOOOOOO)
서울 송파구 가락로 13(석촌동) (우 :)
2. 최 선 인 (OOOOOO-OOOOOOO)
서울 성동구 가람길 113(송정동) (우 :)

사해행위취소 청구의 소

청 구 취 지

1. 피고 나진리와 피고 최선인 사이에 서울 동작구 신대방동 35 대 660㎡에 관하여 2017. 12. 10. 체결한 매매계약을 취소한다.
2. 피고 나진리는 원고에 대하여 전항 기재 부동산에 관하여 서울중앙지방법원 등기국 2018. 3. 15. 접수 제2330호로 마친 소유권이전등기의 말소등기절차를 이행하라.
3. 피고 최선인은 원고에게 80,000,000원과 이에 대하여 2017. 10. 6.부터 다 갚는 날까지 연 15%의 비율로 계산한 돈을 지급하라.
4. 소송비용은 피고들의 부담으로 한다.

5. 위 제3항은 가집행할 수 있다.
라는 판결을 구합니다.

청 구 원 인

1. 원고는 2017. 10. 5. 피고 최선인에게 80,000,000원을 변제기 2017. 12. 31. 이자 월 3%로 정하여 대여한 사실이 있습니다.

2. 한편 피고 최선인은 청구취지에 적은 부동산(이하 "위 부동산"이라 한다) 외에 아무 재산도 없어 채무초과의 상태이면서 2017. 12. 10. 피고 나진리에게 시가 금 70,000,000원 상당의 위 부동산을 대금 40,000,000원에 매도하고 소유권이전등기를 경료하여 주었습니다.

3. 피고 최선인의 위 매매는 채권자인 원고를 해함을 알고 한 법률행위로서 사해행위에 해당한다고 할 것입니다.

4. 이에 원고는 피고 나진리에 대하여 사해행위인 피고 최선인과 사이의 위 부동산에 관한 매매계약의 취소를 청구하고, 사해행위 결과의 원상회복으로 위 부동산에 관한 피고 나진리 명의의 소유권이전등기의 말소등기절차의 이행을 청구하며, 또한 피고 최선인으로부터 소비대차를 원인으로 하여 대여금 및 이에 대한 대여일 다음날부터 변제기까지의 이자제한법의 제한범위 내의 이자 및 변제기 다음날부터 다 갚는 날까지 소송촉진등에관한특례법에서 정한 연 15%의 비율로 계산한 지연손해금을 지급받고자 본 소 청구에 이르렀습니다.

입 증 방 법

1. 갑 제1호증 차용증서
1. 갑 제2호증 부동산등기사항증명서

그 밖의 입증서류는 변론시 수시 제출하겠습니다.

첨 부 서 류

1. 위 입증서류 각 1통
1. 주민등록초본 3통
1. 토지가격확인원 1통
1. 소장 부본 2통
1. 납부서 1통

2000. O. .

위 원고 김 미 인 (인)

O O 지 방 법 원 귀 중

[해 설]

1. 채권자 취소권에 대한 이해(요건, 행사, 효과 및 소멸)

가. 요 건

(1) 피보전채권(객관적 요건)

(가) 피보전채권의 존재

① 원칙적으로 사해행위가 행하여지기 전에 발생한 것임을 요한다.

② 예외적으로 아래의 세가지 요건을 갖춘 경우 사해행위 당시 발생하지 않는 채권도 가능하다.

㉠ 사해행위 당시에 이미 채권성립의 기초가 되는 법률관계가 발생되어 있고(기초적 법률관계의 존재)

㉡ 가까운 장래에 그 법률관계에 기하여 채권이 성립하리라는 점에 대한 고도의 개연성이 있으며(고도의 개연성)

㉢ 실제로 가까운 장래에 그 개연성이 현실화되어 성립된 경우(개연성의 현실화 - 채권이 성립)

(나) 특정채권

① 특정채권(예컨대, 소유권이전등기청구권 등) 그 자체의 보전을 위하여서는 채권자 취소권이 허용되지 않는다.

② 특정채권이 금전채권으로 변화될 수 있는 경우라도 채무자가 사해행위를 할 당시에 이미 손해배상채권으로 변화되어 있지 않는 한 채권자취소권을 행사할 수 없다고 보아야 하므로, 2중 매매의 제1매수인은 2중 매매에 의한 소유권이전등기가 경료됨으로써 비로소 이행불능에 의한 손해배상채권을 취득하게 될 뿐 2중 매매 당시에는 채무자의 변제자력과 관계없는 특정채권자에 불과하여 채권자취소권을 행사할 수 없다고 봄이 상당하다.

(다) 피보전채권이 인정되지 아니하는 경우의 소송상 처리

① 소각하설과 청구기각설이 대립하나, 청구기각한 원심판결을 유지한 대법원 판결들이 있고, 청구기각설이 타당하다.

② 특정채권을 피보전권리로 삼은 경우도 마찬가지로 청구기각함이 타당하다.

(2) 사해행위(객관적 요건)

(가) 채무자의 법률행위

① 채무자와 수익자 사이의 법률행위를 취소의 대상으로 삼아야 한다. 따라서 피고가 전득자일 경우에도 취소의 대상은 채무자와 수익자 사이의 법률행위이고, 만약 그와 달리 수익자와 전득자 사이의 법률행위를 취소의 대상으로 하였다면 소의 이익이 없어 각하 된다.

② 법률행위가 처음부터 존재하지 아니하거나 무효인 경우에는 취소의 대상이 될 수 없으나, 통정허위표시는 채권자취소권 행사의 대상이 된다.

(나) 채권자를 해하는 법률행위

① 채권자취소권을 행사하는 채권자가 물상담보권을 가지는 경우(채무자 또는 제3자의 소유 재산에 설정 - 담보제공자가 누구인지에 관하여 구분 없음)

② 연대보증인의 법률행위가 사해행위에 해당하는지 여부를 판단함에 있어서 주채무에 관하여 주채무자 또는 제3자 소유의 부동산에 대하여 채권자 앞으로 근저당권이 설정되어 있는 등으로 채권자에게 우선변제권이 확보되어 있는 경우가 아닌 이상, 주채무자의 일반적인 자력은 고려할 요소가 아니다.

③ 채권자가 채무의 변제를 구하는 것은 그의 당연한 권리행사로서 다른 채권자가 존재한다는 이유로 이것이 방해받아서는 아니 되고, 채무자도 채무의 본지에 따라 채무를 이행할 의무를 부담하고 있어 다른 채권자가 있다는 이유로 그 채무이행을 거절하지는 못하므로, 채무자가 채무초과의 상태에서 특정채권자에게 채무의 본지에 따른 변제를 함으로써 다른 채권자의 공동담보가 감소하는 결과가 되는 경우에도 그 변제는 채무자가 특히 일부의 채권자와 통모하여 다른 채권자를 해할 의사를 가지고 변제를 한 경우가 아닌 한 원칙적으로 사해행위가 되는 것은 아니다.

④ 압류금지재산은 공동담보가 될 수 없으므로, 이를 적극재산에 포함시켜서는 아니 된다.

⑤ 채무자의 소극재산은 실질적으로 변제의무를 지는 채무를 기준으로 하여야 할 것이므로 처분행위 당시에 가집행선고 있는 판결상의 채무가 존재하고 있었다고 하더라도 그것이 나중에 상급심의 판결에 의하여 감액된 경우에는 그 감액된 판결상의 채무만이 소극재산이라 할 것이고, 한편 채무자의 적극재산을 산정함에 있어서는 다른 특별한 사정이 없는 한 실질적으로 재산적 가치가 없어 채권의 공동담보로서의 역할을 할 수 없는 재산은 제외하여야 할 것이고, 특히 그 재산이 채권인 경우에는 그것이 용이하게 변제를 받을 수 있는 것인지 여부를 합리적으로 판정하여 그것이 긍정되는 경우에 한하여 적극재산에 포함시켜야 한다.

⑥ 채무자가 수개의 재산감소행위를 한 경우에는, 원칙적으로 각 행위마다 그로 인하여 무자력이 초래되었는지의 여부에 따라 사해성 여부를 판단하여야 한다.

(다) 사해성 판단의 시기

① 채무자의 재산처분행위가 사해행위가 되는지 여부는 처분행위 당시를 기준으로 판단하여야 한다.

② 사해행위 당시는 물론 취소권 행사시(사실심 변론종결시)에도 사해성을 갖추고

있어야 한다. 따라서 처분행위 당시에는 채권자를 해하는 것이었다고 하더라도 그 후 채무자가 자력을 회복하여 사해행위취소권을 행사하는 사실심의 변론종결 시에는 채권자를 해하지 않게 된 경우에는 책임재산보전의 필요성이 없어지게 되어 채권자취소권이 소멸하는 것으로 보아야 하고, 그러한 사정변경이 있다는 사실은 채권자취소소송의 상대방이 증명하여야 한다. 반면 채무자의 처분행위시 채권자를 해하는 행위가 아니라면 그 후 채무자의 재산상태가 악화되더라도 사해행위는 성립하지 아니한다.

③ 가등기에 기하여 본등기가 경료된 경우 가등기의 원인인 법률행위와 본등기의 원인인 법률행위가 명백히 다른 것이 아닌 한 사해행위 요건의 구비는 가등기의 원인된 법률행위 당시를 기준으로 판단하여야 한다.

(3) 사해의사(주관적 요건)

(가) 채무자의 악의(사해의사)

일반채권자에 대한 관계에서 채권의 공동담보에 부족이 생기는 것을 인식함으로써 족하고 채권자를 해하려는 적극적인 의사 내지 의욕까지는 필요치 않으며, 특정채권자를 해하게 된다는 것을 인식할 필요는 없다. 판단기준시는 행위 당시이고, 채권자가 입증책임을 부담한다.

(나) 수익자 또는 전득자의 악의

① 사해행위취소소송에 있어서 수익자 또는 전득자가 악의라는 점에 관하여는 입증책임이 채권자에게 있는 것이 아니고, 수익자 또는 전득자 자신에게 선의라는 사실을 입증할 책임이 있다.

② 채권자가 사해행위의 취소로서 수익자를 상대로 채무자와의 법률행위의 취소를 구함과 아울러 전득자를 상대로도 전득행위의 취소를 구함에 있어서, 전득자의 악의는 전득행위 당시 그 행위가 채권자를 해한다는 사실, 즉 사해행위의 객관적 요건을 구비하였다는 것에 대한 인식을 의미하므로, 전득자의 악의를 판단함에 있어서는 단지 전득자가 전득행위 당시 채무자와 수익자 사이의 법률행위의 사해성을 인식하였는지 여부만이 문제가 될 뿐이지, 수익자와 전득자 사이의 전득행위가 다시 채권자를 해하는 행위로서 사해행위의 요건을 갖추어야 하는 것은 아니다.

(4) 행사 및 효과

(가) 성질 : 판례 · 통설을 상대적 무효설

(나) 피고적격 : 수익자, 전득자만이 피고로 되고 채무자는 피고적격이 없다(부적법 각하)

(다) 행사방법 및 중복제소 등

① 재판상 행사하여야 하고, 단순히 소송상의 공격방어방법으로는 할 수 없음.

② 형성의 소와 이행의 소의 결합 : 채권자는 원상회복만을 의미하여서는 아니되며, 사해행위 취소도 함께 청구하여야 한다. 다만 사해행위의 취소만을 먼저 청구한 다음 원상회복을 나중에 청구할 수 있다. 한편, 취소만으로 족하고 원상회복이

필요 없는 경우도 있다.

③ 채권자취소권의 요건을 갖춘 각 채권자는 고유의 권리로서 채무자의 재산처분 행위를 취소하고 그 원상회복을 구할 수 있는 것이므로 각 채권자가 동시 또는 이시에 채권자취소 및 원상회복소송을 제기한 경우 이들 소송이 중복제소에 해당하는 것이 아니다.

④ 어느 한 채권자가 동일한 사해행위에 관하여 채권자취소권 및 원상회복청구를 하여 승소판결을 받아 그 판결이 확정되었다는 것만으로 그 후에 제기된 다른 채권자의 동일한 청구가 권리보호의 이익이 없어지게 되는 것은 아니고, 그에 기하여 재산이나 가액의 회복을 마친 경우에 비로소 다른 채권자의 채권자취소 및 원상회복청구는 그와 중첩되는 범위 내에서 권리보호의 이익이 없게 된다.

⑤ 채권자가 사해행위의 취소를 청구하면서 그 보전하고자 하는 채권을 추가하거나 교환하는 것은 공격방법에 관한 주장을 변경하는 것일 뿐이지 소송물 또는 청구 자체를 변경하는 것이 아니므로 소의 변경이라 할 수 없다.

⑥ 채권자취소권도 채권자대위권의 대상이 된다.

⑦ 채권자가 전득자를 상대로 민법 제406조 제1항에 의한 채권자취소권을 행사하기 위해서는, 같은 조 제2항에서 정한 기간 안에 채무자와 수익자 사이의 사해행위의 취소를 소송상 공격방법의 주장이 아닌 법원에 소를 제기하는 방법으로 청구하여야 한다. 비록 채권자가 수익자를 상대로 사해행위의 취소를 구하는 소를 이미 제기하여 채무자와 수익자 사이의 법률행위를 취소하는 판결을 선고받아 확정되었더라도 그 판결의 효력은 그 소송의 피고가 아닌 전득자에게는 미칠 수 없다.

(라) 원상회복의 방법과 범위

① 취소채권의 범위

㉠ 다른 채권자가 있는 경우라도 취소채권자 자신의 채권액을 초과하여 취소권을 행사할 수 없다. 다만, 목적물이 불가분이거나, 다른 채권자가 배당요구를 할 것이 명백한 경우와 같이 특별한 사정이 있는 경우에는 취소채권자의 채권액을 넘어서까지도 취소를 구할 수 있다.

㉡ 취소채권자의 피보전채권액의 산정시기 : 사해행위 당시 이미 발생한 채권을 기준으로 피보전채권액을 산정하되, 원본채권액으로부터 파생하는 이자나 지연손해금의 경우 사실심 변론종결시까지 발생한 부분도 포함된다.

② 원물반환의 원칙

㉠ 원물반환이 원칙이고, 원물반환이 불가능하거나 현저히 곤란한 경우에 예외적으로 가액배상을 허용한다.

㉡ 사해행위로 경료된 근저당권설정등기가 사해행위취소소송의 변론종결시까지 존속하고 있는 경우 그 원상회복은 근저당권설정등기를 말소하는 방법에 의하여야 하고, 사해행위 이전에 설정된 별개의 근저당권이 사해행위 후에 말소되었다는 사정은 원상회복의 방법에 아무런 영향을 주지 아니한다.

㉢ 원물반환을 구하는 경우 법원은 청구취지 변경 없이 가액배상을 명할 수 있는지에 관하여 견해가 갈리나, 판례는 특히 저당권 등이 설정된 부동산에 관하여 사해행위가 이루어진 다음 그 저당권이 말소된 경우, 원물반환청구 중에는 가액배상을 구하는 취지가 포함된 것으로 판단한다.

㉣ 부동산에 관한 원상회복은 소유권이전등기말소청구 외에 소유권이전등기청구도 가능하다.

㉤ 소유권이전등기청구권보전을 위한 가등기가 사해행위로서 이루어진 경우 매매계약을 취소하고, 그 가등기를 말소하면 족하다(가등기 자체만으로는 물권취득의 효력이 발생하지 않기 때문이다).

㉥ 사해행위 후 목적물에 관하여 제3자가 저당권이나 지상권 등의 권리를 취득한 경우에는 수익자가 목적물을 저당권 등의 제한이 없는 상태로 회복하여 이전하여 줄 수 있다는 등의 특별할 사정이 없는 한, 채권자는 원상회복 방법으로 수익자를 상대로 가액 상당의 배상을 구할 수도 있고, 채무자 앞으로 직접 소유권이전등기절차를 이행할 것을 구할 수도 있다. 이 경우 원상회복청구권은 사실심 변론종결 당시의 채권자의 선택에 따라 원물반환과 가액배상 중 어느 하나로 확정되며, 채권자가 일단 사해행위 취소 및 원상회복으로서 원물반환 청구를 하여 승소 판결이 확정되었다면, 그 후 어떠한 사유로 원물반환의 목적을 달성할 수 없게 되었다고 하더라도 다시 원상회복청구권을 행사하여 가액배상을 청구할 수는 없으므로 그 청구는 권리보호의 이익이 없어 허용되지 아니한다.

③ 가액배상의 범위

㉠ 사실심 변론종결당시를 기준으로 하여 당시의 취소채권자의 채권액 범위 내에서 당시의 목적물의 가액에서 일반채권자들의 공동담보에 제공되지 아니한 부분의 가액을 공제한 금액.

㉡ 여러 명의 채권자가 사해행위취소 및 원상회복청구의 소를 제기하여 여러 개의 소송이 계속 중인 경우에는 각 소송에서 채권자의 청구에 따라 사해행위의 취소 및 원상회복을 명하는 판결을 선고하여야 하고, 수익자(전득자)가 가액배상을 하여야 할 경우에도 수익자가 반환하여야 할 가액을 채권자의 채권액에 비례하여 채권자별로 안분한 범위 내에서 반환을 명할 것이 아니라, 수익자가 반환하여야 할 가액 범위 내에서 각 채권자의 피보전채권 전액의 반환을 명하여야 한다. 이와 같은 법리는 여러 명의 채권자들이 제기한 각 사해행위취소 및 원상회복청구의 소가 민사소송법 제141조에 의하여 병합되어 하나의 소송절차에서 심판을 받는 경우에도 마찬가지이다.

㉢ 취소채권자는 수익자나 전득자에 대하여 직접 자신에게 금전이나 동산을 지급할 것을 청구할 수 있다.

㉣ 채권자취소권은 채무자가 사해행위를 채권자와 수익자 또는 전득자 사이에서 상대적으로 취소하고 채무자의 책임재산에서 일탈한 재산을 회복하여 채권자의

강제집행이 가능하도록 하는 것을 본질로 하는 권리이므로, 원상회복을 가액배상으로 하는 경우에 그 이행의 상대방은 채권자이어야 한다.

㉤ 가액배상시 가액산정의 기준시점은 사실심 변론종결시이다.

㉥ 가액배상시 가액배상액에 대한 지연손해금에 대하여는 소송촉진등에관한특례법소정의 이율을 적용하지 아니하며, 판결확정일 다음날부터 지연손해금을 가산한다.

㉦ 가액배상시 가액배상에 대하여 가집행선고를 붙이지 아니한다(취소판결이 확정되어야 비로소 이행의무가 발생하는 것이기 때문이다).

(마) 채권자취소권 행사의 효과

① 수익자 또는 전득자로부터 찾아온 재산은 채무자의 책임재산으로 회복되고 총채권자를 위하여 공동담보가 된다. 취소의 효력은 상대적이므로 취소판결의 기판력은 소송에 참가하지 않은 채무자에게 미치지 않고, 채무자와 수익자, 수익자와 전득자 사이의 법률관계에는 아무런 영향을 없다. 여기서의 총채권자의 의미에 대하여는 사해행위 이후 발생한 채권의 채권자는 포함되지 않는다는 것이 판례와 통설적 견해이다.

② 사해행위의 취소와 원상회복은 모든 채권자의 이익을 위하여 그 효력이 있으므로(민법 407조), 채권자취소권의 행사로 채무자에게 회복된 재산에 대하여 취소채권자가 우선변제권을 가지는 것이 아니라 다른 채권자도 총 채권액 중 자기의 채권에 해당하는 안분액을 변제받을 수 있는 것이지만, 이는 채권의 공동담보로 회복된 채무자의 책임재산으로부터 민사집행법 등의 법률상 절차를 거쳐 다른 채권자도 안분액을 지급받을 수 있다는 것을 의미하는 것일 뿐, 다른 채권자가 이러한 법률상 절차를 거치지 아니하고, 취소채권자를 상대로 하여 안분액의 지급을 직접 구할 수 있는 권리를 취득한다거나, 취소채권자에게 인도받은 재산 또는 가액배상금에 대한 분배의무가 인정된다고 볼 수 없다. 가액배상금을 수령한 취소채권자가 이러한 분배의무를 부담하지 아니함으로 인하여 사실상 우선변제를 받는 불공평한 결과를 초래하는 경우가 생기더라도, 이러한 불공평은 채무자에 대한 파산절차 등 도산절차를 통하여 시정하거나 가액배상금의 분배절차에 관한 별도의 법률규정을 마련하여 개선하는 것은 변론으로 하고, 현행 채권자취소 관련 규정의 해석상으로 불가피하다.

③ 수익자는 가액배상의 채무자에 대한 자신의 채권으로 상계를 주장할 수 없다(긍정한다면 사해행위에 의하여 이익을 받은 수익자를 보호하고 다른 채권자의 이익을 무시하는 결과가 된다).

(5) 소 멸

(가) 제척기간 : 취소원인을 안 날로부터 1년, 법률행위가 있는 날로부터 5년 초과시 부적법 각하된다.

(나) 취소원인을 안 날이라 함은, 구체적인 사해행위의 존재를 알고 나아가 채무자에게

사해의 의사가 있었음을 알 것을 요하며, 사해행위의 객관적 사실을 알았다고 하여 취소의 원인을 알았다고 추정할 수는 없다.

(다) 가등기의 등기원인인 법률행위와 본등기의 등기원인인 법률행위가 명백히 다른 것이 아닌 한, 가등기 및 본등기의 원인행위에 대한 사해행위 취소 등 청구의 제척기간의 기산일은 가등기의 원인행위가 사해행위임을 안 때라고 할 것인 바, 채권자가 가등기의 원인행위가 사해행위임을 안 때로부터 1년 내에 가등기의 원인행위에 대하여 취소의 소를 제기하였다면 본등기의 원인행위에 대한 취소청구는 그 원인행위에 대한 제척기간이 경과한 후 제기하더라도 적법하다.

나. 항변 등에 관한 판단

(1) 제척기간(본안전 항변) : 직권조사사항

(가) 원고가 사해행위임을 안 날로부터 1년, 사해행위일로부터 5년이 지나서 이 사건 소를 제기하였음을 주장 · 입증하여 본안전 항변(민법 406조 2항)

(나) 부동산등기사항증명서에 의하여 가처분등기 후 1년이 경과한 사실이 확인될 경우 : 보정권고 후 재판장에게 기록 인계하여야 한다.

– 보정권고(원고) : 채권자취소소송은 그 행위를 안 날로부터 1년 내에 제기하여야 하는 바(민법 406조 2항), 근저당권처분금지가처분등기 후 1년이 경과 수 제기된 이 사건 소송이 적법하다는 법적근거를 밝힐 것

(2) 소의 이익이 없다는 항변 : 등기사항증명서, 판결문

다른 채권자에 대한 사해행위취소판결이 확정되어 이미 원상회복까지 마쳐짐으로써(제3의 채권자가 원고와 별도로 사해행위취소의 승소확정판결을 받아 피고의 이전등기가 이미 말소된 경우) 소의 이익이 없어졌다는 항변

(3) 원고의 채권액(피보전채권) 소멸 항변 : 영수증

피보전채권(원고의 갑에 대한 채권)이 시효소멸하였거나 변제되었다(갑이 변제하였음)는 항변

(4) 사해의사가 없었다는 선의의 항변(민법 406조 1항 단서) : 매매계약서, 매매대금지급을 증명할 금융자료, 매매계약 중개인에 대한 증인신청

(가) 피고는 사해행위 당시에 그것이 원고 등의 일반채권자를 해하는 것임을 몰랐다는 선의의 항변[수익 또는 전득 (행위)당시 기준]

(나) 특별한 친족관계나 친자관계가 아닌 사이(갑과 전혀 모르는 사이 이었음)로 정상적인 가격과 절차에 따라 매매나 근저당설정을 한 경우가 이에 해당할 것임.

(5) 기 타

채무자의 자력 회복 : 사실심변론종결시 기준(채무자 무자력 판단)

[사례 129] 사해행위취소청구 소장(예비적청구, 통정허위표시, 순차대위)

소 장

원 고 코업자산유동화전문회사
(OOOOOO-OOOOOOO) (전화 :)
서울 강남구 강남대로 238(도곡동) (우 :)
대표이사 홍 길 동

피 고 1. 종합제철 주식회사 (OOOOOO-OOOOOOO)
서울 성동구 가람길 113(송정동) (우 :)
대표이사 김 이 조
2. 양 이 철 (OOOOOO-OOOOOOO)
서울 관악구 관악로 107(봉천동) (우 :)
등기기록상주소 : 서울 동작구 신대방길 87(신대방동)
3. 김 상 호 (OOOOOO-OOOOOOO)
서울 서초구 서초대로 28길(서초동) (우 :)

소유권이전등기말소 등 청구의 소

청 구 취 지

1. 피고 종합제철주식회사는 소외 주식회사 럭키호텔에 대하여 서울 강남구 도곡동 25-3 대 650㎡에 관하여 2017. 8. 31.자 매매를 원인으로 한 소유권이전등기절차를 이행하고,
2. 피고 양이철은 원고에 대하여 전 1항 기재 부동산에 관하여 서울중앙지방법원 등기국 2017. 10. 8. 접수 제24238호로 마친 소유권이전등기의 말소등기절차를 이행하고,
3. 주위적으로, 피고 김상호는 원고에 대하여 전 1항 기재 부동산에 관하여 서울중앙지방법원 등기국 2017. 10. 8. 접수 제24239호로 마친 소유권이전청구권 가등기의 말소등기절차를 이행하고, 예비적으로, 피고 김상호와 소외 주식회사 럭키호텔 사이에 전 1항 기재 부동산에 관하여 2017. 8. 31. 체결한 매매예약을 취소하고, 피고 김상호는 원고에 대하여 전 1항 기재 부동산에 관하여 서울중앙지방법원 등기국 2017. 10. 8. 접수 제24239호로 마친 소유권이전청구권 가등기의 말소등기절차를 이행하라.

4. 소송비용은 피고들의 부담으로 한다.
라는 판결을 구합니다.

청 구 원 인

1. 소외 주식회사 럭키호텔은 2017. 8. 31. 피고 종합제철주식회사로부터 청구취지 제 1항 기재의 부동산을 대금 134,792,800원에 매수하였습니다.

2. 그런데 소외 주식회사 럭키호텔은 원고에 대한 차용금채무가 있어서 원고로부터의 강제집행을 회피하기 위하여 위 부동산을 자신의 명의로 소유권이전등기를 하지 아니하고 피고 양이철과 통정하여 피고 양이철이 마치 위 부동산을 매수한 것처럼 피고 양이철 앞으로 소유권이전등기를 하여 놓았습니다. 그리고 이어서 같은 날 피고 김상호 앞으로 매매예약을 원인으로 한 소유권이전청구권 가등기를 경료하여 놓았습니다.

3. 한편 소외 주식회사 럭키호텔은 원고에 대하여 이행기에 도달한 금 171,890,746원의 차용금채무를 부담하고 있으며, 무자력입니다.

4. 피고 김상호 명의의 위 가등기는 원인을 결여한 무효의 것이고 가사 그렇지 않다고 하더라도 위 매매예약은 사해행위로써 피고 양이철 명의의 위 소유권이전등기는 통정허위표시로서 무효라고 할 것입니다.

5. 따라서 원고는 소외 주식회사 럭키호텔을 대위하여 피고 종합제철주식회사에 대하여 2017. 8. 31.자 매매를 원인으로 한 소유권이전등기절차의 이행을 청구하고, 소외 주식회사 럭키호텔, 피고 종합제철주식회사를 순차 대위하여 피고 양이철에 대하여 통정허위표시로서 무효인 청구취지 기재의 소유권이전등기(접수 제24238호)의 말소등기절차의 이행을 청구하며, 역시 소외 주식회사 럭키호텔, 피고 종합제철주식회사를 순차 대위하여 주위적으로 피고 김상호에 대하여 통정허위표시로서 원인무효인 청구취지 기재의 가등기(접수 제24239호)의 말소등기절차의 이행을 청구하고 예비적으로 소외 주식회사 럭키호텔과 피고 김상호 사이의 위 매매예약을 사해행위로서 취소하고 그 원상회복의 일환으로 위 가등기의 말소등기 절차의 이행을 구하고자 본 소 청구에 이르렀습니다.

입 증 방 법

변론시 수시 제출하겠습니다.

첨 부 서 류

1. 법인등기사항증명서 2통
1. 주민등록초본 2통
1. 토지가격확인원 1통
1. 소장 부본 3통
1. 납부서 1통

20OO. O. .

위 원고 코업자산유동화전문회사
대표이사 홍 길 동 (인)

OO지방법원 귀중

[사례 130] 사해행위취소청구 소장(소유권이전등기말소)

소 장

원 고 OO농업협동조합 (OOOOOO-OOOOOOO) (전화 :)
전남 OO군 OO읍 OO로 OO (우 :)
대표자 조합장 O O O

피 고 O O O (OOOOOO-OOOOOOO)
전남 OO군 OO읍 OO로 OO (우 :)
등기기록상주소 : OO시 OO구 OO로 OO(OO동)

사해행위취소 등 청구의 소

청 구 취 지

1. 피고와 소외 OOO 사이에 별지 목록 기재 부동산에 관하여 2015. 2. 23. 체결된 증여계약을 취소한다.
2. 피고는 소외 OOO에게 위 부동산에 관하여 OO지방법원 OO등기소 2015. 3. 14.

접수 제OOOO호로 마친 소유권이전등기의 말소등기절차를 이행하라.
3. 소송비용은 피고의 부담으로 한다.
라는 판결을 구합니다.

청 구 원 인

1. 원고의 채권

가. 원고는 소외 OOO, 같은 OOO의 연대보증하에 소외 OOO에게 2013. 7. 4. 15,000,000원을, 상환기일을 2015. 7. 4.로 정하여 일반자금대출을 하였고(이후 이 대출금에 관한 최종상환기일이 2017. 7. 4.로 연장되었음),

나. 원고는 소외 OOO, 같은 OOO 연대보증하에 소외 OOO에게 2014. 3. 6. 20,000,000원을, 상환기일을 2016. 3. 6.로 정하여 자립예탁금대출거래약정을 하였고(이후 위 대출거래에 관한 최종거래기간이 2017. 3. 6.로 연장되었음),

다. 원고는 소외 OOO, 같은 OOO의 연대보증하에 소외 OOO에게 2014. 11. 2. 30,000,000원을, 상환기일을 2016. 11. 2.로 정하여 일반자금대출을 하였습니다(이후 위 대출금에 관한 최종상환기일이 2017. 11. 2.로 연장되었음).

2. 피고 등의 사해행위

가. 그런데, 소외 OOO은 위 제1의 가항의 대출금에 대하여 2016. 7. 12.까지의 이자만을 지급하였고, 위 제1의 나항의 대출거래에 대하여는 동 거래이후 원,리금의 지급을 지체하여 2016. 3. 7. 연체계좌로 등록되었고, 위 제1의 다항의 대출금에 대하여는 2016. 11. 6.까지의 이자만을 지급하였습니다.

나. 소외 OOO은 위 각 대출금에 대한 상환기일 도래하여도 어차피 원,리금을 갚을 능력과 의사가 없어 자신 소유의 별지 기재 부동산에 대하여 강제집행될 염려가 되어 원고의 집행을 면하기 위하여 피고에게 2015. 2. 23. 증여를 원인으로 하여 OO지방법원 OO등기소 2015. 3. 14. 등기 접수번호 제0000호로 소유권이전등기절차를 경료하였습니다.

다. 피고는 소외 OOO 자(子)로서, 소외 OOO은 원고에게 부담하고 있는 위 채무를 갚을 의사 없이, 위 부동산을 피고 명의로 명의변경하면 소외 OOO 소유의 위 부동산에 대한 강제집행을 면하게 된다는 사실을 알고 있는 피고와 통모하여 허위로 별지 목록 기재 부동산에 대한 증여계약을 체결하고 피고 명의로 소유권이전등기를 경료하였습니다.

3. 따라서, 원고는 소외 OOO의 채권자로서, 원고에 대한 사해행위인 위 증여계약에 의한 악의의 수익자인 피고에 대하여, 위 부동산증여계약의 취소와 위 매매계약을 원인으로 마친 피고 명의의 소유권이전등기의 말소등기 절차의 이행을 구하기 위

하여 본 소 청구에 이르렀습니다.

입 증 방 법

1. 갑 제1호증의 1내지 3 각 대출거래약정서
1. 갑 제2호증의 1내지 6 각 보증서
1. 갑 제3호증의 1내지 2 각 대출금원장조회
1. 갑 제4호증 마이너스대출약정정보
1. 갑 제5호증의 1내지 2 각 회수조회표
1. 갑 제6호증 자립예탁금거래명세표
1. 갑 제7호증의 1내지 2 각 계좌별금리조회
1. 갑 제8호증의 1내지 6 각 부동산등기사항증명서
1. 갑 제9호증의 1내지 5 각 토지대장
1. 갑 제9호증의 6 일반건축물대장
1. 갑 제10호증 주택가격확인서

기타 입증서류는 수시 제출합니다.

첨 부 서 류

1. 위 입증서류 각 1통
1. 법인등기사항증명서 1통
1. 주민등록초본 1통
1. 소장부본 1통
1. 위임장 1통

20○○. ○. .

위 원고 ○○농업협동조합
조합장 ○ ○ ○ (인)

○○지방법원 ○○지원 귀중

부 동 산 목 록

1. 전라남도 OO군 OO읍 OO리 OOO 답 1559㎡

2. 위 같 은 리 OOO 대 543㎡

3. 전라남도 OO군 OO읍 OO리 OOO
   벽돌조 슬래브지붕 단층주택 99㎡

4. 전라남도 OO군 OO읍 OO리 OOO 전 3178㎡

5. 위 같 은 리 OOO 답 536㎡

6. 위 같 은 리 OOO 답 302㎡

– 이 상 –

소 가 계 산 표

1. 목적물가액

가. 전라남도 OO군 OO읍 OO리 OOO 답 1559㎡
[{공시지가 : ㎡당 9,110원{(1559×9,110)×50/100}=금 7,101,245원]

나. 위 같 은 리 OOO 대 543㎡

다. 전라남도 OO군 OO읍 OO리 OOO
벽돌조 슬래브지붕 단층주택 99㎡

위 나, 다항에 대한 토지 및 건물과세표준액 12,216,600원
12,216,600원×50/100=금 6,108,300원

라. 전라남도 OO군 OO읍 OO리 OOO 전 3178㎡
[{공시지가 : ㎡당 8,100원{(3178×8,100)×50/100}=금 12,870,900원}

마. 위 같 은 리 OOO 답 536㎡
[{공시지가 : ㎡당 2,230원{(536×2,230)×50/100}=금 597,640원]

바. 위 같 은 리 OOO 답 302㎡
[{공시지가 : ㎡당 3,180원{(302×3,180)×50/100}=금 480,180원]

금 33,266,565원.

2. **소송물가액 : 금 33,266,565원.**
(사해행위 취소의 소이므로 취소되는 법률행위의 목적물 가액을 한도로 한 원고의 채권액임)

[주] 1. 사해행위취소소송에서 등기관련 소송을 제기하는 경우 등기기록에 기재되어 있는 피고의 주소지가 현주소지가 다른 경우에는 등기기록상주소를 병기한다.
2. 채권자 취소권은 취소원인을 안날부터 1년, 법률행위가 있은 날로부터 5년 이내에 행사하여야 한다.

[사례 131] 사해행위취소청구 소장(소유권이전등기말소)

소 장

원 고 OO농업협동조합 (OOOOOO-OOOOOOO) (전화 :)
전남 OO군 OOO읍 OO로 OO (우 :)
조합장 O O O

피 고 O O O (OOOOOO-OOOOOOO)
전남 OO군 OO읍 OO로 OO (우 :)

사해행위 취소 등 청구의 소

청 구 취 지

1. 피고와 소외 OOO 사이에 별지 목록 기재 부동산에 관하여 2018. 2. 23. 체결된 매매계약을 취소한다.
2. 피고는 소외 OOO에게 위 부동산에 관하여 OO지방법원 OO등기소 2018. 2. 26.

접수 제OOOO호로 마친 소유권이전등기의 말소등기절차를 이행하라.
3. 소송비용은 피고의 부담으로 한다.
라는 판결을 구합니다.

청 구 원 인

1. 원고의 채권

원고는 소외 OOO에게 2016. 5. 7. 일반대출금으로 8,000,000원을 대여하면서, 대출기간만료일은 2018. 5. 7. 이자는 연 10.5%, 연체이율은 연 17%로 정하여, 매년 5월, 11월 각 7일마다 후취로 이자를 지급하기로 하되, 만약 대출기간만료일에 위 채무를 이행하지 않거나, 이자 등을 지급하여야 할 때로부터 계속하여 1개월간 지체하는 등의 사유로 기한의 이익을 상실할 때에는 그때로부터 대출금잔액 전부에 대하여 다 갚는 날까지 각 지연배상금을 가산하여 일시에 지급하기로 대출거래약정을 하면서 소외 OOO은 위 약정시 연대보증하였습니다.

2. 피고 등의 사해행위

가. 그런데 소외 OOO는 위 대출금에 대하여 2017. 11. 30.까지의 이자만을 지급하였는데, 연대보증인 소외 OOO은 주채무자인 소외 OOO가 위 상환기일(2018. 5. 7.)이 곧 도래하면 위 대출금을 갚을 능력과 의사가 없다는 점을 알고, 소외 OOO은 동인 소유의 별지 기재 부동산에 대하여 강제집행될 염려가 되어 원고의 집행을 면하기 위하여 피고에게 2018. 2. 23. 매매를 원인으로하여 OO지방법원 OO등기소 2018. 2. 26. 등기 접수번호 제OOOO호로 소유권이전등기절차를 경료하였습니다.

나. 피고는 소외 OOO의 처로서, 연대보증인 소외 OOO은 주채무자인 소외 OOO가 원고에게 부담하고 있는 위 채무를 갚을 능력과 의사가 없음을 알고, 위 연대보증채무의 지급을 면하기 위하여 원고를 해함을 알면서 피고와 통모하여 허위로 별지 기재 부동산에 대한 매매계약을 체결하고 이를 원인으로하여 피고 명의로 소유권이전등기를 마친 것입니다.

3. 따라서 원고는 소외 OOO의 채권자로서, 원고에 대한 사해행위인 위 매매계약에 의한 악의의 수익자인 피고에 대하여, 위 부동산매매계약의 취소와 위 매매계약을 원인으로 마친 피고 명의의 소유권이전등기의 말소등기 절차의 이행을 구하기 위하여 본 소 청구에 이르렀습니다.

입 증 방 법

1. 갑 제1호증 대출거래약정서 사본

1. 갑 제2호증 대출금원장조회 사본
1. 갑 제3호증 대출금거래내역조회 사본
1. 갑 제4호증 대출금회수조회표 사본
1. 갑 제5호증의 1내지 5 각 부동산등기사항증명서
1. 갑 제6호증의 1내지 5 각 토지대장등본
1. 갑 제7호증 가족관계증명서
기타 입증서류는 수시 제출합니다.

첨 부 서 류

1. 위 입증서류 각 1통
1. 법인등기사항증명서 1통
1. 주민등록초본 1통
1. 소장부본 1통
1. 위임장 1통

20OO. O. .

위 원고 OO농업협동조합
조합장 O O O (인)

O O 지 방 법 원 O O 지 원 귀 중

부 동 산 목 록

1. 전남 OO군 OO읍 OO리 OOO 대 321㎡
2. 위 같 은 리 OOO 전 1038㎡
3. 위 같 은 리 OOO 전 2625㎡
4. 위 같 은 리 OOO 답 565㎡
5. 위 같 은 리 OOO 답 1997㎡

- 이 상 -

소 가 계 산 표

1. 목적물가액

가. 전남 완도군 OO읍 OO리 OOO 대 321㎡
[{공시지가 : ㎡당 5,400원{(321×5,400)×50/100}=금 866,700원]

나. 위 같 은 리 OOO 전 1038㎡
[{공시지가 : ㎡당 2,330원{(1038×2,330)×50/100}=금 1,209,270원]

다. 위 같 은 리 OOO 전 2625㎡
[{공시지가 : ㎡당 1,800원{(2625×1,800)×50/100}=금 2,362,500원]

라. 위 같 은 리 OOO 답 565㎡
[{공시지가 : ㎡당 1,740원{(565×1,740)×50/100}=금 491,550원]

마. 위 같 은 리 OOO 답 1997㎡
[{공시지가 : ㎡당 2,000원{(1997×2,000)×50/100}=금 1,997,000원]

금 6,927,020원,

2. 소송물가액 : 금 6,927,020원,
(사해행위 취소로 인한 소유권이전등기 말소 등 청구권이므로 취소되는 법률 행위의 목적의 가액을 한도로 한 원고의 채권액임)

- 이 상 -

[사례 132] 사해행위취소등청구 소장(소유권이전등기말소)

소 장

원 고 OO농업협동조합 (OOOOOO-OOOOOOO) (전화 :)
전남 OO군 OO읍 OO로 OO (우 :)
대표자 조합장 O O O

피 고 O O O (OOOOOO-OOOOOOO)
전남 OO군 OO읍 OO로 OO (우 :)

사해행위취소 등 청구의 소

청 구 취 지

1. 피고와 소외 OOO 사이에 별지 목록 기재 부동산에 관하여 2017. 9. 3. 체결된 매매계약을 취소한다.
2. 피고는 소외 OOO에게 위 부동산에 관하여 OO지방법원 OO등기소 2017. 9. 4.접수 제00000호로 마친 소유권이전등기의 말소등기절차를 이행하라.
3. 소송비용은 피고의 부담으로 한다.

라는 판결을 구합니다.

청 구 원 인

1. 원고는 소외 OOO에게 2016. 6. 29. 일반자금대출금으로 20,000,000원을 대여하면서, 대출기간만료일은 2018. 6. 29. 이자는 연 10.5%, 연체이율은 연 17%로 정하여 매년 1월, 7월 각 10일마다 후취로 이자를 지급하기로 하되, 만약 대출기간만료일에 위 채무를 이행하지 않거나 이자 등을 지급하여야 할 때로부터 계속하여 1개월간 지체하는 등의 사유로 기한의 이익을 상실할 때에는 그때로부터 대출금잔액 전부에 대하여 다 갚는 날까지 각 지연배상금을 가산하여 일시에 지급하기로 대출거래약정을 체결하면서 소외 OOO은 위 약정서에 직접 서명날인하였습니다.

2. 피고 등의 사해행위

가. 그런데, 소외 OOO은 위 대출금에 관하여 2017. 8. 24.까지의 이자만을 어렵게 지급하였는데, 동 이자를 지급하는 과정에서 이자지급이 지연되었고(2017. 7. 4.부터 2017. 8. 24.까지의 지연이자), 이후에 불입할 이자마저 지급하지 않으

면, 소외 OOO 소유의 별지 기재 부동산에 대하여 원고로부터 강제집행될 염려가 되어, 원고의 집행을 면하기 위하여 피고에게 2017. 9. 3. 매매를 원인으로 하여 OO지방법원 OO등기소 2017. 9. 4. 등기 접수번호 제00000호로 소유권이전등기절차를 경료하였습니다.

나. 소외 OOO은 원고에게 부담하고 있는 위 채무를 갚을 의사 없이, 위 부동산을 피고 명의로 명의변경하면 소외 OOO 소유의 위 부동산에 대한 강제집행을 면하게 된다는 사실을 알고 있는 피고와 통모하여 허위로 별지 목록 기재 부동산에 대한 매매계약을 체결하고 피고 명의로 소유권이전등기를 경료하였습니다.

3. 따라서 원고는 소외 OOO의 채권자로서, 원고에 대한 사해행위인 위 매매계약에 의한 악의의 수익자인 피고에 대하여, 위 부동산매매계약의 취소와 위 매매계약을 원인으로 마친 피고 명의의 소유권이전등기의 말소등기 절차의 이행을 구하기 위하여 본 소 청구에 이르렀습니다.

입 증 방 법

1. 갑 제1호증 대출거래약정서 사본
1. 갑 제2호증 대출금원장 사본
1. 갑 제3호증 대출금거래내역조회 사본
1. 갑 제4호증 대출금회수조회표 사본
1. 갑 제5호증 부동산등기사항증명서
1. 갑 제6호증 토지대장

기타 입증서류는 수시 제출합니다.

첨 부 서 류

1. 위 입증서류 각 1통
1. 법인등기사항증명서 1통
1. 주민등록초본 1통
1. 소장부본 1통
1. 위임장 1통

20OO. O. .

위 원고 OO농업협동조합

조합장 O O O (인)

O O 지 방 법 원 O O 지 원 귀 중

부 동 산 목 록

1. 전남 OO군 OO읍 OO리 OOOO 임야 5260㎡

– 이 상 –

소 가 계 산 표

1. **목적물가액**
   전남 OO군 OO읍 OO리 OOOO 임야 5260㎡
   [{공시지가 : ㎡당 185원(5260×185)×50/100}=금 486,550원]

2. **소송물가액 : 금 486,550원,**
   (사해행위취소의 소이므로 취소되는 법률행위의 목적의 가액을 한도로 한 원고의 채권액임)

– 이 상 –

[사례 133] 사해행위취소등청구 소장(전세권말소)

소 장

원 고 OO농업협동조합 (OOOOOO-OOOOOOO) (전화 :)
전남 OO군 OO읍 OO로 OO (우 :)
대표자 조합장 O O O

피 고 O O O (OOOOOO-OOOOOOO)
전남 OO군 OO읍 OO로 OO (우 :)

사해행위취소 등 청구의 소

청 구 취 지

1. 피고와 소외 OOO 사이에 별지 목록 기재 부동산에 대하여 2017. 8. 31. 체결한 전세권설정계약을 취소한다.
2. 피고는 위 부동산에 대하여 OO지방법원 OO등기소 2017. 9. 4. 접수 제OOOOO호로 마친 전세권설정등기의 말소등기절차를 이행하라.
3. 소송비용은 피고의 부담으로 한다.

라는 판결을 구합니다.

청 구 원 인

1. 원고의 채권

원고는 소외 OOO에게 2016. 6. 29. 일반자금대출금으로 20,000,000원을 대여하면서, 대출기간만료일은 2018. 6. 29. 이자는 연 10.5%, 연체이율은 연 17%로 정하여 매년 1월, 7월 각 10일마다 후취로 이자를 지급하기로 하되, 만약 대출기간만료일에 위 채무를 이행하지 않거나 이자 등을 지급하여야 할 때로부터 계속하여 1개월간 지체하는 등의 사유로 기한의 이익을 상실할 때에는 그때로부터 대출금잔액 전부에 대하여 다 갚는 날까지 각 지연배상금을 가산하여 일시에 지급하기로 대출거래약정을 체결하면서 소외 OOO은 위 약정서에 직접 서명날인하였습니다.

2. 피고 등의 사해행위

그런데 소외 OOO은 위 대출금에 관하여 2017. 8. 24.까지의 이자만을 어렵게 지급하였는데, 동 이자를 지급하는 과정에서 이자지급이 지연되었고(2017. 7. 4.부터 2017. 8. 24.까지의 지연이자), 이후에 불입할 이자마저 지급하지 않으면, 소외 OOO 소유의 재산에 강제집행될 염려가 되어, 소외 OOO과 피고 간에 별지 기재 부동산에 대하여 2017. 8. 31. 피고를 전세권자로 하여 전세금 20,000,000원, 전세기간 5년으로 하는 전세권 설정계약을 체결하고, 2017. 9. 4. OO지방법원 OO등기소 접수 제10606호로서 전세권설정등기를 마쳤는 바, 이는 소외 OOO이가 원고를 해함을 알면서 피고와 통모하여 가장 전세권설정에 근거한 것으로 무효로서 사해행위임이 틀림없습니다.

3. 따라서 원고는 소외 OOO에 대한 채권자로서, 원고에 대한 사해행위인 위 전세권설정계약에 의한 악의의 수익자인 피고에 대하여, 위 전세권설정계약의 취소와 위 전세권설정계약을 원인으로 마친 전세권설정등기의 말소등기 절차의 이행을 구하기 위하여 본 소 청구에 이르렀습니다.

입 증 방 법

1. 갑 제1호증 대출거래약정서 사본
1. 갑 제2호증 대출금원장조회 사본
1. 갑 제3호증 대출금거래내역조회 사본
1. 갑 제4호증 대출금회수조회표 사본
1. 갑 제5호증 부동산등기사항증명서
1. 갑 제6호증 일반건축물대장
1. 갑 제7호증 개별공시지가확인서

기타 입증서류는 수시 제출하겠습니다.

첨 부 서 류

1. 위 입증서류 각 1통
1. 법인등기사항증명서 1통
1. 주민등록초본 1통
1. 소장부본 1통
1. 위임장 1통

20〇〇. 〇. .

위 원고 〇〇농업협동조합
조합장 〇 〇 〇 (인)

〇 〇 지 방 법 원 〇 〇 지 원 귀 중

부 동 산 목 록

1. 전남 〇〇군 〇〇읍 〇〇리 〇〇〇

벽돌조 판넬지붕 단층주택 96.00㎡

부속건물

조립식 판넬조 판넬지붕 단층창고 40.00㎡

조립식 판넬조 판넬지붕 단층창고 12.50㎡

– 이 상 –

[사례 134] 사해행위취소등청구 소장(근저당권말소)

소 장

원 고 OO수산업협동조합 (OOOOOO-OOOOOOO) (전화 :)
전남 OO군 OO읍 OO로 OO (우 :)
조합장 O O O

피 고 O O O (OOOOOO-OOOOOOO)
전남 OO군 OO읍 OO로 OO (우 :)

사해행위취소 등 청구의 소

청 구 취 지

1. 피고와 소외 OOO 사이에 별지 목록 기재 부동산에 대하여 2017. 10. 26. 체결한 근저당권설정계약을 취소한다.
2. 피고는 위 부동산에 대하여 OO지방법원 OO등기소 2017. 10. 26. 접수 제OOOOO호로 마친 근저당권설정등기의 말소등기절차를 이행하라.
3. 소송비용은 피고의 부담으로 한다.

라는 판결을 구합니다.

청 구 원 인

1. 원고의 채권

원고 조합은 소외 OOO에게 2014. 12. 14. 일반자금대출금으로 25,000,000원을 대여하면서, 대출기간만료일은 2015. 12. 10. 이자는 연 12.5%, 연체이율은 연 18%로 정하여 지급하기로 하되, 만약 대출기간만료일에 위 채무를 이행하지 않거나 이자를 지급하여야 할 때로부터 계속하여 1개월간 지체하는 등의 사유로 기한의 이익을 상실할 때에는 그때로부터 차용금잔액 전부에 대하여 다 갚는 날까지 각 지연배상금을 가산하여 일시에 지급하기로 금전소비대차약정을 체결하면서, 소외 OOO과 같은 OOO는 위 약정시 연대보증하였습니다.

2. 피고 등의 사해행위

가. 그런데, 소외 OOO는 위 대출금에 관하여 원금 3,100,000원과 2015. 10. 10.까지의 이자만을 지급한 채, 2015. 10. 10.까지 상환하여야할 원금 21,900,000원을 지체하여, 원고는 소외 OOO, 같은 OOO, 같은 OOO에게 연대하여 위 원,리금을 변제할 것을 수차에 걸쳐 촉구하자 연대보증인 소외 OOO은 주채무자인 같은 OOO가 위 원,리금을 갚을 능력과 의사가 없음을 알고 소외 OOO은 별지 기재 부동산에 대하여 원고로부터 채권보전절차를 취할 것을 예상하여, 소외 OOO을 채무자겸 소유자로 하고, 피고를 근저당권자로 하여, 위 양당사자간에 2017. 10. 26. 별지 기재 부동산에 대하여 채권최고액 200,000,000원으로 한 근저당권설정계약을 체결하고, 2017. 10. 26. OO지방법원 OO등기소 등기 접수 제00000호로 근저당권설정등기를 경료하였음을 발견하였습니다.

나. 소외 OOO은 위 대출금에 관한 연대보증인으로서 주채무자인 소외 OOO가 원고에게 부담하고 있는 위 채무를 이행하지 않아, 소외 OOO은 위 채무를 면할 목적 외에는 뚜렷한 이유 없이 원고의 위 채권확보를 불가능하게 한다는 사실을 명백히 알고도 소외 OOO은 피고와 통모하여 허위로 별지 기재 부동산에 대하여 가장 근저당권설정계약을 체결하고 이를 원인으로 하여 근저당권설정등기를 마친 것입니다.

3. 따라서 원고는 소외 OOO에 대한 채권자로서, 원고에 대한 사해행위인 위 근저당권설정계약에 의한 악의의 수익자인 피고에 대하여, 위 근저당권설정계약의 취소와 위 근저당권설정계약을 원인으로 마친 근저당권설정등기의 말소등기 절차의 이행을 구하기 위하여 본 소 청구에 이르렀습니다.

입 증 방 법

1. 갑 제1호증	부동산등기사항증명서
1. 갑 제2호증	일반건축물관리대장
1. 갑 제3호증	개별공시지가확인서
1. 갑 제4호증	금전소비대차약정서 사본
1. 갑 제5호증	계좌조회표 사본

기타 입증서류는 수시 제출하겠습니다.

첨 부 서 류

1. 위 입증서류 각 1통

1. 법인등기사항증명서 1통
1. 주민등록초본 1통
1. 소장부본 1통
1. 위임장 1통

20OO. O. .

위 원고 OO수산업협동조합
조합장 O O O (인)

O O 지 방 법 원 O O 지 원 귀 중

부 동 산 목 록

1. 전남 OO군 OO읍 OO리 OOO
철근콘크리트조 슬래브지붕 2층 주택 및 휴게음식점, 여관
1층 주택 및 휴게음식점 180.52㎡
2층 여관 177.12㎡

– 이 상 –

[사례 135] 사해행위취소등청구 소장(가등기말소)

소 장

원 고 OO농업협동조합 (OOOOOO-OOOOOOO) (전화 :)
전남 OO군 OO읍 OO로 OO
조합장 O O O
송달장소 :
전남 OO군 OO읍 OO로 OO, OO농협 OO지점 (우 :)

피 고 ○ ○ ○ (○○○○○○-○○○○○○○)
전남 ○○군 ○○읍 ○○로 ○○ (우 :)

사해행위취소 등 청구의 소

청 구 취 지

1. 피고와 소외 ○○○간의 별지 목록 기재 부동산에 관하여 2017. 12. 14.자 매매예약은 취소한다.
2. 원고에 대하여 피고는 별지 목록 기재 부동산에 관하여 ○○지방법원 ○○ 등기소 2018. 1. 2. 접수 제00000호로 마친 소유권이전청구권 가등기의 말소등기절차를 이행하라.
3. 소송비용은 피고의 부담으로 한다.

라는 판결을 구합니다.

청 구 원 인

1. 원고의 채권

원고 조합은 소외 ○○○에게 2016. 5. 2. 공제대출금으로 40,000,000원을 대여하면서, 대출기간만료일은 2018. 5. 2. 이자는 연 11.9%, 연체이율은 연 17%로 정하여 지급하기로 하되, 만약 원금 또는 이자지급을 지체할 때에는 지급하여야 할 금액에 대하여 소외 ○○○이가 공제계약으로 예치한 공제금 또는 해지환급금에서 자동상계하여도 이의 없기로 하며, 대출기간만료일에 위 채무를 이행하지 않거나 이자 등을 지급하여야 할 때로부터 계속하여 1개월간 지체하는 등의 사유로 기한의 이익을 상실할 때에는 그때로부터 대출금잔액 전부에 대하여 다 갚는 날까지 각 지연배상금을 가산하여 일시에 지급하기로 대출거래약정을 체결하면서 소외 ○○○과 같은 ○○○은 위 약정시 연대보증하였습니다.

2. 피고 등의 사해행위

가. 그런데 소외 ○○○은 위 대출금에 관하여 2018. 3. 19.까지의 이자만을 지급하였는데, 동 대출금은 소외 ○○○이 주채무자인 소외 ○○○이가 위 상환기일이 곧 도래하면 위 대출금을 갚을 능력과 의사가 없음을 알고, 소외 ○○○은 별지 기재 부동산을 피고와 통모하여 허위채권을 가장하여 2017. 12. 14. 매매예약을 원인으로 ○○지방법원 ○○등기소 2018. 1. 2. 등기 접수 제00000호로서 소유권이전등기청구권가등기절차를 경료하였습니다.

나. 연대보증인 소외 ○○○은 위 부동산 이외에는 아무런 재산이 없는 자이고, 원고

는 소외 OOO의 친족으로서, 소외 OOO은 주채무자인 소외 OOO이가 원고에게 부담하고 있는 채무를 이행하지 않을 조짐을 보이자, 위 연대보증채무의 지급을 면하기 위하여 피고와 통모하여 원고로부터 위 부동산에 대한 강제집행을 면탈할 목적으로 채권자인 원고를 해함을 알면서도 허위로 별지 기재 부동산에 대하여 가장 매매예약을 원인으로 하여 소유권이전등기청구권가등기를 마친 것입니다.

3. 따라서 원고는 소외 OOO의 채권자로서 채권자를 해할 목적으로 위 소외 OOO과 피고간에 통모, 가장하여 허위로 체결된 위 매매예약을 취소를 구하는 한편 원고는 피고 앞으로 원인 없이 경료된 위 가등기의 말소를 구하고자 본 소 청구에 이르렀습니다.

입 증 방 법

1. 갑 제1호증 공제대출거래약정서 사본
1. 갑 제2호증 대출금거래내역조회 사본
1. 갑 제3호증 특수채권상환조회표 사본
1. 갑 제4호증의 1 내지 2 각 토지등기사항증명서
1. 갑 제5호증의 1 내지 2 각 토지대장
1. 갑 제6호증 제적등본
1. 갑 제7호증의 1 내지 2 각 가족관계증명서

기타 입증서류는 수시 제출하겠습니다.

첨 부 서 류

1. 위 입증서류 각 1통
1. 법인등기사항증명서 1통
1. 주민등록초본 1통
1. 소장부본 1통
1. 위임장 1통

20OO. O. .

위 원고 OO농업협동조합
조합장 O O O (인)

O O 지 방 법 원 O O 지 원 귀 중

부 동 산 목 록

1. 전남 OO군 OO읍 OO리 OOOO 답 1105㎡

2. 위 같 은 리 OOOO 임야 992㎡

– 이 상 –

소 가 계 산 표

1. 목적물가액

가. 전남 OO군 OO읍 OO리 OOOO 답 1105㎡

[{공시지가 : ㎡당 6,310원{(1105×6,310)×50/100}=금 3,486,275원]

나. 위 같 은 리 OOOO 임야 992㎡

[{공시지가 : ㎡당 385원{(992×385)×50/100}=금 190,960원]

계 3,677,235원

2. 소송물가액 : 금 3,677,235원

(사해행위 취소로 인한 가등기말소등기 청구권이므로 취소되는 법률행위의목적의 가액을 한도로 한 신청인의 채권액임)

– 이 상 –

[주] 사해행위취소의 소를 제기하는 경우 '사해행위취소에 기한 원상회복청구권'이라고 기재하지 말고 '사해행위취소에 기한 소유권이전등기말소청구권', '사해행위취소에 기한 가등기말소청구권' 등으로 기재함이 바람직하다.

[사례 136] 공유물분할청구 소장(경매분할)

소　　　장

원 고　　오 인 권 (OOOOOO-OOOOOOO)　　(전화 :　　　)
　　　　서울 성동구 가람길 113(송정동)　　(우 :　　　)

피 고　　1. 박 민 주 (OOOOOO-OOOOOOO)
　　　　　서울 관악구 관악로 106(봉천동)　　(우 :　　　)
　　　　2. 최 정 의 (OOOOOO-OOOOOOO)
　　　　　서울 송파구 가락로 14(석촌동)　　(우 :　　　)

공유물분할 청구의 소

청 구 취 지

1. 별지 부동산 목록 기재 부동산을 경매에 부쳐 그 대금에서 경매비용을 공제한 나머지 금액을 원고에게 3분의 1, 피고 박민주에게 3분의 1, 피고 최정의에게 3분의 1의 각 비율로 분배한다.
2. 소송비용은 피고들의 부담으로 한다.

라는 판결을 구합니다.

청 구 원 인

1. 청구취지 기재 부동산(이하 '위 공유물'이라 한다)은 원고와 피고들의 공유로 지분비율은 균등합니다. 그리고 위 공유물은 구조상 및 이용상 독립성이 없는 1동의 건물과 그 대지로서 현물분할이 불가능하며, 가사 가능하더라도 현저하게 그 가액이 감손될 염려가 있습니다.

2. 따라서 원고는 피고들에 대하여 경매에 의한 분할할 것을 구하고자 본 소 청구에 이르렀습니다.

입 증 방 법

변론시 수시 제출하겠습니다.

첨 부 서 류

1. 주민등록초본 3통
1. 토지대장등본 1통
1. 건축물대장등본 1통
1. 소장 부본 2통
1. 납부서 1통

20OO. O. .

위 원고 오 인 권 (인)

OO지방법원 귀중

[해 설]

1. 분할이 금지되는 경우
   가. 수인이 한 채의 건물을 구분하여 일부분씩을 소유한 경우 그 건물과 그 부속물 중 공유하는 부분(민법 215조)
   나. 상린자의 공유로 추정되는 경계선상에 설치된 경계표, 담, 구거(민법 239조)
   다. 구분소유권의 목적인 건물이 속하는 1동의 건물의 대지(집합건물의소유및관리에관한법률 8조)
   라. 명의신탁자가 수인에게 부동산의 명의를 신탁한 경우 공동명의수탁자의 일부가 나머지 공동명의수탁자를 상대로 공유물분할청구를 제기할 수 없다.
2. 통상의 소와는 달리 청구취지를 명확히 할 필요는 없으므로, 분할을 구하는 공유물이 무엇인가를 알아 볼 수 있을 정도로 명시하고, 법원의 분할판결을 청구하는 의사표시가 분명이 나타나 있다면 구체적인 분할방법이 기재되어 있지 않아도 된다.
3. 공유물이 여러 개의 물건으로 분할한 다음 공유물분할을 원하는 공유자는 물건을 단독 소유하게 하고, 공유물분할을 원하지 않는 공유자는 나머지 물건을 공동 소유하게 하는 것도 가능하다.
4. 특정부분을 소유하고 있다고 주장하는 공유자는 다른 공유자를 상대로 그 특정부분에 대한 명의신탁 해지를 원인으로 한 지분이전등기절차의 이행을 구할 수 있을 뿐 이에 갈음하여 공유물분할청구를 할 수 없다.
5. 공유물분할의 소는 고유필수적 공동소송이므로, 민사소송법 제68조 제1항에 의하여 필수적 공동소송인 '추가'의 방법으로 누락된 피고를 추가한다.
6. 피고는 원고를 제외한 나머지 공유자 전원이 되어야 한다. 일부 항소한 경우에도 전원이 상급심으로 이송된다.

7. 항변 등에 관한 판단

가. 분할금지의 항변(민법 268조 1항) : 합의서

분할하지 아니하기로 하였다는 항변 : 분할금지 특약은 당연히 승계되지 아니한다. 분할금지기간을 정하지 아니하거나 5년을 초과한 경우에도 그 기간은 5년으로 본다.

나. 원고의 재항변

그 후 공유자 전원이 분할하기로 하였다는 재항변 : 분할합의서

공유자가 파산선고(채무자회생및파산에관한법률 344조)을 받았다는 재항변 : 파산결정문

다. 분할합의의 항변(본안전 항변) : 분할합의서

(1) 공유자 사이에 분할의 방법에 관하여 합의가 성립한 경우에 공유자는 이에 따라야 하고, 공유물분할소송을 제기할 수 없다.

(2) 합의에 따른 지분이전등기절차이행 또는 대금지급청구소송을 할 수 있을 뿐이고, 제기된 공유물분할소송은 권리보호의 이익이 없으므로 각하된다.

[사례 137] 구상금청구 소장(국가배상법에 의한 구상, 공동불법행위자 간의 부담부분)

소 장

원 고 대 한 민 국
법률상 대표자 법무부장관 김 기 호
소송대리인 변호사 장 구 상 (전화 :)
서울 서초구 서초대로 28길(서초동) (우 :)

피 고 1. 김 인 철 (OOOOOO-OOOOOOO)
서울 성동구 가람길 113(송정동) (우 :)
2. 고 영 수 (OOOOOO-OOOOOOO)
서울 마포구 가양대로 143(상암동) (우 :)

구상금 청구의 소

청 구 취 지

1. 원고에게, 피고 김인철은 280,000,000원, 피고 고영수는 120,000,000원과 각 이에 대하여 이 사건 소장부본 송달다음날부터 다 갚는 날까지 연 15%의 비율로 계산한 돈을 지급하라.
2. 소송비용은 피고들의 부담으로 한다.
3. 위 제1항은 가집행할 수 있다.

라는 판결을 구합니다.

청 구 원 인

1. 원고 산하 용인경찰서 동부파출소 소속 순경으로 근무하고 있던 피고 김인철과 같은 파출소 소속 의무경찰로 근무하고 있던 피고 고영수는 2017. 6. 4. 01 : 20경, 그 전날 저녁 23 : 00경 경기 용인읍 마평리 소재 동백마트에서 직장동료들과 함께 술을 마시다가 술값 문제로 가게주인과 다투고 소란을 피웠다는 혐의로 위 파출소에 연행된 소외 김세필이 파출소 내에서 소란을 피웠습니다.

2. 이에 피고 김인철은 고의로 위 김세필의 가슴을 발로 수회 차고, 피고 고영수는 고의로 위 김세필의 목을 붙잡아 바닥에 수회 찧는 등 상해를 가함으로써 그로 하여금 같은 달 4일 2 : 20경 병원으로 후송 도중 사망케 하였습니다.

3. 위 김세필의 처인 소외 이재희는 피고들의 위 범행을 이유로 원고를 상대로 국가배상청구의 소를 제기하여 원고는 소외 이재희에게 금 4억원을 지급하라는 판결이 선고되었고 원고와 위 이재희가 항소를 하지 않아 위 판결이 확정되었습니다.

4. 그 후 2018. 4. 4. 원고는 위 금액을 위 이재희에게 지급하였습니다. 피고들의 위 김세필의 사망에 대한 가공기여도는 피고들 각자의 직분, 행위 등에 비추어 피고 김인철이 10분의 7, 피고 고영수가 10분의 3 이라고 봄이 상당합니다.

5. 따라서 원고는 피고들로부터 국가배상법 제2조 제2항에 의하여 각 청구취지 기재의 금액과 각 이에 대한 소송촉진등에관한특례법에서 정한 연 15%의 비율로 계산한 지연손해금의 지급받고자 본 소 청구에 이르렀습니다.

입 증 방 법

변론시 수시 제출하겠습니다.

첨 부 서 류

1. 주민등록초본 2통
1. 소장 부본 2통
1. 납부서 1통

20○○. ○. .

원고 소송대리인 변호사 장 구 상 (인)

ㅇㅇ지방법원 귀중

[해 설]

1. 이 사건에서 재판부는 원고 역시 공무원들인 피고들이 대민 치안업무를 수행함에 필요한 정신적 자세와 교양을 갖추도록 배려함은 물론 그 직무를 집행함에 있어서 추호도 이와 같은 불법행위가 발생하지 않도록 용인경찰서장 및 동부파출소장 등 상급자를 통하여 피고들을 철저히 지휘 감독하였어야 함에도 이를 소홀히 하여 이 사건 사고가 발생하였다면서 원고들의 구상권을 약 25% 정도 제한하여 인용하였다.
2. 공동불법행위자들인 피고들은 각자의 부담부분에 따른 분할채무를 부담한다고 하겠으며, 이 경우 부담부분은 각자의 직분, 행위, 가공기여도에 따른다고 하겠는데 최종적으로 법원이 결정한다.

[사례 138] 구상금청구 소장(약속어음)

소　　　장

원 고　　홍 길 동 (OOOOOO-OOOOOOO)　　(전화 :　　　)
　　　　서울 은평구 가좌로 164(응암동)　　(우 :　　　)

피 고　　박 민 주 (OOOOOO-OOOOOOO)
　　　　서울 서초구 서초대로 28길(서초동)　　(우 :　　　)

구상금 청구의 소

청 구 취 지

1. 피고는 원고에게 10,000,000원과 이에 대하여 2017. 9. 1.부터 이 사건 소장부본 송달일까지는 연 5%, 그 다음날부터 다 갚는 날까지는 연 15%의 각 비율로 계산한 돈을 지급하라.
2. 소송비용은 피고의 부담으로 한다.
3. 위 제1항은 가집행할 수 있다.

라는 판결을 구합니다.

청 구 원 인

1. 피고는 소외 김갑동이가 박상석 앞으로 발행한 10,000,000원, 발행일 2017. 4. 25. 지급기일 2017. 8. 25. 발행지 및 지급지 서울특별시, 지급장소 주식회사 신한은행 서초동 지점으로 된 약속어음 1매를 위 소외 박상석으로부터 날짜없이 배서양도받아 동 어음을 2017. 4. 30. 원고에게, 원고는 위 어음을 같은 해 5. 25. 소외 삼원공업사 대표 정일봉에게, 위 삼원공업사는 같은 해 6. 4. 소외 신한은행 자금부장 정기웅에게 순차로 배서양도한 바 있습니다.

2. 그리하여 동 어음을 2017. 8. 25. 주식회사 신한은행 수원지점에 제시하였던 바, 이 어음은 무거래로 인하여 지급에 응할 수 없다는 사유로 부도에 이르게 되어, 원고는 위 소외 삼원공업사의 청구에 따라 10,000,000원을 2017. 8. 31.에 대위 변제하고 위 삼원공업사로부터 위 약속어음을 교부받았습니다.

3. 원고는 그 후 피고에게 상환할 것을 구하였으나 피고는 아무 정당한 이유도 없이 불응하므로 원고는 10,000,000원과 위 돈을 대위변제한 다음날부터 이 사건 소장부본 송달일까지는 연 5%, 그 다음날부터 다 갚는 날까지는 소송촉진등에관한특례법에서 정한 연 15%의 각 비율로 계산한 지연손해금을 지급받기 위하여 본 소 청구에 이르렀습니다.

입 증 방 법

1. 갑 제1호증 약속어음

그 밖의 입증서류는 변론시 수시 제출하겠습니다.

첨 부 서 류

1. 위 입증서류	각 1통
1. 주민등록초본	2통
1. 소장 부본	1통
1. 납부서	1통

20〇〇. 〇. .

위 원고 홍 길 동 (인)

〇〇지방법원 귀중

[해 설]
이득상환청구권이 발생하는데 있어서는 모든 어음상 또는 민법상의 채무자에 대하여 각 권리가 소멸되었음을 요한다(대법원 1970. 3. 10. 선고 69다1370 판결).

[사례 139] 구상금청구 소장(대출금의 연대보증인)

소 장

원 고 1. 김 ○ ○ (○○○○○○-○○○○○○○) (전화 :)
○○시 ○○구 ○○로 ○○(○○동) (우 :)
2. 이 ○ ○ (○○○○○○-○○○○○○○) (전화 :)
○○시 ○○구 ○○로 ○○(○○동) (우 :)
3. 박 ○ ○ (○○○○○○-○○○○○○○) (전화 :)
○○시 ○○구 ○○로 ○○(○○동) (우 :)

피 고 ○ ○ ○ (○○○○○○-○○○○○○○) (전화 :)
○○시 ○○구 ○○로 ○○(○○동) (우 :)

구상금 청구의 소

청 구 취 지

1. 피고는 원고 김○○에게 ○○○원, 원고 이○○에게 ○○○원, 원고 박○○에게 ○○○원과 이에 대하여 2018. 6. 21.부터 이 사건 소장부본 송달일까지는 연 5%, 그 다음날부터 다 갚는 날까지는 연 15%의 각 비율로 계산한 돈을 지급하라.
2. 소송비용은 피고의 부담으로 한다.
3. 위 제1항은 가집행할 수 있다.

라는 판결을 구합니다.

청 구 원 인

1. 연대보증채무의 성립

피고는 2015. 2. 10. 소외 ○○○농업협동조합으로부터 ○○○원을, 대출기간만료일은 2017. 2. 10. 이율은 연 13.5%, 지연배상금율은 연 19.5%로 정하여 대출 받았는바, 이때 원고들은 피고의 부탁으로 위 대출금채무에 대하여 연대보증을 하였습니다.

2. 구상권의 발생

그런데 대출기간이 경과하여 채권자인 소외 OO농업협동조합으로부터 변제의 독촉을 받았음에도 주채무자인 피고가 변제를 하지 않아, 연대보증인인 원고들이 OO농업협동조합으로부터 변제의 독촉을 받게 되었습니다.

그러므로 원고들은 2018. 6. 20. 채권자인 소외 OO농업협동조합에게 연대보증인으로서 대출원금 OOO만원, 이자 OO만원, 비용 OO만원, 합계 OOO만원 중 원고 김OO은 OOO만원을, 원고 이OO는 금 OOO만원을, 원고 박OO은 OOO만원을 각 변제하였습니다.

3. 결 론

따라서 피고는 구상금으로서 원고 김OO에게 OOO만원, 원고 이OO에게 OOO만원, 원고 박OO에게 OO만원과 이에 대하여 면책된날 다음날인 2018. 6. 21.부터 이 사건 소장부본 송달일까지는 민법에서 정한 연 5%, 그 다음날부터 다 갚는 때까지는 소송촉진등에관한특례법에서 정한 연 15%의 각 비율로 계산한 지연손해금을 지급할 의무가 있으므로, 원고들은 피고로부터 위 각 돈을 지급받고자 본 소 청구에 이른 것입니다.

입 증 방 법

1. 갑 제1호증 대출거래약정서
1. 갑 제2호증 대출금원장조회
1. 갑 제3호증 대위변제확인서

기타 입증서류는 필요에 따라 수시 제출하겠습니다.

첨 부 서 류

1. 위 입증서류 사본 각 1통
1. 주민등록초본 4통
1. 소장부본 3통
1. 위임장 1통

2000. O. .

위 원고 O O O (인)
O O O (인)
O O O (인)

ㅇㅇ지방법원 ㅇㅇ지원 귀중

[사례 140] 구상금청구 소장(구상금채무의 연대보증인)

소 장

원 고 ○ ○ ○ (○○○○○○-○○○○○○○) (전화 :)
○○시 ○○구 ○○로 ○○(○○동) (우 :)

피 고 1. 김 ○ ○ (○○○○○○-○○○○○○○)
○○시 ○○구 ○○로 ○○(○○동) (우 :)
2. 박 ○ ○ (○○○○○○-○○○○○○○)
○○시 ○○구 ○○로 ○○(○○동) (우 :)

구상금 청구의 소

청 구 취 지

1. 원고에게,
   가. 피고 김○○은 13,623,840원과 이에 대하여 2017. 12. 23.부터 이 사건 소장부본 송달일까지는 연 5%, 그 다음날부터 다 갚는 날까지는 연 15%의 각 비율로 계산한 돈을,
   나. 피고 박○○은 같은 김○○와 연대하여 위 돈 중 6,811,920원과 이에 대하여 2017. 9. 19.부터 이 사건 소장부본 최후 송달일까지는 연 5%, 그 다음날부터 다 갚는 날까지는 연 15%의 각 비율로 계산한 돈을,

   각 지급하라.
2. 소송비용은 피고들의 부담으로 한다.
3. 위 제1항은 가집행 할 수 있다.

라는 판결을 구합니다.

청 구 원 인

1. 사실관계

가. 당사자의 신분관계

피고 김○○가 2014. 12. 3. 소외 ○○은행에서 사업자금으로 10,000,000원을

대출 받음에 있어, 원고는 주채무자인 피고 김OO와 연대하여 갚기로 할 것을 내용으로 한 연대보증을 선 관계에 있고, 피고 박OO는 원고가 위 피고 김OO을 대신하여 변제하였을 경우 이에 대한 구상금을 위 피고 김OO와 연대하여 갚을 것을 내용으로 하는 보증계약을 체결한 관계에 있습니다(갑 제1호증의 1, 2 각 보증계약서 참조).

나. 원고의 대위변제

변제기에 이르러 원고는 위 OO은행으로부터 변제최고를 받고(갑 제2호증 통고서 참조), 여러 차례에 걸쳐 주채무자인 위 피고 김OO에게 대출금을 변제하여 줄 것을 요청하였으나(갑 제3호증 최고서 참조), 위 피고 김OO는 사업이 부진하여 결국 변제를 하지 못하여, 원고는 소외 OO은행의 청구에 따라 2017. 12. 22. 동인에게 원금 10,000,000원, 이자 3,000,000원, 제비용 623,840원, 합계금 13,623,840원을 대위변제하고 동인으로부터 대위변제확인서를 교부받았습니다.

2. 피고 박OO의 채무불이행

따라서 원고는 피고 김OO이 차용한 위 대출금에 대하여 연대보증인으로서 13,623,840원을 대위변제한 금원에 대하여 피고 박OO에게 13,623,840원을, 원고와 피고 김OO은 위 대출금에 대하여 공동보증인들로써 원고가 대위변제하였으므로, 피고 김OO에게 공동보증채무금으로 6,811,920원을 각 구상금으로 지급할 것을 촉구하였으나(갑 제5호증 최고서 참조), 피고들은 아무런 이유없이 변제하지 않고 있습니다.

3. 결 론

따라서 원고는 피고 김OO로부터 13,623,840원과 이에 대하여 대위변제일 이후부터 이 사건 소장부본 송달일까지는 민법에서 정한 연 5%, 그 다음날부터 다 갚는 날까지는 소송촉진등에관한특례법에서 정한 연 15%의 각 비율로 계산한 돈을, 피고 박OO은 같은 김OO과 연대하여 6,811,920원과 이에 대하여 대위변제일이후부터 이 사건 소장부본 최후 송달일까지는 연 5%, 그 다음날부터 다 갚는 날까지는 연 15%의 각 비율로 계산한 돈을 각 지급받고자 본 소 청구에 이르렀습니다.

입 증 방 법

1. 갑 제1호증의 1, 2 각 보증계약서
1. 갑 제2호증 통고서
1. 갑 제3호증 최고서
1. 갑 제4호증 대위변제확인서

1. 갑 제5호증 최고서
기타 입증서류는 필요에 따라 수시 제출하겠습니다.

첨 부 서 류

1. 위 입증서류 사본 각 1통
1. 주민등록초본 2통
1. 소장부본 1통
1. 위임장 1통

20OO. O. .

위 원고 O O O (인)

OO지방법원 귀중

[주] 1. 신청서에는 기명날인하고, 간인을 하며, 작성후 정정한 사항이 있으면, 반드시 원본과 부본 모두 정정하여야 하며, 원본에만 정정인을 날인하고, 부본에는 정정하였음을 알 수 있게 표시하여 두어야 한다.
2. 법원은 복리를 인정하지 않는다.
3. 여러명의 채무자에 대하여 금전의 지급을 구하는 경우 "연대하여"(연대보증의 경우), "각자"(불법행위로 인한 손해배상채무자가 여러 명인 경우, 임대인들이 여러명인 경우), "각"(여러명의 보증인이 단순보증인 경우 등), "합동"(여러 사람의 어음 · 수표채무자의 채무).

[사례 141] 구상금청구 소장(차주 사망시, 연대보증인)

소 장

원 고 김 O O (OOOOOO-OOOOOOO) (전화 :)
전남 OO군 OO읍 OO로 OO (우 :)

피 고 (1) 김 O O (OOOOOO-OOOOOOO)
(2) 이 O O (OOOOOO-OOOOOOO)

위 피고들의 주소 :
전남 OO군 OO읍 OO로 OO (우 :)
(3) 김 O O (OOOOOO-OOOOOOO)
전남 OO군 OO읍 OO로 OO (우 :)

구상금 청구의 소

청 구 취 지

1. 원고에게,
가. 피고 김OO, 같은 이OO는 각 4,265,775원과 이에 대하여 2017. 7. 24.부터 이 사건 소장부본 최후 송달일까지는 연 5%, 그 다음날부터 다 갚는 날까지는 연 15%의 각 비율로 계산한 돈을,
나. 피고 김OO은 피고 김OO, 같은 이OO와 연대하여 4,265,775원과 이에 대하여 2017. 7. 24.부터 이 사건 소장부본 최후 송달일까지는 연 5%, 그 다음날부터 다 갚는 날까지는 연 15%의 각 비율로 계산한 돈을,
각 지급하라
2. 소송비용은 피고들의 부담으로 한다.
3. 위 제1항은 가집행할 수 있다.
라는 판결을 구합니다.

청 구 원 인

1. 소외 (망) 김OO은 2015. 9. 5. 소외 농협중앙회 OO군지부로부터 가계일반자금대출금으로 10,000,000원을, 대출기간만료일은 2016. 9. 5.로 정하여 차용하였는데, 원고와 피고 김OO은 소외 (망) 김OO이가 위 금원을 차용당시 동인의 부탁을 받고 위 대출금에 관하여 연대보증하였습니다.

2. 그런데, 소외 (망) 김OO은 위 대출금에 관하여 소외 농협중앙회 OO군지부로부터 위 채무의 변제를 청구를 받았으나 원,리금을 변제하지 못하고 있다가 사망하였고, 그 상속인들이 당연히 변제할 의무가 있으나 변제하지 않기 때문에 원고는 소외 농협중앙회 OO군지부의 청구에 따라 2017. 7. 23. 동인에게 8,531,550원(가지급금 포함)을 대위변제하고 동인으로부터 대출거래약정서와 일부대위변제 및 연대보증채무종결확인서를 각 교부받았습니다.

3. 한편, 소외 (망) 김OO은 2016. 1. 31. 사망하였고, 동인의 부(父)인 피고 김OO과 모친인 같은 이OO는 1차 상속인들로서 위 제1항의 대출금에 관한 대위변제금

8,531,550원 중 법정상속분에 대하여 피고 김OO과 같은 이OO는 원고에게 각 2분지 1에 해당하는 4,265,775원씩을 각 지급할 의무가 있다 할 것입니다.

4. 그 후, 원고는 소외 (망) 김OO이가 차용한 위 대출금에 대한 연대보증인으로서 8,531,550원을 대위변제한 금원에 대하여 소외 (망) 김OO의 상속인들인 피고 김OO과 같은 이OO에게 각 4,265,775원씩을, 원고와 피고 김OO은 위 대출금에 관한 공동보증인들로써 원고가 대위변제하였으므로, 원고는 피고 김OO에게 공동보증채무금으로 4,265,775원을 각 구상금으로 지급할 것을 구하였으나 피고들은 아무런 이유 없이 이에 불응하고 있습니다.

5. 따라서, 원고는 피고 김OO과 같은 이OO로부터 각 4,265,775원과 이에 대하여 대위변제일 이후부터 이 사건 소장부본 최후 송달일까지는 연 5%, 그 다음날부터 다 갚는 날까지는 소송촉진등에관한특례법 소정의 연 15%의 각 비율로 계산한 지연손해금을, 피고 김OO은 같은 김OO과 같은 이OO와 연대하여 4,265,775원과 이에 대하여 대위변제일 이후부터 이 사건 소장부본 최후 송달일까지는 연 5%, 그 다음날부터 다 갚는 날까지는 소송촉진등에관한특례법 소정의 연 15%의 각 비율로 계산한 지연손해금을 각 지급받고자 본 소 청구에 이르렀습니다.

입 증 방 법

1. 갑 제1호증 대출거래약정서
1. 갑 제2호증 일부대위변제 및 연대보증채무종결확인서
1. 갑 제3호증 가족관계증명원

변론시 필요에 따라 수시 제출하겠습니다.

첨 부 서 류

1. 위 입증서류 사본 각 1통
1. 주민등록초본 4통
1. 소장부본 3통
1. 위임장 1통

2000. O. .

위 원고 O O O (인)

OO지방법원 귀중

[사례 142] 구상금청구 소장(농림수산업자신용보증기금의 대위변제)

소 장

원 고 농업협동조합중앙회 (OOOOOO-OOOOOOO) (전화 :)
서울 OO구 OO로 OO(OO동)
송달장소 :
광주 OO구 OO로 OO(OO동)(OO지역보증센타) (우 :)
전무이사 O O O
법률상대리인 O O O

피 고 홍 길 동 (OOOOOO-OOOOOOO)
광주 OO구 OO로 OO(OO동) (우 :)

구상금 청구의 소

청 구 취 지

1. 피고는 원고에게 11,624,450원과 이 중 11,502,300원에 대하여 2018. 6. 16.부터 이 사건 소장부본 송달일까지는 연 12%, 그 다음날부터 다 갚는 날까지는 연 15%의 각 비율로 계산한 돈을 지급하라.
2. 소송비용은 피고들의 부담으로 한다.
3. 제1항은 가집행할 수 있다.

라는 판결을 구합니다.

청 구 원 인

1. 농업협동조합중앙회는 농림수산업자 등이 금융기관으로부터 대출을 받음에 있어 그 신용을 보증하기 위하여 설치된 농림수산업자 신용보증기금의 관리기관입니다.

2. OO농업협동조합은 금융기관으로서, 피고에게 2015. 12. 27. 저리대체자금대출금으로 10,000,000원을 대여하면서, 대출기간만료일은 2017. 12. 27. 이자는 연 6.5%, 연체이율은 연 13%로 정하여 매년 12월 27일마다 후취로 이자를 지급하기로 하되, 만약 대출기간만료일에 위 채무를 이행하지 않거나, 이자 등을 지급하여야 할 때부터 계속하여 1개월간 지체하는 등의 사유로 기한의 이익을 상실할 때에는 그때로부터 대출금잔액 전부에 대하여 다 갚는 날까지 각 지연배상금을 가산하

여 일시에 지급하기로 하되, 위 조합 소정의 이율이 변경될 경우에는 이에 따르기로 대출거래약정을 하였고, 농림수산업자 신용보증기금은 동 채무에 대하여 농림수산업자신용보증법에 따른 신용보증을 하였습니다.

3. 그러나 피고는 위 대출금에 관하여 변제기일이 지났음에도 불구하고 원,리금을 한푼도 변제하지 않아, OO농업협동조합은 원고에게 보증이행청구를 하였고, 그리하여 원고는 2018. 5. 17. 피고를 위하여 OO농업협동조합에게 위 대여원금 10,000,000원과 이자 1,502,300원을 합한 11,502,300원을 대위변제하였습니다.

4. 그리하여 원고는 피고에게 위 구상금의 상환을 독촉하였으나 피고는 아무런 이유없이 이에 응하고 있지 않아, 피고는 2018. 6. 15. 현재 원고에 대하여 위 대위변제금 11,502,300원, 위약금 60,730원, 보증료 500원, 손해금 60,920원을 합한 11,624,450원의 채무를 부담하고 있습니다.

5. 따라서 원고는 피고에 대하여 위 대위변제금 등의 합계금 11,624,450원과 이 중 대위변제원금 11,502,300원에 대하여 대위변제일 다음날인 2018. 6. 16.부터 이 사건 소장부본 송달일까지는 연 13%, 그 다음날부터 다 갚는 날까지는 소송촉진등에관한특례법 소정의 연 15%의 지연손해금을 지급받고자 본 소 청구에 이르렀습니다.

입 증 방 법

1. 갑 제1호증 대출거래약정서
1. 갑 제2호증 신용보증신청서
1. 갑 제3호증 신용보증서
1. 갑 제4호증 신용보증약정서
1. 갑 제5호증 보증이행청구서
1. 갑 제5호증 대위변제증서
1. 갑 제7호증 구상채권취득 및 상황통지서
1. 갑 제8호증 구상, 특수채권상황통지표
1. 갑 제9호증 고객종합정보조회표

기타 입증서류는 변론시 필요에 따라 수시 제출하겠습니다.

첨 부 서 류

1. 위 입증서류 사본 각 1통
1. 법인등기사항증명서 1통

1. 주민등록초본 1통
1. 소장부본 1통
1. 위임장 1통

20OO. O. .

위 원고 농업협동조합중앙회
전무이사 O O O
법률상대리인 O O O (인)

O O 지 방 법 원 O O 지 원 귀 중

[사례 143] 구상금청구 소장(신용보증기금의 대위변제)

소 장

원 고 신용보증기금 (OOOOOO-OOOOOOO) (전화 :)
서울 OO구 OO로 OO(OO동)
대표자 이사장 O O O
법률상대리인 O O O
송달장소 : OO시 OO구 OO로 OO(OO동) (우 :)

피 고 홍 길 동 (OOOOOO-OOOOOOO)
광주 OO구 OO로 OO(OO동) (우 :)

구상금 청구의 소

청 구 취 지

1. 피고는 원고에게 32,250,000원과 이 중 32,000,000원에 대하여 2016. 7. 5.부터 2017. 1. 31.까지는 연 17%, 그 다음날부터 2017. 8. 31.까지는 연 25%, 그 다음날부터 2017. 12. 31.까지는 연 20%, 그 다음날부터 이 사건 소장부본 송달일까지는 연 14%, 그 다음날부터 다 갚는 날까지는 연 15%의 각 비율로 계산한 돈을 지급하라.

2. 소송비용은 피고의 부담으로 한다.
3. 제1항은 가집행할 수 있다.
라는 판결을 구합니다.

청 구 원 인

1. 원고는 담보력이 미약한 기업(개인 및 법인)이 금융기관에 대해 부담하는 채무를 보증하여 자금융통을 원활하게 함으로써 국민경제의 발전에 기여하고자 설립된 비영리특수법인입니다.

2. 원고는 피고 홍길동(기업체명 : OOO)간에 피고가 주채무자가 되어 소외 (주) OO은행으로부터 금원을 차용함에 있어 피고 OOO를 위한 신용보증약정을 아래와 같이 체결하였습니다.
   가. 보증번호 : OOO-OOOO-OOOOO(OOOOOOO-OOOO)
   나. 약 정 일 : 2015. 5. 9.
   다. 피보증인 : 홍길동(기업체명 : OOO)
   라. 채 권 자 : (주) OO은행
   마. 보증범위 : 대여원금 30,000,000원과 이에 대한 이자 및 부대비용
   바. 대출과목 : 일반자금대출금
   사. 보증기간 : 2016. 5. 8.

3. 원고와 피고간의 위 신용보증약정에 의하면 원고가 위 보증약정에 기하여 대위변제할 경우, 피고는 원고가 그 이행을 위하여 지급한 대위변제금액과 이에 대한 대위변제일 다음날부터 다 갚는 날까지 원고 소정의 손해금율에 의한 지연손해금과 해지되지 아니한 보증원금에 대한 보증료 납입일 다음날부터 보증소멸전일까지 연 1.5%의 비율에 의한 추가보증료 및 원고가 보증채무를 이행함으로써 그 권리를 실행 또는 보전하기 위하여 지출한 법적절차비용(체당금) 등 부대비용까지 원고에게 지급하기로 약정하였습니다.

4. 그 후 피고는 당좌부도로 소외 (주)한일은행 여신거래기본약관 제O조 제O항에 규정에 의거 2016. 3. 2. 기한의 이익을 상실하여 즉시 채무를 변제하여야 의무가 있었으나 이를 변제하지 못하여, 원고는 소외 (주) 한일은행에 위 보증건으로 2016. 7. 4. 금 32,000,000원(원금 30,000,000+이자금 2,000,000원)을 대위변제하였습니다.

5. 한편 원고 소정의 지연손해금율은 2016. 7. 5.부터 2017. 1. 31.까지는 연 17%이고, 그 다음날부터 2017. 8. 31.까지는 연 25%, 그 다음날부터 2017. 12. 31.까지는

연 20%, 그 다음날부터는 연 14%로 각 변경되었습니다.

6. **위약금 및 체당금**
피고는 원고에게 위 신용보증약정에 따른 미수위약금 50,000원과 피고는 원고가 구상채권의 보정을 위하여 지출한 법적절차비용 금 200,000원을 지급할 의무가 있습니다.

7. 그렇다면, 원고는 피고로부터 금 32,250,000원(=대위변제금 32,000,000원+미수위약금 50,000원+체당금 200,000원)과 이 중 금 32,000,000원에 대하여 2016. 7. 5.부터 2017. 1. 31.까지는 연 17%, 그 다음날부터 2017. 8. 31.까지는 연 25%, 그 다음날부터 2017. 12. 31.까지는 연 20%, 그 다음날부터 이 사건 소장부본 송달일까지는 연 14%, 그 다음날부터 다 갚는 날까지는 소송촉진등에관한특례법소정의 연 15%의 각 비율로 계산한 지연손해금을 지급받고자 본 소 청구에 이르렀습니다.

입 증 방 법

1. 갑 제1호증　　　　신용보증약정서
1. 갑 제2호증　　　　신용보증서
1. 갑 제3호증　　　　보증대출실행통지서
1. 갑 제4호증　　　　신용보증사고통지서
1. 갑 제5호증　　　　대위변제증서
1. 갑 제6호증　　　　구상채권원장
1. 갑 제7호증　　　　체당금원장
1. 갑 제8호증　　　　금리변동조회표
1. 갑 제9호증　　　　여신거래기본약관

기타 입증서류는 변론시 필요에 따라 수시 제출하겠습니다.

첨 부 서 류

1. 위 입증서류 사본　　　각 1통
1. 법인등기사항증명서　　1통
1. 주민등록초본　　　　　1통
1. 소장부본　　　　　　　1통
1. 위임장　　　　　　　　1통

2000. 0. .

위 원고 신 용 보 증 기 금
이사장 ○ ○ ○
대리인 ○ ○ ○ (인)

○○지방법원 ○○지원 귀중

[사례 144] 구상금청구 소장(신용보증기금의 대위변제)

소 장

원 고 신용보증기금 (○○○○○○-○○○○○○○) (전화 :)
서울 ○○구 ○○로 ○○(○○동)
대표자 이사장 ○ ○ ○
법률상대리인 ○ ○ ○
송달장소 : ○○시 ○○구 ○○로 ○○(○○동) (우 :)

피 고 1. 에이 주식회사 (○○○○○○-○○○○○○○)
광주 ○○구 ○○로 ○○(○○동) (우 :)
대표이사 ○ ○ ○
2. 김 갑 동 (○○○○○○-○○○○○○○)
광주 ○○구 ○○로 ○○(○○동) (우 :)
3. 김 을 동 (○○○○○○-○○○○○○○)
광주 ○○구 ○○로 ○○(○○동) (우 :)

구상금 청구의 소

청 구 취 지

1. 피고들은 연대하여 원고에게 53,843,465원과 이 중 53,843,348원에 대하여 2016. 7. 28.부터 2017. 1. 31.까지는 연 17%, 그 다음날부터 2017. 8. 31.까지는 연 25%, 그 다음날부터 2017. 12. 31.까지는 연 20%, 그 다음날부터 이 사건 소장부본 최후 송달일까지는 연 14%, 그 다음날부터 다 갚는 날까지는 연 15%의 각 비율로 계산한 돈을 지급하라.
2. 소송비용은 피고들의 부담으로 한다.

3. 제1항은 가집행할 수 있다.
라는 판결을 구합니다.

청 구 원 인

1. 당사자의 관계

원고는 담보력이 미약한 기업(개인 및 법인)이 금융기관에 대해 부담하는 채무를 보증하여 자금융통을 원활하게 함으로써 국민경제의 발전에 기여하고자 신용보증기금법에 의하여 설립된 비영리특수법인이고, 피고 에이주식회사(이하 '피고 회사'라고 한다)는 원고에게 신용보증을 위탁한 자이며, 나머지 피고들은 피고 회사가 위 신용보증계약에 기하여 원고에 대하여 부담하는 채무에 대하여 연대보증을 한 자입니다.

2. 원고의 신용보증과 보증채무의 이행

가. 신용보증계약의 체결

피고 회사는 소외 동남은행(이하 '소외 은행'이라 한다)으로부터 자금을 대출받기 위하여, 원고와의 사이에 그 상환채무에 관하여 아래와 같이 신용보증계약을 체결하였고, 나머지 피고들은 위 계약에 기하여 피고 회사가 원고에 대하여 부담하는 채무를 연대보증하였습니다.

〈1차 보증〉

(1) 보증일자 : 2014. 10. 21.
(2) 보증기한 : 2015. 10. 21.
(3) 피보증인 : 피고 회사
(4) 보증방법 : 개별보증
(5) 보증원금 : 30,000,000원
(6) 약정내용 : 피보증인인 피고 회사가 대출금을 변제하지 아니할 경우 원고가 대위변제하는 대신, 피고 회사는 원고에게 대위변제금과 이에 대한 변제일로부터 다 갚는 날까지 원고가 정한 연체이율에 의한 지연손해금을, 보증사고 발생시 보증금액 또는 해지되지 아니한 보증잔액에 대한 보증기한 다음날 또는 기한이익을 상실하여 보증료 미수일로부터 보증채무이행전일까지 연 1.5%의 비율로 계산한 위약금 및 미납보증료나 원고가 구상채권보전을 위하여 지출한 비용인 체당금 및 이에 대하여 원고가 정하는 손해금 등을 즉시 지급하기로 하였습니다.
(7) 연체이율 : 위 약정에 따라 원고가 정한 연체이율은 위 약정시부터 2017. 1. 31.까지는 연 17%, 그 다음날부터 2017. 8. 31.까지는 연 25%, 그 다음날부터 2017. 12. 31.까지는 연 20%, 그 다음날부터는 연 14%로 각 변경되었습니다.

〈2차 보증〉
(1) 보증일자 : 2014. 11. 10.
(2) 보증기한 : 2015. 11. 10.
(3) 피보증인 : 피고 회사
(4) 보증방법 : 개별보증
(5) 보증원금 : 20,000,000원
(6) 약정내용 및 연체이율 : 위와 같음

나. 신용보증에 의한 대출 및 대위변제
피고 회사는 위 보증에 기하여 소외 은행 OO지점으로부터 금원을 대출 받은 후 그 원리금을 변제하지 못하여, 보증을 한 원고가 위 소외 은행의 청구에 따라 2016. 7. 28. 금 54,094,578원을 대위변제하였고, 원고는 2016. 7. 28. 위 대위변제금 중 251,230원을 회수하였습니다.

3. 구상금채권의 성립과 그 범위

원고는 피고 회사를 대신하여 소외 은행에 대하여 위와 같이 변제를 하였으므로 피고 회사에 대하여 그 구상을 할 권리가 성립되었고, 위 약정에 따라 구상채권의 범위는 다음과 같습니다.

가. 대위변제금
원고가 피고 회사를 대신하여 소외 은행에 지급한 금원 중 잔금 53,843,348원

나. 지연손해금
(1) 위 대위변제잔금에 대하여 변제일부터 다 갚는 날까지 위 연체이율과 소송촉진등에 의한 지연손해금,
(2) 위 대위변제금 중 일부회수한 원금에 대하여 위 대위변제일로부터 회수일까지 위 연체이율에 의한 확정지연손해금 117원(= 251,230원×17/100×1/365, 원미만은 버림)

4. 결 론

그러므로, 원고는 피고들로부터 연대하여 53,843,465원(대위변제잔금 53,843,348원 + 확정손해금 117원)과 이 중 53,843,348원에 대하여 위 변제일인 2016. 7. 28.부터 2017. 1. 31.까지는 연 17%, 그 다음날부터 2017. 8. 31.까지는 연 25%, 그 다음날부터 2017. 12. 31.까지는 연 20%, 그 다음날부터 이 사건 소장부본 최후 송달일까지는 연 14%, 그 다음날부터 다 갚는 날까지는 소송촉진등에관한특례법 소정의 연 15%의 각 비율로 계산한 지연손해금을 지급받고자 본 소 청구에 이르렀습니다.

입 증 방 법

1. 갑 제1호증의 1, 2 각 신용보증약정서
1. 갑 제2호증의 1, 2 각 신용보증서
1. 갑 제3호증의 1, 2 각 차입신청서
1. 갑 제4호증 대위변제증서
1. 갑 제5호증 금리변동표

기타 입증서류는 변론시 필요에 따라 수시 제출하겠습니다.

첨 부 서 류

1. 위 입증서류 사본 각 1통
1. 법인등기사항증명서 2통
1. 주민등록초본 2통
1. 소장부본 3통
1. 위임장 1통

20○○. ○. .

위 원고 신 용 보 증 기 금
이사장 ○ ○ ○
대리인 ○ ○ ○ (인)

○ ○ 지 방 법 원 ○ ○ 지 원 귀 중

[사례 145] 구상금청구 소장(기술신용보증기금의 대위변제)

소 장

원 고 기술신용보증기금 (○○○○○○-○○○○○○○) (전화 :)
부산 ○○구 ○○로 ○○(○○동)
대표자 이사장 ○○○
법률상대리인 ○○○
송달장소 : ○○시 ○○구 ○○로 ○○(○○동) (우 :)

피 고 1. 주식회사 OO (OOOOOO-OOOOOOO)
광주 OO구 OO로 OO(OO동) (우 :)
대표이사 O O O
2. 홍 길 동 (OOOOOO-OOOOOOO)
서울 OO구 OO로 OO(OO동) (우 :)
3. 김 갑 순 (OOOOOO-OOOOOOO)
서울 OO구 OO로 OO(OO동) (우 :)

구상금 청구의 소

청 구 취 지

1. 피고들은 연대하여 원고에게 22,233,201원과 이 중 12,394,276원에 대하여 2016. 6. 30.부터 2017. 2. 28.까지는 연 20%, 그 다음날부터 이 사건 소장부본 최후 송달일까지는 연 14%, 그 다음날부터 다 갚는 날까지는 연 15%의 각 비율로 계산한 돈을 지급하라.
2. 소송비용은 피고의 부담으로 한다.
3. 제1항은 가집행할 수 있다.

라는 판결을 구합니다.

청 구 원 인

1. 원고는 신기술사업금융지원에관한법률에 의하여 담보능력이 미약한 기업의 채무를 보증하여 기업의 자금융통을 원활하게 함으로써 국민경제의 발전에 이바지함을 목적으로 설립된 특수법인입니다.

2. 원고는 2014. 2. 25. 피고 홍길동, 같은 김갑순의 연대보증하에 주채무자인 피고 주식회사 OO와의 신용보증약정에 따라 보증번호 OOOOOOO, 보증원금 60,000000원, 보증기간 2016. 2. 24.(이후 2016. 2. 24.로 연장)로 된 신용보증서를 발급해 줌에 따라 피고 주식회사 OO이가 2014. 2. 27. OO은행으로부터 위 금액 상당의 대출을 받음으로써 부담할 원리금 상환채무에 대하여 신용보증을 하였습니다.

3. 원고와 피고간의 위 신용보증약정에 의하면 원고가 위 보증약정에 기하여 대위변제할 경우, 피고는 원고가 그 이행을 위하여 지급한 대위변제금액과 이에 대한 대위변제일 다음날부터 다 갚는 날까지 원고 소정의 손해금율에 의한 지연손해금과 해지되지 아니한 보증원금에 대한 보증료 납입일 다음날부터 보증소멸전일까지 연 1.5%의 비율에 의한 추가보증료 및 원고가 보증채무를 이행함으로써 그 권리를 실

행 또는 보전하기 위하여 지출한 법적절차비용(체당금) 등 부대비용까지 원고에게 지급하기로 약정하였습니다.

4. 원고 소정의 지연손해금율은 2016. 11. 2.부터 2017. 2. 28.까지는 연 20%이고, 그 다음날부터는 연 14%로 변경되었습니다.

5. 그런데 피고 주식회사 OO은 이자를 지급하여야 할 때로부터 계속하여 1개월 이상 지체하여 소외 OO은행 여신거래기본약관 제7조 제2항에 규정에 의거 2016. 3. 2. 기한의 이익을 상실하여 즉시 채무를 변제하여야 의무가 있었으나 이를 변제하지 못하여, 원고가 신용보증인으로서 2016. 6. 29. OO은행에게 51,854,452원(원금 50,000,000원 + 이자 1,854,452)을 대위변제하였습니다.

6. 한편, 원고는 피고 주식회사 OO로부터 2017. 10. 16. 위 대위변제금 중 금 39,460,176원을 회수함으로써 나머지 잔존대위변제금은 11,394,276원[= 51,854,452원 - 39,460,176원 (=39,456,840 + 3,336)])과 그에 따른 미회수된 확정지연손해금은 39,456,840원에 대한 2016. 6. 30.부터 2017. 2. 28까지(246일간)는 연 20%로 비율로 계산한 지연손해금 5,318,565원(원 미만은 버림), 39,456,840원에 대한 2017. 3. 1.부터 2017. 10. 16.까지(230일간)는 연 18%의 비율로 계산한 지연손해금 4,475,378원(원 미만은 버림), 3,336원에 대한 2016. 6. 29.부터 2017. 2. 28.까지(246일간) 연 15%의 비율로 계산한 지연손해금 449원(원 미만은 버림), 3,336원에 대한 2017. 3. 1.부터 2018. 1. 18.까지(324일간) 연 18%의 비율로 계산한 지연손해금 533원(원 미만은 버림), 합계 금 9,794,925원(미회수된 확정된 지연손해금)과 위 구상금채권을 보전하기 위하여 지출한 법적절차비용의 미수금 44,000원을 가산하여 지급하여야 할 것입니다.

7. 그렇다면, 원고는 피고들로부터 연대하여 22,233,201원(= 12,394,276원 + 94,925원 + 44,000원)과 이 중 12,394,276원에 대하여 2016. 6. 30.부터 2017. 2. 28.까지는 연 20%, 그 다음날부터 이 사건 소장부본 최후 송달일까지는 연 14%, 그 다음날부터 다 갚는 날까지는 소송촉진등에관한특례법소정의 연 15%의 각 비율로 계산한 지연손해금을 지급받고자 본 소 청구에 이르렀습니다.

입 증 방 법

1. 갑 제1호증 신용보증약정서
1. 갑 제2호증 신용보증서
1. 갑 제3호증 보증대출실행통지서
1. 갑 제4호증 신용보증조건변경통지서

1. 갑 제5호증 신용보증사고통지서
1. 갑 제6호증 대위변제증서
1. 갑 제7호증 구상채권원장
1. 갑 제8호증 체당금원장
1. 갑 제9호증 금리변동조회표
1. 갑 제10호증 여신거래기본약관

기타 입증서류는 변론시 필요에 따라 수시 제출하겠습니다.

첨 부 서 류

1. 위 입증서류 사본 각 1통
1. 법인등기사항증명서 2통
1. 주민등록초본 2통
1. 소장부본 3통
1. 위임장 1통

20○○. ○. .

위 원고 기술신용보증기금
이사장 ○ ○ ○
대리인 ○ ○ ○ (인)

○○지방법원 ○○지원 귀중

[사례 146] 상속회복청구 소장

소 장

원 고 박 기 주 (○○○○○○-○○○○○○○) (전화 :)
서울 노원구 공릉로 98(공릉동) (우 :)
미성년자이므로 특별대리인 정 춘 자

피 고 박 문 무 (○○○○○○-○○○○○○○)

서울 동작구 신대방로 86(신대방동)　　　　(우 :　　　　)

상속회복 청구의 소

청 구 취 지

1. 피고는 원고에게 200,000,000원을 지급하라.
2. 소송비용은 피고의 부담으로 한다.
3. 위 제1항은 가집행할 수 있다.

라는 판결을 구합니다.

청 구 원 인

1. 원고는 소외 망 박정규를 아버지로 하고 소외 정춘자를 어머니로 하여 2011. 4. 8. 출생한 혼인외의 자이고, 소외 망 박정규는 2013. 3. 31. 사망하였으며, 2018. 1. 5. 서울가정법원의 인지심판 확정에 따라 2018. 1. 9. 원고가 소외 망 박정규의 차남으로 신고된 사실이 있습니다.

2. 소외 망 박정규는 2013. 3. 31. 사망 당시 소외 조선양과 주식회사의 주식 100,000주를 가지고 있었는데, 그가 사망하여 피고가 이를 단독상속하고, 주식 100,000주를 금 5억원에 제3자에게 매도하였습니다.

3. 그러므로 피고는 원고에게 상속회복을 원인으로 하여 주식 10만주 중 원고의 상속분에 상당한 금 2억 원(=5억 원×2/5)의 가액을 지급할 의무가 있다 할 것이므로 본 소 청구에 이른 것입니다.

입 증 방 법

변론시 수시 제출하겠습니다.

첨 부 서 류

1. 주민등록초본　　　　2통
1. 소장 부본　　　　1통
1. 납부서　　　　1통

20○○. ○. .

위 원고 박 기 주 (인)

ㅇㅇ지방법원 귀중

[해 설]

1. 상속회복청구권의 성질은 물권적 청구권이다(법조경합). 상속회복을 청구하는 경우 원고는 자기가 상속권을 가지고 있는 사실, 청구의 목적물이 상속개시 당시 피상속인의 점유에 속하였던 사실을 주장, 입증하여야 한다. 이 사건에서는 여기에 민법 제1014조(상속 개시 후에 인지된 혼인 외의 출생자 등의 상속회복에 관한 특칙)의 요건사실이 더 추가된다.
2. 재산상속에 관하여 진정한 상속인임을 전제로 그 상속으로 인한 지분권 등 재산권이 자기에게 귀속되었다고 주장하고 일부 공동상속인을 상대로 상속재산에 관한 등기의 말소 등을 청구하는 경우에 그 소유권 또는 지분권이 귀속되었다는 주장이 상속을 원인으로 하는 것인 이상 그 청구원인 여하에 불구하고 그러한 청구는 민법 소정의 상속회복청구의 소가 되며 단기제척기간에 걸린다.

[사례 147] 계약금등반환청구 소장(매매계약해제, 원상회복의무)

소 장

원 고 김 승 호 (OOOOOO-OOOOOOO) (전화 :)
대전 동구 가양남로 23번길 2 (우 :)

피 고 박 일 호 (OOOOOO-OOOOOOO)
대전 서구 가마절길 7 (우 :)

계약금 등 반환 청구의 소

청 구 취 지

1. 피고는 원고에게 73,120,000원과 이에 대하여 2017. 11. 2.부터 이 사건 소장부본 송달일까지는 연 5%, 그 다음날부터 다 갚는 날까지는 연 15%의 각 비율로 계산한 돈을 지급하라.
2. 소송비용은 피고의 부담으로 한다.
3. 위 제1항은 가집행할 수 있다.

라는 판결을 구합니다.

청 구 원 인

1. 원고는 2017. 10. 19. 피고로부터 생고구마(육지산, 상등품) 30만관(1관은 3.75kg임)을 2,040,000,000원(1관당 공장도착가는 금 6,880원임)에 2017. 11. 20.까지 인도받기로 하고 매수한 사실이 있습니다.

2. 그리고 그 날 원고는 계약금 90,000,000원, 2017. 11. 2. 중도금 32,000,000원을 각 지급하였습니다.

3. 그런데 피고는 생고구마 인도기한이 지나도록 생고구마(육지산, 하등품) 9,600관만을 인도할 뿐 생고구마 30만관 전부를 원고에게 인도하지 아니하였습니다.

4. 이에 원고는 피고에 대하여 2017. 12. 15.까지 생고구마 30만 관을 인도하라고 최고한 바 있습니다.

5. 그럼에도 불구하고 피고는 이를 이행하지 않고 있어 원고는 이를 이유로 이 소장의 송달로써 위 매매계약을 해제합니다.

6. 그러므로 피고는 이행지체를 이유로 한 계약해제에 인한 원상회복으로서 원고에게 이미 지급받은 122,000,000원에서 원고가 인도받은 생고구마 9,600관 대금 48,880,000원(인도받은 생고구마 9,600관 대금은 65,280,000원이 됩니다.

7. 그런데 2017. 11. 4. 원고와 피고는 원고가 체당한 운임 16,400,000원을 위 생고구마 대금에서 공제하기로 약정한 사실이 있으므로 이를 공제하면 금 48,880,000원이 됨)을 공제한 73,120,000원과 민법 제548조 제2항에 의한 이자를 원고에게 반환할 의무가 있다 할 것이므로 본 소 청구에 이른 것입니다.

입 증 방 법

변론시 수시 제출하겠습니다.

첨 부 서 류

1. 주민등록초본	2통
1. 소장 부본	1통
1. 납부서	1통

2000. O. .

위 원고 김 승 호 (인)

OO지방법원 귀중

[해 설]

1. 항변 등에 관한 판단

가. 위약금약정에 근거하여 계약금 몰취의 항변 : 매매계약서
합의해제를 원인으로 한 계약금반환청구에 대하여, 피고는 원고(매수인)가 오히려 채무불이행하였고 그 경우 계약금을 몰취하기로 위약금약정(손해배상예정액 약정이 있음)하였으나 계약금을 반환할 수 없다는 항변

나. 기한유예의 항변 : 기한유예서(기한유예합의서, 기한유예통지서)
이행지체로 인한 해제를 원인으로 한 계약금반환청구에 관하여, 원고로부터 당초의 인도일을 연기(유예)받았기에 해제가 부적법하다는 항변

[사례 148] 계약금반환청구 소장(위약금)

소 장

원 고 김 승 호 (OOOOOO-OOOOOOO) (전화 :)
대전 동구 가양남로 23번길 4 (우 :)

피 고 박 일 호 (OOOOOO-OOOOOOO)
대전 서구 가마절길 6 (우 :)

위약금 청구의 소

청 구 취 지

1. 피고는 원고에게 30,000,000원과 이에 대하여 이 사건 소장부본 송달다음날부터 다 갚는 날까지 연 15%의 비율로 계산한 돈을 지급하라.
2. 소송비용은 피고의 부담으로 한다.
3. 위 제1항은 가집행할 수 있다.

라는 판결을 구합니다.

청 구 원 인

1. 원고는 2017. 10. 4. 피고로부터 피고의 망 박일홍 소유인 경기도 화성시 서신면 전곡리 산 133 임야 147,527㎡를 대금 60,000,000원에 매수키로 하고 계약당일 계약금으로 30,000,000원을 지급하였고, 잔금은 2018. 1. 4.에 지급하기로 하였습니다.

2. 그리고 본 건 임야는 피고의 망 부 박일홍 명의로 되어 있어 상속절차를 밟아 위 잔금지급기일까지 원고에게 소유권이전등기를 하여 주기로 약정하였습니다.

3. 그러나 피고는 잔금지급기일까지 본 건 임야에 대한 상속절차를 마치지 못하였고, 기타 원고에게 소유권이전등기절차를 이행하여 줄 조치를 취하지 아니하므로 원고는 부득이 계약을 해제하고 계약서 제8조에 따라 위 계약금 60,000,000원의 배액을 피고로부터 받아야 합니다.

4. 그런데 피고는 그동안 수회에 걸쳐서 30,000,000원을 지급하였을 뿐 나머지 금 30,000,000원을 지급하지 아니하므로 위 30,000,000원과 이에 대하여 이 사건 소장 부본 송달다음날부터 다 갚는 날까지 소송촉진등에관한특례법에서 정한 연 15%의 비율로 계산한 지연손해금을 지급받고자 본 소 청구에 이르렀습니다.

입 증 방 법

1. 갑 제1호증 계약서
1. 갑 제2호증 통고서

그 밖의 입증서류는 변론시 수시 제출하겠습니다.

첨 부 서 류

1. 위 입증서류 사본 각 1통
1. 주민등록초본 2통
1. 소장 부본 1통
1. 납부서 1통

20○○. ○. .

위 원고 김 승 호 (인)

ㅇㅇ지방법원 귀중

[해 설]

1. 매매계약에 있어서 계약금은 당사자 일방이 이행에 착수할 때까지 매수인은 이를 포기하고 매도인은 그 배액을 상환하여 계약을 해제할 수 있는 해약금의 성질을 가지고 있고 다만 당사자의 일방이 위약한 경우 그 계약금을 위약금으로 하는 특약이 있는 경우에만 손해배상액의 예정으로서 성질을 갖는 것이다(대법원 1987. 2. 24. 선고 86누438 판결).
2. 매매계약서에 매수인이 계약사항을 불이행시에는 매도인이 일방적으로 해약하여도 이의할 수 없고 납부한 계약금을 매도인의 소유로 한다고 규정하고 있는 경우에도 위와 같은 약정에 따라 위 계약금이 위약금으로 몰취되었다는 권리멸각사유는 매도인에게 그 주장책임이 있다(대법원 1990. 2. 27. 선고 89다카 19412 판결)
3. 항변 등에 관한 판단
   가. 위약금약정에 근거하여 계약금 몰취의 항변 : 매매계약서
   합의해제를 원인으로 한 계약금반환청구에 대하여, 피고는 원고(매수인)가 오히려 채무불이행하였고 그 경우 계약금을 몰취하기로 위약금약정(손해배상예정액 약정이 있음)하였으나 계약금을 반환할 수 없다는 항변
   나. 기한유예의 항변 : 기한유예서(기한유예합의서, 기한유예통지서)
   이행지체로 인한 해제를 원인으로 한 계약금반환청구에 관하여, 원고로부터 당초의 인도일을 연기(유예)받았기에 해제가 부적법하다는 항변

[사례 149] 영업허가명의변경청구 소장(영업양도계약, 자동차운송사업면허)

소 장

원 고 이 용 삭 (OOOOOO-OOOOOOO) (전화 :)
서울 성동구 가람길 113(송정동) (우 :)

피 고 김 천 수 (OOOOOO-OOOOOOO)
서울 노원구 공릉로 98(공릉동) (우 :)

영업허가명의변경절차이행 청구의 소

청 구 취 지

1. 피고는 원고에게 별지 목록 기재 영업허가에 관하여 2017. 10. 30. 영업양도를 원인으로 한 명의변경절차를 이행하라.
2. 소송비용은 피고의 부담으로 한다.

라는 판결을 구합니다.

청 구 원 인

1. 원고는 2017. 10. 30. 피고로부터 피고가 경영하는 '소크라'라는 일반유흥접객업을 양도받았습니다.

2. 이에 원고는 영업양도를 원인으로 하여 피고에게 별지 목록 기재 영업허가의 명의변경절차의 이행을 구하고자 본 소 청구에 이르렀습니다.

첨 부 서 류

1. 소장 부본 1통
1. 납부서 1통

20OO. O. .

위 원고 이 용 삭 (인)

OO지방법원 귀중

영 업 허 가 품 목

허가번호	제153호
대 표 자	김 천 수
주민등록번호	620457-1953432
주 소	서울 노원구 공릉로 98(공릉동)
명 칭	소크라
소 재 지	서울 노원구 공릉로 67(공릉동)
업 종 명	일반유흥접객업소

허가년월일　　2015. 9. 27.
허 가 자　　서울노원구청장. 끝.

[해 설]
영업 양도계약성립 사실을 특정하여 기재하기 위하여는 계약당사자, 계약일시, 계약목적물을 기재하면 족할 것이다.

[사례 150] 약정금청구 소장(양도소득세 전가약정)

소　　　장

원 고　　박 정 직 (OOOOOO-OOOOOOO)　　(전화 :　　)
서울 동작구 신대방길 86(신대방동)　　(우 :　　)

피 고　　주식회사 영광 (OOOOOO-OOOOOOO)
서울 마포구 가양대로 143(상암동)　　(우 :　　)
대표이사 고 진 리

약정금 청구의 소

청 구 취 지

1. 피고는 원고에게 154,000,000원과 이에 대하여 2018. 3. 17.부터 이 사건 소장부본 송달일까지는 연 5%, 그 다음날부터 다 갚는 날까지는 연 15%의 각 비율로 계산한 돈을 지급하라.
2. 소송비용은 피고의 부담으로 한다.
3. 위 제1항은 가집행할 수 있다.

라는 판결을 구합니다.

청 구 원 인

1. 원고는 2017. 7. 15. 피고와 사이에 서울특별시 노원구 공릉동 236 대 1411㎡(이하 '이 사건 토지'라고 한다)를 개인에게 양도하는 경우 부과되는 양도소득세보다 더 많이 부과되는 양도소득세를 부과 즉시 법인체인 피고로부터 지급받기로 약정하고

피고에게 이 사건 토지를 양도한 사실이 있습니다.

2. 그 후 원고는 2018. 3. 16. 양수인이 법인체라는 이유로 양수인이 개인인 경우보다 154,000,000원의 양도소득세를 더 많이 부과받았습니다.

3. 이에 원고는 피고로부터 위 약정에 따라 154,000,000원과 2018. 3. 17.부터 이 사건 소장부본 송달일까지는 연 5%, 그 다음날부터 다 갚는 날까지는 소송촉진등에 관한특례법에서 정한 연 15%의 각 비율로 계산한 지연손해금을 지급받고자 본 소 청구에 이르렀습니다.

입 증 방 법

1. 갑 제1호증 확인서
1. 갑 제2호증 납세고지서 및 영수증서
1. 갑 제3호증 양도소득세결정결의서

그 밖의 입증서류는 변론시 수시 제출하겠습니다.

첨 부 서 류

1. 위 입증서류 사본 각 1통
1. 주민등록초본 1통
1. 법인등기사항증명서 1통
1. 폐쇄법인등기사항증명서 1통
1. 소장 부본 1통
1. 납부서 1통

20○○. ○. .

위 원고 박 정 직 (인)

○○지방법원 귀중

[해 설]

1. 피고법인의 명칭(상호)이 변경된 경우 폐쇄법인등기사항증명서를 첨부하여야 갑호증 확인서의 작성명의인이 피고와 동일법인임을 확인할 수 있어서 이 사건에서는 폐쇄법인등기사항증명서를 첨부하였다.

2. 이 사건과 같이 양도소득세를 양수인이 양도인에게 지급하기로 약정하는 경우 그 약정금액 역시 매매대금의 성질을 가지기 때문에 약정금액에 대하여도 양도소득세가 다시 부과되게 되어 순환하게 된다.
3. 무명계약의 경우 매매, 임대차, 소비대차, 고용, 도급 등 유명계약의 경우처럼 계약체결사실을 정형적으로 기재하는 것이 어렵다. 그러나 무명계약의 경우도 소송물을 특정하기 위하여 일반론에 따라 계약의 당사자, 계약의 내용, 계약이 성립된 일시 또는 장소를 기재하여 주어야 한다(실무상 계약체결의 경위나 배경까지 기재하여 계약의 내용을 잘 알 수 있도록 하는 경우도 종종 있다).
4. 채권은 물권과 달리 같은 내용의 권리가 동일 당사자 사이에 여러 개가 성립할 수 있기 때문에 권리의 주체와 그 권리의 내용만을 기재하여서는 아니되는 것이다. 권리가 성립한 일시를 특정시켜 주어야 하고 그 일시를 정확히 알 수 없는 경우에는 그 장소라도 기재하여 주어야 한다. 일시 장소까지 같은 채권들인 경우는 그 채권의 성립배경이나 성립경위까지라도 기재하여 서로 식별될 수 있도록 하여야 한다. 왜냐하면 재판의 대상인 소송물은 항상 역사적 사실이어야 하고 그 역사적 사실을 서로 식별 내지 구별할 수 있도록 하여야 하기 때문이다.

   역사적 사실이 아닌 가공사실은 재판의 대상이 될 수 없다. 그리고 역사적 사실을 서로 식별할 수 없는 상태에서의 재판이란 상식적으로 있을 수 없기 때문이다. 이와 같이 소장에 기재하는 사실은 반드시 역사적 사실이어야 하고 그 역사적 사실은 서로 식별될 수 있도록 특정하여야 한다는 사리가 발견되는데 이 사리를 특정의 원칙 내지 식별의 원칙이라고 일응 부를 수 있지 않을까 생각한다.
5. 이 사건은 양도세 전가약정을 청구권원으로 하는 것으로서 양도세부과를 정지조건으로 하는 계약이라고 보인다. 정지조건의 성취는 원고가 주장 입증하여야 한다.

[사례 151] 약정금청구 소장

소　　　장

원 고　　권 영 길 (OOOOOO-OOOOOOO)　　(전화 :　　)
　　　　서울 서초구 강남대로 27(양재동)　　(우 :　　)

피 고　　박 상 운 (OOOOOO-OOOOOOO)
　　　　서울 동작구 신대방길 86(신대방동)　　(우 :　　)

약정금 청구의 소

청 구 취 지

1. 피고는 원고에게 35,000,000원과 이에 대하여 2017. 9. 21.부터 이 사건 소장부본 송달일까지는 연 5%, 그 다음날부터 다 갚는 날까지는 연 15%의 각 비율로 계산한 돈을 지급하라.
2. 소송비용은 피고의 부담으로 한다.
3. 위 제1항은 가집행할 수 있다.

라는 판결을 구합니다.

청 구 원 인

1. 원고와 피고간에 2017. 5. 20. 피고 소유의 서울특별시 관악구 봉천동 325-12 소재 공장용지 3,965㎡에 관하여 180,000,000원에 매도하는 계약이 체결되었고, 같은 날 원고는 피고에게 계약금 20,000,000원을 지급하였습니다.

2. 그 후 피고는 위 부동산을 제3자에게 이중양도하였는 바, 원고가 피고에게 그 책임을 추궁하자 피고는 2017. 7. 27. 원고와의 위 매매계약을 해제하면서 원고가 지급했던 계약금반환과 아울러 손해배상금조로 35,000,000원을 같은 해 9. 20.까지 원고에게 지급하기로 약정하였습니다.

3. 그런데 원고는 약정일자에 피고에게 위 약정금 지급을 청구하였으나 피고는 이에 불응하고 있습니다.

4. 그렇다면 원고는 피고로부터 위 약정금 35,000,000원과 이에 대하여 약정지급기일 다음날인 2017. 9. 21.부터 이 사건 소장부본 송달일까지는 민법 소정의 연 5%, 그 다음날부터 다 갚는 날까지는 소송촉진등에관한특례법에서 정한 연 15%의 각 비율로 계산한 지연손해금을 지급받고자 본 소 청구에 이른 것입니다.

입 증 방 법

1. 갑 제1호증 지불증

그 밖의 입증서류는 변론시 수시 제출하겠습니다.

첨 부 서 류

1. 위 입증서류 사본 각 1통
1. 주민등록초본 1통
1. 소장 부본 1통

1. 납부서　　　　　　　　　1통

2000. 0.　.

위 원고 권 영 길 (인)

ㅇㅇ지방법원 귀중

[사례 152] 화해금청구 소장(각서, 현금보관증, 화해계약, 무명계약)

소　　　장

원 고　한 민 주 (000000-0000000)　(전화 :　　)
　　　서울 관악구 관악로 106(봉천동)　(우 :　　)

피 고　1. 서 애 경 (000000-0000000)
　　　2. 정 인 권 (000000-0000000)
　　　　위 피고들의 주소 :
　　　　　서울 송파구 가락로 14(석촌동)　(우 :　　)

화해금 청구의 소

청 구 취 지

1. 피고들은 각자 원고에게 22,000,000원과 이에 대하여 2017. 8. 19.부터 이 사건 소장부본 송달일까지는 연 5%, 그 다음날부터 다 갚는 날까지는 연 15%의 각 비율로 계산한 돈을 지급하라.
2. 소송비용은 피고들의 부담으로 한다.
3. 위 제1항은 가집행할 수 있다.

라는 판결을 구합니다.

청 구 원 인

1. 원고는 2016. 11. 18. 피고 서애경에게 20,000,000원을 이자는 월 2%, 변제기는 2017. 2. 18.로 정하여 대여한 사실이 있습니다.

2. 그런데 피고 서애경이 위 원리금을 제대로 변제하지 아니하여 원고와 피고 서애경, 그리고 피고 서애경의 남편인 피고 정인권이 서로 다투다가, 2017. 6. 27. 원고와 피고들은, 피고들이 각자 원고에게 22,000,000원을 2017. 8. 18.까지 변제하기로 하고 서로 화해하였습니다.

3. 이에 원고는 피고들로부터 각자 위 화해약정을 원인으로 하여 화해금 22,000,000원과 이에 대한 지급기한 다음날부터 이 사건 소장부본 송달일까지는 연 5%, 그 다음날부터 다 갚는 날까지는 소송촉등에관한특례법에서 정한 연 15%의 각 비율로 계산한 지연손해금을 지급받고자 본 소 청구에 이르렀습니다.

입 증 방 법

1. 갑 제1호증 각서

그 밖의 입증서류는 변론시 수시 제출하겠습니다.

첨 부 서 류

1. 위 입증서류 사본 각 1통
1. 주민등록초본 3통
1. 소장 부본 1통
1. 납부서 1통

20OO. O. .

위 원고 한 민 주 (인)

O O 지 방 법 원 귀 중

[해 설]

1. 우리 사회에는 각서, 현금보관증, 차용증 등의 증서를 작성하면서 화해를 하는 경우가 많다. 이러한 경우 각서 등의 서류는 연대보증계약, 중첩적 채무인수계약, 준소비대차계약, 또는 화해계약 등의 실체를 가지는 경우가 있음에 주의할 필요가 있다.
2. 이 사건에서 화해라는 용어를 사용하고 있으나 이는 민법 제731조가 규정하는 본래 의미의 화해는 아니다. 본래 의미의 화해는 권리의무관계에 관하여 다툼이 존재하여야 하는데 이 사건의 경우는 권리의무관계에 관하여는 다툼이 없고 단지 의무이행을 지체만 하고 있기 때문이다. 이 사건의 청구권원은 화해 유사의 무명계약이다. 사건명은 그 사건의 법적 성질

을 가장 잘 나타내는 용어로 붙이는 것이 원칙이나 사건명은 법적으로 아무런 의미가 없기 때문에 사건명에 신경쓸 필요가 없다. 법적 성질은 이론에서나 문제가 되는 것이지 피고의 이행 의무의 유무만이 쟁점이 되어 있는 사건에서는 거의 문제가 되지 아니한다. 또한 권리 의무가 발생하는 유형에는 계약과 불법행위, 부당이득, 사무관리 등이 있다. 여기서 다루는 '약정'은 계약에 해당한다. 그리고 흔한 매매계약이나 임대차계약, 소비대차계약 등 역시 '약정'임에 다를 바 없다. 따라서 매매대금청구나 임료청구, 대여금청구를 약정금청구라고 표현했다하더라도 아무런 문제가 없다. 가급적 공감대가 형성되어 많이 통용되는 용어를 사용하여 주는 것이 사회에 같이 살아가는 사람으로서의 도리일 뿐이다. 무명계약에서 생기는 금전지급청구권에 기하여 금전의 지급을 청구하는 경우 통용되는 계약의 이름이 없으므로 계약금이라고 사건명을 붙이는 것이 원래 더 적절했을지도 모른다. 그러나 실무관행상 계약금이라는 용어는 잘 쓰이지 아니하고 약정금이라는 용어가 잘 쓰인다. 이것은 아마도 계약금이라고 하면 민법 제565조에서 해약금으로 해석되는 계약금과 혼동될 가능성이 높아서 그런 혼동을 막기 위해서였을 것 같이 생각된다. 그리고 매매계약에서 생기는 금전지급청구권에 기하여 금전의 지급을 청구하는 경우 매매계약금이라고 사건명을 붙이지 아니하고 매매대금이라고 사건명을 붙이는 것 역시 지극히 적절한 실무관행이라고 생각된다.

[사례 153] 보험금청구 소장(제3자를 위한 계약, 무면허 면책약관의 적용범위)

소 장

원 고 신 한 국 (OOOOOO-OOOOOOO) (전화 :)
서울 송파구 가락로 14(석촌동) (우 :)

피 고 기쁨보험 주식회사 (OOOOOO-OOOOOOO)
서울 동작구 신대방길 86(신대방동) (우 :)
대표이사 조 기 쁨

보험금 청구의 소

청 구 취 지

1. 피고는 원고에게 100,000,000원과 이에 대하여 2016. 6. 2.부터 2016. 10. 7.까지는 연 5%, 그 다음날부터 다 갚는 날까지는 연 15%의 각 비율로 계산한 돈을 지급하라.
2. 소송비용은 피고의 부담으로 한다.

3. 위 제1항은 가집행할 수 있다.
라는 판결을 구합니다.

청 구 원 인

1. 소외 주식회사 한주렌틀카는 2016. 5. 10. 피고와 사이에 피보험차량을 서울 1라 1111호 승용차, 보험기간을 2016. 5. 10.부터 2016. 8. 10.까지로 하는 대인배상자동차보험계약을 맺은 사실이 있습니다.

2. 그런데 소외 배창호는 2016. 6. 1. 위 소외 회사로부터 위 승용차를 대여 받아 운전하여 다니다가 만년장여관 주차장에 세워 놓고 위 승용차 열쇠를 위 여관방 텔레비젼 위에 놓고 방문을 잠그지 않은 채 잠이 들었는데 소외 전병기는 자동차운전면허가 없음에도 불구하고 위 승용차 열쇠를 임의로 가지고 가 위 승용차를 운전하여 다니다가 소외 이복지를 들이받아 사망하게 하였습니다.

3. 이에 위 망인의 유족인 원고는 위 소외 회사를 상대로 소를 제기하여 2017. 7. 17. 위 소외 회사는 원고에게 청구취지 제1항 기재와 같은 금원을 지급하라는 판결이 선고되어 2017. 9. 23. 확정되었습니다.

4. 원고는 피고로부터 자동차보통보험약관의 규정에 따라 위 판결에 의하여 확정된 금원인 100,000,000원과 이에 대하여 2016. 6. 2.부터 2016. 10. 7.까지는 연 5%, 그 다음날부터 다 갚는 날까지는 소송촉진등에관한특례법에서 정한 연 15%의 각 비율로 계산한 지연손해금을 지급받고자 본 소 청구에 이르렀습니다.

입 증 방 법

1. 갑 제1호증 판결정본
1. 갑 제2호증 송달증명
1. 갑 제3호증 확정증명
1. 갑 제4호증 보험가입증명서
1. 갑 제5호증 약관

그 밖의 입증서류는 변론시 수시 제출하겠습니다.

첨 부 서 류

1. 위 입증서류 사본 각 1통
1. 주민등록초본 1통

1. 법인등기사항증명서 1통
1. 소장 부본 1통
1. 납부서 1통

2000. ○. .

위 원고 신 한 국 (인)

ㅇㅇ지방법원 귀중

[해 설]

1. 렌틀카로 인한 사고에 대하여 렌틀카회사 상대로 자배법상의 책임을 묻는 소를 제기하여 판결을 받았으나 보험회사가 무면허운전으로 생긴 사고이므로 보험약관 소정의 면책사유에 해당한다고 하면서 지급을 거절하여 다시 보험회사 상대로 보험금을 청구하는 경우이다. 그러나 이런 청구는 피해자가 보험회사를 상대로 직접 보험금을 청구할 수 있도록 법이 개정되었다.
2. 무면허운전자가 보험계약자나 기명피보험자의 명시적, 묵시적 승낙 하에 운전한 경우에만 보험약관 소정의 무면허 면책약관에 해당된다(대법원 1991. 12. 24. 선고 전원합의체 판결 90다카23899). 대법원 1993. 12. 28.선고, 93다39997 판결도 종합보험보통 약관의 무면허면책조항은 무면허운전이 보험계약자나 피보험자의 지배 또는 관리가 가능한 상황에서 이루어진 경우에 한하여 적용되는 조항이고 이와 같이 수정된 범위 내에서 유효한 조항이라고 한다.
3. 판례의 변경으로 인하여 비로소 보험금청구권이 있는 것을 안 경우에는 변경된 판례의 대법원 판결선고일로부터 시효기간을 기산한다.

[사례 154] 전세금반환청구 소장(채권적 전세계약, 전세계약합의 해지)

소 장

원 고 유 성 호 (○○○○○○-○○○○○○○)
서울 송파구 가락로 14(석촌동) (우 :)

피 고 정 용 덕 (○○○○○○-○○○○○○○)
서울 성동구 가람길 113(송정동) (우 :)

전세금반환 청구의 소

청 구 취 지

1. 피고는 원고에게 14,000,000원과 이에 대하여 2017. 5. 1.부터 이 사건 소장부본 송달일까지 연 5%, 그 다음 날부터 다 갚는 날까지는 연 15%의 각 비율로 계산한 돈을 지급하라.
2. 소송비용은 피고의 부담으로 한다.
3. 위 제1항은 가집행할 수 있다.

라는 판결을 구합니다.

청 구 원 인

1. 원고는 2015. 11. 16. 피고로부터 서울특별시 은평구 가좌로 164(응암동) 주택 중 3층을 전세금 20,000,000원, 전세기간 2017. 12. 10.까지로 정하고 채권적 전세계약을 체결하였습니다.

2. 그런데 원고측의 사정으로 인하여 2017. 4. 21. 이 전세계약을 합의해지하고 6,000,000원은 반환받았으나 나머지 14,000,000원은 반환받지 못하였는데 2017. 4. 30.까지 반환받기로 약정했었습니다.

3. 따라서 원고는 피고로부터 이 전세계약 합의해지약정을 원인으로 하여 아직 반환되지 아니한 7,500,000원과 이에 대하여 반환약정일 다음날부터 이 사건 소장부본 송달일까지는 연 5%, 그 다음날부터 다 갚는 날까지는 소송촉진등에관한특례법에서 정한 연 15%의 각 비율로 계산한 지연손해금을 지급받고자 본 소 청구에 이르렀습니다.

입 증 방 법

1. 갑 제1호증 부동산전세계약서
1. 갑 제2호증 지불각서

그 밖의 입증서류는 변론시 수시 제출하겠습니다.

첨 부 서 류

1. 위 입증서류 사본 각 1통
1. 주민등록초본 2통
1. 소장 부본 1통

1. 납부서 1통

2000. 0. .

위 원고 유 성 호 (인)

OO지방법원 귀중

[해 설]
이 사건 역시 전세금이라고 사건명을 붙이기는 하였지만 그 법적 성질은 앞에서 줄곧 설명한바와 같이 약정금이다. 합의해지 역시 해지계약 내지 해지약정이기 때문이다.

[사례 155] 재해보상금청구 소장(근로기준법)

소 장

원 고 1. 김 경 해 (000000-0000000) (전화 :)
서울 송파구 가락로 14(석촌동) (우 :)
2. 김 영 해 (000000-0000000)
서울 동작구 신대방길 86(신대방동) (우 :)

피 고 주식회사 광천은행 (000000-0000000)
서울 노원구 공릉로 98(공릉동) (우 :)
대표이사 김 인 철

보상금 청구의 소

청 구 취 지

1. 피고는 원고들에게 248,725,930원과 이에 대하여 2017. 12. 25.부터 이 사건 소장 부본 송달일까지는 연 5%, 그 다음날부터 다 갚는 날까지는 연 15%의 각 비율로 계산한 돈을 지급하라.
2. 소송비용은 피고의 부담으로 한다.
3. 위 제1항은 가집행할 수 있다.

라는 판결을 구합니다.

청 구 원 인

1. 피고는 서울 노원구 공릉로 26(공릉동)에 본점을 두고 금융업을 하는 법인입니다. 소외 망 김의철은 2001. 3. 5. 피고은행에 입사한 이후 2016. 8. 17. 피고은행의 공릉지점 개설 준비위원장으로 부임한 이래 같은 지점 지점장으로 근무하여 오던 자로서 2017. 12. 24. 14 : 50경 서울 동작구 신대방길 23(신대방동) 소재 르네상스 사우나장에서 심장마비로 사망하였습니다.

2. 피고은행의 복지규정 제19조 제3, 4호에 의하면 피고은행은 직원이 업무로 인하여 사망한 경우(이하 '업무상 사망'이라고 한다)에는 그 유족에게 평균임금 1천 일분의 유족보상과 150일분의 장례비를 지급하도록 되어 있습니다. 위 김의철의 유족으로는 딸인 원고 김경해, 원고 김영해가 있습니다.

3. 위 망인은 평소 별다른 지병 없이 건강하였으나, 위 은행의 신설지점인 공릉지점의 초대지점장으로서 평상시의 기본업무 이외에도 단기간 내에 수신고를 높이기 위하여 주야로 술자리, 골프 기타 섭외활동을 벌이느라 그 업무가 매우 과중하였으며, 사망 당일도 평소 누적된 과로로 인하여 피곤한 상태에서 평소 대출업무상 긴밀한 협조관계에 있던 신용보증기금 공릉지점장 소외 이기수의 초대로 노원구지역 금융기관지점장, 중소기업체 경영자 등 수인과 함께 점심식사를 한 후 위 이기수와 소외 김학영 경영의 중소기업체인 세영금속에 대한 대출관계를 계속 협의하기 위하여 위 사우나에 들렀다가 사망하게 된 것으로서, 이는 업무상 사망에 해당합니다.

4. 그러므로 피고는 근로기준법 제82조, 제83조, 같은 법 시행령 제48조, 제49조, 제50조에 따라 위 망인의 유족들인 원고들에게 피고의 위 복지규정에 의한 유족보상금과 장례비의 합계액 금 248,725,930원을 균분하여 지급할 의무가 있다 할 것이므로, 청구취지 기재와 같은 돈을 지급받고자 본 소 청구에 이르렀습니다.

입 증 방 법

변론시 수시 제출하겠습니다.

첨 부 서 류

1. 주민등록초본	2통
1. 법인등기사항증명서	1통
1. 소장 부본	1통
1. 납부서	1통

2000. 0. .

위 원고 김 경 해 (인)
위 원고 김 영 해 (인)

ㅇㅇ지방법원 귀중

[해 설]

1. 민법 제408조가 분할채권채무원칙을 천명하고 있으므로 피고는 원고 김경해에게 금 124,362,965원, 원고 김영해에게 금 124,362,965원을 각 지급하면 된다.
2. 민사특별청구편은 민법상의 일반적인 채권채무발생원인인 계약, 불법행위, 부당이득, 시효취득, 채무불이행 등과 민법상의 일반적인 물권적청구권발생원인인 소유권 등을 제외한 민사특별법의 규정에 의한 청구를 편의상 한 군데 모은 것이다. 따라서 어떤 특별한 의미를 지니는 것은 아니다. 법실증주의에 의하면 모든 권리는 실정법의 규정에 의하여만 발생한다는 것이므로 계약, 불법행위, 부당이득, 시효취득, 채무불이행 역시 민법이 어떤 권리의 발생원인으로 규정하고 있기 때문에 청구원인이 되는 것이 되며, 소유권 등 역시 민법이 권리로 규정하고 있기 때문에 청구원인이 될 수 있는 것이라고 하게 된다. 이에 반하여 자연법사상에 의하면 법의 규정이 없더라도 당연히 법의 존재 이전에 권리를 행사할 수 있다고 하는 것이 된다. 이 법실증주의사상이나 자연법사상이나 법실무에 있어서는 거의 큰 차이가 없다. 법의 발생내지 권리의 발생에 대한 시각 차이에 불과하다.
   실무에 있어서는 위 양 사상의 절충주의로 운영되는 경향이 있기 때문이다. 자연법사상이 주장하는 권리를 실정법이 거의 빠짐없이 규정하고 있으며 실정법이 규정하고 있지 못한 권리는 판례상 거의 모두 인정해 주고 있기 때문이다. 어떻든 이 사건은 실질적 의미의 민법인 근로기준법상의 제8장 재해보상편에 규정되어 있는 재해보상청구권에 기한 청구인 것이다. 이런 점에서 근로기준법이 노동행정법으로서의 성질만이 아니라 민사특별법으로서의 성질도 가지고 있다고 할 것이다. 즉, 근로기준법은 민사상 청구권마저 창출해 내고 있는 것이다.

[사례 156] 보험금청구 소장

소 장

원 고 김 정 기 (000000-0000000) (전화 :)
서울 노원구 성동구 가람길 113(송정동) (우 :)

피 고 동동화재해상보험 주식회사 (OOOOOO-OOOOOOO)
서울 동작구 신대방길 86(신대방동) (우 :)
대표이사 김 연 기

보험금 청구의 소

청 구 취 지

1. 피고는 원고에게 13,100,000원과 이에 대하여 이 사건 소장부본 송달다음날부터 다 갚는 날까지 연 15%의 비율로 계산한 돈을 지급하라.
2. 소송비용은 피고의 부담으로 한다.
3. 위 제1항은 가집행할 수 있다.

라는 판결을 구합니다.

청 구 원 인

1. 원고는 피고와 사이에 2017. 2. 10. 피보험자를 원고, 보험종목을 뷔아이피상해보험, 보험기간을 2017. 2. 10.부터 2018. 2. 10.까지, 보험금을 사망, 후유장애의 경우 150,000,000원, 의료비 5,000,000원, 입원비 주당 490,000원, 휴업보상금 일당 30,000원으로 하는 내용의 상해보험계약을 맺었습니다.

2. 그런데 원고는 2017. 3. 14. 06:40경 서울 경동시장 앞 도로에서 소외 손수인이 운전하던 서울 1브4132호 차량에 탑승하여 가다가 앞서가던 버스를 추돌하여 전치 3주의 경,요추부 염좌상을 입었습니다.
   이로 인하여 원고는 입원비 9,170,000원(입원기간 2017. 3. 14.부터 2017. 7. 22.까지 131일, 주당 490,000원÷7일=70,000원, 70,000원×131일=9,170,000원), 휴업보상금 3,930,000원(1일 30,000원×131일) 합계 13,100,000원의 보험금지급청구권을 취득하였다고 할 것입니다.

3. 이에 원고는 위 보험계약에 기하여 피고로부터 13,100,000원과 이에 대하여 이 사건 소장부본 송달다음날부터 다 갚는 날까지 소송촉진등에관한특례법에서 정한 연 15%의 비율로 계산한 지연손해금의 지급받고자 본 소 청구에 이른 것입니다.

입 증 방 법

변론시 수시 제출하겠습니다.

첨 부 서 류

1. 주민등록초본 2통
1. 법인등기사항증명서 1통
1. 소장 부본 1통
1. 납부서 1통

20OO. O. .

위 원고 김 정 기 (인)

O O 지 방 법 원 귀 중

[사례 157] 보험금청구 소장

소 장

원 고 1. 정 호 운 (OOOOOO-OOOOOOO) (전화 :)
2. 윤 경 자 (OOOOOO-OOOOOOO)
3. 정 장 남 (OOOOOO-OOOOOOO)
4. 정 일 녀 (OOOOOO-OOOOOOO)
위 원고들의 주소 :
서울 마포구 가양대로 143(상암동) (우 :)

피 고 한국자동차보험 주식회사 (OOOOOO-OOOOOOO)
서울 관악구 관악로 106(봉천동) (우 :)
대표이사 김 인 철

보상금 청구의 소

청 구 취 지

1. 피고는 원고 정호윤에게 183,525,48원, 원고 윤경자에게 3,000,000원, 원고 정장남, 정일녀에게 각 1,500,000원과 각 이에 대하여 2017. 5. 18.부터 2018. 2. 5.까

지는 연 5%, 그 다음날부터 다 갚는 날까지는 연 15%의 각 비율로 계산한 돈을 지급하라,

2. 소송비용은 피고의 부담으로 한다.
3. 위 제1항은 가집행할 수 있다.

라는 판결을 구합니다.

청 구 원 인

1. 원고 정호윤은 2017. 5. 18. 23:00경 서울 마포구 노고산동 128-7 앞길을 건너던 중 소외 진한길이 운전하던 소외 민인구 소유의 서울 3거4949호 소나타승용차에 받쳐 뇌좌상 및 두개골 골절 등의 상해를 입었습니다.

2. 위 원고와 그의 처 및 자녀들인 나머지 원고들은 위 민인구를 피고로, 위 교통사고 발생사실을 청구원인으로 한 손해배상 청구소송에서 제2심인 서울고등법원으로부터 위 민인구는 원고 정호윤에게 183,525,483원, 원고 윤경자에게 3,000,000원, 원고 정장남, 정일녀에게 각 183,525,483원, 원고 윤경자에게 3,000,000원, 원고 정장남, 정일녀에게 각 1,500,000원과 각 이에 대하여 2017. 5. 18.부터 2018. 2. 5.까지는 연 5%, 그 다음날부터 다 갚는 날까지는 연 15%의 각 비율로 계산한 돈을 지급하라는 판결을 받았으며, 위 판결은 그대로 확정되었습니다.

3. 피고는 위 민인구를 피보험자로 위 승용차를 피보험자동차로 한 자동차종합보험의 피보험자이고, 피고의 자동차종합보험 보험약관에 의하면 피보험자가 피해자에게 지는 손해배상액에 관하여 판결의 확정이 있는 때에는 피해자가 피고에게 보험금을 직접 청구할 수 있습니다.

4. 그렇다면 피고는 피고의 위 약관에 의하여 원고들에게 원고들이 서울고등법원으로부터 받은 위 판결의 내용에 따라 위 민인구가 원고들에게 각 지급할 금액과 같은 금액의 보험금을 각 지급할 의무가 있다 할 것이므로 청구취지 기재와 같은 돈을 지급받고자 본 소 청구에 이르렀습니다.

입 증 방 법

1. 갑 제1호증의 1　　　판결정본
1. 갑 제1호증의 2　　　위 확정증명
1. 갑 제2호증　　　　　약관

그 밖의 입증서류는 변론시 수시 제출하겠습니다.

첨 부 서 류

1. 위 입증서류 사본 각 1통
1. 주민등록초본 2통
1. 소장 부본 1통
1. 납부서 1통

2000. O. .

위 원고 1. 정 호 운 (인)
2. 윤 경 자 (인)
3. 정 장 남 (인)
4. 정 일 녀 (인)

OO지방법원 귀중

[해 설]

1. 책임보험에서는 보험금액 자체가 피보험자의 배상금액으로서 손해금과 보험사고일부터의 지연손해금으로 구성되기 때문에 거기에다가 다시 그 보험금액에 대한 지연손해금을 구하는 경우가 드물다. 다만, 모든 보험금청구에서 보험금액에 대한 지연손해금은 약정기한이 있으면 그 기일의 다음날부터, 약정기한이 없으면 원고의 보험사고발생통지일(상법 657조)부터 10일 이상이 지난 다음날(상법 658조)부터 각 발생함(지연손해금 기산일).
2. 책임보험과 자동차손해배상보험에서 제3자(피해자)도 법규정(상법 724조 2항 자동차손해배상보장법 9조)에 따라 보험자에게 직접 보험금을 청구할 수 있고, 다음 보험에서도 정하여진 경우 직접청구 가능하다.
3. 피해자가 피보험자와 보험자를 공동피고로 청구한 경우(피고 '피보험자' 및 '보험자') 공동피고들 사이의 중첩관계는 부진정 연대("각자")임
4. 피보험자와 수익자가 다른 경우(원고 '수익자', 피고 '보험자'), 수익자가 보험금청구를 하여야 하는데, 피보험자가 청구를 하는 경우가 있다. 보험증권 등을 면밀히 검토하여 수익자가 따로 있는데 피보험자가 청구를 하는 경우 원고에게 이 점을 알려 수익자가 새로운 소송을 제기할 필요가 있다. 다만, 보험금청구권의 소멸시효가 2년이기 때문에 수익자가 다시 청구를 할 경우 소멸시효가 완성되었을 수도 있는데 이 점을 유의하여야 한다.
5. 보험모집인이 보험계약자 대신 보험금을 보험회사에 지급하였다고 주장하며 보험계약자를 상대로 그 금원의 지급을 구하는 경우, 사무관리에 기하여 청구하는 것이라 할 것인데 사무관리라는 법률용어를 쓰지 않는 경우가 보통이다. 따라서 청구근거를 명확히 하여야 한다. 사무관리가 성립하기 위해서는 우선 그 사무가 타인의 사무이고 타인을 위하여 사무를 처리

하는 의사, 즉 관리의 사실상의 이익을 타인에게 귀속시키려는 의사가 있어야 함은 물론 나아가 그 사무처리가 본인에게 불리하거나 본인의 의사에 반한다는 것이 명백하지 아니한 것을 요한다(대법원 1997. 10. 10. 선고 97다26326 판결).

6. 자동차배상책임보험과 같이 보험금이 피보험자의 손해배상책임액으로 약정된 경우, 손해배상청구소송과 동일하게 손해액을 구체적으로 주장, 입증하여야 한다, 그러나 생명보험과 같이 보험금이 정액으로 약정되어 있는 경우에는 손해액을 주장, 입증할 필요가 없다.
7. 항변 등에 관한 판단
   가. 보증보험사고(즉, 보험가입자의 주계약위반)의 발생 여부에 관한 항쟁
      (1) 보험가입자에 대한 소송고지신청을 함께 하는 경우가 많다.
      (2) 보험사고의 발생은 청구원인사실로서 원고가 보험가입자의 주계약위반사실을 입증하여야 한다.
   나. 상해보험, 질병보험에서 장해등급 등 보험금 수액(청구금액)에 관한 항쟁 : (원고)신체감정촉탁신청, 의료기관 사실조회 → 청구금액에 관한 사항으로서 원고가 입증하여야 한다.
   다. 고의 · 중과실 항변 : 피고(보험자)는 보험사고가 원고(보험계약자 또는 피보험자)의 고의 · 중과실로 발생하였다는 항변
   라. 해지 항변(4가지 유형) : 내용증명에 의한 해지통지서
      (1) 원고(보험계약자 또는 피보험자)가 보험계약체결 당시까지 중요한 사항을 고의 · 중과실로 불고지하거나 불성실 고지하여(고지의무위반) 그 이유로 보험계약을 해지하였다(보험금지급책임이 소급하여 소멸함)는 항변 : 질문표, 응답서, 내용증명(해지통지서
      (2) 원고의 재항변
         (가) 고지의무위반사실(중요한 사항)에 관해 피고가 악의 또는 중과실로 알지 못했다는 재항변
         (나) 고지의무 위반과 보험사고발생 사이에 인과관계가 없다는 재항변(대법원 1994. 2. 25. 선고 93다52082 판결).
         (다) 피고가 보험계약체결시에 고지의무가 기재된 보험약관에 대하여 구체적이고 상세한 설명을 하지 아니하였다(보험약관 명시 · 설명의무위반)는 재항변 : 보험설계사의 사실확인서
      (3) 원고의 (계속)보험료미납을 이유로 보험계약을 해지하였다는 항변
         (가) 상당한 기간을 정하여 최고한 후 해지할 수 있음(피고가 적법한 최고 및 해지절차를 거쳤음을 입증하여야 함) : 보험료납입명세서, 납입최고서, 내용증명에 의한 해지통지서
         (나) 제1회보험료를 미납한 경우 별도 절차 없이 계약이 해제된 것으로 간주된다.
      (4) 원고가 보험사고발생의 위험이 현저하게 변경 또는 증가된 사실을 알고도 통지하지 아니하여 계약을 해지하였다는 항변 : 내용증명(해지통지서)
      (5) 원고의 고의 · 중과실로 인하여 보험사고발생의 위험이 현저히 변경 · 증가하였음을 이유로 계약을 해지하였다는 항변 : 내용증명(해지통지서)

마. 소멸시효항변

(1) 보험금을 청구할 수 있는 날로부터 2년의 단기소멸시효가 도과하였다는 항변

(2) 시효기간 : 2년(상법 662조)

(3) 기산일 : 원칙적으로 보험사고 발생시

(4) 소멸시효 항변을 인정한 판결문 : 따라서 피고의 원고에 대한 이 사건 보험금청구권 역시 이 사건 사고발생일은 2011. 12. 27.부터 상법 제662조 소정의 소멸시효가 진행된다고 할 것인데, 피고가 2011. 12. 27.부터 2년이 훨씬 도과한 2014. 11. 9.경에 이르러서야 원고에게 이 사건 각 보험계약에 따른 보험금의 지급을 청구하였다는 점에 대해서는 당사자 사이에 별다른 다툼이 없으므로, 결국 원고의 피고에 대한 보험금청구권은 2013. 12. 27.경 이미 시효로 소멸되었다고 할 것이다(의정부지법 2010. 9. 14. 선고 2010가단8655 판결 참조).

[사례 158] 청산금청구 소장(수용보상금의 출급, 시효취득과 대상청구)

소　　장

원　고　　보람 주식회사 (OOOOOO-OOOOOOO)　　(전화 :　　　)
　　　　　광주 북구 각화대로 38(각화동)　　　　(우 :　　　)
　　　　　대표이사 김 민 주

피　고　　광주광역시
　　　　　대표자 시장 김 복 지

청산금 청구의 소

청 구 취 지

1. 피고는 원고에게 21,526,384원을 지급하라.
2. 소송비용은 피고의 부담으로 한다.
3. 위 제1항은 가집행할 수 있다.

라는 판결을 구합니다.

청 구 원 인

1. 광주광역시 동구 산수동 84-1 대 972㎡은 원고가 2017. 7. 1. 소외 장정의로부터

매수하여 그 날 원고 앞으로 등기를 마친 원고의 소유로서 소외 이창공에게 소유권을 이전한 사실이 없습니다.

2. 그런데 위 토지에 관하여 소외 이창공 앞으로 소유권이전등기가 경료되어 있습니다.

3. 따라서 소외 이창공 명의의 소유권이전등기는 원인무효의 것입니다.

4. 한편 피고는 위 토지를 포함하고 있는 지역에 토지구획정리사업을 시행하여 2017. 7. 3. 환지처분공고를 하고 위 토지에는 환지를 정하지 아니하고 소유자에게 청산금 21,526,384원을 교부하기로 하였습니다.

5. 그러므로 원고는 위 토지의 진정한 소유자로서 피고로부터 청산금 1,526,384원의 교부받고자 본 소 청구에 이르렀습니다.

입 증 방 법

변론시 수시 제출하겠습니다.

첨 부 서 류

1. 법인등기사항증명서 1통
1. 소장 부본 1통
1. 납부서 1통

20○○. ○. .

위 원고 보람 주식회사
대표이사 김 민 주 (인)

○ ○ 지 방 법 원 귀 중

[해 설]

1. 이런 사건에서는 소외 이창공을 피고로 하여 소유권확인을 동시에 청구하는 것도 좋다. 또한 소외 이창공에게 소송고지를 하여 두는 것도 좋다. 소송고지는 법원에 신청하면 법원이 그 소송고지서를 소외 이창공에게 송달하여 준다.
2. 소외 이창공의 입장에서는 자신이 피고로 되든 아니되든 피고 천안시를 보조참가하는 것이 좋을 것이다. 소송의 결과에 관하여 이해관계가 있는 제3자이기 때문이다. 소외 이창공이

피고로 된 경우에도 소외 이창공은 피고 천안시에 보조참가를 하여 피고 겸 피고 천안시 보조 참가인으로 소송을 수행하여야 할 것이다. 만일 피고 천안시가 원고의 주장사실을 명백히 다투지 아니하여 원고의 피고 천안시에 대한 청구가 인용된다면 소외 이창공은 청산금을 못 받을 수도 있기 때문이다.

3. 원고는 이창공 명의의 등기가 원인무효임을 잘 입증하여야 할 것이다.
4. 이 사건은 도시개발법이 토지소유자에게 부여한 청산금교부청구권(같은 법 제40조, 제45조)을 행사하는 사건이다. 보통 이런 사건은 사업시행자가 등기부상 소유자에게 청산금을 교부하려고 하기 때문에 실제 소유자이나 등기부상 원인무효의 등기가 경료되어 있는 관계로 소유자로 인정을 받지 못하는 경우 제기한다. 사업시행자는 토지구획정리 사업지구내 토지의 소유자에 대하여 다툼이 있는 경우 등기부상 소유자 앞으로 공탁을 해버리는 경우가 많다. 등기부상 소유자 앞으로 수용보상금을 공탁해 버린 경우에는 진정한 소유자는 등기부상 소유자를 상대로 원인무효로 인한 소유권등기 말소등기청구의 소를 제기하여 자신이 진정한 소유자임이 명시되어 있는 판결을 받거나 사업시행자를 상대로 자신이 소유자임을 확인하는 판결을 받아 공탁금출급청구권을 증명하는 서면으로 공탁금출급청구서에 첨부, 제출하여 공탁된 수용보상금을 출급받을 수 있을 것이다. 또한 사업시행자가 채권자 절대적 불확지로 수용보상금을 공탁해 버린 경우에는 사업시행자(기업자)로 하여금 피공탁자를 지정하는 공탁서 정정신청을 하도록 하여 공탁된 수용보상금을 출급하거나 또는 사업시행자가 이를 거부하는 경우에는 사업시행자를 상대로 공탁금출급청구권확인판결을 받아 그 판결정본 및 확정증명을 공탁금출급청구서에 첨부, 제출하여 공탁된 수용보상금을 출급할 수 있을 것이다. 그리고 사업시행자가 채권자 상대적 불확지를 원인으로 하여 피공탁자를 갑 또는 을이라는 식으로 수용보상금을 공탁한 경우에는 갑 또는 을이 다른 을 또는 갑의 인감증명서를 첨부한 승낙서면이나 그를 상대로 한 권리관계를 증명하는 확인판결(화해조서, 조정조서 등) 정본을 첨부하여 공탁금을 출급할 수 있을 것이다.

   한편 사업시행자가 수용보상금이나 청산금을 공탁해 버린 경우에는 빨리 임시의 지위를 정하는 가처분이나 가압류 등을 하여 등기부상 소유자가 공탁금을 출급하여 소비하여 버리는 일이 없도록 방지하여야 할 것이다.
5. 취득시효 완성을 원인으로 하여 소유권이전등기청구권을 가지고 있는 경우에 상대방 소유의 토지가 수용되어 수용보상금이 나온 경우 시효취득으로 인한 소유권이전등기의무는 시효완성 당시의 소유자의 귀책 사유 없이 이행불능이 되어 버렸으므로 상대방은 이행불능으로 인한 손해배상의무가 없고 그 대신 시효취득자는 상대방을 상대로 하여 대상청구권의 행사로서 그 상대방이 그 토지의 대가로서 지급받은 수용보상금의 반환을 청구할 수 있다고 한다(대법원 1994. 12. 9. 선고 94다25025 판결 참조. 참조판례로는 대법원 1992. 5. 12. 선고 92다4581,4598 판결).

[사례 159] **취득물인도청구 소장(위임계약, 선택적청구, 취득물인도채무와 시효)**

소 장

원 고 김 고 문 (○○○○○○-○○○○○○○) (전화 :)
서울 송파구 가락로 106(석촌동) (우 :)

피 고 김 이 복 (○○○○○○-○○○○○○○)
서울 마포구 가양대로 143(상암동) (우 :)

취득물인도 청구의 소

청 구 취 지

1. 피고는 원고에게 70,000,000원과 이에 대한 이 사건 소장부본 송달다음날부터 다 갚는 날까지 연 15%의 비율로 계산한 돈을 지급하라.
2. 소송비용은 피고의 부담으로 한다.
3. 위 제1항은 가집행할 수 있다.

라는 판결을 구합니다.

청 구 원 인

1. 원고의 둘째 아들인 소외 망 김나복은 2017. 6. 4. 12시경 서울특별시 노원구 공릉동에서 서울 06-9115호 차량(운전자 소외 김창순)에 의하여 교통사고로 사망하였습니다.

2. 위 사고로 인하여 위 김나복의 유일한 최근 직계존속으로서 단독상속인인 원고는 위 김나복의 사망으로 인한 자동차종합보험금 115,000,000원을 소외 동양화재해상보험 주식회사로부터 수령하게 되었습니다.

3. 원고는 2017. 8. 12.경 원고의 장자인 피고와의 사이에 위 보험금수령사무를 피고에게 위탁하는 위임계약을 맺었습니다.

4. 그 후 피고는 소외 동양화재해상보험 주식회사로부터 위 보험금 115,000,000원을 수령하고도 원고에게 이를 인도하지 아니하고 그 중 45,000,000원은 임의로 도박에 탕진하고 나머지 70,000,000원은 원고가 피고를 원고의 주소지로 불러 그 인도를 요구하자 이를 거절하고 소외 주식회사 한일은행 방학동지점에 피고의 명의로

예입하였습니다.

5. 따라서 원고는 위임계약에 따른 취득금인도청구권에 기하여 또는 피고의 횡령(보험금반환거부)의 불법행위에 따른 손해배상청구권에 기하여 피고로부터 금 70,000,000원과 이에 대하여 이 사건 소송부본 송달다음날부터 다 갚는 날까지 소송촉진등에관한특례법에서 정한 연 15%의 비율로 계산한 지연손해금을 지급받고자 본 소 청구에 이르렀습니다.

입 증 방 법

1. 갑 제1호증 가족관계증명서
1. 갑 제2호증 각서
1. 갑 제3호증 합의서
1. 갑 제4호증 보험금영수증

그 밖의 입증서류는 변론시 수시 제출하겠습니다.

첨 부 서 류

1. 위 입증서류 사본 각 1통
1. 주민등록초본 2통
1. 소장 부본 1통
1. 납부서 1통

20OO. O. .

위 원고 김 고 문 (인)

OO지방법원 귀중

[해 설]

민법 제684조는 수임인의 취득물 등의 인도의무를 규정하고 있다. 이 규정에 의하여 위임인이 수임인에 대하여 취득물인도청구권을 가지게 됨은 물론이다. 다만, 그 취득물인도청구권의 성질이 채권이냐, 아니면 소유물반환청구권의 성질도 가지느냐가 문제된다. 수임인이 대리인으로서 취득했다면 취득물인도는 소유물반환의 성질도 동시에 가진다고 보아야 할 것이고 수임인이 수임인 자신의 명의로 취득했다면 취득물인도는 단순한 채무에 불과하다고 보아야 할 것 같다. 즉, 대리인으로서 취득한 경우는 위임인의 취득물인도청구권이 시효소멸하지 않지만 수임인

자신의 명의로 취득한 경우는 위임인의 취득물인도청구권은 물권에 기한 것이 아니라 단순한 채권에 불과하여 시효소멸할 수 있는 것이 아닌가 생각된다.

[사례 160] 신용카드이용대금청구 소장(가맹점계약, 회원계약)

소 장

원 고 주식회사 대망은행 (OOOOOO-OOOOOOO) (전화 :)
서울 관악구 관악로 106(봉천동) (우 :)
대표이사 김 보 우

피 고 김 복 돌 (OOOOOO-OOOOOOO)
서울 마포구 가양대로 143(상암동) (우 :)

신용카드이용대금 청구의 소

청 구 취 지

1. 피고는 원고에게 17,900,000원과 이에 대하여 이 사건 소장부본 송달다음날부터 다 갚는 날까지 연 15%의 비율로 계산한 돈을 지급하라.
2. 소송비용은 피고의 부담으로 한다.
3. 위 제1항은 가집행할 수 있다.

라는 판결을 구합니다.

청 구 원 인

1. 원고은행은 2015. 5. 1 기획재정부장관으로부터 신용카드업의 인가를 받고 2016. 7. 1. 소외 현대약국과 사이에 가맹점계약을 체결한 바 있고, 2017. 7. 4.에는 피고와 사이에 회원계약(신용카드이용계약)을 체결하여 신용카드업을 하고 있는 신용카드업자입니다.

2. 피고는 2017. 11. 4. 소외 현대약국으로부터 약품을 17,900,000원어치 구입하고 그 대금을 원고 은행이 발행한 신용카드로 결제한 사실이 있습니다.

3. 그리고 원고은행은 위 가맹점계약에 따라 소외 현대약국으로부터 매출표를 받고 위 약품대금 17,900,000원을 소외 현대약국에 지급하였습니다.

4. 이에 원고은행은 위 회원계약에 따라 피고로부터 위 신용카드이용대금 17,900,000원과 이에 대하여 이 사건 소장부본 송달다음날부터 다 갚는 날까지 소송촉진등에 관한특례법에서 정한 연 15%의 비율로 계산한 지연손해금을 지급받고자 본 소 청구에 이르렀습니다.

입 증 방 법

1. 갑 제1호증 가맹점계약서
1. 갑 제2호증 회원계약서
1. 갑 제3호증 매출표

그 밖의 입증서류는 변론시 수시 제출하겠습니다.

첨 부 서 류

1. 위 입증서류 사본 각 1통
1. 법인등기사항증명서 1통
1. 주민등록초본 1통
1. 소장 부본 1통
1. 납부서 1통

20OO. O. .

위 원고 주식회사 대망은행
대표이사 김 보 우 (인)

O O 지 방 법 원 귀 중

[해 설]

1. 금전지급을 구하는 소의 경우 채권자의 주소지 또는 채무자의 주소지의 법원에 소를 제기하여도 가능하다
2. 이행권고결정은 원고 전부승부승소 판결을 할 수 있는 사건에 한하여 할 수 있다(지급명령처럼 일부각하 또는 기각할 수 없음).
3. 이행권고결정은 우편송달(민소법 제187조), 공시송달(민소법 제194조 내지 제195조)에 의한 방법으로 피고에게 송달할 수 없다(소심법 제5조의3).
4. 이행권고결정이 종전 피고에게 송달되기 전에는 경정된 새로운 피고에 대하여 최초로 혹은 새로이 이행권고결정을 할 수 있고, 종전 피고에게 송달된 이후 확정 전에 피고경정신청이

있으면 피고결정이 불가능하다고는 볼 수 없다.

그러나 피고경정신청에 대하 종전 피고가 민사소송법 제260조 제4항에 정한 적법한 이의기간 내에 이의하면 피고경정을 불허하고, 종전 피고가 이행권고결정에 대한 이의신청기간 내의 이의여부에 따라 변론기일의 지정여부를 결정한다.

5. 종전 피고에 대한 이행권고결정서 등본이 송달되고 이의신청기간이 경과되어 확정된 이후에는 피고경정은 허용되지 않는다. 이 경우에는 별도로 새로운 피고를 상대로 소송을 제기하여야 한다.

   그러나 이행권고결정에 대하여 피고의 적법한 이의신청으로 통상 소송절차로 이행된 이후 변론종결 전이면 피고의 경정은 민사소송법 제260조의 규정에 따라 가능하다.

6. 피고에게 이행권고결정서등본 송달 후 확정 전에 피고가 이의신청을 하지 않거나, 답변서 또는 준비서면을 제출하지 않고 있을 때 소취하가 있으면 피고의 동의 없이 소취하의 효력이 발생한다(민소법 제266조).

   한 피고에게 이행권고결정서등본 송달 후 확정 전에 피고의 이의신청이 있은 후 소취하가 있으면 피고의 동의 또는 동의의제가 있어야 이행권고의 효력이 발생하지 않게 된다.

7. 소의 취하시 피고가 본안에 관하여 준비서면을 제출하거나 변론준비절차에서 진술하거나 변론을 한 후에는 피고의 동의를 얻지 않으면 취하의 효력이 없다(민소 266조 2항). 다만 피고에게 소취하서가 송달된 날로부터 2주일 내에 피고가 이의를 하지 않는 때에는 취하에 동의한 것으로 본다. 한편 상대방 피고가 위와 같은 응소행위를 하기 전에는 상대방의 동의는 필요 없다. 또한 판결선고 이후에 소취하서를 제출하고 이와 동시에 피고의 동의가 있으면 소취하와 함께 소송이 종료된다.

8. 이행권고결정 확정 후에는 취하할 수 없다.

9. 이행권고결정 또는 지급명령은 확정판결과 동일한 효력이 있지만 변론종결일의 개념이 없으므로 청구이의의 사유에는 어떠한 제한도 받지 않으므로, 이행권고결정이나 지급명령이 확정된 경우에도 당해 결정이나 명령이 확정되기 전 또는 확정 후 사유를 들어 청구이의의 소를 제기할 수 있으나, 화해결정의 경우에는 당해 결정이 확정되지 전의 사유를 청구이의의 소를 제기할 수 없다.

10. 이행권고결정이나 지급명령이 확정된 경우, 원고(채권자)는 송달증명이나 확정증명, 집행문을 부여받을 필요 없이 강제집행을 실시할 수 있다(소액사건심판법 제5조의8, 민사집행법 제58조).

    다만 이행권고결정에 조건이 있는 채권이 있는 경우와 승계집행문이 필요한 경우에는 재판장의 명을 받아 집행문을 부여받아야 한다(소심법 제5조의8 제1항 단서).

11. 이행권고결정서 정본의 재도 또는 수통 부여시 재판장의 허가를 받을 필요가 없고 집행문도 받을 필요가 없다.

[사례 161] 신용카드이용대금청구 소장

소 장

원 고 농업협동조합중앙회 (OOOOOO-OOOOOOO)
서울 OO구 OO로 OO(OO동)
송달장소 : 전남 OO군 OO읍 OO로 OO
(농협중앙회 OO군지부) (우 :)
대표자 신용대표이사 OOO
법률상대리인 OO군지부장 OOO

피 고 O O O (OOOOOO-OOOOOOO)
전남 OO군 OO읍 OO로 OO (우 :)

신용카드이용대금 청구의 소

청 구 취 지

1. 피고는 원고에게 4,227,919원과 이 중 3,792,500원에 대하여 2017. 11. 28.부터 다 갚는 날까지 연 22%의 비율로 계산한 돈을 지급하라.
2. 소송비용은 피고의 부담으로 한다.
3. 위 제1항은 가집행할 수 있다.

라는 판결을 구합니다.

청 구 원 인

1. 피고는 원고에게 2015. 6. 18. 비씨카드회원입회신청을 하여, 카드번호 OOOO-OOOO-OOOO-OOOO호(변경전 : 1111-1111-1111-1111)로 비씨카드를 발급받으면서, 피고는 위 비씨카드를 이용하여 현금서비스와 물품할부구매 등으로 사용하되, 결제일인 매월 23일마다 피고가 개설한 농협중앙회 결제계좌통장으로 자동대체되고 피고가 정하는 이율로 상환하되, 피고가 회원자격이 정지되는 등의 사유로 기한의 이익을 상실할 때에는 원고가 지급청구일 다음날부터, 위 결제일에 결제되지 아니한 할부대금에 대하여는 대금결제일 다음날부터 각 완제일까지 연체료 및 지연손해금을 가산하여 일시에 지급하기로 하되, 원고 소정의 이율이 변경될 경우에는 이에 따르기로 신용카드거래약정을 하였습니다.

2. 한편 원고 소정의 연체이율(지연손해금율)은 2017. 6. 10.부터 연 22%입니다.

3. 그런데 피고는 위 약정에 따라 위 비씨카드를 사용함으로써, 2017. 11. 27. 현재 피고가 원고에게 납부해야 할 신용카드대금은 4,227,919원(원금 3,792,500원 + 수수료 150,114원 + 연체료 280,305원 + 연회비 5,000원)이 되었으나, 피고는 위 결제일(매월 23일)마다 불입하여야 할 카드대금의 지급을 지체하여, 피고는 2017. 5. 14. 신용불량자로 등록(별첨 거래정지내역 사본 참조)되어, 피고는 원고 비씨카드 회원약관 제17조 제1항 제2호의 규정에 의거 기한의 이익을 상실하여 즉시 채무를 변제하여야 할 것이므로, 피고는 원고에게 4,227,919원과 이 중 3,792,500원에 대하여 2017. 11. 28.부터 다 갚는 날까지 연 22%의 비율로 계산한 지연손해금을 지급할 의무가 있다 할 것입니다.

4. 그러므로 원고는 위와 같은 사실을 피고에게 통지하고 원,리금을 변제할 것은 수차에 걸쳐 촉구하였으나 피고는 아무런 이유 없이 위 돈을 지급하지 않고 있으므로, 부득이 청구취지와 같은 돈을 지급받고자 본 소 청구에 이르렀습니다.

입 증 방 법

1. 갑 제1호증 비씨카드카드회원입회신청서
1. 갑 제2호증 신용카드결제대상조회
1. 갑 제3호증 거래정지내역
1. 갑 제4호증 수수료율변경내역
1. 갑 제5호증 비씨카드회원약관

변론시 필요에 따라 수시 제출하겠습니다.

첨 부 서 류

1. 위 입증서류 사본 각 1통
1. 법인등기사항증명서 1통
1. 주민등록초본 1통
1. 소장부본 1통
1. 위임장 1통

2000. O. .

위 원고 농업협동조합중앙회

취급지부 OO군지부
지부장 O O O (인)

O O 지 방 법 원 O O 지 원 O O 군 법 원 귀 중

[사례 162] 신용관리대상자명부삭제청구 소장

소 장

원 고 O O O (OOOOOO-OOOOOOO) (전화 :)
전남 OO군 OO읍 OO로 OO (우 :)

피 고 OO카드 주식회사 (OOOOOO-OOOOOOO)
서울 OO구 OO동 OO(OO동) (우 :)
대표이사 O O O

신용관리대상자명부삭제 청구의 소

청 구 취 지

1. 피고는 원고에 대한 피고의 신용관리대상자명부 중 2015. 12. 11. 등재한 원고(OOOOOO-OOOOOOO)의 명의를 삭제하라.
2. 소송비용은 피고들의 부담으로 한다.
3. 제1항은 가집행할 수 있다.

라는 판결을 구합니다.

청 구 원 인

1. 원고는 위 주소지에서 남편과 함께 농장을 경영하고 주부입니다.

2. 그런데 2017년 11월경 토마토농장을 하려고 대출을 받기 위하여 주식회사 OO은행으로 갔다고 원고가 신용관리대상자로 등재되어 있는 사실을 알게 되었습니다.

3. 원고는 현재까지 금융기관에 아무런 채무가 없는데도 불구하고 피고회사에서원고를 신용관리대상자로 등재하였던 것입니다. 이에 원고는 피고회사에 확인을 하였

더니 피고회사에서는 원고가 2015년 OO가전제품 판매장을 하면서 불법가맹점을 운영하였기 때문에 신용관리대상자로 등재하였다고 합니다.
그러나 원고는 이러한 OO가존제품판매장을 운영한 사실이 없었습니다. 원고는 오빠인 소외 박OO에게 확인을 하였던 바, 소외 박OO은 원고의 인감도장으로 원고의 인감증명서와 주민등록등본을 발급받아 불법가맹점을 운영하다가 적발되는 바람에 원고가 신용관리대상자로 등재되었던 것입니다.

4. 그러나 피고회사는 결국 원고는 불법가맹점을 운영한 사실도 없었고, 피고회사에 연체된 채무도 전혀 없는 상태임에도 피고회사는 원고를 신용관리대상자명부에 등재하여 둠으로써 원고의 경제활동에 막대한 제약을 가하고 있는 것입니다. 따라서 피고는 신용관리대상자명부에 등재될 사유가 없는 상태임에도 원고의 명의를 삭제하지 않고 수년간 방치한 잘못을 하고 있는 것입니다. 이에 원고는 청구취지와 같은 판결을 구하고자 본 소 청구에 이른 것입니다.

입 증 방 법

1. 갑 제1호증 신용관리대상자명부

기타 입증서류는 변론시 필요에 따라 수시 제출하겠습니다.

첨 부 서 류

1. 위 입증서류 사본 각 1통
1. 법인등기사항증명서 1통
1. 주민등록초본 1통
1. 소장부본 1통
1. 위임장 1통

20OO. O. .

위 원고 O O O (인)

OO지방법원 OO지원 귀중

[사례 163] 소유권확인등청구 소장(토지거래허가 신청절차협력청구, 채권자대위)

소 장

원 고 구 병 소 (OOOOOO-OOOOOOO) (전화 :)
서울 은평구 가좌로 164(응암동) (우 :)

피 고 1. 양 영 진 (OOOOOO-OOOOOOO)
서울 성동구 가람길 113(송정동) (우 :)
2. 대 한 민 국
법률상 대표자 법무부장관 한철수

소유권확인 등 청구의 소

청 구 취 지

1. 피고 양영진과 피고 대한민국 사이에 있어서 서울특별시 노원구 공릉동 1704 임야 107㎡는 피고 양영진의 소유임을 확인한다.
2. 피고 양영진은 원고에 대하여 전항 기재 부동산에 관하여 2017. 7. 8. 매매를 원인으로 한 토지거래허가신청절차를 이행하라.

라는 판결을 구합니다.

청 구 원 인

1. 원고는 2017. 7. 8. 피고 양영진의 아버지인 소외 망 양오권으로부터 토지거래규제구역 내에 있는 청구취지 기재의 부동산을 대금 5,000,000원에 매수하였습니다.

2. 소외 망 양오권은 2017. 11. 7. 사망하여 그의 유일한 상속인인 피고 양영진이 단독상속하여 그의 권리의무를 승계하였습니다.

3. 청구취지 기재의 부동산에 관한 등기부 등 관계공부가 멸실되어 토지대장상 소유자미복구로 되어 있으나 청구취지 기재의 부동산은 위 양오권의 소유였습니다.

4. 토지대장 소관청인 피고 대한민국 산하 노원구청에는 소유자미복구로 되어 있다는 이유로 위 부동산이 피고 양영진의 소유인 사실을 다투고 있습니다.

5. 따라서 원고는 피고 대한민국에 대하여는 원고의 피고 양영진에 대한 토지거래허

가신청 절차의 협력의무의 이행청구권을 보전하기 위하여 피고 양영진을 대위하여 위 부동산이 피고 양영진 소유임의 확인을 청구하고, 피고 양영진에 대하여는 2017. 7. 8. 매매를 원인으로 하여 토지거래허가신청절차의 이행을 구하고자 본 소 청구에 이른 것입니다.

입 증 방 법

변론시 수시 제출하겠습니다.

첨 부 서 류

1. 주민등록초본 2통
1. 소장 부본 2통
1. 납부서 1통

20○○. ○. .

위 원고 구 병 소 (인)

○○지방법원 귀중

[해 설]

취득시효완성을 원인으로 한 소유권이전등기청구권에 기하여 채무자를 대위하여 피고 대한민국에 대하여 계쟁 부동산이 피대위자인 채무자의 소유임의 확인을 청구하는 사례이다. 이 판결에 의하면 채권자대위를 통하여서도 채무자의 확인 청구권을 행사할 수 있음을 알 수 있다. 그리고 이 판결은 피대위자가 80세의 고령이라고 하더라도 생존하는 것으로 추정된다고 한다.

[사례 164] 소유권확인청구 소장(사정, 상속, 주소 미설정 토지)

소 장

원 고 강 성 수 (○○○○○○-○○○○○○○) (전화 :)
서울 동작구 신대방길 86(신대방동) (우 :)

피 고 대 한 민 국

법률상 대표자 법무부장관 김 호 기

소유권확인의 소

청 구 취 지

1. 서울 강서구 화곡동 18 대 127㎡는 원고의 소유임을 확인한다.
2. 소송비용은 피고의 부담으로 한다.

라는 판결을 구합니다.

청 구 원 인

1. 서울 노원구 공릉동 18 대 127㎡(이하 '이 사건 부동산'이라고 한다)는 원고의 피상속인인 소외 망 강성학이 사정받은 동인 소유의 토지였는데 위 강성학은 2018. 4. 5. 사망하여 동인의 상속인들의 협의분할에 의하여 원고가 단독으로 상속하였습니다.

2. 그런데 피고 산하 토지대장 소관청은 토지대장에 소유자 성명 강성학만 기재되어 있고 위 강성학의 주소가 등록(설정)되어 있지 아니하다는 이유로 이 사건 부동산이 원고의 소유임을 다투고 있습니다.

3. 따라서 원고는 피고에 대하여 이 사건 부동산이 원고의 소유임을 확인하고자 본소 청구에 이른 것입니다.

입 증 방 법

변론시 수시 제출하겠습니다.

첨 부 서 류

1. 주민등록초본 1통
1. 소장 부본 1통
1. 납부서 1통

20○○. ○. .

위 원고 강 성 수 (인)

○○지방법원 귀중

[사례 165] 소유권확인청구 소장(원시취득, 채권자 대위에 의한 확인청구)

소　　　장

원 고　　강 동 필 (OOOOOO-OOOOOOO)　　(전화 :　　　)
　　　　　서울 강남구 강남대로 238(도곡동)　　(우 :　　　)

피 고　　대 한 민 국
　　　　　법률상 대표자 법무부장관 석 종 수

소유권확인 청구의 소

청 구 취 지

1. 서울 관악구 관악로 108(봉천동) 소재 철근조 슬래브지붕 단층 주택 70㎡는 소외 장현소{서울 노원구 공릉로 98(공릉동)}의 소유임을 확인한다.
2. 소송비용은 피고의 부담으로 한다.

라는 판결을 구합니다.

청 구 원 인

1. 원고는 2015. 7. 9. 소외 장현소에게 20,000,000원을 이자 월 2%, 반환기한 2017. 7. 9.로 정하여 대여한 사실이 있습니다.

2. 그런데 소외 장현소는 위 대여금의 반환기한이 도래하였는데도 무자력이어서 위 대여금을 반환하지 못하고 있습니다.

3. 한편 청구취지 기재의 주택은 소외 장현소가 신축하여 그가 원시취득한 그의 소유임에도 불구하고 피고 산하 건축물관리대장 소관청은 건축허가가 소외 장정소 명의로 나 있다는 이유로 청구취지 기재의 주택이 소외 장현소의 소유임을 다투고 있습니다.

4. 따라서 원고는 원고의 소외 장현소에 대한 위 대여금반환채권을 보전하기 위하여 소외 장현소를 대위하여 피고에 대하여 청구취지 기재의 주택이 소외 장현소의 소유임의 확인을 구하기 위하여 본 소 청구에 이르렀습니다.

입 증 방 법

1. 갑 제1호증 건축허가신청서
   그 밖의 입증서류는 변론시 수시 제출하겠습니다.

첨 부 서 류

1. 위 입증서류 사본 각 1통
1. 주민등록초본 1통
1. 토지가격확인원 1통
1. 소장 부본 1통
1. 납부서 1통

20OO. O. .

위 원고 강 동 필 (인)

O O 지 방 법 원 귀 중

[사례 166] 채무부존재확인청구 소장(면제로 인한 채권소멸)

소 장

원 고 장 덕 순 (OOOOOO-OOOOOOO) (전화 :)
서울 마포구 가양대로 143(상암동) (우 :)

피 고 김 덕 상 (OOOOOO-OOOOOOO)
서울 노원구 공릉로 98(공릉동) (우 :)

채무부존재확인 청구의 소

청 구 취 지

1. 원고와 피고 사이의 2016. 7. 1.자 금전소비대차계약에 의한 원금 10,000,000원과 이에 대한 이자 그 밖에 일체의 채무는 존재하지 아니함을 확인한다.

2. 소송비용은 피고의 부담으로 한다.
라는 판결을 구합니다.

청 구 원 인

1. 피고는 원고에 대하여 2016. 7. 1. 10,000,000원을, 이자는 월 2%, 변제기는 2017. 7. 1.로 정하여 대여한 사실이 있는데 피고는 이의 변제를 요구하고 있습니다.

2. 그러나 원고는 피고로부터 2017. 10. 1. 위 채무를 면제받았습니다.

3. 따라서 위 채무는 소멸하여 존재하지 않으므로 원고는 피고에 대하여 이의 확인을 구하기 위하여 본 소 청구에 이른 것입니다.

입 증 방 법

변론시 수시 제출하겠습니다.

첨 부 서 류

1. 주민등록초본 2통
1. 소장 부본 1통
1. 납부서 1통

2000. O. .

위 원고 장 덕 순 (인)

OO지방법원 귀중

[해 설]

1. 법률효과를 받으려는 자는 그 법률효과의 발생을 규정한 법조(권리근거규정)의 요건사실에 대하여 주장입증책임을 부담하고, 법률효과 소멸의 효과를 받으려는 자는 그 요건사실에 대하여 주장입증책임을 부담한다. 따라서 소비대차계약의 효과를 받으려는 자가 소비대차사실의 주장입증책임을 지고 면제의 효과를 받으려는 자가 면제사실의 주장입증책임을 진다. 소극적 확인의 소에서도 이러한 주장입증책임의 원칙은 그대로 타당하다. 다만 소극적 확인의 소에서는 어떠한 권리 또는 법률관계의 부존재가 소송물이냐를 특정해야 하기 때문에 그 한도에서 원고가 필요한 권리관계의 주장책임을 진다고 보아야 할 것이다.

2. 이 사안에서는 원고와 피고 사이에 소비대차계약사실에 대하여는 다툼이 없고 면제사실에 대하여만 다툼이 있다. 면제사실은 채무소멸의 효과를 받으려는 채무자가 입증하여야 한다.
3. 만약 소비대차계약체결사실에 대하여 다툼이 있으면 소비대차계약의 효과를 받으려는 피고가 소비대차계약체결사실을 입증하여야 할 것이고 이 입증이 성공한 후에 원고는 면제의 효과를 받으려면 면제사실을 입증하여야 할 것이다.

[사례 167] 채무부존재확인청구 소장(금전소비대차계약)

소 장

원 고 최 성 준 (OOOOOO-OOOOOOO) (전화 :)
서울 동작구 신대방길 87(신대방동) (우 :)

피 고 조 자 춘 (OOOOOO-OOOOOOO)
서울 성동구 가람길 113(송정동) (우 :)

채무부존재확인 청구의 소

청 구 취 지

1. 원고와 피고 사이의 2018. 3. 1.자 금전소비대차계약에 의한 원금 5,000,000원과 이에 대한 이자 그 밖에 일체의 채무는 존재하지 아니함을 확인한다.
2. 소송비용은 피고의 부담으로 한다.

라는 판결을 구합니다.

청 구 원 인

1. 피고는 원고에 대하여 청구취지에 기재된 채권을 가지고 있다고 주장하고 있습니다. 그러나 원고는 피고에 대하여 그러한 채무를 부담하고 있지 아니합니다.

2. 그러므로 원고는 피고에 대하여 위 채무가 존재하지 아니함의 확인을 구하기 위하여 본 소 청구에 이른 것입니다.

입 증 방 법

변론시 수시 제출하겠습니다.

첨 부 서 류

1. 주민등록초본 2통
1. 소장 부본 1통
1. 납부서 1통

20○○. ○. .

위 원고 최 성 준 (인)

○○지방법원 귀중

[해 설]
소극적 확인의 소이므로 원고는 부존재하는 소비대차사실을 특정하여 주장하기만 하면 되고 소비대차계약의 법률효과를 받으려는 피고가 소비대차계약체결사실을 입증하여야 한다.

[사례 168] 채무부존재확인청구 소장(채무면제로 인한 채무소멸)

소 장

원 고 ○ ○ ○ (○○○○○○-○○○○○○○) (전화 :)
○○시 ○○구 ○○로 ○○(○○동) (우 :)

피 고 ○ ○ ○ (○○○○○○-○○○○○○○)
○○시 ○○구 ○○로 ○○(○○동) (우 :)

채무부존재확인 청구의 소

청 구 취 지

1. 원고와 피고 사이의 2017. 6. 10.자 금전소비대차계약에 의한 10,000,000원과 이에 대한 이자 그 밖에 일체의 채무는 존재하지 아니함을 확인한다.
2. 소송비용은 피고의 부담으로 한다.

라는 판결을 구합니다.

청 구 원 인

1. 피고는 원고에 대하여 2017. 6. 10. 10,000,000원을, 이자는 월 2%, 변제기는 2017. 10. 30.로 정하여 대여한 사실이 있습니다.

2. 그런데 원고는 사업에 실패하여 숙식을 해결할 형편도 되지 못하자, 피고는 위 채무 중 5,000,000원만을 변제하면 위 채무 모두를 면제하겠다고 하여 친척으로부터 가까스로 빌린 5,000,000원을 2017. 9. 20. 소외 OOO가 입회한 상태에서 피고에게 지급하였습니다.

3. 그러나 피고는 5,000,000원을 지급 받자 위와 같은 면제사실을 부정하면서 다시 위 채무의 이행을 요구하고 있습니다.

4. 따라서 원고와 피고 사이의 2017. 6. 10.자 금전소비대차계약에 의한 원금 10,000,000원과 이에 대한 이자 그 밖에 일체의 채무는 원고의 일부변제 및 피고의 면제로 인하여 소멸하고 존재하지 않으므로 원고는 피고에 대하여 이의 확인을 구하기 위하여 이 사건 소를 제기합니다.

입 증 방 법

1.갑 제1호증　　금전소비대차계약서
1.갑 제2호증　　사실확인서(소외 OOO)
1.갑 제3호증　　녹취서
기타 입증서류는 필요에 따라 수시 제출하겠습니다.

첨 부 서 류

1. 위 입증서류 사본　　각 1통
1. 주민등록초본　　2통
1. 소장부본　　1통
1. 위임장　　1통

20OO. O. .

위 원고 O O O (인)

OO지방법원 귀중

[사례 169] 분양권확인청구 소장(분양계약, 확인의 이익)

소 장

원 고 장 순 오 (OOOOOO-OOOOOOO) (전화 :)
서울 강남구 강남대로 27(양재동) (우 :)

피 고 주식회사 한 송 (OOOOOO-OOOOOOO)
서울 송파구 가락로 38(석촌동) (우 :)
대표이사 김 한 구

분양권확인 청구의 소

청 구 취 지

1. 원고가, 별지 부동산 목록 기재 아파트에 관하여 2017. 6. 11. 피고와 사이에 체결한 아파트분양계약에 기한 수분양자의 지위에 있음을 확인한다.
2. 소송비용은 피고의 부담으로 한다.

라는 판결을 구합니다.

청 구 원 인

1. 원고는 2017. 6. 11. 피고와 사이에 별지 부동산 목록 기재 아파트에 관하여 분양계약을 맺었습니다. 그런데 피고회사는 2018. 1. 29. 원고에 대하여 무자격당첨자라는 이유로 위 분양계약을 해제하였습니다.

2. 그러나 원고는 무자격당첨자가 아니어서 위 분양계약을 해제당할 이유가 없습니다.

3. 그런데도 피고회사는 원고에 대하여 위 분양계약이 해제되었다며 원고의 수분양자로서의 지위를 부인하고 있습니다.

4. 따라서 원고는 피고회사에 대하여 위 분양계약에 기한 원고의 수분양자로서의 지위의 확인을 구하기 위하여 본 소 청구에 이른 것입니다.

입 증 방 법

변론시 수시 제출하겠습니다.

첨 부 서 류

1. 주민등록초본 1통
1. 법인등기사항증명서 1통
1. 소장 부본 1통
1. 납부서 1통

20○○. ○. .

위 원고 장 순 오 (인)

○○지방법원 귀중

[해 설]
이 사건에서 국민은행은 원고가 상계주공아파트에 이미 당첨되어 분양을 받았던 사람인데 다시 피고회사에 분양신청을 하여 당첨되어 피고회사와 분양계약을 체결하였으므로 피고회사에 그 사실을 통보하여 피고회사가 원고에게 이 사건 분양계약해제통보를 하였던 것이다.

[사례 170] 보험금채무부존재확인청구 소장(변제로 인한 채권소멸, 일부보험 초과보험)

소 장

원 고 광양화재해상보험 주식회사 (○○○○○○-○○○○○○○)
서울 관악구 관악로 106(봉천동) (우 :)
대표이사 이 휘 찬

피 고 권 영 택 (○○○○○○-○○○○○○○)
서울 마포구 가양대로 143(상암동) (우 :)

보험금 채무부존재확인 청구의 소

청 구 취 지

1. 원고와 피고 사이의 2015. 5. 23.자 화재보험계약에 따른 2015. 10. 8.자 화재사고로 인한 원고의 피고에 대한 보험금지급채무는 존재하지 아니함을 확인한다.

2. 소송비용은 피고의 부담으로 한다.
라는 판결을 구합니다.

청 구 원 인

1. 원고와 피고는 2015. 5. 23. 별지 보험내역 중 보험의 목적란 기재 물건에 관하여 보험사고는 화재사고, 보험금액 및 보험료는 별지 보험내역 중 보험금액란 및 보험료란 기재와 같이, 보험기간은 2015. 5. 23. 부터 2018. 5. 23.까지로 정하여 보험계약을 맺은 사실이 있습니다.

2. 그런데 2015. 10. 8. 인근에서 화재가 발생하여 별지 보험내역 중 부호 2와 부호 6을 제외한 나머지 물건들이 연소되고 말았습니다.

3. 그리하여 원고는 2015. 12. 24. 피고에게 별지 보험금지급내역 중 지급보험금란 기재의 금액을 보험금으로 지급하였습니다. 그 결과 원고의 피고에 대한 보험금지급채무는 변제로 인하여 모두 소멸되었습니다. 그런데 피고는 보험금이 덜 지급되었다고 다투면서 보험금의 추가지급을 요구하고 있습니다.

4. 따라서 원고는 피고에 대하여 화재보험금 지급채무가 존재하지 아니한다는 확인을 구하기 위하여 본 소 청구에 이른 것입니다.

입 증 방 법

1.갑 제1호증 화재보험계약 청약서
1.갑 제2호증 화재보험금 지급결의서
그 밖의 입증서류는 변론시 수시 제출하겠습니다.

첨 부 서 류

1. 위 입증서류 사본 각 1통
1. 법인등기사항증명서 1통
1. 주민등록초본 1통
1. 소장 부본 1통
1. 납부서 1통

20○○. ○. .

위 원고 광양화재해상보험주식회사
대표이사 이 휘 찬 (인)

ＯＯ지방법원 귀중

보 험 내 역

부호	보험의 목적	보험금액(원)	보험료(원)
1	서울 송파구 가락로 13(석촌동) 블록조 스레트지붕 단층 공장 331㎡	25,000,000	186,125
2	서울 송파구 가락로 14(석촌동) 블록조 스레트지붕 단층 창고 165㎡	25,000,000	130,125
3	서울 송파구 가락로 16(석촌동) 블록조 스레트지붕 단층 사무실 165㎡	20,000,000	83,700
4	서울 송파구 가락로 17(석촌동) 지상 블록조 스레트지붕 단층 식당 및 화장실 99㎡	10,000,000	41,850
5	기계류 일체 (부호 1 내에 분산 수용)	40,000,000	297,800
6	동산(원,부자재, 제품일체, 부호 2 내에 수용)	80,000,000	464,400
7	동산(원, 부자재, 제품일체, 부호 1내에 수용)	200,000,000	1,609,000
8	야적동산	30,000,000	230,550

보험금 지급내역

	보험가액(원)	실손해액(원)	지급보험금(원)
1	40,944,454	37,146,283	22,680,900(일부보험)
2	22,551,251	11,633,832	10,317,682(일부보험)
3	5,565,181	261,785	261,785(초과보험)
4	37,001,496	35,743,896	35,743,896(초과보험)
5	317,151,900	317,151,900	200,000,000(일부보험)
6	26483,100	16,267,430	16,267,430(초과보험)

[사례 171] 보험금채무부존재확인청구 소장(가족운전한정특약)

소　　　장

원　고　　주식회사 현화해상화재보험 (OOOOOO-OOOOOOO)
서울 은평구 가좌로 164(응암동)　　　　(우 :　　　　)
대표이사 정 철 준

피　고　　송　영　석 (OOOOOO-OOOOOOO)
서울 노원구 공릉로 98(공릉동)　　　　(우 :　　　　)

채무부존재확인 청구의 소

청　구　취　지

1. 2017. 3. 29. 19:36경 서울특별시 마포구 상암동 소재 건널목 노상에서 발생한 제 837호 열차와 피고 소유의 서울 1프2383호 승용차 사이의 충돌로 인한 교통사고로 피고가 입은 손해에 관하여 원고는 피고에 대하여 보험금지급채무가 없음을 확인

한다.
2. 소송비용은 피고의 부담으로 한다.
라는 판결을 구합니다.

청 구 원 인

1. 원고와 피고는 2016. 12. 12. 피고 소유의 청구취지 기재 승용차에 관하여 보험기간을 2016. 12. 12.부터 2017. 12. 12.까지로 하고 피보험자는 피고로 하며 목적은 대인, 대물, 자손, 자차로 하는 내용의 개인용 자동차종합보험계약을 체결하였습니다.

2. 그리고 위 계약시 특약으로 피고 자신과 그 가족이 운전하는 경우에 한하여 원고가 보험금을 지급하기로 약정하였습니다.

3. 그런데 청구취지 기재 일시 장소에서 자동차사고가 발생하여 피고가 치료비 및 자동차 수리비를 지출하는 손해를 입었습니다.

4. 그러나 그 사고는 피고가 위 승용차를 운전하다가 발생한 것이 아니라 피고와 같은 직장에 다니던 소외 정홍수가 운전하다가 발생한 것입니다.

5. 따라서 원고는 위 특약에 의하여 보험금지급채무가 없다고 하겠습니다.

6. 그럼에도 불구하고 피고는 자손과 자차손해에 대하여 보험금의 지급을 요구하고 있습니다.

7. 그러므로 원고는 피고에 대하여 위 사고로 인한 보험금의 지급채무가 없음의 확인을 구하기 위하여 본 소 청구에 이른 것입니다.

입 증 방 법

1. 갑 제1호증 자동차보험가입증명서
1. 갑 제2호증 개인용자동차종합보험약관
1. 갑 제3호증 민원발생에대한자료제출
1. 갑 제4호증 과실비율산정도표
1. 갑 제5호증 확인서
1. 갑 제6호증 진정서

그 밖의 입증서류는 변론시 수시 제출하겠습니다.

첨 부 서 류

1. 위 입증서류 사본 각 1통
1. 법인등기사항증명서 1통
1. 주민등록초본 1통
1. 소장 부본 1통
1. 납부서 1통

20OO. O. .

위 원고 주식회사 현화해상화재보험
대표이사 정 철 준 (인)

OO지방법원 귀중

[사례 172] 주위토지통행권확인등청구 소장(통행방해금지, 약정에 의한 통행권)

소 장

원 고 김 철 도 (OOOOOO-OOOOOOO) (전화 :)
서울 은평구 가좌로 164(응암동) (우 :)

피 고 박 형 미 (OOOOOO-OOOOOOO)
서울 강남구 강남대로 238(도곡동) (우 :)

주위토지통행권확인 등 청구의 소

청 구 취 지

1. 피고는 서울특별시 마포구 상암동 394-1 전 207㎡에 관하여 원고에게 통행권이 있음을 확인한다.
2. 피고는 원고에 대하여 전항 기재 토지 상에 설치된 철제대문을 철거하고 전항 기재 토지상에 적치된 상품상자 일체를 취거하라.
3. 피고는 제1항 기재 토지 상에 원고의 통행에 방해가 되는 장애물을 설치하거나 기

타 통행에 방해가 되는 일체의 행위를 하여서는 아니된다.
4. 소송비용은 피고의 부담으로 한다.
5. 위 제2항 및 제3항은 가집행할 수 있다.
라는 판결을 구합니다.

청 구 원 인

1. 소외 망 박형실은 1998년경 서울 마포구 상암동 394 전 4102㎡을 7필지로 분할하여 소외 남기철 외 5인에게 택지로 분양하면서 소외 남기철 외 5인과 사이에 같은 동 394-1 전 207㎡(이하 '이 사건 토지'라고 한다)는 소외 남기철 외 5인 및 추후 분양택지에 거주하게 되는 제3자에게 통행로로 제공하기로 하는 내용의 통행로제공약정을 하였습니다.

2. 원고는 2012. 4. 3. 소외 남기철로부터 그의 수분양택지인 같은 동 394-3 전 500㎡를 매수하여 그 지상에 주택을 건립, 거주하고 있습니다.

3. 그리하여 원고는 위 제3자를 위한 통행로제공약정에 기하여 2017. 7. 3. 위 박형실의 상속인인 피고에 대하여 수익의 의사표시를 하였습니다.

4. 그런데 피고는 이 사건 토지가 위 박형실의 명의로 소유권등기가 남아 있다는 이유로 이 사건 토지상에 철제대문을 설치하고 상품상자를 야적하여 원고의 통행을 방해하고 있습니다.

5. 따라서 원고는 제3자를 위한 위 통행로제공약정의 수익자로서 피고에 대하여 이 사건 토지에 대하여 원고에게 약정에 의한 통행권이 있음의 확인을 청구하고 아울러 통행에 방해가 되는 철제대문의 철거와 상품상자의 취거를 청구하고 또한 장차 통행방해행위의 금지를 구하기 위하여 본 소 청구에 이른 것입니다.

입 증 방 법

변론시 수시 제출하겠습니다.

첨 부 서 류

1. 주민등록초본 2통
1. 토지가격확인원 1통
1. 소장 부본 1통
1. 납부서 1통

2000. 0. .

위 원고 김 철 도 (인)

OO지방법원 귀중

[해 설]

주위토지통행권은 민법 제219조에 의한 것만이 있는 것이 아니다. 약정(무명계약)에 의하여도 주위토지통행채권을 취득할 수 있으며 통행지역권을 설정하여서도 주위토지통행권을 취득할 수 있는 것이다.

[사례 173] 주위토지통행권확인청구 소장(법정주위토지 통행권, 통행지역권의 시효취득)

소 장

원 고 고 태 식 (000000-0000000) (전화 :)
서울 은평구 가좌로 164(응암동) (우 :)

피 고 김 선 섭 (000000-0000000)
서울 관악구 관악로 106(봉천동) (우 :)

주위토지통행권확인 등 청구의 소

청 구 취 지

1. 피고는 서울특별시 송파구 석촌동 33 대 195㎡ 중 별지 도면 표시 ㄱ, ㄴ, ㄷ, ㄹ, ㅁ, ㅂ, ㄱ의 각 점을 차례로 연결한 선내의 78㎡에 관하여 원고에게 통행권이 있음을 확인한다.
2. 피고는 원고에 대하여 전항 기재 78㎡ 위에 설치한 담장을 철거하라.
3. 피고는 제1항 기재 78㎡ 위에 원고의 통행에 방해가 되는 장애물을 설치하거나 그 밖의 통행에 방해가 되는 일체의 행위를 하여서는 아니된다.
4. 소송비용은 피고의 부담으로 한다.
5. 위 제2항 및 제3항은 가집행할 수 있다.

라는 판결을 구합니다.

청 구 원 인

1. 원고는 서울시 송파구 석촌동 33-1 대 1047㎡(이하 '이 사건 토지' 라고 한다)를 소유하고 그 지상에 주택을 건립하여 거주하고 있습니다.

2. 그런데 이 사건 토지와 공로 사이에 주거용에 필요한 통로가 없습니다. 원고는 청구취지 기재의 78㎡를 통행 또는 통로로 하지 아니하면 공로로 출입할 수 없거나 과다한 비용을 요하며, 원고가 청구취지 기재의 78㎡를 통행하는 것이 주위토지에 대하여 가장 손해가 적고, 피고는 청구취지 기재의 78㎡ 위에 담장을 쌓고 원고의 통행을 방해하고 있습니다.

3. 따라서 원고는 피고에 대하여 민법 제219조의 물권적인 법정주위토지통행권에 기하여 청구 취지 기재의 78㎡에 관하여 원고에게 통행권이 있음의 확인을 청구하고 그 곳에 설치한 담장의 철거 및 장차 원고의 통행의 방해의 금지를 구하고자 본소 청구에 이른 것입니다.

입 증 방 법

변론시 수시 제출하겠습니다.

첨 부 서 류

1. 주민등록초본 2통
1. 소장 부본 1통
1. 납부서 1통

2000. 0. .

위 원고 고 태 식 (인)

OO지방법원 귀중

[해 설]

1. 주거용 통로의 경우 노폭 1.5m 정도 인정된다. 주위토지통행권은 무상이 아니므로 토지소유자에게 지료를 차후 지급하여야 한다. 또한 주위토지통행권은 주위토지소유자에 대한 채권적 권리가 아니라 물권적인 권리이므로 주위토지소유자에 대하여만 행사할 수 있는 것이 아니라 통행을 방해하고 있는 모든 제3자에 대하여도 행사할 수 있다. 다만 법정의 요건은

구비해야 한다.
2. 대법원 1993. 8. 24. 선고 93다25479 판결은 상린관계로 인한 통행권자가 통행지를 배타적으로 점유하고 있다면 통행지 소유자는 통행권자에 대하여 그 인도를 청구할 수 있다고 한다.
3. 자동차의 통행이 생활상의 편의를 위해 다소 필요한 상태라고 여겨지는 경우에도 주위토지 통행권이 노폭 2미터 정도만 인정된다.
4. 대법원 1995. 1. 20. 선고, 94다42525 판결은 통행로로 배타적으로 이용한 것에 불과하고 통로를 개설한 것이 아니면 통행지역권을 시효취득한 것으로 볼 수 없다고 판시한다.
5. 노폭 1.5미터 정도의 통행로를 인정하면서 L자형 통로를 인정하고 있다. 동시에 통행로 인정 여부는 개별적으로 구체적 상황에 따라 법원이 적절히 인정할 것이다.

[사례 174] 공탁금출급청구권확인청구 소장(수용보상금의 공탁, 절대적 불확지 공탁)

소 장

원 고 최 종 수 (OOOOOO-OOOOOOO) (전화 :)
서울 강남구 강남대로 238(도곡동) (우 :)

피 고 대 한 민 국
법률상 대표자 법무부장관 김 도 수

공탁금출급청구권확인 청구의 소

청 구 취 지

1. 피고는 원고가 서울중앙지방법원 2018년 금제777호 공탁금의 출급청구권자임을 확인한다.
2. 소송비용은 피고의 부담으로 한다.

라는 판결을 구합니다.

청 구 원 인

1. 피고는 2018. 2. 17. 서울 송파구 석촌동 69 대 189㎡를 수용하면서 그 수용보상금으로 150,000,000원을 피공탁자를 절대적 불확지로 하여 서울중앙지방법원 2018년 금제777호로 공탁하였습니다.

2. 그러나 위 토지의 소유자는 소외 망 최종락이었고 그는 2014. 7. 3. 사망하였으며 원고가 그를 단독으로 상속하였습니다(소외 망 최종락이 위 토지의 토지대장상의 소유자란에 등재되어 있고 다만 주소가 미기재로 되어 있으나 소외 망 최종락은 위 석촌동 69 대지를 소외 김철종으로부터 매수하였으며 그 매매계약서가 있으며 위 석촌동 69 지상에 거주한 사실도 있으며 그 외에 누구도 석촌동에는 최종락이라는 이름을 가진 사람은 없었습니다).

3. 이에 원고는 피고에 대하여 원고가 위 수용보상금의 출급청구권자임의 확인을 구하고자 본 소 청구에 이른 것입니다.

입 증 방 법

변론시 수시 제출하겠습니다.

첨 부 서 류

1. 주민등록초본 1통
1. 소장 부본 1통
1. 납부서 1통

20○○. ○. .

위 원고 최 종 수 (인)

○○지방법원 귀중

[해 설]

춘천지방법원 제2민사부 94가합2145호 판결은 취득시효가 완성된 토지가 수용됨으로써 소유권이전등기의무의 이행이 불능하게 된 경우 이전등기청구권자는 소유자의 공탁금출급청구권의 양도 및 공탁관에게의 양도통지를 구할 수 있다는 취지의 판결을 하고 있으며, 그 법적 성질은 이행불능으로 인한 대상(代償)청구권이라고 한다. 그러면서 대법원 1994. 12. 9. 선고 94다25025 판결을 참조판결로 들고 있다. 이 판결의 주문은 선례적 가치가 있으므로 이를 전재, 예시하면 다음과 같다.

「1. 원고들과 피고 ○○○○토지개발공사의 사이에 있어서 위 피고가 1995. 12. 31. 춘천지방법원 1994년 금제1703호로 공탁한 토지수용보상금 63,135,000원의 출급청구권자는 피고 ○○○임을 확인한다.

2. 피고 OOO은 원고들에게 별지 상속지분표 기재 각 지분비율에 따라 제1항의 공탁금출급청구권에 관하여 채권양도의 의사표시를 하고, 춘천지방법원 공탁관에게 채권양도의 통지를 하라.
3. 소송비용은 피고들의 부담으로 한다.」

[사례 175] 정리채권확정청구 소장

소 장

원 고 한국증권주식회사 (OOOOOO-OOOOOOO) (전화 :)
서울 마포구 가양대로 143(상암동) (우 :)
대표이사 아 무 개

피 고 정리회사 하몬즈주식회사의 관리인 야강은행
서울 은평구 가좌로 164(응암동) (우 :)
은행장 아 무 개

정리채권확정 청구의 소

청 구 취 지

1. 원고는 정리회사 하몬즈주식회사에 대하여 774,368,293원의 정리채권과 2,670,000,000원에 대한 2015. 6. 1.부터 위 정리회사에 대한 정리계획인가일까지 연단위 복리계산방식에 따른 연 11%의 비율로 계산한 돈의 후순위정리채권을 가짐을 확인한다.
2. 소송비용은 피고의 부담으로 한다.

라는 판결을 구합니다.

청 구 원 인

1. 정리회사 하몬즈주식회사(이하 '정리회사'라고 한다)는 2012. 12. 19. 원고와 사이에 정리회사가 발행하는 제38회 보증전환사채에 관하여 원고가 위 사채발행가액 총액 금 200억원을 총액인수 및 매출하기로 하되, 매출되지 아니한 사채 잔액에 대하여는 원고가 책임을 지고 처리하기로 하는 내용의 총액인수 및 매출계약을 체결하고, 2012. 12. 26. 사채의 권면총액 및 사채발행가액의 총액을 금 200억원, 각

사채의 금액과 권종을 500만원권 1종, 사채발행가액을 각 사채권면가액의 100%로 정한 다음, 사채권자의 청구에 의하여 사채권면액의 100%를 일정한 전환조건에 따라 기명식 보통주식으로 전환할 수 있는 무기명식 이권부 보증전환사채를 발행하였습니다.

2. 한편 정리회사는 위 사채발행 당시 원고와 사이에, 사채의 이율은 사채발행 다음날로부터 2017. 12. 31.까지 연 0%로 하고, 사채의 상환방법과 기한에 대하여는 전환청구권 행사기간 중 전환권을 행사하지 아니한 사채에 대하여는 연 11%의 보장수익률과 사채의 이율과의 차이를 복리로 계산한 금액을 원금에 가산하여 2017. 12. 31.에 일시상환하기로 하되, 전환청구권 행사기간은 2013. 6. 26.부터 2017. 11. 30.까지로 하며, 전환청구를 할 경우에는 소정의 전환청구서 2통에 필요한 사항을 기입날인하여 등록기관으로부터 채권자 확인을 받은 등록필증과 함께 소외 주식회사 한양은행 증권대행부에 제출하여 청구하도록 약정하였습니다.

3. 원고는 위 총액 인수 및 매출계약에 따라 정리회사가 발행한 위 전환사채 발행가액 총액을 인수한 다음 위 계약에 정해진 조건에 따라 일반청약을 받아 매출하였는데, 채권번호 1번부터 534번까지 총 534장 합계 26억 7천만원의 사채가 매출되지 아니하여, 원고가 위 사채의 대금을 직접 납입함으로써 사채권을 취득하였습니다.

4. 한편 서울중앙지방법원은 2015. 6. 1. 2014파 7758호로 정리회사에 대한 회사정리절차개시결정을 하고 피고를 관리인으로 선임하였습니다.

5. 원고는 2015. 7. 1. 위 법원에 정리회사에 대한 정리채권으로 위와 같은 전환사채 원금 및 그에 대한 사채발행일부터 만기일까지 약정보장수익률 상당의 이자를 신고하였습니다. 피고는 2015. 7. 15. 위 회사정리사건의 정리채권 조사기일에서 원고가 신고한 위 채권 중 각 사채 원금만 인정하고 그 이자에 대하여는 미확정채권이라는 이유로 이의를 제기하였습니다.

6. 그러나 원고는 전환청구권(형성권)을 포기하는 입장이므로 전환청구 행사기간이 경과하지 않았다 하더라도 일반사채와 동일한 성격의 사채로 확정되었다고 봄이 옳을 것입니다. 2012. 12. 27.부터 2015. 5. 31.까지의 연 11%의 보장수익률에 의하여 연단위 복리로 계산한 금 774,368,293원의 사채이자채권과, 또한 후순위 정리채권이 되는 사채 원금에 대한 정리절차개시결정 이후인 2015. 6. 1.부터 정리계획인가일까지 연 단위 복리계산방식에 의한 연 11%의 이율에 의한 이자채권을 원고는 정리회사에 대하여 정리절차 개시 전의 원인으로 인하여 가지고 있으므로 이에 그 확인을 구하고자 본 소 청구에 이른 것입니다.

입 증 방 법

변론시 수시 제출하겠습니다.

첨 부 서 류

1. 법인등기사항증명서 2통
1. 소장 부본 1통
1. 납부서 1통

20○○. ○. .

위 원고 한국증권주식회사
대표이사 아 무 개 (인)

○ ○ 지 방 법 원 귀 중

[사례 176] 토지인도청구 등 소장(선택적 병합, 장래이행청구사건)

소 장

원 고 김 달 주 (○○○○○○-○○○○○○○) (전화 :)
서울 은평구 가좌로 164(응암동) (우 :)

피 고 오 흥 식 (○○○○○○-○○○○○○○)
서울 노원구 공릉로 98(공릉동) (우 :)

토지인도 등 청구의 소

청 구 취 지

1. 피고는 원고에게 서울 성동구 성수동 20 전 300㎡ 지상 블록조 철제 및 비닐지붕 단층 점포 약 400㎡를 철거하고 동 토지 지상 대리석 일체를 취거하여 동 토지를 인도하고, 9,999,999원과 이에 대하여 이 사건 소장부본 송달일부터 다 갚는 날까지는 연 15%의 비율로 계산한 돈을 지급하고, 2018. 3. 14.부터 위 토지인도 완료

일까지는 월 3,333,333원의 비율로 계산한 돈을 지급하라.
2. 소송비용은 피고의 부담으로 한다.
3. 위 제1항은 가집행할 수 있다.
라는 판결을 구합니다.

청 구 원 인

1. 원고는 2012. 6. 12. 원고의 대리인인 소외 김석주를 통하여 피고에게 청구취지 기재 토지를 기간은 2017. 6. 12.까지, 보증금은 없이, 임료는 연 3,500,000원으로 정하여 임대한 사실이 있습니다.

2. 그리고 피고는 위 토지상에 청구취지 기재 단층 점포를 짓고 대리석을 쌓아 두고 위 토지를 대리석등의 전시판매소로 점유하고 있습니다.

3. 위 임대차계약은 2017. 6. 12. 기간만료로 종료하게 되자 임료 20,000,000원, 기간 2017. 12. 12.까지로 정하여 6개월을 기간갱신한 사실이 있습니다.

4. 그러므로 위 임대차계약은 2017. 12. 12. 계약기간 만료로 종료되었습니다.

5. 따라서 피고는 원고에게 임대차계약상의 원상회복 및 임대차목적물반환의무에 따라 위 토지를 원상으로 회복하여 반환할 의무가 있습니다.

6. 한편 위 토지는 원고의 소유입니다.

7. 따라서 피고는 소유자인 원고의 물권적 청구권 행사에 순응하여 위 토지를 원상으로 회복하여 반환할 의무가 있습니다.

8. 또한 피고는 2017. 12. 13.부터 2018. 3. 13.까지 법률상 원인 없이 원고의 위 토지를 사용하여 이익을 얻고 이로 인하여 매 6월 20,000,000원의 비율로 계산한 위 약정임료 상당의 손해, 즉 월 3,333,333원(원 미만은 포기함)의 비율로 계산한 금원 상당의 손해(이 금액을 계산하면 9,999,999원이 됨)를 원고에게 가하였습니다.

9. 따라서 피고는 부당이득금으로 9,999,999원을 원고에게 반환할 의무가 있습니다.

10. 피고는 원고에 대한 위 토지반환의무뿐만이 아니라 현재의 부당이득반환의무 자체를 다투고 있어 장래의 부당이득의 지급을 그 이행기에 기대할 수 없습니다. 따라서 장래의 부당이득의 지급은 미리 청구할 필요가 있습니다.

11. 따라서 원고는 피고에 대하여 선택적으로 임대차계약 또는 소유권에 기하여 위

토지의 원상회복 및 반환을 청구하고 아울러 현재의 부당이득과 그 지연손해금의 지급을 청구하며, 장래의 부당이득의 반환을 미리 구하고자 이 사건 청구에 이른 것입니다.

입 증 방 법

1. 갑 제1호증　　　　토지등기사항증명서
1. 갑 제2호증　　　　임대차계약서

그 밖의 입증서류는 변론시 수시 제출하겠습니다.

첨 부 서 류

1. 위 입증서류　　　　각 1통
1. 주민등록초본　　　　2통
1. 토지가격확인원　　　　1통
1. 소장 부본　　　　1통
1. 납부서　　　　1통
1. 위임장　　　　1통

2000. O. .

위 원고 김 달 주 (인)

OO지방법원 귀중

[해 설]

1. 부당이득은 현재의 부당이득뿐만 아니라 장래의 부당이득도 그 이행기에 지급을 기대할 수 없어 미리 청구할 필요가 있으면 미리 청구할 수 있다.
2. 부당이득반환채무가 기한이 있는 채무인지 여부에 관하여 언급하고 있는 분은 없는 것 같다. 불법행위와는 달리 부당이득은 위법성이 없는 행위이므로 이행의 기한이 없는 것으로 보아 이행청구를 받은 때로부터 지체책임이 있는 것으로 해석하는 것이 타당할 것 같다. 따라서 지연손해금은 이행청구의 날, 즉 소장 송달일부터 청구하면 될 것으로 생각한다.

[사례 177] 토지인도등청구 소장(부당이득, 건물철거, 장래이행청구사건)

소 장

원 고 학교법인 하늘학원 (OOOOOO-OOOOOOO) (전화 :)
서울 마포구 가양대로 143(상암동) (우 :)
이사장 장 복 철

피 고 전 해 탈 (OOOOOO-OOOOOOO)
서울 송파구 가락로 14(석촌동) (우 :)

토지인도 등 청구의 소

청 구 취 지

1. 피고는 원고에게 서울 중랑구 신내동 85-7 지상 별지 제1 목록 기재 수목 및 석조물, 같은 동 185 지상 별지 제2 목록 기재 수목 및 석조물, 같은 동 산 111 지상 별지 제3목록 기재 수목을 각 수거 내지 취거하고, 같은 동 산 111 지상 목조 루핑 가건물 주택 1동(무허가건물) 13.22㎡를 철거하고 위 각 토지를 인도하고, 2018. 3. 1.부터 위 각 토지의 인도완료일까지 연 10,000,000원의 비율로 계산한 돈을 지급하라.
2. 소송비용은 피고의 부담으로 한다.
3. 위 제1항은 가집행할 수 있다.

라는 판결을 구합니다.

청 구 원 인

1. 서울 중랑구 신내동 85-7 대 145㎡("㉮ 토지")와 같은 동 185 대 152㎡("㉯ 토지") 및 같은 동 산 111 임야 1289㎡("㉰ 토지")는 원고의 소유입니다.

2. 원고는 2016. 3. 2. 보증금은 없이 임료는 연 10,000,000원, 임대차기간은 2016. 3. 1.부터 2018. 2. 28.까지 2년으로 각 정하여 피고에게 ㉮, ㉯, ㉰ 토지를 임대하였습니다.

3. 현재 ㉮ 토지에는 별지 제1 목록 기재 수목 및 석조물, ㉯ 토지에는 별지 제2 목록 기재 수목 및 석조물이 각 식재 내지 전시되어 있고, ㉰ 토지에는 별지 제3 목록

기재 수목과 목조 루핑 가건물 주택 1동 13.22㎡가 식재 내지 건립되어 있습니다.

4. 피고는 2016. 3. 1. 부터 ㉮, ㉯, ㉰ 토지를 법률상 원인 없이 사용하여 이득을 얻고 이로 인하여 원고에게 위 임대차계약 체결시 약정한 임료 상당의 손해를 가하고 있습니다.

5. 위 임대차계약은 2018. 2. 28. 기간만료로 종료되었습니다.

6. 따라서 원고는 피고에게 임대차계약 종료에 의하여 ㉮, ㉯, ㉰ 토지의 원상회복 및 반환을 청구하고, 아울러 피고는 ㉮, ㉯, ㉰ 토지의 법률상 원인 없는 사용으로 인한 현재의 부당이득금의 지급을 거절하고 있어 원고로서는 미리 청구할 필요가 있으므로 ㉮, ㉯, ㉰ 토지의 인도완료일까지의 장래의 부당이득금까지 일괄하여 그 지급을 받고자 본 소 청구에 이른 것입니다.

입 증 방 법

1. 갑 제1호증 부동산등기사항증명서
1. 갑 제2호증 부동산임대차계약서

그 밖의 입증서류는 변론시 수시 제출하겠습니다.

첨 부 서 류

1. 위 입증서류 각 1통
1. 법인등기사항증명서 1통
1. 주민등록초본 2통
1. 토지가격확인원 1통
1. 소장 부본 1통
1. 납부서 1통
1. 위임장 1통

20○○. ○. .

위 원고 학교법인 하늘학원
이사장 장 복 철 (인)

○○지방법원 귀중

[별 지]

제 1 목 록

석탑	대형	6개	
석탑	소형	2개	
석조물악거북이		10개	
석조소품		20개	
조선향나무	6년생	6주	
조선향나무	3년생	30주	
잡목	3년생	20주.	끝.

[별 지]

제 2 목 록

돌물악		1개	
돌소품		5개	
회향목	3년생	20주.	끝.

[별 지]

제 3 목 록

영산홍 자산홍	3년생	70주	
단풍나무	6년생	2주	
가이스카	3년생	20주.	끝.

[해 설]

부당이득금반환채무가 기한이 있는 채무인지 여부에 관하여 언급하고 있는 분은 없는 것 같다. 사견으로는 불법행위와는 달리 부당이득은 위법성이 없는 행위이므로 이행의 기한이 없는 것으로 보아 이행청구를 받은 때로부터 지체책임이 있는 것으로 해석하는 것이 타당할 것 같다. 따라서 지연손해금을 만약 청구한다면 이행청구를 받은 날로부터 청구할 수 있을 것이다.

[사례 178] 건물인도등청구 소장(건물철거, 건물퇴거, 수목수거, 간접점유자사건)

소 장

원 고 최 덕 배 (OOOOOO-OOOOOOO)
서울 서초구 서초대로 28길(서초동) (우 :)

피 고 1. 이 광 만 (OOOOOO-OOOOOOO)
2. 고 광 수 (OOOOOO-OOOOOOO)
3. 최 영 자 (OOOOOO-OOOOOOO)
4. 이 내 주 (OOOOOO-OOOOOOO)
위 피고들의 주소 :
서울 관악구 관악로 106(봉천동) (우 :)

건물인도 등 청구의 소

청 구 취 지

1. 원고에게,

가. 피고 이광만은
별지 부동산 목록 기재 부동산 중 별지 도면 표시 ⓜ 지상 시멘트블록조 스레트지붕 단층 주택 18㎡와 같은 도면 표시 ⓗ 지상 스레트벽돌조 스레트지붕 단층 주택 18㎡를 각 철거하고, 같은 도면 표시 ⓢ 부분 약 200㎡ 지상 8년생 조생종 귤나무 130주를 수거하고, 같은 도면 표시 ⓛ 지상 시멘트블록조 스레트지붕 단층 주택 40㎡와 같은 도면 표시 ⓡ 지상 시멘트블록 및 석조 스레트지붕 화장실 및 창고 9㎡를 각 인도하고, 별지 부동산 목록 기재 부동산을 인도하고,

나. 피고 고광수는 별지 부동산 목록 기재 부동산 중 별지 도면 표시 ⓖ 지상 시멘트블록조 스레트지붕 단층 주택 65㎡를 인도하고,

다. 피고 최영자는 별지 부동산 목록 기재부동산 중 별지 도면 표시 ⓓ 지상 시멘트블록조 스레트지붕 창고 30㎡를 인도하고,

라. 피고 이내주는 별지 부동산 목록 기재부동산 중 별지 도면 표시 ⓜ 지상 시멘트블록조 스레트지붕 단층 주택 18㎡에서 퇴거하라.

2. 소송비용은 피고들의 부담으로 한다.
3. 위 제1항은 가집행할 수 있다.

라는 판결을 구합니다.

청 구 원 인

1. 별지 부동산 목록 기재 부동산과 그 지상의 별지 도면 표시 ㉠, ㉡, ㉢, ㉣ 건물은 원고의 소유입니다.

2. 그런데 피고 이광만은 함부로 별지 부동산 목록 기재 부동산 중 별지 도면 표시 ㉤ 지상에 시멘트블록조 스레트지붕 단층 주택 18㎡를 건축하고, 같은 도면 표시 ㉥ 지상에 스레트벽돌조 스레트지붕 단층 주택 18㎡를 건축하고, 같은 도면 표시 ㉦ 부분 약 200㎡ 지상에 8년생 조생종 귤나무 130주를 식재하였습니다.

3. 원고는 2013. 5. 1. 피고 이광만에게 별지 부동산 부동산 목록 기재 부동산과 그 지상의 별지 도면 표시 ㉠, ㉡, ㉢, ㉣ 건물을 기간 2년, 임료 연 5,000,000원으로 정하여 임대하고 그 후 묵시의 갱신을 거듭해 왔습니다.

4. 그런데 피고 이광만은 원고의 동의 없이 위 ㉠ 건물을 피고 고광수에게 전대하고 위 ㉢ 건물을 피고 최영자에게 전대하였습니다.

5. 따라서 원고는 무단전대를 이유로 이 사건 소장의 송달로 위 임대차계약 해지의 의사를 표시합니다.

6. 한편 피고 이광만은 위 ㉤ 건물을 피고 이내주에게 임대하였습니다.

7. 따라서 피고 이광만의 위 ㉡, ㉣ 건물에 대한 점유와 피고 고광수의 위 ㉠ 건물에 대한 점유, 피고 최영자의 위 ㉢ 건물에 대한 점유, 그리고 피고 이내주의 위 ㉤ 건물에 대한 점유는 원고에게 대항할 수 없는 불법점유입니다.

8. 그러므로 원고는 별지 부동산 목록 기재 부동산과 그 지상의 별지 도면 표시 ㉠, ㉡, ㉢, ㉣ 건물의 소유권에 기하여 피고들에 대하여 소유물방해제거 내지 소유물 반환을 구하고자 본 소 청구에 이른 것입니다.

입 증 방 법

변론시 수시 제출하겠습니다.

첨 부 서 류

1. 주민등록초본 5통
1. 개별토지가격확인원 1통
1. 소장 부본 4통

1. 납부서 1통

2000. 0. .

위 원고 최 덕 배 (인)

0 0 지 방 법 원 귀 중

[별 지]

부 동 산 목 록

1. 서울특별시 노원구 공릉동 683 대 1574㎡.

- 이 상 -

[별 지]

도 면

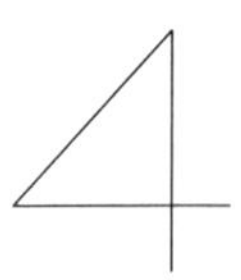

서울특별시 노원구 공릉동 683 지상물

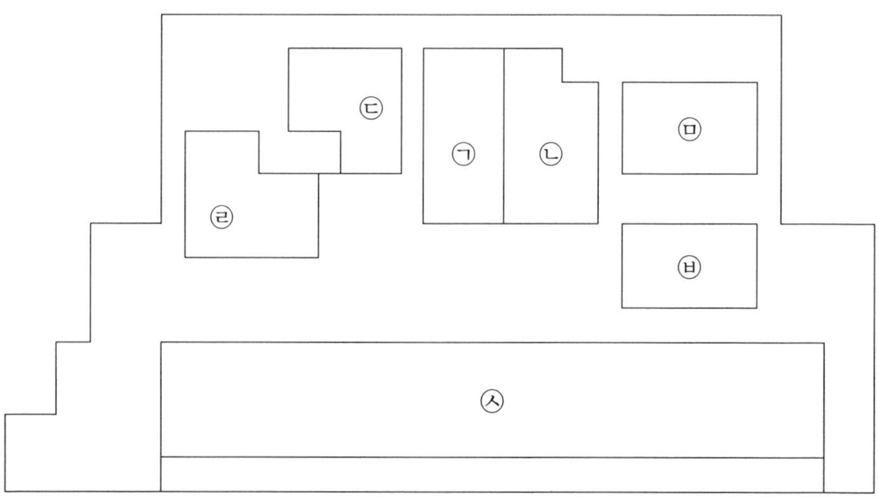

[해 설]

1. 건물인도청구에서 직접점유자와 간접점유자가 있는 경우에 누구를 상대로 하여야 할 것인가? 대법원 1969. 2. 4.선고 69다234 판결은 불법점유를 이유로 한 인도청구에서는 오직 현실로 불법점유를 하고 있는 자만을 상대로 하여야 한다고 한다.
   다만 대법원 1983. 5. 10.선고 81다187 판결은 인도하기로 약정을 한 경우에는 간접점유자에 대해서도 인도를 청구할 수 있다고 한다.
   이 사례에서 피고 이광만은 ㉠, ㉢, ㉤ 건물의 간접점유자이다.
2. 명도와 퇴거의 차이점은 인도는 점유이전임에 반하여 퇴거는 점유해제인 점에 있다. 따라서 인도는 건물소유자가 자기에게로의 건물점유이전을 청구하는 경우 등에 할 수 있는 것이고, 퇴거는 토지소유자가 건물소유자에게 건물철거를 청구하면서 그 건물점유자를 상대로 그 건물철거에 방해가 되지 아니하도록 비켜달라는 청구로서 토지소유자에게로의 건물점유의 이전까지 청구하는 것은 아니고 단지 건물점유를 해제만 해달라는 것이다.
3. 소유물반환청구의 요건사실은 청구자가 소유자인 사실과 상대방이 점유자인 사실이다. 그리고 소유물방해제거청구의 요건사실은 청구자가 소유자인 사실과 상대방이 점유 이외의 방법으로 소유권행사를 방해하고 있는 사실이다. 임차물반환청구의 요건사실은 청구자와 상대방간의 임대차계약체결사실과 해지, 기간만료 기타 사유로 인하여 그 계약이 종료된 사실이다. 소유물반환청구권과 임차물반환청구권은 서로 경합하여 성립할 수 있다.
   이 사례에서도 이들 청구권이 경합하고 있으나 소유물반환청구권을 행사하고 있다.

[사례 179] 동산인도청구 소장(약정에 의한 동산인도)

소 장

원 고 윤 만 석 (OOOOOO-OOOOOOO) (전화 :)
서울 마포구 가양대로 143(상암동) (우 :)

피 고 장 일 수 (OOOOOO-OOOOOOO)
서울 성동구 가람길 113(송정동) (우 :)

동산인도 청구의 소

청 구 취 지

1. 피고는 원고에게 별지 목록 기재 물건을 인도하고 그 물건에 대한 인도집행이 불능일 때에는 15,000,000원을 지급하라.

2. 소송비용은 피고의 부담으로 한다.
3. 위 제1항은 가집행할 수 있다.
라는 판결을 구합니다.

청 구 원 인

1. 피고는 2016. 11. 19. 원고에게 별지 목록 기재 물건을 2017. 12. 7 까지 인도하겠다고 약정한 사실이 있습니다.

2. 그러므로 피고는 위 약정을 원인으로 하여 원고에게 위 물건을 인도할 의무가 있습니다.

3. 따라서 원고는 피고에게 위 물건의 인도를 청구하고, 만일 위 물건의 인도집행이 불능인 때에는 그 이행에 갈음하는 전보배상으로 변론종결 당시의 시가 금 15,000,000원의 지급을 구하고자 본 소 청구에 이른 것입니다.

입 증 방 법

1. 갑 제1호증 　　　　차용증서
1. 갑 제2호증 　　　　약정서

변론시 수시 제출하겠습니다.

첨 부 서 류

1. 주민등록초본 　　　　2통
1. 소장 부본 　　　　1통
1. 납부서 　　　　1통

2000. O. .

위 원고 윤 만 석 (인)

OO지방법원 귀중

[별 지]

목 록

번호	품명	수량	제작회사	고유번호
1	아이씨선반	1	대우	DW-2037-85-S
2	볼 반	1	대우	DW-1200-85-B

물건 소재지 : 서울특별시 강남구 강남대로 238(도곡동)

[해 설]

1. 계약에 의한 동산인도청구의 요건사실은 동산인도계약체결사실이다.
2. 대법원 1960. 8. 18. 선고 4292민상733 판결은 본래의 급부와 그 집행불능시의 이행에 갈음하는 손해배상을 아울러 청구하였을 경우에 그 대상금액은 사실심법원 최후의 변론종결 당시의 본래의 급부의 가액을 기준으로 산정하여야 할 것이라고 판시한다.

[사례 180] 추심금청구 소장(도급계약, 일의 완성인도)

소 장

원 고 박 인 수 (OOOOOO-OOOOOOO) (전화 :)
서울 송파구 가락로 14(석촌동) (우 :)

피 고 김 동 숙 (OOOOOO-OOOOOOO)
서울 은평구 가좌로 162(응암동) (우 :)

추심금 청구의 소

청 구 취 지

1. 피고는 원고에게 124,000,000원과 이에 대하여 2017. 9. 24.부터 이 사건 소장부본 송달일까지는 연 5%, 그 다음날부터 다 갚는 날까지는 연 15%의 각 비율로 계산한 돈을 지급하라.

2. 소송비용은 피고의 부담으로 한다.
3. 위 제1항은 가집행할 수 있다.

라는 판결을 구합니다.

청 구 원 인

1. 원고는 원고의 소외 송추건설주식회사에 대한 집행권원에 기하여 2017. 11. 11.서울중앙지방법원으로부터 소외 송추건설주식회사의 피고에 대한 공사대금청구채권에 관하여 추심명령을 받고 그 추심명령은 2017. 11. 14. 피고에게 송달된 사실이 있습니다.

2. 그리고 소외 송추건설주식회사는 피고와 사이에 2016. 8. 5. 화정지구 가로 및 택지조성공사도급계약을 맺고 그 공사대금은 124,000,000원으로 정한 사실이 있습니다.

3. 그 후 소외 송추건설주식회사는 2017. 9. 23. 위 공사를 완료하고 피고에게 이를 인도하였습니다.

4. 이에 원고는 위 추심명령에 의한 추심권에 기하여 피고로부터 위 공사대금 124,000,000원과 이에 대하여 공사완료인도일인 2017. 9. 24.부터 이 사건 소장부본 송달일까지는 민법 소정의 연 5%, 그 다음날부터 다 갚는 날까지는 소송촉진등에관한특례법 소정의 연 15%의 각 비율로 계산한 지연손해금을 지급받고자 본 소청구에 이른 것입니다.

입 증 방 법

변론시 수시 제출하겠습니다.

첨 부 서 류

1. 주민등록초본 2통
1. 소장 부본 1통
1. 납부서 1통

20OO. O. .

위 원고 박 인 수 (인)

OO지방법원 귀중

[해 설]

1. 추심금청구소송에서 추심채권의 존재여부가 다투어지는 경우에 입증책임이 누구에게 있는지 문제가 된다. 추심할 채권은 피고가 그 부존재를 입증하여야 한다는 입장에서 법원이 피고에게 입증을 촉구하는 것을 가끔 실무상 볼 수 있다.
   만약 이러한 입장에 선다면 위 소장의 청구원인에서 「그리고 소외 송추건설주식회사는 피고와 사이에 2016. 8. 5. 화정지구 가로 및 택지조성공사도급계약을 맺고 그 공사대금은 금 124,000,000원으로 정한 사실이 있습니다. 그 후 소외 송추건설주식회사는 2017. 9. 23. 위 공사를 완료하고 피고에게 이를 인도하였습니다.」라는 부분은 원고가 주장할 사항이 아니라 피고가 이러한 사실이 존재하지 않음을 주장 입증하여야 하는 것이 된다. 그러나 이러한 사실은 적극사실이기 때문에 이를 원고가 주장하고 입증하여야 하는 것이 아닌가 생각된다.
2. 항변 등에 관한 판단
   가. 추심명령이 취소되거나 추심명령 신청이 취하된 경우: 전부명령과 구별되는 점은 전부명령은 확정을 요한다.
   나. 다른 정당한 추심채권자에게 추심채무를 변제할 경우 : 유효하다(변제의 효력이 모든 채권자에게 미치기 때문이다).
   다. 압류경합은 항변사유가 아니다 : 전부금과 구별됨.
   라. 채무액을 혼합공탁 등의 절차에 따라 공탁하였다는 항변(피고는 위 공탁으로서 채무불이행에서 벗어나게 되었다) : 공탁서
   마. 추심명령이나 전부명령의 집행채권이 부존재하거나 소멸되었다는 주장은 정당한 항변사유가 될 수 없음(집행채무자, 즉 원래의 채권자가 청구이의의 소 등으로 주장할 사유임). 집행권원이 유효한 이상 주장 자체로 이유 없음.

[사례 181] 추심금청구 소장

소 장

원 고	박 인 수 (OOOOOO-OOOOOOO)	(전화 :)	
	서울 서초구 서초대로 28길(서초동)	(우 :)	
피 고	김 동 숙 (OOOOOO-OOOOOOO)		
	서울 송파구 가락로 14(석촌동)	(우 :)	

추심금 청구의 소

청 구 취 지

1. 피고는 원고에게 24,250,000원과 이에 대하여 이 사건 소장부본 송달다음날부터 다 갚는 날까지 연 15%의 비율로 계산한 돈을 지급하라.
2. 소송비용은 피고의 부담으로 한다.
3. 위 제1항은 가집행할 수 있다.

라는 판결을 구합니다.

청 구 원 인

1. 원고는 소외 김갑동에 대하여 집행력 있는 약속어음 채무금 공정증서정본에 기하여 50,000,000원의 채권이 있어 이를 강제집행하기 위하여 소외 김갑동이가 피고에 대하여 가지는 25,000,000원의 전세보증금반환청구채권을 피고를 제3채무자로 하여 2017. 6. 9. 서울중앙지방법원 2017타채 1234호로서 압류한 후 그 중 24,250,000원의 별지 목록 기재 채권에 대하여 서울중앙지방법원에 2017타채 3456호로서 채권추심명령을 신청하여 2017. 10. 20. 같은 법원으로부터 추심명령을 받았습니다.

2. 그리하여 원고는 위 명령에 의하여 채권추심의 권리를 얻었으므로 피고에 대하여 그 이행을 촉구하였으나 하등의 이유도 없이 이행을 하지 않고 있으므로 본 소 청구에 이른 것입니다.

입 증 방 법

1. 갑 제1호증 채권추심명령
1. 갑 제2호증 송달증명원

그 밖의 입증서류는 변론시 수시 제출하겠습니다.

첨 부 서 류

1. 위 입증서류 사본 각 1통
1. 주민등록초본 2통
1. 소장 부본 1통
1. 납부서 1통

20OO. O. .

위 원고 박 인 수 (인)

ㅇㅇ지방법원 귀중

[해 설]

1. 추심금청구소송에서 추심채권의 존재여부가 다투어지는 경우에 입증책임이 누구에게 있는지 문제가 된다. 추심할 채권은 피고가 그 부존재를 입증하여야 한다는 입장에서 법원이 피고에게 입증을 촉구하는 것을 가끔 실무상 볼 수 있다.
2. 채권추심명령을 얻은 자는 그 일부만을 청구할 수 있다(대법원 1971. 11. 9. 선고 71다1941 판결).
3. 항변 등에 관한 판단
   가. 추심명령이 취소되거나 추심명령 신청이 취하된 경우 : 전부명령과 구별되는 점은 전부명령은 확정을 요한다.
   나. 다른 정당한 추심채권자에게 추심채무를 변제할 경우 : 유효하다(변제의 효력이 모든 채권자에게 미치기 때문이다).
   다. 압류경합은 항변사유가 아니다 : 전부금과 구별됨.
   라. 채무액을 혼합공탁 등의 절차에 따라 공탁하였다는 항변(피고는 위 공탁으로서 채무불이행에서 벗어나게 되었다) : 공탁서
   마. 추심명령이나 전부명령의 집행채권이 부존재하거나 소멸되었다는 주장은 정당한 항변사유가 될 수 없음(집행채무자, 즉 원래의 채권자가 청구이의의 소 등으로 주장할 사유임). 집행권원이 유효한 이상 주장 자체로 이유 없음.

[사례 182] 전부금청구 소장(의료보호진료계약)

소 장

원 고 채 인 권 (OOOOOO-OOOOOOO) (전화 :)
서울 서초구 강남대로 27(양재동) (우 :)

피 고 서울특별시
시장 안 정 의
소관 : 서초구청 복지과

전부금 청구의 소

청 구 취 지

1. 피고는 원고에게 13,469,420원과 이에 대하여한 이 사건 소장부본 송달다음날부터

다 갚는 날까지 연 15%의 비율로 계산한 돈을 지급하라.
2. 소송비용은 피고의 부담으로 한다.
3. 위 제1항은 가집행할 수 있다.
라는 판결을 구합니다.

청 구 원 인

1. 원고는 원고의 소외 김영언에 대한 집행권원에 기하여 2017. 7. 18. 서울중앙지방법원으로부터 소외 김영언의 피고에 대한 의료보호환자진료비채권에 관하여 전부명령을 받고 그 전부명령은 2017. 7. 20. 피고에게 송달되었습니다.

2. 그리고 소외 김영언은 피고에 대하여 2015. 9. 1.부터 2015. 10. 31.까지의 의료보호환자 진료비채권 13,469,420원을 가지고 있습니다. 이 진료비채권의 지급기한은 2015. 12. 31.이고 피고는 이 기한을 도과하였습니다.

3. 이에 원고는 피고로부터 위 전부명령에 의하여 전부받은 위 진료비채권에 기하여 위 진료비 및 이에 대한 진료비 지급기한 이후인 이 사건 소장부본 송달다음날부터 다 갚는 날까지 소송촉진등에관한특례법에서 정한 연 15%의 비율로 계산한 지연손해금을 지급받고자 본 소 청구에 이른 것입니다.

입 증 방 법

변론시 수시 제출하겠습니다.

첨 부 서 류

1. 주민등록초본 1통
1. 소장 부본 1통
1. 납부서 1통

2000. 0. .

위 원고 채 인 권 (인)

OO지방법원 귀중

[해 설]

1. 항변 등에 관한 판단

가. 집행권원의 무효주장 : 전부명령 무효(예컨대 무효인 집행증서의 경우)

나. 압류경합 주장 : 전부명령이 무효(특히 압류 · 가압류의 경합을 주장하는 경우, 중복압류가 되었어도 그 합산액이 총채권액에 미달하는 경우는 압류의 경합이 아니며, 압류경합 여부의 기준시점은 전부명령이 제3채무자에게 송달된 때이다) - 압류명령, 배달증명서

※ 전부명령의 요건 : 피압류채권의 권면액을 가진 금전채권으로서, 양도가능하며, 압류, 가압류의 경합이 없어야 한다.

다. 양도금지특약 주장 : 합의에 의해 집행이 안되는 재산을 만들 수 없으므로 주장 자체로 이유 없음.

라. 양도 항변(위 양수금에서의 항변과 유사) : 제3자로부터 채권양도통지(확정일자 있는 증서에 의한 것), 압류 · 추심명령 또는 압류 · 전부명령을 받았다는 항변 - 양도통지서, 전부명령, 추심명령, 배달증명서

마. 압류경합은 항변사유가 아니다 : 전부금과 구별됨.

바. 채무액을 혼합공탁 등의 절차에 따라 공탁하였다는 항변(피고는 위 공탁으로서 채무불이행에서 벗어나게 되었다) : 공탁서

사. 추심명령이나 전부명령의 집행채권이 부존재하거나 소멸되었다는 주장은 정당한 항변사유가 될 수 없음(집행채무자, 즉 원래의 채권자가 청구이의의 소 등으로 주장할 사유임). 집행권원이 유효한 이상 주장 자체로 이유 없음.

아. 전부명령송달 이후라도 집행채무자와 사이의 계약 해제한 경우(피보전채권발생의 원인이 되는 계약 자체를 해제한 경우) 해제로 대항 가능하며, 전부받은 자는 해제의 경우 보호받은 민법 제548조 제1항 단서 제3항에 해당하지 않는다.

[사례 183] 전부금청구 소장(임대차보증금계약, 반환받을 보증금의 존재)

소 장

원 고 이 순 심 (OOOOOO-OOOOOOO) (전화 :)
서울 성동구 가람길 113(송정동) (우 :)

피 고 백 용 기 (OOOOOO-OOOOOOO)
서울 마포구 가양대로 143(상암동) (우 :)

전부금 청구의 소

청 구 취 지

1. 피고는 원고에게 20,000,000원과 이에 대하여 2018. 6. 5.부터 이 사건 소장부본 송달일까지는 연 5%, 그 다음날부터 다 갚는 날까지는 연 15%의 각 비율로 계산한 돈을 지급하라.
2. 소송비용은 피고의 부담으로 한다.
3. 위 제1항은 가집행할 수 있다.

라는 판결을 구합니다.

청 구 원 인

1. 원고는 원고의 소외 고인권에 대한 집행권원에 기하여 2018. 1. 20. 서울중앙지방법원으로부터 소외 고인권의 피고에 대한 임차보증금 반환채권에 관하여 전부명령을 받고 그 전부명령은 2018. 1. 23. 피고에게 송달되었습니다.

2. 그리고 소외 고인권은 2017. 2. 5. 피고로부터 서울 송파구 가락로 14(석촌동) 소재 가옥 1동을 보증금 20,000,000원, 차임 월 200,000원, 임대차기간 1년으로 정하여 임차하였다가 2018. 6. 4. 피고에게 위 임차가옥을 인도하고 그 간의 차임도 모두 지급하였습니다.

3. 이에 원고는 피고로부터 위 전부명령에 의하여 전부받은 위 임차보증금 반환채권에 기하여 위 임차보증금 및 이에 대한 위 가옥인도 다음날부터 이 사건 소장부본 송달일까지는 연 5%, 그 다음날부터 다 갚는 날까지는 소송촉진등에관한특례법에서 정한 연 15%의 각 비율로 계산한 지연손해금을 지급받고자 본 서 청구에 이른 것입니다.

입 증 방 법

1. 갑 제1호증	임대차계약서
1. 갑 제2호증	압류 및 전부명령 정본
1. 갑 제3호증	영수증

그 밖의 입증서류는 변론시 수시 제출하겠습니다.

첨 부 서 류

1. 위 입증서류 사본	각 1통
1. 주민등록초본	2통
1. 소장 부본	1통

1. 납부서 1통

2000. O. .

위 원고 이 순 심 (인)

OO지방법원 귀중

[사례 184] 전부금청구 소장

소 장

원 고 이 순 심 (000000-0000000) (전화 :)
서울 마포구 가양대로 143(상암동) (우 :)

피 고 백 용 기 (000000-0000000)
서울 동작구 신대방로 86(신대방동) (우 :)

전부금 청구의 소

청 구 취 지

1. 피고는 원고에게 20,000,000원과 이에 대하여 2018. 4. 20.부터 이 사건 소장부본 송달일까지는 연 5%, 그 다음날부터 다 갚는 날까지는 연 15%의 각 비율로 계산한 돈을 지급하라.
2. 소송비용은 피고의 부담으로 한다.
3. 위 제1항은 가집행할 수 있다.

라는 판결을 구합니다.

청 구 원 인

1. 원고는 서울중앙지방법원 2018가합 100 대여금 청구사건으로 소외 김일동에 대한 집행력 있는 판결정본에 의하여 2018타기 300호로서 제3채무자인 피고에 대하여 채권압류 및 전부명령신청을 하여 2018. 4. 10. 같은 법원으로부터 채권압류 및 전

부명령이 있었습니다.

2. 그런데 피고는 2018. 4. 20. 위 명령정본을 영수하였음에도 불구하고 원고의 전부금 청구에 계속 불응하고 있으므로 본 소 청구에 이른 것입니다.

입 증 방 법

1. 갑 제1호증　　　　　채권압류 및 전부명령정본

그 밖의 입증서류는 변론시 수시 제출하겠습니다.

첨 부 서 류

1. 위 입증서류 사본　　1통
1. 주민등록초본　　2통
1. 소장 부본　　1통
1. 납부서　　1통

20○○. ○. .

위 원고 이 순 심 (인)

○○지방법원 귀중

[해 설]

1. 전부명령이 그 방식에 있어서 적법한 이상 그 내용이 위법 무효하더라도 그것이 발부되어 채무자와 제3채무자에게 송달되면 강제집행종료의 효력을 가진다(대법원 1983. 3. 25. 선고 82마 733 판결).
2. 피전부채권이 변제되었다고 하여도 전부명령의 실체법상 효력이 발생하지 않게 됨은 별론으로 하고 압류 및 전부명령 자체가 집행절차상 위법 또는 무효로 되는 것은 아니다(대법원 1983. 1. 26. 선고 82마854 판결).
3. 항변 등에 관한 판단
   가. 집행권원의 무효주장 : 전부명령 무효(예컨대 무효인 집행증서의 경우)
   나. 압류경합 주장 : 전부명령이 무효(특히 압류 · 가압류의 경합을 주장하는 경우, 중복압류가 되었어도 그 합산액이 총채권액에 미달하는 경우는 압류의 경합이 아니며, 압류경합 여부의 기준시점은 전부명령이 제3채무자에게 송달된 때이다) - 압류명령, 배달증명서
   ※ 전부명령의 요건 : 피압류채권의 권면액을 가진 금전채권으로서, 양도가능하며, 압류,

가압류의 경합이 없어야 한다.

다. 양도금지특약 주장 : 합의에 의해 집행이 안되는 재산을 만들 수 없으므로 주장 자체로 이유 없음.

라. 양도 항변(위 양수금에서의 항변과 유사) : 제3자로부터 채권양도통지(확정일자 있는 증서에 의한 것), 압류 · 추심명령 또는 압류 · 전부명령을 받았다는 항변 - 양도통지서, 전부명령, 추심명령, 배달증명서

마. 압류경합은 항변사유가 아니다 : 전부금과 구별됨.

바. 채무액을 혼합공탁 등의 절차에 따라 공탁하였다는 항변(피고는 위 공탁으로서 채무불이행에서 벗어나게 되었다) : 공탁서

사. 추심명령이나 전부명령의 집행채권이 부존재하거나 소멸되었다는 주장은 정당한 항변사유가 될 수 없음(집행채무자, 즉 원래의 채권자가 청구이의의 소 등으로 주장할 사유임). 집행권원이 유효한 이상 주장 자체로 이유 없음.

아. 전부명령송달 이후라도 집행채무자와 사이의 계약 해제한 경우(피보전채권발생의 원인이 되는 계약 자체를 해제한 경우) 해제로 대항 가능하며, 전부받은 자는 해제의 경우 보호받은 민법 제548조 제1항 단서 제3항에 해당하지 않는다.

[사례 185] 청구이의 소장(변제 및 변제공탁에 의한 채권소멸, 집행권원의 집행력의 배제)

소 장

원 고 황 기 혜 (OOOOOO-OOOOOOO) (전화 :)
서울 은평구 가좌로 164(응암동) (우 :)

피 고 양 재 한 (OOOOOO-OOOOOOO)
서울 노원구 공릉로 98(공릉동) (우 :)

청구이의의 소

청 구 취 지

1. 피고의 원고에 대한 서울중앙지방법원 2017가단 1034 약속어음금 청구사건의 화해조서에 기한 강제집행은 이를 불허한다.
2. 귀원이 귀원 2018카기 111 강제집행정지신청사건에 관하여 2018. 3. 9.자로 발한 강제집행정지결정은 이를 인가한다.
3. 소송비용은 피고의 부담으로 한다.

4. 제2항은 가집행할 수 있다.
라는 판결을 구합니다.

청 구 원 인

1. 원고와 피고 사이에는 서울중앙지방법원 2017가단 1034 약속어음금 청구사건에 관하여 2017. 3. 6. 화해가 성립하였고 그 화해조서에는 원고는 피고에게 9,700,000원을 2017. 11. 30.까지 지급하여야 하는 것으로 되어 있습니다.

2. 그런데 원고는 위 화해성립 후인 2017. 12. 5. 피고를 대리한 소외 박기완에 대하여 3,400,000원을 변제하였고, 2018. 2. 1. 피고에 대하여 나머지 6,300,000원을 변제공탁하였습니다.

3. 따라서 위 화해조서에 표시된 채무는 전부 소멸하였으므로 원고는 위 집행권원의 집행력의 배제를 구하고자 본 소 청구에 이른 것입니다.

입 증 방 법

변론시 수시 제출하겠습니다.

첨 부 서 류

1. 주민등록초본 2통
1. 소장 부본 1통
1. 납부서 1통

20OO. O. .

위 원고 황 기 혜 (인)

OO지방법원 귀중

[해 설]

1. 청구이의의 소의 요건사실은 변론종결 후의 사유로 인하여 집행권원의에 표시된 청구권과 현재의 실체적 권리관계가 일치하지 아니한다는 사실이다. 판결이 확정되는 등 집행권원이 성립하고 존속하는 한 집행문이 부여되기 전이라도 이 소를 제기할 수 있으며 관할법원은 제1심 수소(판결)법원이다.

2. 판사의 면전에 출석해서 판사의 면전에서 이루어지는 청구인낙조서나 제소전화해조서에는 기판력이 인정되나 판사의 면전에서 이루어지지 않는 지급명령이나 공정증서에는 기판력이 인정되지 않는다.
3. 청구이의 대상
   가. 모든 종류의 집행권원의 추상적 집행력의 배제를 구하는 소이다(예컨대, "피고의 원고에 대한 서울중앙지방법원 대여금 판결에 기한 강제집행을 불허한다."는 형식이 되어야 한다).
   나. 집행자체의 취소를 구하는 것은 안된다. 이 경우 상소나 재심의 소 또는 채무부존재확인의 소를 하여야 하다.
   다. 구체적 집행력의 배제를 구하는 것(예컨대, 대여금 판결의 집행력 있는 정본에 기하여 별지 목록 기재 물건에 대하여 한 강제집행을 불허한다는 형식)도 각하대상이 된다.
   라. 임의경매에 있어서는 청구이의의 소를 제기할 수 없다. 이 경우 채무부존재확인의 소 또는 (근)저당권말소청구의 소로 제기하여야 한다.
   마. 가집행선고판결, 가압류·가처분명령, 대체집행에 의한 수권결정, 검사의 집행명령은 청구이의의 대상이 안된다. 이 경우 상소 또는 가압류·가처분 이의 또는 취소신청 등을 하여야 한다.
4. 집행채무자가 그 승계인이 원고적격자이지만 집행채무자의 채권자가 대위하여 소를 제기할 수도 있다.
5. 청구이의의 소 제기 없이 집행정지의 잠정처분을 신청하거나 일반가처분을 신청하면 각하된다.
6. 항변 등에 관한 판단
   가. 강제집행이 종료된 사실 : 배당표, 집행기록 송부촉탁신청
      – 전체로서 강제집행이 이미 완료되어 채권자가 권리만족을 얻은 때(배당절차가 완료된 때)에는 소의 이익이 없다는 본안전 항변이 가능하다. 이 경우 원고는 부당이득반환청구, 손해배상청구 등으로 청구취지를 변경하여야 한다.
   나. 청구이의의 소제기가 반사회질서나 권리남용이어서 배척되어야 한다는 항변
   다. 원고의 변제 또는 공탁금으로는 채무원리금 전부를 소멸시키기에 부족하다는 항변, 채무원리금 외에 채권회수 및 집행비용 등을 주장하는 경우 입증자료로는 비용관련 영수증이 있음.

[사례 186] 청구이의 소장(변제 및 면제에 의한 채권소멸, 집행권원의 집행력의 배제)

소 장

원 고 소 동 기 (OOOOOO-OOOOOOO) (전화 :)
서울 동작구 신대방길 86(신대방동) (우 :)

피 고 이 선 구 (OOOOOO-OOOOOOO)
서울 은평구 가좌로 164(응암동) (우 :)

청구 이의의 소

청 구 취 지

1. 피고의 원고에 대한 서울중앙지방법원 2018가합 293 대여금 청구사건의 판결에 기한 강제집행은 이를 불허한다.
2. 귀원이 귀원 2018카기 29 강제집행정지신청사건에 관하여 2018. 5. 3.자로 발한 강제집행정지결정은 이를 인가한다.
3. 소송비용은 피고의 부담으로 한다.
4. 제2항은 가집행할 수 있다.

라는 판결을 구합니다.

청 구 원 인

1. 원고와 피고 사이에는 서울중앙지방법원 2018가합 293 대여금청구사건에 관하여 확정판결이 있었고 그 판결은 원고는 피고에게 5,000,000원을 지급할 것을 명하고 있습니다.

2. 그런데 원고는 그 판결 후 2018. 4. 7. 피고에 대하여 2,000,000원을 변제하고 그 때 피고는 잔금에 관하여 채무를 면제하였습니다.

3. 따라서 위 채무는 모두 소멸하였으므로 원고는 위 집행권원의 집행력의 배제를 구하고자 본 소 청구에 이른 것입니다.

입 증 방 법

변론시 수시 제출하겠습니다.

첨 부 서 류

1. 주민등록초본 2통
1. 소장 부본 1통
1. 납부서 1통

20OO. O. .

위 원고 소 동 기 (인)

ㅇㅇ지방법원 귀중

[사례 187] 제3자이의 소장(유체동산 가압류집행, 점유보조자)

소 장

원 고 윤 민 주 (OOOOOO-OOOOOOO) (전화 :)
서울 은평구 가좌로 164(응암동) (우 :)

피 고 한 정 의 (OOOOOO-OOOOOOO)
서울 노원구 공릉로 98(공릉동) (우 :)

제3자 이의의 소

청 구 취 지

1. 피고가 소외 박복지에 대한 서울중앙지방법원 2017카단 5555 유체동산 가압류결정에 기하여 2017. 9. 25. 별지 물건 목록 기재 유체동산에 대하여 한 강제집행은 이를 불허한다.
2. 귀원이 귀원 2017카기 7777 강제집행정지신청 사건에 관하여 2017. 9. 30.자로 발한 강제집행정지 결정은 이를 인가한다.
3. 소송비용은 피고의 부담으로 한다.
4. 제2항은 가집행할 수 있다.

라는 판결을 구합니다.

청 구 원 인

1. 피고는 소외 박복지에 대한 서울중앙지방법원 2017카단 5555 유체동산가압류결정에 기하여 2017. 9. 25. 서울 관악구 관악로 106(봉천동) 소재 화곡가구점에 있는 별지 물건 목록 기재 유체동산에 대하여 가압류집행을 하였습니다.

2. 그런데 별지 물건 목록 기재 유체동산은 원고의 소유이고 소외 박복지는 원고가

고용하고 있는 종업원으로서 원고의 점유보조자에 불과합니다.

3. 그러므로 피고의 별지 물건 목록 기재 유체동산에 대한 가압류집행은 위법하므로 본 소 청구에 이른 것입니다.

입 증 방 법

1. 갑 제1호증 사업자등록증
1. 갑 제2호증 집행조서 등본

그 밖의 입증서류는 변론시 수시 제출하겠습니다.

첨 부 서 류

1. 위 입증서류 사본 각 1통
1. 주민등록초본 2통
1. 소장 부본 1통
1. 납부서 1통

20OO. O. .

위 원고 윤 민 주 (인)

ㅇㅇ지방법원 귀중

물 건 목 록

1. 화곡가구제 다색 응접세트(소파1,의자2) 3조
2. 목제 응접세트용 탁자 1개
3. 화곡가구제 다블침대 4개. 끝.

[해 설]

1. 제3자 이의의 소의 요건사실은 피고가 집행권원에 기하여 집행행위를 한 사실과 집행목적물이 원고의 소유이거나 양도 또는 인도저지권을 원고가 가지고 있는 사실의 2가지이다.

청구취지 2항과 4항은 법원이 직권으로 판결할 수 있는 사항이다. 따라서 소장에 반드시 기재하여야 하는 것은 아니다.

2. 양도담보권자는 담보물을 인도받으면 청산절차 전이라도 제3자 이의의 소를 제기하여 집행의 배제를 구할 수 있다.
3. 유체동산가압류결정에 의하여 채무자 아닌 제3자 소유의 유체동산에 대하여 가압류집행을 한 경우 가압류에 대한 이의는 당사자적격이 없어서 허용되지 아니하고 오히려 제3자 이의의 소를 제기하여야 한다.
4. 부동산에 대한 가압류의 집행이 반사회적인 행위로 이루어져 무효인 경우, 그 가압류 이후의 소유권취득자가 강제집행절차에서 제3자 이의의 소로 그 집행의 배제를 구할 수 있다.
5. 증액단독 실무에서는 유체동산 강제집행에 대한 제3자이의사건이 다수인 바, 제3자이의의 다수인 바, 제3자이의의 목적이 되는 유체동산을 특정한 별지 목록을 필히 첨부하여야 한다.
6. 제3자이의의 소의 원고적격은 집행의 목적물에 대하여 양도 또는 인도를 저지할 권리가 있음을 주장하는 제3자에게 있고, 제3자란 집행권원 또는 집행문에 채권자, 채무자 또는 그 승계인으로 표시된 자 이외의 자를 말하여, 승계집행문으로 인하여 피고의 승계인으로 표시된 자가 그 집행권원의 집행력의 배제를 구하는 소는 제3자이의의 소라 할 수 없다.
7. 제3자이의의 소는 강제집행의 목적물에 대하여 소유권이나 양도 또는 인도를 저지하는 권리를 가진 제3자가 그 권리를 침해하여 현실적으로 진행되고 있는 강제집행에 대하여 이의를 주장하고 집행의 배제를 구하는 소(구체적인 집행의 배제를 구하는 형성의 소)이므로, 당해 강제집행이 종료된 후에 제3자 이의의 소가 제기된 경우에는 소의 이익이 없어 부적법하다. 그러나 가압류 등 보전집행이 된 경우에는 가압류의 효력이 존속하는 한 제3자이의의 소제기가 가능하다.
8. 항변 등에 관한 판단

가. 강제집행이 개시되지 아니하였다거나 종결된 사실(집행조서등본)

구체적 집행행위 개시 전에 또는 종료 후에 제소되었다는 이유로 본안전 항변으로,

(1) 물건(동산)에 대한 매각절차는 종료되었으나, 배당절차가 남아있는 한 종료된 것이 아님(판례) : 물건에 대한 매각절차는 종료되었으나 배당절차는 아직 종료되지 아니한 경우, 경매목적물의 매수인이 유효하게 소유권을 취득한다면 경매절차에서 집행관이 영수한 매득금은 경매목적물의 대상물로서 제3자이의의 소에서 승소한 자가 그 대상물에 대하여 권리를 주장할 수 있다고 할 것이므로, 매각절차가 종료되었다고 하더라도 배당절차가 종료되지 않은 이상 제3자이의의 소는 여전히 소의 이익이 있음(승소 후 배당권자로서 배당받음)

(2) 소송계속 중에 종료된 경우에도 소의 이익이 없음(잠정처분이 필요함) : 집행조서등본, 집행기록 송부촉탁신청

나. 제3자이의의 소제기가 반사회질서나 권리남용이어서 배척되어야 한다는 항변

[사례 188] 배당이의 소장(배당절차, 배당의 하자, 제소신고)

소　　　장

원 고　　박 경 신 (OOOOOO-OOOOOOO)　　(전화 :　　　)
　　　　서울 강남구 강남대로 238(도곡동)　　(우 :　　　)

피 고　　오 유 경(OOOOOO-OOOOOOO)
　　　　서울 송파구 가락로 14(석촌동)　　(우 :　　　)

배당이의의 소

청 구 취 지

1. 서울중앙지방법원 2018타기 776 배당절차사건에 관하여 동 법원이 2018. 6. 16. 작성한 배당표 중 피고에 대한 배당액이 30,000,000원으로 되어 있는 것을 삭제하고 원고에 대한 배당액이 40,000,000원으로 되어 있는 것을 70,000,000원으로 경정한다.
2. 소송비용은 피고의 부담으로 한다.

라는 판결을 구합니다.

청 구 원 인

1. 서울중앙지방법원 2018타기 776 배당절차사건에서 피고는 집행력 있는 약속어음공정증서 정본으로써 50,000,000원의 배당을 요구하였으나 이 집행력 있는 약속어음공정증서정본은 허위로 작성된 것으로 피고는 위 배당절차사건의 채무자에 대하여 아무런 채권도 가지고 있지 아니합니다.

2. 따라서 피고의 배당요구는 위법한 것입니다.

3. 그러므로 청구취지 기재와 같이 배당표가 경정되어야 할 것이므로 본 소 청구에 이른 것입니다.

입 증 방 법

변론시 수시 제출하겠습니다.

첨 부 서 류

1. 주민등록초본 2통
1. 소장 부본 1통
1. 납부서 1통

2000. O. .

위 원고 박 경 신 (인)

OO지방법원 귀중

[해 설]

1. 배당이의의 소를 제기하는 것은 배당기일에 출석하여 이의를 진술하고 난 후에만 가능하며 배당기일로부터 7일 내에 제기하여야 한다. 소를 제기한 후 소제기증명을 받아 소장사본을 첨부하여 배당법원에 제소신고를 하여야 한다. 이 사건 소의 소가는 원고가 이 사건 소가 승소함으로써 더 배당받게 되는 금 30,000,000원이다.
2. 동산에 대한 강제집행에서는 배당절차가 따로 마련되어 있으나 부동산에 대한 강제집행에서는 배당절차가 따로 마련되어 있지 아니하므로 부동산의 경우는 '배당절차'란 용어를 '부동산강제경매' 또는 '부동산임의경매'라는 용어로 대체하여 사용하면 된다.
3. 원고적격(배당기일조서)
   가. 채권자(배당기일에 출석하여 적법한 이의를 한 채권자)
   채권자로서 배당기일에 출석하여 배당표에 대한 실체상의 이의를 하려면 그가 실체법상 집행채무자에 대한 채권자라는 것만으로는 부족하고 배당요구의 종기까지 적법하게 배당요구를 하였어야 하며, 적법하게 배당요구를 하지 못한 채권자는 배당기일에 출석하여 배당표에 대한 실체상의 이의를 신청할 권한이 없으므로, 그러한 자가 배당기일에 출석하여 배당표에 대한 이의를 신청하였다고 하더라도 이는 부적법한 이의신청에 불과하고, 그 자에게는 배당이의 소를 제기할 원고적격이 없다(소액임차인이라도 적법한 배당요구가 없었다면 배당이의의 소를 제기할 수 없음).
   나. 채무자(배당기일에 출석하여 또는 배당기일 끝날 때까지 서면으로 이의를 한 채무자)
   (1) 집행권원의 정본을 가지지 아니한 채권자(피고)에 대하여만 제소가 가능하다
   (2) 집행권원의 정본을 가진 채권자(피고)에 대하여 이의한 채무자(원고)는 청구이의의 소를 제기하여 잠정처분을 받아야 한다.
4. 피고적격(배당이의에 의하여 배당액이 줄어드는 채권자 또는 잉여금이 줄어드는 채무자)
   가. 원고가 채권자인 경우 : 특별한 제한이 없다.
   나. 원고가 채무자 또는 임의경매에서 부동산 소유자인 경우 : 집행력 있는 집행권원의 정본

을 가지지 아니한 채권자에 대하여만 배당이의의 소를 제기할 수 있고, 집행력 있는 집행권원의 정본을 가진 채권자에 대하여는 청구이의의 소 또는 정기금판결변경의 소에 의하여야 한다,

※ 원고가 채무자인 배당이의사건에서는 가압류채권자도 피고적격이 없다고 할 것이다(민집법 154조 1항). 대신 채무자는 가압류이의 또는 가압류취소청구 등을 제기할 수 있다.

5. 증액단독의 실무상 가장(소액)임차인인지 여부가 쟁점인 사건

가. 원고가 정당한 (소액)임차인에도 배당에서 제외되었음을 주장하는 경우

임대차계약체결 및 보증금지급을 입증할 증거 제출을 유도 : 임대차계약서, 주민등록표, 보증금 영수증, 보증금 지급에 관한 금융자료(입금증, 통장사본, 금융기관에 대한 사실조회신청), 임대차 중개인에 대한 증인신청

나. 원고가 피고는 가장(소액)임차인임을 주장하며 배당표의 경정을 구하는 경우

가장임차인임을 입증할 직 · 간접의 증거 제출을 유도 : 계약서위조에 관한 형사판결문, 형사기록송부촉탁신청, 임대인과 임차인의 관계에 관한 제적등본, 가족관계증명서, 임대차계약 관계인에 대한 증인신청 등

6. 공격방어방법

가. 이의사유

(1) 배당기일 후에 발생한 것도 이의사유가 된다.

(2) 피고가 확정판결 기타 기판력 있는 집행권원을 가지고 있는 경우 원고는 그 기판력의 표준시 이전에 생긴 실체상의 사유를 주장하여 그 채권의 존재 · 액수를 부인할 수 있다(채무자가 통정하여 허위의 집행권원을 가지고 배당에 참가한 채권자의 채권에 대하여 이의를 제기한 채권자는 그 채권의 존재 · 액수를 부인할 수 있다).

나. 이의신청을 하지 아니한 다른 채권자 가운데 채권자인 원고보다 선순위의 채권자가 있더라도 배당액을 정함에 있어 그 선순위 채권자의 채권을 참작할 필요가 없다.

다. 채권자가 배당을 받은 다른 채권자를 상대로 선순위 또는 동순위를 주장하면서 배당이의를 하는 경우, 배당표상 가장 후순위 채권자로부터 순차로 거슬러 올라가 이의 있는 채권자(원고)의 배당요구액에 달할 때까지의 배당액에 관계된 채권자에 대하여만 이의할 수 있다.

7. 입증책임

원고가 피고의 채권이 성립하지 아니하였음을 주장하면 피고가 채권발생원인사실을 입증하여야 하고, 원고가 그 채권이 무효이거나 소멸되었음을 주장하면 원고가 그 장애 · 소멸사실을 입증하여야 한다.

8. 소취하 간주(민사집행법 158조)

원고가 첫 변론기일에 불출석하는 경우 소취하 간주됨('첫 변론기일'에 '첫 변론준비기일'은 포함되지 않고, 따라서 첫 변론준비기일에 출석하였더라도 첫 변론기일에 불출석하면 소취하 간주된다).

다만, 소의 변경이 첫 변론기일 전에 된 경우에는 소의 취하로 간주되지 아니한다(배당이의의 소가 제소기간 내에 제기되지 않았다든가, 기간 내에 제소가 되었으나 집행법원에 대한 제소 등의 증명이 기간을 경과한 경우에는 부당이득반환청구소송으로 소를 변경할 수 있음)

9. 부당이득청구와의 관계

적법한 배당요구를 하여 배당을 받아야 할 채권자가 배당을 받지 못한 경우 배당이의 여부와 관계없이 배당을 받지 못할 자이면서도 배당을 받은 자를 상대로 부당이득반환청구를 할 수 있다.

다만 배당이의의 소에서는 원고에게 귀속시킬 배당액을 정함에 있어 이의를 하지 아니한 다른 채권자의 채권을 참작하지 아니함에 반하여, 부당이득반환을 구할 수 있는 자는 배당이 잘못되지 않았더라면 배당을 받을 수 있었던 자이므로 배당이의 소와 부당이득반환청구의 소의 판결의 결과가 달라질 수 있다.

또한, 배당이의의 소에서 패소의 본안판결을 받은 당사자가 그 판결이 확정된 후 상대방에 대하여 부당이득반환청구의 소를 제기한 경우에는, 그 배당수령권의 존부에 관하여 다른 판단을 할 수 없다.

10. 항변 등에 관한 판단

가. 제소기간 도과

제소기간(배당기일로부터 1주일) 도과의 본안전 항변

나. 배당수령권에 대한 장애, 소멸, 저지항변

(1) 원고의 주장을 배척할 수 있는 모든 사유(예컨대, 자기 채권이 선순위에 있다거나 자신이 정당한 채권자라는 점, 원고와 사이에 배당에 관한 특약이 있다는 점 등)

(2) 배당기일에 피고가 원고에 대하여 이의를 하지 않은 경우에도 원고의 채권자체를 부인할 수 있다(반대의견 있음)

(3) 피고의 채권이 부존재하는 경우 : 원고의 채권보다 다른 선순위채권자가 있어서 그 채권자의 채권에 배당되어야 하고 원고에게 배당되어서는 안된다는 항변을 할 수 없다.

[사례 189] 배당이의 소장(소액임차인의 우선변제권의 요건)

소 장

원 고 임 영 자 (OOOOOO-OOOOOOO)
서울 성동구 가람길 113(송정동)
소송대리인 변호사 유 준 기 (전화 :)
서울 서초구 서초대로 28길(서초동) (우 :)

피 고 김 민 지 (OOOOOO-OOOOOOO)
서울 관악구 관악로 106(봉천동) (우 :)

배당이의의 소

청 구 취 지

1. 서울중앙지방법원 2018타경 2216 부동산강제경매신청사건에 관하여 2018. 6. 9. 같은 법원이 작성한 배당표 중 원고에 대한 배당액 11,673,498원을 43,673,498원으로, 피고에 대한 배당액 32,000,000원을 삭제하는 것으로 각 경정한다.
2. 소송비용은 피고의 부담으로 한다.

라는 판결을 구합니다.

청 구 원 인

1. 피고는 2018. 3. 16. 서울중앙지방법원 2018타경 2216호 부동산강제경매신청사건에 관하여 소액미등기전세입주자로서 소액전세금 32,000,000원의 우선변제를 요구하는 배당요구신청을 하여 28,000,000원을 우선하여 배당받는 것으로 되어 있습니다.

2. 이에 원고는 위 부동산 강제경매사건의 압류채권자로서 배당기일인 2018. 6. 9. 피고에 대한 배당액 32,000,000원에 관하여 이의를 진술하였습니다. 즉, 피고는 50,000,000원을 전세금으로 하여 소외 최용석과 사이에 미등기전세계약을 체결하고 이 사건 경매목적물에 입주하고 2015. 6. 17. 전입신고를 하였다는 이유로 소액미등기전세권자로서 소액전세금 32,000,000원을 압류채권자인 원고보다 선순위로 배당받는 것으로 되어 있으나 피고가 전입신고를 한 건물은 이 사건 경매목적물이 아니라 이 사건 경매목적물의 바로 이웃 건물입니다.

3. 따라서 피고는 이 사건 경매목적물에 대하여는 우선변제권이 없다고 할 것입니다. 피고에 대해 32,000,000원을 우선 배당한 조치는 위법하므로 집행법원의 배당표는 청구취지와 같이 경정되어야 할 것이므로 본 소 청구에 이른 것입니다.

입 증 방 법

변론시 수시 제출하겠습니다.

첨 부 서 류

1. 주민등록초본 2통

1. 소장 부본 1통
1. 납부서 1통

2000. 0. .

위 원고 소송대리인 변호사 유 준 기 (인)

ㅇㅇ지방법원 귀중

[사례 190] 배당이의 소장(가장임차인)

소 장

원 고 ㅇㅇ수산업협동조합 (000000-0000000) (전화 :)
전남 ㅇㅇ군 ㅇㅇ읍 ㅇㅇ로 ㅇㅇ (우 :)
대표자 조합장 ㅇㅇㅇ

피 고 ㅇㅇㅇ (000000-0000000)
광주 ㅇㅇ구 ㅇㅇ로 ㅇㅇ(ㅇㅇ동) (우 :)

배당이의의 소

청 구 취 지

1. ㅇㅇ지방법원 20ㅇㅇ타경 ㅇㅇㅇㅇㅇ호 부동산 임의경매사건에 관하여 동원이 2018. 1. 25. 작성한 배당표 중 원고에 대한 배당액 20,941,864원을 37,941,864원으로, 피고에 대한 배당액 17,000,000원을 0원으로 경정한다.
2. 소송비용은 피고의 부담으로 한다.

라는 판결을 구합니다.

청 구 원 인

1. 원고는 채무자인 소외 ㅇㅇㅇ에 대하여 가지는 채무의 이행을 담보하기 위하여 소외 ㅇㅇㅇ 소유의 별지 목록 기재 부동산에 관하여 소외 ㅇㅇㅇ과 사이에 채권최고액 240,000,000원으로 하는 근저당권설정계약을 2011. 3. 10. 체결하고 같은 날 ㅇㅇ

지방법원 OO등기소 접수 제0000호로서 등기한 근저당권자이고, 피고는 소외 OOO과 사이에 임대차보증금 25,000,000원으로 정하여 가장 임대차계약을 체결하고 2016. 4. 15. 주민등록의 전입신고를 마쳤습니다.

2. 그런데 위 근저당권자인 원고는 위 부동산에 대하여 귀원에 임의경매신청을 하여 귀원은 위 신청에 따라 20OO타경 OOOO호로 임의경매개시결정(2017. 7. 29.자) 하였습니다.

3. 그 후 위 부동산 임의경매사건은 소외 OOO의 부동산이 동인의 처인 소외 심문순에게 낙찰되었으므로, 원고는 근저당채무자인 채무자 OOO, 소유자 OOO으로 하는 귀원 20OO타경 OOOOO호 부동산 임의경매사건에 관하여 귀원은 2018. 1. 25. 배당금 40,412,514원에서 집행비용 2,470,650원을 제외한 나머지 금원 중 피고에게 17,000,000원, 원고에게 20,941,864원이 교부되는 내용의 배당표를 작성하였습니다.

4. 그러나 피고는 위 부동산의 경매시 주택임대차보호법상의 소액임차보증금 상당을 배당받을 목적으로 위 부동산 중 건물에 실제로 거주하지 않으면서 피고는 위 부동산의 소유자 OOO과 통모하여 가장 임차인으로서 임대차계약을 작성하고 허위로 2016. 4. 15. 주민등록전입신고를 마친 것으로, 위 건물의 면적은 35㎡(약 10평)의 단층 주택으로, 위 건물의 면적과 구조상으로 보아 2세대가 주거용으로 사용하는 데는 객관적으로 보아 타당하지 않고, 위 임대차계약 당시 본건 건물에 대하여 근저당권자인 원고와 소외 OOO간에 채권최고액 240,000,000원으로 된 근저당권설정등기가 경료되었는 바, 피고와 소외 OOO간에 실제로 임대차보증금 25,000,000원으로 한 임대차계약을 체결하였다고 하는 것은 상식적으로나 경험칙상 납득할 수 없습니다.

5. 따라서 본건 소액임차권은 피고와 소외 OOO과 통정하여 작출된 임대차계약 및 주민등록등본에 기초한 것으로 무효의 임차권임이 분명함으로 위 경매절차에서 배당을 받을 권리가 없고 피고에게 배당된 금원은 원고에게 배당되어야 할 것입니다.

6. 원고는 위와 같은 사유를 들어 경매법원에 이의를 제기하였으나 이의는 완결되지 아니하여 본 소 제기에 이른 것입니다.

입 증 방 법

1. 갑 제1호증　　　　배당표
1. 갑 제2호증　　　　임대차관계조사표

1. 갑 제3호증의 1 내지 2 각 주민등록초본
   기타 입증서류는 변론시 수시 제출하겠습니다.

첨 부 서 류

1. 위 입증서류 사본　　　각 1통
1. 법인등기사항증명서　　　1통
1. 주민등록초본　　　1통
1. 소장부본　　　1통
1. 납부서　　　1통
1. 위임장　　　1통

2000. O. .

위 원고 OO수산업협동조합
조합장 O O O (인)

O O 지 방 법 원 귀 중

부 동 산 목 록

1. OO광역시 OO구 OO동 52　　대 221㎡

2. OO광역시 OO구 OO동 52
   시멘트블록조 시멘트 기와지붕 단층 주택
   35㎡

- 이 상 -

[주] 별지로 첨부한 서면을 작성할 때에는 '목록' '부동산 목록' '부동산의 표시' '계산서' '가계도' '분할경위도' '도면' '제1도면' 등 적절한 제목을 붙이고 별지 자체에 '별지' 목록이라고 표시해서는 안된다.

[사례 191] 배당이의 소장(가장임차인)

소 장

원 고 OO신용협동조합 (OOOOOO-OOOOOOO) (전화 :)
전남 OO군 OO읍 OO로 OO (우 :)
이사장 O O O

피 고 O O O (OOOOOO-OOOOOOO)
전남 OO군 OO읍 OO로 OO (우 :)

배당이의의 소

청 구 취 지

1. OO지방법원 OO지원 20OO타경 OOOO호 부동산 임의경매사건에 관하여 동원이 2018. 1. 9. 작성한 배당표 중 원고에 대한 배당액 19,945,492원을 36,945,492원으로, 피고에 대한 배당액 17,000,000원을 0원으로 경정한다.
2. 소송비용은 피고의 부담으로 한다.

라는 판결을 구합니다.

청 구 원 인

1. 원고는 채무자인 소외 OOO에 대하여 가지는 채무의 이행을 담보하기 위하여 소외 OOO 소유의 별지 목록 기재 부동산에 관하여 소외 OOO과 사이에 채권최고액 40,000,000원으로 하는 근저당권설정계약을 2012. 4. 18. 체결하고 같은 날 OO지방법원 OO등기소 등기 접수 제OOOO호로서 순위 제 1번의 근저당권자이고, 피고는 소외 OOO과 사이에 임대차보증금 30,000,000원으로 정하여 가장 임대차계약을 체결하고 2016. 6. 1. 주민등록의 전입신고를 마쳤습니다.

2. 그런데, 제 1순위 근저당권자인 원고는 위 부동산에 대하여 귀원에 임의경매신청을 하여 귀원은 위 신청에 따라 20OO타경 OOOO호로 임의경매개시결정(2017. 5. 16.자)을 하였습니다.

3. 그 후 위 부동산 임의경매사건은 소외 OOO의 부동산이 제3자에게 낙찰되었으므로, 원고는 근저당채무자인 채무자 OOO, 소유자 OOO으로 하는 귀원 20OO타경

OOOO호 부동산 임의경매사건에 관하여 귀원은 2018. 1. 9. 배당금 38,756,972원에서 집행비용 금 1,724,430원을 제외한 나머지 금원 중 피고에게 17,000,000원, 소외 OO읍장에게 87,050원, 원고에게 19,945,492원이 교부되는 내용의 배당표를 작성하였습니다.

4. 그러나 피고는 위 부동산의 경매시 주택임대차보호법상의 소액임차보증금 상당을 배당받을 목적으로 위 부동산 중 건물에 실제로 거주하지 않으면서 피고는 위 부동산의 소유자 OOO과 통모하여 가장 임차인으로서 임대차계약을 작성하고 허위로 2016. 6. 1. 주민등록전입신고를 마친 것으로, 위 건물의 실거주자는 근저당권채무자인 OOO명의 부친(父親)이며, 별첨 주민등록등본상과 같이 등기기록상소유자인 소외 OOO의 시아버지입니다.

5. 따라서 본건 소액임차권은 피고와 소외 OOO과 통정하여 작출된 임대차계약 및 주민등록등본에 기초한 것으로 무효의 임차권임이 분명함으로 위 경매절차에서 배당을 받을 권리가 없고 피고에게 배당된 금원은 원고에게 배당되어야 할 것입니다.

6. 원고는 위와 같은 사유를 들어 경매법원에 이의를 제기하였으나 이의는 완결되지 아니하여 본 소 제기에 이른 것입니다.

입 증 방 법

1. 갑 제1호증 배당표 등본
1. 갑 제2호증 배당이의진술서
1. 갑 제3호증 사실확인서 사본
1. 갑 제4호증 주민등록등본
1. 갑 제5호증의 1 불거주사실확인서
1. 갑 제5호증의 2 재직증명서
1. 갑 제6호증의 1 토지등기사항증명서
1. 갑 제6호증의 2 건물등기사항증명서

기타 입증서류는 변론시 수시 제출하겠습니다.

첨 부 서 류

1. 위 입증서류 사본 각 1통
1. 법인등기사항증명서 1통
1. 소장부본 1통
1. 납부서 1통

1. 위임장 1통

2000. 0. .

위 원고 OO신용협동조합
이사장 O O O (인)

O O 지 방 법 원 O O 지 원 귀 중

부 동 산 목 록

1. 전남 OO군 OO읍 OO리 OOOO 대 298㎡

2. 전남 OO군 OO읍 OO리 OOOO
시멘트 벽돌조 시멘 기와지붕 1층 주택
79㎡

- 이 상 -

[사례 192] 배당이의 소장(허위의 근저당권)

소 장

원 고 OO농업협동조합 (000000-0000000) (전화 :)
전남 OO군 OO읍 OO로 OO (우 :)
조합장 O O O

피 고 주식회사 OOOO (000000-0000000)
서울 OO구 OO로 OO(OO동) (우 :)
대표이사 O O O

배당이의의 소

청 구 취 지

1. OO지방법원 OO지원 20OO타경 OOOOO호 부동산 임의경매사건에 관하여 동원이 20OO. 9. 7. 작성한 배당표 중 원고에 대한 배당액 6,267,891원을 금 11,267,891원으로, 피고에 대한 배당액 5,000,000원을 0원으로 경정한다.
2. 소송비용은 피고의 부담으로 한다.

라는 판결을 구합니다.

청 구 원 인

1. 원고는 채무자인 소외 OOO에 대하여 가지는 채무의 이행을 담보하기 위하여 소외 OOO 소유의 별지 목록 기재 부동산에 관하여 소외 OOO과 사이에 채권최고액 21,000,000원으로 하는 근저당권설정계약을 20OO. 12. 11. 체결하고 같은 날 OO지방법원 OO등기소 등기 접수 제OOOOO호로서 순위 제 2번의 근저당권자이고, 피고는 원고에 앞서는 선순위 근저당권자입니다.

2. 그런데 제 2순위 근저당권자인 원고는 위 부동산에 대하여 귀원에 임의경매신청을 하여 귀원은 위 신청에 따라 20OO타경 OOOOO호로 임의경매개시결정(20OO. 12. 14.자)을 하였습니다.

3. 그 후 위 부동산 임의경매사건은 아무런 다툼없이 진행되어 소외 OOO의 소유 부동산이 제3자에게 낙찰되었으므로, 원고는 채무자 OOO, 소유자 OOO으로 하는 귀원 20OO타경 OOOOO호 부동산 임의경매사건에 관하여 귀원은 20OO. 9. 7. 배당 12,545,821원에서 집행비용 1,277,930원을 제외한 나머지 금원 중 피고에게 5,000,000원, 원고에게 6,267,891원이 교부되는 내용의 배당표를 작성하였습니다.

4. 그러나 소외 OOO은 피고에게 부담하고 있는 제 1순위 근저당설정등기관련 채무금은 본래 거래관계상 담보제공하고 근저당권설정등기를 경료하였던 것인데 이미 피담보채권이 존재하지 않는다고 함으로, 근저당권설정등기를 아무 때나 말소할 수 있으나 이에 채권자인 피고를 알 수 없어 소외 OOO은 근저당권설정등기의 말소등기절차를 미루고 있다가, 20OO. 12월경 원고로부터 차용금신청 후 근저당권설정등기(2순위)를 위하여 소외 OOO과 동인의 자(子) 소외 OOO은 위 근저당권설정등기에 대한 말소등기절차를 이행하고자, 피고회사를 수소문하였으나 찾지 못하여 결국 소외 OOO은 피고로부터 위 말소등기에 필요한 법인인감증명 및 제반서류를 갖추지 못하고 위 말소등기절차를 포기상태에 있던 중, 원고로부터 대출금을 지급

받고 원,리금을 변제하지 아니하여, 위 부동산은 원고의 신청에 의하여 20OO. 12. 16. 임의경매가 개시되어 제3자에게 매각된 것으로, 위에서 본 바와 같이 피고는 피담보채권이 존재하지 않는 근저당권이므로, 위 경매절차에서 배당을 받을 권리가 없고 피고에게 배당된 돈은 원고에게 배당되어야 할 것입니다.

5. 원고는 위와 같은 사유를 들어 경매법원에 이의를 제기하였으나 이의는 완결되지 아니하여 본 소 제기에 이른 것입니다.

입 증 방 법

1. 갑 제1호증 집행비용계산서
1. 갑 제2호증 배당표 사본
1. 갑 제3호증 금전소비대차약정서
1. 갑 제4호증 대출금원장
1. 갑 제5호증 상환조회표
1. 갑 제6호증의 1 토지등기사항증명서
1. 갑 제6호증의 2 건물등기사항증명서

기타 입증서류는 변론시 수시 제출하겠습니다.

첨 부 서 류

1. 위 입증서류 사본 각 1통
1. 법인등기사항증명서 1통
1. 소장부본 1통
1. 납부서 1통
1. 위임장 1통

20OO. O. .

위 원고 OO농업협동조합
조합장 O O O (인)

OO지방법원 OO지원 귀중

부 동 산 목 록

1. 전남 OO군 OO읍 OO리 OOO 대 430㎡

2. 전남 OO군 OO읍 OO리 OOO
목조 함석지붕 단층주택
20평

– 이 상 –

[사례 193] 배당이의 소장(공매사건, 가장임차인)

소 장

원 고 OO수산업협동조합 (OOOOOO-OOOOOOO) (전화 :)
전남 OO군 OO읍 OO로 OO (우 :)
대표자 조합장 O O O

피 고 (1) O O O (OOOOOO-OOOOOOO)
(2) O O O (OOOOOO-OOOOOOO)
(3) O O O (OOOOOO-OOOOOOO)
(4) O O O (OOOOOO-OOOOOOO)
위 피고들의 주소 :
전남 OO군 OO읍 OO로 OO (우 :)

배당이의의 소

청 구 취 지

1. OO군청 2000-00000-000호 부동산공매사건에 관하여 한국자산관리공사 OO 지사가 2OOO. 1. 13. 작성한 배분계산서 중 피고 OOO, 같은 OOO, 같은 OOO, 같은 OOO에 대한 배당액 각 17,000,000원을 각 0원으로, 원고에 배당액 16,411,040원을 84,411,040원으로 각 경정한다.

2. 소송비용은 피고들의 부담으로 한다.
라는 판결을 구합니다.

청 구 원 인

1. 원고는 채무자인 소외 OOO에 대하여 가지는 채무의 이행을 담보하기 위하여 소외 OOO 소유의 별지 부동산 목록 기재 부동산에 관하여 채권최고액 120,000,000원으로 하는 근저당권설정계약을 20OO. 5. 6. 체결하고 20OO. 5. 6. OO지방법원 OO 등기소 접수 제OOOO호로서 등기한 근저당권자입니다.

2. 국세징수법 제75조에 의거 한국자산관리공사 OO지사는 위 부동산에 대한매각결정에 따라 공매가 진행되어 제3자에게 낙찰되었으므로, 한국자산관리공사 OO지사는 20OO. 1. 13. 배분할 매각대금 106,680,000원에서 체납처분비 2,230,740원을, 피고 OOO에게 17,000,000원을, 같은 OOO에게 17,000,000원을, 같은 OOO에게 17,000,000원을, 같은 OOO에게 17,000,000원을, 소외 OOO에게 17,000,000원을, 소외 OO군에게 3,038,220원을, 원고에게 16,411,040원이 교부되는 내용의 배분계산서를 작성하였습니다.

3. 가. 그러나 이 사건 건물은 구조 및 용도상으로 비추어 볼 때 전부 사업자등록대상이 되는 상가건물로 피고 OOO은 여관에, 같은 OOO는 식당에, 같은 OOO은 낚시점(잡화점)에 각 임차하여 사용하였고, 피고 OOO은 가장임차인으로서 피고들이 한국자산관리공사 OO지사에 제출한 각 부동산임대차계약서와 주민등록등본은 주택임대차보호법에 의한 최우선 변제를 받기 위하여 배당요구를 신청하자, 이를 인정한 한국자산관리공사 OO지사는 상가임대차보호법을 적용하지 않고 주택임대차보호법을 적용하여 대항력 있는 임차인 것처럼 피고들에게 소액보증금을 각 17,000,000원씩을 배분한다는 잘못된 배분표를 작성하였습니다.
   나. 또한 피고 OOO이 배당요구시 제출한 부동산임대차계약서는 피고 OOO은 별지 부동산 목록 기재 제2항의 부동산 중 3층 여관(OOO호실)에 입주하여 거주한 적이 없는데도 위 지사로부터 소액임차인으로서 배당을 받고자 소외 OOO과 사전에 전세금 40,000,000원에 위 여관에 입주하여 거주한 것처럼 하여 임대차계약을 체결하고 20OO. 5. 30. 전입신고를 마친 가장 임차인입니다.

4. 그러므로 피고들의 채권은 한국자산관리공사 OO지사로부터 법리적용을 오해하여 잘못 승인된 채권임이 명백함으로 배분표에서 삭제되어야 함이 당연하다 할 것입니다.

5. 따라서 위와 같은 사유를 들어 원고는 피고들의 채권을 인정할 수 없으므로 한국자산관리공사 OO지사에 이의를 제기하였으나 이의가 완결되지 아니하여 청구취지와 같은 판결을 받기 위하여 본 소 청구에 이르렀습니다.

입 증 방 법

1. 갑 제1호증 배분계산서 등본
1. 갑 제2호증의 1내지 4 각 부동산임대차계약서 사본
1. 갑 제3호증의 1내지 4 각 주민등록등본 사본
1. 갑 제4호증의 1내지 2 토지 및 건물등기사항증명서

기타 입증서류는 추후 제출하겠습니다.

첨 부 서 류

1. 위 입증서류 사본 각 1통
1. 법인등기사항증명서 1통
1. 주민등록초본 4통
1. 소장부본 4통
1. 위임장 1통

20OO. O. .

위 원고 OO군수산업협동조합

조합장 O O O (인)

O O 지 방 법 원 귀 중

부 동 산 목 록

1. 전남 OO군 OO읍 OO리 OOOO 대 291㎡

2. 전남 OO군 OO읍 OO리 OOOO

철근콩크리트조 스라브즙 3층 점포 및 다방, 여관

1층 182㎡

2층 182㎡

3층 182㎡

– 이 상 –

[사례 194] 배당이의 소장(가장임차인)

소 장

원 고 ○○수산업협동조합 (○○○○○○-○○○○○○○) (전화 :)
전남 ○○군 ○○읍 ○○로 ○○ (우 :)
대표자 조합장 ○ ○ ○

피 고 ○ ○ ○ (○○○○○○-○○○○○○○)
경기 ○○시 ○○구 ○○로 ○○(○○동) (우 :)

배당이의의 소

청 구 취 지

1. ○○지방법원 2017타경 ○○○○○호 부동산 임의경매사건에 관하여 동원이 2018. 1. 23. 작성한 배당표 중 원고에 대한 배당액 102,723,028원을 119,723,018원으로, 피고에 대한 배당액 17,000,000원을 삭제하는 것으로 각 경정한다.
2. 소송비용은 피고의 부담으로 한다.

라는 판결을 구합니다.

청 구 원 인

1. 원고는 채무자인 소외 ○○○에 대하여 가지는 채무의 이행을 담보하기 위하여 소외 ○○○ 소유의 별지 부동산 목록 기재 부동산에 관하여 채권최고액 160,000,000원으로 하는 근저당권설정계약을 2012. 4. 28. 체결하고 2012. 4. 30. ○○지방법원 ○○등기소 접수 제○○○○○호로서 등기한 근저당자입니다.

2. 근저당권자인 원고는 위 부동산에 대하여 귀원에 임의경매신청을 하여 귀원은 위 신청에 따라 2017타경 ○○○○○호로 임의경매개시결정(2017. 6. 25.자)을 하였습

니다.

3. 그 후 위 부동산 임의경매사건은 제3자인 소외 OOO에게 낙찰되어, 귀원은 2018. 1. 23. 배당금 193,702,918원에서 집행비용 2,979,890원을 제외한 나머지 190,723,028원 중 피고에게 17,000,000원을, 소외 OOO에게 17,000,000원을, 같은 OOO에게 17,000,000원을, 같은 OOO에게 25,000,000원을, 같은 OOO에게 5,000,000원을, 같은 OOO에게 7,000,000원을, 원고에게 102,723,028원이 교부되는 내용의 배당표를 작성하였습니다.

4. 그러나 피고가 귀원에 제출한 전세계약서는 피고와 소외 OOO간에 임대차 목적물의 인도 사실없이 작성된 문서로, 피고는 별지 부동산 목록 기재 부동산 중 주택 일부(방 1칸, 부엌 1칸)에 입주하여 거주한 적이 없는데도, 채무자의 변제능력이 없자 귀원으로부터 소액임차인으로서 배당을 받고자 소외 OOO과 사전에 전세금 40,000,000원에 위 부동산에 입주하여 거주한 것처럼 하여 전세계약을 체결하고 2016. 5. 23. 전입신고 및 확정일자를 마침으로서, 피고는 주택임대차보호법에 의한 보호를 받기 위한 가장 임차인입니다.

5. 이러한 사실은 원고가 위 부동산에 거주한 소외 OOO, 같은 OOO, 같은 OOO을 만나 확인결과, 동인들은 피고를 전혀 모르는 사람으로서 한 번도 본적이 없고, 거주한 적이 없는 자라고 하므로 소액 임차인으로 우선 배당요구를 하기 위하여는 임차목적물의 인도 또는 점유요건을 결하였다 하겠습니다.

6. 그러므로 피고의 채권은 존재하지 않는 무효임이 당연함으로, 피고에게 배당된 금원은 당연히 원고에게 배당되어야 할 것입니다.

7. 따라서 위와 같은 사유를 들어 원고는 피고의 채권을 인정할 수 없으므로 경매법원에 이의를 제기하였으나 이의가 완결되지 아니하여 청구취지와 같은 판결을 받기 위하여 본 소 청구에 이르렀습니다.

입 증 방 법

1. 갑 제1호증 배당표 등본
1. 갑 제2호증의 1내지 4 각 권리신고 및 배당요구신청서 사본
1. 갑 제3호증의 1내지 4 각 전세계약서 사본
1. 갑 제4호증의 1내지 4 각 주민등록등본 사본
1. 갑 제5호증의 1내지 2 토지 및 건물등기사항증명서

기타 입증서류는 추후 제출하겠습니다.

첨 부 서 류

1. 위 입증서류 사본 각 1통
1. 법인등기사항증명서 1통
1. 주민등록초본 1통
1. 소장부본 1통
1. 납부서 1통
1. 위임장 1통

2000. O. .

위 원고 OO수산업협동조합
조합장 O O O (인)

O O 지 방 법 원 귀 중

부 동 산 목 록

1. 경기도 OO시 OO구 OO동 OOOO 대 123㎡

2. 경기도 OO시 OO구 OO동 OOOO
연와조 슬래브지붕 2층 주택
1층 72.18㎡
2층 72.18㎡
지층(대피소) 72.18㎡

– 이 상 –

[사례 195] 배당이의 소장(주택임대차보증금 우선변제)

소 장

원 고 ○ ○ ○ (○○○○○○-○○○○○○○) (전화 :)
○○시 ○○구 ○○로 ○○(○○동) (우 :)

피 고 ○○○새마을금고 (○○○○○○-○○○○○○○)
○○시 ○○구 ○○로 ○○(○○동) (우 :)
이사장 ○ ○ ○

배당이의의 소

청 구 취 지

1. ○○지방법원 ○○지원 2017타경 ○○○○ 부동산임의경매신청사건에 관하여 같은 법원이 2018. 3. 20. 작성한 배당표 가운데 피고에 대한 배당액 365,147,325원으로 되어 있는 것을 348,147,325원으로 경정하고, 원고에게 17,000,000원을 배당하는 것으로 경정한다.
2. 소송비용은 피고의 부담으로 한다.

라는 판결을 구합니다.

청 구 원 인

1. 원고는 ○○지방법원 ○○지원 2017타경 ○○○○ 부동산임의경매신청사건에 관하여 주택임대차보호법상의 소액임차인으로서 소액임차보증금 17,000,000원의 우선변제를 요구하는 배당요구신청을 하였으나, 배당이 되지 않아 배당기일인 2018. 3. 20. 배당에 관한 이의를 진술하였습니다.

2. 원고는 40,000,000원을 임차보증금으로 하여 소외 ○○○와 사이에 임대차계약을 체결하고 ○○시 ○○로 ○○(○○동) 소재의 이 사건 경매목적물인 건물에 입주하고 2016. 4. 8. 전입신고를 하여 현재까지 위 건물을 주거용으로 사용하여 거주하고 있는 바, 원고는 주택임대차보호법상의 소액임차인으로서 최우선변제권이 있다 할 것입니다.

3. 또한, 위 건물의 등기부상 소매점으로 표시되어 있으나, 실제로 그 면적의 절반 이

상이 방과 부엌으로 되어 있고, 나머지부분은 방으로 된 건강기구판매사무실로 영업이 끝나면 이곳 사무실도 방으로 이용하였으며, 임차인인 원고가 이를 임차하여 가족들과 함께 거주하면서 일생생활을 영위하고 있고, 이곳이 원고의 유일한 주거이므로 사실상의 용도 및 사회통념상 위 건물은 주택임대차보호법의 보호대상인 주거용 건물에 해당한다 할 것이고, 원고는 이 사건 경매목적물에 대하여 최우선변제권이 있다 할 것입니다.

4. 따라서 원고는 청구취지와 같이 배당표의 변경을 구하고자 이 사건 청구에 이르렀습니다.

입 증 방 법

1. 갑 제1호증 배당표
1. 갑 제2호증 부동산등기사항증명서
1. 갑 제3호증 주민등록등본

기타 입증서류는 필요에 따라 수시 제출하겠습니다.

첨 부 서 류

1. 위 입증서류 사본 1통
1. 주민등록초본 1통
1. 법인등기사항증명서 1통
1. 소장부본 1통
1. 위임장 1통

2000. 0. .

위 원고 ○ ○ ○ (인)

○○지방법원 ○○지원 귀중

[사례 196] 배당이의 소장(채무자가 채권자를 상대로)

소 장

원 고 ○ ○ ○ (○○○○○○-○○○○○○○○) (전화 :)
○○시 ○○구 ○○로 ○○(○○동) (우 :)

피 고 ○ ○ ○ (○○○○○○-○○○○○○○)
○○시 ○○구 ○○로 ○○(○○동) (우 :)

배당이의의 소

청 구 취 지

1. ○○지방법원 2017타경 ○○○○ 부동산임의경매신청사건에 관하여 같은 법원 이 2017. 11. 20. 작성한 배당표 가운데 피고에 대한 배당액 22,927,000원을 20,508,681원으로 줄이고, 원고에게 2,418,377원을 교부하는 것으로 배당표를 변경한다.
2. 소송비용은 피고의 부담으로 한다.

라는 판결을 구합니다.

청 구 원 인

1. 원고는 2015. 3. 10. 피고와 사이에 소유인 ○○시 ○○로 ○○(○○동) 소재 ○○○아파트 102동 804호(이하 '이 사건 부동산'이라고 한다)에 관하여 피고에게 채권최고액 24,000,000원으로 한 근저당권(이하 '이 사건 근저당권'이라고 한다)을 설정해준 다음 이를 담보로 하여 피고로부터 15,000,000원을 대출받았습니다.

2. 피고는 원고의 채무원리금이 연체되자 2017. 5월 초순경 이 사건 근저당권에 기하여 경매를 신청하여 ○○지방법원 2011타경 ○○○○호로 경매가 진행된 결과 위 법원은 2017. 11. 20. 매각대금 가운데 집행비용을 공제한 33,990,417원을 채권자들에게 배당함에 있어서 제1순위 근저당권자인 ○○은행에게 채권최고액 범위 내의 채권원리금 11,063,359원을 배당하고, 제2순위 근저당권자겸 신청채권자인 피고에게 피고가 배당을 신청한 2017. 5. 10.자 채무원리금 26,864,941원 중에서 위 제1순위자에게 배당하고 남은 잔액인 22,927,058원을 전부 배당하는 것으로 배당표를 작성하였습니다.

3. 한편, 피고는 2016. 10.말경 원고를 채무자, 소외 OO주식회사를 제3채무자로 하여 원고의 급여 및 퇴직금채권을 가압류(OO지방법원 2017카단 OOOO호)하여, 소외 OO주식회사가 공탁을 하고 사유신고를 함으로써 이루어진 배당절차(OO지방법원 2017타기 OOOO호)에서 2017. 3. 10. 6,356,260원을 배당받았습니다. 그러므로 원고는 배당기일에 출석하여 피고가 원고의 퇴직금 등에서 이미 6,356,260원의 배당을 받고서도 다시 이 사건 경매에서 이를 포함하여 26,864,941원의 배당신청을 하여 22,927,058원을 배당 받았으므로, 위 금액 중 원래 피고가 배당신청을 할 수 있었던 20,508,681원(=26,864,941원-6,356,260원)을 초과한 금액은 이중배당을 받은 것이 부당하다는 배당이의를 진술하였습니다.

4. 따라서 원고는 이 사건 배당표 가운데 피고에 대한 배당액 22,927,058원을 20,508,681원으로 줄이고, 원고에게 2,418,377원(=22,927,058원-20,508,681원)을 교부하는 것으로 배당표를 본 소 청구에 이르렀습니다.

입 증 방 법

1. 갑 제1호증　　　　　배당표
기타 입증서류는 필요에 따라 수시 제출하겠습니다.

첨 부 서 류

1. 위 입증서류 사본　　　1통
1. 주민등록초본　　　　　2통
1. 소장부본　　　　　　　1통
1. 위임장　　　　　　　　1통

20OO. O. .

위 원고 O O O (인)

O O 지 방 법 원 귀 중

[사례 197] 배당이의 소장(허위의 근저당권)

소 장

원 고 ○ ○ ○ (○○○○○○-○○○○○○○) (전화 :)
○○시 ○○구 ○○로 ○○(○○동) (우 :)

피 고 ○ ○ ○ (○○○○○○-○○○○○○○)
○○시 ○○구 ○○로 ○○(○○동) (우 :)

배당이의의 소

청 구 취 지

1. ○○지방법원 2017타경 ○○○○ 부동산임의경매신청사건에 관하여 2018. 1. 5. 같은 법원이 작성한 배당표 가운데 피고에 대한 배당액 36,752,000원을 삭제하고, 원고에게 42,752,000원을 배당하는 것으로 경정한다.
2. 소송비용은 피고의 부담으로 한다.

라는 판결을 구합니다.

청 구 원 인

1. 원고는 ○○지방법원 2017타경 ○○○ 부동산임의경매신청사건의 채무자인 소외 ○○○에게 40,000,000원을 대여하고 변제받지 못하고 있는 데, 소외 ○○○은 위 경매사건의 목적물인 ○○시 ○○구 ○○동 산 ○○ 임야 ○○○㎡에 관하여 소외 ○○은행에게 ○○지방법원 ○○등기소 2015. 8. 10. 접수 제○○○호로 채권최고액 60,000,000원인 제1순위 근저당권을 설정해주었고, 소외 ○○은행이 경매를 신청할 태세를 보이고 원고도 위 대여금채무의 이행을 여러 차례 독촉하자 아무런 채권채무관계가 없는 소외 ○○○의 첫째 아들인 소외 ○○○에게 ○○지방법원 ○○등기소 2017. 3. 10. 접수 제○○○호로 채권최고액 50,000,000원인 제2순위 근저당권을 허위로 설정해주었으며, 원고는 위 제2순위 근저당권이 설정된 뒤 위 임야에 대하여 가압류를 하고 대여금청구의 소송을 제기하여 승소하였습니다.

2. 그런데 소외 ○○○의 셋째 아들인 피고는 소외 ○○○와 아무런 채권채무관계가 없음에도 불구하고 소외 ○○○의 위 제2순위 근저당권을 양수받은 것처럼 가장하여 근저당권이전의 부기등기를 마쳤으며, 소외 ○○은행이 위 제1순위 근저당권에 기

하여 설정된 위 경매사건의 배당절차에서 위와 같이 허위로 설정되고 허위로 이전된 제2순위 근저당권에 기하여 2018. 1. 5. 경매법원으로부터 36,752,000원을 배당받았습니다. 그러므로 원고는 배당기일에 출석하여 피고에 대한 배당액 36,752,000원을 삭제하고, 원고에게 36,752,000원을 배당하여야 한다는 배당이의를 진술하였습니다.

3. 따라서 원고는 청구취지와 같은 배당표의 변경을 구하고자 본 소 청구에 이르렀습니다.

입 증 방 법

1. 갑 제1호증 배당표
1. 갑 제2호증 부동산등기사항증명서
1. 갑 제3호증 가족관계증명서
1. 갑 제4호증의 1, 2 각 최고서
1. 갑 제5호증 사실확인서

기타 입증서류는 필요에 따라 수시 제출하겠습니다.

첨 부 서 류

1. 위 입증서류 사본 각 1통
1. 주민등록초본 2통
1. 소장부본 1통
1. 위임장 1통

20OO. O. .

위 원고 O O O (인)

O O 지 방 법 원 귀 중

[사례 198] 채권확정청구 소장(배당요구 채권의 부인, 임금채권, 정리채권확정의 소)

소 장

원 고 김 부 자 (OOOOOO-OOOOOOO) (전화 :)
서울 송파구 가락로 14(석촌동) (우 :)

피 고 박 치 부 (OOOOOO-OOOOOOO)
서울 마포구 가양대로 143(상암동) (우 :)

채권확정의 소

청 구 취 지

1. 원고는 피고에 대하여 15,000,000원의 임금지급채권을 가지고 있음을 확인한다.
2. 소송비용은 피고의 부담으로 한다.

라는 판결을 구합니다.

청 구 원 인

1. 원고는 2017. 11. 1. 피고와의 사이에 임금은 월 1,500,000원, 계약기간은 10개월, 임금지급 시기는 매월 15일로 정하여 근로계약을 체결하였습니다.

2. 그런데 피고는 위 근로계약에 기한 임금 총액 15,000,000원의 지급을 지체하고 있습니다.

3. 더구나 피고는 귀원 2017타경 4414호 부동산임의경매사건에서 원고가 위 임금지급청구채권으로써 배당요구를 하자 원고의 위 임금채권을 부인하고 있습니다.

4. 따라서 원고는 피고에 대하여 위 임금채권의 확정을 구하고자 본 소 청구에 이른 것입니다.

입 증 방 법

1. 갑 제1호증 채권부인통지서

그 밖의 입증서류는 변론시 수시 제출하겠습니다.

첨 부 서 류

1. 위 입증서류 사본 1통
1. 주민등록초본 2통
1. 소장 부본 1통
1. 납부서 1통

20○○. ○. .

위 원고 김 부 자 (인)

○○지방법원 귀중

[해 설]
대법원 1994. 6. 24.선고 94다9429 판결은 채무자회생및파산에관한법률(구, 회사정리법)상의 정리채권 확정의 소에 대하여 통상의 확인의 소에 해당한다고 판시하고 있다. 마찬가지로 배당요구채권확정의 소도 통상의 확인의 소라고 볼 수 있을 것이다.

[사례 199] 선변제등청구 소장(동산강제 경매, 질권)

소 장

원 고 심 용 례 (○○○○○○-○○○○○○○) (전화 :)
서울 강남구 강남대로 238(도곡동) (우 :)

피 고 1. 강 헌 구 (○○○○○○-○○○○○○○)
서울 관악구 관악로 106(봉천동) (우 :)
2. 박 용 선 (○○○○○○-○○○○○○○)
서울 성동구 가람길 113(송정동) (우 :)

우선변제 등 청구의 소

청 구 취 지

1. 피고 강헌구의 피고 박용선에 대한 서울중앙지방법원 2018가합 123 대여금사건의

집행력 있는 판결정본에 기하여 별지 목록 기재 물건에 관하여 행한 강제집행의 매득금 중에서 원고는 9,000,000원의 한도 내에서 피고 강헌구에 우선하여 변제받는다.

2. 피고 박용선은 원고에 대하여, 피고 강헌구의 피고 박용선에 대한 서울중앙지방법원 2018가합 123 대여금사건의 집행력 있는 판결정본에 기하여 별지 목록 기재 물건에 관하여 행한 강제 집행의 매득금 중에서 원고가 8,000,000원의 한도 내에서 피고 강헌구에 우선하여 변제받는 것을 동의하라.
3. 소송비용은 피고들의 부담으로 한다.

라는 판결을 구합니다.

청 구 원 인

1. 피고 강헌구는 2018. 6. 24. 피고 박용선에 대한 서울중앙지방법원 2018가합 123 대여금사건의 집행력 있는 판결정본에 기하여 피고 박용선 소유인 별지 목록 기재 물건에 관하여 강제경매를 신청하여 압류하였습니다.

2. 그런데 원고는 별지 목록 기재 물건에 관하여 피담보채권액 8,000,000원인 질권을 가지고 있습니다.

3. 따라서 원고는 우선변제권 있는 질권자로서 위 물건의 매득금 중에서 피고 강헌구에 우선하여 8,000,000원을 변제받을 권리가 있고, 피고 박용선은 원고가 위 압류물의 매득금 중에서 피고 강헌구에 우선하여 8,000,000원을 변제받는 것을 동의할 의무가 있다 할 것이므로 본 소 청구에 이른 것입니다.

입 증 방 법

변론시 수시 제출하겠습니다.

첨 부 서 류

1. 주민등록초본 3통
1. 소장 부본 2통
1. 납부서 1통

20○○. ○. .

위 원고 심 용 례 (인)

ㅇㅇ지방법원 귀중

[사례 200] 대여금청구의 독촉사건(일반대출금, 자립예탁금)

지 급 명 령 신 청

채 권 자 OO농업협동조합 (OOOOOO-OOOOOOO) (전화 :)
전남 OO군 OO읍 OO로 OO (우 :)
조합장 ㅇㅇㅇ

채 무 자 (1) 김 ㅇ ㅇ (OOOOOO-OOOOOOO)
전남 OO군 OO읍 OO로 OO (우 :)
(2) 박 ㅇ ㅇ (OOOOOO-OOOOOOO)
전남 OO군 OO읍 OO로 OO (우 :)
(3) 이 ㅇ ㅇ (OOOOOO-OOOOOOO)
전남 OO군 OO읍 OO로 OO (우 :)

대여금 청구의 독촉사건

청 구 취 지

1. 채권자에게,
  가. 채무자들은 연대하여 15,000,000원과 이에 대하여 2016. 7. 13.부터 2016. 7. 31.까지는 연 8.5%, 그 다음날부터 2017. 7. 4.까지는 연 9.5%, 그 다음날부터 다 갚는 날까지는 연 18%의 각 비율로 계산한 돈을,
  나. 채무자 김OO은 17,019,845원과 이에 대하여 2017. 6. 29.부터 다 갚는 날까지 연 18.98%의 비율로 계산한 돈을,
  다. 채무자 박OO, 같은 이OO, 채무자 김OO과 연대하여 30,000,000원의 한도 내에서 위 나항 기재의 돈을,
  라. 채무자들은 연대하여 30,000,000원과 이에 대하여 2016. 11. 7.부터 2017. 7. 6.까지는 연 9.5%, 그 다음날부터 다 갚는 날까지는 연 18.54%의 각 비율로 계산한 돈을,
  각 지급하고, 아래 독촉절차비용을 지급하라.

라는 지급명령을 구합니다.
독촉절차비용 : OOOO원,
(내 역)
1. OOO원 : 첩용인지대
1. OOO원 : 송달료
1. OOO원 : 법인등기사항증명서
1. OOO원 : 법무사보수료

청 구 원 인

1. 가. 채권자는 채무자 김OO에게 2013. 7. 4. 일반대출금으로 15,000,000원을 대여하면서, 대출기간만료일은 2015. 7. 4. 이자는 채권자 조합이 정한 이율을 적용하여 지급하고, 연체이율은 연 16%로 정하여 이자를 지급하지로 하되, 만약 대출기간만료일에 위 채무를 이행하지 않거나, 이자 등을 지급하여야 할 때로부터 계속하여 1개월간 지체하는 등의 사유로 기한의 이익을 상실할 때에는 그때로부터 대출금잔액 전부에 대하여 다 갚는 날까지 각 지연배상금을 가산하여 일시에 지급하기로 하되, 채권자 조합 소정의 이율이 변경될 경우에는 이에 따르기로 대출거래약정을 하면서, 채무자 박OO과 같은 이OO은 위 대출금에 관하여 특정채무보증으로 하여 연대보증하였고,
   나. 채무자 김OO과 채권자간에 2014. 3. 6. 자립예탁금대출거래약정을 체결하면서 위 계약일로부터 2016. 3. 6.까지 20,000,000원의 대출한도 내에서 수시로 채권자로부터 금원을 인출하여 차용할 수 있도록 하되, 위 대출금에 관하여 대출이자는 채권자 조합이 정한 이율을 적용하여 채권자가 정하는 결산일에 지급하기로 하고, 채무자 김영철은 위 대출거래에 관한 채무의 이행을 지체할 경우에는 곧 지급해야 할 금액에 대하여 채권자 조합이 정한 지연손해금을 지급하기로 하며, 위 이자나 지연손해금은 채무자 김OO이가 거래하는 기본계좌의 예금에서 빼내기로 하고, 이미 위 대출한도액을 초과한 때에는 초과한 금액을 대출잔액으로 처리하여 위 대출계정에 가산하기로 하되, 이자 등을 지급하여야 할 때로부터 계속하여 1개월간 지체하는 등의 사유로 기한의 이익을 상실할 때에는 그때로부터 대출금잔액 전부에 대하여 다 갚는 날까지 지연배상금을 가산하여 일시에 지급하기로 자립예탁금대출거래약정을 하면서, 위 대출거래에 관하여 채무자 박OO과 같은 이OO은 30,000,000원의 한도 내에서 특정근보증하였고,
   다. 채권자는 채무자 김OO에게 2014. 11. 2. 일반대출금으로 30,000,000원을 대여하면서, 대출기간만료일은 2016. 11. 2. 이자 및 연체이율은 채권자 조합이 정한 이율을 적용하여 매년 11월, 5월 각 2일마다 후취로 이자를 지급하기로 하

되, 그외 모든 약정사항은 위 가항과 같은 내용으로 하여 대출거래약정을 하면서, 채무자 박OO과 같은 이OO은 위 대출금에 관하여 특정채무보증으로 하여 연대보증하였습니다.

2. 위 약정이후 위 가항의 대출금에 관한 최종상환기일이 2017. 7. 4.로, 위 나항의 대출거래에 관한 최종거래기간이 2017. 3. 6.로, 위 다항의 대출금에 관한 최종상환기일이 2017. 11. 2.로 각 연장되었습니다.

3. 한편 위 가항의 대출금에 관한 채권자 조합 소정의 약정이율(기한내이자금율)은 위 약정시부터 2016. 7. 31.까지 연 8.5%이고, 2016. 8. 1.부터 연 9.5%로 변경되었고, 연체이율(지연손해금율)은 2017. 1. 13.부터 연 18%이고, 위 나항에 관한 약정이율(기한내이자금율)은 위 약정시부터 연 9.5%이고, 연체이율(지연손해금율)은 위 약정시부터 연 18.98%이고, 위 다항에 관한 약정이율(기한내이자금율)은 2016. 8. 1.부터 연 9.5%이고, 연체이율(지연손해금율)은 2017. 5. 7.부터 연 18,54%입니다.

4. 그런데, 위 제1의 가항의 대출금에 관하여 채무자 김OO는 상환기일이 지난 현재까지 2016. 7. 12.까지의 이자만을 지급한 채, 2017. 7. 4.까지 상환하여야 할 원금 15,000,0000원을 지급하지 않고 있으므로, 채무자 김OO은 채권자에게 15,000,000원과 이에 대하여 2016. 7. 13.부터 2016. 7. 31.까지는 연 8.5%, 2016. 8. 1.부터 2017. 7. 4.까지는 연 9.5%의 비율로 계산한 기한내이자금과 2017. 7. 5.부터 다 갚는 날까지는 연 18%의 비율로 계산한 지연손해금을, 위 제1의 나항의 대출거래약정에 따라 채무자 김OO이가 채권자로부터 2017. 6. 28.까지 차용하여 발생한 대출금 17,019,845원에 대하여, 위 기간까지 차용한 대출금에 대한 이자를 별도의 이자계정으로 계산하지 않고 원금의 대출계정에 가산하여 위 거래기간만료일(2017. 3. 6.)이 지난 2017. 6. 28. 현재 채무자 김OO이가 채권자로부터 차용한 대출금이 금 17,019,845원이 되었으므로, 채무자 김OO은 채권자에게 17,019,845원과 이에 대하여 2017. 6. 29.부터 다 갚는 날까지 연 18.98%의 비율로 계산한 지연손해금을, 채무자 박OO과 같은 이OO은 원금 및 이자의 합계금 30,000,000원의 한도 내에서 연대보증하였으므로, 채무자 김OO과 연대하여 채권자에게 30,000,000원의 범위 내에서 17,019,845원과 이에 대하여 2017. 6. 29.부터 다 갚는 날까지 연 18.98%의 각 비율로 계산한 돈을, 위 제1의 다항의 대출금에 관하여는 채무자 김OO은 2016. 11. 6.까지의 이자만을 지급하고, 그후 2017. 5. 6. 불입하여야 할 이자를 계속하여 1개월 이상 지체하여, 채무자 김OO은 채권자 농협여신거래기본약관 제7조 제2항 제1호의 규정에 의거 2017. 7. 7 기한의 이익을 상실하여 즉시 채무를 변제하여야 할 것이므로, 채무자 김OO은 채권자에게 30,000,000원과 이에 대하여 2016. 11. 7.부터 2017. 7. 6.까지(기한이익상실전일)는 연 9.5%의 비율로 계

산한 기한내이자금과 2017. 7. 7.부터 다 갚는 날까지는 연 18.54%의 비율로 계산한 지연손해금을 각 지급할 의무가 있다 할 것입니다.

5. 그러므로 채권자는 위와 같은 사실을 채무자 김OO에게 통지하고 원,리금을 변제할 것을 수차에 걸쳐 독촉하였으나 이에 불응하고 있어 연대보증인들인 채무자 박OO과 같은 이OO에게 위 사실을 고지하고 주채무자 김OO과 연대하여 지급할 것을 촉구하였음에도 불구하고 채무자들은 아무런 이유 없이 변제하지 않고 있으므로, 부득이 청구취지 기재의 돈과 독촉절차비용을 같이 지급받고자 이 신청에 이른 것입니다.

첨 부 서 류

1. 대출거래약정서 사본 3통
1. 보증서 사본 4통
1. 근보증서 사본 2통
1. 대출금원장조회 사본 2통
1. 회수조회표 사본 2통
1. 계좌별금리내역조회 사본 2통
1. 마이너스대출약정정보조회 사본 1통
1. 법인등기사항증명서 1통
1. 주민등록초본 3통
1. 위임장 1통

20OO. O. .

위 채권자 OO농업협동조합
조합장 O O O (인)

OO지방법원 OO지원 OO군법원 귀 중

[해 설]

1. 연대보증인에 대한 청구 : 연대보증하기로 약정한 당사자, 연대보증일시, 연대보증의 상대방 및 연대보증하기로 한 채무 등
2. 근보증 : 보증한도액을 정한 근보증에 있어 보증채무는 특별한 사정이 없는 한 보증한도금 내에서 확정된 주채무, 이자, 위약금, 손해배상, 기타 주채무에 종속한 채무를 모두 청구할 수 있다. 그러나 부대금액을 포함한 청구금액의 총합계가 보증한도액을 초과하여서는 안된다.

다만, 보증채무 자체의 이행지체로 인한 지연손해금은 보증한도액을 초과하더라도 청구할 수 있다. 이 경우 보증채무 자체의 연체율은 특별한 약정이 없는 한 민법이 정한 연 5% 또는 상법이 정한 연 6%가 적용된다.

3. 금융기관 대출금에 관한 기한의 이익상실사유 적용시 가계용 여신거래기본약관과 기업용 여신거래기본약관의 일부 다르게 적용됨을 주의한다.

※ 특정 또는 한정근보증한 경우

예시 1)

1. 채권자에게,
   가. 채무자 김차주, 같은 박보증은 연대하여 10,000,000원과 이에 대하여 2018. 1. 1.부터 2018. 1. 31.까지는 연 18%, 그 다음날부터 다 갚는 날까지는 연 20%의 각 비율로 계산한 돈을,
   나. 채무자 이보증, 같은 김보증은 위 채무자들과 연대하여 10,000,000원의 한도 내에서 위 가항 기재의 돈을,
   각 지급하고, 아래 독촉절차비용을 지급하라.

예시 2)

1. 채권자에게,
   가. 채무자 김차주는 10,000,000원과 이에 대하여 2018. 1. 1.부터 2018. 1. 31.까지는 연 18%, 그 다음날부터 다 갚는 날까지는 연 20%의 각 비율로 계산한 돈을,
   나. 채무자 이보증은 같은 김차주와 연대하여 10,000,000원의 한도 내에서 위 가항기재의 돈을,
   각 지급하고, 아래 독촉절차비용을 지급하라.

예시 3)

1. 채권자에게,
   가. 채무자 김제자, 같은 김수자는 연대하여 11,708,522원과 이에 대하여 2018. 1. 1.부터 2018. 1. 31.까지는 연 18%, 그 다음날부터 다 갚는 날까지는 연 20%의 비율로 계산한 돈을,
   나. 채무자 차일병은 채무자 김제자, 같은 김수자와 연대하여 26,000,000원의 범위 내에서 위 가항 기재의 돈을,
   다. 채무자 김일병은 채무자 김제자, 같은 김수자와 연대하여 16,000,000원의 범위 내에서 위 가항 기재의 돈을,
   각 지급하고, 아래 독촉절차비용을 지급하라.

※ 채무자 1인이 사망한 경우

1. 채권자에게, 채무자 박부인은 10,000,000원, 채무자 이장녀, 같은 이장남, 같은 이차남, 같은 이차녀는 각 5,000,000원과 각 이에 대하여 2018. 1. 1.부터 2018. 1. 31.까지는 연 18%, 그 다음날부터 다 갚는 날까지는 연 20%의 각 비율로 계산한 돈을,

각 지급하고, 아래 독촉절차비용을 지급하라.

※ 채무자 중 1인이 사망한 경우

1. 채권자에게,
   가. 채무자 김채무, 같은 박보증은 연대하여 30,000,000원과 이에 대하여 2018. 1. 1.부터 2018. 1. 31.까지는 연 18%, 그 다음날부터 다 갚는 날까지는 연 20%로 계산한 돈을,
   나. 위 채무자들과 연대하여 위 가항 기재 돈 중 채무자 박부인은 10,000,000원, 채무자 이장녀, 같은 이장남, 같은 이차남, 같은 이차녀는 각 5,000,000원과 각 이에 대하여 2018. 1. 1.부터 2018. 1. 31.까지는 연 18%, 그 다음날부터 다 갚는 날까지는 연 20%의 각 비율로 계산한 돈을,

각 지급하고, 아래 독촉절차비용을 지급하라.

[사례 201] 대여금청구의 독촉사건(사망)

지 급 명 령 신 청

채 권 자　농업협동조합중앙회 (OOOOOO-OOOOOOO)
서울 OO구 OO로 OO(OO동) (신용보증기금)
전무이사 OOO
위 업무수탁기관 : OO농업협동조합 (OOOOOO-OOOOOOO)
대표자 조합장 O O O
송달장소 :
전남 OO군 OO읍 OO로 OO(OO농협)　　(우 :　　　)

채 무 자　(1) 이 여 사 (OOOOOO-OOOOOOO)
전남 OO군 OO읍 OO로 OO　　(우 :　　　)
(2) 김 일 남 (OOOOOO-OOOOOOO)
OO시 OO구 OO로 OO(OO동),
OO아파트 OOO-OOO　　(우 :　　　)
(3) 김 이 남 (OOOOOO-OOOOOOO)
OO시 OO구 OO로 OO(OO동)　　(우 :　　　)
(4) 김 삼 남 (OOOOOO-OOOOOOO)
전남 OO군 OO읍 OO로 OO　　(우 :　　　)
(5) 김 사 남 (OOOOOO-OOOOOOO)

전남 OO군 OO읍 OO로 OO (우 :)
(6) 김 오 남 (OOOOOO-OOOOOOO)
전남 OO군 OO읍 OO로 OO (우 :)
위 채무자 김사남, 김오남은 미성년자이므로
법정대리인 친권자 모 이여사
전남 OO군 OO읍 OO로 OO (우 :)

대여금 청구의 독촉사건

청 구 취 지

1. 채권자에게,
가. 채무자 이여사는 10,015,384원, 채무자 김일남, 같은 김이남, 같은 김삼남, 같은 김사남, 같은 김오남은 각 6,676,923원과 각 이에 대하여 2016. 1. 1.부터 2016. 3. 4.까지는 연 6.5%, 그 다음날부터 2016. 2. 28.까지는 연 3%, 그 다음날부터 2018. 6. 14.까지는 연 14%의 각 비율로 계산한 돈을,
나. 채무자 이여사는 1,153,846원, 채무자 김일남, 같은 김이남, 같은 김삼남, 같은 김사남, 같은 김오남은 각 769,230원과 각 이에 대하여 2015. 7. 3.부터 2016. 6. 28.까지는 연 8.8%, 그 다음날부터 2018. 6. 14.까지는 연 17%의 각 비율로 계산한 돈을,
다. 채무자 이여사 4,292,307원, 채무자 김일남, 같은 김이남, 같은 김삼남, 같은 김사남, 같은 김오남은 각 2,861,538원과 각 이에 대하여 2016. 1. 1.부터 2016. 3. 4.까지는 연 6.5%, 그 다음날부터 2017. 2. 28.까지는 연 3%, 그 다음날부터 2018. 6. 14.까지는 연 14%의 각 비율로 계산한 돈을,
각 지급하고, 아래 독촉절차비용을 지급하라.
라는 지급명령을 구합니다.

독촉절차비용 : OOOO원,
(내 역)
1. OOO원 : 첩용인지대
1. OOO원 : 송달료
1. OOO원 : 법인등기사항증명서
1. OOO원 : 법무사보수료

청 구 원 인

1. 농업협동조합중앙회는 농림수산업자 등이 금융기관으로부터 대출을 받음에 있

어 그 신용을 보증하기 위하여 설치된 농림수산업자 신용보증기금의 관리기관 입니다.

2. 가. OO농업협동조합은 금융기관으로서, OO농업협동조합은 신청외 (망) 김사망에게 2013. 6. 21. 저리대체자금대출금으로 43,400,000원을 대여하면서, 대출기간만료일은 2018. 6. 20. 이자는 연 6.5%, 연체이율은 연 15%로 정하여 매년 12월 31일마다 후취로 이자를 지급하기로 하되, 만약 대출기간만료일에 위 채무를 이행하지 않거나, 이자 등을 지급하여야 할 때로부터 계속하여 1개월간 지체하는 등의 사유로 기한의 이익을 상실할 때에는 그때로부터 대출금잔액 전부에 대하여 다 갚는 날까지 각 지연배상금을 가산하여 일시에 지급하기로 하되, 위 조합 소정의 이율이 변경될 경우에는 이에 따르기로 대출거래약정을 하였고, 농림수산업자 신용보증기금은 동 채무에 대하여 농림수산업자 신용보증법에 따른 신용보증을 하였고,

나. OO농업협동조합은 (망) 김사망에게 2013. 6. 29. 농업자금우대대출금으로 5,000,000원을 대여하면서, 대출기간만료일은 2015. 6. 28. 이자는 연 8.8%, 연체이율은 연 17%로 정하여 지급하기로 하되, 그 외 모든 약정사항은 위 가항과 같은 내용으로 하여 대출거래약정을 하였고, 농림수산업자 신용보증기금은 동 채무에 대하여 농림수산업자 신용보증법에 따른 신용보증을 하였고,

다. OO농업협동조합은 (망) 김사망에게 2013. 12. 10. 저리대체자금대출금으로 18,600,000원을 대여하면서, 대출기간만료일은 2018. 12. 9. 이자는 연 6.5%, 연체이율은 연 15%로 정하여, 매년 12월 31일마다 후취로 이자를 지급하기로 하되, 그 외 모든 약정사항은 위 가항과 같은 내용으로하여 대출거래약정을 하였고, 농림수산업자 신용보증기금은 동 채무에 대하여 농림수산업자 신용보증법에 따른 신용보증을 하였습니다.

3. 위 약정이후 위 나항의 대출금에 관한 최종상환기일이 2016. 6. 28.로 연장되었습니다.

4. 한편 위 가,다항의 대출금에 관한 위 조합 소정의 약정이율(기한내이자금율)은 위 각 약정시부터 2016. 3. 4.까지는 연 6.5%, 2016. 3. 5.부터는 연 3%로, 연체이율(지연손해금율)은 2015. 5. 1부터 연 14%로 각 변경되었습니다.

5. 그런데 신청외 (망) 김사망은 위 제1의 가항의 대출금에 관하여 2015. 12. 31.까지의 이자만을 지급하고, 그 후 2016. 12. 31. 불입하여야 할 이자를 계속하여 1개월 이상 지체하여, 신청외 (망) 김사망은 농협여신거래기본약관 제7조 제2항 제1호의 규정에 의거 2017. 3. 1. 기한의 이익을 상실하여, 신청외 (망) 김사망은 OO농업협동조합에게 43,400,000원과 이에 대하여 2016. 1. 1.부터 2016. 3. 4.까지는 연

6.5%, 2016. 3. 5.부터 2017. 2. 28.까지(기한이익상실전일)는 연 3%의 비율로 계산한 기한내이자금과 2017. 3. 1.부터 2018. 6. 14.까지는 연 14%의 각 비율로 계산한 지연손해금을, 위 제1의 나항의 대출금에 관하여는 상환기일이 지난 현재까지 2015. 7. 2.까지의 이자만을 지급한 채, 2016. 6. 28.까지 상환하여야 할 원금 5,000,000원을 지급하지 않고 있으므로, 신청외 (망) 김사망은 OO농업협동조합에게 5,000,000원과 이에 대하여 2015. 7. 3.부터 2016. 6. 28.까지(상환기일)는 연 8.8%의 비율로 계산한 기한내이자금과 2016. 6. 29.부터 2018. 6. 14.까지는 연 17%의 비율로 계산한 지연손해금을, 위 제1의 다항의 대출금에 관하여는 2015. 12. 31.까지의 이자만을 지급하고, 그 후 2016. 12. 31.까지 불입하여야 할 이자를 계속하여 1개월 이상 지체하여, 신청외 (망) 김사망은 농협여신거래기본약관 제7조 제2항 제1호의 규정에 의거 2017. 3. 1. 기한의 이익을 상실하여, 신청외 (망) 김사망은 OO농업협동조합에게 18,600,000원과 이에 대하여 2016. 1. 1.부터 2016. 3. 4.까지는 연 6.5%, 2016. 3. 5.부터 2017. 2. 28.까지(기한이익상실전일)는 연 3%의 비율로 계산한 기한내이자금과 2017. 3. 1.부터 2018. 6. 14.까지는 연 14%의 각 비율로 계산한 지연손해금을 각 지급하여야 할 것이므로, 위 농림수산업자 신용보증기금은 신용보증기관으로서 OO농업협동조합에게 위 금원을 대신 변제하여 줄 의무가 있는데, 각 신용보증약정서 제8조에 의하여 보증채무의 이행전이라도 사전 구상권을 행사할 수 있습니다.

6. 한편 신청외 (망) 김사망은 2016. 4. 27. 사망함으로써, 채권자는 신청외 (망) 김사망의 상속인들인 채무자들로부터 위 제5항의 대출금잔액에 대하여, 채무자 이여사는 13분의 3에 해당하는 법정상속분 15,461,537원과 이 중 10,015,384원에 대하여는 2016. 1. 1.부터 2016. 3. 4.까지는 연 6.5%, 그 다음날부터 2017. 2. 28.까지는 연 3%, 그 다음날부터 2018. 6. 14.까지는 연 14%의, 1,153,846원에 대하여는 2015. 7. 3.부터 2016. 6. 28.까지는 연 8.8%, 그 다음날부터 2018. 6. 14.까지는 연 17%의, 4,292,307원에 대하여는 2016. 1. 1.부터 2016. 3. 4.까지는 연 6.5%, 그 다음날부터 2017. 2. 28.까지는 연 3%, 그 다음날부터 2018. 6. 14.까지는 연 14%의 각 비율로 계산한 돈을, 채무자 김일남, 같은 김이남, 같은 김삼남, 같은 김사남, 같은 김오남은 각 13분의 2에 해당하는 법정상속분 각 10,307,691원과 이 중 6,676,923원에 대하여는 2016. 1. 1.부터 2016. 3. 4.까지는 연 6.5%, 그 다음날부터 2017. 2. 28.까지는 연 3%, 그 다음날부터 2018. 6. 14.까지는 연 14%의, 769,230원에 대하여는 2015. 7. 3.부터 2016. 6. 28.까지는 연 8.8%, 그 다음날부터 2018. 6. 14.까지는 연 17%의, 2,861,538원에 대하여는 2016. 1. 1.부터 2016. 3. 4.까지는 연 6.5%, 그 다음날부터 2017. 2. 28.까지는 연 3%, 그 다음날부터 2018. 6. 14.까지는 연 14%의 각 비율로 계산한 돈을 각 비율로 계산한 돈을 각

지급받고자 합니다.

7. 따라서 금융기관인 OO농업협동조합은 대손판정신청을 위하여 구상권을 행사하는 등 채권회수가 선행되어야 하므로, 농림수산업자 신용보증기금은 각 신용보증약정서 제8조에 의하여 보증채무의 이행전이라도 사전 구상권 행사를 금융기관에 위탁할 수 있습니다.

8. 그러므로 위 업무를 위탁받은 OO농업협동조합은 위와 같은 사실을 신청외 (망) 김사망의 상속인들인 채무자들에게 통지하고 원,리금을 변제할 것을 촉구하였으나 채무자들은 아무런 이유 없이 변제하지 않고 있으므로, 부득이 청구취지 기재의 돈과 독촉절차비용을 같이 지급받고자 이 신청에 이른 것입니다.

첨 부 서 류

1. 대출거래약정서 사본	3통
1. 신용보증신청서	3통
1. 신용보증서 사본	3통
1. 신용보증약정서 사본	3통
1. 대출금원장조회 사본	3통
1. 대출금회수조회표 사본	3통
1. 조합대출,정책자금계좌별 금리내역조회 사본	3통
1. 제적등본	1통
1. 가족관계증명서	4통
1. 주민등록초본	6통
1. 법인등기사항증명서	2통
1. 위임장	1통

2000. 0. .

위 채권자 농업협동조합중앙회(신용보증기금)
전무이사 O O O
위 업무수탁기관 : OO농업협동조합
대표자 조합장 O O O (인)

OO지방법원 OO지원 OO군법원 귀 중

[해 설]

1. 상속인에 대한 청구의 경우, 피상속인의 사망일자, 상속인들의 피상속인과의 관계, 상속비율, 각 상속비율에 따른 상속금액과 그 계산방식을 각 기재하여야 한다. 상속인에 대하여 청구하면서도 피상속인에 대한 대여관계나 연체된 원리금에 대한 언급만 있지 상속관계에 대하여 이러한 기본적인 언급이 없는 소장 및 지급명령신청이 많다.
2. 당사자가 미성년자인 경우에는 "원고는 미성년자이므로 법정대리인 친권자 부이몽룡, 모 성춘향", "피고 2, 3은 각 미성년자이므로 법정대리인 친권자 부 이몽룡, 모 성춘향"처럼 법정대리인을 표시하여야 하고, 한정치산자, 금치산자일 경우에는 "원고는 한정치산자이므로 법정대리인 후견인 홍길동"처럼 표시하여야 한다.
3. 헌법재판소에 의하면 상속포기를 하지 않았음을 원인으로 하는 법정단순승인은 위헌이므로, 상속인을 상대로 한 재판은 중단될 수밖에 없다.
   이런 경우 금융기관은 소멸시효중단의 절차를 취한 후 소송을 취하할 수 밖에 없으며, 취하시 헌법불합치결정에 따라 제소하기 위한 취하라는 취지의 부기문을 첨부하면 된다. 다만 상속인들이 상속재산을 처분하였다는 점을 주장 · 입증하는 경우에는 재판진행이 가능하다.
4. 청구금액을 계산함에 있어 지분계산이나 일할계산 등의 결과 원미만으로 나오는 경우, 원미만을 버리고 청구한다. 원고가 자신의 권리(청구채권)보가 많은 것을 청구할 수 없지만 그보다 적은 것은 청구함은 원칙적으로 가능하므로 원미만을 버리고 청구한다(처분권주의). 그러나 반올림하여 청구할 수는 없다.

[사례 202] 대여금청구의 독촉사건(사망)

지 급 명 령 신 청

채 권 자 농업협동조합중앙회 (OOOOOO-OOOOOOO)
서울 OO구 OO로 OO(OO동) (신용보증기금)
전무이사 O O O
위 업무수탁기관 : OO농업협동조합 (OOOOOO-OOOOOOO)
대표자 조합장 O O O
송달장소 :
전남 OO군 OO읍 OO로 OO(OO농협) (우 :)

채 무 자 (1) 김 일 남 (OOOOOO-OOOOOOO)
OO시 OO구 OO로 OO(OO동),
OO아파트 OOO-OOO (우 :)

(2) 김 이 남 (OOOOOO-OOOOOOO)
OO시 OO구 OO로 OO(OO동) (우 :)
(3) 김 삼 남 (OOOOOO-OOOOOOO)
전남 OO군 OO읍 OO로 OO (우 :)
(4) 김 사 남 (OOOOOO-OOOOOOO)
전남 OO군 OO읍 OO로 OO (우 :)

대여금 청구의 독촉사건

청 구 취 지

1. 채권자에게,
가. 채무자 김일남, 같은 김이남, 같은 김삼남, 같은 김사남은 각 2,500,000원과 각 이에 대하여 2017. 2. 23.부터 2018. 1. 20.까지는 연 12.5%, 그 다음날부터 다 갚는 날까지는 연 17%의 각 비율로 계산한 돈을,
나. 채무자 김일남, 같은 김이남, 같은 김삼남, 같은 김사남은 각 1,845,000원과 각 이에 대하여 2016. 4. 28.부터 2017. 6. 27.까지는 연 6.5%, 그 다음날부터 2018. 4. 30.까지는 연 15%, 그 다음날부터 다 갚는 날까지는 연 14%의 각 비율로 계산한 돈을,
다. 채무자 김일남, 같은 김이남, 같은 김삼남, 같은 김사남은 각 750,000원과 각 이에 대하여 2016. 12. 7.부터 2018. 2. 6.까지는 연 6.5%, 그 다음날부터 2018. 4. 30.까지는 연 15%, 그 다음날부터 다 갚는 날까지는 연 14%의 각 비율로 계산한 돈을,
각 지급하고, 아래 독촉절차비용을 지급하라.
라는 지급명령을 구합니다.

독촉절차비용 : OOOO원
(내 역)
1. OOO원 : 첩용인지대
1. OOO원 : 송달료
1. OOO원 : 법인등기사항증명서
1. OOO원 : 법무사보수료

청 구 원 인

1. 농업협동조합중앙회는 농림수산업자 등이 금융기관으로부터 대출을 받음에 있어 그 신용을 보증하기 위하여 설치된 농림수산업자 신용보증기금의 관리기관입니다.

2. 가. OO농업협동조합은 금융기관으로서, 신청외 (망) 김사망에게 2016. 1. 20. 일반 대출금으로 10,000,000원을 대여하면서, 대출기간만료일은 2018. 1. 20. 이자는 연 12.5%, 연체이율은 연 18%로 정하여 지급하기로 하되, 만약 대출기간만료일에 위 채무를 이행하지 않거나, 이자 등을 지급하여야 할 때로부터 계속하여 1개월간 지체하는 등의 사유로 기한의 이익을 상실할 때에는 그때로부터 대출금잔액 전부에 대하여 다 갚는 날까지 각 지연배상금을 가산하여 일시에 지급하기로 하되, 위 조합 소정의 이율이 변경될 경우에는 이에 따르기로 대출거래약정을 하였고, 농림수산업자 신용보증기금은 동 채무에 대하여 농림수산업자 신용보증법에 따른 신용보증을 하였고,

   나. OO농업협동조합은 (망) 김사망에게 2016. 4. 27. 저리대체자금대출금으로 7,380,000원을 대여하면서, 대출기간만료일은 2021. 4. 26. 이자는 연 6.5%, 연체이율은 연 15%로 정하여 매년 4월 27일마다 후취로 이자를 지급하기로 하되, 그외 모든 약정사항은 위 가항과 같은 내용으로하여 대출거래약정을 하였고, 농림수산업자 신용보증기금은 동 채무에 대하여 농림수산업자 신용보증법에 따른 신용보증을 하였고,

   다. OO농업협동조합은 (망) 김사망에게 2016. 12. 6. 저리대체자금대출금으로 3,000,000원을 대여하면서, 대출기간만료일은 2021. 12. 5. 이자는 연 6.5%, 연체이율은 연 15%로 정하여 매년 12월 6일마다 후취로 이자를 지급하기로 하되, 그외 모든 약정사항은 위 가항과 같은 내용으로하여 대출거래약정을 하였고, 농림수산업자 신용보증기금은 동 채무에 대하여 농림수산업자 신용보증법에 따른 신용보증을 하였습니다.

3. 한편 위 가항의 대출금에 관한 위 조합 소정의 연체이율(지연손해금율)은 2016. 7. 21.부터 연 17%로, 위 나,다항에 관한 위 조합 소정의 약정이율(기한내이자금율)은 2018. 5. 1.부터 연 14%로 각 변경되었습니다.

4. 그런데 신청외 (망) 김사망은 위 제1의 가항의 대출금에 관하여 2017. 2. 22.까지의 이자만을 지급한 채, 2018. 1. 20.까지 상환하여야 할 원금 10,000,000원을 지급하지 않고 있으므로, 신청외 (망) 김사망은 OO농업협동조합에게 10,000,000원과 이에 대하여 2017. 2. 23.부터 2018. 1. 20.까지(상환기일)는 연 12.5%의 비율로 계산한 기한내이자금과 2018. 1. 21.부터 다 갚는 날까지는 연 17%의 비율로 계산한 지연손해금을 위 제1의 나항의 대출금에 관하여는 원,리금을 한푼도 지급하지 않아, 2017. 4. 27.까지 불입하여야 할 이자를 계속하여 1개월 이상 지체하여, 신청외 (망) 김사망은 농협여신거래기본약관 제7조 제2항 제1호의 규정에 의거 2017. 6. 28. 기한의 이익을 상실하여, 신청외 (망) 김사망은 OO농업협동조합에게 7,380,000

원과 이에 대하여 2016. 4. 28.부터 2017. 6. 27.까지(기한이익상실전일)는 연 6.5%의 비율로 계산한 기한내이자금과 2017. 6. 28.부터 2018. 4. 30.까지는 연 15%, 2017. 5. 1.부터 다 갚는 날까지는 연 14%의 각 비율로 계산한 지연손해금을, 위 제1의 다항의 대출금에 관하여는 원,리금을 한푼도 지급하지 않아, 2017. 12. 6.까지 불입하여야 할 이자를 계속하여 1개월 이상 지체하여, 신청외 (망) 김사망은 농협여신거래기본약관 제7조 제2항 제1호의 규정에 의거 2018. 2. 7. 기한의 이익을 상실하여, 신청외 (망) 김사망은 OO농업협동조합에게 3,000,000원과 이에 대하여 2016. 12. 7.부터 2018. 2. 6.까지(기한이익상실전일)는 연 6.5%의 비율로 계산한 기한내이자금과 2018. 2. 7.부터 2018. 4. 30.까지는 연 15%, 2018. 5. 1.부터 다 갚는 날까지는 연 14%의 각 비율로 계산한 지연손해금을 각 지급할 의무가 있다 할 것입니다.

5. 한편 신청외 (망) 김사망은 2017. 7. 8. 사망함으로써, 채권자는 신청외 (망) 김사망의 상속인들인 채무자들로부터 위 제4항의 대출금잔액에 대하여, 채무자 김일남, 같은 김이남, 같은 김삼남, 같은 김사남은 각 8분의 2에 해당하는 법정상속분 각 5,095,000원과 이 중 2,500,000원에 대하여는 2017. 2. 23.부터 2018. 1. 20.까지는 연 12.5%, 그 다음날부터 다 갚는 날까지는 연 17%, 1,845,000원에 대하여는 2016. 4. 28.부터 2017. 6. 27.까지는 연 6.5%, 그 다음날부터 2018. 4. 30.까지는 연 15%, 그 다음날부터 다 갚는 날까지는 연 14%, 750,000원에 대하여는 2016. 12. 7.부터 2018. 2. 6.까지는 연 6.5%, 그 다음날부터 2018. 4. 30.까지는 연 15%, 그 다음날부터 다 갚는 날까지는 연 14%의 각 비율로 계산한 돈을 각 지급받고자 합니다.

6. 따라서 금융기관인 OO농업협동조합은 대손판정신청을 위하여 구상권을 행사하는 등 채권회수가 선행되어야 하므로, 농림수산업자 신용보증기금은 각 신용보증약정서 제8조에 의하여 보증채무의 이행전이라도 사전 구상권 행사를 금융기관에 위탁할 수 있습니다.

7. 그러므로 위 업무를 위탁받은 OO농업협동조합은 위와같은 사실을 신청외 (망) 김사망의 상속인들인 채무자들에게 통지하고 원,리금을 변제할 것을 촉구하였으나 채무자들은 아무런 이유 없이 변제하지 않고 있으므로, 부득이 청구취지 기재의 돈과 독촉절차비용을 같이 지급받고자 이 신청에 이른 것입니다.

첨 부 서 류

1. 대출거래약정서 사본 3통

1. 신용보증서 사본 3통
1. 신용보증약정서 사본 3통
1. 대출금원장조회 사본 3통
1. 대출금회수조회표 사본 3통
1. 제적등본 2통
1. 가족관계증명서 3통
1. 주민등록초본 5통
1. 법인등기사항증명서 2통
1. 위임장 1통

20○○. ○. .

위 채권자 농업협동조합중앙회(신용보증기금)
전무이사 ○ ○ ○
위 업무수탁기관 : ○○농업협동조합
대표자 조합장 ○ ○ ○ (인)

○○지방법원 ○○지원 ○○군법원 귀 중

[해 설]

1. "지배인"은 법률상 대리인이나 그냥 "지배인"으로 표시하고, 그 외 "상무나 지부장, 지점장"등의 직명을 가진 법률상 대리인은 직명 앞에 "법률상대리인"이라고 부기하여 예컨대 "법률상대리인 상무", "법률상대리인 지부장"이라고 병기하여 표시한다. "업무수탁기관"도 상법 제11조 제1항의 지배인과 동일한 법률상대리인이므로 "법률상 대리인 업무수탁기관 ○○농업협동조합"으로 표시하여야 함에 유의하여야 한다. 이때 업무수탁기관은 법률상대리인에 불과하지만 일반적인 법인 당사자의 표시와 동일하게 법인명칭(혹은 상호), 주사무소(혹은 본점), 대표자의 표시를 하여야 한다. 실지로 소송을 수행하는 자이기 때문이다.
   ※ 주의 : 농협중앙회가 "농림수산업자 신용보증기금"의 관리기관(농림수산업자신용보증법 제4조 내지 제5조의 2)으로서 당사자가 되는 경우와 위 기금의 관리기관인 농업협동조합중앙회가 금융기관 등에 업무를 위탁한 경우(같은 법 제10조의 2)에 아직까지도 당사자 표시를 대부분 "농림수산업자 신용보증기금 관리기관 농업협동조합중앙회"라고 표시하고 있으나 이는 잘못된 표시이며 이 때의 당사자는 단지 "농업협동조합중앙회"로 편리상 "농업협동조합중앙회(신용보증기금)"으로 표시하기도 하며 대표자는 전무이사이다.
   (* 대법원판례(2004다2762)에 의하면 농림수산업자 신용보증기금은 독립된 법인이 아니고 그 관리자인 농업협동조합중앙회가 권리의무의 귀속주체이다)

그 외 신용사업과 관련한 업무는 신용대표이사가 중앙회를 대표한다(예, 농협중앙회가 신용업무를 위탁하지 않은 경우의 채권, 채무에 관한 대표권).

2. 지급명령은 기판력이 없기 때문에 시효가 10년이 아니라는 견해가 통설이나, 이에 대한 반대 견해도 있으며, 대법원 판례는 없다. 기판력이 없으므로 채무부존재소송, 부당이득소송의 가능성이 있다는 문제점이 있으나 이 부분은 소가 제기되더라도 피고가 다툴 수 있는 부분이고, 당사자가 이의를 제기하는 경우에는 그 이의를 할 수 있는 기회를 제공하여야 하므로 문제점으로 보기는 어렵다.

[사례 203] 대여금청구의 독촉사건(사망)

지 급 명 령 신 청

채 권 자 농업협동조합중앙회 (OOOOOO-OOOOOOO)
서울 OO구 OO로 OO(OO동)(신용보증기금)
전무이사 O O O
위 업무수탁기관 : OO농업협동조합 (OOOOOO-OOOOOOO)
대표자 조합장 O O O
송달장소 :
전남 OO군 OO읍 OO로 OO(OO농협) (우 :)

채 무 자 (1) 이 여 사 (OOOOOO-OOOOOOO)
전남 OO군 OO읍 OO로 OO (우 :)
(2) 김 일 남 (OOOOOO-OOOOOOO)
OO시 OO구 OO로 OO(OO동)
OO아파트 OOO-OOO (우 :)
(3) 김 이 남 (OOOOOO-OOOOOOO)
OO시 OO구 OO로 OO(OO동) (우 :)
(4) 김 삼 남 (OOOOOO-OOOOOOO)
전남 OO군 OO읍 OO로 OO (우 :)
(5) 김 사 남 (OOOOOO-OOOOOOO)
전남 OO군 OO읍 OO로 OO (우 :)
위 채무자 김삼남, 김사남은 미성년자이므로
법정대리인 친권자 모 이여사
전남 OO군 OO읍 OO로 OO (우 :)

대여금 청구의 독촉사건

청 구 취 지

1. 채권자에게,
   가. 채무자 이여사는 7,690,908원, 채무자 김일남, 같은 김이남, 같은 김삼남, 같은 김사남은 각 5,127,272원과 각 이에 대하여 2015. 12. 28.부터 2017. 2. 27.까지는 연 6.5%, 그 다음날부터 2017. 4. 30.까지는 연 15%, 그 다음날부터 다 갚는 날까지는 연 14%의 각 비율로 계산한 돈을,
   나. 채무자 이여사는 4,363,635원, 채무자 김일남, 같은 김이남, 같은 김삼남, 같은 김사남은 각 2,909,090원과 각 이에 대하여 2016. 6. 5.부터 2017. 2. 4.까지는 연 10%, 그 다음날부터 2018. 4. 30.까지는 연 17%,그 다음날부터 다 갚는 날까지는 연 15.5%의 각 비율로 계산한 돈을,

   각 지급하고, 아래 독촉절차비용을 지급하라.

라는 지급명령을 구합니다.

독촉절차비용 : OOOO원
(내 역)
1. OOO원 : 첩용인지대
1. OOO원 : 송달료
1. OOO원 : 법인등기사항증명서
1. OOO원 : 법무사보수료

청 구 원 인

1. 농업협동조합중앙회는 농림수산업자 등이 금융기관으로부터 대출을 받음에 있어 그 신용을 보증하기 위하여 설치된 농림수산업자 신용보증기금의 관리기관입니다.

2. 가. OO농업협동조합은 금융기관으로서, 신청외 (망) 김사망에게 2015. 12. 27. 저리대체자금대출금으로 28,200,000원을 대여하면서, 대출기간만료일은 2020. 12. 27. 이자는 연 6.5%, 연체이율은 연 15%로 정하여 매년 12월 27일마다 후취로 이자를 지급하기로 하되, 만약 대출기간만료일에 위 채무를 이행하지 않거나, 이자 등을 지급하여야 할 때부터 계속하여 1개월간 지체하는 등의 사유로 기한의 이익을 상실할 때에는 그때로부터 대출금잔액 전부에 대하여 다 갚는 날까지 각 지연배상금을 가산하여 일시에 지급하기로 하되, 위 조합 소정의

이율이 변경될 경우에는 이에 따르기로 대출거래약정을 하였고, 농림수산업자 신용보증기금은 동 채무에 대하여 농림수산업자신용보증법에 따른 신용보증을 하였고,

나. OO농업협동조합은 신청외 (망) 김사망에게 2016. 6. 4. 일반대출금으로 16,000,000원을 대여하면서, 대출기간만료일은 2018. 6. 4. 이자는 연 10%, 연체이율은 연 17%로 정하여 매년 12월, 6월 각 4일마다 후취로 이자를 지급하기로 하되, 그외 모든 약정사항은 위 가항과 같은 내용으로하여 대출거래약정을 하였고, 농림수산업자 신용보증기금은 동 채무에 대하여 농림수산업자신용보증법에 따른 신용보증을 하였습니다.

3. 한편 위 제1의 가항에 관한 위 조합 소정의 약정이율(기한내이자금율)은위 약정시부터 2018. 4. 30.까지는 연 6.5%, 2018. 5. 1.부터는 연 3%로, 연체이율(지연손해금율)은 위 약정시부터 2017. 4. 30.까지는 연 15%. 2017. 5. 1.부터는 연 14%로, 위 제1의 나항에 관한 약정이율(기한내이자금)은 위 약정시부터 2018. 4. 30.까지는 연 10%, 2018. 5. 1.부터는 연 8.5%로, 연체이율(지연손해금율)은 위 약정시부터 2018. 4. 30.까지는 연 17%. 2018. 5. 1.부터는 연 15.5%로 각 변경되었습니다.

4. 그런데 신청외 (망) 김사망은 위 제1의 가항의 대출금에 관하여 원,리금을 한푼도 지급하지 않아, 2016. 12. 27. 불입하여야 할 이자를 계속하여 1개월 이상 지체하여 신청외 (망) 김사망은 2017. 2. 28. 기한의 이익을 상실하여, 신청외 (망) 김사망은 OO농업협동조합에게 28,200,000원과 이에 대하여 2015. 12. 28.부터 2017. 2. 27.까지(기한이익상실전일)는 연 6.5%의 비율로 계산한 기한내이자금과 2017. 2. 28.부터 2017. 4. 30.까지는 연 15%, 2017. 5. 1.부터 다 갚는 날까지는 연 14%의 각 비율로 계산한 지연손해금을, 위 제1의 나항의 대출금에 관하여는 원,리금을 한푼도 지급하지 않아 2016. 12. 4. 불입하여야 할 이자를 계속하여 1개월이상 지체하여 신청외 (망) 김사망은 2017. 2. 5. 기한의 이익을 상실하여, 신청외 (망) 김사망은 OO농업협동조합에게 16,000,000원과 이에 대하여 2016. 6. 5.부터 2017. 2. 4.까지(기한이익상실전일)는 연 10%의 비율로 계산한 기한내이자금과 2017. 2. 5. 부터 2018. 4. 30.까지는 연 17%, 2018. 5. 1.부터 다 갚는 날까지는 연 15.5%의 각 비율로 계산한 지연손해금을 각 지급할 의무가 있다 할 것입니다.

5. 한편 신청외 (망) 김사망은 2016. 11. 12. 전남 OO군 OO읍 OO로 OO에서 사망함으로써, 채권자는 신청외 (망) 김사망의 상속인들인 채무자들로부터 위 제4의 가항의 대출금잔액 28,199,996원(28,200,000원 중 4원 포기)에 대하여 채무자 정화자는 11분의 3에 해당하는 법정상속분 7,690,908원과 이에 대하여 2015. 12. 28.부터 2017. 2. 27.까지는 연 6.5%, 그 다음날부터 2017. 4. 30.까지는 연 15%, 그 다음날

부터 다 갚는 날까지는 연 14%의 각 비율로 계산한 돈을, 채무자 김일남, 같은 김이남영, 같은 김삼남, 같은 감사남은 각 11분의 2에 해당하는 법정상속분 각 5,127,272원과 이에 대하여 2015. 12. 28.부터 2017. 2. 27.까지는 연 6.5%, 그 다음날부터 2017. 4. 30.까지는 연 15%, 그 다음날부터 다 갚는 날까지는 연 14%의 각 비율로 계산한 돈을, 위 제4의 나항의 대출금잔액 15,999,995원(16,000,000원 중 5원 포기)에 대하여는 채무자 이여사는 11분의 3에 해당하는 법정상속분 4,363,635원과 이에 대하여 2016. 6. 5.부터 2017. 2. 4.까지는 연 10%, 그 다음날부터 2018. 4. 30.까지는 연 17%, 그 다음날부터 다 갚는 날까지는 연 15.5%의 각 비율로 계산한 돈을, 채무자 김일남, 같은 김이남, 같은 김삼남, 같은 김사남은 각 11분의 2에 해당하는 법정상속분 각 2,909,090원과 이에 대하여 2016. 6. 5.부터 2017. 2. 4.까지는 연 10%, 그 다음날부터 2018. 4. 30.까지는 연 17%, 그 다음날부터 다 갚는 날까지는 연 15.5%의 각 비율로 계산한 돈을 각 지급받고자 합니다.

6. 따라서 금융기관인 OO농업협동조합은 대손판정신청을 위하여 구상권을 행사하는 등 채권회수가 선행되어야 하므로(법 시행규칙 제8조 제2항), 농림수산업자 신용보증기금은 각 신용보증약정서 제8조에 의하여 보증채무의 이행전이라도 사전 구상권 행사를 금융기관에 위탁할 수 있습니다(법 제10조의 2).

7. 그러므로 위 업무를 위탁받은 OO농업협동조합은 위와 같은 사실을 신청외 (망) 김사망의 상속인들인 채무자들에게 통지하고 원,리금을 변제할 것을 촉구하였으나 채무자들은 아무런 이유 없이 변제하지 않고 있으므로, 부득이 청구 취지 기재의 돈과 독촉절차비용을 같이 지급받고자 이 신청에 이른 것입니다.

첨 부 서 류

1. 대출거래약정서 사본	2통
1. 신용보증신청서 사본	2통
1. 신용보증서 사본	2통
1. 신용보증약정서 사본	2통
1. 대출금원장조회 사본	2통
1. 대출금회수조회표 사본	2통
1. 농림수산업자신용보증법 사본	1통
1. 농림수산업자신용보증법시행령 사본	1통
1. 농림수산업자신용보증법시행규칙 사본	1통
1. 법인등기사항증명서	3통
1. 제적등본	2통

1. 가족관계증명서 1통
1. 주민등록초본 6통
1. 위임장 1통

20OO. O. .

위 채권자 농업협동조합중앙회(신용보증기금)
전무이사 O O O
위 업무수탁기관 : OO농업협동조합
대표자 조합장 O O O (인)

OO지방법원 OO지원 OO군법원 귀 중

[주] 자연인의 표시에 있어 성명을 기재하고 괄호 안에 주민등록번호를, 예컨대 "홍길동(OOOOOO-OOOOOOO)"과 같이 기재하고, 주민등록번호를 알 수 없는 경우에는 김철수(金哲洙), 박재동(일명 : 박선달)과 같이 괄호 안에 한자, 혹은 별명, 이명"을 기재한다. 당사자가 외국인, 외국법인인 경우에는 "존, 에프, 케네디(J, F, Kennedy)와 같이 외국어에 대한 성명이나 명칭 전체를 한글로 표시하고, 해당 외국문자를 괄호 안에 병기한다. 이는 당사자의 특정을 위하여서이다. 원래 주민등록번호나 한자성명은 기재하지 아니하여도 소송을 제기할 수 있으나, 강제집행시에 동일인의 증명을 위하여 필요하므로 가급적이면 기재하도록 한다. 주소는 성명의 아래 줄의 성명의 첫 번째 글자부터 시작하여 기재하는 것이 원칙이다.

[사례 204] 대여금청구의 독촉사건(사망)

지 급 명 령 신 청

채 권 자 OO농업협동조합 (OOOOOO-OOOOOOO) (전화 :)
전남 OO군 OO읍 OO로 OO (우 :)
조합장 O O O

채 무 자 (1) 이 여 사 (OOOOOO-OOOOOOO)
OO시 OO구 OO로 OO(OO동) (우 :)
(2) 김 일 남 (OOOOOO-OOOOOOO)
OO시 OO구 OO로 OO(OO동) (우 :)

(3) 김 이 남 (OOOOOO-OOOOOOO)
OO시 OO구 OO로 OO(OO동)
위 채무자 김일남, 같은 김이남은 미성년자이므로
법정대리인 친권자 모 이여사
OO시 OO구 OO로 OO(OO동) (우 :)

대여금 청구의 독촉사건

청 구 취 지

1. 채권자에게,
   가. 채무자 이여사는 28,000,000원과 이에 대하여 2017. 5. 3.부터 2017. 11. 19.까지는 연 3%, 그 다음날부터 다 갚는 날까지는 연 12%의 각 비율로 계산한 돈을,
   나. 위 채무자와 연대하여 위 가항 기재의 돈 중 채무자 김일남, 같은 김이남은 각 8,000,000원과 각 이에 대하여 2017. 5. 3.부터 2017. 11. 19.까지는 연 3%, 그 다음날부터 다 갚는 날까지는 연 12%의 각 비율로 계산한 돈을,
   각 지급하고, 다음 독촉절차비용을 지급하라.
라는 지급명령을 구합니다.

독촉절차비용 : OOOO원,
(내 역)
1. OOO원 : 첩용인지대
1. OOO원 : 송달료
1. OOO원 : 법인등기사항증명서
1. OOO원 : 법무사보수료

청 구 원 인

1. 채권자는 신청외 (망) 김사망에게 2014. 4. 30. 금융농업중기대출금으로 28,000,000원을 대여하면서, 이자는 연 5%, 연체이율은 연 15%, 원금상환방법은 2014. 4. 30.부터 2017. 4. 30.까지 거치 후 2018. 4. 30.부터 2034. 4. 30.까지 매년 4월 30일마다 분할균등상환하기로 하고, 거치기간동안의 이자불입은 매년 4월 30일마다 후취로 지급하기로 하되, 만약 채권자에 대한 수개의 채무 중 하나라도 기한에 변제하지 않은 채무가 있는 등의 사유로 기한의 이익을 상실할 때에는 그때로부터 대출금잔액 전부에 대하여 다 갚는 날까지 각 지연배상금을 가산하여 일시에 지급하기로 하되, 채권자 소정의 이율이 변경될 경우에는 이에 따르기로 대출거래약정을 하

면서, 채무자 이여사는 위 약정시 연대보증하였습니다.

2. 한편 채권자 조합 소정의 약정이율(기한내이자금율)은 2015. 1. 1.부터 연 3%로, 연체이율(지연손해금율)은 2015. 5. 1.부터 연 12%로 각 변경되었습니다.

3. 그런데 신청외 (망) 김사망은 위 대출금에 관하여 2017. 5. 2.까지의 이자만을 지급한 채, 채권자에 대한 수개의 채무 중 기한에 변제하지 않은 채무가 있어(별첨 고객정보조회표 사본 참조), 신청외 (망) 김사망은 채권자 농협여신거래기본약관 제7조 제3항 제1호의 규정에 의거 2017. 11. 20. 기한의 이익을 상실하여, 신청외 (망) 김사망은 채권자에게 28,000,000원과 이에 대하여 2017. 5. 3.부터 2017. 11. 19.까지(기한이익상실전일)는 연 3%의 비율로 계산한 기한내이자금과 2017. 11. 20.부터 다 갚는 날까지는 연 12%의 비율로 계산한 지연손해금을 지급할 의무가 있다 할 것입니다.

4. 한편 신청외 (망) 김사망은 2017. 3. 18. 사망함으로써, 채권자는 신청외 (망) 김사망의 상속인들인 채무자들로부터 위 대출금잔액에 대하여 채무자 이여사는 7분의 3에 해당하는 법정상속분 12,000,000원과 이에 대하여 2017. 5. 3.부터 2017. 11. 19.까지는 연 3%, 그 다음날부터 다 갚는 날까지는 연 12%, 채무자 김일남, 같은 김이남은 각 7분의 2에 해당하는 법정상속분 각 8,000,000원과 이에 대하여 2017. 5. 3.부터 2017. 11. 19.까지는 연 3%, 그 다음날부터 다 갚는 날까지는 연 12%의 각 비율로 계산한 돈을 지급받고자 합니다.

5. 그러므로 채권자는 위와 같은 사실을 신청외 (망) 김사망의 상속인들인 채무자 김일남, 같은 김이남과 상속인겸 연대보증인인 채무자 이여사에게 통지하고 원,리금을 변제할 것을 촉구하였으나 채무자들은 아무런 이유 없이 변제하지 않고 있으므로, 부득이 청구취지 기재의 돈과 독촉절차비용을 같이 지급받고자 이 신청에 이른 것입니다.

첨 부 서 류

1. 대출거래약정서 사본	1통
1. 대출금원장조회 사본	1통
1. 대출금회수조회표 사본	1통
1. 고객정보조회표 사본	1통
1. 제적등본	2통
1. 가족관계증명서	1통
1. 주민등록초본	4통

1. 법인등기사항증명서 1통
1. 위임장 1통

20○○. ○. .

위 채권자 ○○농업협동조합
조합장 ○ ○ ○ (인)

○○지방법원 ○○지원 ○○군법원 귀 중

[주] 1. 청구취지에는 청구할 금액이 아무리 많더라도 '금 20억원'이라고 쓰지 말고 아라비아 숫자로 '2,000,000,000원이라고 기재한다.

2. 금액은 금자를 쓰지 않고 앞 글자(원고에게)와 한칸 띈 상태에서 바로 5,000,000이라고만 기재한다.

3. " ~ 과 이에 대하여 ~ "는 " ~ 및 이에 대한 ~ "의 최근의 표시이고, "다 갚는 날까지"는 "완제일까지" "완제에 이르기까지"를 우리말로 풀어쓴 최근의 표시로써 그 외에 "다 갚을 때까지"로 표시하기로 한다.

4. "비율로 계산한"은 "비율에 의한"의 최근의 표시이고, "돈"은 "금원"의 우리말 표시이다.

5. 청구취지에서 이율을 표기할 때 가능한 '연 20%' 또는 '연 8%'라고 기재하도록 한다.

6. " ~ 과 그 중 ~ "은 " ~ 과 이 중 ~ ", " ~ 과 위 돈 중 ~ ", " ~ 과 위 금원 중"으로 표시하기도 한다.

7. "각 이에 대하여"는 "위 각 돈에 대하여"로 표시하기도 하고, 이는 "위 각 금원에 대하여"의 최근의 표시이다.

8. 문서의 일부분을 삭제하거나 수정하는 경우에는 원안의 글자를 알 수 있도록 당해 글자 중앙에 한 선을 그어 삭제 · 수정 후 날인한다. 화이트로 덮어 지우고 그 위에 글자를 쓰는 것은 잘못된 정정방법이다.

[사례 205] 대여금청구의 독촉사건(할부금)

지 급 명 령 신 청

채 권 자 OOO캐피탈 주식회사 (OOOOOO-OOOOOOO) (전화 :)
서울 OO구 OO로 OO(OO동) (우 :)
대표이사 O O O

채 무 자 O O O (OOOOOO-OOOOOOO)
전남 OO군 OO읍 OO로 OO (우 :)

대여금 청구의 독촉사건

청 구 취 지

채무자는 채권자에게 1,499,160원과 이 중 1,466,810원에 대하여 2017. 8. 17.부터 다 갚는 날까지 연 20%의 비율로 계산한 돈과 아래 독촉절차비용을 지급하라.
라는 지급명령을 구합니다.

독촉절차비용 : OOOO원,
(내 역)
1. OOO원 : 첩용인지대
1. OOO원 : 송달료
1. OOO원 : 법인등기사항증명서
1. OOO원 : 법무사보수료

청 구 원 인

1. 채무자는 2017. 10. 4. 원고 회사의 영업점(제휴점) OOO영업소에서 아래와 같은 내용의 할부금융대출계약을 체결하였습니다.

아 래

(1) 대출내역
가. 상품명 : 개인대출 나. 약정액 : 5,791,740원

(2) 대금지급방법

2017. 11. 5.부터 2019. 10. 5.까지 24회에 걸쳐 매월 241,240원씩 분할 지급하되, 채무자가 원금, 이자의 할부금을 그 지급기일로부터 계속하여 채무자가 30일간 지급하지 아니할 때에는 기한의 이익을 상실하고 잔여대금 전액을 일시에 지급하기로 하였습니다.

(3) 연체료지급방법

약정 지급기일에 할부금을 지급하지 아니하면 연체한 각 할부금에 대하여 연 30%의 비율로 계산한 지연손해금을 연체료로 가산하여 지급하되, 계산방식은 일할 방식으로 한다.

2. 위 계약에 따라 채권자는 계약체결당일 피고에게 피고의 농협통장 계좌로 위 대출금을 송금하여 채무자는 이를 수령하였습니다. 그런데 피고는 2015. 11. 5.부터 2017. 5. 5.까지 합계 금 4,344,930원만 지급하였을 뿐 잔여원금 1,446,810원과 2017. 5. 6.부터 2017. 8. 16.까지 지연손해금 52,350원을 지급하지 아니하여 2017. 8. 16. 현재 잔여원금과 연체이자를 합한 1,499,160원의 채무를 부담하고 있습니다.

3. 채무자는 4개월 이상 할부금을 연체하여 기한의 이익을 상실하였는 바, 채권자는 그간 채무자에게 서면과 전화 방문의 방법으로 위 연체한 할부금의 지급을 요구하였으나 피고는 정당한 이유 없이 채무이행을 하지 않고 있습니다.

4. 따라서 채권자는 채무자로부터 할부금잔액 1,499,160원과 이 중 원금 1,466,810원에 대하여 2017. 8. 17.부터 다 갚는 날까지 연 20%의 비율로 계산한 지연손해금과 독촉절차비용을 같이 지급받고자 이 신청에 이른 것입니다.

첨 부 서 류

1. 카드회원가입신청서 사본	1통
1. 총괄잔액내역 사본	1통
1. 채권양도증서 사본	1통
1. 채권양도통지서 사본	1통
1. 등기사항전부증명서	1통
1. 주민등록초본	1통
1. 위임장	1통

20OO. O. .

위 채권자 ○ ○ ○ 캐피탈주식회사
대표이사 ○ ○ ○ (인)

○ ○ 지 방 법 원 귀 중

[주] 카드할부금융대출금은 대여금 사건이므로 신용카드대금이용대금 사건으로 청구해서는 아니된다.

[사례 206] 대여금청구의 독촉사건(배당금에서 충당)

지 급 명 령 신 청

채 권 자 ○○농업협동조합 (○○○○○○-○○○○○○○)
○○시 ○○구 ○○로 ○○(○○동) (우 :)
조합장 ○ ○ ○

채 무 자 ○ ○ ○ (○○○○○○-○○○○○○○)
○○시 ○○구 ○○로 ○○(○○동) (우 :)

대여금 청구의 독촉사건

청 구 취 지

채무자는 채권자에게 43,979,999원과 이 중 4,087,476원에 대하여 2017. 10. 28.부터 다 갚는 날까지 연 14%의 비율로 계산한 돈과 아래 독촉절차비용을 지급하라.
라는 지급명령을 구합니다.

독촉절차비용 : ○○○○원
(내 역)
1. ○○○원 : 첩용인지대
1. ○○○원 : 송달료
1. ○○○원 : 법인등기사항증명서
1. ○○○원 : 법무사보수료

청 구 원 인

1. 채무자는 채권자에게 채무자 소유 부동산인 OO시 OO구 OO동 OOO-OO 토지 및 OO시 OO구 OO로 OO(OO동) 건물을 담보로 제공하고, 채권자는 채무자에게 2012. 5. 15. 기업용 농어촌구조개선자금대출로 100,000,000원을 대여하면서 이자는 연 6.5%, 연체이율은 연 23%, 원금상환방법은 2012. 5. 15.부터 2015. 5. 15.까지 거치후, 2016. 5. 15.부터 2022. 5. 15.까지 매년 5월 15일마다 1회부터 4회까지는 각 14,290,000원씩, 5회부터 7회까지는 각 14,280,000원씩 총 7회에 걸쳐 분할균등 상환하기로 하고, 거치기간동안의 이자불입은 매년 5월 15일에 지급하기로 하되, 만약 이자 등을 지급하여야 할 때로부터 계속하여 14일간 지체하는 등의 사유로 기한의 이익을 상실할 때에는 그때로부터 차용금잔액 전부에 대하여 다 갚는 날까지 각 지연배상금을 가산하여 일시에 지급하기로 하되, 채권자 소정의 이율이 변경될 경우에는 이에 따르기로 여신거래약정을 하면서, 채무자는 위 약정서에 직접 서명날인하였습니다.

2. 한편 채권자 소정의 연체이율(지연손해금율)은 2017. 5. 1.부터 연 14%로 변경되었습니다.

3. 그런데 채무자는 위 대출이후 원,리금의 지급을 지체하여, 채권자는 위 제1항의 담보물건에 대하여 OO지방법원 OO지원 2014타경 2078호 부동산 임의경매사건을 신청하여 경락대금 중 2016. 2. 8.자로 채권자가 제출한 배당요구채권액 중 배당금으로 금 69,517,845원을 경매법원으로부터 배당받아 위 채권액의 원금, 이자, 비용 순으로 위 채권에 충당하였습니다.

4. 따라서 채권자는 2017. 10. 27.에 이르기까지 채무자로부터 지급받을 미회수원리금 합계금 39,892,523원(=상환할이자 490,496원 + 원,리금 39,402,027원)을 대출금 잔액 4,087,476원에 가산하여 지급하여야 할 것이므로, 채무자는 채권자에게 43,979,999원(=39,892,523원 + 4,087,476원)과 이 중 4,087,476원에 대하여 2017. 10. 28.부터 다 갚는 날까지 연 14%의 비율로 계산한 지연손해금을 지급할 의무가 있다 할 것입니다.

5. 그러므로 채권자는 위와 같은 사실을 채무자에게 통지하고 원,리금을 변제할 것을 수차에 걸쳐 촉구하였으나 채무자는 아무런 이유 없이 변제하지 않고 있으므로, 부득이 청구취지 기재의 돈과 독촉절차비용을 같이 지급받고자 이 신청에 이른 것입니다.

첨 부 서 류

1. 여신거래약정서 사본 1통
1. 대출금원장 사본 1통
1. 회수조회표 사본 1통
1. 배당표 사본 1통
1. 법인등기사항증명서 1통
1. 주민등록초본 1통
1. 위임장 1통

2000. O. .

위 채권자 OO 농업협동조합
조합장 O O O (인)

O O 지 방 법 원 O O 지 원 귀 중

[사례 207] 대여금청구의 독촉사건(특수채권, 이자)

지 급 명 령 신 청

채 권 자 OO농업협동조합 (OOOOOO-OOOOOOO) (전화 :)
전남 OO군 OO읍 OO로 OO (우 :)
조합장 O O O

채 무 자 홍 길 동 (OOOOOO-OOOOOOO)
전남 OO군 OO읍 OO로 OO (우 :)

대여금 청구의 독촉사건

청 구 취 지

채무자는 채권자에게 2,799,969원과 아래 독촉절차비용을 지급하라.
라는 지급명령을 구합니다.

독촉절차비용 : OOOO원,
(내 역)
1. OOO원 : 첩용인지대
1. OOO원 : 송달료
1. OOO원 : 법인등기사항증명서

청 구 원 인

1. 채권자는 채무자에게 2012. 4. 17. 저리대체자금대출금으로 20,700,000원을 대여하면서, 대출기간만료일은 2017. 4. 17. 이자는 연 6.5%, 연체이율은 연 15%로 정하여 지급하기로 하되, 만약 대출기간만료일에 위 채무를 이행하지 않거나, 이자 등을 지급하여야 할 때로부터 계속하여 1개월간 지체하는 등의 사유로 기한의 이익을 상실할 때에는 그때로부터 대출금잔액 전부에 대하여 다 갚는 날까지 각 지연배상금을 가산하여 일시에 지급하기로 하되, 채권자 조합 소정의 이율이 변경될 경우에는 이에 따르기로 대출거래약정을 하면서, 채무자는 위 약정서에 직접 서명날인 하였습니다.

2. 그런데 채무자는 위 대출금에 관하여 상환기일이 지난 현재까지 미수이자 2,799,969원 (2017. 11. 30. 현재)을 지급을 지체하고 있으므로, 채무자는 채권자에게 2,799,969원을 지급할 의무가 있다 할 것입니다.

3. 그러므로 채권자는 채무자에게 통지하고 위 돈을 변제할 것을 수차에 걸쳐 촉구하였으나 아무런 이유 없이 변제하지 않고 있으므로, 부득이 청구취지 기재의 돈과 독촉절차비용을 같이 지급받고자 이 신청에 이른 것입니다.

첨 부 서 류

1. 대출거래약정서 사본 1통
1. 특수채권상환조회표 사본 1통
1. 계좌별금리내역조회 사본 1통
1. 법인등기사항증명서 1통
1. 주민등록초본 1통

2OOO. O. .

위 채권자 OO농업협동조합

조합장 ○ ○ ○ (인)

OO지방법원 OO지원 OO군법원 귀 중

[사례 208] 대여금청구의 독촉사건(특수채권, 원리금)

지 급 명 령 신 청

채 권 자 OO농업협동조합 (OOOOOO-OOOOOOO) (전화 :)
전남 OO군 OO읍 OO로 OO (우 :)
조합장 ○ ○ ○

채 무 자 홍 길 동 (OOOOOO-OOOOOOO)
전남 OO군 OO읍 OO로 OO (우 :)

대여금 청구의 독촉사건

청 구 취 지

채무자는 채권자에게 6,651,427원과 이 중 4,923,559원에 대하여 2018. 5. 12.부터 갚는 날까지 연 15%의 비율로 계산한 돈과 아래 독촉절차비용을 지급하라.
라는 지급명령을 구합니다.

독촉절차비용 : OOOO원,
(내 역)
1. OOO원 : 첩용인지대
1. OOO원 : 송달료
1. OOO원 : 등기사항증명서

청 구 원 인

1. 가. 채권자는 채무자에게 2013. 5. 14. 농업자금우대대출금으로 5,000,000원을 대여하면서, 대출기간만료일은 2015. 5. 14. 이자는 연 9%, 연체이율은 연 17%로 정하여 지급하기로 하되, 만약 대출기간만료일에 위 채무를 이행하지 않거

나, 이자 등을 지급하여야 할 때로부터 계속하여 1개월간 지체하는 등의 사유로 기한의 이익을 상실할 때에는 그때로부터 대출금잔액 전부에 대하여 다 갚는 날까지 각 지연배상금을 가산하여 일시에 지급하기로 하되, 채권자 조합 소정의 이율이 변경될 경우에는 이에 따르기로 대출거래약정을 하면서, 채무자는 위 약정서에 직접 서명날인하였습니다.

나. 위 약정이후 위 대출금에 관한 최종상환기일이 2016. 5. 14.로 연장되었습니다.

2. 한편 채권자 조합 소정의 연체이율(지연손해금율)은 2017. 8. 2.부터 연 15%로 변경되었습니다.

3. 그런데 채무자는 위 대출금에 관하여 상환기일이 지난 현재까지 4,923,559원[(=5,000,000-76,441(상환)]과 2018. 5. 11.까지 계산한 미수이자 1,428,368원과 연체이자 299,500원의 지급을 지체하고 있으므로, 채무자는 채권자에게 6,651,427원[(=4,923,559(원금)+1,428,368원(미수이자)+299,500원(연체이자)]과 이 중 4,923,559원에 대하여 2018. 5. 12.부터 갚는 날까지 연 15%의 비율로 계산한 지연손해금을 지급할 의무가 있다 할 것입니다.

4. 그러므로, 채권자는 채무자에게 통지하고 원,리금을 변제할 것을 수차에 걸쳐 촉구하였으나 아무런 이유 없이 변제하지 않고 있으므로, 부득이 청구취지 기재의 돈과 독촉절차비용을 같이 지급받고자 이 신청에 이른 것입니다.

첨 부 서 류

1. 대출거래약정서 사본 1통
1. 특수채권상환조회표 사본 1통
1. 계좌별금리내역조회 사본 1통
1. 법인등기사항증명서 1통
1. 주민등록초본 1통

20OO. O. .

위 채권자 OO농업협동조합
조합장 O O O (인)

OO지방법원 OO지원 OO군법원 귀 중

[사례 209] 대여금청구의 독촉사건(농축산자재대금)

지 급 명 령 신 청

채 권 자 OO농업협동조합 (OOOOOO-OOOOOOO) (전화 :)
전남 OO군 OO읍 OO로 OO
조합장 O O O
송달장소 :
전남 OO군 OO읍 OO로 OOOO농협 OO지점 (우 :)

채 무 자 (1) O O O (OOOOOO-OOOOOOO)
전남 OO군 OO읍 OO로 OO (우 :)
(2) O O O (OOOOOO-OOOOOOO)
전남 OO군 OO읍 OO로 OO (우 :)

대여금 청구의 독촉사건

청 구 취 지

채무자들은 연대하여 채권자에게 4,951,190원과 이에 대하여 2018. 2. 14.부터 다 갚는 날까지 연 15%의 비율로 계산한 돈과 아래 독촉절차비용을 지급하라.
라는 지급명령을 구합니다.

독촉절차비용 : OOOO원,
(내 역)
1. OOO원 : 첩용인지대
1. OOO원 : 송달료
1. OOO원 : 법인등기사항증명서
1. OOO원 : 법무사보수료

청 구 원 인

1. 채권자 조합과 채무자 OOO간에 2016. 2. 28. 농축산자재외상구매약정을 체결하면서, 채무자 OOO는 채권자 조합으로부터 2021. 2. 27.까지 5,000,000원의 한도 내에서 외상으로 위 물품을 구입할 수 있도록 하되, 이자는 연 8.5%, 연체이율은 연

15%로 정하여 지급하기로 하되, 만약 외상기간만료일에 위 채무를 이행하지 않거나, 보증인의 재산에 가압류되는 등의 사유로 기한의 이익을 상실할 때에는 그때로부터 외상대금잔액 전부에 대하여 다 갚는 날까지 각 지연배상금을 가산하여 일시에 지급하기로 외상구매약정을 하면서, 채무자 OOO은 위 약정시 연대보증하였습니다.

2. 그런데 위 약정에 따라 채무자 OOO는 채권자 조합으로부터 위 약정이후 2018. 2. 13.까지 수차에 걸쳐 유류를 구입하고 2018. 2. 13. 이르러 채무자 OOO가 채권자에게 지급할 유류대금이 4,951,190원이 되었고, 이후부터는 거래를 중단하면서, 다른 금융기관으로부터 연대보증인인 채무자 OOO소유의 부동산에 가압류되어 채무자 OOO는 채권자 농협여신거래기본약관 제7조 제4항 제3호의 규정에 의거 2017. 4. 13. 기한의 이익을 상실하여, 채무자 OOO는 채권자에게 4,951,190원과 이에 대하여 2018. 2. 14.부터 다 갚는 날까지 연 15%의 비율로 계산한 지연손해금을 지급할 의무가 있다 할 것입니다.

3. 그러므로 채권자는 위와 같은 사실을 채무자 OOO에게 통지하고 원,리금을 변제할 것을 수차에 걸쳐 독촉하였으나 이에 불응하고 있어 연대보증인인 채무자 OOO에게 위 사실을 고지하고 주채무자 OOO와 연대하여 지급할 것을 촉구하였음에도 불구하고 채무자들은 아무런 이유 없이 변제하지 않고 있으므로, 부득이 청구취지 기재의 돈과 독촉절차비용을 같이 지급받고자 이 신청에 이른 것입니다.

첨 부 서 류

1. 대출거래약정서 사본 1통
1. 농축산자재외상구매약정서 사본 1통
1. 구매미수금원장 사본 1통
1. 부동산등기사항증명서 1통
1. 법인등기사항증명서 1통
1. 주민등록초본 2통
1. 위임장 1통

20OO. O. .

위 채권자 OO농업협동조합

조합장 O O O (인)

OO지방법원 OO지원 OO군법원 귀 중

[사례 210] 신용카드이용대금청구의 독촉사건

지 급 명 령 신 청

채 권 자　OO농업협동조합 (OOOOOO-OOOOOOO)　(전화 :　　)
　　　　　전남 OO군 OO읍 OO로 OO　(우 :　　)
　　　　　조합장　O O O

채 무 자　O　O　O (OOOOOO-OOOOOOO)
　　　　　전남 OO군 OO읍 OO로 OO　(우 :　　)

신용카드이용대금 청구의 독촉사건

청 구 취 지

채무자는 채권자에게 6,114,285원과 이 중 3,688,064원에 대하여 2018. 2. 25.부터 다 갚는 날까지 연 22%의 비율로 계산한 돈과 아래 독촉절차비용을 지급하라.
라는 지급명령을 구합니다.

독촉절차비용 : OOOO원,
(내　　역)
1. OOO원 : 첩용인지대
1. OOO원 : 송달료
1. OOO원 : 법인초본대
1. OOO원 : 법무사보수료

청 구 원 인

1. 채무자는 채권자에게 2012. 10. 24. 신용카드입회신청을 하여, 신용카드를 발급받으면서, 채무자는 위 신용카드를 이용하여 현금서비스와 물품할부구매 등으로 사용하되, 결제일인 매월 23일마다 채무자가 개설한 농협중앙회 결제계좌통장으로 자동대체되고 채권자가 정하는 이율로 상환하되, 채무자가 회원자격이 정지되는 등의 사유로 기한의 이익을 상실할 때에는 채권자가 지급청구일 다음날부터, 위 결제일에 결제되지 아니한 할부대금에 대하여는 대금결제일 다음날부터 각 완제일까지 연체료 및 지연손해금을 가산하여 일시에 지급하기로 하되, 채권자 소정의 이율이 변경될 경우에는 이에 따르기로 신용카드거래약정을 하였습니다.

2. 한편 채권자 소정의 연체이율(지연손해금율)은 2015. 6. 10.부터 연 22%입니다.

3. 그런데 채무자는 위 약정에 따라 위 신용카드를 사용함으로써, 2018. 2. 24. 현재 채무자가 채권자에게 납부해야 할 신용카드대금은 6,114,285원(=원금 3,688,064원 + 미수이자 2,426,221원)이 되었는데, 채무자는 신용정보집중기관(전국은행연합회)에 신용관리대상자로 등록(별첨 신용관리대상, 금융거래정보조회표 사본 참조)되어, 채권자 비씨카드회원약관 제17조 제1항 제2호의 규정에 의거 기한의 이익을 상실하여 즉시 채무를 변제하여야 할 것이므로, 채무자는 채권자에게 6,114,285원과 이 중 3,688,064원에 대하여 2018. 2. 25.부터 다 갚는 날까지 연 22%의 비율로 계산한 지연손해금을 지급할 의무가 있다 할 것입니다.

4. 그러므로 채권자는 위와 같은 사실을 채무자에게 통지하고, 원,리금을 변제할 것을 수차에 걸쳐 촉구하였으나 채무자는 아무런 이유 없이 변제하지 않고 있으므로, 부득이 청구취지 기재의 돈과 독촉절차비용을 같이 지급받고자 이 신청에 이른 것입니다.

첨 부 서 류

1. 일반카드회원입회신청서 사본 1통
1. 특수채권상환조회표 사본 1통
1. 거래정지내역 사본 1통
1. 신용관리대상,금융거래정보조회표 사본 1통
1. 수수료율변경내역 사본 1통
1. 비씨카드회원약관 사본 1통
1. 법인등기사항증명서 1통
1. 주민등록초본 1통
1. 위임장 1통

20OO. O. .

위 채권자 OO농업협동조합
조합장 O O O (인)

OO지방법원 OO지원 OO군법원 귀 중

[주] 1. 지급명령신청에서는 신청취지, 신청원인이란 표현은 잘 사용하지 않고, 청구취지, 청구

원인(청구이유)란 용어를 사용한다.
2. 2000년 이후의 연도는 '2018'과 같이 네 자리로 모두 써야 하나, 1999년까지는 '99년'과 같이 두 자리만 쓰면 된다.
3. 당사자 표시의 경우 이름과 별명만 알고 주민등록번호나 한자성명을 알지 못한 경우 동일인임을 입증하는데 도움이 되고자 '피고 김길동(일명 : 홍길동)'이라고 기재하면 된다.
4. 당사자가 지방자치단체인 경우 '서울특별시' 또는 '피고 서울특별시 서초구'라고 기재하여야 하며, 피고 '서울특별시 서초구청' 또는 '서울특별시 서초구청장'이라고 기재하면 아니된다.
5. 가압류비용, 집행비용(법적 수속비용) 등의 가지급금은 청구금액에 포함시켜서는 아니된다.

[사례 211] 양수금청구의 독촉사건(신용정보회사)

지 급 명 령 신 청

채 권 자 OO신용정보 주식회사(OOOOOO-OOOOOOO) (전화 :)
서울 OO구 OO로 OO(OO동) (우 :)
대표이사 O O O

채 무 자 O O O (OOOOOO-OOOOOOO)
전남 OO군 OO읍 OO로 OO (우 :)

양수금 청구의 독촉사건

청 구 취 지

채무자는 채권자에게 721,248원과 이 중 676,757원에 대하여 2017. 8. 22.부터 다 갚는 날까지 연 22%의 비율로 계산한 돈과 아래 독촉절차비용을 지급하라.
라는 지급명령을 구합니다.

독촉절차비용 : OOOO원,
(내 역)
1. OOO원 : 첩용인지대
1. OOO원 : 송달료
1. OOO원 : 법인등기사항증명서

1. OOO원 : 법무사보수료

청 구 원 인

1. 당사자와의 관계

채권자는 금융감독위원회의 인가를 득하여 할부금융대출, 시설대여업(리스) 등을 취급하는 여신전문종합금융법인으로 신청외 OO카드 주식회사로부터 채무자에 대한 아래 채권을 양수한 자이며, 채무자는 신청외 OO카드(주)와 신용카드이용약정을 체결한 채무자입니다.

2. 채무자와 신청외 OO카드 주식회사간에 신용카드이용(회원가입신청) 약정의 체결

가. 채무자는 신청외 OO카드(주)와 OO카드이용(회원가입신청)약정을 체결하여 발급받은 신용카드를 이용하여 물품 및 용역서비스의 신용구매, 현금서비스, 카드론대출, 대환대출 등을 사용하였으며, 약정 및 회원약관, 등을 준수하여 관련 채무를 이행하기로 하였습니다.

나. 신청외 OO카드(주)의 회원약관은 ① 회원이 입회신청서의 기재사항을 허위으로 작성한 경우, ② 다른 채무로 인하여 (가) 가압류, 가처분, 경매, 기타 강제집행을 당한 경우 ③ 카드이용대금, 카드론대출 또는 다른 카드사에 대한 채무를 연체한 경우 ④ 다른 금융기관의 연체 등 기타 사유로 회원의 신용상태가 현저히 악화된 경우 ⑤ 기타 회원 약관에서 정한 사항을 위반한 경우 등에는 회원자격을 상실시키고 회원의 카드이용을 정시시킬 수 있다고 규정하고 있습니다. 그리고 회원은 카드이용을 정지당하거나 할부거래에 관한 법률 제10조(매수인의 기한이익상실)에 규정된 사유가 발생한 때에는 기한의 이익을 상실합니다. [OO카드(주) 회원약관 제14조(기한이익의 상실), 제18조(회원자격 상실, 이용정지 및 탈퇴)]

다. 채무자는 위와 같은 사유로 기한의 이익이 상실되면 잔존원금 및 관련된 모든 채무에 각 이용상품별로 정해진 지연이율에 의한 지연배상금을 합산하여 일시에 상환하기로 약정하였습니다[OO카드(주) 회원약관 제14조(기한이익의 상실)].

3. 채권자와 신청외 OO카드주식회사간에 채권양도 · 양수계약의 체결

신청외 OO카드(주)는 2015. 1. 27. 채권자에게 이 사건 약정에 따른 신청외 OO카드(주)와 채무자에 대한 채권을 양도하고, 2017. 8. 2. 채무자에게 내용증명우편으로 위 채권양도의 통지를 하였습니다.

4. 채권자 청구 채권내역

따라서 채권자는 대항력 있는 채권양수인이 되었는 바, 채권자는 2017. 8. 21. 현재 채권자가 채무자에 대하여 가지는 채권내역은 아래 표와 같습니다.

<table>
<tr><th>구 분</th><th>일시불</th><th>할 부</th><th>현금
서비스</th><th>카드론</th><th>대환론</th><th>연회비
/기타</th><th>합 계</th></tr>
<tr><td>원 금</td><td>542,198</td><td>134,559</td><td>0</td><td>0</td><td>0</td><td rowspan="4">해당사항
없음</td><td>676,757</td></tr>
<tr><td>수수료</td><td>0</td><td>0</td><td>0</td><td>0</td><td>0</td><td>0</td></tr>
<tr><td>이 자</td><td>17,782</td><td>0</td><td>0</td><td>0</td><td>0</td><td>17,782</td></tr>
<tr><td>지연
배상금</td><td>18,416</td><td>8,293</td><td>0</td><td>0</td><td>0</td><td>26,790</td></tr>
<tr><td>연회비
/기타</td><td colspan="5">해당사항없음</td><td>0</td><td>0</td></tr>
<tr><td>지 연
이 율</td><td>25.90%</td><td>22.00%</td><td>0.00%</td><td>0.00%</td><td>0.00%</td><td>해당사항
없음</td><td></td></tr>
<tr><td>합 계</td><td>578.396</td><td>142.852</td><td>0</td><td>0</td><td>0</td><td></td><td>721,248</td></tr>
</table>

채권자는 채무자의 카드이용 상품의 종류가 다수이면서 각 지연이율이 다른 경우에는 이 사건 지급명령작성일까지는 상품별 지연이율을 각 적용하고, 지급명령작성일 다음날부터 다 갚는 날까지는 채권자는 채무자의 이익을 위하여 상품별 지연이율 중 가장 낮은 지연이율을 적용합니다.

5. 결 론

그러므로 채무자는 채권자에게 721,248원과 이 중 676,757원에 대하여 이 사건 지급명령작성일 다음날인 2017. 8. 22.부터 다 갚는 날까지 연 22%의 비율로 계산한 돈과 독촉절차비용을 같이 지급받고자 이 신청에 이른 것입니다.

첨 부 서 류

1. 카드회원가입신청서 사본　　1통
1. 총괄잔액내역 사본　　1통
1. 채권양도증서 사본　　1통
1. 채권양도통지서 사본　　1통

1. 법인등기사항증명서 1통
1. 주민등록초본 1통
1. 위임장 1통

2000. 0. .

위 채권자 OO신용정보주식회사
대표이사 O O O (인)

O O 지 방 법 원 귀 중

[사례 212] 양수금청구의 독촉사건(신용정보회사)

지 급 명 령 신 청

채 권 자 OO신용정보 주식회사 (OOOOOO-OOOOOOO) (전화 :)
서울 OO구 OO로 OO(OO동) (우 :)
대표이사 O O O

채 무 자 O O O (OOOOOO-OOOOOOO)
전남 OO군 OO읍 OO로 OO (우 :)

양수금 청구의 독촉사건

청 구 취 지

채무자는 채권자에게 1,793,885원과 이 중 1,649,996원에 대하여 2017. 8. 21.부터 이 사건 지급명령정본 송달일까지는 연 22%의 비율로 계산한 돈과 아래 독촉절차비용을 지급하라.
라는 지급명령을 구합니다.

독촉절차비용 : OOOO원,
(내 역)

1. ○○○원 : 첩용인지대
1. ○○○○원 : 송달료
1. ○○○원 : 법인등기사항증명서
1. ○○○원 : 법무사보수료

청 구 원 인

1. 당사자와의 관계

채권자는 금융감독위원회의 허가를 받아 금융거래 및 기타 상거래에서 발생한미수금 채권의 회수대행, 거래처 및 채무자의 재산조사, 신용조사 등을 취급하는 법인으로 신청외 ○○카드주식회사로부터 채무자에 대한 아래 채권을 양수한 자이고, 신청외 ○○카드주식회사는 신용카드의 발급 및 대금결제 등의 업무를 취급하는 회사이며, 채무자는 신청외 ○○카드 주식회사와 신용카드이용약정을 체결한 자입니다.

2. 채무자와 신청외 ○○카드주식회사간에 신용카드거래약정의 체결

채무자는 신청외 ○○카드주식회사에게 2014. 5. 21. 비씨카드입회신청을 하여 유효기간은 2016년 4월로 정하여, 카드번호 ○○○○-○○○○○ -○○○○-○○○○호로 비씨카드를 발급받으면서, 채무자는 위 비씨카드를 이용하여 현금서비스와 물품할부구매 등으로 사용하되, 결제일인 매월 23일마다 채무자가 개설한 농협중앙회 결제계좌통장으로 자동대체되고 채권자가 정하는 이율로 상환하되, 채무자가 회원자격이 정지되는 등의 사유로 기한의 이익을 상실할 때에는 채권자가 지급청구일 다음날부터, 위 결제일에 결제되지 아니한 할부대금에 대하여는 대금결제일 다음날부터 각 완제일까지 연체료 및 연 22%의 비율에 의한 지연손해금을 가산하여 일시에 지급하기로 하되, 신청외 ○○카드 주식회사 소정의 이율이 변경될 경우에는 이에 따르기로 신용카드거래약정을 하였습니다.

3. 소외 ○○카드의 채무자에 대한 채권

그런데, 채무자는 위 약정에 따라 위 비씨카드를 사용함으로써, 2017. 7. 1. 현재 채무자가 신청외 ○○카드주식회사에게 납부해야 할 비씨카드대금은 1,793,885원 [(물품할부대금 999,996원 + 현금서비스 650,000원 = 원금 1,649,996원) + 총수수료 86,715원 + 총연체료 57,174원]이 되었는데, 채무자는 신청외 ○○카드주식회사 및 타금융기관에 장기한 카드대금이 연체되어 카드사용이 정지되었고, 신용정보집중기관(전국은행연합회로부터 2015. 7. 27. 특수채권관리대상자 및 대출금연체자로 등록(별첨 비씨카드사 불량정보 사본 참조)되어, 채무자는 신청외 ○○카드주식회사 비씨카드회원약관 제17조 제2항 제1호의 규정에 의거 기한의 이익을 상실하여 즉시 채무를 변제할 의무가 있는 자입니다.

4. 채권자와 신청외 OO카드주식회사간에 채권양도 · 양수계약의 체결

채무자는 위 비씨카드이용대금 1,793,885원을 신청외 OO카드주식회사에게 지급하지 않은 상태에서 신청외 OO카드주식회사는 채권자에게 2017. 8. 2. 위 신용카드이용대금 채권을 양도하고, OO카드주식회사는 채무자에게 2017. 8. 3. 확정일자있는 채권양도통지서를 발송하였습니다.

5. 결 론

따라서 채권자는 대항력있는 채권양수인이 되었으므로, 채권자는 채무자에게 위 양수금을 지급할 수차에 걸쳐 촉구하였으나, 채무자는 아무런 이유 없이 차일피일 하면서 지급하지 않고 있으므로, 채권자는 채무자로부터 2017. 8. 20. 현재 위 양수금 총액 1,793,885원과 이 중 원금 1,649,996원에 대하여 2017. 8. 21.부터 이 사건 지급명령정본 송달일까지는 연 22%의 비율로 계산한 지연손해금과 독촉절차비용을 같이 지급받고자 이 신청에 이른 것입니다.

첨 부 서 류

1. 카드회원가입신청서 사본 1통
1. 총괄잔액내역 사본 1통
1. 채권양도증서 사본 1통
1. 채권양도통지서 사본 1통
1. 등기사항전부증명서 1통
1. 주민등록초본 1통
1. 위임장 1통

20OO. O. .

위 채권자 OO신용정보주식회사

대표이사 O O O (인)

O O 지 방 법 원 귀 중

[사례 213] 매매대금청구의 독촉사건(농산물외상거래계약)

지 급 명 령 신 청

채 권 자 OO농업협동조합 (OOOOOO-OOOOOOO) (전화 :)
전남 OO군 OO읍 OO로 OO (우 :)
조합장 O O O

채 무 자 (1) O O O (OOOOOO-OOOOOOO)
OO시 OO구 OO로 (OO동) (우 :)
(2) O O O (OOOOOO-OOOOOOO)
OO시 OO구 OO로 OO(OOO동) (우 :)

매매대금 청구의 독촉사건

청 구 취 지

채무자들은 연대하여 채권자에게 3,969,029원과 이 중 729,029원에 대하여는 2018. 1. 1.부터 2018. 2. 11.까지는 연 8.3%, 그 다음날부터 2018. 6. 9.까지는 연 5.5%, 그 다음날부터 다 갚는 날까지는 연 5.9%, 3,240,000원에 대하여는 2017. 1. 10.부터 2017. 5. 9.까지는 연 9.7%, 그 다음날부터 2017. 9. 28.까지는 연 18%, 그 다음날부터 2018. 2. 11.까지는 연 8.3%, 그 다음날부터 2018. 6. 9.까지는 연 5.5%, 그 다음날부터 다 갚는 날까지는 연 5.9%의 각 비율로 계산한 돈과 아래 독촉절차비용을 지급하라.
라는 지급명령을 구합니다.

독촉절차비용 : OOOO원
(내 역)
1. OOO원 : 첩용인지대
1. OOO원 : 송달료
1. OOO원 : 법인등기사항증명서
1. OOO원 : 법무사보수료

청 구 원 인

1. 채권자 조합과 채무자 OOO간에 2016. 7. 23. 농산물외상거래계약을 체결함에 있

어, 외상거래한도는 금 30,000,000원, 외상기간은 물품검수일로부터 180일 이내로 하되, 물품검수일로부터 60일간은 무이자이고, 그 다음날부터 120일까지는 연 11.9%, 그 다음날부터 상환당일까지는 연 18%의 비율에 의한 지연배상금을 물품대금 잔액에 가산하여 일시에 지급하기로 하되, 채권자 조합 소정이 이율이 변경될 경우에는 이에 따르기로 농산물외상거래약정을 체결하면서, 채무자 OOO은 위 약정시 연대보증하였습니다.

2. 한편 채권자 조합 소정의 약정이율(기한내이자금율)은 위 약정시부터 2016. 8. 25.까지는 연 11.9%, 2016. 8. 26.부터는 연 9.7%로, 연체이율(지연손해금율)은 위 약정시부터 2017. 9. 28.까지는 연 18%, 2017. 9. 29.부터 2018. 2. 11.까지는 연 8.3%, 2018. 2. 12.부터 2018. 6. 9.까지는 연 5.5%, 2018. 6. 10.부터는 연 5.9%로 각 변경되었습니다.

3. 위 약정에 따라 채무자 OOO은 채권자로부터 2016. 11. 1. 금 1,925,000원, 2016. 11. 10. 금 5,775,000원 상당의 각 농산물을 구입하고, 각 상환기일(외상기간)이 지난 현재까지 위 금 1,925,000원에 대하여는 원금 1,195,971원과 2017. 12. 31.까지의 이자를 지급하였고, 위 금 5,775,000원에 대하여는 원금 2,535,000원만을 지급하여, 채무자 OOO은 채권자에게 금 3,969,029원(1,925,000-1,195,971=729,029)+(5,775,000-2,535,000= 3,240,000)과 이 중 금 729,029원에 대하여는 2018. 1. 1.부터 2018. 2. 11.까지는 연 8.3%, 2018. 2. 12.부터 2018. 6. 9.까지는 연 5.5%, 2018. 6. 10.부터 다 갚는 날까지는 연 5.9%의 각 비율로 계산한 지연손해금을, 금 3,240,000원에 대하여는 2017. 1. 10.부터(물품검수일로부터 60일 다음날) 2017. 5. 9.까지(외상공급기간 : 무이자외상기간경과후 20일까지)는 연 9.7%의 비율로 계산한 기한내이자금과 2017. 5. 10.부터 2017. 9. 28.까지는 연 18%, 2017. 9. 29.부터 2018. 2. 11.까지는 연 8.3%, 2018. 2. 12.부터 2018. 6. 9.까지는 연 5.5%, 2018. 6. 10.부터 다 갚는 날까지는 연 5.9%의 각 비율로 계산한 지연손해금을 각 지급할 의무가 있다 할 것입니다.

4. 그러므로 채권자는 위와 같은 사실을 채무자 OOO에게 통지하고 원,리금을 변제할 것을 수차에 걸쳐 독촉하였으나 이에 불응하고 있어 연대보증인들인 채무자 OOO에게 위 사실을 고지하고 주채무자 OOO과 연대하여 지급할 것을 촉구하였음에도 불구하고 채무자들은 아무런 이유 없이 변제하지 않고 있으므로, 부득이 청구취지 기재의 돈과 독촉절차비용을 같이 지급받고자 이 신청에 이른 것입니다.

첨 부 서 류

1. 농산물외상거래약정서 사본 1통

1. 조합기준금리조회 사본 1통
1. 외상매출금(판매, 제품)회수예정조회표 사본 1통
1. 법인등기사항증명서 1통
1. 주민등록초본 2통
1. 위임장 1통

2000. 0. .

위 채권자 OO농업협동조합
조합장 O O O (인)

OO지방법원 OO지원 OO군법원 귀 중

[주] 금융기관의 물품대금 사건은 소정기간의 이자(연체이자)를 원금에 합산하여 구할 수 있다(단, 약정시).

[사례 214] 매매대금청구의 독촉사건(구매품 및 생활물자)

지 급 명 령 신 청

채 권 자 OO농업협동조합 (OOOOOO-OOOOOOO) (전화 :)
전남 OO군 OO읍 OO로 OO (우 :)
조합장 O O O

채 무 자 (1) O O O (OOOOOO-OOOOOOO)
OO시 OO구 OO로 OO(OO동) (우 :)
(2) O O O (OOOOOO-OOOOOOO)
OO시 OO구 OO로 OO(OO동) (우 :)
(3) O O O (OOOOOO-OOOOOOO)
OO시 OO구 OO로 OO(OO동) (우 :)

매매대금 청구의 독촉사건

청 구 취 지

채무자들은 연대하여 채권자에게 25,995,957원과 이 중 15,000,000원에 대하여 2017. 10. 1.부터 다 갚는 날까지 연 17%의 비율로 계산한 돈과 아래 독촉절차비용을 지급하라.
라는 지급명령을 구합니다.

독촉절차비용 : OOOO원
(내 역)
1. OOO : 첩용인지대
1. OOO원 : 송달료
1. OOO원 : 법인등기사항증명서
1. OOO원 : 법무사보수료

청 구 원 인

1. 채권자 조합과 채무자 OOO간에 2012. 12. 3. 구매품 및 생활물자 외상구매계약을 체결함에 있어, 약정기간은 위 약정일로부터 2013. 12. 3.까지, 상환기일은 외상일로부터 365일이내, 외상구매한도는 15,000,000원, 외상기간은 물품검수일로부터 60일이내로 하되, 물품검수일로부터 60일간은 무이자이고, 외상기간 경과후 상환기일까지는 연 14.5%, 상환기일경과된 물품대금에 대하여는 경과일 다음날부터 상환당일까지 연 22%의 비율에 의한 지연배상금을 물품대금 잔액에 가산하여 일시에 지급하기로 하되, 채권자 조합 소정이 이율이 변경될 경우에는 이에 따르기로 외상구매약정을 하면서, 채무자 OOO과 같은 OOO은 위 약정시 연대보증하였습니다.

2. 한편 채권자 조합 소정의 기한내이자금율은 위 약정시부터 2013. 7. 1.까지는 연 14.5%, 2013. 7. 2.부터 2013. 11. 15.까지는 연 12.8%, 2013. 11. 16.부터 2014. 11. 30.까지는 연 12.8%로, 연체이율은 위 약정시부터 2013. 3. 22.까지는 연 22%, 2013. 3. 23.부터 2015. 3. 15.까지는 연 18%, 2015. 3. 16.부터는 연 17%로 각 변경되었습니다.

3. 위 약정에 따라 채무자 OOO은 채권자로부터 별지 기재 거래 내역표와 같이 수차에 걸쳐 외상으로 유류를 구입하고, 각 상환기일이 지난 현재까지 외상대금 15,000,000원과 이자지급을 장기간 지체하여, 채무자 OOO은 채권자에게 위 각 외상잔액에 대하여 각 거래일로부터 60일 이후부터 각 상환기일까지는 위 제2항의

각 해당이율로 계산한 확정된 기한내이자금 1,651,749원과, 각 상환기일다음날부터 2017. 9. 30.까지는 위 제2항의 각 해당이율로 계산한 확정된 연체이자금 9,344,208원, 합계금 10,995,957원을 외상대금잔액 15,000,000원에 가산하여 지급하여야 할 것입니다.

4. 그러므로 채권자는 위와 같은 사실을 채무자 OOO에게 통지하고 25,995,957원(=15,000,000원 + 10,995,957원)을 변제할 것을 수차에 걸쳐 촉구하였으나 아무런 이유 없이 변제하지 않고 있으므로, 채무자 OOO은 채권자에게 25,995,957원과 이 중 15,000,000원에 대하여 2017. 10. 1.부터 다 갚는 날까지 연 17%의 비율로 계산한 지연손해금을 지급할 의무가 있다 할 것입니다.

5. 그러므로 채권자는 위와 같은 사실을 채무자 OOO에게 통지하고 원,리금을 변제할 것을 수차에 걸쳐 독촉하였으나 이에 불응하고 있어 연대보증인들인 채무자 OOO과 같은 OOO에게 위 사실을 고지하고 주채무자 OOO과 연대하여 지급할 것을 촉구하였음에도 불구하고 채무자들은 아무런 이유 없이 변제하지 않고 있으므로, 부득이 청구취지 기재의 돈과 독촉절차비용을 같이 지급받고자 이 신청에 이른 것입니다.

첨 부 서 류

1. 외상구매약정서 사본	1통
1. 외상증서 사본	1통
1. 사무소기준금리조회 사본	1통
1. 외상매출금구매회수예정조회표 사본	6통
1. 법인등기사항증명서	1통
1. 주민등록초본	3통
1. 위임장	1통

20OO. O. .

위 채권자 OO농업협동조합

조합장 O O O (인)

OO지방법원 OO지원 OO군법원 귀 중

[별 지]

거 래 내 역 표

2017. 9. 30. 기준

거 래 일	상환기일	매출액	외상잔액
2013. 2. 19.	2014. 2. 18.	9,196,100	9,196,100
2013. 2. 19	2014. 2. 18.	87,150	87,150
2013. 2. 19.	2014. 2. 28.	1,350,000	1,350,000
2013. 2. 23.	2014. 2. 22.	55,200	55,200
2013. 2. 25.	2014. 2. 24.	1,350,000	1,350,000
2013. 2. 28.	2014. 2. 27.	66,700	66,700
2013. 3. 3.	2014. 3. 1.	1,350,000	1,350,000
2013. 3. 3.	2014. 3. 1.	56,000	56,000
2013. 3. 3.	2014. 3. 1.	6,000	6,000
2013. 3. 3.	2014. 3. 1.	8,000	8,000
2013. 3. 5.	2014. 3. 3.	57,500	57,500
2013. 3. 5.	2014. 3. 3.	34,000	34,000
2013. 3. 8.	2014. 3. 6.	33,350	33,350
2013. 2. 28.	2014. 3. 26.	1,350,000	1,350,000
계		15,000,000	15,000,000

제4장 항 소 장

[사례 1] 항소장(대여금. 전부불복, 항소이유서 추후제출의 경우)

항 소 장

항 소 인(원고) ○ ○ ○ (○○○○○○-○○○○○○○) (전화 :)
○○시 ○○구 ○○로 ○○(○○동) (우 :)

피항소인(피고) ○ ○ ○ (○○○○○○-○○○○○○○)
○○시 ○○구 ○○로 ○○(○○동) (우 :)

위 당사자간 ○○지방법원 20○○가단 ○○○호 ○○○ 청구사건에 관하여 20○○. ○. ○. 같은 법원에서 선고한 제1심 판결에 대하여 원고는 전부 불복이므로 이에 항소를 제기합니다.

(원고는 위 판결정본을 20○○. ○. ○.에 송달 받았음)

원판결의 주문표시

1. 원고의 청구를 기각한다.
2. 소송비용은 원고의 부담으로 한다.

항 소 취 지

1. 원판결을 취소한다.
2. 피고는 원고에게 15,000,000원과 이에 대하여 20○○. ○. ○.부터 다 갚는 날까지 연 15%의 비율로 계산한 돈을 지급하라.
3. 소송비용은 제1, 2심 모두 피고의 부담으로 한다.

라는 판결을 구합니다.

항 소 이 유

추후 제출하겠습니다.

첨 부 서 류

1. 항소장부본 1통
1. 송달료납부서 1통

20OO. O. .

위 항소인(원고) O O O (인)

OO지방법원 귀중

[해 설]

항소는 판결이 송달된 날로부터 2주일 내에 제기하여야 하며, 판결의 송달 전에도 항소할 수 있다(민소법 296조1항).

위 2주일의 기간은 제1심 판결문이 송달된 다음날로부터 기산하여 기간의 말일 24:00의 종료로써 만료된다. 기간의 말일이 일요일, 기타의 휴일에 해당하는 경우에는 그 다음의 종료로써 만료된다(민소법 170조).

기간의 말일이 신정공휴일과 같은 연휴의 초일이나 중간에 해당하는 경우에는 그 연휴기간의 종료 다음날의 종료로써 만료된다(예 ; 소송당사자가 판결문을 송달받은 날이 10월 31일이라면 항소제기는 11월 14일 자정 12:00까지 하면 된다. 만약에 11월 14일이 공휴일이면 11월 15일까지 제기하여야 한다).

항소장이 제1심 법원이 아닌 항소심 법원에 접수되었다가(우편발송 등) 제1심법원으로 송부된 경우에는 항소심법원 접수시가 아니라 제1심법원도착시를 기준으로 하고 있다(대결 1992. 4. 15.자 92마146).

[사례 2] 항소장(배당이의, 전부불복, 항소이유서 추후제출의 경우)

항 소 장

항 소 인(원고) O O O (OOOOOO-OOOOOOO) (전화 :)
OO시 OO구 OO로 OO(OO동) (우 :)

피항소인(피고) 주식회사 OO은행 (OOOOOO-OOOOOOO)
OO시 OO구 OO로 OO(OO동) (우 :)

대표이사 ○ ○ ○

위 당사자간 OO지방법원 OO지원 20OO가단 OOO 배당이의사건에 관하여 20OO. O. O. 같은 법원에서 선고한 판결에 대하여 원고는 전부 불복이므로 이에 항소를 제기합니다. (원고는 위 판결정본을 20OO. O. O.에 송달 받았음)

원판결의 주문표시

1. 원고의 청구를 기각한다.
2. 소송비용은 원고의 부담으로 한다.

항 소 취 지

1. 원판결을 취소한다.
2. 소송비용은 제1, 2심 모두 피고의 부담으로 한다.

라는 판결을 구합니다.

항 소 이 유

추후 제출하겠습니다.

첨 부 서 류

1. 항소장부본 1통
1. 송달료납부서 1통

20OO. O. .

위 항소인(원고) ○ ○ ○ (인)

○ ○ 지 방 법 원 ○ ○ 지 원 귀 중

[해 설]

상소장에 첩부하는 인지액

1. 민사, 가사, 행정사건의 항소장은 소장의 1.5배, 상고장에는 2배액의 인지를 납부한다(예, 항소장에 첨부할 인지액을 계산함에 있어서 100원의 미만의 단수를 절사한 경우에는 절사한 금액을 기준으로 1.5배의 인지액을 산정하여야 한다).

2. 가사사건의 즉시항고는 2배액, 재항고는 3배액의 인지를 납부한다.
3. 일부항소
   가. 상소로서 불복하는 법위의 소송목적의 값을 기준으로 파악한다(예를 들면. 1억원의 금전지급청구에 대해 4,000만원 인용판결을 한 경우, 원고의 항소심소송목적물의 값은 6,000만원이고 피고의 소송목적물의 값은 4,000만원이다).
   나. 1심에서 청구의 확장이 있었다면 확장 후의 가액을 기준으로 소가를 계산한다.
   다. 통상공동소송에서 각 당사자로부터 또는 각 당사자에 대하여 수통의 항소장으로 항소하는 경우 각 당사자에 관한 부분에 대하여 소가를 산정한다.
   라. 필수적공동소송은 1인이 항소하면 전원에 대하여 2심의 효력이 미치지만 소가는 현실적으로 항소장을 제출한 사람을 기준으로 한다.
   마. 원본 및 이자 등에 대하여 판결이 선고되어 원본 및 이자 등에 대해 함께 항소하는 경우 이자 등은 항소심 소가에 산입하지 아니한다.
   단, 이자 등을 떼어내어 독립하여 항소하는 경우, 그 부분을 독립한 소송물로 보아 인지를 납부해야 한다.

[사례 3] 항소장(구상금, 전부불복, 항소이유서 추후제출의 경우)

항 소 장

항 소 인(피고) ○ ○ ○ (○○○○○○-○○○○○○○) (전화 :)
○○시 ○○구 ○○로 ○○(○○동) (우 :)

피항소인(원고) 서울보증보험 주식회사 (○○○○○○-○○○○○○○)
○○시 ○○구 ○○로 ○○(○○동) (우 :)
대표이사 ○ ○ ○

위 당사자간 ○○지방법원 20○○가단 ○○○ 구상금 청구사건에 관하여 20○○. ○. ○. 같은 법원에서 선고한 판결에 대하여 피고는 전부 불복이므로 이에 항소를 제기합니다.(피고는 위 판결정본을 20○○. ○. ○.에 송달 받았음)

원판결의 주문표시

1. 원고에게,
   가. 피고 ○○건설 주식회사, 주식회사 ○○건설, 김채무, 김항소는 연대하여 144,049,000원과 이에 대하여 2017. 9. 30.부터 2018. 2. 1.까지는 연 19%, 그 다음날부터 다 갚

는 날까지는 연 15%의 각 비율로 계산한 돈을 지급하고,

나. 피고 홍길동은 위 가항의 피고들과 연대하여 위 가항 기재 돈 중 16,494,000원 과 이에 대하여 2017. 9. 30.부터 2018. 2. 1.까지는 연 19%, 그 다음날부터 다 갚는 날까지는 연 15%의 각 비율로 계산한 돈을 지급하라.

2. 원고의 피고 홍길동에 대한 나머지 청구를 기각한다.
3. 소송비용 중 원고와 피고 OO건설 주식회사, 주식회사 OO건설, 김채무, 김항소 사이에서 생긴 부분은 위 피고들의 부담으로 하고, 원고와 피고 홍길동 사이에서 생긴 부분은 이를 10등분하여 그중 9는 원고의, 나머지는 피고 홍길동의 각 부담으로 한다.
4. 제1항은 가집행 할 수 있다.

항 소 취 지

1. 원판결을 취소하고, 원고의 청구를 모두 기각한다.
2. 소송비용은 제1, 2심 모두 원고의 부담으로 한다.

라는 판결을 구합니다.

항 소 이 유

추후 제출하겠습니다.

첨 부 서 류

1. 항소장부본 1통
1. 송달료납부서 1통

20OO. O. .

위 항소인(피고) 김 항 소 (인)

O O 지 방 법 원 귀 중

[항소취지 기재 예]

전부불복인 경우

1. 원판결을 취소하고, 원고의 청구를 모두 기각한다.
2. 소송비용은 제1, 2심 모두 원고의 부담으로 한다.

라는 판결을 구합니다.

1. 원판결 중 피고 OOO, 같은 OOO에 대한 패소부분을 전부 취소한다.
2. 원고의 청구 중 피고 OOO, 같은 OOO에 대한 청구를 모두 기각한다.
3. 원고와 피고 OOO, 같은 OOO간의 소송비용은 제1, 2심 모두 원고의 부담으로 한다.

라는 판결을 구합니다.

1. 원판결을 취소한다.
2. 피고는 원고에 대하여 OO시 OO구 OO동 OOO 대 OOO㎡ 및 OO시 OO구 OO로 (OO동) 시멘트 벽돌조 슬래브지붕 단층주택 OOO㎡에 관하여 OO지방법원 OO등기소 20OO. O. O. 접수 제OOO호로 등기된 근저당권설정등기의 말소등기절차를 이행하라.
3. 소송비용은 제1, 2심 모두 피고의 부담으로 한다.

라는 판결을 구합니다.

일부불복인 경우

1. 원판결 중 피고에 대하여 원고 OOO에게 OOOOO원과 이에 대하여 20OO. O. O.부터 이 사건 제2심 판결선고일까지는 연 5%, 그 다음날부터 다 갚는 날까지는 연 15%의 각 비율로 계산한 돈을 초과하여 지급을 명한 원고에 대한 피고 패소부분을 취소하고 이에 해당하는 위 원고의 청구를 기각한다.
2. 소송비용은 제1, 2심 모두 원고의 부담으로 한다.

라는 판결을 구합니다.

1. 원판결 중 원고 OOO에 대한 부분을 다음과 같이 변경한다.
2. 피고는 원고 OOO에게,
   가. 금 OOO원과 이에 대하여 20OO. O. O.부터 이 사건 제2심 판결선고일까지는 연 5%, 그 다음날부터 다 갚는 날까지는 연 15%의 각 비율로 계산한 돈을,
   나. 위 원고의 생존을 조건으로, 20OO. O. O.부터 20OO. O. O.까지는 매월 O일

OO원에, 그 이후부터 20OO. O. O.까지는 매월 O일 OOO원, 그 이후부터 위 원고의 사망일 직전 달까지는 매월 OOO원, 그 이후부터 위 원고의 사망일까지는 1일 OOO원으로 계산한 돈과 각 이에 대하여 위 각 지급기일 다음날부터 제2심 판결선고일까지는 연 5%, 그 다음날부터 다 갚는 날까지는 연 15%의 각 비율로 계산한 돈을 각 지급하라.

3. 원고 OOO의 피고에 대한 나머지 청구를 기각한다.
4. 원고 OOO과 피고와의 사이의 소송비용은 제1,2심 모두 위 원고의 부담으로 한다.

라는 판결을 구합니다.

[주] 일시금지급판결에 대하여 피고가 불복하여 정기금으로 변경 청구하는 항소취지임

[증거신청서 서식 1]

증 거 신 청 서

사 건 20OO가소 OOOO 대여금

원 고 O O O

피 고 O O O 외 3

위 사건에 관하여 원고는 그 주장사실을 입증하기 위하여 다음과 같이 증거를 신청합니다.

다 음

1. 증인의 표시 : 증 인 O O O (OOOOOO-OOOOOOO)
   전남 OO군 OO읍 OO로 OO (우 :)

2. 신문할 사항 : 별지 기재와 같음

3. 첨부서류 : 증인신문사항 4통

4. 기타 참고사항 : 증인대동

   증인여비 포기합니다.
   증인 O O O (인)

20OO. O. .

위 원고 O O O (인)

OO지방법원 OO지원 OO군법원 귀 중

[해 설]

제출법원	본안소송 계속법원
신청기간	증인신문신청을 하기 위해서는 기일 전에 미리 증인신청을 하여야 함.
제출부수	신청서 1부 ※ 증인신문이 채택된 때에는 신청한 당사자는 법원이 정한 기한까지 상대방의 수에 3(다만, 합의부에서는 상대방의 수에 4)을 더한 통수의 증인신문사항을 적은 서면을 제출하여야 함. 다만, 민사소송규칙 제79조의 규정에 따라 증인진술서를 제출하는 경우로서 법원이 증인신문사항을 제출할 필요가 없다고 인정하는 때에는 그러하지 아니함(민사소송규칙 제80조 제1항).
증거조사 비용	법원이 증거조사의 결정을 한 때에는 바로 민사소송규칙 제19조 제1항 제3호 또는 같은 조 제2항의 규정에 따라 그 비용을 부담할 당사자에게 필요한 비용을 미리 내게 하여야 하고, 증거조사를 신청한 사람은 위 명령이 있기 전에도 필요한 비용을 미리 낼 수 있으며, 법원은 당사자가 위 명령에 따른 비용을 내지 아니하는 경우에는 증거조사결정을 취소할 수 있음(민사소송규칙 제77조).
기 타	증인신문은 부득이한 사정이 없는 한 일괄하여 신청하여야 함(민사소송규칙 제75조 제1항 본문)
	법률에 의하여 선서한 증인이 허위의 진술을 한 때에는 5년 이하의 징역 또는 1천만원 이하의 벌금에 처하고, 형사사건 또는 징계사건에 관하여 피고인, 피의자 또는 징계혐의자를 모해할 목적으로 위의 죄를 범한 때에는 10년 이하의 징역에 처함{형법 제152조(위증, 모해위증)}.
	증인 · 감정인 · 통역인의 거짓 진술 또는 당사자신문에 따른 당사자나 법정대리인의 거짓 진술이 판결의 증거가 된 때 확정된 종국판결에 대하여 재심의 소를 제기할 수 있음. 다만, 당사자가 상소에 의하여 그 사유를 주장하였거나, 이를 알고도 주장하지 아니한 때에는 그러하지 아니함(민사소송법 제451조 제1항 제7호).
	증인신문과 당사자신문은 당사자의 주장과 증거를 정리한 뒤 집중적으로 하여야 함(민사소송법 제293조).
	증인신문조서의 기재에 관하여 불복이 있으면 민사소송법 제164조의 규정에 의한 이의의 방법에 의하여야 함. 따라서 증인신문조서에 증인들의 증언내용과 현저히 다르게 기재되어 있고, 증언한 바 없는 내용도 기재되어 있어 잘못이라는 이유를 상고이유로 삼을 수는 없음(대법원 1981. 9. 8. 선고 81다86 판결).

[증거신청서 서식 2]

증 거 신 청 서

사 건 2000가단 0000 대여금
원 고 ○ ○ ○
피 고 ○ ○ ○

위 사건에 관하여 원고는 다음과 같이 증인신청을 합니다.

다 음

1. 증인의 표시

성명 : ○ ○ ○
주소 : OO시 OO구 OO로 OO(OO동) (우 :)
주민등록번호 : 000000-0000000
전화 · 휴대폰번호 : 000-0000-0000
직 업 : 농업

2. 증인이 이 사건에 관여하거나 그 내용을 알게 된 경위

3. 증인신문사항(별첨)

첨 부 서 류

1. 증인신문사항 4통
1. 증인여비포기서 1통

2000. 0. 0.

위 원고 ○ ○ ○ (인)

OO지방법원 제O민사단독 귀중

증인여비청구포기서

사 건 20OO가단 OOOO 대여금
원 고 O O O
피 고 O O O

위 사건에 관하여 아래 증인은 20OO. O. O. 00:00 출석하는 증인으로 채택되었는데, 증인은 출석여비의 청구를 포기합니다.

20OO. O. .

증인 O O O (인)

O O 지 방 법 원 제 O 민 사 단 독 귀 중

증인 신문사항 및 반대 신문사항 예시

[증인 신문사항 서식 1]

(20OO가단 OOO)

증인 OOO에 대한 신문사항

1. 증인은 원고 OOO의 이건 추락사고 발생 당시에 어디서 근무를 하고 있었나요.
2. 증인은 (주)OO는 이 사건 아파트 공사현장의 잡철문 설치공사를 피고 OOO에게 어떤 조건으로 하청을 주었었나요.
3. 위 하청당시에 관급자재인 세대현관문, 발코리 칸막이 및 난간대를 제외한 나머지 잡철물은 누가 부담하여 설치시공하기로 되어 있었나요.
4. (을 제3호증을 제시하고)
   위 을호증은 피고들간에 체결된 하도급 계약서인가요.

5. 증인은 이건 추락사고 발생 후 원고 OOO을 소외 OO병원에서 만났을 때에 위 원고는 이건 추락사고가 어떻게 발생되었다고 말하던가요.
6. (을 제5호증을 제시하고)
   위 을호증은 증인이 어떤 경위로 작성하게 된 것인가요.
7. 원고 OOO은 이건 사다리 설치작업 당시에 피고 회사들에게 안전망과 같은 안전시설을 요청한 사실이 있었나요.
8. 증인이 이건 추락사고 발생 직전에 원고 OOO이 사다리 설치작업을 하고 있는 것을 목격하였을 때에 위 원고는 안전띠를 착용하고 있던가요.
9. 기타 사항

[증인 신문사항 서식 2]

(20OO가단 OOO)

증인 OOO에 대한 신문사항

1. 증인은 이 건 교통사고발생 당시에 어디서 근무하고 있었나요.
2. 증인은 20OO. 10. 20.에 피해자가 입원하고 있던 소외 OO병원에서 이건 고통사고의 실체 가해 차량과 피고 소유의 차량이 바꿔치기 되는 상황을 어떻게 목격하게 되었나요.
3. 증인이 위 당시에 위 OO병에 가게 되었던 이유는 무엇 때문이었나요.
4. 증인이 위 OO병원에서 피해자를 문병한 후 휴게실에 대기하고 있을 때 가해운전자인 소외 김OO가 증인의 상사인 소외 박OO을 만나 무슨 이야기를 하는 것을 들었나요.
5. 피고 소유 차량과 같은 차량의 보험증권은 누가 병원으로 가지고 왔었나요.
6. 소외 김OO가 OO경찰서에 이건 교통사고 신고를 위해 운전하고 간 차량은 어떤 차량인가요.
7. (을 제2호증 제시하고)
   위 을호증은 증인이 작성한 것이 맞는가요.
8. 기타 사항

[증인 신문사항 서식 3]

(20OO가단 OOO)

증인 OOO에 대한 신문사항

1. 증인은 원고와 피고를 잘 압니까.
2. 증인은 피고가 원고로부터 OOO물건을 구매한 사실을 아는가요.
3. 증인은 원고의 위임을 받고 피고에게 1,000원의 물품대금을 수령차 피고를 만난 사실이 있습니다.
4. 증인은 그때 피로부터 1,000원 중 600만원 중 수령하고 나머지 금 400만원은 20OO. O. O.에 지급할 것을 약속받은 사실이 있다는 데 사실입니까.
5. 증인은 그 후 400만원의 물품대금을 지급받기 위하여 수차에 걸쳐 피고를 방문한 사실이 있다는 데 사실입니까.
6. 증인은 피고가 원고에게 지급할 400만원의 물품대금을 현재까지 지급치 않고 있다는 데 사실입니까.
7. 기타 사항

[증인 신문사항 서식 4]

(20OO가단 OOO)

증인 OOO에 대한 신문사항

1. 증인은 이 사건 건축공사장에서 원고와 함께 골조공사를 한 사실이 있고 전부터 같은 일을 하고 있어 잘 알고 있지요.
2. 증인은 피고와는 이 사건 건축공사를 할 때 골조공사를 1주일 정도하여 피고가 공사감리를 한 사실이 있어 알고 있지요.
3. 이 건 공사는 피고가 원고에게 골조공사를 부탁하여 공사를 한 사실을 알고 있으며 소외 피고의 남편 OOO이 이 사건 수급인에게 모든 공사를 하도록 하였으나 골조공사만은 피고가 원고를 잘 알기 때문에 특별히 원고에게 주게 되었다고 말하는 것을 공사현장에서 들어서 알고 피고가 공사를 잘하도록 부탁한 사실을 들어서 알

고 있지요.
4. 피고와 소외 OOO은 부부지간으로 주로 피고가 원고에게 공사지시를 하는 것으로 보아 공사대금은 당연히 피고가 지불할 것이 틀림없지요.
5. 이 사건과 같은 골조공사는 아는 사람들끼리 안면으로 부탁하여 일을 시키고 액수가 적은 공사는 공사계약을 체결하여 일을 시키는 일은 거의 없지요.
6. 소외 OOO은 외국에 취업하고 있으며 이 사건 건축할 때 한국에 와서 처인 원고를 도와서 집을 지었으나 바로 외국으로 들어갔음으로 이건 공사대금을 지급할 형편이 아니었죠.
7. 기타 사항

[증인 신문사항 서식 5]

(20OO가단 OOO)

증인 OOO에 대한 신문사항

1. 증인은 피고와는 부부지간으로 잘 알고 있지요.
2. 증인은 신도봉시장내에서 식품업을 하고 원고와 같은 시장에서 일수로 고리대금업을 하는 관계로 1여년 전부터 거래관계가 있어 알로 있지요.
3. (갑 제1호증을 제시하고)
증인은 20OO. 10. 4. 위 갑 제1호증을 작성한 사실이 있고, 증인이 피고를 보증인으로 세우라고 강요에 못이겨 보증인을 피고로 주소와 성명을 메모하여 인증난에 증인이 사인을 하여준 사실이 있지요.
4. 갑 제1호증 지불각서는 작성시에 금액을 정정한 사실이 없고 증거로 제출된 지불각서에 찍힌 도장은 누구의 도장인지 처음보는 것이고 피고가 보증인으로 증인이 사인한 곳에 날인된 것은 후에 변조된 것이 틀림없지요.
5. 증인이 원고에게 일수로 1,500만원과 500만원, 합계금 2,000만원을 빌린 것인데, 그 동안 일수로 매월 금 10만원씩을 결제한 금액을 공제하면 약 1,000만원정도 남은 것으로 알고 있지요.
6. 기타 사항
언제부터 언제까지 원고 조합에 재직하였고, 직책은 무엇이었던가요.

[증인 신문사항 서식 6]

(20OO가단 OOO)

증인 OOO에 대한 신문사항

1. 증인은 원고와 피고를 아는가요.
2. 증인은 언제부터 언제까지 원고 조합에 재직하였고, 직책은 무엇이었던가요.
3. 피고는 원고조합과 사이에 원고가 발주한 합산 1호제 수문자동문 긴급보수공사계약을 20OO. 11. 25. 체결한 사실을 아는가요.
4. 위 공사는 바다에 접한 제방에 설치한 수문의 자동문 수리공사로서 이를 수리함에 있어서는 주소가 제방 안쪽을 흘러들어오지 아니하도록 비상문을 닫고 자동문을 철거시켜 수리를 하도록 위 공사의 특별시방서에 규정되어 있는가요.
5. 그리고 위 시방서에는 공사를 함에 있어서는 조합직원인 현장감독원의 지시를 받으며 야간작업을 함에 있어서는 원고의 승낙을 받아야 하도록 되어 있는가요.
6. 그런데 피고는 20OO. 12. 1. 19:00시부터 22:00까지 사이에 위 자동문 수리작업을 하였고, 공사특별시방서의 지시에 위배하고 비상문을 닫지 아니한 채 자동문의 수리를 하다가 마침 조수가 밀려와 제방 안으로 바닷물이 흘러들어 온 것인가요.
7. 그리하여 원고조합의 몽리농지인 마늘재배지 4,670평, 보리재배지 12,300평, 묘판예정지 8,650평에 바닷물이 침수하여 피해를 입게 해서 위 피해 농지의 경작자인 소외 OOO외 50명으로부터 원고조합에 대하여 합계금 13,500,000원의 피해보상을 요구당하고 있는가요.
8. 피해면적 집계는 별표 1과 같은 가요.
9. 피해농지의 지번, 지목, 피해자 등은 별표 2와 같은지요.
10. 갑 제1호증은 원 · 피고간의 도급계약서인가요
11. 갑 제2호증은 공사특별시방서인가요.
12. 기타 참고사항.

[증인 신문사항 서식 7]

(2000가단 000)

증인 000에 대한 신문사항

1. 증인은 피고가 본건 토지에 관하여 특조법으로 소유권이전등기를 경료할 당시에 피고가 원고로부터 본건 토지를 매수한 사실이 있다고 보증을 서 준 사실이 있지요.
2. (갑 제1호증을 제시하고)
   위 갑 제3호증 사실확인서는 증인이 작성하여 준 사실이 있지요.
3. 원고와 피고간의 매매사실을 보증하여 줄 당시에 그 사실을 확인하여 보고 보증을 서준 것을 아니지요.
4. 기타 참고사항.

[증인 신문사항 서식 8]

(2000가단 000)

증인 000에 대한 신문사항

1. 증인은 원고 조합의 OO지점에서 근무하고 있고, 피고 이OO이 2000. 7. 16. 원고 조합에서 적금관계대출 신청을 하여 금전소비대차약정서 작성시 대출담당자이어서 피고들을 잘 알고 있지요.
2. 증인은 피고들이 본건 대출거래약정시 주채무자는 이OO, 연대채무자는 황OO으로 각 서명날인을 하였고, 대출금은 30,000,000원이고 상환기일은 2000. 7. 14.이며 기한이익상실시 피고 이OO이 원고 조합에 예치한 정기적금 불입액을 상계하기로 하였지요.
3. 증인은 피고 이OO이 본건 대출금에 대한 이자를 불입하지 않아 수차 이자를 지급할 것을 통보하였으나 이를 이행하지 않아 2000. 12. 29.자로 피고 이OO 거래하는 정기적금의 예탁금에서 2000. 12. 29.까지의 지연이자 및 원금 281,325원을 상계하고 회수되지 않은 원금은 29,718,675원이 되는 사실을 알고 있지요.
4. 그리고, 증인은 원고 조합에서 위와 같은 연체사실을 연대보증인인 피고 황OO에게

고지하고 주채무자를 대위하여 변제할 것을 독촉한 사실이 있지요.
5. 기타 사항

[증인 신문사항 서식 9]

(20OO가단 OOO)

증인 OOO에 대한 신문사항

1. 증인은 노동에 종사하는 자로 원고가 20OO. 4. 13. 토마토 묘목을 정식 할 때부터 묘목이 넘어지지 않도록 천장에 줄을 묶는 작업 등을 줄곧 원고의 농장에서 일한 사실이 있지요.
2. 증인은 원고가 10년 이상 토마토 농사를 지어온 사실을 아시지요
3. 증인은 20OO. 4. 13. 원고 소유 하우스 내에서 토마토 정식을 하기 위해 원고의 부탁을 받고 피고가 가져온 접목된 묘목의 정식을 원고 등과 함께 한 사실이 있지요.
4. 이때 피고가 가져온 접목된 토마토 묘목은 물을 준 상태에 있었기 때문에 시들진 아니하였으나, 병이 든 것처럼 누르스름하고 묘목 대부분이 잎사귀가 다 떨어져 속잎만이 3~4개 달려 있었으며, 평소 같으면 13,000주의 묘목을 구입하여 정식할 경우 묘목이 남았겠지만 접목된 부분이 떨어진 불량묘목이 많아 상당수의 묘목을 버리고 묘목이 부족하여 원고가 추가로 접목되지 않는 묘목을 200주 가량을 구입하여 정식한 사실이 있지요.
5. 원고나 증인 등 인부들은 피고로부터 구입한 접목된 토마토 묘목을 정식할 때 묘목에 물을 주거나 묘목을 약물에 담가 정식한 사실은 전혀 없었지요.
6. 피고로부터 인도받은 접목된 토마토 묘목은 병든 것처럼 불량하였기 때문에 피고는 원고에게 토마토 묘목에 뿌려달라며 영양제(1,000cc) 2병을 준 사실도 아시지요.
7. 피고로부터 공급받아 정식한 묘목은 시간이 지나면서 원지주에서 접목된 부분이 떨어져 나가 죽거나 땅바닥으로 구부러져 땅바닥에 줄기가 닿는 부분은 뿌리를 내리고 겨우 생존하였으나, 정상적인 성장을 못한 상태에서 꽃이 피고 열매를 맺으면서 고사하여 원고는 토마토 수확을 할 수 없어 엄청난 손해를 입은 사실을 아시지요.
8. 증인은 피고로부터 구입한 일반묘목, 접목된 묘목을 동일한 하우스내에 정식하여 동일한 조건하에서 재배하였으나, 접목하지 아니한 일반묘목은 정상적으로 성장하

였으나, 접목된 묘목만이 고사한 것은 접목부분이 떨어진 묘목불량으로 고사한 것이라 볼 수 있지요.
9. 기타 이건에 참고 될 사항을 말하십시오.

[증인 신문사항 서식 10]

(20OO가단 OOO)

증인 OOO에 대한 신문사항

1. 증인은 원고와 피고를 아는가요.
2. 증인은 원고와 교제하던 사이로서, 원고가 20OO. O. O.경 OO시 OO구 OO로 OO(OO동), OO빌라 BO1호(다음부터 이 사건 부동산이라 함.)를 임차할 당시 원고와 함께 피고 부동산사무실에 찾아간 일이 있지요.
3. 피고는 원고로부터 보증금 2,100만원 상당의 주택을 구하려 한다는 말을 듣고 이 사건 부동산을 보여주면서 "건축된 지 2년도 되지 않은 건물이고 보증금도 시세에 비하여 저렴하다"면서 적극적으로 임차할 것을 권유하던가요.
4. 증인은 당시 이 사건 부동산에 들어가 방안을 살펴보니 낡은 침대 1개만 놓여 있을 뿐 짐은 전혀 없고 살림하고 있는 집으로 보이지는 않던가요.
5. 피고는 원고 등과 자신의 사무실로 돌아온 뒤 원고가 이 사건 부동산을 임차하려면 돈이 부족하다고 하자 피고는 돈을 조금 더 마련하여 이 사건 부동산을 얻으라고 권유하였지요.
6. 원고가 마지못해 이에 응낙하자 피고는 다른 사람이 이 사건 부동산을 얻을 수도 있으니 우선 가계약금이라도 걸고 가라하여 원고는 3만원정도 가계약금을 피고에게 지급하였지요.
7. 원고는 증인과 함께 3일 뒤인 20OO. O. O. 피고 사무실에 찾아가 집주인 소외 OOO를 처음 보았고 소외 OOO와 보증금 OOO원. 기간 20OO. O. O.부터 12개월로 하는 전세계약서를 작성하고 계약금 OOO원을 피고를 통하여 소외 OOO에게 지급하였지요.
8. (갑 제1호증을 제시하며)이 계약서가 당시 피고가 작성한 계약서인가요.
9. 증인은 피고가 전세계약서를 작성하면서 또는 계약서작성 전후에 이 사건 부동산 등기부등본을 원고에게 보여주던가요.

10. 또한, 피고가 이 사건 부동산에 근저당권설정여부나 압류 등이 있는지에 대하여 구두로 또는 서면으로 설명서를 작성하여 원고에게 제시하던가요.
11. 위 계약서를 작성할 당시 피고의 부동산중개사사무실에는 증인을 포함하여 누가 있었나요.
12. 원고는 모자라는 보증금일부를 증인으로부터 도움을 받아 20OO. O. O. 잔금을 지급하고 이 사건 부동산으로 이사하게 되었지요.
13. 원고가 이 사건 부동산에 입주할 당시 원고의 아버지 소외 OOO는 만성질환으로 기도원에서 장기간 요양 중에 있었고, 원고의 어머니 소외 OOO는 원고가 중3때에 집을 나가 당시 만 18세이던 원고가 어린 동생 2명을 부양하는 가장역할을 하고 있었지요.
14. 따라서 나이 어린 원고가 직접 뛰어다니며 전셋집을 구하고, 이삿짐을 꾸려 이사하였으며, 고교 1학년을 마치고 학업을 중단하고 식당 주방 일을 하면서 생계를 꾸려나가고 있었지요.
15. 피고는 원고로부터 보증금 잔금 OOO원을 받아 집주인 소외 OOO에게 건네주고 중개수수료 금 OOO원을 요구하여 이를 수령하였지요.
16. 원고가 이 사건 부동산에 이사한 뒤 1개월이 못되어 경기 OO시에 거주하는 원고의 고모 소외 OOO가 원고의 전셋집을 찾아오게 되었지요.
17. 소외 OOO는 어린 조카들의 살림살이를 살펴본 뒤, 원고에게 이 사건 부동산등기부등본을 떼어 보았는지 물어보게 되었지요.
18. 원고가 소외 OOO에게 부동산등기부등본이 무엇인지를 되묻자 소외 OOO는 원고를 야단치면서 즉시 등기소에 찾아가 이 사건 부동산등기부등본을 발급 받아 오게 되어 비로소 근저당권이 설정된 사실과 2건의 압류등기가 되어 있는 사실을 알게 되었지요.
19. 이에 깜짝 놀란 원고가 다음날 피고사무실에 찾아가 "왜 근저당권설정사실이나 압류가 있었다는 사실을 알려주지 않았느냐"고 항의하자 피고는 이러한 근저당권설정이나 압류가 되어 있는 사실도 모르고 있다가 원고가 제시한 부동산등기부등본을 보고 집주인과 통화한 뒤 "근저당권은 집 지을 때 은행에서 빌린 돈이고, 압류는 곧 해결할 테니 걱정하지 말라."고 무마하려 하던가요.
20. 그럼에도 원고가 피고의 부동산사무실 앞 노상에서 거칠게 "계약을 취소할 테니 당장 보증금을 내노라"라고 항의하였고 원고의 계속적인 항의에 고령인 피고가 이를 견디다 못해 인천에 거주하는 집주인 소외 OOO를 자신의 사무실로 부르게 되었지요.
21. 피고의 사무실에서 3인이 대면한 뒤 원고는 집주인 소외 OOO에게 당장 이사갈 테니 돈을 돌려달라고 하자 피고는 원고를 달래면서 소외 OOO에게 "20OO. O. O.부터 20OO. O. O.까지 집주인이 직접 반환하기로 함. 20OO. O. O. 이전에

문제 있을 시는 집주인이 책임지기로 함."이라는 문구를 계약서 공란에 기재하도록 하고 지장까지 찍도록 하였지요.

22. 원고는 집주인 소외 OOO가 계약서 공란에까지 확인하여 주었으니 법적으로 전혀 걱정할 필요 없다고 생각하고 더 이상 피고에 대하여 문제를 삼지 않고 피고의 사무실에서 나오게 되었지요.
23. 원고는 집주인 소외 OOO가 계약서공란에 특약까지 하였으므로 보증금을 받는데 문제없을 것으로 생각하면서도 이미 이 사건 부동산에서 살고 싶은 마음이 없게 되어 피고의 사무실과 집 근처 여러 곳의 중개사사무실에 중개의뢰를 하게 되었지요.
24. 그러나 중개의뢰한 사무실에서 가끔 원고의 집에 전화가 오기도 하였고 집을 보러오는 사람도 있었지만 계약이 체결된 일은 없었지요.
25. 그 뒤에도 원고는 집주인 소외 OOO에게 여러 차례 전화하고 소외 OOO가 살고 있는 인천까지 여러 차례 찾아갔으나 대부분은 만나지 못하고 겨우 2~3일 기다린 끝에 소외 OOO를 만나 보증금을 빼달라고 요구하였음에도 소외 OOO는 그때마다 조금만 기다리면 해결하겠다고 하였음에도 결국 계약기간만료일인 20OO. O. O.을 지나게 되었지요.
26. 계약기간이 만료된 뒤 원고는 집주인 소외 OOO에게 이제 기간도 만료되었으니 보증금을 내놓으라고 요구하자 돈이 없어서 또는 다른 세입자가 들어오지 않아 보증금을 내줄 수 없다는 말만 되풀이 한 것이지요.
27. 그러다가 20OO년 말경부터 집주인 소외 OOO는 사업에 실패하고 행방을 감추게 되어 그때부터 소외 OOO와 연락할 수 없게 되었는데, 소외 OOO는 현재 미국으로 도망갔다고 하지요.
28. 원고는 주택임대차보호법내용도 잘 몰라 집주인의 채권자 소외 OOO가 20OO. O 월경 집으로 찾아와 집주인 소외 OOO을 수소문하였고, 원고는 소외 OOO가 빚에 시달리고 있는 것을 알고 나중에야 주위사람들의 말을 듣고 확정일자를 받게 된 것이지요.
29. 원고는 당시 나이가 어려 법에 대하여는 잘 몰랐고 경제적으로 어려운 나머지 집주인 소외 OOO를 상대로 소송을 제기하지 못한 것이지요.
30. 기타 참고사항.

[증인 신문사항 서식 11]

(20OO가단 OOO)

증인 OOO에 대한 신문사항

1. 증인은 항소인과 피항소인을 아는가요.
2. 증인은 이 사건 항소인의 부상이후 소외 박OO와 함께 피항소인의 집을 방문한 사실이 있지요.
3. 그 때 피항소인의 집에는 피항소인과 피항소인의 처, 피항소인의 어머니가 있었지요.
4. 소외 박OO가 '우리 어머니(항소인)는 현재 뼈가 골절되는 중상을 입었는데 다치게 한 사람이 누구냐?'고 하자, 피항소인은 '살짝 밀었을 뿐인데 어떻게 그렇게 되었다'면서 사과하고, 치료비는 자신이 책임지겠다고 하였지요.
5. 증인은 항소인이 병원에 입원하여 있을 때 피항소인의 처와 피항소인의 어머니가 병원에 입원하고 있던 항소인을 병 문안하러 찾아 온 사실을 알고 있지요.
6. 기타 참고사항.

[증인 신문사항 서식 12]

(20OO가단 OOO)

증인 OOO에 대한 신문사항

1. 증인은 원고들과 피고를 알고 있는지요.
2. 원고 OOO는 OO시 OO구 OO로 OO(OO동), OO대리운전업체에 고용되어 20OO. O. O.부터 20OO. O. O.까지 근무하였고, 원고 OOO는 OO시 OO구 OO로 OO(OO동), OO대리운전업체에 고용되어 20OO. O. O.부터 20OO. O. O.까지 근무하였지요.
3. OO대리운전업체와 OO대리운전업체는 피고가 실질적인 경영주이고 피고의 두 동생이 피고의 사업을 도와주고 있는 것이지요.
4. 위 대리운전업체들의 직원들은 피고를 큰 사장, 피고의 동생 소외 유OO를 작은

사장이라 부르지요. 그렇게 부르는 이유가 무엇인가요.
5. 위 대리운전업체들은 사업자등록이 되어 있지 않지요, 사업자등록을 하지 않은 이유는 무엇인가요.
6. 위 대리운전업체들의 직원채용절차는 어떤가요.
7. 피고는 원고 OOO와 원고 OOO를 직접 면담하여 근무조건에 대해 협의한 뒤 채용하였지요.
8. 위 대리운전업체들의 사무실은 피고가 피고명의로 임차하였지요.
9. 위 대리운전업체들에는 약 20대의 전화가 있는데, 그 가입자 명의도 피고명의로 되어 있지요?
10. 위 전화는 위 대리운전업체들의 가장 주된 비품이지요.
11. 갑 제 7호증의 1, 2(OO대리운전 카드)를 제시하며
    가. 이것은 위 "OO"대리운전사무실에서 거래하는 업체에 발행하는 카드이지요.
    나. 위 카드는 발행시 항상 '1번'란에 사장도장을 날인하도록 되어 있지요.
    다. 이 "1번란"의 도장은 피고도장이 맞지요.
12. 위 대리운전업체들에서는 직원에 대한 급여를 피고가 직접 줄 때도 있고 피고의 동생들을 통하여 줄 때도 있지요.
13. 위 대리운전업체들의 직원들은 모두 피고가 그 업체의 경영주라고 알고 있다는데, 증인은 무슨 근거로 피고의 동생이 경영주라는 것이지요.
14. 피고는 위 "OO" "OO"외에도 "OO" "OO"이라는 상호로 강남에 대리운전사무실을 더 운영하고 있지요.
15. 증인은 원고 OOO가 20OO. O. O.부터 같은 해 O. O.까지, 원고 OOO는 20OO. O. O부터 같은 해 O. O.까지 급여를 받지 못한 사실을 아는가요.
16. 피고는 왜 원고들에게 위 기간 동안의 급여를 주지 않고 있지요.
17. 기타 참고사항

[증인 신문사항 서식 13]

(20OO가단 OOO)

증인 OOO에 대한 신문사항

1. 증인은 피고 OO화학 주식회사(이하 'OO화학'이라 약칭함) 대표이사로서 원고회사

와 피고 OO화학 주식회사(이하 'OO화학'이라 약칭함), OOO를 알고 있는가요.
2. 증인 경영의 피고 OO화학은 피고 OO화학의 수급인으로 근로자 조달에 어려움을 겪고 있어 도급인인 OO화학측에 제품생산 차질을 통보하자 피고 OO화학은 원고에게 인력공급을 요청하였지요.
3. 증인은 원고 회사와 피고 OO화학 주식회사간에 20OO. 1. 1.경 원고가 피고에게 남자인력 38,000원, 여자인력 36,000원, 파견기간 1년으로 하여 근로자를 파견키로 하는 내용의 근로자파견계약을 체결한 사실을 알고 있는가요.
(갑 제5호증 인력공급 및 도급계약서를 제시하고)
이것이 원고와 OO화학간에 체결한 인력공급 및 도급계약서인가요.
4. 원고는 위 계약에 따라 20OO. 1. 25.경부터 피고 OO화학에 총 49명의 인력을 공급하였고, 위 파견근로자들은 피고 OO화학 및 OO화학의 지휘, 명령하에 근로를 제공하였지요.
5. 증인은 원고에게 20OO. 4. 30. 까지만 이 사건 파견근로자들을 사용하고 그 후부터 인력공급을 중단해 달라는 요청의 팩스를 송부한 사실이 있지요.
6. 증인은 원고에게 20OO. 1. 25.부터 같은 달 31.까지의 7일간 용역비 금 950,950원만을 지급하였을 뿐 위 같은 해 2월 내지 4월분 용역비 합계금 49,295,977원을 지급하지 않았지요.
7. 원고는 증인과 OO화학에 수차례 이 사건 용역비 지급을 청구하자 증인과 OO화학 대표이사인 OOO는 20OO. 4. 9.경 원고에게 이 사건 용역비 2월과 3월분은 20OO. 5. 10.까지, 4월분은 20OO. 6. 10.까지 지급하겠다고 약속하였지요.
(갑 제8호증 약속이행서를 제시하고)
이것이 증인과 피고 OO화학이 원고에게 작성하여 준 약속이행서인가요.
8. 기타 참고사항

[증인 신문사항 서식 14]

(20OO가단 OOO)

증인 OOO에 대한 신문사항

1. 증인은 OO시 OO경찰서 형사과에 근무하고 있는가요.
2. 증인은 소외 지OO이 20OO. 9. 19. OO시 OO구 OO아파트에서 OOO 차량으로 피

고를 충격하고 도주한 사건을 조사하고 있지요.
3. 증인은 20OO. 11. 19. 10:30경 피고로부터 지OO을 붙잡았다는 전화 연락을 받고 출동하였지요.
4. 증인이 출동하였을 때 피고와 소외 정OO이 지OO을 붙잡고 있었으며 당시 지OO은 신발도 신지 않고 바지만 입은 상태로 많은 주민들이 구경하고 있었지요.
5. 증인은 피고 및 정OO 그리고 다른 경찰관 1명과 함께 지OO의 옷을 입히기 위하여 지OO을 데리고 그의 집으로가 지OO에게 부정행위를 하였느냐고 묻자 지OO은 고개를 수회 끄떡이면서 시인하였지요.
6. 피고는 증인 등과 함께 지OO연의 집에 들어가 피고 및 원고가 사용하는 물품을 발견하고 매우 흥분하였지요.
7. 증인은 증거를 확보하기 위하여 피고로 하여금 원고 및 피고가 사용했던 물품들을 사진 촬영하라고 하였고 증인도 카메라폰으로 촬영을 하였지요.
   (이때 을 제5호증의 1 내지 24 각 사진을 제시하고)
   이것이 지OO의 방에서 피고가 찍은 사진이지요.
   (을 제5호증의 25내지 28 각 사진을 제시하고)
   증인이 지OO의 방에서 찍은 사진들인가요.
8. 증인은 당일 오후 소외 지OO이 살고 있는 원룸 임대인에게 전화를 걸어 누구 명의로 임대차계약 체결과정을 물었지요.
9. 집주인은 어떤 여자가 먼저 집을 보러와 살펴봤고, 몇 일후 이OO과 어떤 여자가 함께와 지OO이 임대보증금 170여만원을 현금으로 지급하였고, 나머지 금 30만원은 여자가 지급하였다고 하였지요.
10. 기타 참고사항

[증인 신문사항 서식 15]

(20OO가단 OOO)

증인 OOO에 대한 신문사항

1. 증인은 20OO. 10. 29. 피고와 OOOO사우나에 대한 자가용전기설비 안전관리대행 계약을 체결하였던가요.
2. 증인은 위 계약을 체결하고 현재 까지 OOOO사우나에 설치된 소외 주식회사

OOOO제품의 보일러를 점검해오고 있지요.
3. 증인은 원, 피고간 20OO. 11. 15. 체결된 이 사건 보일러설치계약내용을 알고 있는가요.
4. 소외 주식회사 OOOO는 이 사건 보일러가 고장나서 작동이 안될 시는 피고로부터 기계대금을 받지 않기로 약속하였지요.
5. 당시 위 소외회사 부사장 OOO와 OO지사장 OOO는 피고 운영의 OOOO사우나를 방문하여 경기, 수원지역 홍보 차원에서 소외회사의 보일러를 설치해 주겠다고 제의한 것이지요.
6. 피고는 가스 전용보일러를 쓰고 있는 상황에서 가스비가 절감된다기에 이를 허락하였는데 며칠 지나지 않아 위 보일러는 바로 고장나 소외회사에게 위 보일러를 철거해 가라고 요구하였지요.
7. 피고는 소외회사에게 수차례 전화를 하면서 수리를 요구하였는데 소외회사는 전화를 잘 받지도 않고, A/S를 해 준다고 말만 할 뿐 찾아오지를 않아 보일러 가동 횟수가 거의 없었다는데 맞는가요.
8. 피고는 이 사건 보일러가 계속 고장이 발생하는 상황에서 소외 회사에 대하여 보일러납품대금을 지급하지 못하므로 위 보일러를 철거해 갈 것과 계약금 2,300백만원과 중도금 750만원을 반환해 줄 것을 요구하였지요.
9. 이 사건 보일러는 현재 까지도 사용하지도 못하는 고철덩어리로 좁은 기계실에 애물단지로 자리만 차지하고 있지요.
(이때 을 제4호증의 1, 2 각 사진을 제시하고)
이것이 고장 때문에 현재 사용하지 않고 있는 보일러 사진인가요.
10. 피고는 원래부터 설치되어 있던 가스전용보일러를 가동하면서 OOOO사우나를 운영하고 있는가요.
11. 기타 참고사항

[증인 신문사항 서식 16]

(20OO가단 OOO)

증인 OOO에 대한 신문사항

1. 증인은 피고와 학교동창이며 오래전부터 같은 마을에 거주하고 있어 원, 피고의 혼인 경위와 파탄의 경위에 대해 잘 알고 있는가요.

2. 피고는 하우스에서 OOO 등을 재배하는 농부로서 언제나 새벽부터 저녁 늦게까지 열심히 일을 하는 성실한 청년이었다는데 사실인가요.
3. 피고는 원고를 만나기 전까지는 일만 하느라 연애한번 하지 못하였는가요.
4. 또한 피고는 혼인하기 힘든 농촌현실 때문에 원고와 혼인하기 전까지 마흔이 다 되도록 결혼하지 못한 사실도 증인은 알고 있는가요.
5. 증인은 조선족인 OOO과 오래 전에 혼인하였으며 증인 부부는 힘든 농촌생활이지만 서로 의지하며 행복하게 살고 있는가요.
6. 증인은 마흔이 다 되도록 혼인하지 않고 있는 피고가 안쓰러워 증인의 처에게 피고의 배우자감을 한번 알아봐 달라고 하였는가요.
7. 증인의 부탁도 있었지만 피고의 성실함을 알고 있는 증인의 처는 지인을 통하여 조선족인 원고를 피고에게 소개하였다는데 사실인가요.
8. 피고는 원고가 문화와 환경의 차이로 인해 힘들어하지 않도록 항상 노심초사하며 새로운 환경에 적응할 수 있도록 배려한 사실을 증인이 옆에서 지켜보아 잘 알고 있는가요.
9. 노동인력이 부족한 농촌현실 속에서도 피고는 원고에게는 전혀 일을 시키지 않고 새벽부터 저녁 늦게까지 혼자서 농사일을 하였다는데 맞는가요.
10. 증인은 20OO. 6. 경 원고의 집으로 놀러 갔다가 우연히 원고와 피고가 혼인 전 원고의 남자문제와 아이 문제로 다투는 것을 들은 사실이 있는가요.
11. 증인은 20OO. 8. 중순 무렵 피고와 술을 마신 적이 있는데 당시 피고는 원고가 도망간 것 같다며 화를 내며 괴로워하였다는데 사실인가요.
12. 당시 피고는 술에 취해서 원고에게 오래전부터 사귄 남자와 그 남자 사이에 아이도 있는데 입국 목적으로 자신과 혼인한 것 같다며 신세를 한탄하였다는데 맞는가요.
13. 피고가 원고와 혼인하기 위해 많은 돈을 썼으며 20OO. 12.경 증인으로부터 빌려간 200만원도 원고에게 주기 위해 빌린 것이라는 말을 피고로부터 들었는가요.
14. 피고는 많은 재산을 없었지만 어느 정도 여유로운 생활을 할 수 있는 정도는 되며 무엇보다도 성실하고 친절한 성격으로 항상 원고에게 잘해 주었다는데 알고 있는가요.
15. 기타 참고사항

[증인반대 신문사항 서식 1]

(20OO가단 OOO)

증인 OOO에 대한 반대 신문사항

1. 증인은 이건 인쇄기가 부산항에 도착하였을 때 그 상태를 점검해 본 사실이 있는가요.
2. 이건 인쇄기가 주문처인 삼진사에 도착하였을 때에 그 상태를 직접 점검 확인한 사람은 누구인가요.
3. 갑 제4호증에 기재된 손상부분은 전부 외부 손상부분인가요.
4. 위 갑호증의 손상부분이 전부 국내 육상운송 중에 발생한 것이라고 단정할 수 있는가요. 있다면 그 근거는 무엇인가요.
5. 갑 제7호증에 의하면 이건 인쇄기가 보세창고에 도착하였을 때에 포장 몇 개가 열려있고 1개은 굽어 있었다고 조사되어 있는데, 그 이유는 무엇 때문인 것으로 확인되었나요.
6. 이건 인쇄기의 손상내역 중 해상운송과 국내내륙운송 중에 각 발생한 손상부분을 구체적으로 특정할 수 있는가요.
7. 기타 사항

[증인반대 신문사항 서식 2]

(20OO가단 OOO)

증인 OOO에 대한 반대 신문사항

1. 원고 OOO은 피고 OO(주)와 일용근로계약을 체결하고 이건 공사현장에서 철물공으로 언제까지 근무하기로 하였었나요.
2. 증인일행이 사다리 설치작업을 하기 위해 필요한 철물자재는 누가 공급하며 누가 재단하였던 것인가요.
3. 이건 추락사고 당시에 사다리 설치작업조 5명의 작업분담 내용은 각 어떠한가요.
4. 증인일행의 작업당시에 피고들 회사에서 설계도면과 달리 철물자재를 불량재단하

여 시공하라고 지시하였던 사실이 있는가요.
5. 설계도면상에는 발받침대인 디딤살이 굴뚝 외벽에서 15㎝ 떨어지도록 되어 있는데 증인일행이 6㎝ 떨어지도록 불량시공한 이유는 무엇 때문인가요.
6. 사다리에는 자체적으로 등받이 안전망을 시공하게 되어 있는데 그 외에 다른 안전망 시설이 필요한 것인가요.
7. 기타 사항

[증인반대 신문사항 서식 3]

(20○○가단 ○○○)

증인 ○○○에 대한 반대 신문사항

1. 주신문 제4항에 관하여
   가. 증인은 피고가 납품한 토마토 묘목이 불량이라고 하였는데, 이에 대해 원고가 피고에게 이의를 제기하거나 교환해달라고 요구한 사실이 있었나요.
   나. 증인은 피고가 납품한 13,000주의 묘목 중 불량묘목이 많아서 상당수 묘목을 버리고 부족하여 200주의 묘목을 피고로부터 추가로 구입하여 이식을 하였다고 하는데, 원고가 불량묘목을 몇 주나 버렸는가요.
   다. 묘목이 불량이어서 상당수의 묘목을 버렸다고 하면서 위 13,000주의 1.6%에 불과한 200주(36,000원 = 200주 × 주장 180원)만을 이식한 경위는 무엇인가요.
   라. 증인은 피고가 원고에게 위 200주의 묘목을 무상으로 주었다는 사실을 아는가요.
2. 주신문 제5항에 대하여
   가. 증인은 묘목을 이식할 때 묘목에 물을 주거나, 묘목을 약물에 담가 이식한 사실이 전혀 없다고 하였는데, 이러한 사실을 어떻게 아는가요.
   나. 피고로부터 묘목을 공급받은 다른 농가에서는 묘목을 이식하기 전에 뿌리를 상하게 하는 '청고병과 역병' 등에 대비하여 살균제의 일종인 '포름'등을 물에 희석시켜 묘목 뿌리를 담근 후 이식하고 있다는 사실을 아는가요.
   다. 그런데, 원고만이 살균제를 섞은 물에 묘목뿌리를 담그지 않고 이식을 하였다는 것인가요.
3. 주신문 제 6항에 관하여
   증인이 언급한 영양제(1,000cc)는 뿌리의 성장을 돕는 발근제로 피고가 무상으로 원고에게 준 것임에도 불구하고, 마치 불량묘목을 납품하였기 때문에 위 영양제를 준 것처럼 호도하고 있는데, 그 이유는 무엇인가요.

4. 주신문 제 7, 8항에 관하여
   가. 증인은 피고가 불량묘목을 납품한 관계로 묘목이 정상적인 성장을 하지 못하여 시들고, 이로 인하여 원고가 열매를 수확할 수가 없어 막대한 손해를 보았다고 하였나요.
   나. 그러나 20OO년 7월경 피고와 동행한 묘목전문가인 소외 OOO가 진단한 바에 의하면, 원고는 하우스내 토양은 물을 너무 과다하게 주어서인지 습한 상태였고, 비료를 많이 뿌렸는지 비료가 토양에 흡수되어 양분화가 되지 않고 굳어있는 상태였으며, 이로 인하여 묘목뿌리가 갈면(갈색으로 변함)하여 제대로 양분을 흡수하지 못하고 잎이 시들어 열매가 맺지 않은 것이라고 진단한 사실을 아는가요.
   다. 이는 묘목에 문제가 있는 것보다 토양의 상태나, 묘목관리에 그 주된 원인이 있다고 진단하였는데, 이러한 사실을 아는가요.
5. 증인은 원고의 부탁으로 토마토 묘목의 이식만 도와주었을 뿐인데, 어떻게 이식한 뒤 3개월 후의 묘목 성장상태까지 상세하게 알고 있는가요.

[증인반대 신문사항 서식 4]

(20OO가단 OOO)

증인 OOO에 대한 반대 신문사항

1. 주신문 제 1항에 대하여
   증인은 원고와는 어떻게 알고 지내는 사이인가요.
2. 주신문 제 2내지 4항에 대하여
   가. 피고와 OOO가 증인을 찾아와 원, 피고간의 동업관계를 얘기하며 OOO와의 거래장부를 볼 수 있냐고 하였는가요.
   나. OOO의 대표자인 피고에게 거래장부를 보여 주지 않은 이유는 무엇인가요.
   다. 증인이 거래장부를 보여주지 않아 다소 언성이 높아진 것이 소란이나 무리라고 할 수 있는가요.
3. 주신문 제 5, 6항에 대하여
   가. 원고가 주기로 한 2,000만원에 5,000만원을 추가로 달라고 하였는가요. 아니면

합해서 5,000만원을 달라고 하였는가요.

나. 피고 등의 5,000만원의 재정산에 대해 원고가 수용은 하는데 지금은 돈이 없어 받아들일 수 없을 것이라는 말인가요.

4. 7항에 대하여

가. 피고 등이 거래처를 돌아다니며 어떻게 소란을 피웠다는 것인가요.
증인이 직접 목격하였거나 OOO의 거래처로부터 들은 사실이 있는가요.
(있다면)
구체적인 일시, 장소, 상대는 누구였는가요.

나. 증인은 원고가 피고에게 처음에는 동업기간 동안 손해만 봤다며 투자금만 받고 OOO를 양도하라고 한 사실을 알고 있는가요.

다. 증인은 피고가 OOO의 제품 납품에 관한 화물운송내역을 확인하면서 원고의 위 영업 손해 주장이 사실과 다르다는 것을 알고 구체적이고 정확한 거래내역을 확인하기 노력한 사실을 아는가요.

라. 피고 등이 증인에게 OOO의 영업수지가 적자라는 것은 믿을 수 없다며 차라리 5,000만원을 줄 것이니 원고가 피고에게 OOO를 양도해 줄 것을 원고에게 전해 달라고 말한 사실이 있는가요.

위 제안에 대해 원고의 대답은 무엇이었는가요.

5. 8내지 9항에 대하여

가. 20OO. 11. 14. 합의 당시까지도 증인이 가지고 있는 거래장부 등을 제시하면서 정산을 한 사실은 없지요.

나. 투자금만 주는 조건의 최초의 합의 이후 위 2차 합의시까지 원고가 피고에게 영업수지를 확인할 수 있는 자료를 제시하지 않은 사실을 증인은 알고 있는가요.

다. 증인이 가지고 있는 OOO의 거래장부를 피고에게 공개한 사실이 있는가요.

6. 기타 필요한 사항

증인은 20OO. 2. 14. 법원으로부터 OOO의 거래내역에 관련한 서류를 제출하여 줄 것을 요청 받은 사실이 있는가요.
위 서류를 지금까지 제출하지 않은 이유는 무엇인가요.

[증인반대 신문사항 서식 5]

(20OO가단 OOO)

증인 OOO에 대한 반대 신문사항

1. 증인은 이 사건 사고발생 당시 사고지점과 어느 정도의 거리에서 원고가 추락하는 것을 보았는지요.
2. 피고회사의 현장소장인 소외 OOO는 원고 및 증인을 포함한 이 사건 추락사고가 발생한 건축공사장현장의 일용근로자들에게 작업이 있는 날마다 빠짐없이 작업시작 30분전에 안전교육을 실시한 사실이 있는지요.
3. 증인은 원고가 이 사건 사고가 발생한 당시 날씨가 무덥다는 이유로 현장소장인 소외 OOO의 안전교육에서 지시한 안전장비착용지시를 위반하여 안전모를 착용하지 않은 것을 본 사실이 있는지요.
4. 증인은 이 사건 사고가 발생하기 1시간 전에 행해진 간식시간에 원고가 현장소장인 소외 OOO의 안전교육에서 지시한 음주금지의 지시에 위반하여 술을 마시는 것을 본 사실이 있는지요.
5. 증인은 이 사건 사고발생 당시 원고가 현장소장인 소외 OOO의 지시대로 이 사건 사고발생의 원인이 된 패널을 디디기 전에 패널의 안전을 확인하는 것을 본 사실이 있는지요.
6. 기타 필요한 사항

[증인반대 신문사항 서식 6]

(20OO가단 OOO)

증인 OOO에 대한 반대 신문사항

1. 원고는 남편 OOO과 함께 전남 OO읍에서 수년간 'OO마트'라는 상호로 마트 두 곳을 운영해 온 사람이지요.
2. 증인은 원고를 피고(피고직원, 이하 '피고'라고 함)에게 전남 OO에서 7억원 정도를 가진 재산가로서 마트를 운영할 능력이 충분한 사람으로 소개하였지요.

3. 당시 증인은 피고에게, 원고가 7억원을 가지고서 OO광역시에 있는 마트를 인수하려고 하였다가 실패한 적이 있다는 말도 하였지요.
4. 증인은 당시 5억원을 가진 전남 여수 사람이 이 사건 상가건물을 분양받으려고 피고 사무실에 자주 오는 것을 알고 있었지요.
5. 원고는 이 사건 매매계약 체결과정에서 본인의 사정으로 여러 번 계약조건을 변경하였지요.
6. 이에 따라 매매대금도 당초 20억원에서 2,087,688,500원으로 변경된 것이지요.
7. 다만 계약금 2억원은 그대로 유지하였지요.
8. 원고는 남편 OOO 명의로 위 상가건물에 사업자등록을 한 후 계약금 2억원에 대해 OOO세무서로부터 부가세를 환급받았지요.
9. 피고는 원고에게 잔금을 대출받을 수 있는 방법으로 농협 OO자금 무이자 대출과 OOOO자금 대출 및 농협중앙회, OO신협, OO은행 대출 등을 소개하였지요.
10. 그러자 원고는 대출을 가장 많이 받을 수 있는 은행권대출을 하겠다면서 OO은행으로부터 대출을 받겠다고 하였지요.
11. 이후 원고는 피고와 함께 OO은행 OO지점을 들러 대출상담 및 서류 접수를 하였지요.
12. 그런데, 원고는 갑자기 OO은행 OO지점 및 피고에게 대출을 없었던 것으로 하자고 연락하였고, 피고에게 이 사건 매매계약을 해제하겠다고 통보하였지요.
13. 기타 필요한 사항

[당사자(원고)본인 신문사항 서식 1]

(20OO가단 OOO)

당사자(원고) 본인 신문사항

1. 원고는 이 사건 부동산 매매계약체결 당시에 이 사건 부동산등기부등본과 피고 명의로 된 위임장, 인감증명서 등을 확인하였던 사실이 있었나요.
2. 위 당시에 피고 명의로 된 인감증명서는 누가 발급받았던 것이었던가요.
3. 원고는 피고에게 이 사건 부동산 매매계약 위임여부 및 매매사실을 확인해 보았던 사실이 있었나요.
4. 원고는 이건 부동산에 대한 매매대금을 누구에게 지급하였나요.

5. 원고는 소외 OOO으로부터 이건 부동산 매입 후 피고에게서 이건 부동산 매매계약 위임 및 사실을 확인하지 않는 이유는 무엇 때문인가요.
6. 기타 필요한 사항

[당사자(피고)본인 신문사항 서식 2]

(20OO가단 OOO)

당사자(피고) 본인 신문사항

1. 피고는 20OO. 11.경 유흥주점 마담으로 종사하고 있을 때 성명 미상의 주인언니 심부름으로 원고가 운영하고 있는 "OOOO"이라는 상호의 무당집에 처음 가게 되었지요.
2. 위 무당집의 무당인 소외 OOO(여자인데도 일명 OOO라고 호칭)는 피고의 얼굴을 살피면서 사주를 봐 줄 것이니 생년월일을 가르쳐 달라고 하여 피고가 생년월일 가르쳐 주자 피고에게 돌아가신 조상들이 들어오는 복을 가로막고 있으므로 굿을 하라고 권유하였지요.
3. 피고는 자신이 어렵게 살아가고 있는 점이 사주에서 나온 점괘와 어느 정도 일치하고, 호기심도 있고 하여 굿을 하기로 결정하고 약 1년간 5-6회에 걸쳐 굿을 하였지요.
4. 무당인 OOO는 피고에게 굿을 하면 많은 돈을 벌고 좋은 남자를 만나는 등 향후 인생이 더 없이 좋아 진다고하여 피고는 굿을 하게 되었지요.
5. 소외 OOO와 굿을 할 때 장고와 북을 치는 원고(OOO의 보조)는 피고가 굿을 함에 있어 한 번하면 효과가 없으므로 지속적으로 하여야 한다고 하였지요.
6. 소외 OOO 및 원고는 피고에게 돈을 건네주면서 위 돈을 법당에 재물로 바치라고 하는 등으로 굿을 진행하였지요.
7. 피고는 원고 등에게 굿 대금으로 약간의 돈을 지급하였고 후일 일이 잘 풀리면 돈을 추가로 돈을 지급하려고 하였으나 일이 잘 풀리지 아니하여 수고비를 지급치 못하였지요.
8. 원고는 같은 무당집에서 일하고 있는 사람들을 동원하여 피고에게 굿 대금을 지급하라고 협박하면서 이 사건 차용증 이외에도 2회에 걸쳐 차용증을 받아 갔지요.
9. 원고는 피고의 집으로 OOO의 제자라고 하는 소외 OOO이라는 사람을 보내 영업

을 못하게끔 소란을 피우고 협박하여 피고는 하는 수 없이 별일 없을 것으로 생각하고 자포자기 상태에서 차용증서를 작성하여 주었던 것이지요.

10. 피고는 위 박OO로부터 수회에 걸쳐 협박을 받아 같은 술집에 근무하고 있던 상무 이OO을 불러 도움을 요청하였는데 위 이OO은 술집 영업을 하여야 하므로 그냥 작성하여 주라고 하여 피고는 하는 수 없이 차용증을 작성하여 주었지요.
11. 위 이OO은 피고의 요청에 의하여 이 사건 증인으로 출석하여 당시 강박상태였던 상황에 대하여 증언을 하여 주기로 하였는데 갑자기 요즈음 몸이 좋지 않고 구설수에 오르기 싫다고 하면서 증언을 거부하고 있지요.
12. 피고는 자신의 억울한 점을 밝히기 위하여 당사자 신문을 하게 되었지요.
13. 피고는 결코 원고로부터 이 사건 차용증서와 같이 돈을 차용한 사실이 없지요.
14. 기타 필요한 사항

[감정인 신문사항 서식]

(20OO가단 OOO)

감정인 OOO에 대한 신문사항

1. 감정인 OO대학교 부속병원 정형외과 전문의로 20OO. O. O.에 피감정인 OOO에 대한 신체감정을 실시한 사실이 있었지요.
2. 그 당시에 감정인은 위 피감정인에 대한 신체감정촉탁서에 첨부된 치료병원의 방사선 사진, 진료기록부 등 참고자료를 참고한 사실이 있는가요.
3. 갑 제3호증 진료기록부에 의하면 위 피감정인은 이건 사고로부터 약 3년 전인 20OO. O. O.경에 친구와 싸워 각목에 맞아 이건 사고로 인한 수상부위인 우측팔 복잡골절의 상해를 입은 사실이 있는 것으로 기재되어 있는데, 감정인은 이건 신체감정에서 위에서와 같은 기왕증 관여도를 판단하지 않은 이유는 무엇 때문이었나요.
4. 비록 이건 사고로 인한 손상부위와 종전 손상부위는 복잡골절로 동일위치는 아니라고 하더라도 종전 손상부위는 복잡골절로 금속성 고정술을 시행하여 현재까지 그 금속성 제거술을 시행치 않고 있는 상태이지요.
5. 피감정인에게 기왕증의 기여도가 인정된다면 어느 정도 되는 것인가요.
6. 기타 참고사항

[공시송달신청서 양식]

공 시 송 달 신 청

사 건 20OO가단 OOO 대여금
원 고 OO축산업협동조합
피 고 O O O

위 사건에 관하여 피고는 주민등록상 등재된 주소지에 소송서류를 송달하였으나 이사불명이란 사유로 송달불능되었는 바, 사실상 주민등록상 등재된 주소지에 거주하지 않고 있으며, 기타 거소 또는 송달할 장소를 알지 못하여, 통상의 방법으로는 위 사건에 관한 관계서류가 송달이 되지 않으므로, 민사소송법 제195조 소정의 공시송달을 신청합니다.

첨 부 서 류

1. 주민등록초본 1통

20OO. O. .

위 원고 OO축산업협동조합
조합장 O O O (인)

O O 지 방 법 원 O O 지 원 귀 중

[접수방법]

제출법원	소송계속법원
제출부수	신청서 1부

관련법규	민사소송법 제194조~제196조
요　건	당사자의 주소 또는 근무장소를 알 수 없는 경우 또는 외국에서 하여야 할 송달에 관하여 제191조(외국에서 하는 송달방법)의 규정에 따를 수 없거나 이에 따라도 효력이 없을 것으로 인정되는 경우에는 재판장은 직권으로 또는 당사자의 신청에 따라 공시송달을 명할 수 있음(민사소송법 제194조).

[공시송달신청서 양식] 소장과 함께 제출하는 경우

공 시 송 달 신 청

사　건　　대여금청구의 소
원　고　　○ ○ ○
피　고　　○ ○ ○

위 사건에 관하여 원고는 피고가 주소를 OO시 OO구 OO로 OO(OO동)에 두고 있으나 장기간 거주하지 아니하고 주민등록이 말소되었을 뿐만 아니라, 현재 소재불명으로 더 이상 피고의 거주지나 송달장소를 알 수 없어 공시송달의 방법에 의하지 않고서는 송달이 불가능하므로 소장제출과 함께 공시송달을 신청하오니 허가하여 주시기 바랍니다.

첨부 : 직권 말소된 주민등록표등본(피고)　　　　1부

2000. O. .

위 원고 ○ ○ ○ (인)

O O 지 방 법 원 귀 중

[접수방법]

제출법원	소송계속법원
제출부수	신청서 1부

관련법규	민사소송법 제194조~제196조
요 건	당사자의 주소 또는 근무장소를 알 수 없는 경우 또는 외국에서 하여야 할 송달에 관하여 제191조(외국에서 하는 송달방법)의 규정에 따를 수 없거나 이에 따라도 효력이 없을 것으로 인정되는 경우에는 재판장은 직권으로 또는 당사자의 신청에 따라 공시송달을 명할 수 있음(민사소송법 제194조).

[공시송달신청서 양식] 의사표시

의사표시의 공시송달신청서

신 청 인 ○ ○ ○ (○○○○○○-○○○○○○○)
○○시 ○○구 ○○로 ○○(○○동) (우 :)
전화 · 휴대폰번호 :
팩스번호, 전자우편(e-mail) 주소 :

상 대 방 ○ ○ ○ (○○○○○○-○○○○○○○)
○○시 ○○구 ○○로 ○○(○○동) (우 :)
전화 · 휴대폰번호 :
팩스번호, 전자우편(e-mail) 주소 :

신 청 취 지

신청인의 소유인 ○○시 ○○구 ○○동 ○○○ 임야 ○○○㎡에 대하여 신청인과 상대방 사이에 매매대금 10,000,000원으로 정하여 체결한 20○○. ○. ○.자 매매계약에 관하여, 신청인이 상대방에게 할 계약해제의 의사표시를 기재한 별지 계약해제통고서를 공시송달할 것을 명한다.
라는 재판을 구합니다.

신 청 원 인

1. 신청인은 상대방과 20○○. ○. ○. 신청인 소유의 ○○시 ○○구 ○○동 ○○○ 임야 ○○○㎡에 대하여 매매대금 10,000,000원으로 정하여 매매계약을 체결하면서 계약금 1,000,000원은 지급받고 중도금 4,000,000원은 같은 해 ○. ○, 잔금 5,000,000원은 같은 해 ○. ○.에 지급받기로 약정하고 상대방의 잔금지급과 동시에 소유권이

전등기에 필요한 서류를 교부해주기로 약정하였습니다.

2. 그런데 상대방은 신청인에게 계약금만 계약당일 지급하고, 잔금지급기일이 수개월 경과하도록 아무런 연락도 없이 약정한 중도금 및 잔금을 지급하지 아니하여 신청인은 상대방에게 이 건 매매계약을 해제한다는 의사표시를 하기 위해 계약해제통지서를 작성하여 계약서상의 주소지로 내용증명우편으로 우송하였으나, 피고는 위 주소지에 살지 아니하고 실제 거주하는 거주지를 알 방법이 없어 계약해제통고를 할 방법이 없습니다.

3. 따라서 별지의 계약해제통고서를 민사소송법 제194조에 따른 공시송달로서 송달하여 주시기를 민법 제113조에 따라 신청합니다.

첨 부 서 류

1. 매매계약서 사본 1통
1. 계약해제통고서 사본 1통
1. 반송봉투 사본 1통
1. 말소된 주민등록표등본 1통

20○○. ○. .

위 신청인 ○ ○ ○ (인)

○○지방법원 귀중

[별 지]

통 고 서

발신인 : ○ ○ ○
○○시 ○○구 ○○로 ○○(○○동)

수신인 : ○ ○ ○
○○시 ○○구 ○○로 ○○(○○동)

통 고 내 용

1. 본인은 귀하와 20OO. O. O. 본인 소유의 OO시 OO구 OO동 OO 임야 OOO㎡를 매매대금 10,000,000원으로 정하여 귀하에게 매도하기로 하는 부동산매매계약을 체결하면서, 계약금 1,000,000원은 계약당일, 중도금 4,000,000원은 20OO. O. O. 잔금 5,000,000원은 20OO. O. O.에 지급받기로 약정하고 귀하의 잔금지급과 동시에 본인은 위 임야의 소유권이전등기에 필요한 서류를 교부해주기로 약정하였습니다.

2. 그런데 귀하는 본인에게 계약당일 계약금만 지급하고서 중도금 및 잔금을 잔금지급일이 지난 지금까지 아무런 연락도 없이 약정한 중도금 및 잔금을 지급하지 아니하고 있으므로 본인은 귀하에게 위 임야의 매매대금 중 계약금 1,000,000원을 제외한 중도금 및 잔금의 합계금 9,000,000원을 20OO. O. O.까지 지급할 것을 통고하며, 귀하가 그 기일을 어길 때에는 위 매매계약은 당연히 해제되는 것임을 양지하시기 바랍니다.

20OO. O. .

통고인 O O O (인)

O O O 귀 하

[공시최고신청서 양식] 자기앞수표 분실

공 시 최 고 신 청

신 청 인 O O O (OOOOOO-OOOOOOO) (전화 :)
OO시 OO로 OO(OO동) (우 :)

자기앞수표 공시최고신청사건

증서의 중요한 취지

별지 목록 기재 같음

신 청 취 지

별지 목록기재 증서에 대하여 민사소송법 제481조에 의한 공시최고기일내에 권리의 신고가 없을 때에는 무효선언의 제권판결을 한다.
라는 재판을 구합니다.

신 청 원 인

신청인은 신청취지 기재의 자기앞수표의 최후소지인인 바, 20OO. O. O. 08 : 30경 전남 OO군 OO면 OO리, OO리간 버스 내에서 신청인의 부주의로 분실하였는 바, 위 분실사실을 확인한 후, 곧바로 이를 찾기 위해 사방으로 탐색 및 신고하였으나 위 수표를 찾지 못하였으므로, 부득이 위 수표의 무효를 선고하는 공시최고 신청을 합니다.

첨 부 서 류

1. 주민등록등본 1통
1. 미지급확인서 1통
1. 분실신고접수증 1통

20OO. O. .

위 신청인 O O O (인)

O O 지 방 법 원 O O 지 원 귀중

목 록 (2-1)

1. 종 류 : 자기앞수표 2매
1. 수표번호 : 거바 OOOOOOO ~ 거바 OOOOOOO
1. 액 면 금 : 각 일십만원권 (총 이십만원)
1. 발 행 일 : 20OO. O. O.
1. 발 행 지 : 불명
1. 지 급 지 : 불명
1. 발행인 및 지급장소 : OO농업협동조합

1. 최후소지인 : ○ ○ ○

－ 이 상 －

목 록 (2–2)

1. 종 류 : 자기앞수표 7매
1. 수표번호 : 거바 0000000 ~ 거바 0000000
1. 액 면 금 : 각 일십만원권 (총 칠십만원)
1. 발 행 일 : 20○○. ○. ○.
1. 발 행 지 : 불명
1. 지 급 지 : 불명
1. 발행인 및 지급장소 : ○○농업협동조합
1. 최후소지인 : ○ ○ ○

－ 이 상 －

[주] 공시최고

1. 의의 및 종류

법원이 당사자의 신청에 의하여 불특정 상대방에 대하여 청구, 또는 권리의 신고를 할 것을 최고하고 그 신고가 없으면 실권의 효력이 생길 수 있다는 취지의 경고를 붙여 공고하는 재판상의 최고를 말하며, 권리신고가 없으면 최고에 의하여 경고한 실권을 제권판결로서 선고하는 절차로써 여기서는 실무상 대부분을 차지하고 있는 증서의 무효선고를 위한 공시최고만을 살펴보기로 한다.

2. 증서의 무효선고를 위한 공시최고

증권이나. 증서를 도난, 분실, 멸실당한 때에는 최종소지인은 제권판결을 받은 후 판결문을 은행 등에 제시하여 그 지급을 구할 수 있다. 즉 유가증권(어음, 수표, 주권, 국채증권 및 그 이권, 화물상환증 사채권, 지하철도채권, 전신전화채권, 국민주택채권, 징발보상증권, 농어촌지역개발채권, 남북협력기금채권 등)의 제권판결문이 증서의 역할을 하게 된다.

3. 관할 법원

– 실권될 권리자의 보통재판적이 있는 지방법원(민사소송법 제476조 제1항)
– 이행지의 표시가 있는 경우 : 이행지 법원(어음, 수표의 지급지, 화물상환증의 도착지)
– 이행지의 표시가 없는 경우 : 발행인의 주소지 지방법원(민사소송법 제476조 제1항, 제2항)

4. 필요한 서면 등
   - 신청서
   - 정부수입인지 : 1,500원(신청서용 1,000원, 접수증명서용 500원)
   - 송달료 : 13,500원(당사자수 × 3회 × 4,500원)
   - 신문공고료는 별도
   - 분실신고접수증, 미지급(미제시)증명서 : 약속어음, 당좌수표, 가계수표의 경우 신청인과 발행인이 다른 경우 증권발행증명서 및 인감증명서(법인의 경우 법인등기사항증명서)이 필요하며, 증권의 사본이 있는 경우 증권의 사본으로 가능하고. 주권인 경우 주권발행증명서 및 발행회사의 법인등기사항증명서가 필요하다.
   - 신청인의 신분증 및 도장
     (* 대리인이 제출하는 경우 인감도장이 찍힌 위임장과 인감증명서 각 1부 제출)
5. 공시최고신청 전에 해야 할 일
   가. 발행지, 지급지 은행에 사고신고를 접수한 다음 자기앞수표의 경우 미지급증명서(또는 미제시증명서)를 발급 받는다.
   나. 분실이나 도난의 경우 분실이나 도난이 발생한 장소의 관할 경찰관서에서 분실신고접수증을 발급 받음. 화재의 경우 화재장소를 관할하는 소방관서에서 화재증명서를 발급 받음(* 분실, 도난에 대한 신문공고문으로 대체할 수 있음).

[공시최고신청서 양식] 자기앞수표 분실

공 시 최 고 신 청

신 청 인 　 ○ ○ ○ (○○○○○○-○○○○○○○) 　 (전화 : 　)
　　　　　 전남 ○○군 ○○면 ○○로 ○○ 　 (우 : 　)

자기앞수표 공시최고신청사건

증서의 중요한 취지

별지 목록 기재 같음

신 청 취 지

별지 목록기재 증서에 대하여 민사소송법 제481조에 의한 공시최고기일내에 권리의 신고가 없을 때에는 무효선언의 제권판결을 한다.
라는 재판을 구합니다.

신 청 원 인

신청인은 신청취지 기재의 자기앞수표의 최후소지인인 바, 20OO. O. O. 14:00경 전남 OO군 OO면 OO리 앞 노상(장터)에서 물품을 구입하던 중 100만원권 자기앞 수표 3매, 액면금 총액 3,000,000원 상당을 지갑과 함께 분실하였으므로, 부득이 위 수표의 무효를 선고하는 공시최고 신청을 합니다.

첨 부 서 류

1. 미지급증명서 1통
1. 분실신고접수증 1통
1. 송달료납부서 1통

20OO. O. .

위 신청인 O O O (인)

O O 지 방 법 원 O O 지 원 귀 중

목 록

1. 종 류 : 자기앞수표 3매
1. 수표번호 : 가나 OOOOOOO가나 OOOOOOO
가나 OOOOOOO
1. 액 면 금 : 각 일백만원권 (총 삼백만원)
1. 발 행 일 : 20OO. O. O.
1. 발 행 지 : 백이지
1. 지 급 지 : 백이지
1. 발행인 및 지급장소 : OO군수산업협동조합 OO지점
1. 최후소지인 : O O O

- 이 상 -

[공시최고신청서 양식] 가계수표 분실

공 시 최 고 신 청

신 청 인　　○　○　○ (○○○○○○-○○○○○○○)　　(전화 :　　　)
　　　　　　○○시 ○구 ○○로 ○○(○○동)　　　　(우 :　　　)

가계수표 공시최고신청사건

증서의 중요한 취지

별지 목록 기재 같음

신 청 취 지

별지 목록기재 증서에 대하여 민사소송법 제481조에 의한 공시최고기일내에 권리의 신고가 없을 때에는 무효선언의 제권판결을 한다.
라는 재판을 구합니다.

신 청 원 인

신청인은 신청취지 기재의 가계수표의 최후소지인인 바, 동 가계수표를 20○○. ○. ○.경 ○○시 ○구 도매시장에서 물품을 구입하던 중 신청인의 부주으로 지갑과 함께 분실하였으므로, 부득이 위 수표의 무효를 선고하는 공시최고 신청을 합니다.

첨 부 서 류

1. 미지급증명서　　　1통
1. 발행증명원　　　1통
1. 분실신고접수증　　　1통
1. 송달료납부서　　　1통

20○○. ○.　.

위 신청인 ○ ○ ○ (인)

○○지방법원 ○○지원 귀중

목 록

1. 종 류 : 가계수표
1. 수표번호 : 아바 OOOOOOOO
1. 액 면 금 : 2,500,000원
1. 발 행 인 : O O O
1. 발 행 일 : 20OO. O. O.
1. 발 행 지 : 백이지
1. 지 급 지 : 백이지
1. 지급장소 : 농업협동조합중앙회 OO군지부
1. 최후소지인 : O O O

– 이 상 –

발 행 증 명 원

1. 종 류 : 가계수표
1. 수표번호 : 아바 OOOOOOOO
1. 액 면 금 : 2,500,000원
1. 발 행 인 : O O O
1. 발 행 일 : 20OO. O. O.
1. 발 행 지 : 백이지
1. 지 급 지 : 백이지
1. 지급장소 : 농업협동조합중앙회 OO군지부
1. 최후소지인 : O O O

상기와 같이 발행하였음을 증명합니다.

20OO. O. O.

발행인 O O O (인)

[공시최고신청서 양식] 약속어음 분실

공 시 최 고 신 청

신 청 인 ○ ○ ○ (○○○○○○-○○○○○○○) (전화 :)
전남 ○○군 ○○읍 ○○로 ○○ (우 :)

약속어음 공시최고신청사건

증서의 중요한 취지

별지 목록 기재 같음

신 청 취 지

별지 목록기재 약속어음에 대하여 민사소송법 제481조에 의한 공시최고기일내에 권리의 신고가 없을 때에는 무효선언의 제권판결을 한다.

신 청 원 인

신청인은 신청취지 기재의 약속어음의 최종 소지인인 바, 위 약속어음중 별지목록 (3) 기재 약속어음 2매는 20○○. ○. ○. 장소 불상의 길에서 지갑과 함께 분실하였고, 별지 목록 (1), (2) 기재 약속어음 2매는 20○○. ○. ○. 전남 ○○군 ○○읍 ○○로 ○○ 소재, ○○산업주식회사 공장의 화재발생 당시 사무실비품을 옮기면서 분실하였으므로, 부득이 위 약속어음의 무효를 선고하는 공시최고 신청을 합니다.

첨 부 서 류

1. 미지급증명원 3통
1. 약속어음발행사실증명원 1통
1. 분실신고접수증 1통
1. 공고료납부서 1통
1. 송달료납부서 1통

20○○. ○. .

위 신청인 O O O (인)

O O 지 방 법 원 O O 지 원 귀 중

목 록(1)

1. 종　　류 : 약속어음
1. 번　　호 : 자가 OOOOOOO
1. 액 면 금 : 50,000,000원
1. 발 행 인 : OO유한회사, OOO
1. 발 행 일 : 20OO. O. O.
1. 발 행 지 : 백　지
1. 지급기일 : 20OO. O. O.
1. 지 급 지 : 백　지
1. 지급장소 : OO군수산업협동조합
1. 최후소지인 : O O O

목 록(2)

1. 종　　류 : 약속어음
1. 번　　호 : 자가 OOOOOOO
1. 액 면 금 : 60,000,000원
1. 발 행 인 : OO유한회사, OOO
1. 발 행 일 : 20OO. O. O.
1. 발 행 지 : 백　지
1. 지급기일 : 20OO. O. O.
1. 지 급 지 : 백　지
1. 지급장소 : OO군수산업협동조합
1. 최후소지인 : O O O

목　　록(3)

1. 종　　류 : 약속어음
1. 번　　호 : 자가 OOOOOOO, 자가 OOOOOOOO
1. 액 면 금 : 각 일천만원권 (총 이천만원)
1. 발 행 인 : OO유한회사, OOO
1. 발 행 일 : 백　지
1. 발 행 지 : 백　지
1. 지급기일 : 20OO. O. O.(어음책을 교부받은 날임)
1. 지 급 지 : 백　지
1. 지급장소 : OO군수산업협동조합
1. 최후소지인 : O O O

접 수 증 명 원

신 청 인　O　O　O

위 신청인의 별지 목록 기재증서에 관한 공시최고신청서가 20OO.　.　. 귀원 20OO카공　　호로 접수되었음을 증명하여 주시기 바랍니다.

20OO. O.　.

위 신청인　O　O　O　(인)

O O 지 방 법 원　O O 지 원　귀 중

공시최고제출증명원

신 청 인　ㅇ　ㅇ　ㅇ
　　　　　OO광역시 O구 OO로 OO(OO동)

별지 목록 기재 수표에 관하여 공시최고 신청이 귀원 20OO카공　　　호로 이미 제출된 사실을 증명하여 주시기 바랍니다.

20OO. O.　.

위 신청인　ㅇ　ㅇ　ㅇ　(인)

OO지방법원 OO지원 귀중

[이의신청포기서 양식]

이 의 신 청 포 기 서

사　　건　20OO차 OOO호 대여금
채 권 자　OO신용협동조합
채 무 자　ㅇ　ㅇ　ㅇ

위 사건에 관하여 귀원으로부터 채무자는 20OO. O. O. 지급명령정본을 송달받았으나, 동 채무에 대하여 이의를 제기할 아무런 이유가 없으므로 본 신청서를 제출합니다.

첨 부 서 류

1. 위임장　　　　　　1통

20OO. O.　.

위 채무자 O O O (인)

OO지방법원 OO지원 OO군법원 귀 중

[주] 포기서 제출 즉시 확정됨

[승계집행문부여신청서 양식] 상속인

승 계 집 행 문 부 여 신 청

사 건 20OO가소 OOOO 대여금

원 고 O O O (OOOOOO-OOOOOOO)
전남 OO군 OO읍 OO로 OO (우 :)

피 고 (망) O O O (OOOOOO-OOOOOOO)
최후주소 : 전남 OO군 OO읍 OO로 OO
집행권원상주소 : 전남 OO군 OO읍 OO로 OO

피고승계인(상속인) (1) O O O
전남 OO군 OO읍 OO로 OO (우 :)
(2) O O O
전남 OO군 OO읍 OO로 OO (우 :)

위 사건에 관하여 귀원에서 20OO. O. O. 선고한 원고승소팔결이 이미 확정되고, 피고 OOO은 20OO. O. O. 사망하여, 위 상속인들은 그 지위를 승계하였으므로, 위 승계인에 대하여 강제집행을 위하여 집행력있는 승계집행문을 1통을 부여하여 주시기 바랍니다.

첨 부 서 류

1. 제적등본 O통(각 상속인용 포함)
1. 가족관계증명서 O통(각 상속인용 포함)
1. 위임장 1통

2000. O. .

위 원고 O O O (인)

OO지방법원 OO지원 OO시법원 귀 중

[주] 승계집행문 부여신청

1. 의 의

   판결, 지급명령, 이행권고결정 등에 표시된 원고(채권자)의 승계인이 집행하거나, 판결 등에 표시된 피고(채무자)의 승계인에 대한 집행을 하고자 하는 때에 재판상의 명령(허가)을 받아, 피고(채무자) 또는 승계인의 재산에 대하여 집행하기 위한 경우이다(민사집행법 제21조). 승계는 포괄승계이든 특정승계이든 불문한다.

2. 관할 법원

   소송기록을 보관하는 법원

3. 승계의 시점 기준

   사실심 변론종결 후 임을 요한다(변론없이 종결된 판결의 경우에는 판결선고 후)

4. 첨부할 서면 등

   - 승계집행문부여신청서(인지 500원 첨부)
   - 송달료(우표) : 피고 또는 피고의 승계인수×2×4,500원
   - 당사자인 법인이 합병되어 법인번호가 변경되거나 새로운 법인이 신설된 경우에는 법인번호 변경 또는 합병사실이 나타나는 법인등기사항증명서
   - 당사자가 사망한 경우에는 상속인의 제적등본 및 폐쇄등록부에 대한 등록사항별 증명서, 가족관계증명서
   - 채권양도인 경우에는 채권양도증서, 채무자의 승낙서 또는 양도인이 채무자에게 통지한 내용증명
   - 면책적 채무인수인 경우에는 원고(채권자), 피고(채무자) 및 인수인 등에 의하여 성립된 계약서
   - 판결에 의하여 전부명령을 받은 경우에는 전부명령의 정본 또는 등본, 확정증명
   - 대위변제한 경우에는 변제영수증 또는 임의대위인 경우에는 원고(채권자)의 승낙서, 대위변제를 함에 있어서 원고(채권자)가 피고(채무자)에게 통지한 사실을 증명하는 서면 또는 피고(채무자)의 대위승낙서
   - 당사자 또는 승계인을 위하여 청구한 목적물을 소지하는 자에 대하여 강제집행을 하고자 할 때에는 본인을 위하여 목적물을 보관하고 있는 수취인, 창고업자 또는 운송인이라는 사실을 증명하는 서면

[승계집행문부여신청서 양식] 상속인

승계집행문부여신청

사 건 20OO가소 OOO 대여금

원 고 O O O (OOOOOO-OOOOOOO)
전남 OO군 OO읍 OO로 OO (우 :)

피 고 (망) O O O (OOOOOO-OOOOOOO)
최후주소 : 전남 OO군 OO읍 OO로 OO
집행권원상주소 : 전남 OO군 OO읍 OO로 OO

피고승계인(상속인) (1) O O O
전남 OO군 OO읍 OO로 OO (우 :)
(2) O O O
전남 OO군 OO읍 OO로 OO (우 :)

위 사건에 관하여 귀원에서 20OO. O. O. 결정한 이행권고결정이 확정되고, 피고 OOO은 20OO. O. O. 사망함으로써, 위 승계인들이 상속인들로서 그 지위를 전부 승계하였으므로, 승계인들에 대하여 집행할 수 있도록 각 상속지분 비율에 따라 승계집행문을 1통을 부여하여 주시기 바랍니다.

첨 부 서 류

1. 제적등본 O통(각 상속인용 포함)
1. 가족관계증명서 O통(각 상속인용 포함)
1. 위임장 1통

20OO. O. .

위 원고 O O O (인)

OO지방법원 OO지원 OO시법원 귀 중

[주] 인지 500원을 붙이며(신청통수에 따라 인지 500원씩 추가), 소정의 송달료와 함께

제출한다.

[승계집행문부여신청서 양식] 대환

승계집행문부여신청

채 권 자 OO농업협동조합 (OOOOOO-OOOOOOO)
전남 OO군 OO면 OO로 OO
조합장 O O O

위 승계인 농업협동조합중앙회 (OOOOOO-OOOOOOO)
OO시 OO구 OO로 OO(OO동) (신용보증기금)
전무이사 O O O
위 업무수탁기관 : OO농업협동조합 (OOOOOO-OOOOOOO)
대표자 조합장 O O O
송달장소 : 전남 OO군 OO면 OO로 OO (OO농협)

채 무 자 O O O (OOOOOO-OOOOOOO)
전남 OO군 OO면 OO로 OO

1. 채권자가 채무자를 상대로 귀원 20OO카단 OOO호 부동산가압류신청사건에 관하여 20OO. O. O. 귀원에서 가압류결정을 하고 20OO. O. O. 가압류집행을 경료되었으나, 그 후인 20OO. O. O. 채무자가 채권자에게 위 가압류결정에 관한 대출금을 서환하면서, 위 채무는 동 일자로 소멸되었고, 위 승계인이 동 대출금을 가지고 20OO. O. O. 농림수산업자 신용보증서 담보대출에 의한 새로운 대출(저리대체자금대출)방식으로 대환처리하였습니다.

2. 따라서 승계인은 채권자의 승계인으로서 보전의 효력을 승계하기 위하여 이 승계집행문을 부여하여 주시기 바랍니다.

첨 부 서 류

1. 대출거래약정서 1통
1. 대출금원장 1통
1. 회수조회표 1통
1. 신용보증신청서 1통

1. 신용보증서 1통
1. 신용보증약정서 사본 1통
1. 법인등기사항증명서 2통
1. 부동산등기사항증명서 2통
1. 위임장 1통

2000. 0. .

위 원고(승계인) 농업협동조합중앙회(신용보증기금)
전무이사 ○ ○ ○
위 업무수탁기관 : OO농업협동조합
대표자 조합장 ○ ○ ○ (인)

OO지방법원 OO지원 OO시법원 귀 중

[주] 인지 500원을 붙이며(신청통수에 따라 인지 500원씩 추가), 소정의 송달료와 함께 제출한다.

[승계집행문부여신청서 양식] 서환

승계집행문부여신청

채 권 자 OO농업협동조합 (OOOOOO-OOOOOOO)
전남 OO군 OO면 OO로 OO
조합장 ○ ○ ○

위 승계인 농업협동조합중앙회 (OOOOOO-OOOOOOO)
OO시 OO구 OO로 OO(OO동) (신용보증기금)
전무이사 ○ ○ ○
위 업무수탁기관 : OO농업협동조합 (OOOOOO-OOOOOOO)
대표자 조합장 ○ ○ ○
송달장소 : 전남 OO군 OO면 OO로 OO (OO농협)

채 무 자 ○ ○ ○ (OOOOOO-OOOOOOO)
전남 OO군 OO면 OO로 OO

위 당사자간 귀원 20OO차 OOO호 구상금 청구의 독촉사건에 관하여 20OO. O. O. 확정된 집행력 있는 지급명령정본을 가지고 있으나, 위 채권은 별지 부동산 목록 기재 부동산에 대하여 가압류 피고가 20OO. O. O. 서환하면서 대출금 OOOO원(미상환원,리금합계액)으로 하여 위 원고 승계인이 그 지위를 승계하였으므로 위 승계인에게 집행력있는 정본을 부여하여 줄 것을 이에 신청합니다.

첨 부 서 류

1. 대출거래약정서 1통
1. 대출금원장 1통
1. 회수조회표 1통
1. 신용보증신청서 1통
1. 신용보증서 1통
1. 신용보증약정서 사본 1통
1. 법인등기사항증명서 2통
1. 위임장 1통

20OO. O. .

위 원고(승계인) 농업협동조합중앙회(신용보증기금)
전무이사 O O O
위 업무수탁기관 : OO농업협동조합
대표자 조합장 O O O (인)

OO지방법원 OO지원 OO시법원 귀 중

[주] 인지 500원을 붙이며(신청통수에 따라 인지 500원씩 추가), 소정의 송달료와 함께 제출한다.

[승계집행문부여신청서 양식] 신설합병

승계집행문부여신청

사 건 20OO카단 OOO 채권가압류
채 권 자 동부농업협동조합 (OOOOOO-OOOOOOO)

전남 OO군 OO읍 OO로 OO
조합장 O O O

위 승계인　서부농업협동조합 (OOOOOO-OOOOOOO)
전남 OO군 OO읍 OO로 OO
조합장 O O O

채 무 자　O O O (OOOOOO-OOOOOOO)
전남 OO군 OO면 OO로 OO

제3채무자　전 라 남 도
송달장소 : 광주 O구 OO로 OO(OO동) 전라남도 교육청
위 교육·학예에 관한 법률상 대표자 교육감 OOO
소관 : OO초등학교

1. 위 사건에 관하여 20OO. O. O. 귀원에서 가압류결정을 하고 채권자는 20OO. O. O. 동 결정문을 송달받았으나 위 채권자 조합은 20OO. O. O. 위 승계인에게 합병되어, 같은 날 신설합병등기를 마치고, 같은 날 채권자 조합은 해산등기되어 소멸함으로써, 서부농업협동조합이 그 지위를 승계하였습니다.

2. 따라서 승계인은 채권자의 승계인으로서 승계집행문을 1통을 부여하여 주시기 바랍니다.

첨 부 서 류

1. 법인등기사항증명서　2통
1. 채권가압류결정정본　1통
1. 위임장　1통

20OO. O. .

위 승계인　서부농업협동조합
조합장 O O O (인)

O O 지 방 법 원　O O 지 원　귀 중

[주] 인지 500원을 붙이며(신청통수에 따라 인지 500원씩 추가), 소정의 송달료와 함께 제출한다.

[승계집행문부여신청서 양식] 신설합병

승계집행문부여신청

사 건 20OO차 OOO 대여금

채 권 자 동부농업협동조합 (OOOOOO-OOOOOOO)
전남 OO군 OO읍 OO로 OO
조합장 O O O

위 승계인 서부농업협동조합 (OOOOOO-OOOOOOO)
전남 OO군 OO읍 OO로 OO
조합장 O O O

채 무 자 O O O (OOOOOO-OOOOOOO)
전남 OO군 OO면 OO로 OO

1. 위 사건에 관하여 채무자는 이미 지급명령이 확정되어서 채권자 조합은 귀원으로부터 집행력 있는 지급명령정본을 교부받았으나, 채권자 조합은 20OO. O. O. 위 승계인에게 신설합병되어, 같은 날 신설합병등기를 마치고, 같은 날 채권자 조합은 해산등기되어 소멸함으로써, 서부농업협동조합이 그 지위를 승계하였습니다.

2. 따라서 승계인은 채권자의 승계인으로서 보전의 효력을 승계하기 위하여 이 승계집행문을 1통을 부여하여 주시기 바랍니다.

첨 부 서 류

1. 법인등기사항증명서 2통
1. 지급명령정본 1통
1. 위임장 1통

20OO. O. .

위 승계인 서부농업협동조합
조합장 O O O (인)

OO지방법원 OO지원 OO시법원 귀 중

[주] 인지 500원을 붙이며(신청통수에 따라 인지 500원씩 추가), 소정의 송달료와 함께 제출한다.

[승계집행문부여신청서 양식] 흡수합병

승계집행문부여신청

사　　건　2000가소 OOO 대여금

채 권 자　동부수산업협동조합 (OOOOOO-OOOOOOO)
전남 OO군 OO읍 OO로 OO
조합장 O O O

위 승계인　서부수산업협동조합 (OOOOOO-OOOOOOO)
전남 OO군 OO읍 OO로 OO
조합장 O O O

채 무 자　O O O (OOOOOO-OOOOOOO)
전남 OO군 OO면 OO로 OO

1. 위 사건에 관하여 귀원에서 2000. O. O. 선고한 판결이 확정되어서 채권자 조합은 이미 집행문을 부여받았으나, 채권자 조합은 2000. O. O. 위 승계인에게 흡수합병되어 소멸하였으므로, 합병후 존속하는 서부수산업협동조합이 그 지위를 승계하였습니다.

2. 따라서 승계인은 채권자의 승계인으로서 보전의 효력을 승계하기 위하여 이 승계집행문을 1통을 부여하여 주시기 바랍니다.

첨 부 서 류

1. 법인등기사항증명서　2통
1. 집행력있는 판결정본　1통
1. 확정증명원　1통
1. 위임장　1통

2000. O. .

위 승계인 서부수산업협동조합
조합장 ○ ○ ○ (인)

OO지방법원 OO지원 OO시법원 귀 중

[주] 인지 500원을 붙이며(신청통수에 따라 인지 500원씩 추가), 소정의 송달료와 함께 제출한다.

[승계집행문부여신청서 양식] 공정증서

승계집행문부여신청

채 권 자 ○ ○ ○ (OOOOOO-OOOOOOO)
전남 OO군 OO읍 OO로 OO

위 승계인 ○ ○ ○ (OOOOOO-OOOOOOO)
전남 OO군 OO읍 OO로 OO

채 무 자 ○ ○ ○ (OOOOOO-OOOOOOO)
전남 OO군 OO읍 OO로 OO

위 당사자간 공증인가 OO법률사무소 작성의 20OO년 등부 OOO호 공정증서에 기한 채권을 위 승계인이 양수하였으므로, 위 채무자에 대한 강제집행을 위하여 집행력 있는 승계집행문을 1통을 부여하여 주시기 바랍니다.

첨 부 서 류

1. 채권양도예약서 O통
1. 채권양도통지서 O통
1. 위 내용증명서 1통
1. 위임장 1통

20OO. O. .

위 승계인 ○ ○ ○ (인)

공증인가 OO합동법률사무소 귀 중

[승계집행문부여신청서 양식] 제소전화해조서

승계집행문부여신청

채 권 자 ○ ○ ○ (○○○○○○-○○○○○○○)
전남 ○○군 ○○읍 ○○로 ○○

위 승계인 ○ ○ ○ (○○○○○○-○○○○○○○)
전남 ○○군 ○○읍 ○○로 ○○

채 무 자 ○ ○ ○ (○○○○○○-○○○○○○○)
전남 ○○군 ○○읍 ○○로 ○○

위 당사자간 귀원 20○○자 ○○ 건물철거 등 제소전화해조서에 기한 20○○타기 1222 대체집행 결정문에 의하여 채권자는 20○○. ○. ○. 건물철거를 집행하려 하였으나 채무자는 점유이전가처분집행실시(20○○. ○. ○.)이후 제3자인 김○○. 이○○에게 별지 도면과 같이 전대하여 강제집행할 수 있는 집행력 있는 승계집행문을 1통을 부여하여 주시기 바랍니다.

첨 부 서 류

1. 회해조서 1통
1. 집행불능조서 등본 1통
1. 부동산점유이전금지가처분 집행조서등본 1통
1. 위임장 1통

20○○. ○. .

위 채권자 ○ ○ ○ (인)

○ ○ 지 방 법 원 ○ ○ 지 원 귀 중

[주] 인지 500원을 붙이며(신청통수에 따라 인지 500원씩 추가), 소정의 송달료와 함께 제출한다.

[소송절차수계신청서 양식] 상속인

소 송 절 차 수 계 신 청

사 건 20OO가소 OOO 대여금

원 고 O O O (OOOOOO-OOOOOOO)
최후주소 : 전남 OO군 OO읍 OO로 OO

신청인(상속인) (1) O O O (OOOOOO-OOOOOOO)
전남 OO군 OO읍 OO로 OO
(2) O O O (OOOOOO-OOOOOOO)
전남 OO군 OO읍 OO로 OO

피 고 O O O (OOOOOO-OOOOOOO)
전남 OO군 OO읍 OO로 OO

위 사건에 관하여 귀원에서 원고 OOO는 20OO. O. O. 사망하여 소송절차가 중단되었는 바, 신청인들은 원고의 유산을 상속받았으므로, 본 소송절차를 수계하고자 하오니 중단된 소송절차를 속행하여 주시기 바랍니다.

첨 부 서 류

1. 제적등본 O통(각 상속인용 포함)
1. 가족관계증명서 O통(각 상속인용 포함)
1. 위임장 1통

20OO. O. .

위 신청인 O O O (인)
O O O (인)

OO지방법원 OO지원 OO시법원 귀 중

[주] 1. 인지를 붙이지 아니하며, 상대방 수만큼의 부본을 첨부하여 소정의 송달료와 함께 소송계속법원에 제출한다.

2. 이미 사망한 사람을 생존하는 사람으로 잘못 알고 소송을 제기한 후 사망사실이 발견되면 사망자의 재산상속인으로 당사자표시정정신청을 하고, 제소 당시에는 생존하였으나 제소 후 사망한 경우에는 사망자의 재산상속인을 상대로 소송을 계속하고자 할 때에는 소송수계신청을 한다.

[소송절차수계신청서 양식] 상속인

소 송 절 차 수 계 신 청

사 건 20OO가소 OOO 대여금

신청인(원고) O O O (OOOOOO-OOOOOOO)
전남 OO군 OO읍 OO로 OO

피 고 O O O (OOOOOO-OOOOOOO)
최후주소 : 전남 OO군 OO읍 OO로 OO

피신청인(상속인) (1) O O O (OOOOOO-OOOOOOO)
전남 OO군 OO읍 OO로 OO

(2) O O O (OOOOOO-OOOOOOO)
전남 OO군 OO읍 OO로 OO

(3) O O O (OOOOOO-OOOOOOO)
전남 OO군 OO읍 OO로 OO

위 사건에 관하여 피고가 20OO. O. O. 사망하여 소송절차가 중단되었는 바, 피고가 20OO. O. O. 사망하여 소송절차가 중단되었는 바, 피신청인들이 피고의 유산을 공동상속하였으므로 동인들에게 본 소송절차를 수계하도록 하여 주시기 바랍니다.

첨 부 서 류

1. 제적등본 O통(각 상속인용 포함)
1. 가족관계증명서 O통(각 상속인용 포함)
1. 위임장 1통

20OO. O. .

위 원고 ○ ○ ○ (인)

OO지방법원 OO지원 OO시법원 귀 중

[주] 1. 인지를 붙이지 아니하며, 상대방 수만큼의 부본을 첨부하여 소정의 송달료와 함께 소송계속법원에 제출한다.

2. 이미 사망한 사람을 생존하는 사람으로 잘못 알고 소송을 제기한 후 사망사실이 발견되면 사망자의 재산상속인으로 당사자표시정정신청을 하고, 제소 당시에는 생존하였으나 제소 후 사망한 경우에는 사망자의 재산상속인을 상대로 소송을 계속하고자 할 때에는 소송수계신청을 한다.

[소송절차중지신청서 양식] 피고의 천재지변 사유

소 송 절 차 중 지 신 청

사 건 20OO가소 OOO 대여금

원 고 ○ ○ ○ (OOOOOO-OOOOOOO)
전남 OO군 OO읍 OO로 OO

피 고 ○ ○ ○ (OOOOOO-OOOOOOO)
전남 OO군 OO읍 OO로 OO

위 사건에 관하여 귀원에서 피고는 금번 OO지방에 폭설로 인하여 교통이 두절되어 귀원에 출석할 수가 없으며 또한 소송절차를 속행할 수 없으므로 소송절차중지를 결정하여 주시기를 신청합니다.

20OO. O. .

위 피고 ○ ○ ○ (인)

OO지방법원 OO지원 OO시법원 귀 중

[주] 인지를 붙이지 아니하며, 송달료 납부없이 신청서 1통을 사건계속법원에 제출한다.

[소송절차중지신청서 양식] 피고의 중병 사유

소 송 절 차 중 지 신 청

사 건 20OO가소 OOO 대여금

원 고 O O O (OOOOOO-OOOOOOO)
전남 OO군 OO읍 OO로 OO

피 고 O O O (OOOOOO-OOOOOOO)
전남 OO군 OO읍 OO로 OO

위 사건에 관하여 귀원에서 피고는 금번 중병인 당뇨병으로 인하여 병원에 입원 중에 있어 귀원에 출석할 수가 없으며 또한 소송절차를 속행할 수 없으므로 소송절차중지를 결정하여 주시기를 신청합니다.

첨 부 서 류

1. 입원증명서 1통

20OO. O. .

위 피고 O O O (인)

OO지방법원 OO지원 OO시법원 귀 중

[주] 인지를 붙이지 아니하며, 송달료 납부없이 신청서 1통을 사건계속법원에 제출한다.

[집행문수통부여신청서 양식] 재산이 산재

집 행 문 수 통 부 여 신 청

사 건 20OO가소 OOO 대여금

원 고 O O O (OOOOOO-OOOOOOO)

전남 OO군 OO읍 OO로 OO

피 고　　O　O　O (OOOOOO-OOOOOOO)
전남 OO군 OO읍 OO로 OO

위 사건에 관하여 20OO. O. O. 선고한 판결에 대한 피고는 전남 OO군 OO읍 OO로 OO에 거주하고, OO시 OO구 OO로 OO(OO동) 소재의 부동산을 소유하고 있는바, 거주지의 유체동산과 부동산을 동시에 집행하지 않으면 재산의 처분 또는 은닉할 우려가 있어서 동시에 집행하고자 하오니 집행문 2통을 부여하여 주시기 바랍니다.

20OO. O. .

위 원고 O O O (인)

OO지방법원 OO지원 OO시법원 귀 중

[주] 집행문 수통(재도)부여 수수료(법원마다 견해가 대립)

1. 판결정본을 첨부하지 않고 집행문 2통부여를 신청하는 경우
   - 3,000천원의 인지를 첨부하여야 한다.
     (2,500원 또는 3,500원의 인지를 첨부하도록 하는 법원도 있음)
   - 송달료 : 9,000원
   - 내역 : 판결정본(2통) 작성인지대(2,000원), 집행문부여(2통)에 대한 인지대(1,000원)
   - 참고 : 재판예규 제913호
2. 판결정본을 첨부하지 않고 집행문 재도부여신청을 하는 경우
   (2,000원의 인지를 첨부하도록 하는 법원도 있음)
   - 1,500천원의 인지를 첨부하여야 한다.
   - 송달료 : 9,000원
   - 내역 : 판결정본(1통) 작성인지대(1,000원), 집행문부여(1통)에 대한 인지대(500원)

[집행문수통부여신청서 양식] 재산이 산재

집 행 문 수 통 부 여 신 청

사 건 20OO가소 OOOO 대여금

원 고 O O O (OOOOOO-OOOOOOO)
전남 OO군 OO읍 OO로 OO

피 고 O O O (OOOOOO-OOOOOOO)
전남 OO군 OO읍 OO로 OO

위 사건에 관하여 20OO. O. O. 선고한 판결에 대한 피고에 대하여 원고는 그 집행을 보전하기 위하여 피고 소유의 유체동산에 유체동산가압류, 피고의 제3채무자인 OOO에 채권가압류를 하였던 바, 판결금의 수령을 위하여 동시에 집행하고자 하오니 집행문 2통을 부여하여 주시기 바랍니다.

첨 부 서 류

1. 유체동산가압류결정 사본 1통
1. 채권가압류결정 사본 1통

20OO. O. .

위 원고 O O O (인)

O O 지 방 법 원 O O 지 원 귀 중

[주] 집행문 재도 · 수통 부여신청

1. 의 의

원고(채권자)가 여러통의 집행문을 신청하거나, 전에 부여한 집행문을 반환하지 아니하고 다시 집행문(재도부여)을 신청하고자 하는 때에 재판장의 명령(허가)을 받아, 피고(채무자)의 재산에 대하여 집행하기 위한 경우이다(민사집행법 제35조). 다만, 확정된 지급명령, 이행권고결정은 재판장의 허가를 받지 아니한다.

2. 관할 법원

소송기록을 보관하는 법원

3. 첨부할 서면 등
   - 집행문재도(수통)부여신청서(인지 500원 첨부)
   - 송달료(우표) : 4,500원(실무상 받지 않고 있음)
   - 분실 또는 화재신고접수증
   - 수통부여의 신청의 경우에는 여러 가지 방법으로 집행하지 아니하면 채권의 완전한 변제를 받을 수 없다는 사실

[집행문재도부여신청서 양식] 분실을 이유로

집행력있는 판결정본 재도부여신청

사 건 20OO가단 OOOO 대여금
원 고 O O O
피 고 O O O

위 사건에 관하여 원고는 20OO. O. O. 귀원에서 선고한 판결의 집행력 있는 판결정본 1통을 기히 부여받았으나 동 집행력 있는 정본을 별첨 분실신고접수증과 같이 본인 부주의로 분실하였으므로(또는 집행의 목적물이 산재하여 그 관할이 다르므로), 집행력 있는 판결정본 1통을 재도부여 하여 주시기를 신청합니다.

첨 부 서 류

1. 분실신고접수증 1통

20OO. O. .

위 원고 O O O (인)

O O 지 방 법 원 귀중

[주] 집행문 500원, 판결정본 1,000원의 인지를 붙이며 소정의 송달료와 함께 제출한다.

[집행문재도부여신청서 양식] 동산, 부동산집행

집행력있는 판결정본 재도부여신청

사 건 2000가단 OOOO 대여금
원 고 O O O
피 고 O O O

위 사건에 관하여 원고는 2000. O. O. 귀원에서 선고한 판결의 집행력 있는 판결정본 1통을 기히 부여받아 피고의 동산에 대한 강제집행을 위하여 사용하였으나, 위 집행동산은 채권액의 5분의 1정도 밖에 안되므로 피고 소유의 부동산에 대한 강제집행을 위하여 집행력 있는 판결정본(또는 화해조서정본)의 1통을 재도부여 하여 주시기를 신청합니다.

2000. O. .

위 원고 O O O (인)

O O 지 방 법 원 귀 중

[주] 집행문 500원, 판결정본 1,000원의 인지를 붙이며 소정의 송달료와 함께 제출한다.

[주소보정기간연장신청서 양식]

보 정 기 간 연 장 신 청

사 건 2000가소 OOOO 대여금
원 고 O O O
피 고 O O O

위 사건에 관하여 원고는 귀원의 주소보정명령을 2000. O. O. 받았으나 다음과 같은 사유로 보정기간을 연장하여 주시기를 신청합니다.

다 음

□ 피고가 주소지에 거주하고 있지 않아서 관할 읍사무소에 주민등록말소신청을 하였으며, 피고에 대한 공시송달신청을 하기 위하여 준비중입니다.
□ 피고가 주거를 옮기고 행방을 감추어 현재 피고의 소재를 찾고 있습니다.
□ 기타사유 :

2000. 0. .

위 원고 ○ ○ ○ (인)

OO지방법원 OO지원 OO시법원 귀 중

[주] 해당란에 ✓하여 제출한다.

[변론기일연기신청서 양식] 출타중

변 론 기 일 연 기 신 청

사 건 2000가단 0000 어음금
원 고 ○ ○ ○
피 고 ○ ○ ○

위 사건에 관하여 귀원에서 2000. 0. 0. 00 : 00로 변론기일을 지정하였으나 피고는 타지역으로 출타중이어서 위 변론기일의 참석이 불가능하므로, 금번에 한하여 위 기일을 변경하여 주시기 바랍니다.

2000. 0. .

위 피고 ○ ○ ○ (인)

O O 지 방 법 원 O O 지 원 귀 중

[접수방법]

제출법원	소송계속법원
제출부수	신청서 1부
관련법규	민사소송법 제165조

[변론기일연기신청서 양식] 예비군훈련

변 론 기 일 연 기 신 청

사 건　　2000가단 OOOO 어음금
원 고　　O O O
피 고　　O O O

위 사건에 관하여 20OO. O. O. OO:OO시로 제2회 변론기일이 지정되었으나, 원고는 동원예비군 소집훈련에 참석해야 하므로 변론기일을 변경하여 주시기 바랍니다.

첨 부 서 류

1. 예비군훈련통지서　　1부

20OO. O. .

위 피고 O O O (인)

OO지방법원 OO지원 귀중

[접수방법]

제출법원	소송계속법원
제출부수	신청서 1부
관련법규	민사소송법 제165조

[변론기일지정신청서 양식] 쌍방불출석

변 론 기 일 지 정 신 청

사 건 20○○가단 ○○○○ 대여금
원 고 ○ ○ ○
피 고 ○ ○ ○

위 사건에 관한 20○○. ○. ○. ○○ : ○○시 변론기일에 당사자 쌍방의 불출석으로 인하여 귀원은 기일을 추후지정한다고 하였는 바, 원고는 기일을 다시 지정하여 줄 것을 신청합니다.

20○○. ○. .

위 원고 ○ ○ ○ (인)

○○지방법원 ○○지원 귀중

[주] 변론기일소환장을 받고도 원고가 2회 출석하지 아니하면 소를 취하한 것으로 간주된다(이 때 원고는 1개월 이내에 변론기일지정신청을 하면 된다).

[변론기일지정신청서 양식] 취하간주

변 론 기 일 지 정 신 청

사 건 20○○가소 ○○○○ 대여금
원 고 ○ ○ ○
피 고 ○ ○ ○

위 사건에 관하여 쌍방의 불출석으로 인하여 귀원은 취하간주로 처리하였던 바, 원고는 변론기일을 다시 지정하여 속행하여 줄 것을 민사소송법 제268조 제2항에 의하여 신청합니다.

20○○. ○. .

위 원고 ○ ○ ○ (인)

OO지방법원 OO지원 OO군법원 귀 중

[접수방법]

제출법원	소송계속법원
제출부수	신청서 1부
관련법규	민사소송법 제268조 제2항

[변론기일지정신청서 양식] 변론불출석

변 론 기 일 지 정 신 청

사 건 20OO가소 OOOO 대여금
원 고 ○ ○ ○
피 고 ○ ○ ○

위 사건에 관하여 원고는 20OO. O. O. OO : OO시에 변론에 출석하지 아니하여 2회째 양쪽 당사자가 출석하지 아니한 경우가 되었는 바, 새로이 변론기일을 지정하여 줄 것을 신청합니다.

20OO. O. .

위 원고 ○ ○ ○ (인)

OO지방법원 OO지원 OO군법원 귀 중

[접수방법]

제출법원	소송계속법원
제출부수	신청서 1부
관련법규	민사소송법 제268조 제2항

[변론기일지정신청서 양식] 공시송달

변 론 기 일 지 정 신 청

사 건 20OO가소 OOO 신용카드이용대금
원 고 OO군수산업협동조합
피 고 O O O

피고의 주소를 알 수 없으므로, 공시송달에 의하여 진행될 수 있도록 변론기일을 지정하여 주시기 바랍니다.

20OO. O. .

위 원고 OO군수산업협동조합
조합장 O O O (인)

OO지방법원 OO지원 OO군법원 귀 중

[접수방법]

제출법원	소송계속법원
제출부수	신청서 1부
관련법규	민사소송법 제268조 제2항

[문서제출명령신청서 양식]

문 서 제 출 명 령 신 청 서

사건번호 20 가단 [담당재판부 : 제 단독(부)]
원 고
피 고

위 사건에 관하여 원(피)고는 주장사실을 입증하기 위하여 다음과 같이 문서제출명령을 신청합니다.

1. 문서의 표시 :
2. 문서의 취지(내용) :
3. 문서를 가진 사람 :
4. 증명할 사항 :
5. 문서제출의무의 원인(해당란에 √표시)
   - ㅁ 상대방이 소송에서 인용한 문서를 가지고 있음(인용문서)
   - ㅁ 신청자가 문서를 가지고 있는 사람에게 그것을 넘겨달라고 하거나 보겠다고 요구할 수 있는 사법상의 권리를 가지고 있음(인도 · 열람문서)
   - ㅁ 문서가 신청자의 이익을 위하여 작성되었음(이익문서)
   - ㅁ 문서가 신청자와 문서를 가지고 있는 사람사이의 법률관계에 관하여 작성된 것임(법률관계문서)
   - ㅁ 그 밖에 제출이 필요한 문서 :
     사유 :

20OO. O. .

신청인 원(피)고 (날인)
(연락처)

O O 지 방 법 원 O O 지 원 귀 중

[주] 1. 양식중 원 · 피고 해당란에 원고의 경우에는 '원'에, 피고의 경우에는 '(피)'에 O표를 한다.
2. 연락처에는 언제든지 연락 가능한 전화번호나 휴대전화번호를 기재하고, 그 밖에 팩스번호, 이메일 주소 등이 있으면 함께 기재한다.

[사실조회신청서 양식]

사 실 조 회 신 청 서

사건번호　　20　가단　　　　　　　　　　　[담당재판부 : 제　　단독(부)]
원　　고
피　　고

위 사건에 관하여 주장사실을 입증하기 위하여 다음과 같이 사실조회를 신청합니다.

1. 사실조회의 목적 :
1. 사실조회 기관 :
1. 사실조회 사항
　가.
　나.

2000. 0. .

신청인 원(피)고　　　　　(날인)
(연락처)

ㅇㅇ지방법원 ㅇㅇ지원 귀중

[변론재개신청서 양식] 새로운 증거

변 론 재 개 신 청 서

사건번호　　20　가단　　　　　　　　　　　[담당재판부 : 제　　단독(부)]
원　　고
피　　고

위 사건에 관하여 20 . . . 변론을 종결하고 20 . . . : 로 판결선고기일을 지정하였으나 원고는 다음과 같은 사유로 변론의 재개를 신청합니다.

신 청 사 유

1. 변론종결 후 다음과 같은 새로운 증거를 발견하였으므로 이를 제출하고자 합니다.

2000. 0. .

원(피)고 (날인)
(연락처)

OO지방법원OO지원 귀중

[주] 연락처에는 언제든지 연락 가능한 전화번호나 휴대전화번호를 기재하고, 그 밖에 팩스번호, 이메일 주소 등이 있으면 함께 기재하기 바랍니다.

[변론재개신청서 양식] 준비서면 제출

변 론 재 개 신 청 서

사 건 2000가단 000 대여금
원 고 OO군수산업협동조합
피 고 O O O 외 1명

위 사건에 관하여 2000. 0. 0. 변론을 종결하고 같은 해 2000. 0. 0. 10 : 00에 선고기일이 지정되었는 바, 동 사건에 대하여 원고는 준비서면을 제출하고자 하오니 변론을 재개하여 주시기 바랍니다.

2000. 0. .

위 원고 OO군수산업협동조합
조합장 O O O (인)
(연락처 :)

OO지방법원OO지원 귀중

[주] 연락처에는 언제든지 연락 가능한 전화번호나 휴대전화번호를 기재하고, 그 밖에 팩스번호, 이메일 주소 등이 있으면 함께 기재한다.

[증거설명서 양식]

증 거 설 명 서

사건번호 20 가단 [담당재판부 : 제 단독(부)]
원 고
피 고

호증	서증명	작성일자	작성자	입 증 취 지	비고

2000. 0. .

원(피)고 (날인)

ㅇㅇ지방법원 ㅇㅇ지원 귀중

[검증 · 감정신청서 양식]

검증 · 감정신청서

사건번호 20OO가단 OOO 매매대금 [담당재판부 : 제 (단독)부]
원 고
피 고

위 사건에 관하여 원(피)고는 주장사실을 입증하기 위하여 다음과 같이 검증 및 감정을 신청합니다.

1. 검증 · 감정의 목적 :
1. 검증의 목적물 :
1. 감정의 목적물 :
1. 검증 · 감정사항 :

20OO. O. .

원(피)고 (날인 또는 서명)
(연락처)

O O 지 방 법 원 O O 지 원 귀 중

[주] 1. 양식의 이름란에 원고의 경우에는 '원'에, 피고의 경우에는 '(피)'에 O표를 한다.
2. 연락처에는 언제든지 연락 가능한 전화번호나 휴대전화번호를 기재하고, 그 밖에 팩스번호, 이메일 주소 등이 있으면 함께 기재한다.

[집행문(재도 · 수통)부여신청서 양식]

집행문(재도 · 수통)부여신청서

사건번호 20OO가단 OOO 대여금
원 고 O O O
피 고 O O O

인 지

위 사건에 관하여 귀원에서 선고한 판결의 집행력있는 정본 1통을 이미 부여받은 바 있으나, 다음 사유로 집행력있는 정본 1통을 (재도, 수통)부여해 주시기 바랍니다.
사 유 :
첨부서류 :

20OO. O. .

신청인(원 · 피고) (인)

OO지방법원 OO지원 귀중

[주] 1. 재도부여신청은 이미 법원으로부터 부여받은 집행력있는 정본을 분실 · 멸실 등의 경우에 다시 집행력있는 정본(집행력부여 및 집행권원정본 신청)을 부여받고자 하는 신청으로 재판장의 허가가 필요하다.
2. 수통부여신청은 원고가 동시에 여러 지역에 대한 강제집행을 하거나 여러 개의 서로 다른 집행방법에 의하여 강제집행을 할 경우에 하는 신청으로 재판장의 허가가 필요하다.
3. 위 신청의 경우에는 사유를 기재하여야 하며 이를 증명할 서류(분실신고접수증) 또는 집행력있는 정본이 다른 곳으로 사용중임을 증명하는 서류 등을 첨부하여야 한다.
4. 집행문부여신청인지액은 500원이고, 정본이 없는 경우에는 정본교부대금(5장 이하인 경우 1,000원)은 별도로 지급하여야 한다.

[지급명령정본 재교부신청서 양식]

지급명령정본 재교부신청서

사건번호 20OO차 OOO 대여금
채 권 자 O O O
채 무 자 O O O

수입 인지

위 사건에 대하여 지급명령정본 1통을 교부하여 주시기 바랍니다.

20OO. O. .

위 신청인 (인)

(전화 :　　　　　　)

위 정본 1통을 영수하였습니다.

20OO. O. .

신청인　　　　　　(인)

OO지방법원 귀중

[주] 재판서 · 조서의 정본 · 등본 · 초본 교부에 대하여 신청인이 납부하여야 수수료 금액은 원본 5장까지 1,000이고, 초과 1장마다 50원이 추가됩니다.

[지급명령에 대한 이의신청서 양식]

지급명령에 대한 이의신청서

사건번호　20OO차 OOO 대여금
채 권 자　O　O　O
채 무 자　O　O　O

위 사건에 관하여 채무자는 귀원으로부터 20OO. O. O. 지급명령정본을 송달받았으나, 그 지급에 응할 하등의 이유가 없으므로 본 이의신청서를 제출합니다.

20OO. O. .

위 채무자　　　　　　(인)
(전화 :　　　　　　)

OO지방법원 귀중

[주] 1. 채무자는 연락처란에 언제든지 연락 가능한 전화번호나 휴대전화번호(팩스번호, 이메일 주소 등도 포함)를 기재하기 바랍니다.
2. 채무자는 지급명령 정본을 송달받은 날로부터 2주 이내에 이의신청서를 제출하는 것과

별도로 지급명령의 신청원인에 대한 구체적인 진술을 적은 답변서를 함께 제출하거나 늦어도 지급명령 정본을 송달받은 날부터 30일 이내에 제출하여야 합니다.

[접수증명서 양식]

접 수 증 명 서

사건번호 20○○가단 ○○○ 대여금
원 고 ○ ○ ○
피 고 ○ ○ ○

위 당사자간 위 사건에 관하여 20○○. . . 귀원에 소장을 접수한 사실을 증명하여 주시기 바랍니다.

20○○. ○. .

위 원고 ○ ○ ○ (인)

○○지방법원 귀중

[재판기록 열람 · 복사/출력 · 복제 신청서 양식]

<table>
<tr><td colspan="5" rowspan="2">재판기록 열람 · 복사/출력 · 복제 신청서</td><td>허</td><td>부</td></tr>
<tr><td></td><td></td></tr>
<tr><td rowspan="3">신 청 인</td><td rowspan="2">성 명</td><td colspan="2" rowspan="2"></td><td>전화 번호</td><td colspan="2"></td></tr>
<tr><td>담당사무원</td><td colspan="2"></td></tr>
<tr><td>자 격</td><td colspan="2"></td><td>소명자료</td><td colspan="2"></td></tr>
<tr><td>신 청 구 분</td><td colspan="6">□열람 □복사 □출력 □복제</td></tr>
<tr><td>사 용 용 도</td><td colspan="6">법원제출용</td></tr>
<tr><td rowspan="2">대 상 기 록</td><td>사 건 번 호</td><td colspan="3">사 건 명</td><td colspan="2">재 판 부</td></tr>
<tr><td></td><td colspan="3">부동산가압류</td><td colspan="2"></td></tr>
<tr><td>복사/출력 · 복제할 부분</td><td colspan="6">(복사/출력 매수 매)
(복제용량 메가바이트)</td></tr>
<tr><td>복사/출력방법</td><td colspan="6">□ 법원 복사기 □ 변호사단체 복사기 □ 신청인 복사설비 □ 필사</td></tr>
<tr><td colspan="7">이와 같이 신청하고, 신청인은 열람 · 복사/출력 · 복제에 관련된 준수사항을 엄수하며, 열람 · 복사/출력 · 복제의 결과물을 통하여 알게 된 개인정보, 영업비밀 등을 개인정보 보호법 등 관계법령 상 정당한 용도 이외로 사용하는 경우 민사상, 형사상 모든 책임을 지겠습니다.

20○○년 월 일

신청인 원고 (서명 또는 날인)</td></tr>
<tr><td>비 고
(재판장 지정사항 등)</td><td colspan="6"></td></tr>
<tr><td>영 수 일 시</td><td colspan="2">20○○. . . :</td><td colspan="2">영 수 인</td><td colspan="2">강 장 수</td></tr>
<tr><td>신청수수료</td><td colspan="2">□ 500 원 □ 면 제</td><td colspan="4" rowspan="2">(수 입 인 지 첩 부 란)</td></tr>
<tr><td>복사/출력 · 복제 비용</td><td colspan="2">원</td></tr>
</table>

※ 준수사항 및 작성요령

1. [개인정보 보호법 제19조] 개인정보처리자로부터 개인정보를 제공받은 자는 다음 각 호의 어느 하나에 해당하는 경우를 제외하고는 개인정보를 제공받은 목적 외의 용도로 이용하거

나 이를 제3자에게 제공하여서는 아니 된다. 1. 정보주체로부터 별도의 동의를 받은 경우 2. 다른 법률에 특별한 규정이 있는 경우

2. [민사소송법 제162조 ④항] 소송기록을 열람 · 복사한 사람은 열람 · 복사에 의하여 알게 된 사항을 이용하여 공공의 질서 또는 선량한 풍속을 해하거나 관계인의 명예 또는 생활의 평온을 해하는 행위를 하여서는 아니 된다.
3. 신청인 · 영수인란은 서명 또는 날인하고, 소송대리인 · 변호인의 사무원이 열람 · 복사하는 경우에는 담당사무원란에 그 사무원의 성명을 기재
4. 신청수수료는 1건당 500원(수입인지로 납부). 다만, 사건의 당사자 및 그 법정대리인 · 소송대리인 · 변호인(사무원 포함) · 보조인 등이 그 사건의 계속 중에 열람하는 때에는 신청수수료 면제
5. 법원복사기/프린터로 복사/출력하는 경우에는 1장당 50원의 비용을 수입인지로 납부(다만, 100원 단위 미만 금액은 이를 계산하지 아니함)
6. 매체를 지참하여 복제하는 경우에는 700메가바이트 기준 1건마다 500원, 700메가바이트 초과시 350메가바이트마다 300원의 비용을 수입인지로 납부(매체를 지참하지 아니한 경우 매체 비용은 별도)
7. 복사/출력 · 복제할 부분 란에 복사대상(기록의 일부를 복사/출력 · 복제하는 경우에는 대상을 열거하여 특정하여야 함) 및 복사/출력을 정확하게 기재하여야 함
8. 열람 · 복사 담당 법원공무원의 처분에 대하여 불복하는 경우에는 이의신청을 할 수 있음

| 제7장 재판실무자료 |

[자료 1] 고등법원 · 지방법원과 그 지원 · 가정지원의 관할구역

- 각급 법원의 설치와 관할구역에 관한 법률 [별표 3] 〈개정 2014. 12. 30〉
  [시행일 2017. 3. 1] 부산지방법원 서부지원 설치에 관한 사항
  [시행일 2018. 3. 1] 의정부지방법원 남양주지원 설치에 관한 사항

고등법원 · 지방법원과 그 지원 · 가정지원의 관할구역

고등법원	지방법원	지 원	관 할 구 역
서 울	서울중앙		강남구 · 관악구 · 동작구 · 서초구 · 종로구 · 중구
	서울동부		성동구 · 광진구 · 강동구 · 송파구
	서울남부		영등포구 · 강서구 · 양천구 · 구로구 · 금천구
	서울북부		동대문구 · 중랑구 · 성북구 · 도봉구 · 강북구 · 노원구
	서울서부		서대문구 · 마포구 · 은평구 · 용산구
	의 정 부		의정부시 · 동두천시 · 양주시 · 연천군 · 포천시 · 강원도 철원군. 다만, 소년보호사건은 앞의 시 · 군 외에 고양시 · 파주시 · 남양주시 · · 구리시 · 가평군
		고 양	고양시 · 파주시
		남양주	남양주시 · 구리시 · 가평군
	인 천		인천광역시
		부 천	부천시 · 김포시
	수 원		수원시 · 오산시 · 용인시 · 화성시. 다만, 소년보호사건은 앞의 시외에 성남시 · 하남시 · 평택시 · 이천시 · 안산시 · 광명시 · 시흥시 · 안성시 · 광주시 · 안양시 · 과천시 · 의왕시 · 군포시 · 여주군 · 양평군
		성 남	성남시 · 하남시 · 광주시
		여 주	이천시 · 여주군 · 양평둠
		평 택	평택시 · 안성시
		안 산	안산시 · 광명시 · 시흥시
		안 양	안양시 · 과천시 · 의왕시 · 군포시

<table>
<tr><td rowspan="5"></td><td rowspan="5">춘 천</td><td></td><td>춘천시 · 화천군 · 양구군 · 인제군 · 홍천군. 다만, 소년보호사건은 철원군을 제외한 강원도</td></tr>
<tr><td>강 릉</td><td>강릉시 · 동해시 · 삼척시</td></tr>
<tr><td>원 주</td><td>원주시 · 횡성군</td></tr>
<tr><td>속 초</td><td>속초시 · 양양군 · 고성군</td></tr>
<tr><td>영 월</td><td>태백시 · 영월군 · 정선군 · 평창군</td></tr>
<tr><td rowspan="10">대 전</td><td rowspan="6">대 전</td><td></td><td>대전광역시 · 세종특별자치시 · 금산군</td></tr>
<tr><td>홍 성</td><td>보령시 · 홍성군 · 예산군 · 서천군</td></tr>
<tr><td>공 주</td><td>공주시 · 청양군</td></tr>
<tr><td>논 산</td><td>논산시 · 계룡시 · 부여군</td></tr>
<tr><td>서 산</td><td>서산시 · 태안군 · 당진군</td></tr>
<tr><td>천 안</td><td>천안시 · 아산시</td></tr>
<tr><td rowspan="4">청 주</td><td></td><td>청주시 · 진천군 · 보은군 · 괴산군. 증평군, 다만, 소년보호사건은 충청북도</td></tr>
<tr><td>충 주</td><td>충주시 · 음성군</td></tr>
<tr><td>제 천</td><td>제천시 · 단양군</td></tr>
<tr><td>영 동</td><td>영동군 · 옥천군</td></tr>
<tr><td rowspan="9">대 구</td><td rowspan="9">대 구</td><td></td><td>대구광역시 중구 · 동구 · 남구 · 북구 · 수성구 · 영천시 · 경산시 · 칠곡군 · 청도군.</td></tr>
<tr><td>서 부</td><td>대구광역시 서구 · 달서구 · 달성군 · 성주군 · 고령군</td></tr>
<tr><td>안 동</td><td>안동시 · 영주시 · 봉화군</td></tr>
<tr><td>경 주</td><td>경주시</td></tr>
<tr><td>포 항</td><td>포항시 · 울릉군</td></tr>
<tr><td>김 천</td><td>김천시 · 구미시</td></tr>
<tr><td>상 주</td><td>상주시 · 문경시 · 예천군</td></tr>
<tr><td>의 성</td><td>의성군 · 군위군 · 청송군</td></tr>
<tr><td>영 덕</td><td>영덕군 · 영양군 · 울진군</td></tr>
<tr><td rowspan="2">부 산</td><td>부 산</td><td></td><td>부산광역시 중구 · 동구 · 영도구 · 부산진구 · 동래구 · 연제구 · 금정구</td></tr>
<tr><td></td><td>동 부</td><td>부산광역시 해운대구 · 남구 · 수영구 · 기장군</td></tr>
<tr><td></td><td></td><td>서 부</td><td>부산광역시 서구 · 북구 · 사상구 · 사하구 · 강서구</td></tr>
</table>

	울 산		울산광역시 · 양산시
	창 원		창원시 의창구 · 성산구 · 진해구 · 김해시, 다만, 소년보호사건은 양산시를 제외한 경상남도
		마 산	창원시 마산합포구 · 마산회원구 · 함안군 · 의령군
		진 주	진주시 · 사천시 · 남해군 · 하동군 · 산청군.
		통 영	통영시 · 거제시 · 고성군
		밀 양	밀양시 · 창녕군
		거 창	거창군 · 함양군 · 합천군
광 주	광 주		광주광역시 · 나주시 · 화순군 · 장성군 · 담양군 · 곡성군 · 영광군
		목 포	목포시 · 무안군 · 신안군 · 함평군 · 영암군
		장 흥	장흥군 · 강진군
		순 천	순천시 · 여수시 · 광양시 · 구례군 · 고흥군 · 보성군
		해 남	해남군 · 완도군 · 진도군
		가 정	광주광역시 · 나주시 · 화순군 · 장성군 · 담양군 · 곡성군 · 영광군. 다만, 소년보호사건은 광주광역시 · 전라남도
	전 주		전주시 · 김제시 · 완주군 · 임실군 · 진안군 · 무주군. 다만, 소년보호사건은 전라북도
		군 산	군산시 · 익산시
		정 읍	정읍시 · 부안군 · 고창군
		남 원	남원시 · 장수군 · 순창군
	제 주		제주시 · 서귀포시

– 특허법원의 관할구역 –

명 칭	관 할 구 역
특허법원	전 국

– 가정법원과 그 지원의 관할구역 –

<table>
<tr><th>고등
법원</th><th>가정
법원</th><th>지원</th><th colspan="2">관할구역</th></tr>
<tr><td rowspan="4">서울</td><td rowspan="2">서울</td><td rowspan="2"></td><td>가사 · 소년보호 · 가정보호</td><td>가족관계등록</td></tr>
<tr><td>서울특별시</td><td>서울특별시 종로구 · 중구 · 강남구 · 서초구 · 관악구 · 동작구</td></tr>
<tr><td rowspan="2">인천</td><td></td><td colspan="2">인천광역시. 다만, 소년보호사건은 앞의 광역시 외에 부천시 · 김포시</td></tr>
<tr><td>부천</td><td colspan="2">부천시 · 김포시</td></tr>
<tr><td rowspan="6">대전</td><td rowspan="6">대전</td><td></td><td colspan="2">대전광역시, 세종특별자치시 · 금산군. 다만, 소년보호사건은 대전광역시 · 세종특별자치시 · 충청남도</td></tr>
<tr><td>홍성</td><td colspan="2">보령시 · 홍성군 · 예산군 · 서천군</td></tr>
<tr><td>공주</td><td colspan="2">공주시 · 청양군</td></tr>
<tr><td>논산</td><td colspan="2">논산시 · 계룡시 · 부여군</td></tr>
<tr><td>서산</td><td colspan="2">서산시 · 당진시 · 태안군</td></tr>
<tr><td>천안</td><td colspan="2">천안시 · 아산시</td></tr>
<tr><td rowspan="8">대구</td><td rowspan="8">대구</td><td></td><td colspan="2">대구광역시, 영천시 · 경산시 · 칠곡군 · 성주군 · 고령군 · 청도군. 다만, 소년보호사건은 대구광역시 · 경상북도</td></tr>
<tr><td>안동</td><td colspan="2">안동시 · 영주시 · 봉화군</td></tr>
<tr><td>경주</td><td colspan="2">경주시</td></tr>
<tr><td>포항</td><td colspan="2">포항시 · 울릉군</td></tr>
<tr><td>김천</td><td colspan="2">김천시 · 구미시</td></tr>
<tr><td>상주</td><td colspan="2">상주시 · 문경시 · 예천군</td></tr>
<tr><td>의성</td><td colspan="2">의성군 · 군위군 · 청송군</td></tr>
<tr><td>영덕</td><td colspan="2">영덕군 · 영양군 · 울진군</td></tr>
<tr><td>부산</td><td>부산</td><td></td><td colspan="2">부산광역시</td></tr>
<tr><td>광주</td><td>광주</td><td></td><td colspan="2">광주광역시, 나주시 · 화순군 · 장성군 · 담양군 · 곡성군 · 영광군. 다만, 소년보호사건은 광주광역시 · 전라남도</td></tr>
<tr><td rowspan="4"></td><td rowspan="4"></td><td>목포</td><td colspan="2">목포시 · 무안군 · 신안군 · 함평군 · 영암군</td></tr>
<tr><td>장흥</td><td colspan="2">장흥군 · 강진군</td></tr>
<tr><td>순천</td><td colspan="2">순천시 · 여수시 · 광양시 · 구례군 · 고흥군 · 보성군</td></tr>
<tr><td>해남</td><td colspan="2">해남군 · 완도군 · 진도군</td></tr>
</table>

– 행정법원의 관할구역 –

고등법원	행정법원	관 할 구 역
서울	서울	서울특별시

항소 · 항고사건을 심판하는 지방법원 본원합의부 및 지방법원지원합의부의 관할

합 의 부 명	관 할 구 역
춘천지방법 본원 합의부	춘천지방법원의 관할구역 중 강릉시 · 동해시 · 삼척시 · 속초시 · 양양군 · 고성군을 제외한 지역
그 밖의 지방법원 본원 합의부	당해 지방법원의 관할구역
춘천지방법원 강릉지원 합의부	강릉시 · 동해시 · 삼척시 · 속초시 · 양양군 · 고성군

행정사건을 심판하는 춘천지방법원 및 춘천지방법원 강릉지원의 관할구역

명 칭	관 할 구 역
춘천지방법본원	춘천지방법원의 관할구역 중 강릉시 · 동해시 · 삼척시 · 속초시 · 양양군 · 고성군을 제외한 지역
춘천지방법원 강릉지원	강릉시 · 동해시 · 삼척시 · 속초시 · 양양군 · 고성군

회생법원의 관할구역

고등법원	회생법원	관 할 구 역
서울	서울	서울특별시

[자료 2] 시 · 군법원의 관할구역

- 시 · 군법원의 명칭 및 소재지 [별표 2] 〈개정 2013. 7. 30〉
  [시행일 2018. 3. 1] 의정부지방법원 남양주지원 설치에 관한 사항

시 · 군 법원의 관할구역

명칭			관할구역	
지방법원	지원	시 · 군법원	시 · 도명	시 · 구 · 군명
의정부		포천	경기도	포천시

		연천	경기도	연천군
		철원	강원도	철원군
		동두천	경기도	동두천시
	고양	파주	경기도	파주시
	남양주	가평	경기도	가평군
인천		강화	인천광역시	강화군
	부천	김포	경기도	김포시
수원		용인	경기도	용인시
		오산	경기도	오산시 · 화성시
	성남	광주	경기도	하남시 · 광주시
	여주	양평	경기도	양평군
	여주	이천	경기도	이천시
	평택	안성	경기도	안성시
	안산	광명	경기도	광명시
춘천		인제	강원도	인제군
		홍천	강원도	홍천군
		양구	강원도	양구군
		화천	강원도	화천군
	강릉	삼척	강원도	삼척시
	강릉	동해	강원도	동해시
	원주	횡성	강원도	횡성군
	속초	고성	강원도	고성군
	속초	양양	강원도	양양군
	영월	정선	강원도	정선군
	영월	태백	강원도	태백시
	영월	평창	강원도	평창군
대전		세종특별자치	세종특별자치시	세종특별자치시
		금산	충청남도	금산군
	홍성	서천	충청남도	서천군
	홍성	보령	충청남도	보령시

	홍성	예산	충청남도	예산군
	공주	청양	충청남도	청양군
	논산	부여	충청남도	부여군
	서산	태안	충청남도	태안군
	서산	당진	충청남도	당진시
	천안	아산	충청남도	아산시
청주		보은	충청북도	보은군
		괴산	충청북도	괴산군 · 증평군
		진천	충청북도	진천군
	충주	음성	충청북도	음성군
	제천	단양	충청북도	단양군
	영동	옥천	충청북도	옥천군
대구		청도	경상북도	청도군
		영천	경상북도	영천시
		칠곡	경상북도	칠곡군
		경산	경상북도	경산시
	서부	성주	경상북도	성주군
	서부	고령	경상북도	고령군
	안동	영주	경상북도	영주시
	안동	봉화	경상북도	봉화군
	김천	구미	경상북도	구미시
	상주	예천	경상북도	예천군
	상주	문경	경상북도	문경시
	의성	청송	경상북도	청송군
	의성	군위	경상북도	군위군
	영덕	울진	경상북도	울진군
	영덕	영양	경상북도	영양군
울산		양산	경상남도	양산시
창원		창원남부	경상남도	창원시 진해구
		김해	경상남도	김해시

	마산	함안	경상남도	함안군
	마산	의령	경상남도	의령군
	진주	하동	경상남도	하동군
	진주	사천	경상남도	사천시
	진주	남해	경상남도	남해군
	진주	산청	경상남도	산청군
	통영	거제	경상남도	거제시
	통영	고성	경상남도	고성군
	밀양	창녕	경상남도	창녕군
	거창	합천	경상남도	합천군
	거창	함양	경상남도	함양군
광주		곡성	전라남도	곡성군
		영광	전라남도	영광군
		나주	전라남도	나주시
		장성	전라남도	장성군
		화순	전라남도	화순군
		담양	전라남도	담양군
	목포	함평	전라남도	함평군
	목포	영암	전라남도	영암군
	목포	무안	전라남도	무안군
	장흥	강진	전라남도	강진군
	순천	보성	전라남도	보성군
	순천	고흥	전라남도	고흥군
	순천	여수	전라남도	여수시
	순천	구례	전라남도	구례군
	순천	광양	전라남도	광양시
	해남	완도	전라남도	완도군
	해남	진도	전라남도	진도군
전주		진안	전라북도	진안군
		김제	전라북도	김제시

		무주	전라북도	무주군
		임실	전라북도	임실군
	군산	익산	전라북도	익산시
	정읍	부안	전라북도	부안군
	정읍	고창	전라북도	고창군
	남원	장수	전라북도	장수군
	남원	순창	전라북도	순창군
제주		서귀포	제주도	서귀포시

명칭			소재지
지방법원	지원	시·군법원	
의정부		포천	포천시
		연천	연천읍
		철원	철원군
		동두천	동두천시
	고양	파주	파주시
	남양주	가평	가평군
인천		강화	강화읍
	부천	김포	김포시
수원		용인	용인시
		오산	오산시 · 광주시
	성남	광주	하남시 · 광주시
	여주	양평	양평읍
		이천	이천시
	평택	안성	안성시
	안산	광명	광명시

명칭			소재지
지방법원	지원	시·군법원	
춘천		인제	양구읍
		홍천	홍천군
		양구	양구군
		화천	화천군
	강릉	삼척	삼척시
		동해	동해시
	원주	횡성	횡성군
	속초	고성	고성군
		양양	양양군
	영월	정선	정선군
		태백	태백시
		평창	평창군
		세종특별자치	세종특별사치시
		금산	금산군
대전	홍성	서천	서천군
		보령	보령시
		예산	예산군
	공주	청양	청양군
	논산	부여	부여읍

춘천		인제	인제읍
		홍천	홍천읍
청주		보은	보은읍
		괴산	괴산읍
		진천	진천읍
	충주	음성	음성읍
	제천	단양	단양읍
	영동	옥천	옥천읍
대구		청도	청도읍
		영천	영천시
		칠곡	왜관읍
	서부	경산	경산시
		성주	성주읍
		고령	고령읍
	안동	영주	영주시
		봉화	봉화읍
	김천	구미	구미시
	상주	예천	예천읍
		문경	문경시
	의성	청송	청송읍
		군위	군위읍
	영덕	울진	울진읍
		영양	영양읍
울산		양산	양산시
창원		마산	마산시
		함안	가야읍
		진해	진해시
광주	순천	광양	광양시
	해남	완도	완도읍

	서산	태안	태안읍
		당진	당진읍
	천안	아산	아산시
창원		김해	김해시
		의령	의령읍
	진주	하동	하동읍
		사천	사천시
		남해	남해읍
		산청	산청읍
	통영	거제	신협읍
		고성	고성읍
	밀양	창녕	창녕읍
	거창	합천	합천읍
		함양	함양읍
광주		곡성	곡성읍
		영광	영광읍
		나주	나주시
		장성	장성읍
		화순	화순읍
		담양	담양읍
	목포	함평	함평읍
		영암	영암읍
		무안	무안읍
	장흥	강진	강진읍
	순천	보성	보성읍
		고흥	고흥읍
		여수	여수시
		구례	구례읍
전주		임실	임실읍
	군산	익산	익산시

					정읍	부안	부안읍
		진도	진도읍			고창	고창읍
전주		진안	진안읍		남원	장수	장수읍
		김제	김제시			순창	순창읍
		무주	무주읍	제주		서귀포	서귀포시

[자료 3] 소멸시효일람표

소 멸 시 효 일 람 표

채권의 종류	소멸시효 기간	근거
보통채권	10년	민법 제162조 제1항
채권 및 소유권 이외의 재산권	20년	민법 제162조 제2항
소유권	없음	민법 제162조
① 이자, 부양료, 급료, 사용료 기타 1년 이내의 기간으로 정한 금전 또는 물건의 지급을 목적으로 한 채권 ② 의사, 조산사, 간호사, 약사의 치료, 근로 및 조제에 관한 채권 ③ 도급받은 자, 기사 기타의 공사의 설계 또는 감독에 종사하는 자의 공사에 관한 채권 ④ 변호사, 변리사, 공증인, 공인회계사 및 법무사에 대한 직무상 보관한 서류의 반환을 청구하는 채권 ⑤ 변호사, 변리사, 공증인, 공인회계사 및 법무사의 직무에 관한 채권 ⑥ 생산자 및 상인이 판매한 생산물 및 상품의 대가 ⑦ 수공업자 및 제조자의 업무에 관한 채권	3년	민법 제163조 각호
① 여관, 음식점, 대석, 오락장의 숙박료, 음식료, 대석료, 입장료, 소비물의 대가 및 체당금의 채권 ② 의복, 침구, 장구 기타 동산의 사용료의 채권 ③ 노역인, 연예인의 임금 및 그에 공급한 물건의 대금채권 ④ 학생 및 수업자의 교육, 의식, 유숙에 관한 교주, 숙주, 교사의 채권	1년	민법 제164조
① 판결에 의하여 확정된 채권	10년	민법 제165조

② 파산절차에 의하여 확정된 채권 및 재산상의 화해, 조정 기타 판결과 동일한 효력이 있는 것에 의하여 확정된 채권, 다만 판결확정당시에 변제기가 도래하지 아니한 채권은 제외함			제1, 2, 3항
불법행위에 기한 손해배상청구채권	손해 및 가해자를 안 날로부터	3년	민법 제766조 제1항
	불법행위를 한 날로부터	10년	민법 제766조 제2항
상행위채권		5년	상법 제64조
• 보험금액의 청구권과 보험료 또는 적립금의 반환청구권 • 보험료의 청구권		2년 1년	상법 제662조
근로기준법상 임금채권		3년	근로기준법 제49조

어음 · 수표채권의 소멸시효

종류	채 권 내 용	시 효 기 간	근 거
약속어음, 환어음	○ 약속어음 발행인 및 환어음 인수인에 대한 청구권	○ 만기일로부터 3년	○ 어음법 제70조 제1항, 제77조 제8호
	○ 소지인의 배서인 · 환어음의 발행인에 대한 청구권(소구권)	○ 적법한 기간 내에 작성시킨 거절증서의 일자, 무비용상환의 문언이 기재된 경우에는 만기의 날로부터 1년간	○ 어음법 제77조 제1항 제8호, 제70조 제2항
	○ 배서인의 다른 배서인과 환어음의 발행인에 대한 청구권(재소구권)	○ 그 배서인이 어음을 환수한 날 또는 그 자가 제소한 날로부터 6개월간	○ 어음법 제77조 1항 제8호, 제70조 제3항
수 표	○ 소지인의 배서인, 발행인 기타 채무자에 대한 소구권	○ 제시기간 경과 후 6개월간	○ 수표법 제51조 제1항
	○ 수표 채무자의 다른 채무자에 대한 소구권	○ 그 채무자가 수표를 환수한 날 또는 그 자가 제소된 날로부터 6개월간	○ 수표법 제51조 제2항
	○ 지급보증을 한 지급인에 대한 청구권	○ 제소기간 경과 후 1년간	○ 수표법 제58조
어음, 수표	○ 이득상환청구권	○ 어음 · 수표상의 권리가 소멸한 때, 어음의 시효	○ 어음법 제79조 ○ 수표법 제63조

		기간 또는 권리보전절차의 만료일의 익일부터 10년간(통설)	

[자료 4] 송달료조견표

송 달 료 조 견 표

(2017. 11. 1. 기준)

송 달 료								
		2인	3인	4인	5인	6인	7인	납부기준
민사	민사제1심합의사건(가합)	135,000	202,500	270,000	337,500	405,000	472,500	당사자수 ×15회분
	민사제1심단독사건(가단)	135,000	202,500	270,000	337,500	405,000	472,500	당사자수 ×15회분
	민사소액사건(가소)	90,000	135,000	180,000	225,000	270,000	315,000	당사자수 ×10회분
	민사항소사건(나)	108,000	162,000	216,000	270,000	324,000	378,000	당사자수 ×12회분
	민사상고사건(다)	72,000	108,000	144,000	180,000	216,000	252,000	당사자수 ×8회분
	민사항고사건(라)	45,000	67,500	90,000	112,500	135,000	157,500	당사자수 ×5회분
	민사재항고사건(마)	45,000	67,500	90,000	112,500	135,000	157,500	당사자수 ×5회분
	화해사건(자)	36,000	54,000	72,000	90,000	108,000	126,000	당사자수 ×4회분
	독촉사건(차)	54,000	81,000	108,000	135,000	162,000	189,000	당사자수 ×6회분
	민사조정사건(머)	45,000	67,500	90,000	112,500	135,000	157,500	당사자수 ×5회분
가	가사제1심소송사건(드합,드단)	135,000	202,500	270,000	337,500	405,000	472,500	당사자수 ×15회분

사	가사항소사건(르)	108,000	162,000	216,000	270,000	324,000	378,000	당사자수 ×12회분
	가사상고사건(므)	72,000	108,000	144,000	180,000	216,000	252,000	당사자수 ×8회분
	가사조정사건(너)	45,000	67,500	90,000	112,500	135,000	157,500	당사자수 ×5회분
행정	행정제1심사건(구합)	90,000	135,000	180,000	225,000	270,000	315,000	당사자수 ×10회분
	행정항소사건(누)	90,000	135,000	180,000	225,000	270,000	315,000	당사자수 ×10회분
	행정상고사건(두)	72,000	108,000	144,000	180,000	216,000	252,000	당사자수 ×8회분
신청비송	가압류,가처분사건(카단,카합)	27,000	40,500	54,000	67,500	81,000	94,500	당사자수 ×3회분
	임시의지위를정하는가처분사건(카합,카단)	72,000	108,000	144,000	180,000	216,000	252,000	당사자수 ×8회분
	가압류, 가처분결정에대한이의, 취소(집행취소제외)사건(카합,카단)	72,500	108,000	144,000	180,000	216,000	252,000	당사자수 ×8회분
	재산명시(카명)	45,000	67,500	90,000	112,500	135,000	157,500	당사자수 ×5회분
	채무불이행자등재,말소사건(카불)	45,000	67,500	90,000	112,500	135,000	157,500	당사자수 ×5회분
	공시최고신청(카공)	13,500원(3회분)						
	담보취소사건(카담)	18,000	27,000	36,000	45,000	54,000	63,000	당사자수 ×2회분
	담보권리행사최고사건(카담)	27,000	40,500	54,000	67,500	81,000	94,500	당사자수 ×3회분
	소송비용액확정신청사건(카확)	27,000	40,500	54,000	67,500	81,000	94,500	당사자수 ×3회분

	기타민사신청사건(카기)	18,000	27,000	36,000	45,000	54,000	63,000	당사자수×2회분
	개명사건(호명)	27,000(6회분)						
	성본변경,입양허가,친권자지정,후견에관한사건등(느합,느단)	90,000	135,000	180,000	225,000	270,000	315,000	당사자수×10회분
	가사비송(느합,느단),상속포기,한정승인,상속재산분할	54,000	81,000	108,000	135,000	162,000	189,000	당사자수×6회분
집행	부동산경매사건	(이해관계인+3)×10회분						
	채권등집행사건(타채),기타집행사건(타기)	18,000	27,000	36,000	45,000	54,000	63,000	당사자수×2회분
파산회생	개인회생사건(개회)	10회(채권자수×8회)						
	회생사건(회합,회단)	40회(3회분)회(채권자수×3회)						
	파산합의사건(하합)	40회(3회분)회(채권자수×3회)						
	파산단독사건(하단)	10회(3회분)회(채권자수×4회)						
	면책사건(하면)	10회(채권자수 히(회(채권자수×3회)						

[자료 5] 인지액산정방법

- 민사소송등인지법(법률 제11156호 2012. 1. 17)

인 지 액 산 정 방 법

구 분	소 가	인지액
소장 · 반소장	1천만원 미만	소가×0.005
	1천만원 이상 ～ 1억원 미만	소가×0.0045 + 5,000원

	1억원 이상 ~ 10억원 미만	소가×0.004 + 55,000원
	10억원 이상	소가×0.0035 + 555,000원
항 소 장		제1심소장의 1.5배
상 고 장		제1심소장의 2배
지급명령		제1심소장의 1/10
제소전 화해		제1심소장의 1/5

※ 위와 같은 기준에 의하여 산출된 인지액이 1천원 미만인 때에는 이를 1천원으로 하고, 1천원 이상의 경우에 100원 미만의 단수(端數)가 있는 때에는 그 단수는 이를 계산하지 아니함.

※ 제16조 (전자소송에서의 특례)

① 「민사소송 등에서의 전자문서 이용 등에 관한 법률」제8조에 의하여 등록사용자로서 전산정보처리시스템을 이용한 민사소송 등의 진행에 동의한 자가 전자문서로 제출하는 소장에는 제2조에 따른 인지액의 10분의 9에 해당하는 인지를 붙여야 한다.

② 제1항은 규정은 제3조부터 제10조까지의 경우에 준용한다.

[자료 6] 소가계산방법

소 가 계 산 방 법

소의 종류	청구취지	소가산정
채무부존재 확인	원고의 피고에 대한 소비대차에 의한 금 5,000만원과 이에 대한 이자 채무는 부존재 한다는 확인한다.	소가 5,000만원
소유권확인	피고는 원고에 대해 별지 목록 기재 부동산 500㎡가 원고 소유임을 확인한다.	500×공시지가×50/100
건물인도	피고는 원고에게 별지 목록 기재 부동산을 인도하라.	공시지가, 지역번호, 건축연도, 구조, 용도에 따른 ㎡당 가격×면적×1/2×50 / 100
토지인도	피고는 원고에게 별지 목록 기재 부동산 500㎡를 인도하라.	공시지가 × 500 × 1/2 ×50/100
담장철거 및 토지인도 등	피고는 원고에게 별지 도면 300㎡중 도면상 건립된 담장을 철거하고 도면표시 선내부분 20㎡를 인도하라.	20×공시지가×1/2×50/100
토지경계	원고소유 부동산과 피고소유 부동산의 경계선은	다툼이 있는 부분×공시

확인	가, 나로 연결하는 선임을 확인한다.	지가×50/100
공유물분할	별지 목록 기재 토지 중 1, 2 3, 4, 1의 각 점을 순차로 연결한 선내 (가)부분은 원고의 소유로 6, 7, 8, 6의 각점을 순차로 연결한 선내 (나)부분은 피고의 소유로 각 분할한다.	개별공시지가×㎡× 50/100×원고지분×1/3
사해행위 취소	1. 피고와 ○○○ 사이의 별지 목록 기재 부동산에 대한 2018. 2. 10.자 매매계약을 취소한다. 2. 피고는 ○○○에게 ○○지방법원 등기국 2018. 2. 15. 접수 제5634호로 경료한 소유권이전등기의 말소등기절차를 이행하라.	○○○지분×공시지가×50/100 * 목적물건가액에 1/2를 곱해서는 아니된다.
소유권이전 등기	피고는 원고에게 별지 목록 기재 부동산에 대하여 매매를 원인으로 한 소유권이전등기절차를 이행하라.	토지공시지가×면적×50/100 건물㎡가격×면적
가등기에 대한 본등기이행	피고는 원고에게 별지 목록 기재 부동산에 관하여 ○○지방법원 ○○등기소 2018. 1. 20. 접수 제123호로 경료된 소유권이전등기청구권 가등기에 기한 2018. 6. 15. 매매예약완결을 원인으로 한 소유권이전등기를 이행하라.	건물과세시가표준액×면적 토지공시지가 × 면적 ×50/100(토지+건물)×1/2
소유권보존 등기말소	피고는 원고에게 별지 목록 기재 부동산에 대하여 ○○지방법원 ○○등기소 2018. 1. 20. 접수 제123호로 경료한 소유권보존등기의 말소절차를 이행하라.	공시지가×면적×50/100×1/2
소유권이전 등기말소	피고는 원고에게 별지 목록 기재 부동산에 관하여 ○○지방법원 ○○등기소 2018. 1. 20. 접수 제123호로 경료된 소유권이전등기의 말소등기절차를 이행하라(* 등기원인의 무효, 취소를 원인으로 한 말소등기청구의 경우)	건물과세시가표준액×면적 토지공시지가×면적× 50/100(토지+건물)×1/2
전부금	피고 김갑동은 피고 홍길동에게 별기 기재 부동산을 명도하고 피고 홍길동은 피고 김갑동으로부터 인도 받음과 동시에 원고에게 금 5,000만원을 지급하라.	소가 : 5,000만원
청구이의	피고는 원고에게 ○○지방법원 2018가소 987호 임대차보증금 사건의 집행력있는 판결정본에 의한 별지 목록 기재 부동산에 대한 강제집행은 불허한다.	소가 : 이의금액(집행권원에서 인정된 권리의 가액
근저당권 부채권가압류 설정등기말소		가압류금액

증서진부 확인	공증인가 OO합동법률사무소 공정증서 액면가 600만원, 발행인 원고 및 소외 김갑동, 수취인 피고로 된 별지 사본 약속어음 공정증서는 진정한 성립이 아님을 확인한다.	600만원 × 1/2
승계집행문 무여	OO지방법원 OO지원 2018가합 125 대여금 사건의 확정판결에 의한 집행권원에 있어 이 법원 사무관 등은 피고 김갑동에게 대한 강제집행을 위하여 원고의 승계인 홍길동에게 집행을 부여한다. 라는 판결을 구함.	소가 × 1/100
자동차소유 권이전등록 절차이행	피고는 원고에게 별지 목록 기재 자동차에 대하여 이 사건 소장부본송달 다음날로써 대물변제를 원인으로 하는 소유권이전등록절차를 이행하라. (소유권을 권원으로 자동차 인도를 구할 경우에는 인도로서 소가의 1/2)	목적물가액
근저당권 말소등기	피고는 원고에게 별지 목록 기재 부동상에 관하여 OO지방법원 OO등기소 접수 제OOO호로 경료된 근저당권설정등기의 말소등기절차를 이행하라.	1) 목적물건 가액(토지인 경우 개별공시지가 × 면적 × 50/100) 2) 근저당권 채권최고액 1)과 2) 중 적은금액이 소가임
건물인도 및 임료	피고는 원고에게, 가. 별지 목록 기재 부동산을 인도하고, 나. 금 300만원과 이에 대하여 이 사건 소장부본송달다음날부터 다 갚는 날까지 연 20%의 비율로 계산한 돈을 지급하고, 다. 2018. 3. 1.부터 위 인도완료일까지 월 금 150,000원의 비율로 계산한 돈을 지급하라.	공시지가, 지역번호, 건축연도, 구조, 용도에 따른 ㎡당 가격 × 면적 × 1/2 (나. 항의 300만원 및 다.항 기재 돈이 이미 발생한 임료 또는 장래 발생할 임료인 경우 위 돈을 소가에 합산하지 않아야 한다.)

[자료 7] 민법개정에 따른 상속지분의 변천

항 목	유 형
○ 구관습법하의 상속(1959. 12. 31.까지의 상속)	
1. 호주상속인의 재산상속 : 단독상속(호주사망시) 호주가 사망한 때는 재산상속은 호	※ 호주상속순위 제1순위 : 직계비속남자(적출장남 · 장손 · 생전양자 · 유언양자 · 서자 · 사후양자 순으로 단독 상속) : 대습상속 인정 제2순위 : 직계존속 여자(존비 순으로 단독상속) 제3순위 : 피상속인의 처(단독 상속) 제4순위 : 가족인 직계비속 여자(수인이 있는 경우에는 제1순위 남자의 경우와

<table>
<tr><td>주상속에 수반</td><td>동일)
※ 호주인 미혼남자가 직계비속없이 사망시
1) 弟(兄亡弟及, 연장자순)
2) 모 · 처 · 딸이(남자가 없을 때) 존비의 순서에 따라 사망 호주의 사후양자 선임시까지 일시 상속
3) 무후가가 된 경우 직계비속인 출가녀들이 균분상속</td></tr>
<tr><td>2. 유상상속
(가족사망시)</td><td>※ 가족인 기혼남자의 상속인
제1순위 : 동일가적 내에 있는 직계비속이 공동상속(양자포함, 남자는 동일시적 불문 여자는 동일가족관계등록부 내에 있어야 함)
제2순위 : 亡男이 장남인 경우에는 父, 亡男이 차남 이하인 경우에는 처가 단독상속
제3순위 : 직계존속(亡장남의 경우 제외) : 최근친, 동순위자와 공동상속
제4순위 : 호주
※ 가족인 미혼의 남자 또는 여자의 상속인
제1순위 : 父, 없으면 母
제2순위 : 호주
※ 가족인 母의 상속인
제1순위 : 동일가적 내에 있는 직계비속이 평등비율로 공동상속(서출자녀는 반분, 남자는 동일가적 여부 불문)
제2순위 : 夫
제3순위 : 호주
※ 가족인 처의 상속인
피상속인의 직계비속인 남녀가 동일 가적내의 유무를 불문하고 제1순위 로 상속</td></tr>
<tr><td>3.근친자 등에 권리귀속</td><td>絕家된 망호주의 유산은 근친자에게 귀속, 근친자도 없으면 호주가 거주하 던 동리에 귀속(단, 지방자치법 시행 후에 시군)</td></tr>
<tr><td colspan="2">○ 신민법하의 상속(피상속인의 사망만이 상속개시원인)</td></tr>
<tr><td>주의사항</td><td>① 구민법당시 실종기간이 만료되었으나 신민법시행 후에 실종선고를 받은 경우 신민법을 적용(대판 1983. 4. 12. 선고 82다카1376)
② 상속인이 없는 경우에는 국가에 귀속(다만, 민법 제1057조의 2에 의한 특별연고자에 대한 분여 있음)
③ 양자는 생가의 父 또는 母가 사망한 경우에는 직계비속으로서 상속권있음
④ 피상속인 사망하기 전 외국귀화한 직계비속도 상속결격사유가 없는 한상속인이 됨
⑤ 사후양자는 재산상속권이 없다.</td></tr>
<tr><td>상속순위</td><td>제1순위 : 피상속인의 직계비속(대습有)과 피상속인의 배우자
제2순위 : 피상속인의 직계존속과 피상속인의 배우자(※ 이혼한 부모와 양부모, 생모도 상속권 있음)
제3순위 : 피상속인의 형제자매(대습有)(※ 이성동복 즉 동모이부의 형제자매</td></tr>
</table>

<table>
<tr><td></td><td>도 포함)
제4순위 : 피상속인의 4촌 이내의 방계혈족(91. 1. 1.이전에는 8촌 이내)</td></tr>
<tr><td>상 속 분</td><td>가. 1960. 1. 1.부터 1978. 12. 31.까지의 상속
(1) 원칙 : 공동상속인은 균분
(2) 예외 : ① 여자는 남자의 1/2
② 동일가적 내에 없는 여자는 남자의 1/4
③ 호주상속인은 고유분에 5할 가산
④ 처는 직계비속과 공동상속시는 남자의 1/2, 직계존속과 공동상속시는 남자와 동일의 상속지분
나. 1979. 1. 1.부터 1990. 12. 31.까지의 상속
(1) 원칙 : 공동상속분 균등
(2) 예외 : ① 호주상속인은 고유분에 5할 가산
② 동일가적 내에 없는 여자는 남자의 1/4
③ 처는 직계비속과 공동상속시는 동일가적 내 직계비속의, 직계존속과 공동상속시 직계존속의 상속분의 각 5할 가산
다. 1991. 1. 1.이후의 상속
(1) 상속분
(가) 원칙 : 남녀 상속비율의 균등
(나) 예외 : 배우자는 남녀 구별 없이 다른 상속인의 상속분의 5할 가산
(2) 상속인의 범위
(가) 4순위 상속인의 범위 변경(민법 제1000조 제1항 제4호) : 피상속인의 8촌 이내 방계혈족(종래) ⇒ 피상속인의 4촌 이내 방계혈족(변경)
(나) 혈족의 정의 변경(민법 제768조)
(다) 직모서자, 계모자 관계 폐지
(3) 배우자의 상속권 변경(민법 제1003호 제1항)
처가 피상속인인 경우, 처의 직계존속이 있으면 공동상속(종래 직계비속이 없으면 단독상속)</td></tr>
</table>

[자료 8] 통일된 사건명 부여

- 매매대금 : 매매잔대금, 분양대금, 납품대금, 외상매출금, 가축판매대금 등 선수금(용역비일 수 있음), 선급금(용역비일 수 있음)
- 매매대금반환 : 중도금반환, 매매잔대금반환, 분양대금반환, 계약금반환, 계약금반환청구, 계약보증금, 선수금반환, 선급금반환(용역비일 수 있음), 기타 위 매매대금 사건으로서 그 반환을 구하는 사건
- 물품대금 : 상품대금, 유류대금, 주류대금, 가스대금, 음식대금 등
- 대여금 : 대여금반환, 대여금반환청구, 대출금, 대출금반환, 차용금, 차용금반환, 상속채무금, 입체금, 입체금청구 등
- 신용카드이용대금 : 신용카드대금, 외환카드이용대금, 비씨카드사용대금, 카드대금, 각종

백화점카드대금 등
- 손해배상(자) : 자동차 및 원동기를 단 자전거, 건설기계(중기), 열차, 전동차 등의 운행에 따른 사고
- 어음금 : 약속어음금, 환어음 등
- 수표금 : 가계수표, 가계수표금, 당좌수표금, 수표금반환, 수표반환, 이득상환금(부당이득금사건일 수 있음) 등
- 손해배상(기) : 기타(사취금, 위약금, 횡령금, 손해배상금, 위조매출대금)
- 건물명도 : 가옥명도, 점포명도, 사무실명도, 아파트명도, 공장명도, 부동산명도, 주택명도 등
- 소유권이전등기 : 부동산소유권이전등기, 토지소유권이전등기, 건물소유권이전등기, 소유권이전등기절차이행, 지분이전등기, 신탁에 의한 소유권이전등기, 신탁해지에 의한 소유권이전등기, 가등기에 의한 본등기, 가등기에 기한 본등기 절차이행
- 임금 : 노임, 급료, 급여, 체불임금, 퇴직금, 인건비 등
- 보증채무금 : 보증금반환, 보증금, 보증채무금청구, 연대보증금
- 공사대금 : 공사금, 공사대금반환, 공사비, 공사잔대금
- 부당이득금 : 부당이득금반환, 부당이득반환, 이득금반환, 이득금상환, 이득상환금(수표와 관련된 것은 수표금사건임)
- 손해배상(산) : 근로기준법 10조의 적용을 받는 사업 또는 사업장의 사고
- 가등기 말소 : 가등기말소등기
- 건물 등 철거 : 가옥철거, 가건물철거, 가스관철거, 공작물철거, 가설물철거
- 계금 : 계금반환
- 광고대금 : 광고비, 광고게재비, 광고료, 신문광고료, 광고대행료, 광고물설치비
- 근저당권말소 : 근저당권말소등기, 근저당권설정등기말소, 근저당권설정등기, 말소등기
- 보험금 : 보험금반환, 보험금반환청구
- 사용료 : 저작권사용료, 장비사용료, 전산단말기하용료, 중기사용료, 렌탈콤, 각종 리스료, 장비임대료, 중기임대료, 중장비임대료, 전화요금 등
- 소유권말소등기 : 소유권보존등기말소등기, 부동산소유권이전등기말소, 소유권이전등기말소등기절차이행
- 소유권 확인 : 부동산소유권확인
- 소유권이전등록 : 명의변경등록, 자동차소유권이전등록
- 손실보상금 : 규정손실금
- 손해배상(공) : 공해사고
- 손해배상(자) : 자동차손해배상보험법에서 정한 사고
- 손해배상(산) : 근로자의 업무상재해사고
- 손해배상(의) : 의료과오사고

- 손해배상(지) : 지적소유권의 침해
- 손해배상(기) : 기타 사건
- 약정금 : 정산금, 보관금, 보관금반환, 출자금, 출자금반환 등
- 양수금
- 용역비 : 설계비, 설계용역비, 용역대금, 인쇄대금, 인쇄비, 진료비, 진료비청구, 치료비, 간병료, 감리비, 감정료, 강사료, 개발료, 번역료, 수임료 반환, 법무사 보수료, 자동차수리비, 차량수리대금, 부동산중개수수료, 임가공비, 관리비 등
- 운송료 : 운반비, 운송대금, 운송비 운임, 해상운임, 항공운임료, 항공료, 항공화물운송료
- 위자료
- 유익비
- 유체동산인도 : 각종 물품 인도
- 예금 : 정기예금반환, 가계금전신탁예금
- 저당권설정등기 : 근저당권설정등기
- 임대차보증금 : 임대보증금반환, 임차보증금반환, 월세보증금, 전세보증금, 전세금반환, 전세보증금반환, 임료, 임대료청구 등
- 채무부존재확인
- 청구이의 : 청구에 관한 이의

* 주의

선급금, 선수금(매매대금인지 용역비인지 판단할 것)

이득상환금, 이득금상환(수표와 관련된 것은 수표금사건으로 처리할 것)

[자료 9] 각종 불변기간 및 주요법정기간표

각종 불변기간 및 주요법정기간표

종류	업 무 명	처 리 기 간	근거조항	비고
민사사건 등	상소제기(민사)	판결문 송달일부터 2주	민소법396조,425조	불변기간
	즉시 · 특별항고	재판고지일부터 1주	민소법444조,449조	〃
	재심의 소제기	재심의 사유를 안 날부터 30일	민소법456조3항	〃
		판결확정일부터 5년	민소법456조3항	〃
	제조전화해 불성립시의 제소	조서등본 송달일부터 2주	민소법388조3항	〃
	제권판결에 대한 불복의 제소	판결이 있음을 안 날부터 1월	민소법491조1,2항	〃

		판결선고일부터 3년	민소법491조4항	〃
	소취하 부동의	취하서 송달일부터 2주	민소법266조6항	법정기간
	상고이유서 제출	소송기록접수 통지일부터 20일	민소법427조	〃
	상고이유에 대한 답변서제출	상고이유서 부본 수령일부터 10일	민소법428조2항	〃
	2회 불출석 후 기일 지정신청	최종 변론기일부터 1월	민소법268조2항	〃
	지급명령에 대한 이의신청	지급명령 송달일부터 2주	민소법470조2항	불변기간
	조정결정에 대한 이의신청	조정조서 정본 송달일부터 2주	민사조정법34조	〃
형사	상고이유서 제출	소송기록접수 통지를 받은 날부터 20일	형소법379조1항	법정기간
	상소제기	판결선고 또는 고지일부터 7일	형소법343조, 358조,374조	〃
	항소이유서 제출	기록접수통지를 받은 날부터 20일	형소법361조의3①	〃
	정식재판	약식명령 고지받은 날부터 7일	형소법453조	〃
	즉시항고	결정 또는 고지일부터 3일	형소법406조	〃
	범죄피해자구조 신청	피해 발생을 안 날부터 1년	범죄피해자구조법 12조2항	〃
		발생일부터 5년		
행정	행정소송	처분 등이 있음을 안 날부터 90일	행소법20조1항	불변기간
		처분 등이 있는 날부터 1년		
	행정심판청구	처분이 있음을 안 날부터 90일	행심법18조,1항,3항	〃
		처분이 있는 날부터 180일		
	상고,항고, 특별항고,재심	민사소송법 규정 준용	행소법 8조	〃
헌법소원	헌법소원심판청구	사유가 있음을 안 날부터 60일	헌법재판소법 69조1항	법정기간
		사유가 있는 날부터 180일		
		최종결정을 통지받은날부터 30일(다른 법률에 의한 구제절차를 거친 경우)		
	위원법률제청기각에 대한 헌법소원심판	위헌법률심판의 제청신청이 기각된 날부터 2주일	헌법재판소법 69조 2항	〃

[자료 10] 소송비용에 산입되는 변호사보수

소송비용에 산입되는 변호사보수

(2018. 3. 7 시행)

소송목적의 값	소송비용에 산입되는 비율
2,000만원까지 부분	10%
2,000만원을 초과하여 5,000만원까지 부분 [200만원 + (소송목적의 값 - 2,000만원) × 8/100]	8%
5,000만원을 초과하여 1억원까지 부분 [440만원 + (소송목적의 값 - 5,000만원) × 6/100]	6%
1억원을 초과하여 1억5천만원까지 부분 [740만원 + (소송목적의 값 - 1억원) × 4/100]	4%
1억5천만원을 초과하여 2억원까지 부분 [940만원 + (소송목적의 값 - 1억5천만원) × 2/100]	2%
2억원을 초과하여 5억원까지 부분 [1,040만원 + (소송목적의 값 - 2억원) × 1/100]	1%
5억원을 초과하는 부분 [1,340만원+ (소송목적의 값 - 5억원) × 0.5/100]	0.5%

[자료 11] 법원사건부호표

- 사건별 부호문자의 부여에 관한 예규(재일 2003-1) 일부개정 : 2015. 3. 23. 시행

법 원 사 건 부 호 표

사건	부호	사건	부호
민사1심합의사건	가합	파산합의사건	하합
민사1심단독사건	가단	파산단독사건	하단
민사소액사건	가소	파산채권 조사확정사건	하확
민사항소사건	나	면책사건	하면
민사상고사건	다	기타 파산·면책 관련 신청사건	하기
민사항고사건	라	개인회생사건	개회
민사재항고사건	마	개인회생채권 조사확정사건	개확

민사특별항고사건	그	기타 개인회생 관련 신청사건	개기
민사준항고사건	바	국제도산 승인사건	국승
민사조정사건	머	국제도산 지원사건	국지
화해사건	자	과태료사건	과
독촉사건	차	선박,유류등책임제한사건	책
전자독촉사건	차전		
민사공조사건	러	증인감치사건	정가
민사가압류,가처분등 합의사건	카합	채무자감치사건	정명
민사가압류,가처분등 단독사건	카단	증인·채무자감치항고사건	정라
		증인·채무자감치재항고사건	정마
공시최고사건	카공		
담보취소등사건	카담	형사1심합의사건	고합
재산명시등사건	카명	형사1심단독사건	고단
채무불이행자명부등재사건	카불		
재산조회사건	카조	약식정재청구1심단독사건	고정
소송구조등사건	카구	약식사건	고약
전자독촉경정신청사건	카기전	전자약식사건	고약전
소송비용액확정결정신청사건	카확	형사항소사건	노
확정된 소송기록에 대한 열람신 청사건	카열	형사상고사건	도
임차권등기명령등사건	카임		
강제집행정지사건	카정		
판결(결정)경정사건	카경		
제소명령사건	카소		
기타민사신청사건	카기	형사항고사건	로
부동산등경매사건	타경	형사재항고사건	모
채권등집행사건	타채	비상상고사건	오
채권배당사건	타배		
부동산인도명령사건	타인		
기타집행사건	타기	형사준항고사건	보
비송합의사건	비합	형사보상청구사건	코

비송단독사건	비단	즉결심판사건	조
회생합의사건	회합	형사공조사건	토
회생단독사건	회단	체포 · 구속적부심사건	초적
회생채권 · 회생담보권 조사확정사건	회확	보석사건	초보
기타 회생 관련 신청사건	회기	재정신청사건, 재정신청 비용지급신청사건	초재
사회봉사허가청구사건, 사회봉사허가취소청구사건	초사	가정보호사건	버
기타형사신청사건	초기	가정보호항고사건	서
		가정보호재항고사건	어
치료감호1심사건	감고	가정보호신청사건	저
치료감호항소사건	감노		
치료감호상고사건	감도	피해자보호명령사건	처
치료감호항고사건	감로	피해자보호명령항고사건	커
치료감호재항고사건	감모	피해자보호명령재항고사건	터
치료감호비상상고사건	감오		
치료감호공조사건	감토	아동보호사건	동버
치료감호신청사건	감초	아동보호항고사건	동서
		아동보호재항고사건	동어
부착명령1심사건	전고	아동보호신청사건	동저
부착명령항소사건	전노		
부착명령상고사건	전도	피해아동보호명령사건	동처
부착명령비상상고사건	전오	피해아동보호명령항고사건	동커
부착명령신청사건	전초	피해아동보호명령재항고사건	동터
부착명령항고사건	전로		
부착명령재항고사건	전모	성매매관련보호사건	성
		성매매관련보호항고사건	성로
치료명령1심사건	치고	성매매관련보호재항고사건	성모
치료명령항소사건	치노	성매매관련보호신청사건	성초
치료명령상고사건	치도		
치료명령비상상고사건	치오	인신보호사건	인

사건	부호	사건	부호
치료명령신청(치료기간연장, 준수사항 추가 · 변경 · 삭제청구)사건	치초	인신보호항고사건	인라
		인신보호재항고사건	인마
성폭력수형자치료명령1심사건	초치	인신보호신청사건	인카
치료명령항고사건	치로		
치료명령재항고사건	치모	법정질서위반감치등사건	정고
		기타감치신청사건	정기
아동 · 청소년보호1심사건	동고	법정질서위반감치등항고사건	정로
아동 · 청소년보호항소사건	동노	법정질서위반감치등특별항고사건	정모
아동 · 청소년보호상고사건	동도		
아동 · 청소년보호비상상고사건	동오	가사1심합의사건	드합
아동 · 청소년보호신청사건	동초	가사1심단독사건	드단
		가사항소사건	르
소년보호사건	푸	가사상고사건	므
소년보호항고사건	크	가사항고사건	브
소년보호재항고사건	트	가사재항고사건	스
소년보호신청사건	푸초	가사특별항고사건	으
가사조정사건	너		
가사공조사건	츠	과태료체납자감치사건	정과
가사가압류,가처분등 합의사건	즈합	과태료체납자감치항고사건	정러
가사가압류,가처분등 단독사건	즈단	과태료체납자감치재항고사건	정머
기타가사신청사건	즈기		
가사비송합의사건	느합		
가사비송단독사건	느단		
개명사건	호명		
가족관계등록(제적)비송사건	호기		
협의이혼의사확인 신청사건	호협		
행정1심사건	구합		
행정1심재정단독사건	구단		
행정항소사건	누		

행정상고사건	두
행정항고사건	루
행정재항고사건	무
행정특별항고사건	부
행정준항고사건	사
행정신청사건	아
특허1심사건	허
특허상고사건	후
특허재항고사건	흐
특허특별(준)항고사건	히
특허신청사건	카허
선거소송사건	수
선거상고사건	우
선거항고(재항고, 준항고, 특별항고) 사건	수흐
선거신청사건	주
특수소송사건	추
특수신청사건	쿠
의무불이행자감치등사건	정드
의무불이행자감치등항고사건	정브
의무불이행자감치등재항고사건	정스

[자료 12] 민사접수서류에 붙일 인지액 및 그 편철방법 등 일람표

서류의 종류	조문	인지액
관할법원지정신청서	민소 28	1,000원
관할합의서	민소 29	–
소송이송신청서	민소 34 ①	–
소송이송신청서	민소 34②, 35, 36	1,000원
당사자선정서, 변경서, 취소서	민소 53	–
특별대리인선임신청서	민소 62, 64	1,000원
보조참가신청서	민소 71	–
보조참가에 대한 이의신청서	민소 73	–
공동소송적 보조참가신청서	민소 78	–
독립당사자 참가신청서	민소 79	민사소송등인지법 (이하 민소인지법 이라 한다) 제2조, 제6조 소정액
소송탈퇴서, 동의서	민소 80	–
원고측 공동소송참가신청서	민소 83	민소인지법 제2조, 제6조 소정액
피고측 공동소송참가신청서	민소 83	–
소송고지신청서	민소 85	–
소송대리인 허가신청서	민소 88	–
소송대리권의 증명서(위임장, 지정서)	민소 89	–
소송대리인 해임(사임)신고서	민소 89	–
소송비용액 확정신청서	민소 110, 113, 114	1,000원
담보취소신청서	민소 125, 127	1,000원
담보권리행사최고신청서	민소 125 ③	1,000원
담보취소결정확정증명원	민소 162	500원
담보물변경신청서	민소 126	1,000원
소송구조신청서	민소 128	1,000원
소송구조취소신청서	민소 131	1,000원

변호사(또는 집행관)의 보수지급신청서	민소규 26 ①	–
변호사(또는 집행관)의 보수와 체당금의 비용액확정신청서	민소 132 ②, ③	1,000원
구석명신청서	민소 136	–
법원의 석명처분(당사자본인 또는 법정대리인출석명령, 당사자가 소지하는 문서 또는 물건제출명령) 신청서	민소 140 ①	–
변론의 제한, 분리, 병합 또는 재개를 구하는 신청서	민소 141, 142	–
변론의 속기(또는 녹음)신청서	민소 159 ①	–
녹음테이프(또는 속기록) 요지의 조서기재 신청서	민소 159 ③	–
소송기록의 열람 · 복사신청서	민소 162 ①	500원
재판서, 조서의 정본 · 등본 · 초본 교부 신청서	민소 162 ①	1,000원(5장을 초과하면, 초과 1장당 50원 추가)
확정된 소송기록에 대한 열람신청서	민소 162 ②	1,000원
비밀보호를 위한 열람 등의 제한 신청서	민소 163 ①	1,000원
조서의 기재에 대한 이의	민소 164	–
기일지정(또는 연기, 속행, 변경)신청서	민소 165 ①	–
기간 신장 또는 단축신청, 부가기간의 신청서	민소 172	–
재송달신청서	민소 174	–
집행관송달신청서(특별송달신청)	민소 176 ①	–
송달영수인신고서	민소 184	–
송달장소변경신고서	민소 185	–
휴일(또는 야간) 송달신청서	민소 190	–
공시송달신청서	민소 194	–
판결(또는 화해, 인낙, 포기 등의 조서, 지급명령 기타 결정명령) 경정신청서	민소 211	–
가집행선고신청서	민소 213 ①	–
	민소 406, 435	–
가집행선고면제신청서	민소 213 ②	–
가집행선고 실효로 인한 원상회복(또는 손해배상) 신청서	민소 215 ②, ③	민소인지법 제4조② 소정액

법원사무관 등의 처분에 대한 이의신청서	민소 223	1,000원
화해권고결정에 대한 이의신청서	민소 226	–
화해권고결정에 대한 이의신청의 취하서	민소 228	–
화해권고결정 취소 신청서	민소규 59 ①	–
소송절차수계신청서	민소 233부터 241 (238제외)	–
당사자의 장애로 인한 중지신청 및 그 취소신청서	민소 246	–
소장	민소 248	민소인지법 제2조 소정액
정기금판결에 대한 변경의 소장	민소 252	민소인지법 제2조 소정액
인지·주소보정서	민소 254 ①	–
피고경정신청서	민소 260	–
청구취지(또는 청구원인)변경신청서	민소 262	민소인지법 제5조 소정액
청구취지(또는 청구원인)변경불허신청서	민소 263	–
중간확인의 소	민소264	민소인지법 제5조 (원고가 제기한 경우) 또는 제4조 ② (피고가 제기한 경우) 소정액
소(상소)취하서	민소 266 ①, 393 ①, 425	–
소 취하에 대한 이의(또는 부동의서)	민소 266 ⑥	–
기일지정신청서	민소 268 ②	–
소취하 효력을 다투는 기일지정 신청서	민소규 67	–
반소장	민소269	민소인지법 제4조 소정액
준비서면, 답변서	민소 272, 256	–
사실조사촉탁신청서	민소 294	–
증인신문신청서	민소 308	–
촉탁신문신청서	민소 313	–
증인불출석신청서	민소규 83	–

증인구인신청서	민소 312	-
증언거부신청서	민소 314, 315	-
증인대질신청서	민소 329	-
감정신청서	민소 333	-
감정인기피신청서	민소336	-
감정증인신문신청서	민소 340	-
문서제출명령신청서	민소 343	-
서증의 신청서	민소 343, 360	-
문서송부촉탁신청서	민소 352	-
법원외서증조사신청서	민소규 112	-
검증신청서	민소 364	-
당사자본인(또는 법정대리인) 신문신청서	민소 367, 372	-
증거보전신청서	민소 375	1,000원
제소전화해신청서	민소 385	민소인지법 제7조 ① ④ 소정액
화해불성립으로 인한 소제기신청서	민소 388	민소인지법 제7조 ③ 소정액(피신청인이 소제기신청을 하는 경우에는 첩부하지 않음)
항소장	민소 397	민소인지법 제3조 소정액
항소취지확장신청서	민소 390, 397, 408	민소인지법 제2조, 제3조 소정액
불항소합의서	민소 390 단서	-
상소취하서	민소 393 ① 425, 443	-
상소권포기서	민소 394, 425, 443	-
부대상소장	민소 403, 425, 443	민소인지법 제3조 소정액
상고장(비약상고장 포함)	민소 422	민소인지법 제3조 소정액
상고이유서	민소 427	-

상고이유에 대한 답변서	민소 428 ②	–
추완항소(상고)장	민소 173, 397, 422	민소인지법 제3조 소정액
항고장(보통항고장, 즉시항고장, 재항고장, 준항고장), 추완항고장	민소 439, 441 ②, 442, 443, 444	민소인지법 제11조 소정액
특별항고장	민소 449	민소인지법 제11조 소정액
재심소장(준재심소장)	민소 451	민소인지법 제8조 소정액
지급명령신청서	민소 462	민소인지법 제7조②④소정액
소제기신청서	민소466 ①	민소인지법 제2조 소정액에서 지급명령신청서에 붙힌 인지액을 뺀 금액
지급명령에 대한 이의신청서	민소 469 ②	–
공시최고신청서	민소 477	1,000원
관리 또는 청구의 신고서	민소 482, 485	–
재권판결에 대한 불복의 소장	민소 490 ②	민소인지법 제2조 소정액
판결확정증명신청서	민소 499	500원
강제집행정지 등의 신청서	민소 500, 501	1,000원
야간(휴일)집행허가신청서	민집 8	1,000원
즉시항고장	민집 15	민소인지법 제11조 소정액
집행에 관한 이의신청서	민집 16 ①	1,000원
집행에 관한 이의신청에 기한 잠정처분 신청서	민집 16 ②	–
집행관의 집행위임거부 등에 대한 이의신청서	민집 16 ③	1,000원
집행판결을 구하는 소장	민집 26	민소인지법 제2조 소정액
집행(승계집행)문 부여신청	민집 28, 31, 58, 292	500원
집행문부여의 소장	민집 33, 59 ④	민소인지법 제2조 소정액

집행문부여에 대한 이의신청서	민집 34	1,000원
집행문부여에 대한 이의신청에 기한 잠정처분신청서	민집 34 ②	–
집행문 수통(또는 재도)부여신청서	민집 35	500원
판결등 집행권원 정본의 송달증명원	민집 39	500원
청구에 관한 이의의 소장	민집 44	민소인지법 제2조 소정액
집행문부여에 대한 이의의 소장	민집 45	민소인지법 제2조 소정액
잠정처분신청서	민집 46 ②, 48 ③	1,000원
제3자이의 소장	민집 48	민소인지법 제2조 소정액
경매절차정지신청서	민집 49	–
채무자 유산의 강제집행을 위한 특별대리인선임신청서	민집 52	1,000원
집행비용액확정결정신청서	민집 53, 민집규 24 ①	1,000원
공증인의 집행문부여에 대한 이의신청서	민집 59 ②	1,000원
재산명시신청서	민집 61	1,000원
명시명령에 대한 이의신청서	민집 63	1,000원
재산목록 정정허가 신청서	민집 66	–
재산목록의 열람·복사신청서	민집 67	500원
감치재판개시결정	민집 68 민집규 30 ②	–
명시명령 이행 신청서	민집 68 ⑤	–
채무불이행자명부등재신청서	민집 70	1,000원
채무불이행자명부 열람·복사신청서	민집 72 ④	500원
명부등재말소신청서	민집 73	1,000원
재산조회신청서	민집 74	1,000원
재산조회결과의 열람·복사·출력신청서	민집 75	500원
부동산경매신청서	민집 80, 264	5,000원
매각기일연기(변경)신청서		–
미등기 부동산에 대한 집행관조사신청서	민집 81③	–

부동산에 대한 침해행위방지조치신청서	민집 83 ③	–
채권계산서	민집 253, 84	–
경매개시결정에 대한 이의신청서	민집 86, 265	1,000원
경매개시결정에 대한 이의신청에 기한 잠정처분 신청서	민집 86 ②	–
채권자의 배당요구신청서	민집 247, 88	–
경매신청취하서	민집 93	–
부동산의 멸실 등에 의한 경매취소신청서	민집 96	–
부동산재평가신청서	민집 97	–
부동산일괄매각신청서	민집 98	–
채권자의 매수신청서	민집 102 ②	–
합의에 의한 매각조건변경신청서	민집 110	–
최고가(차순위)매수신고인의 송달영수인 신고서	민집 118	–
매각허가결정에 관한 이의신청서	민집 120	–
매각부동산지정서	민집 124 ②	–
부동산훼손등에 의한 매각불허가신청서	민집 127 ①	1,000원
부동산훼손등에 의한 매각허가결정의 취소신청서	민집 127 ①	1,000원
매각허가여부에 대한 항고장, 재항고장	민집 129	2,000원
매각부동산인도명령신청서	민집 136 ①	1,000원
매각부동산관리명령신청서	민집 136 ②	1,000원
공유자의 우선매수신고서	민집 140	–
매수대금과 배당액의 상계신청서	민집 143 ②	–
매수인의 채무인수신청서	민집 143 ①	–
매수인의 채무인수 또는 차액지급신고에 대한이의 신청서	민집 143 ③	–
배당표에 대한 이의신청서	민집 151 ②	–
배당이의의 소장	민집 154	민소인지법 제2조 소정액
집행력있는 정본의 환부신청서	민집 159 ③, 172	–
배당액계좌입금신청서	민집 160 ② 민집규 82 ②	–

부동산강제관리신청서	민집 163	5,000원
관리인해임신청서	민집 167 ③	–
강제관리에 대한 제3자 이의의 소장	민집 168	민소인지법 제2조 소정액
관리인의 계산에 대한 이의신청서	민집 170 ②	500원
선박에 대한 강제집행신청서	민집 172	5,000원
선박국적증서인도명령신청서	민집 175	1,000원
선박국적증서등 수취불능신고서	민집규 97	–
압류선박의 항행허가신청서	민집 176 ②	–
선박감수보전처분	민집 178	1,000원
자동차인도명령신청서	민집규 113 ①	1,000원
자동차운행허가신청서	민집규 117, 210 ③	–
선박지분에 대한 강제집행신청서	민집 185	2,000원
제3자 점유물인도명령신청서	민집 193 ①	1,000원
압류금지물의 범위변경신청서	민집 196	1,000원
유체동산 특별현금화명령신청서	민집 214	1,000원
집행관에 대한 매각실시명령신청서	민집 216	1,000원
공유부인의 소장	민집 221 ③	민소인지법 제2조 소정액
매각대금의 공탁사유신고서	민집 222 ③	–
가압류를 본압류로 전이하는 신청서	민집 225	2,000원
채권압류명령신청서	민집 225	2,000원
저당권있는 채권압류명령의 등기부기입신청서	민집 228 ①	–
전부명령신청서	민집 229	2,000원
채권압류 및 전부(추심)명령신청서	민집 229	4,000원
추심명령신청서	민집 229	2,000원
저당권있는 채권전부명령의 등기부기입신청서	민집 230	–
압류액의 제한(또는 초과액처분) 허가신청서	민집 232	–
압류채권자의 추심신고서	민집 236 ①	–
추심금액공탁사유신고서	민집 236 ②	–
제3채무자에 대한 진술최고신청서	민집 237	–

추심권포기신고서	민집 240	–
채권 기타 재산권 특별현금화명령 신청서	민집 241	2,000원
압류금지채권의 범위변경신청서	민집246 ②,③, 291	1,000원
제3채무자의 채무액공탁사유신고서	민집 248 ④	–
채권가압류를 원인으로 한 제3채무자의 권리공탁신고서	민집규 172조 ①,②	–
추심의 소장	민집 249 ①	민소인지법 제2조 소정액
배당요구채권자의 압류채권추심허가신청서	민집 250	1,000원
그 밖의 재산권의 압류명령신청서	민집 251	2,000원
대체집행신청서	민집 260 ①	2,000원
대체집행비용선지급결정신청 서	민집 260 ②	1,000원
간접강제신청서	민집 261	2,000원
가압류신청서	민집 276	10,000원
가압류결정에 대한 이의신청서	민집 283	10,000원
가압류신청취하서	민집 285	–
가압류이의에 관한 판결에 대한 항소장, 상고장		신청에 붙일 인지액의 2배
제소명령신청서	민집 287 ①	10,000원
제소기간도과에 의한 가압류취소신청서	민집 287 ③	10,000원
사정변경등에 의한 가압류취소 신청서	민집 288 ①	2,000원
강제관리의 방법에 의한 가압류 집행신청서	민집 294	5,000원
채권자의 가압류(가처분) 집행취소(해제) 신청서		–
채권자의 가압류(가처분)신청취하를 이유로 하는 채무자의 집행취소신청서		–
가압류취소재판의 취소재판에 의한 가압류집행신청서	민집 298 ②	–
해방공탁에 의한 가압류집행의 취소신청서	민집 299	1,000원
가처분신청서	민집 300	10,000원
가처분신청취하서		–
가처분결정에 대한 이의신청서	민집 301, 283	10,000원

사정변경등에 의한 가처분취소 신청서	민집 301, 288	10,000원
특별사정에 의한 가처분취소신청서	민집 307	10,000원
변론기일지정신청서	소액사건심판규칙 3조의3	–
이행권고결정에 대한 이의신청서	소액사건심판법 5조의4	–
민사조정신청서	민사조정법 2	민사조정규칙 제3조①소정액
조정사건이송신청서	민사조정법 4①	–
조정사건이송신청서	민사조정법 4②	1,000원
조정회부신청서	민사조정법 7②	–
피신청인경정신청서	민사조정법 17①	–
대표당사자선정신고서	민사조정법 18①	–
조정에 갈음하는 결정에 대한 이의신청서	민사조정법 34①	–
재산조회	채무자 회생 및 파산 에 관한 법률(이하, 채무자 회생) 29①	1,000원
회생절차개시의 신청서	채무자 회생34①	30,000원
보전처분(회생절차)	채무자 회생43①	2,000원
중지 또는 금지명령신청서(회생절차)	채무자 회생44①	2,000원
포괄적 금지명령신청서(회생절차)	채무자 회생45①	2,000원
포괄적 금지명령의 적용 배제신청서(회생절차)	채무자 회생47①	2,000원
중지된 절차 또는 처분의 속행 또는 취소신청서(회생절차)	채무자 회생44④, 45⑤, 58⑤	2,000원
부인의 청구서(회생절차)	채무자 회생105①	1,000원
부인의 청구인용결정에 대한 이의의 소(회생절차)	채무자 회생107①	민소인지법 제2조 소정액
이사등의 재산에 대한 보전처분신청서(회생절차)	채무자 회생114 ①, ③	2,000원
손해배상청구권등의 조사확정재판신청서(회생절차)	채무자 회생115①	1,000원
손해배상청구권 등의 조사확정재판에 대한 이의의 소(회생절차)	채무자 회생116①	민소인지법 제2조 소정액

회생채권, 회생담보권 조사확정재판 신청서	채무자 회생170①	1,000원
회생채권, 회생담보권 조사확정재판에 대한 이의의 소	채무자 회생171①	민소인지법 제2조 소정액
파산신청서	채무자 회생294①	30,000원[단, 채무자(법인 포함)가 신청하는 경우에는 1,000원]
보전처분 신청서(파산절차)	채무자 회생323①	2,000원
이사등의 재산에 대한 보전처분신청서(파산절차)	채무자 회생351 ①, ③	2,000원
손해배상청구권등의 조사확정재판신청서(파산절차)	채무자 회생352①	1,000원
손해배상청구권 등의 조사확정재판에 대한 이의의 소(파산절차)	채무자 회생353①	민소인지법 제2조 소정액
면제재산 결정 신청서(파산절차)	채무자 회생383②	–
부인의 청구서	채무자 회생396①	1,000원
부인의 청구인용결정에 대한 이의의 소(파산절차)	채무자 회생396④, 107①	민소인지법 제2조 소정액
파산채권 조사확정재판 신청서	채무자 회생462①	1,000원
파산채권 조사확정재판에 대한 이의의 소	채무자 회생463①	민소인지법 제2조 소정액
배당표에 대한 이의신청서	채무자 회생514①	–
면책신청서(파산절차)	채무자 회생556	1,000원
면책의 취소신청서	채무자 회생569①	1,000원
복권신청서	채무자 회생575①	1,000원
면제재산 결정 신청서(개인회생절차)	채무자 회생580③, 383②	–
부인의 청구서(개인회생절차)	채무자 회생584①, 396①	1,000원
부인의 청구인용결정에 대한 이의의 소(개인회생절차)	채무자 회생584①, 396④, 107①	민소인지법 제2조 소정액
개인회생절차 개시신청서	채무자 회생588	30,000원
보전처분신청서(개인회생절차)	채무자 회생592①	2,000원
중지 또는 금지명령신청서(개인회생절차)	채무자 회생593①	2,000원
중지 또는 금지명령의 취소 또는 변경신청서	채무자 회생593④	2,000원

(개인회생절차)		
포괄적 금지명령신청서(개인회생절차)	채무자 회생593⑤, 45①	2,000원
포괄적 금지명령의 적용 배제신청서(개인회생절차)	채무자 회생593⑤, 47①	2,000원
중지된 절차 또는 처분의 속행 또는 취소신청서 (개인회생절차)	채무자 회생593⑤, 45⑤, 600③	2,000원
개인회생채권 조사확정재판 신청서	채무자 회생604①	1,000원
개인회생채권 조사확정재판에 대한 이의의 소	채무자 회생605①	민소인지법 제2조 소정액
면책신청서(개인회생절차)	채무자 회생624①	–
면책 취소 신청서(개인회생절차)	채무자 회생626①	1,000원
사건 이송 신청서(국제도산)	채무자 회생630	1,000원
외국도산절차의 승인신청서	채무자 회생631①	1,000원
승인전 명령신청서	채무자 회생635①, 636①	2,000원
외국도산절차에 대한 지원신청서	채무자 회생636①	2,000원
외국도산절차의 지원 결정의 변경 또는 취소신청서	채무자 회생636⑥	2,000원
중지된 절차의 취소신청서(국제도산)	채무자 회생636⑦	2,000원

서 · 식 · 색 · 인

[ㄱ]

[ㄷ]

[ㅂ]

[ㅅ]

[ㅇ]

[ㅈ]

[ㅎ]

사 · 항 · 색 · 인

[ㄱ]

[ㄴ]

[ㄷ]

[ㅁ]

[ㅂ]

[ㅅ]

[ㅇ]

[ㅈ]

[ㅊ]

[ㅌ]

[ㅍ]

[ㅎ]

편 저 약 력

■ **김 덕 원**(이메일 kdb9004@naver.com)

- 광주지방법원 완도등기소 근무
- 광주지방법원 해남지원 근무
- 법무사 유재룡사무소 외 사무장(11년)
- 법률사무소 율산 사무장
- 변호사 이철원 법률사무소 사무장
- 법무법인 빛고을 종합법률사무소(해남) 사무장

[주요논저]

- 금융기관 민사사건 실무(법률미디어)
- 유형별로 본 답변서 · 준비서면 총서(진원사)
- 소가 · 인지산정 사례집(진원사)
- 계약서 · 내용증명 · 고소(발)장(진원사)
- 청구 · 신청취지 작성방법(진원사)
- 가사소송 서식대전(진원사)
- 신 민사집행 서식대전 1, 2(진원사)
- 신 행정소송 서식대전(진원사)
- 주택 · 상가건물임대차보호법(진원사)
- 유형별 소장의 정리(진원사)
- 신 형사소송 서식총람(진원사)
- 종합법률실무핸드북(진원사)
- 행정소송과 행정심판(진원사)
- 법인등기실무총람(진원사)
- 신 종합법률 실무대전 Ⅰ · Ⅱ · Ⅲ(진원사)
- 알기 쉽게 풀이한 주택 · 상가건물임대차보호법(진원사)
- 법률실무가를 위한 공탁법 실무(진원사)
- 법률실무가를 위한 가압류 · 가처분 실무(진원사)
- 부동산등기실무총람(진원사)
- 민사소송 & 전자소송(진원사)
- 내용증명 · 고소(발)장 · 진정서 · 탄원서 서식(진원사)
- 나홀로 소송 도우미 형사소송절차실무(진원사)
- 법률사무원을 위한 법인등기(진원사)
- 나홀로 하는 행정소송과 행정심판(진원사)
- 나홀로 하는 부동산등기실무(진원사)

[제3판] 소장작성 매뉴얼 및 소송전략

저 자	김 덕 원	2013년 11월 9일 초 판 발행
발행인	양 진 수	2014년 3월 10일 제2판 발행
발행처	진 원 사	2018년 7월 11일 제3판 인쇄
		2018년 7월 20일 제3판 발행

서울시 송파구 법원로9길 26, C동 1107호 (문정동, H비즈니스파크)
전화 : 02) 916-1850 / 팩스 : 02) 916-3442
신고번호 제2018 - 000026호
http://www.jinwonsa.co.kr
http://www.lawbookstore.co.kr
e-mail : hhansin@hanmail.net

ISBN : 978-89-6346-532-6 93360

정가 48,000원